守望者
The Catcher

阅读　你的生活

论重要之事

规范伦理学卷（上）

ON WHAT
MATTERS

[英]德里克·帕菲特（Derek Parfit） 著

[美]塞缪尔·谢弗勒（Samuel Scheffler） 编

阮 航 葛四友 译

中国人民大学出版社
·北京·

目　录

导　论 ……………………………………………… 1

序　言 ……………………………………………… 19

内容提要 …………………………………………… 1

第一部分　理由

第一章　规范性概念 …………………………… 37

　第 1 节　规范性理由 …………………………… 37

　第 2 节　涉及理由的善性 ……………………… 46

第二章　客观理论 ……………………………… 52

　第 3 节　两类理论 ……………………………… 52

　第 4 节　回应理由 ……………………………… 57

　第 5 节　状态给予的理由 ……………………… 61

第 6 节　享乐式理由 ·························· 63

第 7 节　不理性的偏好 ·························· 69

第三章　主观理论 ·························· 71

第 8 节　理由的主观主义 ·························· 71

第 9 节　为什么人们接受主观理论？ ·········· 80

第 10 节　分析性主观主义 ·························· 86

第 11 节　痛苦论证 ·························· 91

第四章　进一步的论证 ·························· 101

第 12 节　全部或全不论证 ·················· 101

第 13 节　不融贯论证 ·························· 111

第 14 节　理由、动机和福祉 ·················· 123

第 15 节　支持主观主义的论证 ·················· 131

第五章　合理性 ·························· 136

第 16 节　实践合理性与认知合理性 ·········· 136

第 17 节　关于理由的信念 ·················· 145

第 18 节　关于合理性的其他观点 ·········· 154

第六章　道德 ·························· 161

第 19 节　西季威克的二元论 ·················· 161

第 20 节　最深刻的问题 ·················· 175

第七章　道德概念 ·························· 185

第 21 节　不知情或错误信念下的行动 ·········· 185

第 22 节　其他类型的不当性 ·················· 203

第二部分　原则

第八章　可能的同意 ·················· 219

第 23 节　强制与欺骗 ·················· 219

第 24 节　同意原则 ·················· 222

第 25 节　给予同意的理由 ·················· 226

第 26 节　一个多余的原则？ ·················· 234

第 27 节　实际的同意 ·················· 237

第 28 节　道义式信念 ·················· 247

第 29 节　极端要求 ·················· 256

第九章　纯粹当作手段 ·················· 262

第 30 节　纯粹手段原则 ·················· 262

第 31 节　当作手段和纯粹当作手段 ·················· 273

第 32 节　当作手段的伤害 ·················· 281

第十章　尊重与价值 ·················· 287

第 33 节　对人的尊重 ·················· 287

第 34 节　两类价值 ·················· 290

第 35 节　康德式尊严 ·················· 295

第 36 节　正当与善 ·················· 301

第 37 节　促进善 ·················· 308

第十一章　自由意志与应得 ·················· 318

第 38 节　道德要求的自由 ·················· 318

第 39 节　为什么我们不能应得受苦？ ·················· 325

第三部分　理论

第十二章　普遍法则 ……………………………………………… 339

　　第 40 节　不可能性公式 ……………………………………… 339

　　第 41 节　自然法公式和道德信念公式 ………………………… 351

　　第 42 节　行动者的准则 ……………………………………… 356

第十三章　如果每个人都这样做会怎样？ ……………………… 371

　　第 43 节　群己困境 …………………………………………… 371

　　第 44 节　门槛反驳 …………………………………………… 380

　　第 45 节　理想世界反驳 ……………………………………… 385

第十四章　不偏不倚 ……………………………………………… 396

　　第 46 节　黄金规则 …………………………………………… 396

　　第 47 节　稀罕性反驳与大赌注反驳 …………………………… 407

　　第 48 节　不可逆反驳 ………………………………………… 412

　　第 49 节　一个康德式的解决方案 ……………………………… 417

第十五章　契约论 ………………………………………………… 423

　　第 50 节　合理协议公式 ……………………………………… 423

　　第 51 节　罗尔斯式契约论 …………………………………… 427

　　第 52 节　康德式契约论 ……………………………………… 437

　　第 53 节　斯坎伦式契约论 …………………………………… 443

　　第 54 节　道义式信念的限制 ………………………………… 451

第十六章　后果主义 ……………………………………………… 458

　　第 55 节　后果主义的理论 …………………………………… 458

第 56 节　后果主义的准则 ·················· 464

第 57 节　康德式论证 ·················· 466

第 58 节　自利的理由 ·················· 469

第 59 节　利他理由与道义式理由 ·················· 475

第 60 节　使得不当特征反驳 ·················· 480

第 61 节　决定性的非道义式理由 ·················· 486

第 62 节　每个人都能够合理地意愿什么？ ·················· 491

第十七章　结论 ·················· 497

第 63 节　康德式后果主义 ·················· 497

第 64 节　攀登山峰 ·················· 505

附　录

附录 A　状态给予的理由 ·················· 519

附录 B　合理的不合理性与高契尔的理论 ·················· 535

附录 C　道义式理由 ·················· 555

尾　　注 ·················· 561

引　　注 ·················· 625

参考文献 ·················· 664

索　　引 ·················· 677

导　论

塞缪尔·谢弗勒　著

　　帕菲特这部书处理的是实践哲学的一些最基本的问题，其论证 xix 翔实且极有原创性。本书分两卷，各有三个部分；其核心内容是第二部分和第三部分，处理的是实质性的（substantive）道德问题。这些内容源自帕菲特 2012 年 11 月在加州大学伯克利分校所做的三次唐纳讲座（Tanner Lecture）。讲座并没有包含本书的第一部分和第六部分处理的问题。第一部分对理由（reasons）和合理性（rationality）* 做

---

　　* rationality、rational 和 rationally 等词的翻译大致是这样的：当涉及人的属性时，一般翻译为"理性""理性的""理性地"，而当它们涉及其他事物（比如信念或决策）的属性时，一般翻译为"合理性""合理的""合理地"，但有时候可能涉及的属性所指不明，因此葛四友所译与阮航所译可能不尽相同，阅读时请注意。（本书所有星号注均为译者注，本卷的第三部分、附录以及与之对应的内容提要、尾注、引注为阮航所译，其余则为葛四友所译。）

了一个扩展讨论，为第二部分和第三部分的道德主张提供了背景。第六部分探讨的则是元规范（meta-normative）问题。我们在使用规范性（normative）语言提出关于理由和道德的主张时，就会引出这样的问题。

在本书的第四部分，对帕菲特的唐纳讲座做出回应的三位评论者［托马斯·斯坎伦（Thomas Scanlon）、苏珊·沃尔芙（Susan Wolf）和阿伦·伍德（Allen Wood）］提供了其评论的修订版。此外，芭芭拉·赫尔曼（Barbara Herman）尽管没有参与伯克利事务，但专门为本书写了一组评论。帕菲特在第五部分对这些评论均做了回应。他与评论者之间的交流主要集中于源自唐纳讲座的那些内容。

帕菲特关于道德的讨论，其目的在于重勘道德哲学的版图。修习道德课程的学生通常受到这样的教导，即后果主义者与康德主义者之间存在着根本的分歧：前者认为，行动的正当与不当（right and wrong）* 仅仅是其综合后果之函数；后者则通常参考这一或那一版本的绝对命令，从而论证我们有某些必须履行的义务（obligation）**，不管这样做能否产生后果主义者眼中的最好结果。尽管人们公认康德主义观点与后果主义观点都有诸多的变体和改良，但包括康德主义者与后果主义者在内的大多数哲学家都认定：两者的差别是深刻且根本的。

xx

---

  * 这里的 right 与 wrong 均具有很强的道德色彩，因此译为正当与不当，以区别于一般意义上的正确与错误。

  ** duty、obligation 在帕菲特这里没有特别的区分，故统一翻译为义务。

在本书的第二、三部分，帕菲特试图破坏这个假定，且试图证实：尽管我们习惯于认为两者的立场是对立的，但它们之间有着惊人的趋同性。首先，对于康德本人的道德哲学，包括绝对命令的各种表述以及许多其他核心观念，他做了持久而彻底的考察。尽管康德的道德哲学著作，特别是《道德形而上学奠基》，在道德哲学史上已经得到了最广泛的讨论，但帕菲特对这些文本的处理还是产生了大量新颖的观察与洞见。

帕菲特在序言中交代得很清楚，他对康德的态度很复杂，一言难尽。他把康德描述为"自古希腊以来最伟大的道德哲学家"（235*），"短短40页的《道德形而上学奠基》大放光芒，其中给出的富有成效的新观念，比几个世纪以来所有哲学家提出的还要多"（183）。不过，他马上补上，"不一致性正是康德能够取得如此成就的诸多品质之一"（183）。康德的众多评论者都有明确的自身定位——或者作为康德的批评者，或者作为康德观点的辩护者，但帕菲特采取的进路与他们不同。他把康德的文本当作一座富矿，认为其中的所有主张、论证和观念都值得我们认真对待，就像对待一个卓越同时代人的作品那样。不过，他认为，康德的许多观念需要澄清和修正，有些观念则根本没用了。帕菲特对这些主张、论证和观念做了大范围的考察，让它们经受高水平的检验，其显著特点在于执着的聚焦和分析的强度。他的主要目的既不是为康德辩护也不

---

　　* 在导论部分，正文中夹注的数字表示页码，正体数字为《论重要之事》（*On What Matters*，New York：Oxford University Press，2011）第一卷页码，即本书边码，斜体数字为《论重要之事》第二卷的页码。

是批评康德，而是确定我们可以利用康德的哪些观念来取得道德进步。进步才是帕菲特最终的真实目的。正如帕菲特在解释我们为什么要修正康德的一个表述时所说的："学完大哲学家的作品，我们应该力图有所推进。站在巨人的肩膀上，我们或许能比他们看得更远"（300）。

帕菲特辨识出康德思想的若干要素——对于这些要素，帕菲特尽管做了某些重大的修正与补充，但仍认为它们特别重要，也乐于认同它们。然而，他诠释这些观念之内容与含义的方式往往不同于其他重要的评论者。他对绝对命令的"普遍法则公式"（FUL）的处理也许最清楚地显现了这一点。如帕菲特所见，绝对命令的这一公式一直受到许多严重的反驳；这使许多本来持同情态度的评论者都认为，就作为区分正当与不当的指导原则而言，它对我们帮助甚小。许多重要的康德学者都认为，绝对命令的其他表述更为丰富，也更有启发。

相比之下，帕菲特则看到了普遍法则公式的巨大潜力。与流行的诠释意见相左，他坚持我们"能够"使 FUL"变得可行"，他主张"一旦以某些全然康德式的方式来修正，这一公式就会取得惊人的成功"（294）。实际上，他走得非常远，以至于认为这个公式经过恰当修正后的版本"或许就是康德一直在努力探寻的东西：最高的道德原则"（342）。

帕菲特偏爱这一修正版的普遍法则公式："每个人都应当遵循这样的原则，其被普遍接受是每个人都能够合理地意愿的"（342）。这一版诉诸一种普遍的选择或同意，因此有资格作为某种形式的

"契约论"，帕菲特将其作为"康德式（Kantian）* 契约论公式"。如果如此诠释，那么康德式立场就可以与各种当代版本——特别是本身受到宽泛意义上的康德主义启发的各种版本——的契约论做比较。罗尔斯诉诸在无知之幕后选择的原则就是一例，尽管他把这种装置几乎只用来为社会的基本结构选择正义原则。罗尔斯在《正义论》中曾短暂地持有这样的观点——可以将同样的装置运用于更广泛意义上的道德原则选择，但从未贯彻下去。尽管如此，帕菲特还是对这个观念做了严厉的批评，并断定，就作为一般性的道德论说（account）** 而言，罗尔斯式契约论的前景远不如斯坎伦所发展的契约论。

    按照帕菲特的表述，"斯坎伦的公式"认为"每个人都应当遵循无人能够合情理地（reasonably）拒绝的原则"。帕菲特认为，至少基于某些诠释，斯坎伦式契约论与康德式契约论是吻合的。因为基于这些诠释最终会发现，每个人都能够合理地意愿要被普遍接受的那些原则与无人能够合情理地拒绝的那些原则是完全一样的。尽管帕菲特与斯坎伦在这两种契约论趋同的确切程度上存在着分歧，但它们趋同的可能性并不特别让人吃惊。更让人吃惊的是帕菲特对契约论与后果主义之间关系的评价。

    正如我已经提到的，康德主义立场与后果主义立场之间的对立

xxii

---

  * Kant's、Kantian 这两个术语的译法分别为"康德的"与"康德式的"（或"康德主义的"），前者强调是属于康德的，后者不仅包括属于康德的，还包括对康德观点所做的发展与引申，这种处理同样适用于 Scanlon's 与 Scanlonian 等，阅读时请注意。

  ** account 一般说来比 theory 弱，但比一般的假说或解释强，具有一定的结构。为了突出这一点，译者采用了"论说"这一有时候甚至觉得有点儿别扭的说法，以避免误解。

通常被看作深刻且根本的。当代的契约论，无论是罗尔斯的还是斯坎伦的，其意旨在很大程度上都在于阐述替代后果主义的某种强有力理论。然而，帕菲特认为，康德式契约论实际上蕴含了某种版本的"规则后果主义"，后者认为"每个人都应当遵循这样的原则，其被普遍接受将使事情进展得最好"。他强调，每个人都能够合理地意愿其被普遍接受的那些原则恰恰就是那些"最优的"规则后果主义原则。据此，康德式契约论和规则后果主义可以组合形成被称为"康德式规则后果主义"的观点："每个人都应当遵循最优原则，因为它们是每个人都能够合理地意愿其为普遍法则的仅有原则"（411）。尽管就人们应当遵循的原则之主张的内容而言，这种立场是后果主义的，但就我们为什么应当遵循这些原则的论说而言，这种立场与其说是后果主义的，不如说是康德主义的。我们应该遵循这些原则，是因为我们会合理地意愿它们被普遍接受，而不是因为如后果主义者所说的，最重要的就是产生最好的事态。

既然康德式契约论蕴含规则后果主义，既然某种版本的康德式契约论与某种版本的斯坎伦式契约论是吻合的，那么三种立场的各种版本就可以组合起来。由此导致的三重理论就认为"某个行动是不当的，恰好当它不容于这样的原则，即该原则是最优的，是唯一可普遍地意愿的，且是不可被合情理地拒绝的"（413）。帕菲特深信，各种可能性的趋同导致：康德主义者、契约论者和后果主义者之间有着深刻的分歧是一种错误的看法；相反，"这些人是在不同的侧面攀登同一座山峰"（419）。

帕菲特在发展这种核心的论证思路时，极为依赖他关于理由与合理性的实质性主张。人们在想要事物或想做事情时持有何种理由，人们的行动在何种条件下是合情理的或合理的，帕菲特考察的各种理论对此都提出了主张。帕菲特对这些理论的评价，也就很大程度上取决于评价这些不同主张之力度。不过，关于理由与合理性的主张之争议性，一点也不少于关于正当与不当的主张之争议性。帕菲特认识到了这一点，因此在论述道德的章节之前，他对自己关于这些主题的观点做了详尽的阐述与辩护。

许多哲学家认为，我们的行动理由全部是由我们的欲求提供的。我们最有理由做的是能够最好地满足我们的实际欲求（desire）*的事情，或者满足在理想条件下我们会有的欲求的事情。帕菲特把这种基于欲求的（desire-based）看法称为"主观理论"。尽管无论在哲学之内还是在哲学之外，这种理论都一直有着深刻的影响，但帕菲特还是相信：它们有着深刻的错误，且他对这种观点的批评是毁灭性的。他主张，这些理论不仅有大量不可行的（implausible）**的蕴含，而且最终"建立在浮沙之上"。这些理论蕴含着：我们理由的规范性力量来源于我们根本没有任何理由想要有的欲求。而帕菲特主张，这样的欲求并不能给予我们任何理由。由此，最终，基于欲求的观点的真实蕴含是我们根本没有任何行动理

＊ desire 这个词在帕菲特这里所指非常广泛，既包括我们与生俱来的各种生理欲求，也包括各种心理上的欲望与愿望，欲望与愿望都不能准确翻译它，这里译为"欲求"是不得已而为之。要注意这种欲求就其一般而言无好坏之分，但具体欲求则可能有好坏之分，阅读时请注意。

＊＊ plausible、plausibility 等的译法并未强求统一，一般译为"可行的"和"可行性"，有时则译为"言之成理的""说得通的"等。

由，故而在最根本的意义上说，没有任何事情是真正重要的，意思是我们没有任何理由在乎任何我们确实在乎的事物。

在拒绝这些"黯淡的"观点后，帕菲特反过来主张我们应该接受基于价值的（value-based）客观理论。按照这种观点，提供行动理由的是行动所实现或满足的价值，或者用他的话讲，"使某些事情为了其自身的缘故而值得做"的事实或"使结果或好或坏"的事实。用这种方式理解的话，理由的判断就比合理性（rationality）的判断更为根本。因为在帕菲特看来，当我们对理由或显见（apparent）理由做出回应时，我们就是理性的；若我们的信念为真，且我们做的事情有好的理由，则我们的行动就是合理的。这与实践合理性的许多流行论说形成了对比，例如后者中有些将合理性确定为期望效用的最大化，有些将实践不理性诠释为某种形式的不一致性。

正如斯坎伦文章中的看法，理由优先于合理性的观念也与康德的观点冲突。对于康德而言，无论绝对命令的权威还是对其内容的理解，都要参考理性的能动性，而不是参考某种关于"人们所具理由"的独立观念。正如斯坎伦所描述的康德主义观点——他称之为"理由的康德式建构观"："关于理由（确切地说，是人们必须把什么看作理由）的主张必须根植于人们关于理性能动性的主张，也就是关于与人们把自己看作理性行为者相一致而能够采取何种态度的主张。证成（justification）* 绝不会从另一个方向进行，即从关于理

---

* justification 通译为"证成"，而 justified、justifiably 葛四友翻译为初看起来有点儿别扭的"有证成的""有证成地"，以期读者更好地注意它指综合权衡后更有道理或理由等，而阮航为求通顺，有时候译为"有正当理由的"等。

由的主张得到关于合理性要求什么的主张"（121）。

　　帕菲特像斯坎伦一样拒绝理由的康德式建构观，且正如斯坎伦所指出的，帕菲特表述（他试图证实会趋同的）各种道德理论的方式都诉诸"一个人能够合理地意愿什么"这一观念，该观念预设了一种可独立理解的、关于一个人所持之理由及其相对强度的概念（121）。这一点使这些理论区别于康德自己的观点，也区别于某些重要的当代康德主义者［如克里斯汀·科丝嘉（Christine Korsgaard）］的观点。帕菲特承认，他依赖于一种原始且"不可定义的"理由，随之还承诺存在一种不可还原地规范性的真理，这使他的观点被科丝嘉称为某种版本的"独断理性主义"。就此而论，不仅如科丝嘉这样的康德式建构主义者抵制这种观点，而且倡导不同元伦理视界（outlook）（如某种形式的自然主义和非认知主义）的学者也抵制它。

　　因此，帕菲特在第六部分承担着这样的任务：解释自己的规范性观点并为之辩护。他把自己认同的观点称为"非形而上且非自然主义的认知主义"。这种观点诉诸我们对"不可还原地规范性的真理"的某种直觉信念。这种观点并不主张存在实在（reality）的某些非时空成分，在此意义上，它不是柏拉图式的。此外，它对直觉的依赖并不是表示：规范性事实是通过某种类似于感官感觉的精神能力而理解的。我们也并不把像正当性和合理性这类规范属性的出现看作规范性事实因果影响的结果。相反，我们理解某些事物的规范真理的方式就像理解数学或逻辑真理的方式。帕菲特实际上主张，数学推理和逻辑推理本身就包含认识到"我们有理由相信什么"的规范真理，且要对之做出回应。例如，我们承认真理 P，且"如果 P，那么 Q"，这就给了我们结论性的理由相信 Q。帕菲特坚持，正如存在着我们有理由相信何事的真理，也存在着我们有理由做何事的真理。

当然，帕菲特也意识到，许多哲学家并不接受"存在着这种意义上的不可还原地规范性的真理"。虚无主义者和谬误论者都认为，一切规范性主张都是假的（false）*；而自然主义者认为规范性事实可还原为自然事实；非认知主义者则认为，尽管规范性主张在人类生活中很重要，但它们根本不作为事实性陈述起作用。对于这些立场，帕菲特讨论和批评了其中许多有影响的版本，包括西蒙·布莱克本（Simon Blackburn）、理查德·布兰德特（Richard Brandt）、阿兰·吉伯德（Allan Gibbard）、理查德·黑尔（Richard Hare）、约翰·麦基（John Mackie）和伯纳德·威廉姆斯（Bernard Williams）等人的版本。他主张，这些观点没有一个能够恰当地解释我们思想中的规范性维度；基于所有这些观点，规范性都被证明是一种幻觉，消失不见了。实际上帕菲特似乎认为：所有这类观点都倾向于虚无主义，且对于承认不可还原地规范性的真理来说，虚无主义是唯一真正的竞争对手。科丝嘉对规范性"实在论"的康德式反驳也无法说服他。与科丝嘉强调的相反，他声称规范性的根源并不在于意志，反而在于不可还原地（关于我们有理由相信什么、想要什么和干什么）规范性的真理的存在。

xxvi

---

* true 和 false 被用来指命题时，通译为"真的"与"假的"，其他则视情况可能译为"对的"与"错的"，或者"正确的"与"错误的"，等等。

正如马上会明朗的，帕菲特讨论理由与规范性的目的，完全不同于讨论实质性道德理论时所追求的目的。在后一种情况下，他的目的是证实公认对立的某些理论实际上是趋同的，因此它们之间的表面分歧就会消失。但是在讨论关于理由与规范性的不同观点时，他并不把竞争理论之间的趋同性纳入议题范围。相反，他主张，我们应该接受基于价值的理由理论，拒绝基于欲求的理由理论。同样，我们应该接受他的认知主义理论，拒绝一切形式的自然主义和非认知主义理论。帕菲特明显受困于实质性的道德分歧，因为他认为这会威胁到我们对存在道德真理这种事情的确信。这就是为什么他有如此强的动力去证实各种相竞争的道德理论有趋同的可能性。他尽管也受困于元伦理或元规范的分歧，但反应是大不一样的。在此他只是简单地试图决定何种理论是正确的。然而，帕菲特试图证实会趋同的各种理论都预设了他关于理由与规范性的观点，而这种观点显然是有争议的，这就会让我们质疑他所描述的实质层面的那种趋同性是否真的重要。对那些拒绝基于价值的理由理论的人，或者对那些接受这种或那种形式的自然主义、非认知主义或建构主义的人而言，这种道德共识所依赖的元伦理学观点恰恰是他们要拒绝的，故而是无法打动他们的。因此，帕菲特面临的一个挑战是证实他所力证的这种趋同性，其重要性不会被它对关于理由与规范性的（不存在任何趋同性）主张的那种依赖破坏。帕菲特尽管没有直接应对这个挑战，但确实主张：人们之所以拒绝他所偏爱的那种关于理由与规范性的观点，是因为他们并没有充分地了解他的观点。他表达了这种愿望：一旦相关的误解得以消除，越来越多的哲学家最终就会接受这些观点。如果此论正确，那么，即便理由与规范性的相竞争的理论本身并不趋同，我们也有理由指望，哲学家对这些理论的评价会有越来越大的趋同性。当然，这个建议本身就很可能是有争议的。

对于帕菲特精细微妙的论证，我们还能且会提出更多其他问题。一个问题是，帕菲特试图证实会趋同的各个道德观点在何种程度上是其常见观点的真实版本。四位评论者均从不同方面对这个问题做了讨论。康德式契约论在何种程度上是真正康德式的？我们已经看到，就合理性与理由之间的关系论说而言，这个观点看起来更像是帕菲特的而不是康德的。同样的问题也可以对其他表面趋同的立场提出来。斯坎伦式契约论在何种程度上是斯坎伦自己的观点？帕菲特版本的规则后果主义与其他后果主义表述之间的关系又如何？

这是个棘手的问题。正如斯坎伦提到的，帕菲特非常直率地承认，在发展"康德式"立场时，他乐意偏离康德的实际观点，只要他认为这有助于改进它们。如帕菲特所言，"我们在问的是，康德的公式能否有助于我们确定哪些行动是不当的，能否有助于解释这些行动为什么是不当的。我们如果能够以显然必要的方式修正这些公式，那就是在发展某种康德式的道德理论"（298）。在对斯坎伦的回应中，他同样明确了这个事实：他对康德式契约论与斯坎伦式契约论的趋同论证并"不适用于斯坎伦著作中陈述的观点"（244），相反适用于在他看来是这种观点经过修正而加强了的版本。

这种不认错的修正主义给帕菲特带来了两种风险。斯坎伦提到的第一种风险是，他能证实的任何趋同有多么让人吃惊和多么重要，取决于各种趋同的理论与它们的理论原型有多接近。修正得越多，理论离原初表述越远，那么这种趋同就越不令人吃惊，也越不重要。第二种风险是，在修正原初理论让它们更为接近时，我们有可能排除掉原初理论之有价值的部分。

　　沃尔芙看来很是认为帕菲特的趋同性主张同时有着两种风险。　xxviii
就帕菲特试图调和康德主义、后果主义和契约论传统而言，她写道："前文引用的那些言论旨在表明：我们可以按照上述方式来诠释和梳理这些不同传统所看重的价值，乃至消除它们之间的紧张关系；或者说，对于这些传统最杰出的代表人物所陈述的观点，我们做一些修正和限制，从而最终使之与其对手的观点达成调和——这样的做法是符合这些代表人物的精神的。就这样的意指而论，帕菲特对这些哲学家著作的讨论，是以在我看来既在诠释上讲不通也在规范上令人遗憾的方式，背离了其中任何一位哲学家所持的鲜明立场"（34）。沃尔芙的观点是：康德主义、后果主义和契约论传统各自有着相异的评价性视野，每种视野都有重要的贡献，但它们彼此之间确实有着真正的张力。这些张力反映了我们道德思想本身之内有着更广泛的张力。她认为，就此而论，无法消除这些张力是用不着感到遗憾的。帕菲特试图寻求的那种统一原则将必然是个妥协而不是趋同的问题，并且任何这样的原则都必然会遗漏某些重要的价值。沃尔芙特别参考了帕菲特版本的康德主义来强调最后一点，她认为这一版本限制了自主性在康德本人的道德哲学中的重要性。

　　赫尔曼也认为，帕菲特的立场在根本方式上偏离了康德的立场。然而，尽管沃尔芙怀疑帕菲特寻求的"道德依赖于统一原则"这个观念本身，但赫尔曼赞成康德自己的统一性论说，还认为帕菲特的理论是不同成分的不稳定混合。更具体地说，她认为帕菲特采用了一种"杂交"方法论，纳入了一些康德主义的特征，但尽管如此还是"带有强烈的后果主义特性"（83）。尽管帕菲特的意图是保持康德观点中最有说服力的成分，同时避免其中显然不得人心的蕴含，但赫尔曼还是认为：康德主义与后果主义方法论之间的"不匹配"是深刻的，试图组合它们必然会扭曲康德自己的论说，还会遮蔽这种论说中最有吸引力的成分。在其评论的第一部分，她确定了帕菲特方法论中的几种成分，认为它们带有深刻的后果主义特性，然后她对她看到的帕菲特与康德在方法论上的分水岭做了阐明。也许最基本的差别是这一点：帕菲特诉诸各种非道德善来决定我们可以合理地意愿什么，然后依此来决定道德的内容。然而，赫尔曼说到，康德则试图在一个独立地确立的道德框架内确定非道德善的地位。在其评论的余下部分，她试图证实，"统一的"康德式进路如果得到恰当发展，那么就有办法纳入康德看来忽略的某些最重要的道德直觉——诸如关于可允许的谎言的直觉。如果此论正确，那么我们想要一种混合的道德方法论的动力就被大大削弱了。赫尔曼颇费苦心地以这种方式发展统一的康德主义观点，对此帕菲特在其答复中未予以直接回应。然而，他拒绝赫尔曼对他的方法论与康德方法论"不匹配"的评价。他强调，赫尔曼所引其明显的后果主义方法论中，实际上大多数方面也是康德观点的特征。尽管他确实对康德的普遍法则公式做了修正，但有些修正是完全本着康德主义观点

xxix

之精神的，还有一些则是为了避免一目了然的错误。帕菲特认为据之可得出，他与康德在立场之间的差距远没有赫尔曼所声称的那么广泛和深刻。

像赫尔曼一样，伍德主张帕菲特的哲学方法论在诸多重要的方面都与康德相背离，但与赫尔曼相比，他更注重帕菲特在方法上的不同之处。伍德认为，帕菲特的方法论起源于西季威克（Sidgwick），这种方法给自身设定的目标就是提供一种"科学的"伦理学。这种想法是要把我们常识性的道德意见系统化，在必要时做出修正，其目的在于得到一组确切的原则，由此对于个人在一切可设想的环境下应该如何行动，可以用某种算法得到一个确定的道德裁定。伍德认为如康德、边沁和密尔等人本来就是非常不同的哲学家，采取的是一种完全不同的方法，他本人认为这种方法要优于他归于西季威克和帕菲特的那种方法。这种方法不是始于道德常识，而是始于某种阐明基本价值的根本原则。一般性的道德规则或义务 xxx 是由此非演绎性地从根本原则派生出来的。这些规则或义务代表了某种努力，其目的在于诠释人类生活条件下的根本价值之蕴含。规则或义务本身容许有例外并且要求诠释：它们在被应用于特定情形时需要我们做具体的判断，无法以确切的规则或原则去规定。因此，如伍德所理解的康德式方法：一方面，不像西季威克式方法那么重视常识性的道德直觉；另一方面，它认为没有希望达成这样的目标，即建立一种能够提供某种算法的"科学的"伦理学，以服务于道德决策。

伍德认为——尽管帕菲特的回应表示他不接受这种诊断——刚

刚描述的这种方法上的差别，构成了他与帕菲特在关于康德人性公式的诠释上产生分歧的潜在原因。伍德还认为，这种差别也使他们对于一种常见类型的哲学论证表现出泾渭分明的态度。这类论证使用我们对某种程式化且有时很复杂的虚构例子的直觉反应来检验各种道德原则。所有这类例子无论是否涉及实际的电车，伍德都称之为"电车问题"，以挪揄地致意于由富特（Foot）首次引入哲学文献的这类著名情形。帕菲特频繁使用此类例子来建构他的论证。例如，他对康德主义与规则后果主义的趋同就极为依赖这种主张：一种行动方案会给行动者自己带来负担，唯一的替代方案就是给别人带来负担，在这样的情境下个人能够合理地同意什么。帕菲特对其主张的阐明与辩护使用了一系列虚构例子：大量不同的虚构环境会给不同的人带来负担，其类型不同且程度不一。他试图在这些例子中引领我们道德上的直觉反应，以表明：（1）每个人都会合理地意愿后果主义的最优原则被普遍接受，即便这些原则给自己带来负担；（2）不存在人们会合理地选择普遍接受的任何其他原则。帕菲特显然相信：使用虚构例子有助于澄清在复杂道德选择中的相关问题，并使我们能够在道德论证中取得进步。相对比而言，伍德认为"电车难题对于道德哲学不仅无益，而且极为有害"（70）。他论文的主要部分都是对这种方式的一种广泛批评：依赖此类问题会把道德哲学家引入歧途。

xxxi

只要其他人也像伍德一样，对在道德哲学中诉诸虚构例子持保留意见，那么帕菲特大量依赖此种例子就会成为人们抵制其论证的根源。当然，即便并不像伍德那样完全拒绝此种诉求的那些人，也可能发现，在帕菲特讨论的某些具体例子中，其反应不同于帕菲特，尽管帕菲特已经预见到许多潜在的分歧并且展示出力图消弭分歧的杰出智谋。然而，帕菲特自己也指出，人们对某些情形的反应取决于是接受基于欲求的理由理论还是基于价值的理由理论。既然他指望使用我们的反应来支持他关于不同理论趋同的主张，那么这种变量（我们反应上的分歧）便反映出一种可能：正如我们对规范判断性质的元伦理分歧一样，关于理由和合理性的分歧会产生威胁，乃至动摇他试图确立的那种道德共识。正如我已经说过的，帕菲特对这种威胁的回应，不是在相竞争的元伦理学理论、理由和合理性理论本身之间寻求趋同，相反，他主张我们具有决定性理由拒绝"非形而上且非自然主义"的元伦理学和基于价值的理由理论之外的一切其他选项。他把这种趋同的指望放在哲学家最终会接受他所偏爱的那种认知主义和基于价值的立场上。这是消除分歧或者说去掉心头之刺的另一种方式：证实只有一种立场是我们能够合理地接受的。

无论通过理论的趋同还是通过决定性证实竞争观点的不足（inadequacy），汲汲于消除分歧都是帕菲特著作的鲜明特征。有时候它表现为一种紧迫感。他对沃尔芙的回应就体现了这一点。沃尔芙把帕菲特看作竭力表明"存在某种单一的真道德，它浓缩为某个单一的最高原则；可以认为，这些相异的传统分别是以其自身独立且不完善的方式在探寻该原则"（34）。对比而言，她本人说，如果"最终表明"道德没有这样一种统一的原则，"那么这也不会是个道德悲剧"（35）。在对此的回应中，帕菲特同意，如果没有单一的最

xxxii

高原则，那么这就不会是个悲剧。但是他补充说："假如不存在单一的真道德，那么这就会是个悲剧。"他又补充说："如果我们无法解决这种分歧，这就使我们有理由怀疑是否存在任何正确的原则。这可能最终表明道德什么也不是，因为道德也许只是一种幻觉"（155）。也许正是前景"黯淡"的不祥之兆，乃至如其所担忧的"更黯淡"前景——根本没有任何重要之事，在帕菲特心头挥之不去，才能解释他消除分歧的那种紧迫感。无论是否赞同他对来自深刻分歧之威胁的这种估量，人们都不可能不留下深刻印象的是：他在追求目标时所表现出的那种非凡的创造力和纯粹智识的强度。他富有挑战性的大量讨论，通过与斯坎伦、伍德、沃尔芙和赫尔曼的交流而得以阐明，由此以新颖且不同寻常的眼界重塑了常见的争论，开启了许多富有成效的新思路，从而可让哲学家做出更进一步的考察。人们只要对道德、规范性和合理性理论感兴趣，就无法忽略这部杰出、发人深省且有着坚定主张的著作。

序　言

既然本书有内容提要，我在此就不谈内容。本书篇幅很长，其
中包含几本小书。书的第三部分没有任何重要的东西依赖于第二部
分，因此你可以只看第一部分和第三部分。你如果主要对伦理学感
兴趣，那么就可以只看第六至第十七章。如果你的兴趣主要在于理
由、合理性和元伦理学，那么你可以只看第一和第六这两个部分。

在说明如何写作其伟大而乏味的《伦理学方法》（The Methods
of Ethics）时，西季威克谈到他有两位"导师"：密尔与康德。我
的两位导师则是西季威克与康德。

康德是自古希腊以来最伟大的道德哲学家。而我相信，西季威
克的《伦理学方法》则是迄今为止写得最好的伦理学著作。有些著

作的成就更伟大，如柏拉图的《理想国》和亚里士多德的《尼各马可伦理学》，但西季威克著作中重要且为真的主张最多。西季威克尽管没有柏拉图、亚里士多德、休谟和康德等人伟大，但能够写出更好的著作。这一点并不令人惊讶，因为他生活于较为靠后的年代。生活在荷马和莎士比亚时代之后的诗人或剧作家，并没有任何相对于前者的优势；但哲学不一样，哲学会进步，因而生活在后期的哲学家是有优势的。

无论西季威克还是康德，都有弱点和不足。例如，西季威克有时非常无趣，康德有时则会让人发疯。承认这些弱点，说明为什么我们不该对这些弱点感到失望或被其阻碍，我希望这样可以说服一些人，让他们去读或重读西季威克的《伦理学方法》以及康德的一些书。

xxxiv　　就做对比而言，康德与西季威克是绝配。例如，康德在讨论自己的成就时写道：

> ……批判哲学必定非常确信：它会不可抗拒地趋向于既满足理性的理论目的，也满足理性的道德（即实践）目的，永远无须做出观点上的改变、有所动摇或重构为另一种形式。"批判"的体系立基于完全稳固的根基之上，且是一劳永逸确立的；它会证明：对于人类在一切未来时代的最高贵目的来说，它都是必不可少的。

西季威克写道：

> 这本书没有解决任何问题，但可能会帮助一两个人澄清思想，一点点而已。

康德极具原创性，提出了某些崇高的主张，既让人紧张又让人激动。西季威克知道自己缺乏这些品质，他对一个朋友写道："我喜欢自我批评"，对此做了如下表述：

> 优点：总是考虑周到，常常是精致的；一般是明智且不偏不倚的；从正确的视角（points of view）来处理问题。
>
> 缺点：无足轻重的，条理不清的；文风呆板沉闷，论证中没有任何真正醒目或创造性的因素。

西季威克还谈到他"冗长、难懂且乏味这个要命的缺陷"。

最后的言辞过于严厉了。西季威克的书尽管篇幅很长，有些章节现在也可以被忽略，但并不冗长。西季威克很少会重复，许多重要观点的提出都是简明扼要的，并且只提一次。西季威克的书也不难懂，有些主张和论证尽管是复杂的，但几乎都写得非常清楚。

对于西季威克的枯燥，需要再说几句。怀特海极为反感西季威克的《伦理学方法》，看过它之后就再也没看过任何伦理学的书。 xxxv
但是凯恩斯（Keynes）读了西季威克的回忆录和通信集后说："我从来没有见过这样一部书，它是如此枯燥，但又是如此让人着迷。"我们值得从这部书里做些引用。西季威克在讨论英格兰的教堂时写道：

> 在剑桥，我逐步形成了这样的看法：它是某种曾经活着且生长着的东西，而之所以现在还存在，只是因为它是一座结构复杂的大厦之中的某根支柱或某面拱壁，人们不知它是否有价值，但目前还没有人想要拆除它。而在此刻，我的感觉毋宁是：我仿佛在注视一条大鱼，它跃出水面，快乐而无碍地在路

面上游动。

这里还有几段：

> 毫无疑问，英格兰的男人坠入爱河主要是在不正常的时段里，比如读书会、海边、番邦旅馆或圣诞节，或者任何这样的场合：不管外部环境还是内在情绪，只要有任何因素打破了永恒的坚冰。不幸的是，若这些偶然的融化所持续的时间不够久，由之所获的一切优势就都会消失。因各种原因而相交的两条生活线也许就会永远相隔，由此是雪上加霜。

> 我养尊处优，却承受着人性的负荷，结果是难负其荷。归根结底，帕斯卡讲得几乎没错：一个人如果抱有无尽的怀疑，如果这种状况如以水洗胃，如油之浸骨，那么就应当身处空荡荡的地下室，披麻抹灰，悲苦不堪；而不是品着 47 年的葡萄酒，与克拉克做高雅之谈。走进自己的房间，我觉得很陌生，很可怖。我给你写信的原因即在于此。但在此再说一句——一个人如果允许"光阴恨短"的念头滋长而过于强烈，那么看来就会将其一辈子浓缩成狂热的片刻。

> 要么这个世界感受到了我的脉搏，要么我就死了。

xxxvi
> 想想看，说这话的人死了，是个二流货色——对于所有像这样的人，有谁在意？

> 蝴蝶尚且惧死。

> 对我而言，这种情绪很陌生。但我今天在特兰平顿干掉了一只蜘蛛，并说"这是感受"。除了体验感受之外，我会是什么？

西季威克也会打趣，他的谈吐被形容为："就像一条波光粼粼的小溪，带有似乎会发光的波纹。"不过《伦理学方法》的第一稿就只有几个笑话，后来还被删掉了。然而，这部书的绝大部分都写得很好。例如：

> 假定……"只服从个人自己"这个理想可以被代议制民主实现（即使是大致上的），这种看法的荒唐就显得更明显。因为代议院通常只是由国家的一部分人选出来的，而每条法律也只是为代议院里的一部分人所赞同；若某条法律得到多数议员的赞同而得以通过，但某人所选议员反对，那么说"此人已经同意这样一条法律"就是荒谬的。

更冷静的：

> 由此义务的秩序（cosmos）实际上归于混沌，人们为了构架理性行动的完美理想而做出的长期的智识努力，看来命中注定会失败。

这一令人印象深刻的严峻主张有着某种康德式的力度，有关康德的另一段也是如此：

> 我不能基于这种资源认为：处于道德必然性之下就是把我的一切义务看得有如它们是上帝的命令，尽管我并没有资格推测确实存在任何这样的最高存在者（Supreme Being）。我完全感觉不到要迫于实践的目的去相信找不到任何根据作为思辨真理来接受的任何东西，我甚至无法想象这些语词看来要描述的那种心态，除非因某种暂时愚蠢而失去理智的状态，从而陷入

xxxvii

对哲学的狂热之中。

好的段落有很多，但太长无法完全引用，有一段是这样结尾的：

> 自私者会错过由广泛兴趣所带来的崇高感和升华感，还会错过不断参与（指向比个人幸福更稳定的目的的）某些活动所带来的更为安稳和宁静的满足：他会错过尤为丰富的美妙感受，这种感觉取决于同情的综合回报，通常可见于我们为爱人或恩人效劳时……他会以无数的方式感觉到，在自我生命的节奏与更大生命的节奏之间的不协调——前者只是后者之中微不足道的片段。

另一段的结语是：

> 某人说"邪恶啊，你就是我的善"，并依此行动——即便是这样一个人，对其行动之中可怕的不理性也只会有模糊的意识——这种模糊是由于如下虚妄的想象：此刻他已经走到人生末途，能让人钦佩的唯一机会必定在于坦率而一贯的邪恶。

西季威克提醒他的朋友们：他的书致力于"思想的精确"，因而"必定会有点儿枯燥和让人讨厌"。但这种精确通常被表达得非常好。例如，西季威克在讨论友谊时写道：

> 一切强烈的亲密情感都是常识所赞赏的，同情则不是如此；常识不满于上述情感的衰退，同情的消退则没有那么令人遗憾。

xxxviii 许多句子尽管枯燥，但又有那么点儿反讽的味道。例如：

人们可能说孩子应该感激其亲生父母。但是仅赋予生命而不提供任何让生活幸福的必需品，看来只是一种可疑价值的福音，当这种福音的降临根本就不考虑接受者时，它极少能够激起人们的感恩之心。

……A 比 B 更幸福若只是因为超出其控制的环境使然，那么看来就没有任何不义之处。

因此，谨慎地表达的效用主义结论看来是这个样子的：保密才会使一个行动正确，而不保密则不是如此，这种意见本身就应该保密起来；同样，秘传道德是有利的这一学说本身应该保持为秘传，这样才是有利的。

……真正具有穿透力的批评，特别是在伦理学中，要求带有同情性的耐心努力——这是布莱德利先生从来都学不会的，还要求一种平和的心态——这是他从来都无法保持的。

（这部书）看来是摧毁性的，但由于过度争议而失败了。这种破坏性攻击中至少应该有一种假模假样的公平。

西季威克实际在进行颠覆时，其反讽却让他看似一本正经。例如，威廉姆斯就受到了误导，他针对西季威克对性道德的讨论这样说，尽管有时候稍有冒险，但西季威克"对贞操概念的使用是极没有批判性的"。西季威克确实问过："那么贞操会禁止什么样的行动呢？"但我们如果更仔细地阅读就会发现，他的答案是不禁止任何行动。1874 年英格兰出版的一部书主张，为了性快乐自身的缘故而沉浸于其中在道德上完全无可指责，虽然用词谨慎，但显然不只是"稍有冒险"。

当人们发现西季威克枯燥乏味时，这种回应常常针对的不是其文风，而是其最伟大的一个哲学优点。西季威克也在日记中对这个优点描述得很好：

> 一直在读孔德和斯宾塞的东西，对他们的智识力量和勤奋早就非常钦佩，不过更多是惊讶于他们自满的那种自信。在我看来，他们都不知道自我批评为何物。我很好奇这是不是与其成就不可分离的一种缺陷。一方面，我确定自己的自我批评阻碍我得到积极且鼓舞人心的作品；但另一方面，我感到，如果我的作品还有点儿价值的话，这也归功于它。

西季威克特别善于发现对其观点的反驳所具有的力量。威廉·詹姆斯（Willian James）听了西季威克对一篇论文的辩护后这样说：

> 西季威克所展现的那种反思性坦率，有时候让人发怒。没人有权对其对手如此公平。

例如，在讨论对手的一部书时，西季威克写道：

> 我将尽可能地赞扬它……此书的作者是很有品位的……但是，在我看来，这好像完全不是他写的书：我几乎没法以恰当尊重的态度来对待他的理论。无疑，在他看来我也是如此。我们都是对的吗？这部书使我对伦理学感到极为沮丧。

这些美德使西季威克很难读。正如 C. D. 布劳德（C. D. Broad）所解释的，一个问题是西季威克

> 不停地提炼、限定、提出反驳和回应它们，然而又发现对

答案的进一步反驳。这些反驳、驳斥、回应和再回应，每一个本身都是可敬的，一直有助于作者的准确和公正。但是读者容易失去耐心，会失去论证的主线，当从桌子旁站起来时发现，他很钦佩地读了很多，但所获无几。

在某种程度上讲，我们第一次读《伦理学方法》会是最糟糕的，因为书中没有什么醒目或激动人心的东西。但每次重读时，我们都会注意到一些好的新颖论证，而这是以前所忽略的。至少我发现是如此。

　　西季威克在再次批评自己时写道：

　　　　我并不是一个有原创性的人，我对自己作品的评价越来越低。

这些话也过于严厉。西季威克在几个方面是有原创性的。但这不是使他伟大的地方。康德和休谟等其他哲学家更有原创性，也更出色。这些哲学家像牛顿和爱因斯坦一样是那种最显而易见的天才。西季威克更像达尔文，他所具备的是那种被称为"强化到近乎天才的良好感觉"。正如布劳德所论，在《伦理学方法》中，"几乎所有主要的伦理学问题都得到了极精确的讨论"。西季威克在很多事情上都是正确的。他对古代和现代伦理学中最主要的三个主题（利己主义、享乐主义和后果主义）都给出了最好的批判性论说。他书中最长的四个部分，也对非后果主义的多元主义常识道德给出了最好的批判性论说。尽管西季威克也犯错，我在尾注中提到了一些，但我认为他的错并不多。这些事实使《伦理学方法》这部书成为每个对伦理学感兴趣的人最好是要读和记的书，且能假定其他人都读过。

我对西季威克的感激很容易描述。我成为哲学研究生的理由之一是这个事实：在想知道要如何度过这一生时，我发现很难决定什么是真正重要的事情。我知道哲学家致力于回答这个问题，从而变得明智。不过我非常失望地发现，无论教我的哲学家，还是被告知要去读其论著的哲学家，他们都认为"什么重要"这个问题并没有真正的答案，有的哲学家甚至认为这个问题没有意义。我买了一本西季威克的书，我发现他至少相信有些事情是重要的。我正是从西季威克那里得知道德哲学家应该追问的大部分问题，还有一些问题的答案。

xli　　我现在转向我的另一位导师：康德。当我 1960 年首次阅读康德的《道德形而上学奠基》一书时，我发现这部书非常吸引人但也很难懂。当三十年后我重读这部书以及康德的其他书时，我出乎意料地沉迷于康德的伦理学。在接下来的两三年期间我基本没想过其他东西。

值得承认的是，尽管我沉迷于康德给予我的很大活力，但这种活力一开始几乎完全是消极的。我并不怀疑康德是个天才。但我发现，自己像许多其他人一样，既非常反对康德的主要主张，也非常反对他研究哲学的方式。我会提到是什么使我如此反对康德，以及这种态度是如何转变的，这也许会劝说某些人不再像我以前那样，对康德近乎不闻不问。

尽管康德有西季威克所缺乏的某些重要品质，但反之亦然。西季威克的写作很清楚，具有整体上的一致性，很少犯错。这些品质都是康德不具备的。

　　完全不像我们第一次阅读西季威克的《伦理学方法》时的感受，在某种程度上说，第一次阅读康德的《道德形而上学奠基》是最好的。书里一些主张醒目且激动人心，我们并不为看不懂而担忧。但当我们重读《道德形而上学奠基》时，许多人会变得沮丧，从而放弃。我们判定，康德尽管是一位伟大的哲学家，但却不适合我们。

　　第一个问题是康德的文风。正是康德使糟糕的写作在哲学上变得可接受。我们再也不能指着其他人写得极乱的一句话说："如果任何一个人这样写作，怎么会值得我们去读呢？"因为总是能够有这样的回答："康德又如何呢？"

　　还存在着更深刻的问题。当我沉迷于康德时，我试图更清楚地重新表述康德的某些主要观点和论证，结果发现这个任务很打击人。我想以融贯的方式把康德的主张串联起来，然而，康德的许多论证看来显然是无效或不合理的。要是知道即使康德最伟大的钦佩者也有类似的感受，我会有所安慰。例如，奥诺拉·奥尼尔（Onora O'Neill）称《道德形而上学奠基》是康德"最令人气愤的"一部著作。

　　我如果早知道康德并不具有单一且融贯的理论，也会有所安慰。当我们询问康德是接受还是拒绝某个主张时，答案往往是：既接受又拒绝。正如诺曼·坎普·史密斯（Norman Kemp Smith）所写，"援引单个段落是很不可靠的"。例如，尽管康德写过"个人在每一个时刻的义务是尽其所能做最好的事情"，但他并不真的像这

xlii

个主张所蕴含的那样是个行动后果主义者。罗尔斯在尽力理解康德的文本时写道："我假定永远不存在明显的错误，无论如何不会是重要的错误。"但是必定会有这种错误，因为康德提出了许多相冲突的主张，这些主张不可能都为真。正如诺曼·坎普·史密斯所指出的，康德经常"直截了当地自相矛盾"，并且"几乎每一个专业术语的用法都有着不同且相冲突的意义。他是伟大思想家中最不精确的"。（为了避免刺激黑格尔主义者，我们也许应该加上"最不精确的之一"。）

康德写过"保持一致性是哲学家最大的义务"。情况并非如此，原创性和清晰性至少是同样重要的。康德的伟大主要在于他有许多原创性且富有成效的观念。如果康德总是保持一致的话，他就不可能有全部的这些观念。

当我第一次重读康德时，我发现最令人气愤的不是康德的模糊性和不一致性，而是一种特殊的言过其实、虚假的修辞。例如，康德写道：

> 我们如果回顾以前在发现道德原则上一直所做的一切努力，就无须惊奇为什么它们必定全都会失败。它们看到了人类要受约束于依据其义务的法则，但从未想到：个人只服从由其自身所给予的而依然普遍的法则。他有义务仅以一致于自身意愿的方式行动……

我并不介意第一个句子中的夸张。我们可以低调一点儿，把"一切……必定全都会"转变为"它们中的一些确实会"。但由于我们知道康德相信绝对命令，所以我惊讶于第二个句子。我问一个康德主义者："这意味着，如果我不把康德的命令作为自己的法则，我 就不受它管辖吗？"我得到的答案是："不，你必须为自己立法，并 且只有一种法则。"这个回应让人发疯，就像以前苏维埃所宣扬的 所谓"人民民主"：其中选举是强制性的，并且只有一个候选人。 当我说"我并没有把康德的命令作为自己的法则"时，我被告知 "不对，你已经这样做了"。这个回应更糟糕。对于这类主张的恼 怒，本书可能仍有所流露。

　　然而，正如我说过的，这种恼怒已经消失。我现在读了康德其 他的书，了解了使康德做出那些蛮横主张的那种激情。在较为平静 时，他做出了更好的其他主张。例如，据说康德曾讲：

> 自杀是激发恐惧与憎恶的最可鄙罪行……一个如此完全不 尊重自己生命的人……没有办法约束他不去犯最可怕的罪 恶……

但他也说：

> 斯多亚学派关于自杀的原则中不乏灵魂的高贵：我们可以 放弃生命，如同逃离烟雾弥漫的房间。

不仅如此，康德有些热情洋溢的论证也极具魅力。当谴责自杀时， 康德说：

> 如果自由是生命的条件，那么它就不可能被用来结束生 命……生命被假定用来导致无生命，但这是一个矛盾。

正是"假定"这一语词在这里显得如此可爱。一个评价者表示，自 杀包含着一种矛盾，因为基于康德的观点，正是我们赋予自己的目

的价值。如果我们杀死自己以避免痛苦，那么我们就

> 切掉了这种目的的价值根源——它就根本不再是一个真正
> 的目的，追求它也就不再是合理的。

这个结论来得太迟了。

xliv　　对于其他的此类例子，我们可以考虑康德的这个主张：我们如果撒谎，"即便是为了实现某个真正的好目的"，那么就"违背了自己人格中的人性的尊严"，并且使自己成为"纯粹虚有其表的人"，"具有的价值远不如一个纯粹的物件"。我们应该忽略这种情感的爆发。但就在接下来的另一页，康德表示，如果一个作者问我们是否喜欢他的作品，可以允许我们去迎合他。

　　康德有时被认为是一个冷酷、枯燥的理性主义者。但他其实是一个情感极端主义者。正如西季威克所写："哦，我是多么同情康德，同情他既怀着对综合的热望，又要接受其理性批评的宣判。"康德极少使用"大部分""许多""几个""一些"这样的语词，而是偏爱使用"全部"或"全不"来写作。他说，康德使用"善"意指"实践上的必然"。康德极少使用"一个理由"（仅仅算作支持某个行动的事实）这个概念，因为他偏爱的规范概念是被要求的、被允许的和被禁止的。从性情上讲，我也是一个极端主义者，总是竭力变得更像西季威克。

　　牛津大学曾经有一种有用的评分：最好（Alpha）与最差（Gamma）。正如每个人都会同意的，康德的书是纯粹的最好与最差，没有任何平庸（Beta）。我们的分歧只在于康德的作品中有多少是最好，多少是最差。我们如果发现了最好的东西，那么就可以

忽略最差的东西。

　　我认为，康德的有些观点极为接近休谟的观点。康德是个更危险的反智主义者，因为不像休谟，他似乎颂扬他所谓的"纯粹理性"。我认为，康德的影响在某些其他方面是很坏的。但他非常伟大，他的影响在其他较不明显的方面一直是好的。康德尽管提出了很多错误的主张，许多论证也是失败的，但是给了我们深刻的真理。我像西季威克一样，有时候发现他"完全就是个启示"。康德的书极具思想激发力。正如罗尔斯所写的："我们研究的这些作品，其与众不同的绝妙之处部分地在于，它们对于我们言说所能达到的深度以及多样的言说方式。"

　　在本书中我试图对康德最高的道德原则的绝大部分表述有所讨　　xlv论。尽管本书的论证主要在第一、第三和第六这三个部分，而第二部分主要是为那些论证而写的。除了在极少数章节（主要在第二部分和附录），我并不讨论康德观点的细节。

　　我现在转向我受惠最多的其他人。当我年轻时，绝大部分的哲学家相信不可能存在任何规范真理。绝大部分的经济学家、社会科学家和更广泛的西方世界中的人也是这样。受过良好教育的非宗教界人士理所当然地接受事实（这是客观的）与单纯价值之间的区分。现在的情况几乎没有什么改变。当某位经济学家最近主张他的建议并不包含任何价值判断时，有个人说："不对，它们包含了。你假定了我们应当去做这样的事情，它不会使任何人变坏，但会使某些人变好。"经济学家回答："那不是价值判断，因为每个人都接受它。"

西季威克早已离世，在其时代尚能找到对实践哲学和道德哲学抱有更大希望之人，受此激励，我也要找几位抱有如此希望的在世哲学家。内格尔，特别是他关于理由和不可还原地规范性的真理的主张，对我的鼓舞最大。我也从斯坎伦那里学到了很多，以至于都搞不清有些思想究竟是他的还是我的。我把这本书献给他们俩。

我也感激科丝嘉，正是她令人印象深刻的书让我重读康德，正是她称为"独断理性主义"的批评使我从自己不独断的昏睡中醒悟过来。我也很是得益于一系列卓越地讨论康德或为其所鼓舞的书和论文（即使还不够），其作者是亨利·阿利森（Henry Allison）、玛西娅·巴伦（Marcia Baron）、大卫·坎米斯基（David Cummiskey）、理查德·迪恩（Richard Dean）、杰弗里·爱德华兹（Jeffrey Edwards）、斯蒂芬·安斯特朗姆（Stephen Engstrom）、保罗·盖耶（Paul Guyer）、芭芭拉·赫尔曼、托马斯·希尔（Thomas Hill）、塞缪尔·科尔斯坦（Samuel Kerstein）、帕特里夏·基切尔（Patricia Kitcher）、奥诺拉·奥尼尔、托马斯·博格（Thomas Pogge）、安德鲁斯·雷思（Andrews Reath）、杰尔姆·施尼温德（Jerome Schneewind）、大卫·萨斯曼（David Sussman）、罗杰·沙利文（Roger Sullivan）和艾伦·伍德。

xlvi　我还受益于许多其他人，他们对早期手稿做了评论，由于无法在短短篇幅中道尽受益的方式，我只能向这些人表示特别的感谢。

对此书的所有部分都做了评论的那些人，我最感激下述人士：罗伯特·奥笛（Robert Audi）、塞利姆·伯克（Selim Berker）、塔尔波特·布鲁尔（Talbot Brewer）、约翰·布鲁姆（John

Broome)、张美露（Ruth Chang，我把第十六章献给她）、尤金·基什伦科（Eugene Chislenko）、杰里·科恩（Jerry Cohen）、加内特·卡内提（Garrett Cullity）、乔纳森·丹西（Jonathan Dancy）、大卫·伊诺克（David Enoch）、威廉·菲兹帕特里克（William Fitzpatrick）、谢利·卡根（Shelly Kagan）、盖伊·卡汉（Guy Kahane）、尼科·科洛德尼（Niko Kolodny）、迈克尔·大冢（Michael Otsuka）、英马尔·佩尔森（Ingmar Persson）、雅各布·罗斯（Jacob Ross）、基兰·赛提桠（Kieran Setiya）和拉里·特姆金（Larry Temkin）。此书的某些部分是与这些人合作的。

　　我也极得益于以下人士：马塞洛·安托什（Marcello Antosh）、理查德·阿内森（Richard Arneson）、鲁迪格·比特纳（Rüdiger Bittner）、玛丽·科尔曼（Mary Coleman）、罗杰·克里斯普（Roger Crisp）、斯蒂芬·达沃尔（Stephen Darwall）、哈里·詹斯勒（Harry Gensler）、雷托·吉维尔（Reto Givel）、伊丽莎白·哈曼（Elizabeth Harman）、布拉德·胡克（Brad Hooker）、弗朗西斯·卡姆（Frances Kamm）、约瑟夫·门多拉（Joseph Mendola）、杰斐逊·麦克马汉（Jefferson McMahan）、利亚姆·墨菲（Liam Murphy）、伦纳德·卡茨（Leonard Katz）、罗伯特·迈尔斯（Robert Myers）、马丁·奥尼尔、道格拉斯·波特莫尔（Douglas Portmore）、斯图尔特·雷切尔（Stuart Rachels）、彼得·雷尔顿（Peter Railton）、卡尔·谢弗（Karl Schafer）、塞缪尔·谢弗勒（Samuel Scheffler）、迈克尔·斯洛特（Michael Slote）、索尔·斯米兰斯基（Saul Smilansky）、尤西·苏卡宁（Jussi Suikkanen）

和斯蒂芬·怀特（Stephen White）。

只给第一部分做了评论的那些人中，我受惠最多的是下列人士：梅丽莎·巴里（Melissa Barry）、大卫·科普（David Copp）、约书亚·格特（Joshua Gert）、帕梅拉·希罗尼米（Pamela Hieronymi）、朱莉娅·马尔科维茨（Julia Markovits）、斯文·尼霍尔姆（Sven Nyholm）、康妮·罗萨蒂（Connie Rosati）、杰弗里·塞博（Jeffrey Sebo）、大卫·索贝尔（David Sobel）、西格伦·斯瓦沃斯多蒂尔（Sigrun Svavarsdottir）、大卫·维勒曼（David Velleman）和迈克尔·齐默尔曼（Michael Zimmerman）。

评论了我关于康德的看法的人中，我受惠最多的是下述人士：玛西娅·巴伦、大卫·坎米斯基、理查德·迪恩、杰弗里·爱德华兹、保罗·盖耶、托马斯·希尔、塞缪尔·科尔斯坦、帕特里夏·基切尔、托马斯·博格和艾伦·伍德。爱德华兹、基切尔和博格就我对康德的诠释所做的评论，还有塞缪尔·弗里曼（Samuel Freeman）和莱夫·韦纳尔（Leif Wenar）对我关于罗尔斯的主张所做的评论，我并未做出足够的回应。

只对第六部分做过评论的那些人中，我受惠最多的是下述人士：罗伯特·亚当斯（Robert Adams）、保罗·博戈西昂（Paul Boghossian）、劳伦斯·邦朱尔（Laurence Bonjour）、尼古拉斯·博斯特罗姆（Nicholas Bostrom）、菲利普·布里克（Philip Bricker）、贾斯汀·克拉克-多恩（Justin Clarke-Doane）、特伦斯·库内奥（Terence Cuneo）、奇安·多尔（Cian Dorr）、基特·费恩（Kit Fine）、斯蒂芬·芬利（Stephen Finlay）、阿尔文·戈德

曼（Alvin Goldman）、鲍勃·黑尔（Bob Hale）、迈克尔·朱比
恩（Michael Jubien）、托马斯·凯利（Thomas Kelly）、布莱恩·　　xlvii
莱特（Brian Leiter）、威廉·莱肯（William Lycan）、蒂姆·莫德
林（Tim Maudlin）、布莱恩·麦克劳林（Brian McLaughlin）、查
尔斯·帕森斯（Charles Parsons）、西蒙·里彭（Simon Rippon）、
斯蒂芬·希弗（Stephen Schiffer）、马克·施罗德（Mark Schroe-
der）、拉斯·沙费尔-兰多（Russ Shafer-Landau）、彼得·辛
格（Peter Singer）、克努特·斯卡索恩（Knut Skarsaune）、罗伯
特·斯塔尔纳克（Robert Stalnaker）、布莱恩·韦瑟森（Brian
Weatherson）、拉尔夫·韦奇伍德（Ralph Wedgwood）和蒂莫西·
威廉森（Timothy Williamson）。

　　我还受惠于下述人士：拉里·亚历山大（Larry Alexander）、
亨利·阿利森、古斯塔夫·阿伦尼乌斯（Gustaf Arrhenius）、伊丽
莎白·阿什福德（Elizabeth Ashford）、布鲁斯·奥恩（Bruce
Aune）、安妮特·贝尔（Annette Baier）、马修·贝德克（Matthew
Bedke）、阿基勒·比尔格拉米（Akeel Bilgrami）、丹尼尔·布瓦韦
特（Daniel Boisvert）、马修·博伊尔（Matthew Boyle）、萨拉·巴
斯（Sarah Buss）、克里斯特·比克斯（Krister Bykvist）、托马
斯·卡森（Thomas Carson）、蒂莫西·查普尔（Timothy Chap-
pell）、丹尼尔·科恩（Daniel Cohen）、约书亚·科恩（Joshua Co-
hen）、罗伯特·柯蒂斯（Robert Curtis）、戈登·戴维斯（Gordon
Davis）、保罗·丁金（Paul Dinkin）、托马斯·唐纳森（Thomas
Donaldson）、戴尔·多西（Dale Dorsey）、杰米·德雷尔（Jamie

Dreier)、朱莉娅·德莱夫（Julia Driver）、杰里·德沃金（Jerry Dworkin）、安德鲁·伊根（Andrew Egan）、尼尔·埃亚尔（Nir Eyal）、杰弗里·法拉利（Geoffrey Ferrari）、克莱尔·芬克尔斯坦（Claire Finkelstein）、卡特琳·弗里克舒赫（Katrin Flikschuh）、约翰·弗里克（Johann Frick）、杰里·高斯（Jerry Gaus）、贝里斯·高特（Berys Gaut）、塔玛·詹德勒（Tamar Gendler）、巴勃罗·吉拉伯特（Pablo Gilabert）、玛格丽特·吉尔伯特（Margaret Gilbert）、乔治·乔瓦尼（George Giovanni）、约书亚·格拉斯哥（Joshua Glasgow）、詹姆斯·格兰特（James Grant）、里朗·格林斯坦（Liron Greenstein）、亚历克斯·格雷戈里（Alex Gregory）、伊什·哈吉（Ish Haji）、贾森·汉纳（Jason Hanna）、罗伯特·汉纳（Robert Hanna）、约书亚·哈兰（Joshua Harlan）、丹尼尔·豪斯曼（Daniel Hausman）、艾伦·哈森（Allan Hazen）、克里斯托弗·希斯伍德（Christopher Heathwood）、迪特·亨利克（Dieter Henrich）、大卫·海德（David Heyd）、艾莉森·希尔斯（Alison Hills）、内森·霍尔科姆（Nathan Holcomb）、迈克·休默（Mike Huemer）、托马斯·胡卡（Thomas Hurka）、保罗·赫尔利（Paul Hurley）、苏珊·赫尔利（Susan Hurley）、弗兰克·杰克逊（Frank Jackson）、戴尔·贾米森（Dale Jamieson）、贾斯汀·杰弗里（Justin Jeffrey）、伦纳德·卡恩（Leonard Kahn）、罗伯特·凯恩（Robert Kane）、斯蒂芬·卡恩斯（Stephen Kearns）、保罗·克蓝普（Paul Klumpe）、理查德·克劳特（Richard Kraut）、拉胡尔·库马尔（Rahul Kumar）、乔尔·库佩尔曼（Joel Kupperman）、阿托·莱廷恩（Arto Laitinen）、罗宾·劳洛尔（Robin Lawlor）、马克·勒巴尔（Mark LeBar）、詹姆斯·莱曼（James Lenman）、约翰·莱斯利（John Leslie）、哈尔瓦德·利勒哈默尔（Hallvard Lillehammer）、唐·勒布（Don Loeb）、大卫·莱昂斯（David Lyons）、蒂安姆·马（Tienmu Ma）、杰奎琳·玛丽娜（Jacqueline Marina）、大卫·麦卡锡（David McCarthy）、克里斯·麦克丹尼尔（Kris McDaniel）、丹尼斯·麦凯丽（Dennis McKerlie）、克里斯·麦克马洪（Chris McMahon）、大卫·麦克诺顿（David McNaughton）、伊利亚·米尔格拉姆（Elijah Millgram）、阿德里安·摩尔（Adrian Moore）、索菲娅·莫罗（Sophia Moreau）、亚当·莫顿（Adam Morton）、伊什特万·穆萨（Istvan Musza）、简·纳维松（Jan Narveson）、斯蒂芬·纳坦森（Stephen Nathanson）、威廉·尼尔森（William Nelson）、迈克尔·诺伊曼（Michael Neumann）、肯尼斯·奥黛（Kenneth O'Day）、阿夫纳·奥弗（Avner Offer）、奥诺拉·奥尼尔、塞蕾娜·奥萨雷蒂（Serena Olsaretti）、乔纳斯·奥尔森（Jonas Olson）、托比·奥德（Toby Ord）、利亚·奥伦特（Leah Orent）、弗朗切斯科·奥尔西（Francesco Orsi）、大卫·欧文斯（David Owens）、斯蒂芬·帕尔默奎斯特（Stephen Palmquist）、赫林德·保尔-斯图德（Herlinde Pauer-Studer）、大卫·菲利普斯（David Phillips）、克里斯蒂安·皮勒（Christian Piller）、理查德·普莱斯（Richard Price）、波格丹·拉万卡（Bogdan Rabanca）、沃洛德克·拉比诺维奇（Wlodek Rabinowicz）、托尼·诺-拉斯穆森（Toni Rønnow-Rasmussen）、约瑟夫·拉兹（Joseph Raz）、安德鲁斯·雷斯特、伯纳德·雷金斯特（Bernard Reginster）、迈克尔·里奇（Michael Ridge）、亚瑟·里普斯坦（Arthur Ripstein）、迈克尔·罗尔夫（Michael Rohlf）、吉迪恩·罗森（Gideon Rosen）、迈克·罗森（Mike Rosen）、卡罗尔·罗文（Carol Rovane）、安吉丽卡·鲁登斯汀（Angelica Rudenstine）、朱利安·萨夫列斯库（Julian Savulescu）、杰尔姆·施尼温德、迪特·舍内克（Dieter Schoenecker）、弗雷德里克·舒勒（Frederick Schueler）、巴特·舒尔茨（Bart Schultz）、莎莉·塞奇维克（Sally Sedgwick）、杰弗里·塞德曼（Jeffrey Seidman）、马修·塞利格曼（Matthew Seligman）、朱利叶斯·森萨特（Julius Sensat）、安德鲁·塞皮埃利（Andrew Sepielli）、罗伯特·谢弗（Robert Shaver）、沃尔特·辛诺特－阿姆斯特朗（Walter Sinnott-Armstrong）、约翰·斯科鲁普斯基（John Skorupski）、霍利·史密斯（Holly Smith）、迈克尔·史密斯（Michael Smith）、汤姆·索雷尔（Tom Sorell）、卡洛斯·索托（Carlos Soto）、阿米亚·斯里尼瓦桑（Amia Srinivasan）、辛西娅·斯塔克（Cynthia Stark）、菲利普·斯特拉顿－莱克（Philip Stratton-Lake）、盖伦·斯特劳森（Galen Strawson）、巴特·斯特鲁默（Bart Streumer）、罗杰·沙利文、亚当·斯文森（Adam Swenson）、福尔克·特斯曼（Folke Tersman）、延斯·蒂默曼（Jens Timmerman）、托比昂·坦斯乔（Torjörn Tännsjö）、佩卡·瓦伊里宁（Pekka Vayrynen）、埃德娜·乌尔曼－马尔加利特（Edna Ullmann-Margalit）、大卫·维勒曼、本杰明·维豪

xlviii

尔（Benjamin Vilhauer）、杰拉德·冯（Gerard Vong）、亚历克斯·沃尔霍夫（Alex Voorhoeve）、R. 杰伊·华莱士（R. Jay Wallace）、詹姆斯·沃姆斯利（James Walmsley）、保罗·韦里奇（Paul Weirich）、肯尼斯·威斯特法伦（Kenneth Westphal）、伊万·威廉姆斯（Evan Williams）、克里斯·伍德（Chris Woodard）、海伦娜·赖特（Helena Wright）和山田正弘（Masahiro Yamada）。

　　我也要感谢在写作本书的这么多年间，万灵学院的讲座教席给我提供的诸多优待。我还感谢唐纳基金支持我把讲座扩展成第二部分和第三部分。我既要感谢写了本书第四部分的各位评论者，还要感谢谢弗勒的编辑工作。最后我要感谢牛津大学出版社的彼得·莫姆契洛夫（Peter Momtchiloff），这么多年来他给了我很多合理的建议。

内容提要

第一部分　理由

第一章　规范性概念

第 1 节　规范性理由

我们是既能理解理由又能回应理由的动物。当事实算作支持我 *1*
们持有某种信念或欲求，或支持我们以某种方式行动时，它们就给
了我们理由。当我们做某事的理由比做任何其他事情的理由更强
时，这件事就是我们最有理由做的，是我们应该、应当或必须做
的。尽管是事实给了我们理由，但我们能理性地想要或去做的事情
反过来取决于我们的信念。

第 2 节　涉及理由的善性

事物可能有某些可好可坏的特征，这些特征给予我们理由，要我们以某些方式回应这些事物。事物可能对于某些特定的人有好坏之分，也可能在蕴含理由的意义上是非个人地有好坏之分。基于某些被广泛接受的理由观，任何事情都不可能以这些方式有好坏之分。

第二章　客观理论

第 3 节　两类理论

按照主观理论，我们最有理由做的行动，就是能够满足我们当下欲求或实现当下目标的行动。有些主观主义者诉诸我们实际的当下欲求或目标；还有些人诉诸以下这样的欲求或目标，即我们如果仔细地考虑相关的事实，那么将会持有的欲求、目标或会做出的选择。既然这些事实都是关于我们的，那么我们就可以称这样的理由为主体给予的。按照客观理论，仅当或因为我们所做的事情或试图获得的事物在某种程度上是好的或值得做的，我们才有理由去做或获得。既然这些都是关于这些欲求或目标之对象的事实，那么我们就可以称这样的理由为对象给予的。它们也是基于价值的。这两类理论通常有深刻的分歧。我将论证，我们应该接受某种基于价值的客观理论。

第 4 节　回应理由

当我们认识到事实给予我们强理由让我们持有特定的欲求时，我们对这些理由的回应很少是自愿的。我们也无法选择如何回应我们要持有特定信念的大部分理由。我们的理性在部分程度上就体现于对这些理由的非自愿回应。

第 5 节　状态给予的理由

如果我们持有某些信念或欲求就会是好的，那么这似乎就可以给予我们持有该信念或欲求的理由，但这种理由根本无足轻重。

第 6 节　享乐式理由

相同的事实给予我们对象给予的理由既要有某些欲求，还要努力满足它们。我们想要的总是某种可能的事件，它在广义上涵盖行动和事态。我们有目的式理由想把某些事件作为目标，或者为了事件自身之故而想要这些事件，也有工具性理由想要把某些事件作为获得某些好目的的手段。我们最有理由做的是能够实现我们最有理由想要之目标的任何事情，因为这些目标的内在特征使其在相关意义上是最好的。

我们疼痛时，坏的东西不是我们的感知，而是"我们有一种我们厌恶的感知"这种意识状态。我们有喜欢的感知以类似的方式是好的。这种享乐式喜好和厌恶不可能是合理的或不合理的，因为我们没有任何理由喜欢或不喜欢这些感知。我们还对自己或他人的快乐与痛苦持有元享乐式欲求。这种欲求或偏好能够是合理的或不合理的，因为我们能够有强理由持有它们。正是我们的享乐式喜好与厌恶，而不是我们的元享乐式欲求，使相应的意识状态有好坏之分。因此，快乐与痛苦的例子并不支持以下这种观点：我们的欲求给予我们理由，并且能够使其对象是好的。

第 7 节　不理性的偏好

如果我们想把某个事件作为目标，但这个事件的内在特征给予我们强的决定性理由想要这个事件不发生，那么我们想要这个事件就与理性相悖，从而是不理性的。例如，宁愿明天有 1 小时的剧痛而不愿今天有 1 分钟的微痛，这就是不理性的。这些主张尽管看起来太过明显而不值一提，但却被有些伟大的哲学家否定，而且也无法被接受理由的主观理论的那些人提出来。

第三章 主观理论

第 8 节 理由的主观主义

主观主义有几种形式。主观主义可以诉诸我们当下全部的目的式欲求，或者只诉诸基于真信念的欲求，或者诉诸完全知情的欲求。有些主观主义者则诉诸我们经过知情且合理的慎思后所做的选择。有些客观主义者则诉诸我们经过这种慎思后若理性就会做的选择。这些主张尽管看起来类似，但实际上完全不同。主观主义者仅仅主张我们应该只以程序上理性的方式进行思考和选择，而客观主义者主张的是，如果我们是实质上理性的话，我们会做出的选择。按照客观主义者的观点，我们理性上应当选择的东西取决于我们的理由，而按照主观主义者的观点，我们的理由取决于我们经过这种慎思后事实上会选择的东西。

第 9 节 为什么人们接受主观理论？

既然有这么多人相信所有实践理由都是基于欲求、目标或选择的，那么情况如何能如客观理论所主张的那样：没有任何这样的理由存在呢？这些人怎么会错得如此离谱呢？由于我们的欲求或目标看起来有几种方式给予我们理由，故也有几种可能的解释。

第 10 节 分析性主观主义

有些主张看来是实质性的，但不过是隐藏的同义反复，人们不管相信什么都可以接受它们。有几种主观主义者在主观主义的意义上使用"理由"、"应该"和"应当"，不过这些人的理论并没有做出实质性主张。

第 11 节 痛苦论证

实质性主观理论会有不可行的蕴含。例如，这些理论蕴含着，我们常常没有任何理由想要避免将来某个时期的剧痛。有些主观主义者对这种反驳所做的回应会诉诸关于程序合理性的主张，但这种回应是失败的。

第四章 进一步的论证

第 12 节 全部或全不论证

主观理论还可能蕴含着我们有决定性理由做以下事情：为了痛苦自身的缘故使自己处于痛苦之中、荒废我们的生命以及获得其他坏的或无价值的目标。为了回应这种反驳，主观主义者可能会主张，因为某个欲求或目标给予我们一个理由，所以我们必定有某个理由持有该欲求或目标。但这些人提出的这种主张是得不到辩护的。基于主观理论，重要的不过是某个行动是否会实现我们当下完全知情的欲求和目标。我们想要或努力想获得的那个东西是不相关的。要么这些欲求全部都给予我们行动的理由，要么没有任何欲求能给予我们理由。既然有些欲求显然不能给予我们理由，那么我们就应得出：没有任何欲求能够给予我们理由。

人们可以主张，有些欲求可以给予我们理由想要其他欲求，但任何基于欲求的理由链条都必定始于某种我们没有任何理由持有的欲求。既然不能有证成地主张这样的欲求给予我们理由，那么主观主义者就不能有证成地主张：我们有基于欲求的理由持有任何欲求和目标以及以任何方式行动。

第 13 节　不融贯论证

许多主观主义者主张，我们最有理由实现的不是我们实际的当下欲求和目标，而是在我们知道相关事实的条件下会持有的那种欲求和目标。这些人还主张，当我们做出重大决策时，我们应当尽力对我们行动之不同的可能结果有更多的了解，这样我们就将持有更好的知情欲求。既然主观主义者否认这些结果的内在特征会给予我们理由，那么他们就无法融贯地提出这样的主张。

第 14 节　理由、动机和福祉

我们若是主观主义者，就必须否定事件可以对特定的人是好的或坏的，或者在蕴含理由的意义上是非个人地好的或坏的。当某些作者主张有些生活对某个人是最好的时候，他们意指，这种生活是这个人在完全知情且做了程序合理的慎思后事实上会选择的。基于某种论说，对某个人最好的生活可以是一种完全充满苦难的生活。这不是一个有用的主张。其他论说则会以其他方式失败。

第 15 节　支持主观主义的论证

基于主观理论，无事重要。对于支持这种黯淡观点的论证，我们应予以拒绝。

第五章 合理性

第 16 节 实践合理性与认知合理性

我们如果能够很好地对理由或显见理由做出回应，那么就是理性的。我们如果有相关事实的信念，且这些事实为真就可以给予我们某种理由，那么就有显见理由。如果我们的信念为真我们就有充分的理由持有某些欲求和进行某些行动，那么这些欲求和行动就是合理的。有些人还会加上，我们的欲求和行动要是合理的，它们还必须依赖于合理的信念。但这个主张是误导性的，不值得做这样的主张。

基于某种观点，认知合理性的独特性在于要获得真信念这个目标。还有一种更好的观点。除了在认知合理性与实践合理性之间做出更深刻的区分，我们还应该以不同的方式和在不同的地方做出这种区分。

第 17 节 关于理由的信念

按照有些作者的看法，我们要想成为完全理性的，并不需要对理由或显见理由做出回应，只要避免某种不一致——比如不回应我们自己相信是理由的因素——就够了。这种观点太狭隘了。

第 18 节 关于合理性的其他观点

我们欲求的合理性并不像许多人主张的那样，取决于这些欲求是否一致、我们如何获得这些欲求或者我们有这些欲求是否有好效果。如果我们的欲求所依赖的信念为真就会使欲求的对象或我们想要的东西在某种意义上是好的或值得获得的，那么这样的欲求就是合理的。

第六章　道德

第 19 节　西季威克的二元论

西季威克似乎主张，我们能从两种视角来评估我们理由的强度。我们若从个人视角看，则自利理由是最高的；我们若从不偏不倚的视角看，则不偏不倚的理由是最高的。为了比较这两种理由，我们就需要第三种中立的视角。既然没有这种视角，那么自利理由和不偏不倚的理由就是完全不可比的。这两种理由若发生冲突，就没有哪一方可以是更强的。不管是做不偏不倚地最好的事情，还是做最有利于我们自己的事情，对两者我们总是有充分的或不可挫败的理由。

我们应该拒绝西季威克的论证。我们应当从我们实际的个人视角来评价一切理由的强度，我们并不需要一种中立的视角。我们也应该修正西季威克的结论。我们持有个人的理由和偏向性理由要特别关注的不仅是自己的福祉，还有某些其他人（比如我们的近亲及爱人）的福祉。这些人是和我们有紧密纽带的人。我们也有不偏不倚的理由关爱任何人的福祉，不管这些人与我们的关系如何。虽然存在着关于这两种理由之相对强度的真理，但西季威克的观点在部分程度上是正确的，因为这种比较即使在原则上也是极不精确的。正如广义的基于价值的客观理论所主张的，当一个行动是不偏不倚地最好的，而另一个则对我们或与我们有紧密纽带的人是更好的，我们通常就有充分的理由做其中的任何一个。

第 20 节　最深刻的问题

我们除了能问"我们最有理由做什么",还能问"我们在道德上应当做什么"。如果这些问题的答案通常相冲突的,那么我们就可能最有理由做不当的行动,道德因此就会被破坏。像其他规范要求一样,只有当道德要求给予我们理由时,它们才是重要的。

尽管理由是最根本的,但接下来的许多内容是关于道德的,不过我也会讨论理由。几种道德原则和理论诉诸的是这样的主张:在实际的或虚构的情境下,我们最有理由或有充分的理由同意、赞同、想要、选择和做什么。

第七章　道德概念

第 21 节　不知情或错误信念下的行动

通过区分"道德上应当"和"不当的"之几种意义,我们可以认识到一些重要的道理并且避免一些不必要的分歧。行动可以在事实相对、证据相对、信念相对和道德信念相对的意义上是不当的。关于这些不当性的事实为不同的问题提供了答案。当我们应当做什么取决于我们行动的效果时,我们应当尽力去做的事情不是事实上最好的,而是可预期地最好的。

第 22 节　其他类型的不当性

还有其他几种意义上的"不当的",可以指向不同类型的不当性。这些意义的大部分都是值得使用的。

正如我所认为的,是否存在某种不可还原地规范性的真理(其中一些是道德真理)是很难回答的。一旦我们在实践理由、认知理由和道德这些方面的思考上取得更多进展后，这些问题就更易于回答。我不是提出一种新的道德理论，而是想发展三种现存的理论：康德主义、契约论和后果主义。

第二部分　原则

第八章　可能的同意

第 23 节　强制与欺骗

康德主张，如果我们对待人们的方式是他们无法表示同意的，那么我们就是行动不当。这个主张看似蕴含着，我们永远都不能强制与欺骗别人，因为这些行动的本质就使人们的同意是不可能的。但这在相关意义上并不为真。

第 24 节　同意原则

康德关于同意的主张可以做两种诠释。基于给予选择的原则，以人们不能实际上给予或拒绝同意的任何方式对待他们都是不当的，因为我们没有给予人们权力来选择我们如何对待他们。这个原则明显是错误的。基于同意原则，以人们无法合理地同意的任何方式对待他们都是不当的，如果我们给予人们权力来选择我们如何对待他们。这个原则更有可能是康德的意思，也有可能为真。

9　　　对于我们作为理性存在者彼此应当如何对待，康德的主张给予了我们一个激动人心的理想。我们也许能够只以人们能够理性地同意的方式对待他们，这可能是每个人应当总是如何行动的方式。

第 25 节　给予同意的理由

我们能否实现康德的理想，取决于哪些行动是人们由于拥有充分的理由同意而能够理性地给予明智的同意的。如果最好的理由理论是主观理论或合理利己主义，那么同意原则就会失败，因为会有无数被允许甚至道德要求的行动是人们无法合理地同意的。但是，如果最好的理论是如我所相信的那种广义的基于价值的客观理论，那么同意原则就有可能成功。正如一些例子显示的，总是至少存在一个可能的行动是每个人都能够合理地同意的。我们有理由相信，在所有这些情形中，任何待人方式若有任何人无法合理地同意就是不当的。

第 26 节　一个多余的原则？

按照某些作者的看法，同意原则即使为真也没有为我们的道德思维添加任何内容。道德上重要的不是"人们无法合理地同意某些行动"这个事实，而是"给予这些人决定性理由拒绝同意这些行动"的各种事实。这个反驳若被应用于只影响一个人的行动，那么就还有点儿力度。但当我们的行动影响很多人时，如果只存在一个可能的行动是每个人都能够合理地同意的，那么这个事实就给予我们一个强理由去这样行动，并且有助于解释为什么其他可能的行动是不当的。我们能否实现康德的理想也是值得追问的。

第 27 节　实际的同意

某种待人方式如果是人们既没有也不会实际上同意的，那么就

10 是不当的。这些行动即使是人们能够合理地同意的，依然是不当的。这根本不是对同意原则的反驳，同意原则的主张只是描述能使行动不当的事实之一。

按照某种观点，以人们实际上拒绝同意的任何方式对待他们都是不当的。这显然是错误的。看起来没有任何人能够合理地同意他实际上拒绝同意的对待方式。如果这一点为真，那么同意原则就显然是错误的。但这个反驳是可以回应的。

按照权利原则，在未经实际同意的情况下，每个人都有权不受到某种方式的对待。在陈述和运用这个原则时，我们需要回答一些困难的问题。

第 28 节　道义式信念

为了解释同意原则并没有错误地要求某种不当行动，我们必须诉诸这个事实：这些行动之不当在于他处或有其他理由。基于某种可行的假设，同意原则永远也不会要求我们行动不当，因为任何行动的不当性都会给予所有人充分的理由同意我们不这样做。

第 29 节　极端要求

同意原则可能要求我们承担很大的负担，若这种要求会使他人从更大的负担中解脱出来。如果这种要求过于苛刻，那么我们就不得不修正这个原则。但我们依然可能实现康德的理想。

第九章　纯粹当作手段

第 30 节　纯粹手段原则

康德主张，把任何理性存在者纯粹当作手段来对待都是不当的。我们如果既把人们当作工具来使用，也如此看待他们，也就是我们会以任何能够最好地实现自己目的的方式来对待他们，那么就是把他们纯粹当作手段来对待。基于更好版本的康德原则，把人们纯粹当作手段来对待或者接近于这样做是不当的。

我们并没有把某人纯粹当作手段来对待或者接近于这样做，如果（1）我们对待此人的方式在相当重要的方面受到某种相关道德信念或关切的管辖或指导，或者（2）我们确实或会相关地选择为了此人的缘故而承担某种巨大的负担。

假定某个利己主义者为了有益于自己而信守承诺以得到所需要的帮助，或者为了获得某种回报而救溺水儿童。既然这个人把那些人纯粹当作手段来对待，那么康德的原则就会错误地谴责这些行为。我们可以限定这个原则，仅当我们的行动很可能会伤害某个人时，它才会谴责把这个人纯粹当作手段来对待。

接下来我们假定，有辆无人驾驶的出轨电车正冲向一个隧道，会轧死五个人。除非你不经我同意使我倒在轨道上（这会杀死我，也会阻止火车），否则那五个人必死无疑。情况似乎是，如果你这样做，那么这就是把我纯粹当作手段来对待。但在某些版本的这种情形中，这并不为真。我能够合理地同意受到这种方式的对待。尽管这个行动可能是不当的，但其不当性既不蕴含在纯粹手段原则中，也不蕴含在同意原则中。

第 31 节　当作手段和纯粹当作手段

人们广泛认为，我们如果未经他人同意就把伤害他人当作实现某个目标的手段，那么就是把这些人纯粹当作手段来对待，这种行动使我们的行动是不当的。这个观点包含三个错误。第一，当我们把伤害人们当作手段时，我们可能没有把这些人当作手段来对待。第二，即使我们把这些人当作手段来对待，我们也可能没有把他们纯粹当作手段来对待。第三，即使我们把这些人纯粹当作手段来对待，我们也可能没有行动不当。

对于把人们纯粹当作手段来对待包含什么，有些人给出了其他论说。这些论说看来要么是错误的，要么是没用的。

12　　第 32 节　当作手段的伤害

如果我们把伤害某人当作实现某个目的的手段是不当的，那么即使我们没有把这些人纯粹当作手段来对待，这些行动依然是不当的。如果我们把伤害某人当作实现某个目的的手段不是不当的，那么即使我们是把这些人纯粹当作手段，这些行动也不是不当的。尽管把任何人纯粹视作手段是不当的，但我们行动的不当性从不或极少取决于我们是否把人们纯粹当作手段来对待。

第十章　尊重与价值

第 33 节　对人的尊重

我们应当尊重每个人，但这并没有告诉我们应当如何行动。有些作者主张，如果对待人们的方式与对他们的尊重是不相容的，那么这就是不当的。在困难的情形下，这无助于我们判断行动是否不当。

第 34 节　两类价值

有些事物有一类有待促进的价值。若关于行动或事件的事实给予我们理由实现它们，那么它们在这种意义上就是好的。人拥有某类应予以尊重的价值。这类价值并非一种善性。

第 35 节　康德式尊严

康德使用"尊严"来指最高价值。人们有时候主张，按照康德的观点，这种最高价值只为理性存在者或人所具有，是一种应该被尊重而不是促进的价值。但这不是康德的观点。康德主张，存在几种目的或结果具有最高价值，这些目的或结果是每个人都应当尽力去促进的。

康德的有些评论表明，非道德的理性具有最高价值。但是，康德的主要主张并不使他承诺这种不可行的观点。康德没有区分作为最高的善与拥有某种道德身份，而极恶的人也能拥有这种道德身份。但我们可以为康德的观点补上这种区分。　　　*13*

第 36 节　正当与善

康德主张，有些古希腊人错误地试图从关于至善的信念中推出道德法则。但康德描述了一个理想的世界，他称之为最高的善或至善，并且主张每个人都应当总是努力去产生这样的世界。康德在此似乎犯了他称之为古希腊人之"根本错误"的错误，但情况不是这样的。

第 37 节　促进善

在康德的理想世界里，人皆有德，且每个人都拥有与其德性相称的所有幸福。康德主张，我们可以通过严格地遵守他的其他原则而实现这样的世界。人们常常认为，因为康德主张撒谎总是不当的，所以他是拒绝行动后果主义的。情况并不是这样。但当康德、休谟和其他人做出这样的主张时，他们并没有做出这种必要的区分。

第十一章　自由意志与应得

第38节　道德要求的自由

康德论证，如果我们的行动纯粹是时间中的事件，那么这些行动就是因果上被决定的，故而我们永远不能做出不同的行动，并且道德就会是一种幻觉。既然道德不是一种幻觉，那么我们的行动就不纯粹是时间中的事件。这个论证是失败的。虽然我们只有能够做出其他行动才应当做出不同的行动，但相关意义上的"能够"与决定论是相容的。

第39节　为什么我们不能应得受苦？

按照康德的另一个论证，如果我们的行动纯粹是时间中的事件，那么我们就永远不能以那种能够使我们应得受苦的方式对这些事情负责。既然我们能够以关涉应得的方式对我们的行动负责，那么我们的行动就不仅仅是这种事件。尽管这个论证是有效的，但它并不健全。我们应当接受康德的这个主张，即如果我们的行动纯粹是这种事件，那么我们就不能应得受苦。但我们既然应当拒绝这个论证的结论，那么就应当拒绝康德的另一个前提。我们的行动纯粹是时间中的事件，所以我们不能应得受苦。

第三部分　理论

第十二章　普遍法则

第 40 节　不可能性公式

康德所讲的我们的准则，其大概含义是指我们的策略及其隐含的目标。根据我们所谓康德成文版的不可能性公式，按照任何不能成为普遍法则的准则来行动都是不当的。在这一版本可能被主张为真的含义之中，没有任何一种是有用的。

根据康德实际版的不可能性公式，按照任何这样的准则来行动都是不当的：如果每个人都接受并奉行该准则，或者每个人都相信按照它来行动是可允许的，那么这将使任何人按照该准则来行动都不可能取得成功。这个公式惊人地失败，因为它并不谴责自利性的杀人、伤害、强制、撒谎和偷窃。康德的公式正确地谴责许假诺。但该公式是出于坏理由去谴责这种行动的，而且错误地谴责某些好的或为道德所要求的行动。

第 41 节　自然法公式和道德信念公式

康德提出了另一种好一些的公式。为了运用该公式，我们假定，我们有能力意愿或选择"某些事情为真"。康德声称，按照某些我们不能合理地意愿其为普遍法则的准则来行动是不当的。这一普遍法则公式有三个版本。根据

　　自然法公式：按照某一准则来行动是不当的，除非我们能

够合理地意愿如下情况为真，即每个人都接受并尽可能地奉行该准则。

15   **根据**

可允许性公式：按照某一准则来行动是不当的，除非我们能够合理地意愿如下情况为真，即在道德上允许每个人都奉行该准则。

根据

道德信念公式：按照某一准则来行动是不当的，除非我们能够合理地意愿如下情况为真，即每个人都相信这样的行动在道德上是可允许的。

考虑康德的自然法公式和道德信念公式就够了。这两个公式提出的观念被表达了两个常见的问题："如果每个人都那么做会怎样？"以及"如果每个人都像你那么想会怎样？"

在运用这些公式时，我们必须诉诸某些关于合理性和理由的观点。我们既然要问康德的公式能够取得怎样的成果，那么就应该诉诸我们所认为的最佳观点。但是，我们不应该诉诸我们关于哪些行动是不当的信念，或者这样的不当性可能提供的道义式理由，因为那样的话，康德的公式将一无所成。

第 42 节　行动者的准则

康德的公式认为，某一行动正当与否，取决于行动者的准则。康德讨论的大多数准则都是或都包含策略。设想某个利己主义者仅持有一种准则或策略："做最有利于自己的任何事。"这个人不能合理地意愿如下情况为真：每个人都奉行该准则，或者每个人都相信这样的行动是可允许的。大多数利己主义者不能合理地选择生活在一个由利己主义者组成的世界，因为对于他们来说，那会比人们奉行多种道德准则的世界糟糕得多。只要我们虚构的利己主义者奉行其准则，康德的公式就蕴含着这个人的行动是不当的。甚至在这个人出于自利的理由去还债、加衣保暖、指望得到某种回报去救溺水儿童等情况下，他的行动也是不当的。这些蕴含显然为假。该利己主义者在这样做的时候，其行动没有康德所称的道德价值，但并非不当。

接着考察康德的"绝不撒谎"准则。康德不能合理地意愿"从来无人撒谎，甚至对一个询问其谋害对象之处所的企图谋杀者也无人撒谎"为真。因而康德的公式就蕴含着：康德如果奉行该准则而对任何人都讲真话，那么他就在不当地行动。这显然为假。种种情况表明：在准则能够指称策略的意义上，某一行动正当与否，不可能取决于行动者的准则。存在许多这样的策略：奉行它们有时但并非总是不当的。行动的道德价值也不取决于行动者的准则。

康德诉诸行动者的准则，引发了其他难题。这些难题导致有些人认为，康德的普遍法则公式无法帮助我们确定哪些行动是不当的。这些人声称：在被用作这样的标准时，康德的公式是不可接受的、无价值的，且无法变得行之有效。

可以使康德的公式变得行之有效。我要论证，该公式一旦以某些方式予以修正，就会取得惊人的成功。

有些作者提议，康德的公式不应该诉诸行动者的实际准则，而应该诉诸行动者原本可以奉行的可能准则。该提议无效。

在修正康德公式的两个版本的过程中，我们应该放弃准则概念，并且对于我们要考虑的行动，转而使用道德上相关的描述。自然法公式可以变成：

> 除非我们在做之事是我们能够合理地意愿每个人在类似情形下都会尽可能地做的，否则我们就是在不当地行动。

道德信念公式可以变成：

> 除非我们能够合理地意愿"每个人都相信这样的行动是道德上可允许的"为真，否则我们就是在不当地行动。

这两个公式尚需某些进一步的修正。

17　　或许有人提出以下反驳：如果以放弃准则概念的方式来修正康德的公式，我们就不再是讨论康德的观点。的确如此，但这根本不构成反驳，我们是以可能取得进步的方式来发展某种康德式的道德理论。

第十三章　如果每个人都这样做会怎样？

第43节　群己困境

更简单的做法是继续讨论康德的公式，必要时再回到我们的修正版。

按照康德的自然法公式，按照某一准则来行动是不当的，除非我们能够合理地意愿如下情况为真：对于该准则，与其无人奉行，不如每个人都奉行。作为某一群体成员，我们所处群体的情况通常是这样的：如果我们每一个人而不是无人做对自己较有利之事，那么我们一起就在做对我们所有人都较不利之事。在许多这样的情形下，我们每一个人能够要么利己，要么给予他人较大的利益。在持有某些为道德所允许或要求的其他目标（比如促进我们孩子的福祉）时，我们可能面临类似的群己困境。情况可能是这样的：如果我们每一个人而不是无人做较有利于自己孩子的事情，那么我们就会是在做较不利于每个人的孩子的事情。我们不能合理地意愿如下情况为真：与其无人不如每个人都这样做。因此，如果每个人都遵循康德的自然法公式，那就无人会这样做，并且这将较有利于每个人。正是在这样的情况下，我们拷问"如果每个人都这样做会怎样？"，可以说是最恰如其分的。

康德的公式尤显价值的情况是：任何单一行动所产生的坏效果为极多的人分摊，乃至对每一个人的影响都微不足道或难以察觉。其中一例是我们自私地让大气过暖的行动。通过要求我们做仅为我们能够合理地意愿每个人都会做的事情，康德的公式有助于我们判断在做之事会产生多大的危害，并且强有力地支持这样的观点，即这些行动是不当的。在其中某些情况下，我们可以补充说，常识道德是直接地集体式自我挫败的，因而应该予以修正。

第 44 节　门槛反驳

按照某一准则来行动是否不当，有时取决于有多少人这样做。 *18* 存在这样一些准则：它们若为每个人都奉行就会很坏，但若为一些人奉行则是可允许的或好的。"只消费而不生产食物"与"不生养孩子，以便毕生致力于哲学"的准则即为其中两例。我们大多数人不能合理地意愿"每个人都奉行这样的准则"为真，因而康德的自然法公式谴责这样的行动，即便在它们并非不当时也谴责。这一反驳可以从如下事实得到部分的答复，即大多数人的准则暗中考虑了"他人在做什么"。要做出充分的答复，我们就必须修正康德的公式。

第 45 节　理想世界反驳

经常有人主张，康德的自然法公式要求我们应当像仿佛生活在一个理想世界那样行动，即便在现实世界这样做会产生可预期的灾难性结果且明显是不当的。例如：要求我们即便在自卫的情形下也绝不使用暴力，要求我们以各种会错误地忽视他人实际的所作所为的方式行动。这种理想世界反驳可以得到答复。康德的公式没有要求这样的行动。

存在另一个不同的问题。一旦少数人没有做我们能够合理地意愿每个人都会做的事，康德的公式就允许我们余下的人做想要做的任何事。类似的反驳适用于某些规则后果主义的道德理论。要答复这一新的理想世界反驳，我们就应该以另一种方式修正康德的公式。这样的公式可以主张，按照某一准则来行动是不当的，除非我们能够合理地意愿如下情况为真：不仅每个人而不是无人奉行该准则，而且任何其他数目的人而不是无人奉行该准则。规则后果主义可以做出类似的主张。

在康德普遍法则公式的两个版本中，道德信念公式较优。当人们反问"如果每个人都这样做会怎样？"的时候，回答"大多数人不会"通常就够了。但当人们反问"如果每个人都像你这样想会怎样?"的时候，仅回答"大多数人不会"就是不够的。

第十四章　不偏不倚

第 46 节　黄金规则

康德对黄金规则的轻视是得不到证成的。

19

第 47 节　稀罕性反驳与大赌注反驳

人们在不当地行动时，或许是在做某种不可能常做之事，或者是给予自己一种不同寻常的巨大利益。在其中某些情况下，这些人能够合理地意愿如下为真：每个人都像他们这样做，且相信这样的行动是可允许的。因此，康德的公式就错误地允许这些人的不当行动。

第 48 节　不可逆反驳

许多不当的行动让行动者受益，但给他人施加了大得多的负担。黄金规则谴责这样的行动，因为我们不会意愿他人这样对待我们。但在运用康德的公式时，我们所问的，不是我们能否合理地意愿"他人对我们做这样的事情"为真，而是我们能否合理地意愿"每个人都对他人做这样的事情"为真。而我们可能了解到，即使每个人都对他人做这些事情，也无人会对我们做这些事情。在此情形下，许多犯错者能够合理地意愿如下两者均为真：每个人都像他们这样做，以及每个人都相信这样的行动在道德上是可允许的。因此，康德的公式就错误地允许这些人的行动。

这一反驳适用于许多实际情形。略举几例。许多男人将女人看作低人一等、拒绝承认女性的某些权利和待遇、给予女性的福祉较小的权重，从而有利于自己。要论证康德的公式会谴责这些男人的行动，我们就必须主张，这些男人不能合理地意愿如下任何一种情况为真：他们及其他男人继续这样做以有利于自己，或者包括所有女人在内的每个人都相信这样的行动是得到证成的。由于不能诉诸这些行动为不当的信念，我们就无法为这一主张做出可行的辩护。因此，康德的公式就错误地允许这样的行动。类似的观点适用于如下某些行动：许多强者或富人利用和压迫另一些弱者或穷人。

第 49 节　一个康德式的解决方案

为免于其他种种反驳，我们应该再次修正康德的普遍法则公式。修正康德的道德信念公式就够了，它可以变成：

> 按照某种方式行动是不当的，除非每个人都能够合理地意愿"每个人都相信这样的行动是道德上可允许的"为真。

每个人一旦都相信某一行动是可允许的，就都会接受允许如此行动的原则。如果某一道德理论诉诸每个人都能够合理地选择其被普遍接受的原则，这种理论就是契约论。因此，我们可以重述上述公式，并予之以另一个名称。根据

> 康德式契约论公式：每个人都应当遵循这样的原则，其被普遍接受是每个人都能够合理地意愿的。

这个公式或许就是康德一直在努力探寻的东西：最高的道德原则。

第十五章　契约论

第 50 节　合理协议公式

大多数契约论者都要求我们去想象，我们与他人正在努力就

"哪些道德原则是每个人都愿意接受的"达成协议。根据

> 合理协议公式：每个人都应当遵循这样的原则，其被普遍
> 接受是每个人都会根据自利而合理地同意的。

这一版本的契约论要么缺乏清晰的蕴含，要么给予那些拥有更强议价能力的人不公平的有利条件。

第 51 节　罗尔斯式契约论

罗尔斯主张，要避免上述反驳，我们应该添加无知之幕。根据　*21*

> 罗尔斯的公式：每个人都应当遵循这样的原则，即如果每
> 个人都必须在不知道关于自己及其处境的任何特定事实的情况
> 下达成协议，他们就都会同意该原则被普遍接受，这是就自利
> 而言合理的。

罗尔斯声称，这一版本的契约论对各种形式的效用主义提出了反驳。情况并非如此。罗尔斯式契约论也没有为可接受的非效用主义原则提供支持。

第 52 节　康德式契约论

为了达成更优版本的契约论，我们应该回到康德式公式。我们应该问：哪些原则是每一个人都能够合理地意愿的，如果这个人知道所有的相关事实，且有能力选择"哪些原则是每个人都会接受的"。根据康德式公式，每个人都应当遵循这样的原则，它们是在这些假想情形中每个人都能够合理地选择的。

第 53 节　斯坎伦式契约论

根据斯坎伦的部分地类似的公式，每个人都应当遵循无人能够

合情理地拒绝的原则。既然斯坎伦所诉诸的主张是关于在部分道德的意义上什么是合情理的，情况看上去可能就是这样的：我们如果接受斯坎伦的公式，那也不会对我们的道德思考有任何意义。但情况并非如此。

斯坎伦曾声称，其公式给出了对不当性本身或者关于行动为不当是怎么回事的某种论说。但还是这样的主张为好：契约论公式描述了可能使行动不当的诸种事实之一。斯坎伦的观点现在采取了这种形式。

第 54 节　道义式信念的限制

在运用任何一种契约论公式时，契约论者都必须主张，不能诉诸我们关于哪些行动是不当的直觉信念。如果诉诸这样的道义式信念，这些公式就将一无所成。有些契约论者主张，我们应该从不诉诸此类直觉的道义式信念，该信念包含的不过是偏见或文化制约。我们应该拒绝这样的主张。在力图确定哪些行动是不当的时，我们必须诉诸这样的直觉信念。契约论者应该代之以这样的主张：尽管我们在弄清契约论公式的蕴含时不能诉诸这样的信念，但随后在鉴于这些蕴含而决定是否应当接受该公式时，我们可以诉诸这些信念。

第十六章　后果主义

第 55 节　后果主义的理论

无论持有何种道德观点，我们都可以在蕴含不偏不倚理由的意义上使用"最好"这个词。在此意义上，某种后果如果从不偏不倚

的视角看是每个人都最有理由想要的，那就是最好的。应该将这些
后果看作涵盖行动的，并且后果的善性可能部分地取决于关于过去
的事实。后果主义的道德理论仅诉诸关于事情如何进展会最好的主
张。直接后果主义者将该标准用于一切事。将该标准用于行动的那
些人是行动后果主义者。间接后果主义者将该标准直接用于某些
事，但仅间接用于其他事。例如，根据某些动机后果主义者的观
点，尽管最好的动机是那种其被每个人持有将使事情进展得最好的
动机，但最好或正当的行动并非会使事情进展得最好的行动，而是
拥有最好动机的人所做出的行动。间接后果主义可能采取多种其他
形式。

第 56 节　后果主义的准则

根据准则后果主义者的观点，每个人都应当奉行其被每个人奉
行将使事情进展得最好的准则。按照各种可行的或被广泛接受的、
关于合理性的观点，康德原版的自然法公式允许一些人成为准则后
果主义者。

第 57—62 节　康德式论证

根据某一版本的

23

　　规则后果主义：每个人都应当遵循其被普遍接受将使事情
进展得最好的原则。

我们可以将这样的原则称作最优的。

康德主义者可以论证说：

　　每个人都应当遵循这样的原则，其被普遍接受是每个人都
能够合理地意愿或选择的。

每个人都能够合理地选择他们有充分的理由去选择的任何东西。

存在某些最优原则。

这些是每个人都有最强的不偏不倚理由去选择的原则。

任何人选择这些原则的不偏不倚理由，都不会被与之冲突的任何相关理由决定性地胜过。

因此，

每个人都有充分的理由去选择这些最优原则。

不存在任何其他的、每个人都有充分的理由去选择的、明显地非最优的原则。

因此，

正是这些仅有的最优原则，才是每个人都有充分的理由去选择的。

因此，

每个人都应当遵循这些原则。

24　该论证的第一个前提是康德式契约论公式。这个论证有效，且其他前提为真。因此，这一康德式公式要求我们遵循上述的规则后果主义原则。

我们或许怀疑，这一康德式论证必定至少有一个后果主义的前提。如果这一点为真，该论证就是无关紧要的。但是，该论证的所有前提均没有假定后果主义为真。在无需任何后果主义前提的情况下，该论证如何能有效地蕴含一个后果主义的结论？其解释如下：

后果主义者诉诸的相关主张是：从不偏不倚的视角看，对于每个人来说选择什么将是合理的。对后果主义的最强反驳，来自我们的某些关于哪些行动为不当的直觉信念。

契约论者诉诸的相关主张是：按照某种使选择变得不偏不倚的方式，对于每个人来说选择什么将是合理的。在契约论的道德推理过程中，我们不能诉诸我们关于哪些行动为不当的直觉信念。

既然这两种理论都诉诸对于每个人来说不偏不倚地选择什么将是合理的，而且契约论者要求我们搁置非后果主义的道德直觉，那么我们就应该预料到，含有某种契约论前提的有效论证能够得出某一后果主义的结论。

我们可以得出另一个结论。我已经主张，存在某些对康德普遍法则公式的决定性反驳。为了免于这些反驳，康德的公式必须被修正。就其修正过的最佳形式而言，该公式要求我们遵循这样的原则：其被普遍接受是每个人都能够合理地意愿或选择的。根本不存在每个人都能够合理地选择的明显地非最优的原则。因此，除非如我论证过的，每个人都能够合理地选择最优原则这一点为真，否则该公式就不可能成功。除非在其修正过的形式中，康德的普遍法则公式蕴含规则后果主义，否则该公式就不可能成功。

第十七章　结论

第 63 节　康德式后果主义

根据行动后果主义的原则，每个人都应当总是做会使事情进展　*25*

得最好的任何事。这并非其被普遍接受将使事情进展得最好的原则之一。因此，康德式公式不要求我们成为行动后果主义者。

根据另一版本的康德式公式，每个人都应当遵循这样的原则，其被普遍遵循或被成功地奉行是每个人都能够合理地意愿或选择的。这一版本的康德式公式蕴含着一种显然更接近行动后果主义的规则后果主义。

既然康德式契约论蕴含着规则后果主义，这两个理论就可以合并。要么通过被普遍接受，要么通过被普遍遵循，原则可以成为普遍法则。根据

康德式规则后果主义：每个人都应当遵循其为普遍法则将使事情进展得最好的原则，因为它们是每个人都能够合理地意愿其为普遍法则的仅有原则。

第 64 节　攀登山峰

一旦仅有一组原则是每个人都能够合理地意愿其为普遍法则的原则，我们就能够论证说，它们是无人能够合情理地拒绝的仅有原则。如果这一点为真，那么上述被合并的理论就可以同时包含斯坎伦的公式。根据我们可称之为的

三重理论：某个行动是不当的，恰好当它不容于这样的原则，即该原则是最优的，是唯一可普遍地意愿的，且是不可被合情理地拒绝的。

我们如果接受这一理论，那么就应该承认，行动可能有其他使得不当属性。三重理论应该主张，其所描述的是单一而复杂的高阶属

性，它可以纳入所有其他使得不当属性。该理论如果成功，就会描 *26*
述这些其他属性的共性。

该理论可能取得成功，因为它具有许多可行的蕴含。康德式公
式与斯坎伦式公式本身也是可行的。在三重理论的三种成分中，规
则后果主义在一定意义上是最难得到辩护的。有些规则后果主义者
诉诸如下主张：

（Q）最终要紧的仅在于事情进展得如何。

这一主张本身很有道理。如果我们拒绝（Q），那么这是因为该主
张支持行动后果主义，而行动后果主义与我们关于哪些行动为不当
的直觉信念之间的冲突过于频繁或过于强烈。规则后果主义与这些
直觉信念之间的冲突则少得多，也弱得多。但如果规则后果主义者
诉诸（Q），那么其观点将面临某个强有力的反驳。按照这个观点，
做那些为最优原则所禁止之事是不当的，即便我们知道我们的行动
会使事情进展得最好也是如此。我们能够言之成理地反驳说：如果
最终要紧的仅在于事情进展得如何，那么这样的行动就不可能是不
当的。

康德式规则后果主义避免了上述反驳。按照该观点，根本的信
念并非关于"最终要紧的是什么"的信念，而是如下信念：我们应
当遵循"每个人都能够合理地意愿其为普遍法则"的原则。

在怀疑存在道德真理的理由中，最强的理由之一来自某些类别
的道德分歧。如果我们和他人持有相冲突的观点，而我们毫无理由
地相信我们更可能是正确的人，那么这就应该至少使我们怀疑自己
的观点。它或许还给予我们理由去怀疑是否有任何人可能正确。

一直以来人们广泛相信，康德主义者、契约论者以及后果主义者之间存在着这样的深刻分歧。我已经论证，情况并非如此。这些人是在不同的侧面攀登同一座山峰。

附　录

附录 A　状态给予的理由

27　　只要某些事实使我们如果持有某一信念就会更好，这些事实就给我们提供对象给予的理由想要持有该信念，并尽可能地导致自己持有之。如下补充毫无意义：我们也有状态给予的理由持有该信念。尽管我们无法立刻回应这些所谓的理由，但我们的心理可能发生变化。在相信我们如果持有某一认知上不合理的信念就会好一些时，我们可能以某种非自愿的直接方式不自觉地开始持有该信念。但这不应被看作对状态给予的理由做出的回应。这样的理由也绝不可能与我们的认知理由冲突。更讲得通的主张是：当某些事实使我们如果持有某一欲求就会好一些，这些事实就给我们提供了一个持有该欲求的理由。但我们也有拒绝这一主张的强理由。

附录 B　合理的不合理性与高契尔的理论

高契尔主张：当我们已合理地导致自己拥有某一习性时，依此习性行动对于我们来说就是合理的。这个主张有若干不可行的蕴含。导致我们自己相信按照这样的习性行动是合理的，这尽管可能是合理的，但这一事实并不能表明该信念为真。高契尔还主张：如果我们接受一种霍布斯版本的契约论与某种最低度道德，那么他的论证就揭示出，我们被合理地要求绝不做不当之事。由于这一论证失败，它就没有给我们提供任何理由接受高契尔的最低度道德。

附录 C　道义式理由

在为规则后果主义的康德式论证之前提（E）辩护的过程中，我提出：

> （X）如果最优原则要求某些我们认为是不当的行动，那么我们就不会有决定性的非道义式理由这样做。任何这样的决定性理由都不得不是道义式的，其意思是这些理由是由这些行动的不当性提供的。 *28*

某些人在声称某一行动不当时，其意思是：我们有决定性的道德理由不这样做。这些人会否认存在任何道义式理由。按照这一观点，

> （2）"某一行动是不当的"这一事实是二阶事实，即某些其他事实给予我们决定性的道德理由不这样做，并且"我们拥有这些理由"这个事实不会给予我们某个进一步的理由不这样做。

如果（2）为真，那么（X）就会被部分地动摇。然而，鉴于我们大多数人用"不当的"所表达的意思，我们就能可证成地拒绝（2）。而且，正是在最有必要运用（X）的那些情形中，（2）看来最不可行。

第一部分

理由

第一章　规范性概念

第1节　规范性理由

我们是既能理解理由也能回应理由的动物。这些能力（abili-ties）给了我们很多的知识和巨大的力量（power）来控制我们在地球上的未来生活。尽管其他地方也可能有生命，但可能没有像我们这样的生命，我们也许是整个宇宙中绝无仅有的理性存在者。

我们能够有理由去相信某些东西、做某些事、持有某些欲求和目标，以及有害怕、遗憾和希望等诸多态度与情绪。理由是由事实给予的，诸如"某人的手指正放在扳机上""打电话给救护车可以救命"等事实。

我们很难解释"一个理由"这个概念或这个短语意指什么。我们可能会说，若事实"算作支持"（count in favor of）我们持有某种态度或以某种方式行动，那么它们就会给予我们理由。但"算作支持"的大意就是"给予……一个理由"。就像某些其他根本性概念，如我们思维中所涉及的时间、意识和可能性等概念一样，"一个理由"这个概念是无法定义的，也就是无法仅仅通过使用语词而得到有用的解释。我们必须以一种不同的方式来解释这种概念，让人们去思考使用这些概念的那些思想。其中一例是：我们总是有一个理由想要避免处于痛苦之中。

32 我会说，我们还能有未意识到的理由。假定我问医生："我对苹果过敏，由此是否有理由不吃任何其他食物？"如果医生知道胡桃会导致我死亡，其答案就是"是"。这个事实给予了我一个理由。

有些人说，不是事实给予我们理由，而是这些事实是对于我们的理由（reasons for us）。有些人则说，要有某个理由，我们就必须意识到给予我们这个理由的那个事实。不过，这些人的主张与我的主张并不冲突，因为这些只不过是以不同的方式来说同一件事。那个医生也许会说："不，你没有任何理由不吃任何其他食物。但在我说过你吃胡桃会死后，你就有这样一个理由不吃它。"我已经有这个理由是个更简单的说法。

当必须在可能的行动之间进行选择时，我们的多种理由之间有可能发生冲突，它们在我们所称的力量、强度或权重方面可能有差别。如果我喜欢胡桃，那么这个事实就给予我一个理由要吃它；但是，如果我吃它会死，那么这个事实就给予我一个不去吃它的理由，而且这个理由比前一理由更强或者更有分量。如果我们有多种理由以某种方式行动，那么这些理由加起来就可能强过或压倒某种单个看来更强的冲突理由。如果我能够要么使你免于 10 小时的痛苦，要么使你免于 9 小时的痛苦，且同时使另一人免于 8 小时的痛苦，那么我以第二种方式行动的理由就更强。正如我们更简洁的说法，我们更有理由（more reason）这样做。

我们以某种方式行动的理由如果比以任何其他方式行动的理由都要强，那么前一种理由就是决定性的（decisive），以那种方式行动就是我们最有理由（most reason）做的事情。如果这些理由比相反的理由强大得多，那么我们就可以称它们为强决定性的。尽管大多数类型的理由都只在某些情形下是决定性的，但有些类型的理由可能总是决定性的。例如，按照某些观点，我们总是有决定性理由不做不当的行动。

当我们意识到某些事实给予我们决定性理由要以某种方式行动时，如果对这些理由的意识使得我们做或努力做我们秉持这些理由会做之事，那么我们就是在对这些理由做出回应。正如忽略某人的求救就是没有对该求救做出回应一样，如果我们忽略这些理由，那么我们就没有对它们做出回应。

我们常常没有决定性理由或最有理由去做任何事情，因为我们有充分的理由或足够的理由去做两种或更多的事情。如果做某事的理由不弱于去做任何其他事情的理由或不被其所压倒，那么该理由就是充分的。例如，我们也许有理由去吃桃子、李子或梨子，或者选择法律或医学职业，或者把我们的收入捐给乐施会（Oxfam）或其他类似的援助机构，诸如无国界医生（Médecins sans Frontières）。当两个冲突的理由中没有哪个更强的时候，这极少是因为它们的强度精准的相等。尽管存在关于不同理由之相对强度的真理，但这些真理通常是不精确的。

理由之间的关系可能更为复杂。例如，有些事实给予我们理由忽略某些其他理由。如果我要判断谁应得某种奖，那么这就给予我一个理由忽略某个竞争者是我最好的朋友这个事实。有些事实并不能在所有情形中都给予我们理由，而只有组合某些其他事实才给予我们理由。我主要讨论更简单的理由。

当我们有决定性理由或最有理由进行某个行动时，这个行动就是我们在蕴含决定性理由的意义上"应该"（should）或"应当"（ought）去做的。即使从来不使用"决定性理由"或"最有理由"这样的短语，我们绝大部分人还是在蕴含这些理由的意义上使用"应该"或"应当"，"必须"也有同样的意义。这些语词蕴含不同强度的理由。我可能会说，你应该看场电影，应当戒烟，"绝不能"（mustn't）碰有电的电缆。尽管"应该"这个语词用得更多，"必须"这个词更有力量，但我主要还是使用更为清楚的"应当"。

我们除了可以问在蕴含决定性理由的意义上我们应当做什么，还可以问我们理性上应当做什么。我们如果是在非技术性的日常意义上称某个行动是"合理的"，那么这类表扬与赞同就可以用"明智的""合情理的""伶俐的""聪明的"来表达。我们用"不合理的"表达的那类批评，也可以用"不明智的""愚蠢的""白痴""发疯"等来表述。要表达较弱的批评，我们可以使用"不够理性的"。

当我们必须在几种可能的行动之间做选择时，给予我们理由以 *34* 这些方式行动的事实可能会有几种。我称这些事实为给予理由的相关事实。我们理性上应当去做什么，在部分程度上取决于我们关于这些事实的信念。这些信念可能包含一些我们尚未明确意识到的假设，诸如我们吃胡桃、接触电缆或推开旋转门不会伤害自己和他人。如果我们有关于相关事实的某些信念，且这些信念为真就会给予我们一个以某种方式行动的理由，那么我就将此称作其真实性会给予我们这个理由的信念。我认为，在大多数情形下我们的某种可能行动会是

> 合理的，如果我们有这种相关事实的信念，且其真实性会给予我们充分的理由做这种行动，
>
> 我们理性上应当去做的，如果这些理由是决定性的，
>
> 不够合理的，如果我们持有的信念为真会给我们清楚且决定性的理由不做这种行动，

和

> 不合理的，如果这些理由是强决定性的。

按照这种观点，一旦知道所有相关事实，我们理性上应当去做的就等同于我们在蕴含决定性理由的意义上应当去做的。但是当我们不知情或有错误信念时，这些应当就可能彼此发生冲突。假定你在沙漠中行走时激怒了一条毒蛇，你认为要活命就必须逃跑。但事实上，你必须静止不动，因为这条蛇只攻击移动的目标。鉴于你的错

误信念，你静止就是不理性的，你从理性上讲就应当逃跑。但是在"蕴含决定性理由"的意义上这不是你应当去做的。你没有任何理由要逃跑，而且有决定性理由不要逃跑。既然静止是唯一能活命的行动，那么你就应当静止。

有人会说，你的确有一个逃跑的理由，该理由来自你逃跑会救你的命这个错误信念。但如果错误信念能给予人们理由，那么我们就还需要补充一句：这些理由并不具有任何规范性力量，也就是它们并不算作支持任何行动。这样的理由是我们在决定个人最有理由做什么时必须忽略的。我们最好以其他方式来描述这种情形。我们一旦有这样的信念——其真实性会给予我们一个以某种方式行动的理由，那么就有了我所称的以此方式行动的显见理由。如果这些信念确实为真，那么这种显见理由就也是真正的理由。如果这些信念为假，那么我们拥有的就仅仅貌似是一个理由。在发怒的蛇的情形中，既然你有"逃跑才能救你的命"这个错误信念，那么你就有一个纯粹地显见（merely apparent）理由逃跑。当我们相信自己具有某种理由时，我们就具有了一类不同的显见理由。我们现在可以主张所有理由都具有规范性力量。当我们给人们提建议时，我们可以忽略由于人们的错误信念而给予的纯粹地显见理由。但是人们要做的合理的事情取决于他们的显见理由，无论这些理由是不是真正的或纯粹地显见的。

我们现在可以从可能的行动转向实际的行动。我认为，在绝大部分情形中，我们的行动是

　　合理的，如果我们做某种行动是因为我们有相关事实的信

念，而这些信念为真会给予我们充分的理由做这种行动，

和

不合理的，如果我们做某种行动，我们持有的信念为真会给我们清楚且决定性的理由不做这种行动。

如果这些信念是明确地意识到的，则这种行动就是最不合理的。如果理由不是那么清晰，或者只在弱意义上是决定性的，则我们的行动就只是不够合理的。例如，明明知道我们有可能抽烟上瘾且短命但还要抽烟就是不合理的，而买一些我们不大可能会读的书或者拨打电话来报告我们的电话坏了就只是不够合理的。

虽然正是事实给予我们理由，但行动的合理性为什么反而要取决于信念，这值得解释一下。当我们试图决定自己或他人应当做什么时，重要的是给予理由的事实。在发怒的蛇的情形中，你应当静止不动，因为这是你活命的唯一方法。当我们问某个人的行动是否合理时，我们的目标不同。我们问的是这个人是否应该受到诸如"愚蠢的"、"笨的"或"疯狂的"之类的批评。在不知情或有错误信念时，人们可能会做在"蕴含决定性理由"的意义上他们不应当做的事情。但这些人不该受批评，因为他们的错误信念若为真，就会给予他们充分的理由这样做。至少在大部分情形下，这足以使他们的行动是合理的。如果你由于错误地相信逃跑能救命而逃跑，那么你的致命行动就不会是"愚蠢的"、"笨的"或"疯狂的"。你可能仅仅是运气不好。

许多人主张，要理性地行动，我们只依据那种若为真就会给予我们充分的理由做某个行动的信念是不够的。仅当我们的信念是合

36

理的，我们的行动才是合理的。我在后文将论证，这并不是最好的看法。

要想成为完全理性的，我们可能还需要满足某些其他的理性要求：避免某种不一致性以及避免在我们的意图、信念和其他心理状态之间出现不匹配等。例如，可以合理地要求人们不持有自相矛盾的意图，并且打算做我们应当做的事情。尽管这些要求引出了几个有趣的问题，但我在此不予以讨论。我认为，关于理由的问题是更为根本的。尽管我们是否想要我们有理由想要的事情，是否做我们该做的事情常常事关重大，但它对于我们是否不一致且由此而没有满足某个理性要求，一般说来是无关紧要的，至少不是很重要。有些人则主张，要成为理性的，我们没必要对理由或显见理由做出回应，只需满足这些理性要求就够了。我将在后文给出反对这种观点的几个论证。

我将简要地提及其他几个类似的问题，然后把它们搁置在一边。在要决定做什么而未能完全了解所有的相关事实之时，我们必37 须基于我们的信念以及现有的证据做决策。在这种情形下，我们可以这样问：在我们所称的证据相对的意义上我们应该或应当做什么？看起来在这样的情形下，我们应当努力做我们最有理由做的事。但这种努力可能风险太大，或者不大可能成功。我们通常应当按照其目标定得不是很高而更可能达成的方式行事。如果许多人生命受到威胁，那么我们该做的就是那种肯定能救大多数人的行动，而不是那种能救所有人但成功概率很小的行动。

我们在有风险或不确定性的情形下应当做什么，这具有很大的实践重要性。许多哲学家、决策理论家还有其他人都对这些问题做了很多讨论。然而，关于理由的某些其他问题尽管更为根本，但甚少得到讨论，这些也是人们对之有更深分歧的问题。既然我将主要探讨这样的问题，那么我将主要考察如下情形：其中我们知道给予理由的所有相关事实。

这些主张一直都是关于规范性理由的。当我们有这样的理由或显见理由且出于这种理由而行动时，这种理由就变成了驱动性（motivating）理由。例如，我不吃胡桃，我的驱动性理由就是，正如医生告诉我的那样，吃它们会要我的命。当我们做某个行动只有驱动性理由时，这个区分就最为清楚。如果你逃离发怒的蛇，你的驱动性理由就是由你的错误信念（这样做会救你的命）提供的。但正如我说过的，你没有任何规范性理由要逃跑，你仅仅是认为你有。在一个不同的情形中，我们也许会声称："他的理由是想报复，但那根本不是那样做的理由。"我既然不拟讨论人们行为的原因，那么就鲜少讨论驱动性理由。

除了问我们在蕴含决定性理由的意义上应当做什么，理性上应当做什么，我们有时候还会问：在某种道德意义上，我们应当做什么。其中大多数意义与蕴含决定性理由的意义至少在两个方面有所不同。首先，我们通常有的决定性理由不是道德理由。例如，我如果想赶上火车，那么就可能有决定性理由现在离开会议；我如果憎恨挤车，那么就最有理由住在工作地点附近。但这些可能都不是我道德上应当做的事情。其次，当我们相信自己道德上该做某事时，我们可能并不认为自己有决定性理由这样做。按照某些观点，我们

38

根本没有任何理由去做道德上该做的事情。在这些章节，我将首先讨论理由，之后才转向道德。

我们很容易把"蕴含决定性理由意义上的'应当'"、"理性上应当"和"道德上应当"混淆在一起。因此，我不讨论我们在蕴含决定性理由的意义上应当做什么，而讨论我们有决定性理由或最有理由做什么。

第 2 节　涉及理由的善性

我们接下来会讨论事物可好可坏的一些方式。当某物

在我们所称之蕴含理由的意义上为好的时候，我们的意思大略是，关于此物的本质或属性的某些事实在某些情境下给予我们或他人强理由做出正面回应，诸如想要、选择、使用、生产或保存此物。

例如，有些书是好的，因为它们让人愉悦、鼓舞人心或包含有用的信息；有些药物是最好的，因为它们最安全且最有效。这些事实会给予我们或他人理由来看这些书或吃这些药。"更好的"、"坏的"、"更坏的"或"最坏的"也有类似的意义。

事物也可以在其他意义上是好的或坏的。例如，如果我声称某棵树的根是好的，鼹鼠有坏的视力，或者最好的比喻是：

男管家的背部结了冰（ice formed on the butler's upper slopes）

以及最好的回文不是"Madam I'm Adam"，而是

A MAN A PLAN A CANAL：PANAMA

我的意思并不是说"好的"、"坏的"和"最好的"这些用法都是蕴含理由的。鼹鼠没有理由戴眼镜，我们也没有理由觉得"男管家的背部结了冰"好笑。"好的"之许多用法只是意指某物满足某个标准。但我认为，"好的"和"坏的"之最重要的用法是"蕴含理由"的用法。

斯坎伦主张，当某物在这种意义上是好的时，此物的善性（goodness）＊不能给予我们理由。这种善性是"拥有'能够给予我们某些理由'的其他属性"的属性，"我们有这些理由"这个二阶事实本身不会给予我们任何理由不这样做。

我认为这种观点需要做一个小小的修正。如果某种药或某本书是最好的，那么就的确能主张：该事实给予我们吃这种药或看这本书的理由。但是，这些理由并不是进一步的独立理由，相反是派生的，因为其规范性力量完全来自"使得该药或书是最好的"那些事实。正是由于这一点，如下主张就很古怪：我们有服用某药的三个理由，即该药是最安全的、最有效的以及最好的。既然这种派生的理由没有任何独立的规范性力量，那么在这样的主张中提及它们就是误导性的。

我们的许多行动理由的提供者是这样的事实，它们会

＊　good（goodness）的翻译没有强求一致，而是根据汉语的表达习惯，当它泛指一般时译为"好的""好性质"，道德味道浓时则译为"善"（"善性"）或"价值"，物质味道浓时则译为"物品""益品""利益"等。

对我们是好的，意思是对我们是有利的，有益于我们或有
助于我们的福祉。

当人们说某事对我们是好的或有益于我们时，他们通常指的就是这
件事对我们的健康、个性或收支平衡等有好效果。在我意指的更宽
泛的意义上，某事如果是构成我们福祉的生活特征之一，那么就对
我们是内在地好的或本身是好的，因为正是这些特征使我们的生活
值得过。某事如果对我们有内在地好的效果，那么就是工具性地好
的。基于享乐主义理论，我们的福祉大致在于快乐、幸福以及免于
痛苦。基于诉诸其他实质性善（substantive good）的理论，我们的
福祉在部分程度上还在于某些其他状态或活动，比如爱与被爱、道
德上的善、行为得体以及各种各样的其他成就。按照基于欲求的理
论，我们的福祉在于满足我们的某些欲求，比如我们对自己生活的
知情欲求 *。基于任何可行的理论，享乐主义都至少涵盖了大部分
事实，因此我的例子将常常涉及享乐式福祉。

我们有自利的理由关注自己的福祉，但还有利他的理由关注他
人的福祉。这些是为了自己或他人的缘故而想要某事发生的理由。
"自利的"并不意指"自私的"。因为最无私的人也有自利的理由，
他们也要关注自己未来的利益。

我们有强理由关注某些其他人的利益，诸如我们的近亲和爱

＊ informed desire 在中文里很难找到一个合适的翻译，其意思是我们在具有相关信
息的条件下形成的欲求，这里不得已翻译为"知情欲求"，并且一般把 fully informed 译
为"完全知情的"，意指完全了解相关情况的，或者在具有充分信息的情况下，有时候
会译为"有充分信息的"等，阅读时请注意。

人。像自利的理由一样，这些利他的理由是

> 个人相对的（person-relative）或偏向性的（partial），意
> 思是这些理由特别关注那些与我们有某种关系的人的福祉。

我认为，我们也有理由关注每个人的福祉，这种理由是

> 不偏不倚的，意思是：
> （1）这些是关注任何人之福祉的理由，而不管其与我们的
> 关系如何，
> 因此，
> （2）即使我们的情境给予我们不偏不倚的视角，我们还是
> 有这样的理由。

我是在其本义上使用"视角"这一术语，不同于我们在谈论理由时
从金钱、审美以及诸如此类的其他视角所使用的那种松散意义。当
我们考虑的可能事件影响或涉及的全都是陌生人时，我们就有一种
不偏不倚的视角。当我们实际的视角不是不偏不倚时，我们还是能
从一种虚构的不偏不倚的视角来思考可能的事件，其做法是想象在
相关方面类似的可能事件，只是其中涉及的全都是陌生人。　　　*41*

　　我认为，我们有不偏不倚的理由要同等地照顾所有人的福祉。
这是一个实质性的信念，不是由我对不偏不倚的理由的定义所蕴含
的。按照广泛持有的某种其他观点，我们有不偏不倚的理由更多地
关照某些人，诸如那些道德上的好人，或者那些最有能力的人。我
们的视角是不偏不倚的，并不确保我们是不偏不倚的。我们可以更
多地关照某些陌生人的福祉，诸如那些与我们更相像的人，或者我
们喜欢其长相的人。但我认为，我们并没有任何理由更多地关照这

些人的福祉。

我们接下来描述事件可能好或坏的两种方式。当我们称某个可能事件

> 在蕴含理由的意义上对某人是好的时，我们指的是存在某种事实给予此人自利的理由想要这个事件发生，给予其他人利他的理由，为了此人的缘故想要或希望这个事件发生。

这个定义看来所说甚少，因为它参考了自利的理由。然而，正如我们所见，我们是否有这种理由是有争议的。

我们称两个事件之一

> 在蕴含不偏不倚理由的意义上更好时，我们指的是从一种不偏不倚的视角看，每个人都有更强的理由想要这个事件发生，或希望它会发生。

我认为，如果因瘟疫或地震而死的人更少，如果人或动物不再处于痛苦之中，那么这会是更好的。这类好处（goodness）是非个人的（impersonal），意思是，当我们称事件在这种意义上是好的时，我们并不意指这个事件会对某个人或某个群体是好的。但许多事件之所以是非个人地好的，是因为它们对某个人或更多人是好的。对这些人有益就是使这些事件是非个人地好的因素。既然每个人都有理由想要这种事件发生，那么这种非个人的好处就包含了全部人的（omnipersonal）理由。

42

如果某个可能事件在这种意义上对某个人是好的或是非个人地好的，那么我们就可以主张，这个事实真正地给予我们一个理由想

要这个事件发生。但与前文一样,这个理由是派生的,因为这个理由的力量派生自"使这个事件对于个人是好的或非个人地好的"那个事实。当我们在这种意义上使用"对……是好的"和"好的"时,这些不过是更简洁的方法来蕴含存在着赋予理由的其他事实。与"一个理由"这个概念和蕴含决定性理由的"应该"或"应当"这些概念不一样,这些版本的"好的"这个概念并不是根本的。

基于某些被广泛接受的理由观,没有事件可以在这些意义上是好的或坏的,或者是非个人地好的或坏的。如果这种观点是对的,那么这将极大地影响到我们最有理由想要或去做什么。但我将论证,我们应当拒绝这些观点。

第二章　客观理论

第 3 节　两类理论

　　"欲求"一词通常指向我们的感官欲求或嗜欲（appetite），以及发现某物有吸引力这个想法从而受到该物的吸引。我会在广义上使用"欲求"，指涉受到驱动、尽可能想要某事发生以及在某种程度上倾向于让它发生的任何状态。"想要"这个词已有两种意义。如果你和我正计划如何一起过几天，那么我就可以毫不自相矛盾地说："我想要我们去做的事情，不是我想要我们去做的，而是你想要我们去做的。"我在广义上想要的不是我在狭义上想要的，而是你在狭义上想要的。我想要我们去做的是你受吸引去做的，或者你觉得有吸引力的事情，即使我并不觉得它有吸引力。

有些人认为："只要人们是自愿行动的，他们所做的就是他们想要做的。做我们想要做的事情是自私的，因此每个人都是自私的。"心理利己主义的这种论证是失败的，因为它起初使用的是广义的想要，后来使用的是狭义的想要。如果我自愿牺牲自己来救几个陌生人的命，那么尽管我做的事情是我在广义上想做的，但我的行动不是自私的。

我们的欲求对象就是我们想要的东西。这些对象是在包括行动、过程和事态的意义上的一切事件。我们可以正确地说想要其他类型的事物。我可能想要在威尼斯有个公寓、一杯水或一个钢琴老师。有些逃犯正是警察想要的（通缉的）。但我们真正想要的是：拥有某些东西、住在某个地方、喝点东西、接受某人教育、发现或使用某些东西以及与人或物处于某种关系之中。我不会说我们想要某事发生，而是更简洁地说我们想要这样的事。

如果我们将某事作为目的或为了此事自身之故而想要它，那么我们的欲求就是目的论的（teleological）或目的式的（telic）。如果我们想要将某事当作手段，因为该事将要或可能导致我们想要的其他某事，那么我们的欲求就是工具性的。我们想要某个行动或事件，这种想要既可以作为目的，也可以作为实现其他目的的手段。兴高采烈地追求重大真理和想要孩子时的做爱就是两个这样的例子。一旦决定要努力满足某种目的式欲求，我们就由此使这种欲求的满足成为我们的目标之一。

我们通常拥有长长的工具性欲求链条，不过，这种链条总是会从某种目的式欲求开始，或者以其为根据。例如，我要治病，但不是为了治病本身之故，而只是想要恢复健康；而我想要健康，只是想要完成某部伟大的小说；而想要完成这部小说，只是为了身后之名。最后的欲求依然可能是纯粹工具性的，因为我想要这种名声也许只是想驳斥我的批评者，或者只是为了增加后代的收入。但如果我想要身后之名是为了其自身之故，那么这个目的式欲求就将启动这个特定的链条。

心理享乐主义者主张，在所有这种工具性欲求链条之始都有某种趋乐或避苦的目的式欲求。这是错的。有些人持有这种观点是把它混淆为以下观点：我们想到这种欲求的实现预先就会感到快乐，而想到它实现不了就会感到痛苦。这也是错的。即使它是对的，它也无法表明我们真正想要的总是趋乐或避苦。例如，若我想要身后之名，一想到我仙去之后，人们会如何铭记我，赞美我的小说的伟大，我就会快乐。但这并不表明我是为了快乐而想要这种名声。相反，这种快乐依赖于我们是为了这种名声自身的缘故而想要它。另一例是这个事实：既然我们仅当想赢时才能享受比赛，那么只是想要享受比赛就是不够的。

除了还想要这样的东西之外，有些人甚至不把快乐作为目的。
45　假定我们认识一个百折不挠且野心勃勃的政治家，我们看到他正晒着太阳，喝着香槟。当我们问他在干什么时，他的回答是"享受生活"。由于我们知道这个人的个性，这个人从不做只为了享受的事情，故而这个回答是不可理解的。然后他解释说，医生警告他，除非他进行这种享受，否则他的身体就会恶化，妨碍他追求权力。于是，我们的困惑消失了：这个人想要这种快乐，不是为了其自身的缘故，而只是作为一种手段。

对于我所称的实践理由，主要有两类观点。按照一类观点，存在某种事实既给予我们理由要有某种欲求和目标，也给予我们理由去尽可能地实现它们。与这些欲求或目标之对象相关的事实，或者与我们想要实现或尽力实现之物相关的事实，会给予我们这种理由。由此我们可以称这种理由为对象给予的（object-given）。我们如果相信所有实践理由都是这一类的，那么就是理由的客观主义者，接受或主张某种客观理论。

对象给予的理由之提供者是这样的事实，它们使某些结果值得产生或防止，使某些事情值得为了其自身的缘故而去做。在大多数情形下，这些给予理由的事实也使这些结果或行动对特定的人是好的或坏的，或者是非个人地好的或坏的。这样，我们也能称这些客观理论是基于价值的（value-based）。

按照另一类观点，给我们提供行动理由的是或者依赖于这样的事实：什么会满足我们当下的欲求或目标。有些这样的理论诉诸我们实际的欲求或目标；其他理论则诉诸在仔细地考虑一切相关事实后我们会有的欲求或目标，或者会做出的选择。由于这些都是关于我们的事实，我们可以称这些理由为主体给予的（subject-given）。我们如果相信所有实践理由都是这一类的，那么就是理由的主观主义者，接受理由的某种主观理论。

这两类理论是很不相同的。按照客观主义观点，尽管可以声称，"某个行动会达成我们的一个目标"这类事实可以给予我们行动理由，但这些理由获得的力量则是通过这样的事实：该事实给予我们持有这些目标的理由，使这些目标在相关意义上是好的或值得追求的。

46　　按照主观主义观点，我们没有任何这样的理由想要持有我们的目标。有些主观主义者甚至主张，我们正是用自己的欲求或选择使事情是好的。例如，科丝嘉在辩护这样一种观点时写道：

> 大多数事情是好的是因为人们对它们感兴趣……客观主义者搞反了这种关系……客观主义者并不认为某物是因我们感兴趣而是好的，而是认为善性存在于这个对象之中，从而我们应当对它感兴趣。

这种善性给予我们理由的方式就像太阳发光的方式，"因为它就在那里，闪闪发光"。如果主观主义者是对的，那么我们就必定是在黑暗中做选择。

　　主观主义者与客观主义者通常在部分程度上是一致的。按照所有可行的客观理论来说，我们有理由促进自己未来的福祉。既然我们大多数人都想促进未来的福祉，那么主观理论就蕴含着，我们大多数人都有理由这样做。既然我们想要的事物通常也是值得拥有或获得的事物，那么我们大多数人持有的许多欲求就是"两类理论都告诉我们要尽力实现的"。

　　尽管两类理论通常都赞同我们有理由去实现当下的欲求与目标，但对于我们有更强的理由去满足何种欲求，这些理论往往意见不一。基于许多主观理论，理由强度取决于我们欲求或偏好的强度。基于客观理论，理由强度反而取决于满足这些欲求会有多好或有多大价值。我们许多人对于价值不怎么大的事物，常常有更强的欲求。许多这样的欲求都涉及对时间的态度，我们往往称之为偏向眼前（bias towards the near）。我们都偏好很快就有的享受体验，即使我们明知等一等会有更好的享受。我们都偏好推迟乏味的苦差事或者不可避免的煎熬，尽管我们明知这种推迟只会使事情更糟。我们都喜欢做"月光族"，尽管我们知道有些钱以后再花带来的利益会更多。在满足这些欲求和偏好时，许多人使自己生活得更糟。 47 在这些以及许多其他方面，主观理论和客观理论对我们最有理由做什么意见不一。

两类理论之间还有其他更深刻的分歧。正如我们会看到的，其中一类理论蕴含着我们有决定性理由要做某些事情，而另一类理论则蕴含着我们根本没有任何理由要做这些事情，且有决定性理由不这样做。我们要有何种欲求和目标，对此这两类理论的理由是完全不同的。

我将论证，我们应当接受某种基于价值的客观理论。按照这些理论，行动理由的力量完全派生于给予我们持有某些欲求和目标的理由的事实，后一理由才是更根本的。

第4节　回应理由

同样的事实既可以给予我们理由想要某些事情发生，还可以给予理由让我们以某种方式促使这些事情发生。正因为如此，我将这两种类型的理由都称为实践的。尽管这两类理由紧密相关，但我们回应它们的方式却截然不同。我们一旦认识到某些事实给予我们理由要以某种方式行动，对这些理由的回应通常就是去这样做。这种回应是自愿的，意思是我们如果本不想这样做，那么就可以选择不这样做。但一旦我们认识到事实给予我们强理由要有某种欲求，我们的回应就很少是自愿的。情况很少是这样的：我们如果本不想要这些欲求，那么就可以选择不要有这些欲求。例如，我们很少能够选择是否想活着和免于剧痛。即使某个反复无常的暴君威胁我，除非自即刻起我想要被杀，否则就要杀死我，我还是无法选择"想要被杀死的欲求"。

这同样适用于我们要有某种具体信念的认知理由。给予我们这种理由的事实与某种信念为真相关，比如作为这个信念为真的证据，在逻辑上蕴含这个信念，等等。例如，我们若看到了暗灰色的云层，那么就有理由相信很快会下雨。若我们知道金比铅重，而铅又比铁重，那么这就给了我们决定性理由相信金比铁重。若我们意识到事实给了我们决定性理由持有某个信念，那么我们对这种理由的回应就是变得持有且一直持有该信念。但我们对这种理由的回应极少是自愿的。我们若有决定性理由要相信某事，那么就很少能够选择不相信。即使上面虚拟的那个暴君威胁我，除非自即刻起我不再相信"2＋2＝4"，否则就会杀死我，我还是无法选择不相信"2＋2＝4"。

有些作者主张，若我们以这种直接且非自愿的方式持有某个信念或欲求，那么这就是我们所做的一个行动或一件事。但我会在更狭窄的意义上使用"行动"或"做事"，只用它们来指自愿的行动。许多这样的行动是纯粹心理上的。例如，当你自问是否有足够的时间赶上火车时，你会主动去做心理计算来回答。在这个复杂的行动中，你意图产生这样的结果：你会得到关于此问题的某个信念。但若这个计算让你认为时间不够，那么这个特定信念的获得就不是一个行动，或者说不是自愿的。例如，你无法选择相信你能在 10 分钟内跑完 10 英里，从而赶上火车。

　　我们尽管若有理由持有特定的信念和欲求，对此就很少能够选择如何回应，但与自动的膝跳反射或滑在香蕉皮上不同，我们的回应不仅仅是发生在我们身上的事件。我们是理性的，部分程度上就在于我们以这种非自愿的方式对这种理由或显见理由做出回应。人们能够问我们为什么会相信某事或想要某物，而我们对此通常能给出理由。

　　值得追问的是，我们对此种理由的回应是否还可以采取其他形式：总是或通常是自愿的。假定当你认识到某种事实——它给予你决定性的认知理由要持有某种信念——之时，你没有对该理由做出非自愿的理性回应：变得持有该信念。尽管你在旅馆楼梯上看到浓烟与大火向你冲来，但你并不相信你的生命有危险。你能纠正错误，选择持有该信念吗？

　　答案很可能是不能。首先假定，正如你不相信你的生命有危险一样，你也不会相信浓烟与大火给予你任何理由要有这个信念。既然你不相信你犯了任何错误，那么你就不可能纠正错误。既然你不相信你有那些认知理由，那么你就不能出于那些理由而选择相信你

49

的生命有危险。

我们反过来假定，你确实相信浓烟与大火给予决定性理由让你相信生命有危险，那你也不大可能由此选择相信你有生命危险。在绝大部分情形中，在相信我们有决定性的认知理由要持有某个信念的过程中，我们也就有了该信念。而一旦我们已经有了某个信念，我们就无法再选择要持有它。

也可能存在着例外。我们接下来假定，尽管你相信浓烟与大火给予决定性理由让你相信生命有危险，但你还是没有该信念。我们也许可以设想，你能由此选择让你自己出于这些理由而持有该信念。但是你对这些认知理由的回应仍只在部分程度上在是自愿的。当你看到浓烟与大火正沿着旅馆楼梯上升时，你并没有选择相信：这些理由给予了你决定性理由去相信你有生命危险。

为什么我们对大部分认知理由的回应不可能是自愿的，对此还有其他理由。我们要拥有对周边世界的知识，我们的信念就必须是可靠地引起的，由我们的视觉或其他感知经验或者通过认识到其他事实（这些事实给予我们持有这些信念的认知理由）。如果我们能够自由地选择我们的一切信念，那么这种因果性就不可能是可靠的。我们要拥有必然真理的知识，诸如逻辑真理或数学真理，就必须以某种理性但非自愿的方式对某些认知理由做出回应，比如承认或认识到从什么可以推出什么，或者什么必定是真的。

这同样适用于我们的欲求和偏好。我们既不能选择我们有理由想要的事物，也不能选择这样的理由有多强，因此很少能选择我们想要的或偏爱的事物。我们能够选择的仅仅是把哪些欲求作为目标，并试图去实现它们。我们对于这些理由的回应也许能比现在变得更自愿一点。这种自愿性的增强在某种程度上是一种改善，因为我们由此就能使自己变成我们有理由想要成为的那类人，从而我们的欲求、态度和情绪就能更容易得到转变。例如，我们也许能够确保，我们永远不会失去我们青年时的理想。但是这样的能力也有危险，就像我们最近发现的以机械方式高速地移动我们的身体一样。如果自我的改变是变坏，那么我们刻意选择的新欲求也许就会导致我们无法纠正的新错误。

第 5 节　状态给予的理由

我说过，我们有某种欲求的理由是由与"欲求对象或者我们想要的事件"相关的事实提供的。我把此种理由称为对象给予的。许多人认为我们还有状态给予的（state-given）理由持有某种欲求。这种理由也是由某种事实提供的，只是不是由关于欲求对象的事实，而是由关于我们持有某种欲求之状态的事实。不管作为目的还是作为手段，如果我们持有某种欲求在某种意义上是好的，那么我们就有这样的理由。

基于这种观点，我们持有某种欲求的理由至少有四类，可以描述如下：

	目的式的或内在的	工具性的
对象给予的	我们想要的事件本身是好的或值得获得的	这个事件有好效果
状态给予的	"我们想要某事"这种欲求本身是好的	"我们想要某事"这种欲求有好效果

我们可能同时有这四类理由持有同一欲求。例如，若你身处于痛苦之中，那么我也许就有四类理由想要结束你的痛苦。我想要的东西本身是好的，它还有使"你能重新享受生活"这种好效果。"结束你的痛苦"这种欲求可能本身就是好的，这种欲求可能还有好效果，诸如你能因为我的同情而感到安慰。

　　这对于我们持有信念的理由同样适用。由于我们的认知理由与我们信念内容的真值相关，这些理由也可被称为对象给予的。许多人也认为，我们还能有状态给予的理由来持有某些信念。这些理由产生于这样的事实：该事实使得我们对某种信念的持有在某种意义上是好的。例如，常常有人主张我们有理由相信：上帝是存在的和我们会有来生。这些理由不是认知的或真值相关的，而是善性相关或基于价值的。持有信念的此类所谓理由有时被称为实践理由或实用理由。

　　即使我们有这种状态给予的理由，我也认为这些理由根本不重要。我们如果处于某种状态会更好，那么就有理由想要处于这种状态。我们如果能使自己处于这种状态，那么就有理由这样做。我们根本不值得去说，除了有理由想要和使自己处于这种状态，我们还有理由处于这种状态。例如，假定苗条一点儿、有辆自行车、会跳舞和有些朋友会让我更健康、更幸福，那么这些事实就会给我理由去减肥、买自行车、学习跳舞和交些朋友。根本不值得再说，这些事实除了给我理由这样做之外，还给我理由变得苗条、有辆自行车、会跳舞和有些朋友。这些理由毫无影响。

接下来假定：我们尽管处于某种状态会更好，但不可能导致自己处于此种状态。我们还是会有理由希望自己处于这种更好的状态。例如，我可能会有理由希望自己长高 10 英寸，年轻 20 岁，速度比印度豹还快。我们没必要说我还有理由处于高 10 英寸、能够年轻 20 岁和速度能够比印度豹还快的那种状态。此类说法显然是错误的。理由至少是有些人有能力做出回应的，但没有人能够对"要年轻 20 岁"的一个理由做出回应。

类似的主张适用于我们的信念和欲求。我们如果持有某种信念或欲求对我们会更好，那么就有对象给予的理由想要持有这种信念或欲求，并尽可能地导致自己持有它们。根本不值得再说，我们还有状态给予的理由持有这种信念或欲求。正如我在附录 A 中所论证的，我们还有其他理由拒绝此类说法。

第 6 节 享乐式理由

"我们想要某种可能事件"这种对象给予的理由全由关于此事件的事实提供。若提供理由的是"使这种可能事件作为目的是好的，或者为其自身的缘故就值得获得"的事实，那么这种理由就是目的式理由。若提供理由的是"某些事件有好效果，也就是作为某个好目的的手段"的事实，那么这种理由就是工具性理由。

52

如果目的式理由是由某些可能事件的内在属性或特征，或者是由这些事件本身所包含的内容提供的，那么它们就是内在的。例如，我们也许有理由想要使某人觉得不那么孤独，想从山顶去看优美的风景，或者想要理解生命或宇宙的起源。我们还有外在的目的式理由想要某个可能事件，这种理由是由关于此事件与其他事件之关系的事实提供的。但没有必要单独考虑此种理由，因为这样的事件会通过使某个更长的事件系列得到内在的改善，从而它作为其中的一分子而成为外在地好的。

哪些事实给予我们内在理由？不同的客观理论对此有着某种程度上的分歧。这些理论既可能诉诸关于福祉或者何种生活是最值得过的各种不同的观点，还可能在我们有理由关注和促进谁的福祉上具有分歧。例如，按照合理利己主义（Rational Egoism），我们每个人都有理由只关注和促进我们自己的福祉。按照合理不偏不倚主义（Rational Impartialism），我们总是最有理由平等地关注每个人的福祉。我认为，我们应当拒绝这两种理论。我们也不应该假定，只有"关于自己或他人的福祉"的事实才能提供对象给予的理由，还有其他事物是值得拥有的。在数量繁多的对象给予的理由中，作为我们的例子而言，在此只考虑关于我们享乐式＊福祉的事实提供的理由就足够了。我认为，这些享乐式理由受到了广泛的误解。

在想要某事物之时，我们通常是对该事物的特征做出回应，这

＊ hedonic 译为"享乐式的"，指与快乐和痛苦等有关的，是描述性的，hedonistic 译为"享乐主义的"，意指重视快乐与痛苦这种感知的，是评价性且有正面意义的，hedonism 则译为"享乐主义"。要注意的是，国内一般对享乐主义持有贬义，但帕菲特这里显然没有这种消极的意义，反而具有极正面的意义，阅读时请注意。

些特征给予我们想要该事物的理由。但是，我们有某些类似于欲求的状态，它们并不以前面的方式来回应理由。饥、渴和性的本能状态是其中的三例。还有一组重要的心理状态，尽管通常被认定是欲求，但最好还是被看作一个独立的范畴。这些心理状态就是当下实际感知的那种享乐式喜好（hedonic likings）和厌恶（dislikings），喜好使我们拥有这种感知是快乐的，厌恶就使我们拥有这种感知是痛苦的或以其他方式是令人不愉快的，感知是否令人快乐在部分程度上就在于这种喜好与厌恶。

人们有时候主张，这些感知本身就有好坏之分，意思是其内在的定性特征或对它们的感觉给了我们理由喜欢或厌恶它们。但我认为，我们并不具有此种理由。这些喜好或厌恶也无所谓合理或不合理。这一点在下面的情形下最为明显：对于同一种感知，比如我们吃牛奶巧克力、进行艰苦锻炼和冬泳所得到的那种感知，有些人喜欢，有些人则憎恨。有些好恶特别怪异。许多人讨厌刮粉笔的声音。我就讨厌摸天鹅绒的感觉，不喜欢家蝇的嗡嗡声，不喜欢大多数顶灯的那种扁平的、消音的效果。这些厌恶之怪异性并不减损我的理性。无论我们对某种感知是喜欢、厌恶还是漠不关心，我们都既不是在回应也不是在不回应任何理由。

我认为，类似的评论适用于许多审美体验。人们有时候声称，我们有理由欣赏伟大的艺术作品，为之感动或震撼。我认为，这在很多情形下都是错误的。我们有理由想要去欣赏这些艺术品，为之感动或震撼。但这些不是欣赏这些作品或被其感动或为之震撼的理由。我们的确有理由赞美某些小说、戏剧或诗歌，因为它们表达的

53

观念极为重要。但诗歌在翻译中消失了，即使翻译表达了相同的观念。我们从来就没有理由欣赏伟大的音乐或者被其打动或为之震撼。如果我们问某些乐章如此奇妙的原因，答案可能是"远系调的三种调音"。这个答案描述了我们回应此音乐的一个原因，但不是一个理由。远系调的调音就像香草、调味品或其他使菜好吃的成分一样。即使某人不欣赏伟大的音乐或不被其打动，此人的理性也并不减少分毫，他并没有对理由不做出回应。在把音乐与食物做此对比时，我并没有贬低音乐，也没有把它排在小说、戏剧和诗歌之下。尼采的说法貌似有理（尽管是错的）：没有音乐，生命将是个错误。但是，一般的审美理论大多在音乐方面栽了跟头。

这些说法是有争议的，因此我们可以回过头来看看人们喜欢或厌恶的非审美感知。尽管这些感知本身没有好坏之分，但它们是那些有好坏之分且更复杂的精神状态的组成部分。我们疼痛时，坏的事物不是我们的感知，而是"我们有一种我们厌恶的感知"这种意识状态。如果我们不厌恶这种感知，那么我们的这种意识状态就不是坏的。这些感知给我们的感觉如何，在部分程度上取决于我们是否厌恶它们。有些人主张，当我们厌恶某种感知时，这就会在某种方式上影响到这种感知的性质，那么这种感知本身就是坏的。基于这种观点，如下说法依然正确：如果我们不厌恶这种感知，那么无论它们还是我们的意识状态就都不是坏的，我们也没有对这些理由不做回应。

当有极喜欢或厌恶的感知时，大部分人会强烈地想要拥有或避免拥有这种意识状态。我们可以把关于这种意识状态的欲求称为元享乐式的（meta-hedonic）。许多人无法在享乐式喜好或厌恶与这种元享乐式欲求之间做出区分。但这些心理状态有几个方面的差别。我们厌恶的是某种感知，而我们想要的是不具有为我们所厌恶的某种感知。这种欲求的满足要么是不再有这种感知，要么是继续有这种感知但不再厌恶。任何这样的主张都不适用于厌恶——与欲求不同，厌恶根本不存在是否被满足的问题。

另一种差别涉及时间。假定火正逼近我们的手，威胁着我们的是很快就有的剧痛。大多数人都极想避免这种临近的痛苦。但我们现在既不可能厌恶这种临近的痛苦，也不可能喜欢某种未来的快乐。与我们元享乐式欲求不同，我们的享乐式喜好或厌恶既不可能指向未来，也不可能指向那种仅为可能的东西。这就是我为什么不把这些心理状态称为欲求的另一个理由。

如果我们要称这些状态为欲求，那么我们就应该记住，由于这些状态与我们欲求之间的这种差别，对这些状态为真的主张可能并不适用于其他欲求。这些状态和我们的元享乐式欲求之间还有着其他重要且为人所忽视的差别。

首先，许多人相信我们的欲求能够创造或赋予价值或负价值。例如，科丝嘉写道，有些事物可以是"作为目的客观地好的，因为它们是为了自身的缘故而被欲求的"。基于这种观点，我们通过重视事物而创造价值，事物因为对我们重要所以才重要。快乐与痛苦的例子似乎支持这种观点。正如我说过的，我们的享乐式喜好和厌恶确实使我们的有些意识状态有好坏之分。我们如果不能把这些喜好和厌恶区别于我们的元享乐式欲求，那么就会相信这些欲求使其

55

对象有好坏之分。这看起来就支持以下这种普遍的观点：我们的欲求创造价值。

科丝嘉的话就是一例。为了阐明其主张——某事物之所以能成为好的"是因为它由于其自身之故而可欲"，科丝嘉写道："巧克力由它影响我们的方式而获得其价值。我们经由喜欢某物而赋予其价值。"我认为，这种例子并不能通过使我们想要或避免的东西成为好的或坏的，从而表明我们的欲求能够创造或赋予价值。我们未来的快乐或痛苦或好或坏，这并不是由我们当下想要有这些快乐或避免这些痛苦的欲求造成的。当我们由于具有极为厌恶的感知而极度痛苦时，使这种意识状态坏的是我们强烈的厌恶，而不是我们当下的欲求——不想要为我们所厌恶的那种感知。由于我们的元享乐式欲求并不使其对象有好坏之分，我认为，快乐与痛苦的例子并非决定性地甚或强有力地支持这种观点：我们的其他欲求有这种创造价值的能力。尽管有我们喜欢的那种感知是好的，但没有任何事物仅仅因为我们想要它从而就是好的。

这两类心理状态之间还有一个重大的差别。与我们的享乐式喜好或厌恶不同，我们的元享乐式欲求是对理由的回应，因为我们有强理由支持或反对有这种欲求。这种差别足以表明我们应该区分这两类心理状态。当我们由于有我们极喜欢的某种感知而体验强烈的快乐时，我们对于这种感知的喜好（to be liking）没有任何理由。如果我们并不喜欢这种感知，那么我们就不会因此是不理性的或犯 *56* 错。但是我们有强理由想要有且持续有我们强烈喜欢的那些感知。我们甚至有更强的理由不想处于痛苦之中，即没有那种我们极不喜欢的感知，尽管这种不喜欢是没有任何理由的。

第 7 节　不理性的偏好

我已经说过，当我们想要之事件的特征能够给予我们想要此事件的理由时，我们的欲求就是合理的。当我们想要的某个事件是我们有理由不想要的，或者没有任何理由想要的，或者只有很弱的理由想要的时，我们的欲求就不是合理的，用老话说就是与理性相悖的。当我们的欲求清楚且强烈地与理性相悖时，这种欲求就是不合理的。其他此类欲求不过是不完全合理的。这里并不是泾渭分明的情形，因为不理性是个程度问题。

例如，假定我们必须在随后要遭受的两种折磨之间做选择。如果一种折磨比另一种痛苦得多，那么这个事实就给予我一个强理由偏好较轻的那种。我们如果没有任何其他相关的理由，那么有意偏好更痛苦的折磨就是有悖于理性的，从而是不理性的。

大部分这类偏好都涉及对时间的态度。首先考虑一个虚构的人，他有一种我们称之为"对未来周二漠不关心"的态度。这个人关心自己未来的快乐或痛苦，但若快乐或痛苦出现在周二，则完全例外。这种奇怪的态度并不依赖于不知情或错误信念。这个人知道，周二的痛苦与其他时候的痛苦是一样的，同样是他的痛苦，且周二跟一周中其他日子也是一样的。即使如此，如果有选择，这个人还是会宁愿在任何周二受折磨，而不愿在其他日子受点小苦。折磨比小苦痛苦得多，这一点是不偏好折磨的强有力理由；且折磨发生在未来的周二，这根本不是偏好它的理由。因此，这个人的偏好与理性极为相悖，从而是不理性的。

57　　接下来考虑某个人有对来年的偏向。这个虚构的人对于来年的福祉一视同仁，但对于之后一年的福祉看得只有来年的一半重。他不是偏好来年第 11 个月的 5 小时痛苦，而是偏好 12 个月后的 9 小时痛苦。此类偏好也是不理性的。如果痛苦不是发生在一年之内而是一年之外，那么这根本就不是我们把这种痛苦看得只有一半重的理由。

　　没有人对时间具有这种态度，但是许多人都有我所谓的偏向眼前的态度。不像这两种虚构的态度，这种偏向并不会得出完全任意的区分。但假定：因为你有这种偏向，你想要你的折磨稍稍延迟，即使你知道这种延迟会使你的折磨糟糕得多。你偏好的不是今天 1 分钟的微痛，而是明天 1 小时的剧痛。这种偏好依然是不理性的，尽管程度上要弱一些。许多人都基于不那么极端的此类偏好行事，由此使自己的生活更差。

　　这些主张可能看起来太过明显而不值一提。有谁可能会否认剧痛的性质会给予我们理由想要避免处于剧痛之中呢？又有谁会否认幸福的性质可以给予我们理由想要幸福呢？

　　然而，一些伟大的哲学家否认这样的主张，而且许多晚近的合理性论说也否认这样的主张。正如我们马上会看到的，那些接受理由的主观理论的人必须否定这样的主张。

第三章　主观理论

第 8 节　理由的主观主义

主观理论诉诸的事实是关于我们当下的欲求、目标和选择的。 基于最简单的主观理论，我们可称之为

> 基于欲求的理论（the Desire-Based Theory）：我们有一个
> 理由去做任何会满足我们当下欲求的事情。

然而，主观理论要具有可行性，它们就必须允许有些欲求无法给我们理由。回到前文讲到的那种情形：你想要逃离一条发怒的蛇，因为你误以为这样做会救你的命。如果你有理由满足你当下的一切欲

求，那么跑开的欲求就会给予你一个行动的理由。但你没有理由跑开，因为静止不动才是唯一的活命方式。

有两种方法来解释跑开的欲求为什么不能提供行动理由。主观主义者会主张

（A）只有依赖于真信念的欲求才能提供理由。

（A）蕴含着，你没有任何理由想要跑开，因为你的欲求依赖于"这个行动会救你的命"这个错误信念。我们接下来回顾，当我们将某个事件作为目的或者为其自身之故而想要它时，这种欲求是目的式的；当我们将某个事件作为实现目的的手段而想要它时，这种欲求是工具性的。我们的目标常常是我们决定要满足的目的式欲求。你想要跑开仅仅是作为救命的手段。这样，主观主义者反过来可以主张

59

（B）只有目的式欲求或目标才能提供理由。

（B）蕴含着，你没有任何理由想要跑开，因为这个行动无助于你满足或实现任何这样的欲求或目标。

（A）看起来可能比（B）更可行。工具性欲求若依赖于错误信念，那么这看来就使这些欲求在某些方式上是错误的，这可能成为这些欲求不能提供理由的原因。这样的欲求若没有依赖于假（false）信念，则绝对不会是错误的。

然而，主观主义者可以用另一种不同的方式来为 B 辩护。假定我既想吃某棵树上剩下的两个苹果，还想爬梯子以够到位置较高的那个苹果。假定树的主人只允许我吃一个苹果，但可以随便选一

个。如果工具性欲求能给我们理由，那么我就更有理由选择位置较高的那个苹果。如果我选择位置较低的那个苹果，那么我就只能满足"我吃这个苹果"的欲求。如果我选择位置较高的那个苹果，那么我就不仅能满足我吃另一个苹果的欲求，还能满足"我想爬梯子以够到位置较高的那个苹果"的欲求。但这个推理显然是错误的。因为我想爬梯子不是为了其自身的缘故，而只是作为够到那个苹果的手段，我没有进一步的独立理由来满足这种欲求。我要爬梯的理由，完全源自且丝毫无补于如下理由：满足"吃位置较高的那个苹果"的欲求。

正如这个例子显示的，工具性欲求并不提供理由。基于最简单且可行的主观理论，我们可称之为

目的式欲求理论（the Telic Desire Theory）：我们最有理由去做任何能够满足我们当下目的式欲求或目标的事情。

这个理论正确地蕴含着，你没有任何理由想要逃离发怒的蛇。你的目标是救自己的命，逃跑无法实现这个目标。这里根本没有必要诉诸这个事实：你想要跑开的欲求依赖于错误信念。

然而，在有些情形下，我们的目的式欲求或目标依赖于假信念。例如，我可能想伤害你，原因是我错误地认为你应得受苦，或者是我误以为你伤害过我而想报复你。主观主义者应当否认这种欲求给予我一个理由。主观主义者在考虑此类情形时，其中许多人主张，只有没有错误（意思是不依赖于假信念）的目的式欲求或目标才提供理由。按照我们所称的

无错的欲求理论（the Error-Free Desire Theory）：我们最

60

有理由去做的事情要最有利于满足或达成我们当下无错的目的
式欲求或目标。

显然还有其他方式可以改善这种理论。如果依赖于假信念的欲求
无法提供理由，那么依赖于不知情的欲求也就无法提供理由。这
个区分并不深刻。在我想伤害你的那种虚构情形中，有两种方式
让我的欲求可能基于不当的根据。我可能错误地相信你有意伤害
我，或者尽管"你伤害过我"这一看法是对的，但我不知道你这
样做是为了让我不受更严重的伤害。此情形的这两个版本并无
实质差别。如果只要我伤害你的欲求依赖于假信念，此欲求就
不能提供理由，那么欲求依赖于不知情时就同样不能提供任何
理由。

如果基于不知情的欲求不能提供任何理由，那么我们就能言之
成理地更进一步。我们若知道更多就不会有现在的目的式欲求，由
此我们就没有理由满足这些欲求。主观主义者据此能够主张：我们
若知道更多就会有某些目的式欲求，从而我们确实就有理由满足这
些欲求。和前面一样，这个区分也不深刻。如果我得知你是出于好
意而伤害我，那么我就可能不仅不再对你恶意相向，而且还会产生
善意。主观主义者主张，如果此点为真，那么我现在就有一个理由
对你好。

如果我们诉诸知道更多而想要的东西，那么接下来就可以把这
个观念推到极致，根据

61　　　　知情欲求理论（the Informed Desire Theory）：我们最有
　　　　理由去做的任何事情，会最好地满足我们知道一切相关事实后

就会有的那种目的式欲求或目标。

有些作者主张，如果我们对某个事实的了解会影响我们的欲求，那么此事实就算作相关的。但这个标准太过宽泛。正如吉伯德所言，我们若知道且能生动地想象我们朋友吃饭时内脏里发生的一切，就可能失去进食的欲求。我们若知道人对人的某些何其不人道的事实，就可能非常压抑，不再想活下去。知情欲求理论由此就有如下不可行的蕴含：我们即使确实想吃且想活，也根本没有理由满足这些欲求。为了避免这样的蕴含，有些主观主义者主张，要把某个事实算作相关的，仅仅知道该事实会影响我们的欲求还不够。按照此类观点，若我们是在几个可能的行动之间做选择，那么相关的事实就只是这些行动及其可能的后果。

知情欲求理论还需要做一修正。情况有时候的确是这样的：如果我们有充分的信息，那么我们的欲求以及我们有理由做的事情就会发生变化，从而在某种意义上会改变我们的处境。如果主观主义者主张，我们的理由不是由我们的实际欲求提供的，而是由我们想象的知情欲求提供的，那么这些人在此类情形中就会得出说不通的结论。例如，假定我们想要知道某些重要的事实，我们如果知道这些事实就会失去这个欲求。这一点并不应被看作蕴含了我们没有理由按这种欲求行事：努力了解这些事实。有些主观主义者因此主张，我们若是完全知情的，那么就会设想自己在不知情的实际情况下会想要的欲求，这些欲求才是我们应该满足的。

还有些主观主义者不是诉诸什么会最好地满足或实现我们的欲

求或目标，而是诉诸在仔细考虑这些事实后我们会做的选择或决策。对于我们如何合理地做出这样的决策，这些人也提出了主张，我们可称之为

62　　　　慎思理论（the Deliberative Theory）：我们最有理由做的是经过完全知情且合理的慎思后，我们会选择去做的任何事情。

这种形式的主观主义很容易被混同为客观主义，因为其陈述方式可能给人以这些理论彼此相似的假象。主观主义者和客观主义者都可以主张：

（C）我们最有理由或有决定性理由去做之事，等同于我们若是完全知情且理性的就会选择去做之事。

但这个主张是有歧义的。主观主义者和客观主义者都主张，我们若做出重大决策，则应当以某种方式慎思：我们应当充分想象各种不同的可能行动具有何种重要后果、避免一厢情愿的想法、正确地评估概率以及尊重某些其他的程序规则等。若我们这样慎思，那么这就是程序上理性的。

如果我们也是实质上理性的，那么对于我们具有的欲求和目标，还有我们可以做出的选择，客观主义者就会提出进一步的实质性主张。实质性是在如下意义上说的：它们不是与我们如何做出选择相关，而是与我们选择的是什么相关。客观主义者认为，存在着多种目的式欲求和目标，它们是我们所有人都有强有力且通常是决定性的对象给予的理由要拥有的。要成为实质上完全理性的，我们

必须持有这些欲求和目标并尽可能地努力实现它们，由此对这些理由做出回应。慎思的主观主义者不会提出任何这样的主张。他们否认我们有这种对象给予的理由，并且仅仅诉诸关于程序合理性的主张。

这两类人尽管都会接受 C，但解释 C 的方式是不同的。按照主观主义者的想法，当前述为真时，

> （D）我们如果是完全知情且程序上理性的，那么就会选择以某种方式行动。

这个事实使下述为真：

> （E）我们有决定性理由以这种方式行动。

客观主义者反过来主张，当前述为真时，

> （E）我们有决定性理由以某种方式行动。

这个事实使下述为真：

> （F）我们如果是完全知情且既是程序上理性的也是实质上理性的，那么就会选择以这种方式行动。

为了阐明这些主张，我们可以假定，如果不戒烟，我就会早死，失去本可有的多年幸福生活。按照一切可行的客观理论来说，这个事实给予了我决定性理由想要戒烟且努力戒烟。如果我是完全知情且实质上理性的，那么这就是我会选择去做的事情。客观主义者相信，我们理性上应当选择的事情取决于我们有理由或显见理由想要且去做的事情。

我们接下来假定，经过完全知情且程序合理的慎思（或者我们现在可称之为理想的慎思）后，我会选择戒烟。慎思的主观主义者届时会同意我有决定性理由戒烟。然而，基于这种观点，推理是反过来的：这些主观主义者不是主张我们的选择要取决于我们的理由，而是主张我们的理由依赖于经过这种慎思后我们会选择的事情。如果我有决定性理由戒烟，那么这是因为我会选择这种行动方式。

正如这些例子所显示的，这两种理论是完全不同的。客观主义者诉诸规范性主张：经过理想的慎思后，我们有理由选择或理性上应当选择什么。主观主义者则诉诸心理学主张：经过这种慎思之后，我们事实上会选择什么。

不同的主观理论有时候会在我们有理由做什么上产生分歧。我们在此可以忽略这种分歧，只考虑这些理论一致的情形。在这样的情形中，我们知道一切相关事实，那么能最好地满足我们当下的目的式欲求或目标的行动，也是我们经过理想的慎思后会选择的行动。我们由此能说，根据

64

　　理由的主观主义：某个可能的行动

　　　　是我们最有理由去做的，或者在蕴含决定性理由的意义上应该或应当去做的，

　　当且因为

　　　　这个行动能最好地满足我们当下完全知情的目的式欲求或目标，或者是我们经过理想的慎思后会选择去做的。

某些主观理论之间还有一个分歧，我们可以在此提出但随后予以搁

置。假定，鉴于相关事实，所有主观理论都蕴含着：我有决定性理由戒烟。有些主观理论主张，这个理由是这个事实给予的：

　　（1）这个行动能最好地满足我当下完全知情的目的式欲求或目标。

按照某种其他主观理论，这个理由是由这个事实给予的：

　　（2）戒烟会延长我的寿命。

但是这些理论都主张，（2）给我这个理由仅仅是因为（1）也为真。我想戒烟的理由是由"这个行动会延长我的寿命"这个事实给予的，但是这个事实之所以给予我理由，是因为我想实现这个目标。同样的主张也适用于这个事实：

　　（3）经过理想的慎思后，我会选择戒烟。

按照慎思的主观主义者的观点，我们有决定性理由去做的任何事情，是我们经过理想的慎思后会选择去做的事情。但是，我们无法言之有理地主张，我戒烟的理由是由如下事实给予的：经过这样的慎思，我会选择这样做。有些人因此主张，（2）是给予我理由的事实，但这个事实之所以给予我这个理由，仅仅是因为（3）也为真。

　　在评估主观理论时，我们只要考虑"这些理论蕴含着我们有理由去做什么"就够了，可以忽略它们"在哪些事实给予我们理由"上的那些分歧。基于这些理论，理由是由某些关于我们的欲求、目标或选择的事实提供的——我在这么讲的同时将包含这样的意思：这些事实属于那些使"我们有这些理由"为真的事实。

理由的主观主义现在非常流行。许多人理所当然地认为我们有主体给予的理由。例如，科丝嘉写道，如果某个行动"是获得你想要之物的手段……没人怀疑这是一个理由"。威廉姆斯写道："想做某事的欲求当然是去做它的一个理由。"在许多著作与论文中，主观主义甚至都不被称作几种观点之中的最佳者，而仿佛是作为唯一可能的观点被提出的。因此，这种观点是否为真就极为重要。

第 9 节　为什么人们接受主观理论？

我认为，我们应当拒绝一切主观理论，并且接受某种客观理论。我们的实践理由全部是由对象给予且基于价值的。

既然有这么多人相信所有实践理由都是基于欲求、目标或选择的，那么情况如何能如客观理论所主张的那样：没有任何这样的理由呢？这些人怎么会错得如此离谱呢？

我们的理由基于我们的某些欲求、目标或选择的方式看起来有好几种，因而存在着几种可能的局部解释。第一，正如我说过的，我们想要的通常是值得去做的事情或获得的事物。在这种情形下，既然我们有基于价值且是对象给予的理由来满足这些欲求，那么两种理论就至少是部分一致的。

第二，我们有这样的欲求，是因为我们认为我们有这样的理由。我们常常是被某个行动或结果（在蕴含理由的意义上）是好的或最好的这个信念打动的。我们通常受到这样的信念的驱使：某个行动或结果在蕴含理由的意义上是好的或最好的。当我们的欲求取决于我们的这一信念——我们有这样的理由——时，我们可能没有在这些欲求与信念之间做出区分。

第三，有些人接受基于欲求的福祉理论。按照其中的某些理论，我们某些当下欲求的满足对我们而言本身就是好的。如果情况确实如此，那么我们就有了基于价值的理由来满足这些欲求。

第四，当我们描述我们的驱动性理由或我们为什么会做所做的事情时，我们能够正确地诉诸我们的欲求或目标。这可能会导致我们认定，我们的欲求或目标也能给予我们规范性理由。有些人并没有区分这两种理由。

第五，我们确实可以在一种肤浅的意义上主张，我们的欲求或目标给予我们规范性理由。例如，我确实可以主张我现在有一个理由离开会场，因为我想要赶上某趟火车，或者我的目标是赶上这趟火车，并且现在满足这种欲求或实现这个目标的唯一方法就是离开会场。但这种基于欲求或目标的理由会是派生的，因为这种理由之规范性力量完全来自这样的事实：给予我理由想要赶上这趟火车或有这个目标的事实。如果我没有任何理由想要赶上这趟火车或想有这个目标，那么我就没有任何理由想要现在就离开。当我主张我们的欲求或目标不能提供任何理由时，我指的是一阶理由，即非派生的理由。

第六，当我们能够满足他人的欲求或帮助他人实现其目标时，这些事实可以给予我们非派生的理由这样做。当他人持有他们根本没有理由持有的欲求或目标时，这些人可能没有任何理由去满足这

66

些欲求或实现这些目标。但是我们能够有这样的理由。我们在帮助他人满足其欲求和实现其目标时，我们尊重了他们的自主性并且避免了家长主义做法。他人的欲求、目标或选择在这个方面就像选票一样，即使投票者根本没有理由这样投票，也应被给予完全同等的权重。许多人之所以接受基于欲求或选择的理论，是因为他们是民主论者、自由主义者或自由至上者，他们认为，其他人应当想要、选择或做什么，我们对此不应当指手画脚。例如，诺齐克就主张：基于价值的实质性理论"打开了从外部强加专制要求之门"。

第七，我们若有某个目标，且认为某个可能的行动是实现该目标的唯一或最好的方法，那么就可能理性上应当这样做。有些人认定，在这样的情形中，我们必定有一个理由去做我们理性上应当做的事情。但情况不是这样的。我们若错误地认为某个行动会实现我们的目标，那么就可能根本没有理由那样做。你尽管理性上应当逃离发怒的蛇，但却没有任何理由这样做。

第八，当人们主张我们有理由满足当下欲求时，他们想的通常是我们认为在将来会享受的那些活动或体验。若这样的信念为真，那么我们就有理由满足这些欲求。但这些理由的提供者不是"我们会满足这些欲求"这个事实，而是"我们会享受那些未来的活动或体验"这个事实。如果我们不享受那些活动或体验，那么我们就没有理由满足这些欲求。当孩子想要的是某个他们随后得到却不喜欢的东西时，他们的父母有时候就会说："瞧，你并不真正地想要它。"这样的说法是错误的，因为孩子们确实想要这些东西，真实情况是他们的欲求并不给予他们理由。同样的主张也适用于这样的

67

欲求，即我们想要避免我们认为是痛苦或不愉快的东西。当人们主张我们的欲求给予我们理由时，他们心中真正想到的通常是这样的事实："我们会喜欢什么，发现什么是痛苦的或不愉快的。"这种事实给予我们的理由是享乐式的而不是基于欲求的。

第九，有些人错误地认为享乐式理由是基于欲求的。当这些人思考痛苦或不舒服的感知时，他们没有区分"我们对当下感知的厌恶"和"我们对不要我们所厌恶之感知的那种元享乐式欲求"。我早就主张，正是我们的厌恶使我们的意识状态变成坏的，并给予我们理由想要结束这种痛苦或不舒服的状态。这些人由于没有区分开我们的厌恶和我们的元享乐式欲求，所以就会认为这种欲求给予我们这种理由。类似的主张同样适用于快乐和某些其他或好或坏的意识状态。

第十，我们所持有的诸多行动理由是我们若没有某种欲求就不会有的。但这些理由之提供，不是由于我们的行动会满足这些欲求这一事实，而是由于某些其他像这样的事实——该事实因果性地依赖于我们对这些欲求的持有。例如，我们若有某种欲求就会使满足这种欲求是令人快乐的。在许多情形中，这个事实仅仅是锦上添花，因为我们想要的那个东西本身就是值得实现的。当我们没有任何理由持有某种欲求时，这种情形就表现得最为清楚。例如，我们玩某种游戏，比如没有报偿且其结果完全取决于运气的游戏，此时我们根本就没有理由想要赢。但如果我们确实想要赢，那么这就使得我们会享受赢，而这一随附的事实由此就会给予我们理由想要满足这种欲求。

68

在描述这样的情形时，我们可以做出另一种区分。按照某些主观理论，某些事实给予我们理由的方式依赖于我们持有某种欲求。这种依赖是规范性的。例如，基于某些观点，我戒烟的理由是它会延长我的寿命这个事实提供的，但是这个事实之所以给予我一个理由，仅仅是因为我想要实现这个目标。这个理由的规范性力量被认为是源于我有这种欲求这一事实，因而该理由是基于欲求的。我刚刚描述的基于价值的理由则完全不同。若某种欲求的满足会给予我们快乐，那么这个事实就给予我们一个基于价值的享乐式理由，从而去做满足这种欲求的事情。这个理由可能因果地依赖于我们有这样的欲求，因为这个行为可能给予我们快乐仅仅是由于我们有该欲求。但是这个理由在规范性上并不依赖于我们有这种欲求。"某个行动给予我们快乐"这个事实给予我们一个理由这样做，无论这种快乐是否因果地依赖于我们具有那种欲求。

我们还有很多其他理由，它们在因果性上也依赖于我们有某种欲求。例如，欲求得不到满足会让人沮丧或分神。这样的事实给予我们理由去满足这些欲求。正如前文一样，这些可能只是锦上添花的理由，因为我们想要的东西通常是值得获得的。但这样的情形可以包含我们根本就没理由想要有的欲求。例如，我们可能会分心于想了解或记住某件琐细之事，或者是具有某种带有强迫性的欲求。我有时会出于一种不带感情的古怪欲求去剪指甲，并为此而分心。摆脱这种欲求的最好办法就是满足它们。

接下来假定：我们必须在两个或更多目标之间做选择，其中没有哪个目标比任何其他目标更值得实现。这样的一些例子是：在不同职业或研究项目之间做选择，或者在为不同的援助机构或政治选举做义工之间做选择。如果其中的一个目标是我们最强烈地想要实现的，那么这个事实就可以给予我们理由采纳这个目标。但是同样地，这些理由不是由"我们最强的欲求是实现这个目标"这个事实提供的，而是由依赖于"我们有这种欲求"的其他事实提供的。例如，若其中的一个目标是最有吸引力的，那么这就会给予我们理由认为实现这个目标有最大的回报。一想到实现这个目标，事先就可能给予我们快乐。而我们实现这一目标的强烈要求，会使我们更容易做出为实现这个目标所需要的努力与牺牲。在最落魄、无精打采或绝望之时，我们可能会需要这样的欲求。与前文一样，给予我们理由采纳并努力实现该目标的，不是我们的欲求本身，而是那些其他的事实。

　　这同样适用于我们的决策和目标。当我们决定努力满足某种欲求，由此满足它就是我们的一个目标时，这个决策可以给予我们进一步的理由来满足这种欲求，从而实现该目标。但提供这个理由的事实并不仅仅是"我们已经做了这个决策，采纳了这个目标"。提供这个理由的事实还有：我们如果不按这个决策行动，那么实现这个目标的可能性就更小，荒废时间的可能性就更大。然而，在某些情形下，两者都不对，因为我们最好的做法莫过于重新考虑决策。例如，如果我们半夜醒来，那么重新考虑采纳某个目标的决策就可能不像干等着再入睡那么乏味。在这样的情形下，"我们已经采纳了某个目标"这个事实并不能给予我们任何理由保持这个目标并努力去实现它，因为这个事实并不给予我们任何理由让我们不再改变心意从而采纳某个其他目标。

我们有许多理由去满足我们的欲求或实现我们的目标，这些理由的提供者不是"我们会满足这些欲求或实现这些目标"这个事实，而是其他依赖于欲求或目标的事实。正如前文一样，当人们主张我们的欲求或目标给予我们理由时，人们心中真正想的通常是其他事实。

70　　欲求、目标或选择给予我们理由的方式看起来就是有这么多，因此，有许多人接受主观理论就一点儿也不奇怪了。这其中的许多人对于哪种事实给予我们理由，其实有着各种各样正确的或可行的信念，他们只是不明白，这些信念事实上并不支持任何主观理论。尽管这些人相信自己是主观主义者，但情况并不真是如此。这些人在做出主观主义主张时，错误地描述了自己的观点。

第 10 节　分析性主观主义

人们还有另外一种方式来接受理由的主观理论。我们可以称一种规范性主张为

实质性的主张，若这种主张

（a）陈述某物有规范性属性，

且

（b）我们对之是能够有分歧的，由此是有意义的（significant），或者能告诉我们一些不知道的事情，由

此是富含信息的。

这类主张的两个例子是"处于痛苦之中是坏的"以及"较少关注未来是不理性的"。

正如西季威克与康德所提醒的那样，当我们思考规范性问题时，我们容易受到某类主张的误导，这类主张看起来是实质性的，但不过是隐藏的同义反复（concealed tautology）。用康德的话说：

没有哪门科学像伦理学那样充斥着同义反复。

一种公开的同义反复两次使用同一语词，这种方式并不做出任何实质性主张，只是告诉我们某物是其所是，或者如果某物有某种属性，那么此物就有此种属性。

两个这样的例子是这样的主张：

（1）幸福就是幸福，

以及

（2）产生幸福的行动会产生幸福。

有些公开的同义反复可以被用来提出有意义的主张。两个这样的例子是："生意就是生意"和"战争就是战争"。人们在做出这样的主张时，意图是提醒我们某物极为独特，不同于其他事物，必须就其本身来判断。这些人可能意在暗示：在生意和战争中，日常的道德标准不适用。这些暗示性的主张是实质性的。但大部分公开的同义反复是微不足道的。"幸福是幸福，欲求是欲求，信念是信念，希望是希望"，这类主张没什么价值。

71

隐藏的同义反复不会使用相同的语词，而是使用有相同意义的不同语词或短语。一个例子是这样的主张：

（3）幸福（felicity）是幸福（happiness）。

由于"felicity"就是"happiness"，所以（3）所指与（1）所指就是一样的。（3）并不是一个实质性主张，尽管我们可能会用（3）来告诉某人"felicity"的意思。接下来我们考虑这个主张：

（4）产生幸福的行动是带来幸福的。

既然"带来幸福"意指"产生幸福"，那么（4）就是另一个隐藏的同义反复，它的两种公开的形式就是

（2）产生幸福的行动会产生幸福，

和

（5）带来幸福的行动是带来幸福的。

正如前文一样，这些都不是实质性主张。每个理解这些主张的人都会接受它们，因为它们显然为真。每个人都能够一致地接受这些主张，不管他们还相信其他的什么事情。（4）在这些方式上不同于这个主张：

（6）产生幸福的行动是善的（good）。

既然"善的"并不意指"产生幸福"，那么（6）就是有意义的实质性主张，有时候会与许多人的信念相冲突。例如，许多人认为，能给性虐待狂带来幸福的残酷行动绝对不是善的。

我们现在回到理由的主观理论。有些人是在我们称为主观主义

的或内在的意义上使用"理性""应该""应当"等语词。我们可以把这些人称为分析性主观主义者。例如，某些人说：

（7）我们最有理由以某种方式行动。

他们的意思是：

（8）这个行动能最好地满足我们当下完全知情的目的式欲求。

我们可以称"最有理由"这个短语的主观主义意义是欲求满足的意义。有些这样的人还主张：

（9）我们最有理由去做的事情，是能最好地满足我们当下完全知情的目的式欲求的事情。

既然这些人在欲求满足的意义上使用"最有理由"这个短语，那么（9）就不是一个实质性主张，而是隐藏的同义反复，其公开的形式之一就是这样的主张：

（10）会最好地满足我们当下完全知情的目的式欲求的行动，就是会最好地满足我们当下完全知情的目的式欲求的行动。

人们无论相信什么都可以相信这种微不足道的主张。这同样适用于关于"理性""应该""应当"的其他主观主义的或内在的意义。尽管对我们有理由去做什么或应当去做什么，分析性主观主义者并没有提出实质性主张，但这些人确实做出了其他重要的主张，我将在第二十四章和第三十章加以探讨。

理由的主观主义者要做出实质性主张，就必须在我们于第 1 节所讨论的那种不可定义的规范性意义上使用"理由""应该""应当"这些语词。我在这些章节探讨的正是这些实质性且非分析性的主观主义理论。

这里我们只要考察不同的主观理论于其中取得一致的情形就够了。在此类情形中，我们会知道一切相关事实，而其中最有利于实现我们当下目的式欲求或目标的行动，也是我们经过理想的慎思后会选择去做的。当我们的慎思是完全知情且程序合理的时候，它就是理想的。在讨论这些理论时，我提出的某些主张仅仅与基于欲求的理由相关，但其中大部分也适用于基于目标和选择的理由。

在做出这些主张时，我是在广义上使用"欲求"这个词，它涵盖了任何这样的状态：受到驱动、想要某事发生且在某种程度上愿意尽可能地使之发生。然而，我的主张并不适用于包含欲求的各种复合状态。例如，当我们爱某人时，我们就受驱动以某种方式行动。我们极为关注这个人的福祉，想做最有益于他或她的事情。尽管我们爱某人在部分程度上在于具有这样的欲求，但我们有强理由去关注且努力促进我们所爱之人的福祉。提供这样理由的不是爱某人所包含的各种欲求，而是爱本身就是好的那种方式，以及关于我们与爱人之间关系的各种其他事实，比如关于共有的过去、承诺或感恩的理由的事实，在罗曼蒂克或肉欲之爱中所包含的事实，或者对父母、子女及其他近亲的爱。为了阐明这种区分，我可以假定我遇到几个陌生人，他们都需要我的帮助。如果我有强烈的欲求帮助其中一个，也许是因为我喜欢她的长相，那么这至多能给我一个非

常弱的理由去帮助她而不是其他陌生人。各种形式的爱完全不同于
这样一种欲求。

第11节 痛苦论证

主观理论会有不可行的蕴含。假定

在情形一中，我知道未来某个事件会让我痛苦一段时间。
即使经过理想的慎思后，我仍然不想避免这种痛苦。这种痛苦　74
或不想避免这种痛苦也不会阻止我实现其他欲求或目标。

既然我没有任何"避免这种痛苦"的欲求或目标，那么所有的主观
理论就都蕴含着：我根本没有理由想要避免这种痛苦，也根本没有
理由想要尽力去避免这种痛苦。

人们也许认为，这种情形是不可能的，因为除非我有强烈的欲
求不想处于这种状态，否则我的心理状态不会是痛苦的。但这种反
驳忽视了我们在态度上对当下痛苦与未来痛苦的差别。尽管我知
道，当我后来感到痛苦时，我有强烈的欲求不想处于这样的状态，
但我现在仍可能没有任何欲求想要避免这种未来的痛苦。

接下来人们可能主张，我预测到未来我不想处于痛苦之中，这
给了我基于欲求的理由现在想要避免这种未来的痛苦。但人们如果
接受我们这里考虑的主观理论，那么就无法提出这种主张。这些人
不会主张（由于他们的其他假设，他们也不能主张），关于未来欲
求的事实会给予我们理由。

　　某些其他理论会提出这种主张。基于价值的客观理由理论可能会与一种基于欲求的主观福祉理论相结合。按照这样的一种观点，我们即使现在不关心我们未来的福祉，还是有理由且应当去关心。这些理由是由"使得未来各种事件对我们或好或坏"的事实提供的，在此意义上，它们是基于价值的。但是，如果像这种理论所主张的那样，我们的未来福祉在部分程度上在于满足我们将来的某些欲求，那么基于价值的这些理由就是按照使未来欲求得以满足的方式来行动的理由。我们同样可以主张：我们有基于价值的理由去满足他人的欲求，因为这样可以促进他人的福祉。尽管这些理论主张我们有理由去满足这些欲求，但它们却是基于价值的客观理由理论，与我们现在所考虑的基于欲求的主观理论极为不同。

　　我们还能设想一种时间中立的基于欲求的理论。基于这种观点，我们在任何时候最有理由去做的行动，是任何"能最好地满足我们一生中所有欲求"的行动，不管这些行动对我们是好还是坏。按照一种类似的个人中立的理论，我们最有理由去做的行动，是任何能最好地满足所有人欲求的行动，不管这些行动对任何人是好还是坏。这些虚构的理论也完全不同于我们现在所考虑的主观理论。

　　按照这些理论，只有关于我们当下的欲求、目标或选择的某些事实，才可以给予我们理由，或者说我们的理由依赖于这些事实。情形一假定，我已经仔细考虑了关于我未来时段痛苦的所有相关事实。既然这种痛苦或不想避免这种痛苦不会影响我们当下任何欲求或目标的满足，那么一切主观理论就都蕴含着：我根本没有理由想要避免这种痛苦。对于我的行动而言，也是这样，即使我轻易就能避免痛苦（也许是把手挪离正靠近的火焰），我也根本没有理由这样做。这种理由的提供者只能是某种相关的当下欲求，而我没有任何这样的欲求。

某些分析性主观主义者会接受这种结论。如果这些人主张我没有任何理由想要避免这种痛苦，那么他们的主张就不是规范性的，而是隐藏的同义反复，只是重复了我对这种虚构情形的描述。这些人的意思不过是：经过理想的慎思后，我没有动机把手挪离正靠近的火焰。我们都同意，在这种无足轻重且有误导性的意义下，我没有任何理由那样做。

我们正在讨论的是非分析性主观主义者的观点。这些人是在规范意义上使用"一个理由"这个短语，也可以用"算作支持"这个短语来表达。这些主观主义者同意：我有一个理由想要且尽力避免这种未来的痛苦，这样的主张是有意义的。但是这些人的理论意味着：我既然没有任何相关的当下欲求，那么就没有任何这样的理由。没有任何事实算作支持我想要避免且尽力避免这种痛苦。这同样适用于某些其他情形。按照这些主观主义者的说法，我们若没有任何相关的当下欲求，则没有任何理由想要避免且尽力避免未来时段的痛苦。

我们现在能够论证：

76

我们所有人都有理由想要避免或尽力避免一切未来的痛苦。

主观主义蕴含着我们没有任何这样的理由。

因此，

主观主义是错误的。

我们可以称此为痛苦论证（the Agony Argument）。

有些主观主义者可能主张，我们可以忽略这个论证，因为我的例子纯属虚构。他们会说，现实中的人都想避免一切未来的痛苦。

这个回应是失败的。第一，我们在问的是：主观理论是否蕴含着我们都有一个理由想要避免一切未来的痛苦？要主张我们都有这样一个理由，只主张每个人都有这种欲求是不够的。这些主观主义者还必须主张：当我们有某种欲求时，这个事实给予我们一个理由有这种欲求。正如我们马上会看到的，这个主张得不到辩护。

第二，现实中的人看来有可能并不想要避免一切未来的痛苦。痛苦若在遥远的未来，许多人就极少关心。有些人即使相信罪人会在地狱受苦，也仅当病入膏肓、离地狱不远时才力求避免犯罪。并且，有些人在极为消沉之时就不再关心自己未来的福祉。

第三，即使不存在任何这样的现实情形，规范理论在纯属虚构情形（只要这些情形涉及的事情是足够清楚的）中的蕴含也应当是可接受的。主观主义者提出了关于哪些事实给予我们理由的主张。但这样的主张在现实世界中不可能为真，除非它们在如下世界也为真：如此世界中的人与我们很相像，只是他们不想避免一切未来的痛苦，或者他们的欲求与我们的有所不同。我们因此就可以考察虚构情形，从而公平地检验主观理论。

主观主义者可能回应说，即使在这样的可能世界里，每个人也必定有某种目的式欲求，因为没有这样的欲求，他们甚至不可能是理性行为者，即不可能是出于理由而行动的人。威廉姆斯表示，我们若要做这样的行为者，就必须有一种"不会因错误而失败的欲求"，并且有"适度的审慎"。但这样的主张在此是不相关的。我们可以是出于理由而行动的行为者，且不用想要避免一切未来的痛苦。

　　主观主义者接下来还可能主张，如果某个理论在一切或大部分实际情形中有可接受的蕴含，那么这个事实就可以给予我们充分的理由接受这个理论。即使在有些不同寻常或虚构的情形中这个理论有错误的蕴含，我们接受这个理论依然是可证成的。

　　许多理论能可行地以这种方式得到辩护。然而，这种辩护要想成功，我们就必须能主张并不存在与之竞争的另外一个理论，它有更可接受的蕴含。主观主义者不能做出这样的主张。当主观主义理论被应用于实际的人时，这些理论常常有可行的蕴含。但这是因为大部分人通常有的欲求是他们有对象给予的理由想要有的，因为他们想要的东西在某种程度上是好的，是值得获得的。在很多此类情形中，主观理论与最好的客观理论具有相同的蕴含。在努力想判别何种理论最好时，我们必须考虑两种理论有不同蕴含的情形。判别不同科学理论的方式也是出于同样的理由。这些分歧在不同寻常或虚构的情形中表现得最为清楚。因此，主观主义者不能主张，我们可以忽略这样的情形或不应当那么看重它们。相反，这些情形恰恰是我们最有理由要去考虑的。我一直在论证，主观理论关于这些情形的主张远没有最好的客观理论那么说得通。如果只要两种理论出现分歧，客观理论就更可行，那么它就显然更好。

　　还有另一种可能的回应。慎思的主观主义者诉诸我们经过知情　　*78*

且合理的慎思后想要或选择的事情。这些人可能会主张：

　　（A）我们所有人都有理由有这样的欲求：该欲求是任何完全理性的人都会有的。

　　（B）任何完全理性的人都想要避免未来的痛苦。

　　因此，

　　我们所有人都有一个理由想要避免一切未来的痛苦。

然而正如我说过的，这样的主张是有歧义的。客观主义者能够接受（B），因为这些人提出了关于实质性理性的主张。按照客观理论，我们所有人都有决定性理由有某些欲求，而要成为实质性理性的，我们就必须有这些欲求。提供这些理由的是我们想要的事物或不想要的事物之内在特征。我们有这样一种决定性的对象给予的理由想要避免一切未来的痛苦。我们如果没有这种欲求，那么就会因为没有对这种理由做出回应从而不是彻底实质性理性的。

　　然而，主观主义者不能做出这样的主张。基于主观理论，我们并没有任何对象给予的理由，甚至没有理由想要避免一切未来的痛苦。慎思的主观主义者诉诸我们经过慎思后想要的事情，这仅仅是程序上理性的。基于这些理论，如果我们有某些目的式欲求或目标，那么我们受到的理性要求就可能是想要且去做能最好地满足我们的欲求和实现我们的目标的事情。但是，也许除了几种欲求——我们若缺乏它们甚至就不可能作为行为者——之外，没有任何目的式欲求或目标是理性要求我们有的。无论我们关注什么或想要实现什么，我们都可以是程序上理性的。正如罗尔斯所写，一个主观主义者知道人们是理性的，但我们并不知道他们会追求什么目标，仅仅知道他们会明智地去追求。

因此，主观主义者无法主张，任何完全理性的人都想要避免一切未来的痛苦。

也许有人会如此反驳：我在说这些话时低估了主观主义者通过诉诸关于程序合理性的主张所能取得的成就。例如，迈克尔·史密斯主张：

（C）理性要求我们：不要有做出某种任意区分的欲求或偏好。

史密斯说，主观主义者通过诉诸这种"最小原则"，就能解释许多欲求或偏好的不合理，例如我虚构的那个人的偏好：他关注会发生在他身上的一切痛苦，但发生在周二的除外。史密斯主张，这个人的偏好是不合理的，因为他做出了任意的区分。主观主义者还可能主张，不想避免一切未来的痛苦也是同样任意的。

然而，主观主义者不能做出这样的主张。只有当且因为我们所偏好的事物绝对不是更可取的时候，我们的偏好才做出了任意的区分。如果关于两个事物的任何事实都不能给予我们理由偏好哪一个，那么偏好其一就是任意的。我的虚构者会偏好两种类似的折磨之一，只要且因为这种折磨是发生在周二。要解释这种偏好为什么是任意的，我们必须主张：

（1）某种折磨发生在周二，这个事实并不给予我们任何理由不那么重视它。

与我的虚构者不同，我们大部分人会总是偏好两种折磨之一，只要且因为这种折磨带来的痛苦较轻。要解释为什么这种偏好不是任意的，我们就必须主张：

> （2）某种折磨的痛苦较轻，这个事实确实给予我们一个理由不那么重视它。

（1）和（2）是关于对象给予理由的主张。主观主义者既然否认我们具有这种理由，那么就不可能诉诸这种主张，或者诉诸史密斯在（C）中所陈述的"最小原则"。

80　　史密斯还主张：

> （D）理性能要求我们有某种欲求，当且因为我们有这种欲求将使我们的欲求组合更为融贯和统一。

为了阐明这种要求，史密斯假定，对于我们所知道的身处绝境者，我们仅仅想要帮助其中的某些人。史密斯主张，如果我们想帮助所有这样的人，那么我们的欲求就会更为融贯，会"更加说得通"。

> （3）只要某个人极为贫穷，这个事实就给予我们一个理由想要帮助他。

如果这个事实并不给予我们这种理由，且如果我们只想帮助其中的一些人，那么我们的欲求就不那么融贯，或者不那么说得通。而（3）是另一个关于对象给予理由的主张，是主观主义者无法诉诸的。

我们接下来考虑史密斯的这个主张：理性能要求我们有更统一的欲求组合。单纯的统一性并不是一个优点。如果我们是偏执狂，只关注一件事情，那么我们的欲求将更为统一。但如果你关注真理、美与人类的未来，而我只关注集邮，那么史密斯的主张就似乎蕴含着，你的欲求没有我的那么合理。史密斯可能回应说：若我有几种融贯的欲求，则我的欲求组合的统一就让人印象更深刻。但如果我还想收集火柴盒、图钉、票根和塑料杯，那么你不那么统一的欲求组合就还是比我的要更合理。这种对融贯性的诉诸再次假定，我们有对象给予的理由要有我们的欲求。主观主义者否认我们有这种理由。

　　还存在着其他问题。假如我们现在不关注未来的某些痛苦，但如果我们不关注未来的任何痛苦，那么我们的欲求就会更为融贯。出于这一切理由，主观主义者不能主张：我们如果是程序上理性的，那么就会想要避免一切未来的痛苦。

　　既然主观主义者无法为这个主张辩护，那么我早前的结论就是　*81*站得住脚。主观主义者必须主张，在情形一中，我没有任何理由想要避免我未来时段的痛苦。正如我说过的，我们能够论证：

　　　　我们所有人都有一个理由想要避免且尽力避免一切未来的痛苦。

　　　　主观主义蕴含着我们没有这样的理由。

　　因此，

　　　　主观主义是错误的。

有些主观主义者现在可能会咬紧牙关否认我们有这种理由。这些人可能会说，在情形一中，尽管靠近的火焰会使我们有难以忍受的痛苦，但这个事实并不能算作支持我们想要且尽力把手移开。但这令人难以置信。

我们接下来可以回顾主观主义为什么具有这样的含义。既然主观主义者否认我们有对象给予的理由，那么他们就必须同意，基于他们的观点：

（E）痛苦的性质并不给予我们理由想要避免处于痛苦之中。

我们能够论证：

痛苦的性质确实给予我们这样一个理由。

因此，

主观主义是错误的。

我相信，这些论证是决定性的。

主观主义者可能会抗议，我们在否认（E）时并没有用论证反对他们的观点，只不过是拒绝了他们的观点。情况若是这样，则我们的主张毋宁是每个人都应当拒绝这种观点，因为（E）是一种完全说不通的信念。主观主义者不是虚无主义者，后者否认我们有任何理由。主观主义者认为我们有行动的理由。如果我们能有某种理由，那么如下事实就是再清楚不过的：在蕴含理由的意义上，处在痛苦之中是坏的。我们可能很难准确地记起，有一种极为痛苦的感知是何种状态。有些极糟糕的感知消失了，但我们能足够好地记住这样的体验。按照主观主义者的说法，我们的记忆不能给予我们任何理由想要避免再次处于此种强烈的痛苦之中。如果我们问"为何不能？"，那么我相信，主观主义者根本无法给出令人满意的答案。

第四章　进一步的论证

第 12 节　全部或全不论证

我说过，我们有理由持有某些目的式欲求，例如有这样一个理由想要避免一切未来的痛苦。我们现在可以问我们的目的式欲求是否如主观主义者所主张的那样会给予我们理由。

假定，在

情形二中，我想要有某种未来时段的痛苦。我不是一个受虐狂，后者想要这种痛苦是作为得到性快感的手段。我也不是一个忏悔的罪人，要把这种痛苦作为我的罪有应得。我当下也没有任何欲求或目标需要经历这种未来时段的痛苦才得以满足或实现。我想要这种痛苦是作为目的的，或者说为了这种痛苦自身的缘故。我也没有任何这样的当下欲求或目标，它们的实现要么被这种痛苦所阻止，要么被我对这种痛苦的欲求所阻止。经过理想的慎思后，我决定，我尽力让自己在未来有这种痛苦。

主观理论在此蕴含着：我有决定性理由要满足我的欲求，且根据此决策而行动，使我自己处于痛苦之中。如果附近有火，且我没有任何其他方式能满足我的这种欲求，那么我就有决定性理由把手伸入火中。这令人难以置信。

主观主义者在回应这种反驳时说，我们无法融贯地设想情形二。有些作者主张，如果我们确实相信：随后处于痛苦之中的是我们，并且也理解这种痛苦会是什么样子，那么我们想要自己后来处于这种状态就是不可想象的。但这个主张是错误的。我们想要我们明知是坏的东西，这是可能的。某人为了痛苦自身的缘故而想要在某个未来时段有痛苦，这个假定是说得通的。主观主义者也不能这样主张：我们若有这种欲求，那么这就会使我们不可能是理性行为者，即出于理由而行动的人。

某人可能为了痛苦自身的缘故而想要未来的痛苦——这种情形尽管是可设想的，但却是难以想象的。这个事实似乎弱化了这种反驳对主观主义理论的反对力度。

反过来才是对的，这个事实加强了这种反驳的力度。如果我们发现很难想象有人会有这种欲求，那么这恰恰是因为我们接受了客观主义的主张。我们认为，痛苦的性质给予每个人强理由不想处在这种状态之中。而按照主观理论，我们没有任何这种对象给予的理由。如果的确如主观主义者所说的那样，那么就不会难以想象某人会为了痛苦自身的缘故而想未来时段处于痛苦之中。我们最多能够主张：这种欲求是不同寻常的，如同某些人的古怪性趣味。我们难以设想这种情形，恰恰是因为痛苦的可怕给予每个人清晰且强的理由不要有这种欲求。很难相信人们会如此不理性。

主观主义者为了回应这种反驳，可能会修正其观点。他们可能会主张：

> （F）某一欲求或目标要给予我们一个理由，我们就必须有某个理由持有该欲求或目标。

主观主义者只要能诉诸（F），就能主张：既然在情形二中我没有任何理由想要在未来某个阶段受苦，那么他们的理论就没有这样的蕴含，即我有满足该欲求的某个理由。

为了评价这种回应，我们能假定，在

> 情形三中，我想要避免未来时段的痛苦。

主观主义者能够主张我有理由持有这种欲求吗？在我们的例子中，*85* 我们是在假设：我们知道一切相关事实，并且已经经历了理想的慎思过程。主观主义理论蕴含着，在这样的情形中，

> （G）我们要有一个理由持有某种欲求或目标，就必须持有某种给予我们这个理由的当下欲求或目标。

我们有一种直截了当的方式来主张，我们有某个基于欲求或目标的理由想要避免某种未来时段的痛苦。主观主义理论蕴含着：

（H）若某个可能的事件有我们想要的某些效果，或者能帮助我们实现某个目标，那么这个事实就给予我们一个理由想要这个事件，以作为达到这些效果或实现这个目标的手段。

假定，如果我今天下午参加棋类比赛时头痛，那么头痛就会让我分心，从而得不到想要的胜利。主观主义理论蕴含着：我有一个理由想要避免头痛，以作为帮助我赢得这场比赛从而满足我欲求的手段。但我们可以假定：在情形三中，我没有任何这样的工具性理由想要避免那种未来时段的痛苦。既然这个时段可以是非常短暂的，那么避免这种痛苦就不会有我想要的任何其他效果，或者能够帮助我们实现当下的目标或满足当下的欲求。基于这些假设，（H）蕴含着我没有任何理由想要避免这种痛苦。

主观主义者也可以主张：

（I）若下面两者之一为真，即

（a）我们对某种欲求或目标的持有会有我们想要的效果，

或者

（b）我们想要持有这种欲求或目标。

86 这些事实就给予我们理由持有这种欲求或目标，或者至少给予我们理由尽力持有或保持这种欲求或目标。

但在情形三中，我可能没有任何这样的理由。首先假定我无法避免未来时段的痛苦。部分程度上是由于这个理由，我想要避免这种痛苦的欲求达不到我想要的效果；并且，这种欲求会有我不想要的效果，因为它让我对未来要发生的事情充满焦虑。出于这些理由，我不想持有这种欲求。基于这些假设，（I）并不蕴含我有任何理由持有或保持这种欲求。

　　既然我当下的任何其他欲求或目标都没有给予我基于欲求或目标的理由让我想要避免这种痛苦，那么主观主义者现在就可能宣称，这种欲求本身给予我这样一个理由。主观主义者为了替这种主张辩护，可能会说：

　　　　（J）我们若有某种完全知情的当下欲求或目标，那么这个事实就给予我们一个理由持有这种欲求或目标。

如果（J）为真，那么所有这种欲求或目标都将是合理地自我证成的（self-justifying）。我想要避免这种痛苦的欲求给予我一个理由持有这种欲求。如果我想要处于痛苦之中，那么这个事实就会给予我一个理由想要处于这种痛苦之中。如果我想要荒废生命，那么这个事实就会给予我一个理由想要荒废生命。不管我们想要什么，我们对这种知情欲求的持有都会给予我们理由持有它们。既然这样的主张显然是错误的，那么主观主义者就必须拒绝（J）。由于主观主义者不能诉诸（J），所以这些人必须同意，在这一版本的情形三中，"想要避免未来痛苦"的欲求没有给予我任何理由持有这种欲求。既然我当下的任何其他欲求或目标都没有给予我任何理由持有这种欲求，那么这些人现在就必须承认：基于他们的观点，我没有任何理由想要避免这种痛苦。

　　我们接下来假定，在某一不同版本的这一情形中，我能够避免这种未来的痛苦。我持有这种欲求，故而我去做避免该痛苦的事情，从而满足这种欲求。人们可能会主张，这个事实给予我一个基于欲求或目标的理由持有这种欲求。主观主义者可能会说：

87

       （K）我们持有某种知情欲求会导致我们去做满足这种欲求的事情，这个事实会给予我们一个理由持有这种欲求。

如果（K）为真，那么所有此种可满足的欲求都会是合理地自我证成的。如果我们想要处于痛苦之中会导致我们把手伸入火中，那么这个事实就会给予我们一个理由想要处于痛苦之中。如果我们想要荒废生命会导致我们荒废生命，那么这个事实就会给予我们一个理由想要荒废生命。既然这些主张显然是错误的，那么主观主义者就必须拒绝（K）。这些人必须再次承认：基于他们的观点，我没有任何理由想要避免未来时段的痛苦。这样，主观主义理论就蕴含：在两个版本的情形三中，我都没有任何理由持有这种欲求，即想要避免未来时段的痛苦。

    我们有很多此类的实际情形。当我们想要避免某种未来时段的痛苦或想要较轻的痛苦时，情况通常是：即使经过理想的慎思后，这种未来的痛苦也不会阻碍我们满足或实现当下的任何其他欲求或目标；并且无法主张，当下的任何欲求或目标会给予我们一个基于欲求或目标的理由想要避免这种痛苦。主观主义理论因此就蕴含着，我们常常没有任何理由想要避免某种未来时段的痛苦。

    类似的评论适用于许多其他类型的情形。当我们想要自己或他人有某种未来时段的幸福，或者想我们有其他好的或合理的目标时，情况通常是：即使经过理想的慎思后，实现这些目标也不会满足或实现我们当下的任何其他欲求或目标；并且无法主张，存在任何其他欲求或目标会给予我们一个理由持有那些目标。情况之所以通常如此，是因为我们想要这些东西是为了其自身的缘故，不是作为实现其他欲求的手段。这样一来，主观理论就蕴含着：我们常常没有任何理由想要自己或他人有这种时段的幸福，或者有其他好的或合理的目标。

我们现在回到这个主张：

> （F）某一欲求或目标要给予我们一个理由，我们就必须有理由持有该欲求或目标。

我们已经在情形三中看到，我没有任何基于欲求或目标的理由持有 **88** "避免未来的痛苦"这种欲求。因此，主观主义者如果接受（F），那么就得主张："想要避免痛苦"这一欲求不能给予我任何理由这样做。即使我只要把手挪离正靠近的火焰就能轻易满足这样的欲求，我还是没有任何理由这样做。这个主张与所有主观理论矛盾，且显然是错误的。因此，主观主义者不能诉诸（F）。

还有另一个理由使主观主义者无法主张：某一欲求要给予我们一个理由，我们就必须有理由持有该欲求。正如我们已经看到的，基于这些人的观点，任何这样的理由都必须是由其他欲求提供的。（F）蕴含着：如果这种欲求要给予我们理由，那么我们就必须有理由持有这种欲求。基于主观理论，这个理由还必须由其他某种欲求提供，由此直至无穷。我们不能持有任何像这样无起始的、基于欲求的理由与欲求链条。按照这种理论，任何这样的链条都必定始于某种我们没有理由持有的欲求，或者以其为根据。这样一来，主观主义者如果诉诸（F），那么就不得不得出：没有任何理由能够给予我们理由，由此就否认了这种理论的主要主张。

主观主义者既然不能诉诸（F），那么就必须承认：基于他们的理论，

> （L）我们最有理由做的事情，就是能最好地满足或实现我们当下完全知情的目的式欲求或目标的事情，不管我们想要什么，是否有任何理由持有这些欲求或目标。

类似的评论适用于我们经过理想的慎思后所做的选择。

我们现在可以回到情形二，其中我不是将之当作手段想要某种未来时段的痛苦，而是将之当作目的，或者说为了其自身的缘故。这种未来的痛苦或我对这种痛苦的欲求，既不会阻止也不会满足或实现我当下的任何欲求或目标。经过理想的慎思后，我决定尽可能地使自己有这种痛苦。主观主义者既然必须接受（L），那么就必须承认：基于他们的观点，我最有理由使自己为了痛苦自身的缘故而处于痛苦之中。因为这样做能最好地满足我当下完全知情的目的式欲求，且是我经过理想的慎思后会选择去做的。如果附近有火，且我没有任何其他方式满足我的欲求，那么我就有决定性理由把手伸入火中。这令人太难以置信了。鉴于我对这种情形的描述，我认为，没有任何事实可以为"我把手伸入火中"提供哪怕是很弱的支持。我有决定性理由使自己不处于这样的痛苦之中。

可能还有许多类似的情形。按照主观理论，如果我们有这种知情欲求要击打我们正号啕大哭的娃娃，或者砸烂运转不畅的机器，那么这些事实就会给予我们理由去击打娃娃或者砸烂机器。如果我们最想要或最想选择的是挫败我们所有未来的欲求，那么这个事实就会给予我们理由去挫败我们所有未来的欲求。如果我们最想要或

最想选择的是荒废我们的生命，实现坏的或无价值的目标，那么这些事实就会给予我们决定性理由去荒废我们的生命，努力实现这些坏的或无价值的目标。这些主张同样令人难以置信。我认为，主观理论的这些蕴含给予我们决定性理由要拒绝一切这样的理论。

主观主义者可能如此回应：尽管这些欲求和选择不能给予任何行动理由，但这并不表明没有任何欲求或选择能够给予我们理由。这些人必定承认，在情形二中，我想处于痛苦之中的欲求不能给予我任何理由这样做。但是主观主义者主张，在情形三中，我不想处于痛苦之中的欲求确实给予我一个理由这样做。这些人会做出类似的主张：我们如果想要的是其他方式的痛苦，或者荒废我们的生命，或者实现其他坏的或无价值的目标，那么就没有理由想要满足这样的欲求；但我们如果想要的是幸福，过一种充实且有价值的生活，或者实现其他好的目标，那么就确实有理由满足这样的欲求。

然而，主观主义者不能提出这样的主张，因为这些主张诉诸这些欲求或目标的对象在给出理由的特征上的差别。我们如果做出这样的主张，那么就转到了一种客观理论，诉诸对象给予的理由。主观主义者不能用这样的方式区分欲求或目标能否给予我们理由。在正考虑的情形中，我们知道一切相关的事实。在这样的情形下，我们能够论证： *90*

> 如果我们有基于欲求的行动理由，那么要紧的就全然在于，某个行动是否会满足我们经过理想的慎思后当下持有的目的式欲求。我们想要什么或努力想实现什么是不相关的。

因此，

要么所有这样的欲求，要么没有任何欲求，能给予我们理由。

如果所有这样的欲求给予我们理由，那么我们的欲求就能给予我们决定性理由，为了其自身的缘故，使我们处于痛苦之中，荒废我们的生命，努力实现无数其他坏的或无价值的目标。

我们不能有这样的理由。

因此，

没有任何一种欲求能够给予我们任何理由。我们没有任何基于欲求的理由持有任何欲求或做任何事情。

我们可以称此为全部或全不论证（the All or None Argument）。类似的论证适用于基于目标或选择的理由。

当我们想要避免痛苦或过得幸福以及持有其他好的或合理的目标时，我们确实有理由努力满足这些欲求和实现这些目标。但提供这些理由的不是"这些行为会满足这些欲求和实现这些目标"这一事实，而是被我们当作目标想要或持有的事物之特性，这些特性使得这些事件是好的或值得实现的。

对于这个结论，这里还有一个重叠的论证。按照客观主义者的说法，若某个事件或行为的效果是我们有理由想要的，那么我们就有工具性理由想要此事发生或做此行为。正如这个主张所蕴含的，每个工具性理由都是从其他某个理由获得其规范性力量的。后一理由可能本身又是工具性的，是从第三个理由获得其力量的。但是在任何这样的理由链条的开端，都必定存在某个事实给予我们一个理由把某个可能的事件作为目的或者为了其自身的缘故而想要它。这样的理由是由某种内在特征提供的，正是这种特征使得这个事件在某种意义上是好的，而一切工具性理由的规范性力量恰恰都派生自这种对象给予的、基于价值的理由。

主观主义者必须拒绝这些主张。在这些人看来，工具性理由的力量不是源自某个目的式理由，而是源自某个目的式欲求或目标。我们可以基于欲求的理由来持有某些欲求，并且我们能够有由基于欲求的工具性理由和欲求组成的长长的链条。但是在任何这样的链条的开端，正如我们看到的，必定总是存在某种欲求或目标是我们没有任何理由持有的。正如我们的例子帮助我们看到的，我们不能言之成理地主张：这种欲求或目标给予我们理由。我们没有任何理由把手伸入火中，没有任何理由击打我们正号啕大哭的娃娃、荒废我们的生命、努力实现无穷的其他坏的目标和无价值的目标。由此看来，主观理论建立在浮沙之上。既然主体给予的理由之规范性力量必须源自某种欲求或目标，而这样的欲求或目标又是我们没有任何理由持有的，那么我们就不能言之成理地主张：这样的欲求或目标能够给予我们任何理由，我们有主体给予的任何理由。我们不可能具有任何这样的理由，据之持有任何欲求或目标，或者做任何行动。

第 13 节　不融贯论证

主观主义者可能会再次抗议：我的论证诉诸的是纯粹虚构的情

形。他们可能会主张：若被应用于实际情形，那么主观理论的蕴含就是可接受的。

然而，正如我说过的，好的理由理论必须能被成功地应用于虚构情形。并且，我也不只是诉诸此类情形，我还论证过，在许多实际情形中，主观理论蕴含着：我没有任何理由想要自己或他人避免未来时段的痛苦、拥有未来的幸福时光以及许多其他好的目标。尽管主观理论通常有的蕴含是可接受的，但这个事实并不能支持这些理论，因为这些理论只有在与最好的客观理论重合时才有此类蕴含。

92

为了阐明第三点，让我们比较两类认知理论。按照

基于理由的理论（the reason-based theory），我们应当相信已知事实给予我们决定性理由要相信的那些事情。

按照一种不可行的虚构理论，我们可以称之为

基于信念的理论（the belief-based theory），我们应当相信我们在权衡事实后会实际相信的任何事情。

当被应用于现实中的人时，这种基于信念的理论的某些蕴含通常是可接受的。既然我们大部分人常常相信的是我们所权衡之事实通常给予我们决定性理由要相信的那些事情，那么这种基于信念的理论通常就蕴含着：我们应当相信我们有决定性理由要相信的事情。但主观理论的主张不是这样的，这种理论对"我们应当相信什么"的主张蕴含着：我们没有任何理由持有我们的信念。这种基于信念的理论之所以有可接受的蕴含，是因为现实生活中的大多数人认为，

他们确实有这种理由且持有的信念也通常对这种理由做了回应。由此看来，我们应该拒绝这种理论。

这同样适用于"关于我们应当做什么"的各种理论。按照我们这里所称的

基于理由的客观理论（objective reason-based theory），我们应当努力实现"已知事实给予我们决定性理由要有"的目标。

按照

基于目标的主观理论（subjective aim-based theory），我们应当努力实现"在权衡事实后我们实际会有的"目标。

当被应用于现实生活中的人时，这些主观理论通常具有可接受的蕴含。既然我们大部分人持有的目标是"我们要权衡的事实会给予我们决定性理由"要持有的，那么主观理论通常就蕴含着：我们应当努力实现这些目标。但这个主张不是这些理论得出的。就我们应当做什么事情而言，这种理论的相关主张蕴含着我们没有任何理由想要持有我们的目标。当这种基于目标的主观理论具有可接受的蕴含时，这是因为大部分现实中的人假定确实有某种理由，并且持有的目标通常对这种理由做了回应。因此，我们应该拒绝这种主观理论。我们也许说，这些理论之所以看起来是可行的，只不过是因为大部分人并不相信这些理论的主张。

许多主观主义者并不完全相信自己理论的主张。我们一直在讨论的都是知道所有相关事实的情形。然而，在许多情形中，我们并

93

不知道这些事实。许多主观主义者主张，在其他这样的情形中，

> （M）我们最有理由要做的事情，能够最好地满足的欲求或目标，不是我们当下实际的目的式欲求或目标，而是如果我们知道并且理性地权衡了所有相关事实之后，我们现在会有的或想要我们自己有的那些欲求或目标。

许多人也会主张：

> （N）当我们做出重大决策时，我们应当尽力对我们行动之不同的可能结果有更多的了解，以便能够获得更为完全知情的目的式欲求或目标，并能够由此设法满足这些欲求或实现这些目标。

我认为，主观主义者不能融贯地提出这样的主张。我们之所以应当努力发现并且理性地权衡各种事实，是因为这些事实可以给予我们某种理由。例如，陪审团应当考虑的事实是这样的，它们能够给予他们理由相信嫌疑人有罪或者无罪。我们同样可以主张，当我们决定要努力产生何种结果时，在重要情形中我们应当努力发现并且理性地权衡这些可能结果是什么样的。但我们如果做出这样的主张，那么就是在假定：

> （O）这些可能的结果会有其固有的某些特征，而这些特征会给予我们对象给予的理由想要尽力产生或防止该结果。

94 （O）就是客观主义者相信的东西。主观主义者否定（O），按照他们的看法，这些结果从来都没有任何这样的特征，可以给予任何理由。如果情况真是这样，那么我们就没有任何理由要努力发现且理

性地权衡这些结果是什么样的。这样一来，这些人就不能融贯地断言（N）。

他们也不能融贯地断言（M）。如果正如主观主义者所主张的，（O）是错误的，那么我们就没有任何理由相信：我们最有理由要做这样的行动，它能最好地满足的欲求或目标，不是我们当下实际的目的式欲求或目标，而是我们在理性地权衡关于我们行动之不同结果的所有事实后会有的那些欲求或目标。主观主义者不能称这些为给予理由的相关事实，因为这些人否认这些事实会给予我们理由。如果这些事实不能给予我们理由想要持有这些欲求或目标，那么我们就没有理由想要接受（M）。我们就没有理由认为，这些更知情的欲求或目标有给出理由的更高地位，是我们更有理由去努力满足的。

有些主观主义者做出的是更弱的主张：

（P）我们有理由要满足的只是当下那些没有错误的目的式欲求或目标，意思是说这些欲求并没有依赖于错误信念。

然而，这些人要为之辩护的这个主张也不得不诉诸（O），而这是主观主义者不能诉诸的。如果正如主观主义者所相信的那样，我们没有任何对象给予的理由，那么我们就没有任何理由想要更了解我们想要的东西，无论是获得新的真信念还是放弃当下的错误信念。

有些主观主义者承认其理论有这些蕴含。当科丝嘉为"我们的合理选择使得某物为善"这种观点辩护时，她说这种观点

使我们在评估选择是否合理时不用评估我们所选的事物：我们并没有必要确定特别合理的目的。

基于科丝嘉的观点，理性地选择并不需要我们评估所选之物的优缺
95　点，因为任何事物都没有优缺点，它们并没有任何特征可以给予理
由。但大多数主观主义者没有看到：如果鉴于他们的假设，那么我们
就没有任何理由想要设法拥有并满足或实现这种信息更充分的欲求或
目标。如果正如我所论证过的，主观主义者无法诉诸（M）、（N）
和（P），那么这就会破坏各种更精细且更可行版本的主观主义，诸
如慎思理论以及知情欲求理论和无错欲求理论。这些理论是不融贯
的，因为它们假定下面两点：

> （Q）我们的欲求、目标或选择给予我们理由，仅当在我
> 们对想要之物的所有相关内在特征有真信念的前提下，我们仍
> 然会有这些欲求、目标或做出这些选择。

且

> （R）这些特征不会给予任何理由让我们想要这些事物。

这些特征如果不给予我们任何这样的理由，那么就会破坏以下这个
主张：我们的欲求要给予我们理由，就必须是那种我们在持有关于
这些特征的真信念的情况下仍会持有的欲求。在此我们可称之为反
主观主义的不融贯论证（the Incoherence Argument against Subjec-
tivism）。我们可以提到，这个论证完全独立于我先前的论证，因为
这一反驳并不诉诸关于"哪些事实会给予我们理由"的主张。

不融贯论证并不适用于下面这个更简单的目的式欲求理论，该
理论的主张仅仅是：

> （S）我们最有理由做的是能最好地满足或实现我们当下实

际的目的式欲求或目标的事情。

这种理论主张，无论我们的目的式欲求或目标是否依赖于错误信念，我们都有这种理由。这些主观主义者可以融贯地主张：

　　（T）我们应当努力发现关于"如何能够最好地满足或实现我们当下的目的式欲求或目标"的事实。

这些人之所以能够做出这样的主张，是因为（T）并不假定我们想要的事物或我们行动的可能后果有可以给予理由的内在特征。基于目的式欲求理论，相关的事实并不包括关于结果是什么样的事实，除非是关于"什么能够最好地满足我们当下实际的欲求或目标"的事实。这些主观主义者还能融贯地主张：

　　（U）我们如果想要持有更知情的欲求或目标，就应当努力发现"关于不同的可能结果是什么样子的"事实，以便能够具有这种欲求或目标。

然后这些人可以主张，既然大部分人确实想要持有这种更知情的欲求或目标，那么（U）就蕴含着大部分人应当努力获得它们。但是如同前文讲的一样，这些主张并不支持目的式欲求理论。我们大部分人之所以想要持有更知情的欲求和目标，是因为我们相信客观理论的主张。我们认为，我们行动的各种可能结果有可能可以给予我们理由的各种特征。

　　尽管目的式欲求理论并不是不融贯的，但它有几种不可行的蕴含，导致许多主观主义者转向前文所讨论的其他各种主观理论。我的其他反驳是适用于目的式欲求理论的。基于这种理论，我们常常

96

没有理由想要过得幸福或避免未来的痛苦，并且我们可能有决定性理由，为了其自身的缘故而导致自己处于痛苦之中、荒废我们的生命以及努力去实现其他坏的和无价值的目标。

我已经论证过，不融贯论证已经破坏了其他更精细且更可行版本的主观主义。还有一种更积极的方式来阐述该论证所揭示的东西。在诉诸"我们如果知道关于行动之可能结果的所有事实就会想要或选择什么的主张"时，许多主观主义者正确地假定这些结果可能具有给予理由的特征。例如，他们假定我们拥有对象给予的理由想要趋乐避苦。这些人并不是真正的主观主义者。当这些人做出主观主义主张时，他们并没有正确地陈述他们的真实信念。

我认为，法兰克福（Frankfurt）就是此类人之一。法兰克福写道，当我们决定关注什么时，我们并不需要理解什么是重要的。我们只要理解什么对我们是重要的就够了。为了阐明这个观点，法兰克福设想了一群人，他们的健康受到本底辐射的威胁。他说，假定

97
> 某人真的完全不关注其健康……在这种情形下，本底辐射水平对他就是不重要的。它真的对他无关紧要，他没有任何理由想要关注它。

法兰克福在这里假定，我们如果不关注某事，那么就没有任何理由关注它。基于这种观点，我们没有必要理解什么是重要的，因为没有任何事物是重要的。真相仅仅是：某些事物对于某些人是重要的，这句话的蕴含是这些人关注这些事物。

法兰克福还给出了另一种阐述：

> 假定某人关注之事是避免踩上人行道上的裂缝。毫无疑问

> 他在关注此事上犯有错误……其错在关注并且因此给某件不值
> 得关注之事赋予了真正的重要性。

最后一句看起来蕴含着：有些事是值得关注的，另一些则不值得。
但法兰克福继续说：

> 它不值得关注的理由看起来是很清楚的："使得避免踩上
> 人行道上的裂缝对自己重要"对于这个人来说并不重要。

如果使得"避免踩上人行道上的裂缝对自己重要"对于这个人来说
是重要的，那么这句话就蕴含着这个人没犯任何错误。由此，避免
踩上裂缝对于这个人就是真正重要的，是值得关注的。法兰克福在
其他地方还主张，我们只要对事物有所关注就由此回答了"如何生
活的问题"。

法兰克福说，人们可能会如此反驳：

> 人们实际上关注什么的经验论说……会错失我们"最初关
> 注个人应该过何种生活这个问题"的全部意义。

法兰克福回应道：

98

> 错失这种意义的不是关于关注的事实性问题，而是其规范
> 性问题。如果我们打算解决"在确定生活方式时的困难与犹豫
> 不决"问题，那么我们在最根本上需要的就不是理由或证明，
> 而是清晰与信心。

虽然是在论证我们应该拒绝规范性问题，但法兰克福设想：某个人
首先决定他关注什么，然后

> 想知道他是否做对了……他关注的问题变成：他是否应该
> 关注他事实上的确关注之事。

法兰克福主张，这个人的后一关注受到了误导。尽管不同的人关注
不同的事物，但我们"并不需要决定谁是正确的"。法兰克福补充
说，通过关注或爱某个事物，我们就是在给予我们的生活意义，即
使我们承认我们所爱的事物是坏的。

尽管最后一个主张是对的，但我认为法兰克福的其他主张是错
误的。法兰克福写道：

> 爱对于爱人者本身就是一种理由的根源。

我们可以同样主张：

> 恨对于恨人者也是一种理由的根源。

希特勒对犹太人的那种恨，给予他人生最后一个阶段法兰克福所描
述的那种意义。法兰克福所主张的那种（比有理由更为重要的）
"清晰与信心"，希特勒是有的。我认为，非常重要的是：希特勒是
否有理由去做他所做过的事情，在我们的爱与恨之中，是我们还是
希特勒做的事情是对的。

法兰克福为其主张辩护的方式很让人迷惑不解。当某个人想知
道自己是否做对了事情时，法兰克福写道：

> （V）"他在追问……是否可能存在更好的理由让他过另一
> 种生活。"

99　如果我们追问的是这个规范性问题，法兰克福论证道，"我们注定

会发现自己茫然不知所措"。任何试图回答该问题的企图都不可能成功。有些人试图回答这类问题，因为他们认为某个目的或目标本身是好的，具有固有的（inherent）或内在的价值。这些人主张：

> （W）当某个目的"具有固有的价值时……存在……某个理由选择它"，当某个目的的固有价值"比任何其他事物的固有价值更大时"，这个理由是决定性的。

但是法兰克福写道，这个主张

> （X）"并没有真正地处理更不用说回答这个问题：如何恰当地确立个人的终极目的。即使这个主张是对的，它对人们如何选择他们要追求的目的也还是根本没有提供任何论说"。

（X）蕴含着，即使（W）是真的，（W）也没有处理"我们要选择哪些目的"这个问题。如果主张（V）和（W）是在规范的意义上使用"理由"（这个我们也可以用"算作支持"来表达它），那么法兰克福的（X）就显然是错误的。某个事实如果决定性地算作支持我们选择某个目的，那么就能帮助我们想要选择那个目的。这表示法兰克福没有在规范的意义上使用"理由"，那他为什么还要宣称，他正在讨论的是"我们是否有更好的理由以其他方式来生活"这个规范性问题呢？

我认为这个困惑是可以解决的。法兰克福在这些段落中错误地描述了他的真实观点。法兰克福还写道，当我们决定如何生活时，我们需要决定应该要努力实现哪一个可能的目的。这些目的包括：

> 个人的满足、快乐、荣誉、创造性、精神深度和符合道德

要求。

法兰克福的清单上并没有：

> 个人的不满足、痛苦、玷污、无价值、精神上的浅薄和不
> 道德。

100 法兰克福鉴于自己给出的需要我们考虑的那种目的清单，似乎认为在给予理由的意义上，某些目的具有内在价值，而另外一些则没有。法兰克福看来使用了"持有某个目的或目标之对象给予的理由"这一概念。真相似乎只能是，法兰克福就像休谟等伟大的哲学家一样，没有真正意识到，他对此种理由的回应影响了他关于我们应该关注什么和做什么的想法。

法兰克福在拒绝诉诸内在价值时写道：

> 哲学家之中似乎有种复兴的期望：存在某种终极目的，对
> 该目的的无条件采用，可揭橥为某种意义上的理性要求。

法兰克福的真实观点似乎是，存在许多内在地好的目的，但是没有哪个有最高价值，也不存在"何种目的是最值得追求的"确切真理。我们常常必须在许多好的目的或目标之间做选择，但没有任何一个显然比其他的更好。在这样的情形中，没有任何一个目的是理性要求我们选择的。这样的主张是说得通的，且完全不同于这种观点：没有任何目的就其本身而言是好的。我认为就内在善性而言，法兰克福不是一个虚无主义者，而是一个多元主义者。

法兰克福还正确地假定，理性可以要求我们采纳某些好的目的。法兰克福主张，我们需要有目标，需要有充实意义的工作，这

样我们的生活才不会空虚。我们有时候确立值得追求的目标，从而给予生活意义。法兰克福假定，在这样的情形中，我们有决定性理由采用某个这种目标，使自己的生活有意义。

法兰克福在批判他所称的公然的理性主义理论时，提出了一个重大的主张：我们并不需要理由来爱某个人。但是这个主张并不像法兰克福有时候所表示的那样，蕴含着爱是我们所有理由的根源。我们尽管并不需要理由来爱某个具体的人，但有理由尽量爱某些人，因为爱本身就是好的。爱以这种方式不同于恨。尽管爱是我们 101 某些理由的根源，但这些通常也是对我们所爱之人做有益之事的理由，其途径是使他们的生活按照我们共同有其他理由想要的生活方式来进行。正如法兰克福提到的，在父母对其年幼子女的爱之中，爱表现得最为简单和清楚。父母肯定有强理由希望：孩子们要做对的事情，采纳好的目的，并不特别关注（除非是出于一时兴趣）避免踩到人行道上的裂缝。

第 14 节　理由、动机和福祉

现在我们可以回到事件或结果有好坏之分的各种可能方式。对于两个可能的事件，一个可以

> 在蕴含不偏不倚理由的意义上是更好的，如果每个人从一种不偏不倚的角度看都更有理由想要它或希望它发生。

按照理由的主观理论，没有任何事件从不偏不倚的角度看会是所有

人更有理由想要的，所以没有任何事件能在这种意义上比另一事件更好。例如，某个孩子的生命得救了不会是更好的。当任何孩子的生命得救时，还有很多人的知情欲求并没有得到更好的满足。即使每个人都有这种欲求，主观理论也不蕴含每个人都有理由想要有这些欲求，即有理由想要任何孩子的生命得救。但这正是下面这个主张的意思：在蕴含不偏不倚理由的意义上，如果某个孩子的生命得救，那么情况就会更好。

事件也可以是对特定的人更好的，意思是使那些人生活得更好，或者更有助于其福祉。各种福祉理论可能在两个方面有区别，因为福祉理论可以在两种不同的意义上使用"对……是好的"这一术语，并且可以在这些意义上对"什么对人们是好的"提出不同的主张。基于所有可行的福祉理论，每个人的福祉至少在部分程度上是过得幸福、避免痛苦。但对于其他东西对人们的好坏，不同的理论提出的主张存在部分的冲突。

102　　当我们称某种可能的生活

　　　　在蕴含理由的意义上"对某人最好"的时候，我们的意思是这个人有最强的自利理由想要过的生活，是其他人有最强的理由为了这个人的缘故想要或期望他会过的生活。

正如我说过的，"自利的"并不是意指"自私的"。即使最利他的人，也有理由关注自己的未来福祉。

我们如果接受理由的某种主观理论，那么就不能在这种蕴含理由的意义上使用"对某人最好"。主观理论蕴含着不存在任何自利理由，因为提供这种理由的是未来事件的内在特征，它们使这些事件对于我们有好坏之分。主观主义者否认我们有这种理由。

有些主观主义者认为，我们可以有不同类型的自利理由。根据这些人的观点，我们大多数人既然关注自己的未来福祉，那么就有基于欲求的自利理由。这些主观主义者还主张，我们大部分人既然都关注道德，那么就都有基于欲求的道德理由。然而，基于这种观点，我们如果没有这些欲求，那么就没有这样的理由。在我虚构的情形一和情形二中，我将没有任何自利理由想要避免未来的痛苦。鉴于希特勒的欲求，希特勒可以没有任何道德理由不进行大屠杀。尽管主观主义者可以随心所欲地使用语词，但把这种基于欲求的理由称为自利理由或道德理由是误导性的。当我们大部分人使用这些语词时，某种理论除非蕴含着我们所有人都有自利理由避免处于痛苦之中，否则就不会是关于自利理由的好理论；该理论除非蕴含着我们所有人都有道德理由不进行大屠杀，否则也不会是关于道德理由的好理论。这样，我们就能够有证成地主张，按照主观理论，并不存在任何自利理由或道德理由。

对接受理由的主观理论的那些人而言，其中许多人是在不同于蕴含理由的意义上使用"对某人最好"。一个例子是罗尔斯在提出 *103*
稀薄善理论（thin theory of the good）时给出的定义，基于这种定义，

> 个人的善是由对他来说最合理的生活计划决定的。

罗尔斯写道，某种生活对某人最好，只要这种生活能满足这样的规划——它是这个人

> 如果完全知情就会采用的。对他而言这是客观上合理的规

划，并决定了属于他的真正的善。

如果我们称某种生活

> 在基于当下选择的意义上"对某人最好"，那么我们的意思是这个人在经过知情且程序上合理的慎思后会采用或选择这种生活。

尽管这样的问题——何种慎思会是程序上合理的且在其他方面是理想的——是一个规范性问题，但个人经过这种慎思后事实上会选择什么却是一个心理学问题。基于这种观点，理性就不会要求我们要有任何目的式欲求或目标，也许有些欲求例外，因为没有它们我们就无法慎思、选择要做什么和行动。罗尔斯写道，对某人最合理的生活计划是这样的：

> 它是个人在具有充分的慎思理性（deliberative rationality）时，也就是说，知道一切相关事实且对后果有过仔细的考量，本会选择的计划。

我们无论具有什么样的目标，都能够在罗尔斯的意义上具有慎思理性。罗尔斯在其他地方主张，从某个人是理想意义上理性的，我们无法推出这个人确实（或将会）想要什么或赞同什么。罗尔斯假定，我们没有任何对象给予的理由想要把任何东西作为目标。

罗尔斯为了阐明他的善理论，设想一个人选择的计划是以数各种草坪上草的叶片数目来度日。罗尔斯根据他的理论写道："这个人的善确实在于数草的叶片数。"罗尔斯假定，这个人会享受以这种方式来过他的生活。但是根据罗尔斯的理论，这个假设是没有必

104

要的。只要在理性地考量了相关事实后，这个人事实上会选择这种生活计划，这就足够了。对于另一个例子，考虑

> 布鲁的选择情形（Blue's Choice）：经过这种理想的慎思后，布鲁最强的欲求是其余生充斥着无法减轻的痛苦。布鲁因此选择了会给予他这种生活的计划。

根据罗尔斯的理论，布鲁最好的生活就在于无法减轻的痛苦。

人们可能会主张这个例子太不现实，因为没人会选择一种无法减轻痛苦的生活。然而，正如我说过的，这种情形是否实际上出现是不相关的。罗尔斯并不认为，现实中有人会选择以数草的叶片数目来度日，罗尔斯正确地把他的理论应用于虚构的人。任何可接受的规范性理论都必须能够（be able to）被成功地应用于此类虚构情形。尽管很难相信有人会选择痛苦无法减轻的生活，但这恰恰是因为很难相信任何人会如此不理性，以至于选择在蕴含理由的意义上明显是如此坏的一种生活。然而，根据罗尔斯的理论，既然我们没有任何对象给予的理由，那么就没有任何生活在这种意义上对某个人是坏的。用罗尔斯的话说，"没有任何办法可以超越慎思理性"。

从某种意义上讲，我的例子完全没有反驳罗尔斯的善理论。当罗尔斯主张某种生活对某人最好或真正有益于此人的时候，他是在他提出的"基于当下选择的意义上"使用这些术语。罗尔斯的意思是，这种生活是这个人经过理想的慎思后实际上会选择的。我们已经假定，布鲁就会选择那种痛苦得无法缓解的生活。因此，罗尔斯正确地提出了如下主张：在他提出的意义上，这是对布鲁最好的生活。这不过是换一种方式说：这种生活是布鲁经过理想的慎思后会

选择的生活。

然而，罗尔斯的主张想做的不止如此。罗尔斯提出的这种意义上的"对某人最好"是想代替这个术语的日常意义，从而以一种更清楚的方式来说我们想要说的一切。我认为罗尔斯想要说的是：如果布鲁的生活没有无法减轻的痛苦，那对他会更好。

罗尔斯如果在其他某种意义上使用"对某人最好"，那么就可以提出上述主张。但罗尔斯既然是理由的主观主义者，那么就不可能在蕴含理由的意义上使用"对某人最好"。但这个术语通常是在其他意义上使用的。当人们称某种可能的生活"对某人最好"时，其中有些人的意思是：

> 这是这个人（在减去痛苦后）有最大数量幸福的一种可能生活，

其他人的意思是：

> 这是这个人在不同时段的欲求得到最好满足的一种可能生活。

我们可以称这些是"对某人最好"这个术语的享乐主义意义和时间中立的且基于欲求的意义。罗尔斯确实能够主张，在这些意义上，布鲁的生活有无法减轻的痛苦对他是坏的。在享乐主义的意义上，这种生活对布鲁是极坏的。这种生活尽管能够最好地满足布鲁在选择之时的欲求，但却远远无法满足其余生之中的其他欲求。

然而，下述主张的意义不大：这种生活在享乐主义的意义上对布鲁是不好的。这个主张在享乐主义的意义上讲则是另一种隐藏的同义反复，其公开的形式是这种无足轻重的主张：如果布鲁的生活包含更多的痛苦，那么它就将包含更多的痛苦。在时间中立且基于欲求的意义上，这个主张也是相当无关紧要的，因为它的意思仅仅是：如果布鲁的生活包含更多的痛苦，那么他的欲求就满足得不好。类似的评论适用于其他情形。人们在这些意义上使用"对某人最好"时，不可能对于"何种生活对人们最好"有实质性的规范信念。

这些人如果接受理由的某种客观理论，那么就能够有这种实质性的规范信念，这样就能够在蕴含理由的意义上使用"对某人最好"。他们因此可以主张：

（Ｖ）如果某种可能的生活在享乐主义意义和时间中立且 *106*
基于欲求的意义上对某人都是最好的，那么这些事实就会使这
种生活在蕴含理由的意义上对这个人是最好的。

这意指：

（Ｗ）如果某种可能的生活既能给予某个人最多的幸福，
而且这个人的欲求在整体上还能得到最多的满足，那么这些事
实就会使这个人有最强的自利理由想要和努力过这种生活，这
也是其他人为了这个人的缘故而有最强的理由想要或期待他会
过的生活。

这个主张是实质性的且是讲得通的。但是我们如果接受理由的某种主观理论，那么就无法提出这样的主张。

理由的主观主义者也许会在其他意义上使用"对某人最好"，

但这无助于他们避免其结论的不可行性。经过理想的慎思，布鲁最强的欲求及其已选目标就是一种无法减轻痛苦的生活。主观理论不可避免地蕴含着：

> （X）即使一种无法减轻痛苦的生活在其他意义上对布鲁是坏的，这也是布鲁现在最有理由尽力想过的生活。

如果布鲁现在能够确保过上这样的生活——让自己成为某个残酷主人的奴隶，或者因犯罪受罚而去做无尽的苦力，那么基于主观理论，这就是布鲁最有理由想要做的事情。如果他知道这些事实的话，那么这样的事情就是他理性上应当去做的。

这同样适用于实际的情形。主观理论蕴含着：我们没有任何对象给予的理由想要自己或他人过上幸福的生活，也没有任何这样的理由要有任何其他的好目标。正如我论证过的，主观主义不能有证成地主张：我们有主体给予的理由要有这样的目标，或者为了事物自身的缘故而关注任何事物。提供这种理由的必须是我们根本没有任何理由要有的某种欲求或目标，而这样的欲求或目标不可能有辩护地主张给予我们任何理由。这样一来，我们现在就能断定：基于这些被广泛接受的观点，无事重要。

有些主观主义者会承认，基于他们的观点，无事在一种非个人的意义上重要。但是这些作者宣称，只要某些事情对于某些特定的人是重要的，这就足够了。这个回答表明了我们一直在考量的两类理论之间的分歧究竟有多深。按照客观理论，有些事情是在规范意义上重要的，意思是我们有理由要关注这些事情。当主观主义者主张某些事情对于某些特定的人是重要的时候，他们的意思只不过是这些人确实关注这些事情。这不是一个规范性主张，而仅仅是一个心理学主张。我们都知道人们关注某些事情，因此期待哲学家或其他智者可以告诉我们的不止如此。

主观理论除了蕴含无事重要之外，甚至都不可能为我们有任何行动理由这一主张辩护。正如我论证过的，我们无法为以下这一主张辩护，即欲求、目标和选择能够给予我们任何这样的理由。

第 15 节　支持主观主义的论证

这些黯淡的观点很少得到辩护。大部分主观主义者理所当然地认为，提供理由的是关于我们的欲求或目标的事实。

在主观理论的辩护者中，有些人诉诸某一版本的"'应当'蕴含'能够'"的主张。这些人如此论证：

（1）我们要有一个理由去做某事，就必须确实能够做该事；

（2）我们如果即使经过理想的慎思后还是不想或没有动机做这件事情，那么就没能力去做它。

因此，

我们要有理由去做某件事情，情况必须是经过这种慎思后，我们会有动机去做它。

但在相关的意义上情况并不是（2）这样的。假定我说"你应当帮助那位盲人过街"，而你说"我不可能那样做"。如果我问"为什么

108

不能呢?"，那么你回答"因为我不想"就是不够的。某些特殊情况除外，如果除了"我们不想做某件事情"之外没有任何其他事实阻止我们去做，那么我们在相关的意义上就是能做这件事情的。

有些主观主义者的论证是：

> （3）我们若有规范性理由，那么就可以出于这个理由而行动；
>
> （4）我们若出于这个理由而行动，那么就有动机这样做；
>
> （5）既然我们有动机这样做，那么这个理由就是基于欲求的。
>
> 因此，
>
> 所有的行动理由都是基于欲求的。

但是（5）是错误的。我们无法为如下主张辩护：只要人们受到某种理由的驱动去行动，这种理由就不能是对象给予且基于价值的，而必定是主体给予且基于欲求的。这个主张要能得到辩护就不得不假定：理由要成为对象给予且基于价值的，任何人就都不可能有动机出于这种理由而行动。这个假设是荒谬的。如果某个行动能实现某个好的或有价值的目标，那么我们就很可能出于这种理由而行动。

这些主观主义者也许会如此回应：

> （6）只要我们行动，我们就有动机这样做，因此我们总是有某种基于欲求的理由去做我们所做的。
>
> 因此，

> （7）所有的行动理由都是基于欲求的，即使可以主张其中

某些理由也是基于价值的。

因此，

在我们对实践理由的论说中，诉诸基于欲求的主观理论就
足够了。

但（6）要么是搞混了规范性理由与驱动性理由，要么是主张"我
们只要行动就是给予自己一个规范性理由去做我们所做的事情"。
后一主张错误地假定：一个行动不管多么疯狂，都能够在部分程度
上自我证成。当这个论证认为（6）蕴含（7）时，它还错误地假
定：我们只要没有基于某种理由而行动，就不可能有这种理
由。（7）则错误地假定：基于价值的理由也是基于欲求的。

还有另一种更重要的思路导致人们成为主观主义者。这些人做
出了某些元伦理假设，我会在第六部分讨论这些假设，这里仅简要
提及。基于最好的客观理论，"我们有某个理由"这一事实是一个
不可还原地规范性的真理。很多接受主观理论的人都是形而上学的
自然主义者，他们认为不可能有这样的事实或真理。按照这些自然
主义者的看法，所有的属性和事实都必须是能由自然科学和社会科
学加以探究的。这些人假定，不可还原地规范性的真理与科学的世
界观是不相容的。

大部分自然主义者都接受这样的论说：行动理由是基于欲求或
目标的，且是还原性的。根据某些分析性主观主义者的观点，若我
们主张某人有一个理由以某种方式行动，则我们意指这个行动能满
足这个人的目的式欲求，或者经过知情的慎思后，这个人会选择这
样做，或者意指其他的此类情形。按照某些其他自然主义者的看

法，尽管"一个理由"这个概念是不可还原地规范性的，但是"某人有一个理由"这个事实是在于上述某种因果事实或心理事实。

如果我们像许多人一样把任何理由的规范性或规范性力量看作某类驱动力，那么这些还原性的主观理论就可能看起来是可行的。我们因此可能会认为，我们应该把行动理由等同于这样的事实：什么会满足我们当下的欲求或我们如何受驱动去行动。就解释这些理由的规范性而言，这可能看起来是最好甚至唯一的方式，如同形而上学意义上的自然主义者所做的那样。正如某些这样的人所写的：

> 对于那些关注把规范性置于自然秩序之内的哲学自然主义者来说，规范性力量只能是驱动性力量，而不可能是其他东西……
>
> 基于最深刻的反思，价值若成为完全不同于实际打动或可能打动评价者（有些事物对于他们能够是重要的）的东西，看来就什么也不是。

我们不可能如此看待对象给予的、基于价值的理由，因为我们即使没有被打动或受驱动而据之行动，还是能够有这样的理由。

大部分给出这种还原性论说的人都主张是在描述规范性理由。但我认为，按照这些观点，不可能存在任何真正的规范性理由，只存在行为的原因。事物只有在如下意义上才是重要的：某些人关注这些事物，这些关注能打动这些人去行动。

我认为，理由的这种自然主义论说存在深刻的错误。我在第六部分将为这一信念辩护，在此只说一句：如果形而上学的自然主义为真，那么我们就不可能有理由想要持有任何特定信念。这种认知

理由也是不可还原地规范性的，因此也要受到相同的自然主义反
驳。由此，情况不可能是我们应当接受自然主义，我们也不能有任
何理由想要接受这种观点。我们要想能合理地论证自然主义为真或
为假，自然主义就必须是错的。

　　我认为，自然主义是错的。有些事情在完全不同的意义上是重
要的，我们有理由想要关注这些事情。

第五章 合理性

第 16 节 实践合理性与认知合理性

我们现在可以从理由转向合理性。正如我说过的，我们若意识到各种事实给予我们某些理由，那么理性上就应当对这些理由做出回应。有些事实给予我们决定性理由相信、想要或去做某些事情，若意识到这一点就会导致我们相应地行动，那么我们就对决定性理由做出了回应。我们只要没有这样回应，就是不理性的，或者不是完全理性的。但我们只有意识到某些事实给予这种理由，才能在回应这种理由上失败。

尽管理由是由事实给予的，但我们能够理性地想要或做的事情依赖于我们的信念。如果我们对"给予理由的相关事实"有某种信念，并且这种信念的内容（若为真）会给予我们某种理由，那么我就称这些信念为真就给予我们这种理由。这样的信念给予我们显见理由。当这种信念为真时，这种显见理由就是真实理由。这些信念包括我们没有明确地意识到的假设，诸如"某个行动不会伤己或害人"等。我们若不知情或有错误信念，那么就可能想要或去做没有任何理由想要或去做的事情，但我们仍可能是理性的。由此，我们回应的只是看起来是理由的因素。即使因为我们有错误信念，所以显见理由不是真实理由，我们理性上也应当对这些理由做出回应。

　　接下来我们可以更细致地考察，欲求和行动的合理性如何依赖于信念。我关于欲求的主张也适用于目标。我们由于持有如此信念而拥有如此欲求并依此行动，当此之时，我们的欲求和行动就因果地依赖于我们的信念。某种欲求可能会因果地依赖于某种完全不相关的信念。我们可以想象，我想要去睡觉是因为 7 是质数。但如果我的欲求直接地依赖于这种信念，那么我就可能精神上有病，或者有某类局部的脑损伤。7 是质数不能给予我任何理由想要去睡觉。在大部分情形中，当某种欲求依赖于某种信念时，这种关系不仅仅是因果性的。我想要去睡觉可能是因为我相信：我除非睡觉，否则明天的面试就会表现得很差。这种欲求既然是对我所相信之事的合理回应，那么就不仅是由我的信念引起的，而且是由它证成的。我现在简要地为关于如下问题的一种观点辩护：我们的欲求和行动如何能或不能为我们的信念所证成。

　　我们某些欲求的合理性仅仅依赖于其意向性对象（intentional

112

objects），这些对象是我们想要的可能事件，且具有我们认为它们会具有的那些特征。当我们想要之事的特征能够给予我们想要此事的理由时，这种欲求就是合理的。例如，我们想要避免痛苦就永远都是合理的。我们其他欲求的合理性在部分程度上依赖于关于我们想要之物的其他信念。例如，我们想要既安全又能减轻痛苦的药物，这种欲求就是合理的。这同样适用于我们的行动。我们行动的合理性既依赖于我们有意去做的事情，还依赖于我们正在做什么的其他信念。基于这种观点：

（A）若我们的欲求和行动以正确的方式因果地依赖于某些信念，且这些信念为真就会给予我们充分的理由持有这些欲求且依此行动，则这样的欲求和行动就是合理的。

我们可以补上：

（B）在大部分情形中，这些信念是否为真或合理是不相关的，例外的情形涉及某些规范信念。

（C）如果我们的信念是不一致的，那么我们的某些欲求或行动就可能相对于我们的某些信念是合理的，而相对于另一些信念则是不合理的。当我们对于给予理由的相关事实没有任何信念时，没有任何事情是我们理性上应当去做的。

（D）当且因为某种欲求本身是合理的时候，我们持有这种欲求就在某种意义上是合理的。但是，若在某些情形下我们可以理性地让我们持有某些不合理的欲求，那么我们有这种欲求就在另一种意义上是理性的。我们让自己不理性地行动就可能是理性的。我在附录 A 和附录 B 中会进一步探讨这种情形。

我们若想是完全理性的，那么就需要满足某些理性要求，诸如没有矛盾的意图、打算做我们认为应当做的事情之类的要求。我在此不会探讨这些要求。

许多人会拒绝某些这样的主张。休谟表示，我们的欲求仅当因果地依赖于错误信念时才是不合理的。但错误信念可以是合理的，依赖于错误信念的欲求亦如此。

基于一种被更广泛持有的观点，我们的欲求只有因果性地依赖于不合理的信念时才是不合理的。为了评估这种观点，我们可以假设：我想要抽烟是因为我想保持身体健康，且相信抽烟是达成这个目标的最有效手段。我之所以有这个不合理的信念，是因为我抽烟的邻居活到了 100 岁，并且我认为这个事实压倒了抽烟致命的一切证据。为简化起见，我们可以补充一点：我并不喜欢抽烟。我之所以想要抽烟，仅仅是因为我喜欢活着且相信抽烟能延长我的寿命。我不合理的信念会使我抽烟的欲求成为不合理的吗？

我认为，最好对此予以否定的回答。使我们的欲求合理与否的东西，不是"该欲求因果地依赖的那些信念"的合理性，而是这些信念的内容，或者说是我们相信的东西。鉴于我的信念是抽烟有益健康，我抽烟的欲求就是合理的。如果我的信念为真，那么我想要的东西就是我有强理由想要的。相反，假定我想要抽烟是因为我们有这个合理的信念：抽烟会对身体有害。基于我们现在讨论的观点，既然我抽烟的欲求在此依赖的是合理的信念，那么这种欲求就是合理的。这显然是错误的。我因为相信抽烟会对身体有害而想要抽烟，这显然是不理性的。

114

我们接下来假定：某个修士想要过一种苦行僧生活，因为他不理性地认为，这样做会取悦于上帝。这个修士的欲求鉴于其信念就是合理的。如果这个修士想要过这样的生活是因为他相信这样做不会取悦于上帝，那么他的欲求就是不合理的。

这样的主张也适用于我们的行动。在大部分情形中，如果我们的行动所依赖的信念为真就会给予我们充分的理由这样做，那么这种行动就是合理的。既然我有"抽烟有益健康"这个不合理的信念，那么我抽烟就是合理的。既然那个修士有"苦修式生活会取悦于上帝"这个不合理的信念，那么他那样活着就是合理的。我们的主张只能是这样的：既然这些不合理的信念是错误的，那么我和修士就没有任何理由那样做。

有些人可能会做如下反驳：他们若称某种欲求或行动是"不合理的"，就是意指这种欲求或行动因果地依赖于某个不合理的信念。如果这些人的意思就是这样，那么我就无法否定他们的主张：欲求和行动若依赖于错误信念就是不合理的。但我认为，我们应当在日常意义上使用"不合理的"来表达我们也用"笨的""愚蠢的""无意义的"等词所做的那类强烈批评。我提议，我们应当对哪些欲求或行动应受这种批评做出不同的主张。

有些人主张欲求的合理性依赖于信念的合理性，其中许多人都认为我们没有任何理由要有欲求。这些人假定，欲求只有在"因果地依赖于合理或不合理的信念"这种派生意义上才可能有合理与不合理之分。但是，我们确实有理由持有某些欲求。如客观主义者的主张，我们有理由想要某些作为目标的事件；而主观主义者也主张，我们通常有理由想要作为实现目的或目标之手段的事物。我们既然能够有理由持有我们的欲求，那么就应该主张：欲求的合理性取决于我们持有这些欲求是否对这些理由或显见理由做出了恰当的回应。我们还应该主张：当我想要抽烟时，我就处于不理性的状态，但是这种不理性不在于我的欲求而在于我的信念。

　　我们还有其他理由拒绝这样的观点：我们的欲求或行动仅当依赖于不合理的信念时才是不合理的。这种观点即使只被应用于信念也过于狭隘。假定因为我相信下面两点：

　　（1）抽烟有益健康，

　　（2）我正在抽烟，

所以我认为

　　（3）我正在保护健康。

我的信念（3）可能在某种意义上是不合理的，因为这个信念在部分程度上依赖于我不合理的信念（1）。然而，我的信念（3）在另一种意义上是合理的。这个信念合理地派生于我的信念（1）和（2），意思是，这些信念如果是对的就会给予我决定性理由相信（3）。鉴于我的信念（1）和（2），如果我现在问自己这个问题，那么我不相信自己正在保护自己的健康在某种意义上就是不合理的。我们因此主张：

　　（E）某个信念是否合理，在部分程度上依赖于这个信念是否合理地派生于我们的某些其他信念，还在部分程度上依赖于这些其他信念是否合理。

我们某些信念的合理性在部分程度上依赖于其他事情，比如它们与我们的感知经验的关系。但是被应用于我们的许多信念时，（E）大致是正确的。

我们也可以对欲求和行动做出类似的主张。我们通常之所以持有某种欲求或以某种方式行动，是因为我们有这样的信念——其为真给予我们充分的理由持有该欲求或这样做。我们可以称这种欲求和行动受到这些理由的合理支持。我们可能会提出：

116

（F）某种欲求或行动是否合理，在部分程度上依赖于它是否受到我们某些信念的合理支持，还在部分程度上依赖于这些信念是否合理。

这里改变一下我的例子，假定我想要参加某个拥挤且吵闹的派对，因为我相信自己会喜欢它。既然我到现在应当已经搞清楚我从来都不喜欢这样的派对，那么这个信念就是不合理的。基于（F）表达的观点，鉴于我的信念是不合理的，我想参加这个派对的欲求在一个方面就是不合理的。然而，我的欲求在另一个方面是合理的，因为它受到了我的信念的合理支持。我想要自认为喜欢的东西是合理的。如果我之所以想要参加这个派对，是因为我有我不喜欢它这个合理的信念，那么我的欲求就会在某种意义上是不合理的。

我们接下来假定，格林做某件事情是因为她有这个不合理的信念：这个行为肯定能实现她的目标。格蕾做某件事情是因为她有这个不合理的信念：这个行动肯定会挫败她的目标。按照（F）来说，格林和格蕾的行动都是不合理的，因为她们的行动都依赖于不合理的信念。但是，格林的行动在另一种意义上是合理的，而格蕾的则不是，因为我们去做自认为会实现自己目标的事情是合理的，而去做自认为会挫败自己目标的事情是不合理的。

尽管（F）是讲得通的，但我认为这个观点并不是最好的。按照（F）来说，当且因为我们的欲求或行动没有成功地回应某个认知理由或显见理由，它们在某个方面才是不合理的。当我抽烟是因为我认为这有益健康时，我的行动在这个方面是不合理的。但我们称我的行动是实践上不合理的，这是误导性的，因为我的错误仅仅是没有成功地回应"不要有这个信念"的认知理由。我们称这个行动是认知上不合理的，这也是误导性的，因为并不是由于我这样做，我才没能回应这些认知理由。

我提议，我们不应该做出这些误导性的主张。当某个信念是认知上不合理的时候，可以言之成理地做出这样的有益主张：这种不合理性可以传递给依赖该信念的任何其他信念。但如下主张却是没有价值的：某信念的不合理性也会传递给依赖该信念的任何欲求或行动。既然认知理由和实践理由之间有这种差别，那么我们就应该转向另一种更简单的观点。我们应该主张，只有信念才能是认知上不合理的。我们可以用另一种比喻的说法：当某个信念是认知上不合理的时候，这种不合理性就像病毒一样可以传递给其他信念。但是，除了我马上就会谈到的几个例外，这种不合理性无法穿越信念与"欲求和行动"之间的那道鸿沟。我们的欲求和行动，仅当我们未能回应"不要持有这种欲求或不要这样行动"之清晰且强的决定性实践理由或显见理由时，才最适合被称作不合理的。

基于这种更简单的观点，信念的合理性依赖于这一点：我们有这些信念时是否很好地回应了"要有这些信念"的认知理由、真值相关的理由或显见理由。我们的欲求或行动的合理性依赖于这一点：我们有这些欲求或这样行动时是否很好地回应了"要有这些欲求和这样行动"的实践理由或显见理由。我们可能对其中一组理由或显见理由的回应很好，但对另一组理由的回应则很差。我们可能是实践上理性的但认知上不理性的，或者是实践上不理性的但认知上理性的。

我们接下来简要地考虑另一种被广泛持有的观点。基于这种观点，认知合理性的独特性在于要获得真信念这个目标。当我们以自认为会最好地实现这种认知目标的方式行动时，我们是认知上理性的，并且回应了认知理由。尽管我们无法主张这种观点是错误的，但我还是认为它不是最好的观点。除了更清楚地区分实践合理性与认知合理性，我们最好以不同的方式和在不同的地方来做出这种区分。这里最深刻的区分不在于

> 获得真信念的目标和其他可能目标。

当我们以自认为会最好地实现我们合理的目标的方式行动时，我们是实践上理性的；并且，不管这个目标是什么，我们都回应了实践理由或显见理由。这种深刻的区分在于

> 我们对实践理由的回应是自愿的，而对认知理由的回应则是非自愿的。

努力获得真理是一种活动，我们是出于实践理由而从事它。例如，我们在运算时能够有实践理由来检查某个证明，或者以另一种方式

重新计算，确证早前的计算结果。我们在以这样做来回应这些实践理由的同时，也在以非自愿且更直接的方式回应许多认知理由。例如，我们在检查某个证明时，只要我们相信，既然某事是真的，那么其他某事也必定是真的，这就是在回应认知理由。我们持有这种具体的信念并不是一个自愿的行动。正如我在附录 A 中所表示的，实践理由与认知理由支持的是对不同问题的答案，所以它们是不可能相互冲突的。

第 17 节　关于理由的信念

在没有关于理由的任何信念的情况下，我们也能有合理的信念和欲求，并且合理地行动。小孩子尽管没有"一个理由"这个概念，但还是能合理地回应某些理由或显见理由。猫、狗还有某些其他动物尽管从来都没有"一个理由"这个概念，但还是能对某些理由（诸如相信我们要喂养它们）做出回应。某些理性的成年人似乎缺乏理由概念，或者忘记自己有这个概念。例如，休谟宣称，任何欲求或偏好都不可能是不合情理的，此时他似乎忘记了这个概念。

如果我们持有关于"哪些事实给予我们理由"的信念，那么我们的欲求和行动就通常是对我们信念内容的合理回应。但情况并不总是如此。我们大部分人想要的某些事物，是我们根本没有理由想要的，或者有强理由想不要的。当许多筋疲力尽的父母想要揍他们号啕大哭的孩子时，情况就是这样；当我想砸烂某些用不了的机器时，我的这种情况也是这样。当我们的某些欲求是我们没有理由要有且有理由不要有的时候，我们有这种欲求就不是完全理性的。可以说，这类欲求与我们的规范信念是不一致的或者说不匹配的。

119　　我一直主张，在大部分情形下，如果欲求所依赖的信念为真就会给予我们充分的理由持有这些欲求，那么这样的欲求就是合理的。我还主张，在这种情形下，这些信念是否为真或合理是不相关的。不过，我们的欲求若在部分程度上依赖于我们的某些规范信念，则这个主张就不适用，这些信念是否为真或合理就可能是相关的。假定我们错误且不理性地相信：某个事实给予我们一个理由持有某种欲求，且这种欲求是合理的。如果这些信念为真，那么我们就有一个理由持有这种欲求，并且这种欲求就是合理的。但这并不使我们实际上真的有这样一个理由，也不能使这种欲求是合理的。这同样适用于行动。如果我们错误且不理性地相信，我们有一个理由以某种方式行动或者某个行动是合理的，那么这并不给予我们这样一个理由，也不会使该行动是合理的。实践合理性没有这样容易达到。

　　有人可能会反驳说，当我们对"哪些事实给予我们理由"持有不合理的信念时，这并不使我们在实践上不理性。既然这些是信念，那么我们就处于认知上不理性的状态，因为我们没有成功地回应我们的认知理由从而不持有这些信念。而正如我一直主张的，实践合理性与认知合理性是极为不同的。

　　然而，正如之前一样，这个主张也仅适用于大部分情形。当我们的信念是关于实践理由的之时，这些类型的合理性与理由就重叠了。正如斯坎伦提到的，我们的许多欲求都可以被更充分地描述为受（某事在蕴含理由的意义上是好的或值得实现的）信念驱动的状态。既然这些欲求和信念之间的关系极为紧密，那么这些欲求的合理性就确实在部分程度上依赖于这些信念的合理性。我们持有的不合理信念如果是关于实践理由以及我们理性上应当想要或想做什么的，那么就会使我们以某种方式是实践上不理性的。

实践理由和某些认知理由也有类似的重叠。例如，我们有实践理由想要避免处于痛苦之中，也有认知理由相信我们有这种实践理由。痛苦的性质既给予我们这种实践理由，也使"我们有这种实践理由"显然为真，从而也给予我们这种认知理由。 *120*

我已经说过，无须对"哪些事实给予我们理由"持有任何信念，我们的欲求和行动也可以是合理的。只要我们理性地对"意识到的、给予理由的事实"做出回应就够了，或者我们基于其为真就会给予我们理由的、关于非规范性事实的信念而行动也就够了。但是，当我们持有关于"哪些事实给予我们理由"的信念时，仅当这些信念是合理的，且仅当我们想要、意图和努力做任何我们有决定性理由想要、意图和努力做的事情时，我们才是实践上完全理性的。

按照某些作者的看法，我们要想成为完全理性的，并不需要对理由或显见理由做出很好的回应。我们只需要满足某些理性要求，诸如想要和意图"我们相信我们有决定性理由想要或意图"的任何事情，这就够了。我认为，这样的观点过于狭隘。

　　为了阐明这种分歧，假定：

　　　　斯加力宁愿明天剧痛 1 小时，也不愿下周其他时间微痛 1
分钟；

　　　　克里蒙森宁愿明天剧痛 1 小时，也不愿今天随后微痛 1
分钟；

以及

　　　　平克宁愿明天微痛 6 分钟，也不愿今天随后微痛 5 分钟。

对于剧痛和微痛、个人同一性、时间，对于其他一切相关的非规范
性事实，这些人持有的信念都为真。但是这些人对于理由的信念则
有所不同。

　　斯加力的观点是我们前面接触过的。按照他的观点，除了任何
一个未来的周二，我们都有理由关心我们未来的一切遭遇。既然明
天是周二，那么斯加力就认为：他有决定性理由宁愿明天剧痛 1 小
时，也不愿其他时间微痛 1 分钟。斯加力有这种偏好，所以他选择
这种痛苦。

121　　克里蒙森的观点更为接近现实中许多人所接受的观点。他认
为，尽管我们有理由关注一切未来，但是我们关注更近未来的理由
更有力。因此，克里蒙森认为他有决定性理由偏爱明天剧痛 1 小时
而不是今天随后微痛 1 分钟。克里蒙森有这种偏好，因此他选择承
受这种痛苦。

　　基于平克的观点，既然单纯时间上的差别没有任何理性意义，
那么我们就应当同等偏爱一切未来。平克由此认为，他有尽管很弱

却是决定性的理由偏爱今天微痛 5 分钟而不是明天微痛 6 分钟。尽管有这种信念，但他还是偏好并且选择明天稍长时间的微痛。

斯坎伦在讨论某个有斯加力式偏好的人时写道："这样的一个人不是不理性的，他只是极为错误的。"斯坎伦建议，只有当某个人"没有成功地回应他认为是相关理由的因素"时，我们才应该称他为不理性的。

如果斯坎伦是在日常意义上使用"不理性的"这个词，那么我就认为他的主张是没有道理的。斯加力避免了一种不理性，因为他的偏好与其关于理由的信念是匹配的。但是他没有关注他的未来痛苦，由此没有回应一个非常清晰且强的理由。虽然他的偏好与其规范信念匹配，但这个信念是极不合理的。我们有理由避免痛苦，但周二的痛苦除外，这个信念是疯狂的。我认为，这些事实足以使斯加力的偏好是不合理的。

既然克里蒙森的偏好并没有随意划出界线，并且认为我们有理由更关注更近的未来不是讲不通的，那么他的偏好就没有那么不合理。但是这种观点的克里蒙森版本太过极端了。我们有决定性理由宁愿明天剧痛 1 小时，也不愿今天随后微痛 1 分钟——这个信念是不合理的。既然克里蒙森的偏好与他关于理由的信念匹配，那么他就避免了一种不理性。但在宁愿剧痛而不是微痛时，他没有回应一个清晰且强的决定性理由；而且，他的偏好与信念之所以匹配，仅仅是因为它们都是不合理的。

由于平克的偏好并不与其关于理由的信念匹配，所以他在某一方面没有斯加力和克里蒙森那么理性。但我认为，这个事实被其他两个事实压倒了。就其拥有的偏好而言，平克未予以回应的理由要弱得多。斯加力和克里蒙森宁愿多要 1 小时的剧痛，而平克宁愿要的只是多 1 分钟的微痛。不同于斯加力和克里蒙森，平克有一个合理的理由信念。我认为，这些事实使平克不理性的程度在三个人中是最轻的。

斯坎伦主张，在人们未予以回应其自认是理由的因素时，他们的不理性最为明显。这个主张在某种意义上讲是对的，因为即使依据其自身的信念来看，这些人也不是完全理性的。如果我们指责这些人不是完全理性的，那么他们就得接受。但这并不能证成这个主张：只有这样的人才能被称为不理性的。基于斯坎伦的观点，即使我们常常不能回应清晰的决定性理由，只要我们对于"哪些事实会给予我们理由，哪些欲求或行动是合理的"不持有任何信念或持有错误信念，我们就可以避免不理性。我认为我们应当拒绝这种观点。斯加力对于未来周二的态度就是不合理的，即使他认为它是合理的。如果我们对于实践理由持有合理的信念，且我们承认但没有对这些理由做出回应，而有些人对实践理由持有不合理的信念，且他们未承认的错误要严重得多，那么我们不理性的程度就没有后者那么严重。

这种主张也适用于信念。按照与我的观点类似的观点，如果我们有清晰且强的决定性认知理由要不持有某些信念，那么我们持有这些信念就是不合理的。基于某种斯坎伦式观点，只有当我们没有回应自认为是相关理由的因素时，我们的信念才是不合理的。假定：我虽然知道赢取彩票的概率只有十亿分之一，但认为这个事实并不给予我任何理由放弃"我会赢"这个信念；我虽然知道没有任何其他人能徒手与十只狮子搏斗而活下来，但认为这个事实没有给予我任何理由放弃"我能从这样的搏斗中活下来"这个信念。基于一种斯坎伦式观点，这些信念并非不合理的，因为我只是在关于哪些事实给予我理由这个问题上犯了大错。然而，我在持有这些信念时并没有回应清晰且强的决定性理由，这就足够使这些信念是不合理的。

我们的欲求和行动仅当与我们的规范信念不匹配时才是不合理的，这种观点还有另一版本。按照某些人的说法，既然关于"理由或什么是合理的"没有任何真理，那么就仅当自认为是不理性的时候，我们才是不理性的。许多人对道德提出了这样的主张。按照这些人的说法，既然没有任何道德真理，那么每个人就都应当做自认为应当做的任何事，任何人都不会行动不当，除非他们做自认为不当之事。这里的道德怀疑论导致了一种不一致且自我破坏的相对主义。

我们大部分人正确地拒绝了这样的观点。如果我违背的承诺是无足轻重的，或者讲的谎话是无伤大雅的，那么尽管我相信这样做是不当的，我的行动也只是稍有不当。但当某个党卫军军官杀死大量市民并认为这是其义务的时候，他的行动就极为不当。与我不同，这个人认为他的行动并非不当——这可以是某种辩护，但他的行动在道德上比我的行动要坏得多。我认为，当我们讨论合理性时，这样的主张也是适用的。在我虚构的人之中，只有平克没有回应他认为是一个理由的因素。但斯加力和克里蒙森是不理性的，而平克仅仅是不完全理性的。

我已经拒绝了斯坎伦的这个主张：当像斯加力和克里蒙森这样的人宁愿要 1 小时的剧痛而不是 1 分钟的微痛时，这些人的偏好不是不合理的。然而，我们在此也可能没有任何分歧。我是在日常意义上使用"不合理的"，意思大概是"应该得到如同'笨的''愚蠢的''疯狂的'等词所表达的那类强烈批评"。而斯坎伦在某种意义上是建议我们应该在他所称的"较狭窄的"意义上使用"不合理的"，这种意义仅仅适用于人们没有回应自认为是理由的因素，或者以其他方式是不一致的。如果斯坎伦是在这种狭窄意义上使用"不合理的"，那么他与我的观点就没有冲突。我同意，当斯加力宁愿要 1 小时的剧痛而不是 1 分钟的微痛时，他在这种意义上不是不理性的。斯坎伦可能同意：斯加力犯了一个极大的错误，并且相对于平克宁愿多要 1 分钟的微痛来说，斯加力宁愿多要 1 小时的剧痛应该得到更强烈的批评。然而，如果这就是斯坎伦的观点，那么他说只有平克的偏好是不合理的就是误导性的，因为那会暗示平克的偏好应该得到更强烈的批评。我认为我们应当在其日常意义，也是更宽泛的意义上使用"不合理的"。我们如果认为两种偏好之一在合理性上应该得到更强烈的批评，那么就不应该说只有另一种偏好是不合理的。

我们接下来可以简要地查看一下不同版本的虚构情形。我们现在假定斯加力和克里蒙森都是理由的主观主义者。这些人尽管持有上述偏好，但认为没有任何理由要持有这些偏好。按照他们的观点，我们没有任何理由想要把任何事物作为目标，或者为了其自身的缘故而想要某事物，我们最有理由想要做的就是任何可以最好地满足我们当下知情的目的式欲求的事情。由于斯加力和克里蒙森都有着充分的信息，且他们现在都偏好未来 1 小时剧痛而不是 1 分钟微痛，所以他们都认为最有理由选择想要有这种痛苦。

我认为，基于这些假设，这些人的偏好和行动仍然是不合理的。斯加力和克里蒙森偏好 1 小时剧痛而不是 1 分钟微痛，他们没有对清晰且强的决定性理由做出回应。但他们的信念可能不是不合理的。虽然如下信念是疯狂的，即我们有理由关注未来的痛苦，但周二的痛苦除外，但这样的信念并非疯狂的，即所有的实践理由都是由欲求给予的，并且我们没有理由为了某事物自身之故而想要该事物。许多人接受这种主观理论是因为受到这样的教导，他们的老师甚至提都不提任何客观理论。尽管我认为主观理论是错误的，但这些人接受这种理论可能并不是不理性的。

不仅如此，不像斯加力和克里蒙森，许多现实中的人持有的欲求和偏好是合理的。对于未来的福祉，尽管这些人认为没有任何理由要予以关注，但确实是关注的。他们可能对所有未来都是同样关注的，因此，他们如果认为推迟痛苦只会使自己更痛苦，那么就永远不会做这种推迟。这些人理性地回应了"给予他们理由要关注其未来福祉"的那些事实，他们确实以这种方式对这些理由做出了回应。他们的错误仅仅在于，没有在自觉的层面相信他们有这些理由。有些主观主义者甚至持有这种信念，并在学术之外的生活中依此行事，但在教书或写作时就忽略或拒绝了这些信念。（这就类似于许多经济学家：他们只是在写作和教书时，才相信福祉的人际比

125

较是没有意义的。）

第 18 节　关于合理性的其他观点

我们接下来简要地考察，我们关于欲求、目标和行动之合理性的其他观点。当某些人称某个行动"合理"的时候，他们意指这个行动最有可能满足我们当下的欲求，或者更确切地说使我们的期望效用最大化。其他人则意指，这个行动对我们最有益，因此在一种更古老且时间中立的意义上使我们的期望效用最大化。我们可以宣称，这些行动在基于当下欲求和利己主义的意义上是"合理的"。人们如果在这些意义上使用"合理的"，那么就的确能够主张：若我们所做的事情确实会最大化我们的期望效用，最可能最有益于我们，那么我们的行动就是合理的。但这些主张并不是实质性的，因为实质性主张与关于合理性的其他观点有可能是冲突的。而这些主张不过是告诉我们：我们以这样的方式行动时，我们是在这样行动。要提出实质性主张，我们就必须在其他意义上使用"合理的"和"不合理的"。我一直主张，我们最好在日常意义上使用这些语词，以表达某类赞扬或批评。

大部分作者在提出关于合理性的实质性主张时，主要讨论的是我们理性上应当如何努力满足我们的欲求，或者实现我们的目标，而在很多情形中我们并不知道全部的相关事实。正如我说过的，这个问题具有很大的实践重要性，很多人对之做了很好的讨论。对于在这样的情形中，我们如何行动才是合理的，如何才能最好地对风险和不确定性做出回应，有些人提出了相冲突的主张。但这些分歧并不深刻。

对于何种欲求或目标才是合理的，讨论就少得多。当人们讨论这个更为根本的问题时，他们的分歧是深刻的。

基于一种普遍的观点，若我们对某些欲求的持有会产生好效果，则这些欲求就是合理的。但是，某个反复无常的暴君威胁我，*126* 除非自现在起的 1 小时内我有想要受折磨的欲求，否则就会折磨我，这并不会使"我想要受折磨"这种欲求是合理的。这个暴君的威胁可能会使"我尽力导致自己持有这种不合理的欲求"是合理的。那么，我持有这种欲求在某种意义上讲就是合理的。但这种欲求本身仍然是不合理的，这将是一种合理的不合理性情形（case of rational irrationality）。

正如我说过的，按照另一种普遍的观点，当且因为我们的欲求或目标以正确的方式因果地依赖于合理的信念时，它们才是合理的。我已经论证过，我们要拒绝这种观点。

有些人主张，我们欲求的合理性在部分程度上依赖于关于欲求来源的某些其他事情。这些作者主张，这些欲求如果是通过自主慎思形成的，那么就是合理的；如果是通过被催眠或灌输之类的某些其他方式形成的，那么就是不合理的。我认为，我们应当拒绝这样的观点。即使我们是因为被催眠或灌输而持有某些欲求，它们依然可以是合理的。例如，如果我们不怎么关注未来，那么我们就可以通过催眠而持有这些合理的欲求。或者我们可以被灌输要爱我们的敌人，或想要至少日行一善。我认为，这样的爱和欲求是完全合理的。我们接下来假定，我们经过自主的慎思后，想要饿死自己，从而失去一直过得很幸福的生活，或者有其他欲求，想要其他完全不可欲的事物。这些欲求的自主起源不会使它们或我们成为合理的或理性的。相反，如果我们不是通过自主的慎思形成这些欲求，而是通过外部的干涉比如催眠而持有这些欲求，那么我们不理性的程度就没有那么严重。

按照其他某种类似的观点，我们欲求的合理性依赖的不是我们如何获得它们，而是什么因素可以导致我们失去它们，或者它们是否经得起某些检验。布兰德特表示，我们的欲求如果能够通过某些认知过程或基于信念的心理治疗，那么就是合理的。基于这些论说，如果我们疯狂得无可救药，那么我们的欲求就是合理的。这种主张没什么用处。

按照另外一组观点来说，我们的欲求或偏好如果不一致，那么就是不合理的。两个信念若不可能同时为真，则是不一致的。由于欲求不可能为真，所以这个定义不能直接适用于欲求。但是许多作者写道，两种欲求可以是不一致的，其意思是我们不可能同时满足它们。

这种不一致性不包含任何不合理性。假定某个船舶失事后，我无法同时救两个孩子，只能救其中一个。即使我认识到这个事实，我还是能继续理性地想要救两个孩子。我们如果知道两种欲求不可能同时得到满足，那么这就可能会使我们把满足两种欲求当作目标或意图是不合理的。但这些欲求本身仍然可能是合理的，我们持有它们还是合理的。若我们的欲求在这种意义上是不一致的，那么这就可能使我们持有它们是不幸的。然而，正如我主张的，这并不使这种欲求是不合理的。

不一致性要成为一种错误，就必须以其他方式定义。尽管欲求不能有对错之分，但许多欲求依赖于有好坏之分的信念；而这些信念可能是不一致的，因此不可能全部为真。当欲求依赖于这种不一致的规范信念时，我们就能主张这些欲求在派生意义上是不一致的。

我们既想某事发生又想它不发生，情况看起来就是这个样子的。在持有这些欲求时，我们看起来是不一致地假定：这件事情发生既是更好的又是更坏的。但是，在大部分这样的情形中，我们是在假定某个事件在某种意义上是好的，在另一种意义上是坏的。例如，我可能想要完成我一生的工作，这样避免去世时工作还没完成，同时我又不想完成我的工作，这样我在生前就一直有重要的事可做。这样的欲求和规范信念没有任何不一致性。两种欲求如果要在依赖信念的方式上是不合理地不一致的，那么它们就必须依赖这样的信念：同一个事物以完全相同的方式既是好的又是坏的。我们是否有可能持有这样的信念和欲求，这是不清楚的。但如果有这种可能，那么诉诸不一致性的反驳在此就是有道理的。

当我们转向更大组的偏好时，更有可能出现不一致。我们可能偏好 B 多过 A，C 多过 B，A 多过 C。这种偏好可以称作循环的。如果这些只是单纯的偏好，不依赖规范信念，那么我们是否可以称这些偏好是不合理的就是不清楚的。这个主张通常得到这样的辩

128

解：我们如果有这种循环偏好，那么就可能被人利用。例如，我们可能愿意付三次钱，从而以 B 换 A，以 C 换 B，最后又以 A 换 C。我们的钱会被浪费，因为我们会回到 A 这个起点。但这个反驳诉诸的不是这组偏好的不一致性，而是其坏效果。但我们若持有这样的偏好，也可能会有好效果。假定：只要情境改变的方式是我偏好的，那么这种改变就会给予我乐趣。如果我对于三种极易改变的情境 X、Y 和 Z 有这种循环偏好，那么这就可能对我有点儿好处。我们可以不停地进行这种循环，从每一次改变中获取乐趣。这种快乐循环将成享乐式的永动机。

当这种偏好依赖于某些规范信念时，情况就不同了。假定我们持有某些偏好是因为我们相信，X 内在地优于 Y，Y 优于 Z，Z 优于 X。如果"内在地优于"这种关系是传递性的，且这个主张是言之成理的（我相信是真的），那么这组信念就是不一致的。基于这种观点，如果你比一个比我高的人高，那么我就不能比你高；同样，如果 Y 比 Z 好，Z 比 X 好，那么 X 就不能比 Y 好。如果这组信念是不一致的，那么我们就可以主张，这会使这组偏好在派生意义上是不合理的。尽管包含这种偏好的情形在理论上是有趣的，但我认为，它们的实践重要性并不大。

我一直主张，我们欲求的合理性既不依赖于其来源，也不依赖于与其他欲求的一致性。持有相反观点的人，有些受到了信念与欲求之间有可比性的误导。我们大部分信念的合理性确实要么依赖于来源，要么依赖于与其他信念的一致性，或两者都依赖。相对而言，只有极少部分信念的合理性只依赖于其内容，亦即我们相信的事物。只对那些必然为真或必然为假的信念（诸如数学或逻辑信念）而言，情况才是这样的。例如，如果我们的某些信念包含明显的矛盾，那么这些信念就是内在地不合理的。但我们的大部分信念都是经验的和偶然的，意思是它们是关于我们可观察的时空宇宙碰巧如何的。有些经验信念的合理性只依赖其内容。笛卡尔的信念"我存在"以及更慎重的佛教信念"此即心识"，或许是其中的两例。这些信念也许是必然为真的，由此它们是内在地合理的。但这类经验信念是极少的。有些经验信念可能根据其内容来看就是不合理的，诸如某些精神病患者认为自己是拿破仑或维多利亚女王这样的信念。但即使这些信念，其不合理性依然大部分是由于其来源上的问题，或者是由于与其他信念不一致。大部分经验信念的合理性不可能仅仅取决于其内容，因为仅当这种信念符合这个世界时，它们才为真。我们关于这个世界的信念，其合理性依赖于我们的其他信念、我们的感知经验以及其他可获得的证据。

上述主张都不适用于内在的目的式欲求。这些欲求的合理性并不依赖于它们是如何出现的，也不依赖于它们与其他欲求的一致性。当我们想要某件事情作为目标，或者为了其自身的缘故时，这种欲求的合理性只取决于我们对此欲求对象的（或者我们想要之物的）信念。如基于价值的客观理论所主张的，这些欲求所依赖的信念若为真，就会使其对象在某种意义上是好的或值得追求的，这些欲求由此就是合理的。这才是核心的根本道理，但我们一直在考察的大部分理论不是忽略它，就是否定它。

就拒绝在信念的合理性与欲求的合理性之间做出那些类比而

言，我并没有忘记我们的许多欲求依赖于我们的规范信念。这些信念不是关于经验和偶然的真理，而是关于必然的真理。例如，不应得的痛苦本身就是坏的。这种规范信念要想合理，我们并不需要有它们匹配于这个实际世界的证据，因为这些信念在所有可能世界都为真。

第六章　道德

第 19 节　西季威克的二元论

　　理由的各种客观理论存在若干差别。一种差别在于，它们所主
张的"在蕴含理由的意义上有好坏之分的事件"的范围不同。有些
理论主张，只有当相对于某种结果来说，另一种结果至少对一个人
更差时，后一种结果才是更差的。我将论证，情况不是这样的。情
况也并不是只有结果才是值得追求的，因为有些行动本身就是好
的，而有些事情可能仅由于其自身之故就是值得做的。

　　我们有理由促进谁的福祉，各种客观理论对此的主张也存在差
别。我们接下来考虑理由的三种客观理论。按照

合理利己主义：我们总是最有理由去做最有利于自己的任
何事。

按照

合理不偏不倚主义：我们总是最有理由去做任何不偏不倚
地最好的事情。

如果从不偏不倚的视角看，我们所做的事情是每个人都最有理由想
我们去做的事情，那么这样的行动就在蕴含理由的意义上是不偏不
倚地最好的。基于一种观点，不偏不倚地最好的事情就是从总体上
讲对人们最好的事情，也就是最有益于人们的事情。

131　　在其乏味的大作《伦理学方法》中，西季威克具体说明并综合
了这两种观点。按照西季威克所称的

实践理由的二元论 （the Dualism of Practical Reason）：我
们总是最有理由做不偏不倚地最好的事情，除非另有某种行动
对自己是最好的。在此情况下，我们将有充分的理由按照其中
任一方式行动。如果我们了解相关事实，那么其中任一行动都
是合理的。

我认为在这三种观点之中，西季威克的观点是最接近真理的。按照
合理利己主义者的观点，我们不可能有充分的理由去做对自己不利
的事情，这是不对的。例如，当且因为某个行动可让事情变得在不
偏不倚的意义上好很多时，我们就有理由这样做。如果伤害自己是
挽救他人生命的唯一方法，那么我就有充分的理由这样做。按照合
理不偏不倚主义者的观点，我们不可能有充分的理由去让事情在

不偏不倚的意义上变差，这也是不对的。例如，当且因为我们的行动能让我们自己好很多时，我们就有这样的理由。我有充分的理由挽救自己的生命而不是几个陌生人的生命。

按照西季威克的观点，我们的行动既具有不偏不倚的理由也有自利的理由，但这些理由是无法比较的。因此，一旦一种行动是不偏不倚地最好的而另一种是对自己最好的，我们就有充分的理由以其中任一方式行动，没有任何一种理由能被另一种理由压倒。

有些理由是可以做精确比较的，意思是它们在相对的权重或强度上具有精确的真理。按照基于欲求的某些主观理论，一切理由都是可以精确地比较的，因为存在着关于我们一切欲求的相对强度之精确的真理。按照基于价值的客观理论，当我们必须在非常类似的事物（诸如两个樱桃或两本同样的书）之间进行选择时，我们有完全一样的理由去选择（或许更好的说法是挑选）任何一样。当我们比较某些种类的理由（诸如我们在买某物的成本差别所提供的理由，相同快乐或痛苦时间的长度差别所提供的理由）时，这些理由的强度就是精确地可比较的。但当我们比较大部分理由时，无论相同类型的还是不同类型的，这些理由就远不能这么比较。

下面两种情况提供的理由就不是类似的：一种痛苦的强度更大，另一种痛苦持续的时间更长。如果我们必须在两种痛苦（一种是短暂的强烈痛苦，另一种则是长时间但远没那么强烈的痛苦）之间做选择，两种体验之一可能更糟糕，那么意思就是我们更有理由偏好另一种。但我想说，在这些理由的相对强度上，可能并不存在精确的真理。例如，其中的一种痛苦不可能比另一种痛苦差 2.36

132

倍。即使在原则上，我们也并没有这样的一个标度（scale），可以根据它来精确地比较我们想避免这样两种不同痛苦之理由的强度。人们也许会挑战此类主张，因为痛苦的持续时间与强度是同一种坏处的构成成分。对于诸多其他不同类型的理由（如经济理由、审美理由、守诺理由或帮助陌生人的理由）的相对强度，也仅存在极不精确的真理。然而，这样的理由是可比较的，因为每类理由中较弱的都可以比另一类理由中较强的更弱，或者被其压倒。

西季威克的二元论与此形成了鲜明对照，按照这种观点，不偏不倚的理由与自利的理由完全是不可比较的。没有任何不偏不倚的理由能够比任何自利的理由强或弱。这类观点极难辩护。假定我们为了建造新房，要在某些建筑方案之间做出选择。当两个相冲突的理由没有一个比另一个强时，我们以两种方式行动都是合理的。如果经济理由与审美理由是完全不可比的，那么下面两者就将都是真的：

（1）我们能够合理地选择两个计划之一，因为它使这个建筑要便宜 1 美金，尽管要丑得多。

133 （2）我们也能够合理地选择另外两个计划之一，因为它使这个建筑要略微好看一点，尽管要多花 10 亿美金。

我们也许能够设想，这些选择如何能够是合理的，因为我们也许有理由可以给予这个建筑的美或成本绝对的优先性。但完全讲不通的是，我们做出这两种选择都是合理的。正如这个例子所显示的，我们要想为西季威克的观点辩护，亦即不偏不倚的理由与自利的理由是完全不可比的，只主张这些理由的类型不同就是不够的。

西季威克对其观点的辩护，在部分程度上诉诸了个人同一性之合理的重要性。西季威克主张，鉴于每个人生活的统一性，在我们的整体生活中，我们每个人都有强理由关注自身的福祉。由于人与人之间的区分非常深刻，一个人的幸福损失无法为另一个人的幸福所得所补偿，这有合理的重要性。西季威克在此诉诸了人的分立性（separateness of persons），这一直被人们看作"伦理学的根本事实"。

西季威克的二元论也取决于内格尔所称的立场（standpoints）的二元性。我们是从自己的个人视角来过生活的。但是，我们仿佛也能拥有某种属于超然观察者的不偏不倚的视角，从而考虑这个世界以及其中的一切人。西季威克主张，当我们询问最有理由做什么时，从这两种视角出发我们会得到不同的答案。从我们自己的视角看，自利理由是最高的，意思是我们总是最有理由去做对自己最好的任何事。从不偏不倚的视角看，我们总是最有理由去做任何不偏不倚地最好的事情，由此不偏不倚的理由是最高的。

我们接下来假定一个行动是不偏不倚地最好的，另一个则对于我们自己是最好的。这里自利理由与不偏不倚的理由是冲突的。在这样的情形下，我们可以问：经过通盘考虑，我们最有理由做什么？但西季威克认为，这个问题永远没有有益的答案。我们永远不会更有理由做这两种行动之一。"实践合理性"会是自相矛盾的，无话可说，没法给我们任何指南。在西季威克看来，这个结论是让人极不满意的。 *134*

西季威克的推理似乎是这样的：

（A）当试图决定我们最有理由做什么时，我们能够理性地从自己的个人视角或者从虚构的不偏不倚的视角问这个问题。

（B）当我们从自己的个人视角问这个问题时，答案是自利理由是最高的。

（C）当我们从不偏不倚的视角问这个问题时，答案是不偏不倚的理由是最高的。

（D）当我们比较这两种理由的强度时，我们需要第三种中立的视角。

（E）我们并没有这样一种视角。

因此，

不偏不倚的理由和自利理由是完全不可比的。当这些理由冲突时，其中任何一种理由都不可能比另一种更强。

因此，

在所有这些情形下，我们有充分的理由要么做不偏不倚地最好的事情，要么做对我们自己最好的事情。如果我们知道各种事实，那么两种行动就都是理性的。

我们可以称此为两视角论证（the Two Viewpoints Argument）。

我认为西季威克的观点在部分程度上是对的，但我们应当拒绝这个论证，修正这种观点。

我们应该拒绝前提（A）。值得去追问：如果处于某个外在观察者的不偏不倚的立场，我们会最有理由想要或偏好什么？通过诉诸每个人都有这种不偏不倚的理由想要或偏好什么，我们更易于解释后果在一种重要的意义上有好坏之分。但是，当我们努力决定最有理由做什么时，我们应当从自己的实际视角来问这个问题。不能仅仅由于我们如果有其他纯粹虚构的视角就不会有我们的实际理由，就忽略这些理由。

我们也应该拒绝（D）。为了能够对偏向性理由与不偏不倚的理由做出比较，我们并没有必要有第三种中立的视角。我们可以从实际的个人视角来比较这两种理由。

当比较这些理由时，我们接下来可以拒绝前提（B）。按照西季威克的观点，我们能够合理地做这样的事情：明知它对自己产生的好处不多，但对其他人产生的坏处要多得多。例如，我们能够理性地这样做：宁愿让自己免于 1 分钟的不适，也不救 100 万人的生命或不使他们免于极度痛苦。如果我们这样做了，那么其他人的主要反应就会是恐怖和愤慨。但我们的问题是：这个行动是合理的吗？

有些人会做肯定回答。按照这些人的观点，如果我们知道这个行动会最好地满足我们的欲求或对我们是最好的，那么这个行动不管多么恐怖就都会是合理的。然而，持有这种观点的人之中，许多人要么在"基于当下欲求的"意义上使用"合理的"，要么在"利己主义的"意义上使用它。当这些人主张某个行动是合理的时候，其中某些人的意思是，在做最好地满足我们当下欲求的事情时，我们是在做能最好地满足这些欲求的事情；其他人的意思则是，在做对自己最好的事情时，我们是在做对自己最好的事情。这些无足轻重的主张完全可以被忽略。当我询问这个行动是否合理时，我不是在这些意义上使用"合理的"。我在询问的是这个行动是否应该得到一种批评。我认为，只有当我们有"相关事实"的信念，且这些信念为真会给予我们充分的理由去做某件事情时，我们那样做才是理性的。

在我的虚构情形中，我们知道相关的事实。我们是否有充分的理由使自己免于一种轻度的不适，而不去挽救 100 万人的生命或者不让他们免于极度痛苦呢？我认为答案是否定的。这种恐怖的行动不可能是合理的。

136　　我们可以补上：这种行动因为在道德上是不当的，所以不会是合理的。西季威克假定，我们的自利理由不可能比我们避免行动不当的理由更弱或被其压倒。我们应该拒绝这种假定。

我们也可能拒绝西季威克的这一主张：我们总是能够理性地做已知会使事物变得最好的任何事情。作为一个行动后果主义者，西季威克认为这样的行动总是道德上正当的。我们大部分人会拒绝这种观点，因为我们认为，某些行动尽管会使事情进展得最好但仍是不当的。我们可能主张，这种行动的不当性（wrongness）常常给予我们决定性理由不这样做。

我很快会转向关于道德的问题，也就是关于避免行为不当的理由的问题。但我们首先可以用其他方式修正西季威克的观点。这种观点过分夸大了个人同一性之合理的重要性。西季威克正确地主张，我们有理由特别关注自己的未来福祉。但是我们还有类似的理由。在我们关注自己未来福祉的理由中，许多不是由"这个未来是自己的"这个事实提供的，而是由"现在的我们"与"未来的我们"之间的各种心理关联提供的。我们大部分人与某些他人（诸如近亲及爱人）在某种程度上也有类似的关联。我会说，这些人是和我们有紧密纽带的人。我们与这些人的关联能够给予我们理由，要特别关注他们的福祉。我们要有益于这些人的某些理由比关爱自己的某些理由强得多。因此，我们应该拒绝西季威克的这一主张：当我们从个人视角来评价时，自利理由是最高的。

　　除了有这些个人的理由和偏向性理由关注自己以及与我们有紧密纽带之人的福祉之外，我们还有不偏不倚的理由关注每一个人的福祉。西季威克的某些主张似乎蕴含着：只有当我们从不偏不倚的视角考虑事情的时候，我们才有这样的理由。但情况不是这样的。内格尔设想自己是个利己主义者时写道：

　　　　假定我从火灾中得救，发现自己身处医院的烧伤病房。我想要止痛药，邻床的那个人也是如此。他坦诚地希望我们都能够得到吗啡，但我无法理解这一点。我理解为什么他有理由想自己得到吗啡，但他有什么理由想我也得到吗啡呢？是我的呻吟打扰他了吗？

137

正如内格尔的评论，这种利己主义的态度会"非常古怪"。除非我们受到教导而接受某种基于欲求的主观理论，或者我们缺乏某种真正的"规范理由"之概念，否则，我们大部分人会正确地认为，我们有（不偏不倚的）理由想要减轻任何陌生人的痛苦。即使当我们的实际视角并不是不偏不倚的，我们还是有这种不偏不倚的理由。正如我说过的，我们有益于陌生人的理由，不仅能够与我们的某些自利理由相冲突，还能够比它们强很多。相对于使自己免于小伤害而言，我们挽救许多人的生命或使他们避免极度痛苦的理由要强得多。

然而，西季威克的观点在部分程度上是正确的。我认为，我们的偏向性理由和不偏不倚的理由仅仅可做非常不精确的比较。按照我们所称的

> 广义的基于价值的客观观点（wide value-based objective views）：有两个可能的行动，一个行动使事情按照不偏不倚地更好的方式进行，而另一个使事情对于我们自己或与我们有紧密关系的人来说变得更好，此时我们通常有充分的理由选择其中的任何一个行动。

"通常"这个语词容许有各种各样的例外。对于什么时候我们没有充分的理由做两个行动中的任何一个，不同的广义的基于价值的客观观点可能会做出相冲突的主张。我认为，我们应当接受一些这样的观点。

为了阐明这样的一种观点，我们能够假定：在

> 情形一中，我要么使自己不受某种伤害，要么救遥远之地的某个陌生人的生命；

138 以及在

> 情形二中，我要么救自己的命，要么救几个陌生人的命。

基于大部分人的观点，在两种情形中我在道德上可允许以两种方式之一行动。如果情况如此，那么我就认为，我在理性上也会允许以两种方式之一行动。在情形一中，我有充分的理由使自己不受某种伤害，或者救陌生人的命。无论我的伤害是小到失去一个指头，还

是大到失去双腿，我都有充分的理由。在情形二中，我有充分的理由救自己的命，或者救几个陌生人的命。无论陌生人的数目是 2 还是 2 000，我都有充分的理由。尽管我救 2 个陌生人的理由会比救 2 000 个陌生人的理由弱得多，但两种理由都既不弱于也不强于我救自己的理由。如果这样的主张是对的，那么这两类理由的相对强度就会是非常不精确的。

我们可以主张，之所以会出现这么大的不精确性，是因为提供这些理由的是极为不同类型的事实。不偏不倚的理由是个人中立的（person-neutral），意思是对提供这些理由之事实的描述并不需要参考我们。例子之一是某个事件会导致极大的苦难这个事实。我们有理由对任何人的痛苦表示遗憾，且我们有理由尽力阻止或减轻这种痛苦，而不管受苦者是谁、与我们关系如何。我们有理由防止任何有感觉者或有意识者的痛苦，并对这种痛苦表示遗憾。当我们处于痛苦之中时，正如内格尔所言：

> 在思想中，痛苦可以与它是我的痛苦这个事实相分离而丝毫不减其可怕性……苦难是件坏事，无须多言；不仅仅对于受苦者如此……这种体验不应当继续下去，不管谁是受苦者。

相对比而言，我们的个人的理由和偏向性理由是个人相对的。对提供这些理由之事实的描述必定参考我们。我们每个人都有理由要特别关注自己以及与我们有某种关联的人的福祉。尽管我有理由既防止自己也防止任何陌生人的痛苦，但我与自己的关系，与自己痛苦的关系，完全不同于我与陌生人的关系，与陌生人之痛苦的关系。这就是为什么只能对这些理由做如此不精确的比较。

139

　　按照某种广义的基于价值的观点，当我们在道德上可允许的行动之间进行选择时，我们给予自己某种利益的理由，总是强于或压倒了我们给予陌生人同等利益的理由；但这种差别是非常不精确的。基于某种这样的观点，理性要求我们给予自己福祉的权重比给予陌生人福祉的权重大，但是这种权重比可以小到 2，也可以大到过百，甚至过千。

　　我认为，这些观点太过于利己主义了。我们通常也能够给予陌生人的福祉同样的权重，甚至更大的权重。假定我像内格尔一样身处某个病房，唯一剂量的吗啡是属于我的。我认为，我有充分的理由把这剂吗啡给予临床的那个人。即使这个陌生人的疼痛没有我的厉害，我还是有充分的理由这样做。

　　人们可能会主张，仅当自己放弃的利益相当小，这样的行动才是合理的。相反假定，在

　　　　船舶事故情形一（First Shipwreck）中，我有一个救生筏，既可以救自己的命，也可以救某个陌生人的命。这个陌生人与我在相关方面是差不多的，这样我们的死亡对各自的损失就是差不多的。

当筹码是这样大时，理性似乎要求我们给予自己福祉的优先性或权重就大得多。如果情况如此，那么我就没有充分的理由去救这个陌生人而不是自己。这个行动即使是道德上可敬的，也不会是完全合理的。

　　我倾向于认为这个行动可以是完全合理的。这个陌生人的福祉与我的福祉是同等重要的。如果我放弃自己的命来救这个陌生人，

那么这将是慷慨的善举。我认为，这些事实给予我充分的理由这样做。

我必须承认，这种观点会受到强有力的反驳。我认为正如西季威克所主张的，我们有理由特别关注自己的福祉。在这个虚构情形中，我的死亡与陌生人的死亡在不偏不倚的意义上是一样坏的。既然我有同等的理由救自己或者陌生人，那么我就可以主张，我的自利理由会打破这个僵局或扭转局势，从而综合考虑，这给予我决定性理由救自己。 140

然而，这些理由可能不是决定性的。即使筹码非常大，理性也可能并不要求我们给予自己的福祉任何优先性。我们可有证成地接受某种修正版的西季威克观点。按照我们所称的

> 广义二元论（Wide Dualism）：若我们在道德上可许可的两个行动之间选择，其中一个对我们自己更好，另一个则对一个或更多的陌生人更好，则我们能理性地给予自己的福祉更大的权重，或者给予每个人的福祉大致相等的权重。

这种观点的不同版本会提出进一步的不同主张。尽管这样的观点并不在理性上要求我们给予自己的福祉更大的权重，但它允许我们给予自己的福祉大得多的权重，并且确实要求我们不给予陌生人的福祉更大的权重。例如，基于这种观点的某些版本，我们救自己的手指头而不是陌生人的命是合理的，但救陌生人的指头而不是自己的命是不合理的。这种广义二元论允许我们给予自己的福祉更大的优先性，但是要求我们不给予陌生人的福祉这种优先性，它认可并且支持我们有理由要特别关注自己的福祉。

我们接下来假定，在

> 船舶事故情形二（Second Shipwreck）中，我可以救某个
> 陌生人的命，或者救与我有紧密纽带的人（如孩子或朋友）
> 的命。

141 正如广义二元论者的主张，我不能理性地选择救这个陌生人。我
在道德上应当给予我的孩子优先性。我这样做会有其他强大的非
道德理由，诸如我对孩子或朋友的爱所提供的理由。如果我救了
这个陌生人而不是我的孩子或朋友，那么这就不会是慷慨的
善举。

这同样适用于船舶事故情形一。我也许会有年幼的孩子要依靠
我，或者对其他人有某种道德义务。这可能会使我救陌生人而不是
自己是不当的，因为这样我就无法关爱我的孩子或履行我的义务。
这个陌生人可能有类似的义务，他的死亡也会使它们无法被履行，
但这些义务不是我的义务。如果我的死亡对我爱的人和爱我的人
是坏的，那么这就会给予我其他决定性理由要救自己的命。这样
一来，在这一版本的船舶事故情形一中，理性就会要求我救
自己。

我们接下来假定，我与其他人没有任何这样的纽带可给予我理
由或产生这种义务。我倾向于认为，在这一版本的船舶事故情形
中，我能够理性地选择放弃自己而救陌生人。在这样的情形中，理
性可以允许我们忽略要特别关注自己福祉的理由。但我们没有必要
决定情况是否如此，即尽管我的行动是道德上可敬的，但它不是完
全合理的。

第 20 节　最深刻的问题

我们现在可以转向理由与道德之间的关系。按照

道德理性主义（Moral Rationalism）：我们总是最有理由履行我们的义务。我们以任何自认为不当的方式行动都是不理性的。

按照

合理利己主义：我们总是最有理由做对自己最好的事情。我们以任何自认为会不利于自己的方式行动都是不理性的。

这两种理论是许多人都接受的。许多人相信，我们每个人都有来世，无论是否履行义务，我们都会得到应得的幸福或痛苦。因此，义务和自我利益是从不冲突的。世界上大多数伟大的宗教都持如此主张。

西季威克怀疑我们有这样的来世；并且认为，在某些情形中，义务与自我利益很可能是冲突的。西季威克主张，如果有这样的情形，那么这就会引起"伦理学中最深刻的问题"。

西季威克的问题在部分程度上在于：在他看来，不管道德理性主义还是合理利己主义，它们在直觉上都是说得通的；但如果义务与自我利益有时候是冲突的，那么这些观点就不可能都为真。如果我们必须在两个行动之间做选择，其中一个是我们的义务，另一个

142

则更有利于自己，那么这些观点就蕴含着我们最有理由以其中任何一种方式行动。这是无法设想的，或者说是逻辑上不可能的。正如不可能在两个不同的钱包中都放大多数的钱一样，我们也不可能最有理由以两种不同方式中的任何一种行动。这样一来，若义务与自我利益有时候会是冲突的，那么我们就不得不放弃或至少修正一种观点。

有的作者在考虑这两个选项时会拒绝道德理性主义。例如，里德（Reid）主张，如果履行我们的义务有悖于自己的利益，那么我们就会面临"是做无赖还是做傻瓜的这种可怜的困境"：我们不履行自己的义务就是无赖，履行就是傻瓜。其他作者则拒绝合理利己主义。按照这些人的看法，我们永远都没有充分的理由做不当的行为，即使这是唯一让自己免于严重的痛苦甚至死亡的方式。

西季威克发现这样的主张是令人难以置信的。他不是拒绝其中之一，相反是修正两者。按照西季威克另一版本的二元论，我们可以称为

> 义务与自我利益的二元论（the Dualism of Duty and Self-Interest）：如果义务与自我利益永不冲突，那么我们就总是最有理由既履行我们的义务也做最有益于自己的事情。但如果我们不得不在两个行动之间做选择，一个行动是我们的义务，另一个行动对自己更好，那么理性就无法提供任何指南。在这样的情形下，我们就不会有更强的理由以其中任何一种方式行动。我们如果了解相关事实，那么以两者中的任何一种的方式行动就都是理性的。

143

部分原因是接受了这种观点，西季威克渴望义务与自我利益永远不
冲突。他写道，如果存在这种冲突，

> 我们关于行动之内在合情理性的整个信念体系就必定会坍
> 塌……义务的秩序由此实际上就会被归于混乱：人类知识分子
> 为建构一种理性行动的完美理想而做出的长期努力看来注定会
> 失败。

然而，这些宏伟且忧郁的主张过于夸张了。西季威克认为，义务与
自我利益在大部分情形下并不冲突。西季威克的观点蕴含着，在许
多这样的情形下，我们会最有理由履行我们的义务，且不用付出任
何代价。在这样的世界之中，义务的秩序不会变为混沌。我们如果
得出义务与自我利益相冲突时我们能合情理地或合理地以其中任何
一种方式行动，那么我们关于何为合情理行动的整个信念体系就不
会坍塌。但若在此类情形中，我们和其他人有充分的理由做出不当
的行动，那么这就是糟糕的。我们可能会说，道德主义者的问题在
于我们是否能够避免这个结论。理性若在这样的情形中不能给予任
何指南，则会让人很失望。我们可能指望，至少在某些这样的情形
下，有些事情是我们最有理由要做的。我们也许会说，理性主义者
的问题就是：这是否为真。

这些问题还可能以其他形式出现。西季威克假定，如果我们有
充分的理由做不当之举，那么这些理由就会是自利性的。我们由于
还能有其他强理由做不当之举，所以就不应该做出这样的假设。有
些这样的理由是个人的和偏向性的，但不是自利性的。如果某个不
当之举不是救自己，而是救我们的近亲或所爱之人，或使他们免于

剧痛，那么我们就有充分的理由做不当之举。

我们可能也有强的不偏不倚理由做出不当之举。作为一个行动后果主义者，西季威克主张我们总是应当做出使事情进展得最好的任何行动。我们大多数人都拒绝这种观点，因为我们认为某些行动即使会使事情进展得最好也是不当的。例如，即使杀死一个人是挽救许多其他人的唯一方式，这可能依然是不当的。然而，即使这样做是不当的，人们仍然可以主张，这个事实——我们在救众多他人的生命，由此使事情进展得最好——给予了我们充分的理由这样做。如果情况真是这样，那么这就是我们可以行动不当的另一种情形。

还有第三种可能性。基于西季威克的观点，我们总是有充分的理由履行我们的义务和避免行动不当。我们可称此观点为弱道德理性主义。我们如果是理由的主观主义者，就必定会拒绝这种观点。例如罗尔斯就主张，如果我们当下的知情欲求可以通过不义之举而得到最好的满足，那么我们就没有充分的理由去行正义之举。按照此类主观理论，我们不仅可能没有任何充分的理由履行义务，甚至可能还有决定性理由行不当之举。由此，我们履行义务就可能是不合理的。

为了涵盖这些不同的可能性，我们可以修正西季威克对他所称"最深刻的问题"的描述。当我们在不同的行动之间选择时，我们问：

> Q1：我最有理由做什么？我有充分的或决定性的理由以任何这样的方式行动吗？

　　Q2：我道德上应当做什么？有任何这样的行动是不当的吗？

这些问题似乎有相冲突的答案，因为我们有时候有充分的或决定性的理由做不当之事。我们的问题是：要决定我们是否确实有或能够有这样的理由，如果这为真，那么我们应得出何种进一步的结论？

　　在考虑这样的问题时，区分两种观念下的规范性是有益的。按照涉及理由的观念，规范性涉及理由或显见理由。按照涉及规则的观念，规范性涉及规则或要求，它们区分什么是正确的或不正确的、允许的或不允许的。例如，有些行动是法律、荣誉规则、礼节或语言规则所要求的。不纳税是违法的，不还赌债是不光彩的，用勺子吃豌豆、只写一个 t 拼写"committee"以及用"驳斥"意指"否认"等是不正确的。此类要求或规则有时被称为"规范"（norms）。

145

　　这两种观念下的规范性是极为不同的。按照涉及规则的观念，我们引入或使人们接受某条规则，从而能够创造出新的规范性事实。立法者能够立法，任何人都能够创造出规则或定义新的游戏。莎士比亚写作的那个时代，英语单词只存在拼写规律而不是拼写规则，后来的英文作者才造出了这样的规则。相对比而言，基于涉及理由的观念，只有存在规范性理由或显见理由时，规范性才存在。我们无法通过让人们接受某条规则来造出这样的理由。

　　这两种观念可能会冲突。这样的规则或要求存在时，我们可能有理由要遵循它们，但提供这些理由的大多不是这些规则的单纯存在或我们对这些规则的单纯接受，而是其他事实，其中大部分事实依赖于人们对这些规则的接受。我们如果按章开车，那么撞车的概率就比较低。如果我们正确地拼写与使用语词，那么我们就显得更有教养，也更易理解。若没有给出理由的这些事实，那么我们就可能没有任何理由遵循这些规则或要求。例如，我们可能没有任何理由遵循某种时尚，或者不违背某种禁忌。年幼的我在被告知禁止做某事而问为什么时，若答案只是不要做这种事情，我就会感到很愤怒，因为这种回答并没有给出任何理由。

不过，许多这样的主张并不适用于道德要求。基于某些观点，正是我们创造了这些要求。我认为，这种观点仅在有限且通常是肤浅的意义上才是正确的。我们所能创造的只不过是特定的形式，是更根本、更普遍而且不是创造出的要求在不同共同体中所采取的形式。例如，人们应当照顾小孩和由于疾病或年老而丧失能力的这些人——各处的情况都是如此。尽管在大多数共同体中，正是由最亲的人承担这样的责任，但并不是所有地方都这样做。

146　　　还存在着各种各样不是被创造出的理性要求。例如，如果我们相信有决定性理由要做某个行为，那么理性就要求我们要么这样做，要么放弃这个信念。如果我们相信某个行动是实现某个目标的唯一手段，那么理性就要求我们要么这样做，要么放弃该目标。

道德要求常常与其他类型的要求冲突。例如，法律可能要求我们行道德上的不当之举。许多男人相信，虽然决斗是道德上不当的，但不决斗却是不光彩的。我们大多数人认为，在这两类要求中，道德要求是更重要的。这些要求通常被称为是压倒性的。但这样的主张——道德要求在道德上是更重要的或者压倒性的——是无足轻重的。法律要求在法律上是压倒性的，荣誉规则就这种规则而论是压倒性的。对于这些相互冲突的要求之相对重要性，我们要有能力提出有意义的主张，就需要某种不偏不倚的中立判准。

理由提供了这样一种判准。我们尊重这些要求的理由，其强度是我们能够比较的。进行决斗的人，最多也只有很弱的理由遵循荣誉规则，但他们有强的道德理由不去决斗。当我们受法律要求去行不当之举时，我们可能有决定性的道德理由违背法律。由此，道德要求在蕴含理由的意义上比荣誉规则或法律要求更为重要。

理性要求在理性上是压倒性的，这种主张同样是无足轻重的。这样，我们就应该询问，我们是否有理由遵循这些要求。这些要求在蕴含理由的意义上有多重要，这是个难题。遵循这些要求可能是好的，但不是其本身就是好的，而仅仅是作为手段是好的。在诉诸关于"在蕴含理由的意义上何者重要"的主张时，我们并没有假定理性是重要的。

我们接下来要提到道德要求与理性要求之间的一个差别。当决定要做什么时，我们常常应当问是否有任何行动是道德上要求的或者不当的，但没必要问哪个行动是合理的。后一问题在下述情况下才会出现：我们考察自己过去的行动或他人的行动，且询问这些行动是否会使自己或他人受到某类批评。相对于我们应当做什么或者有理由做什么的问题而言，关于合理性的问题远没有那么重要。

147

正如我说过的，当我们决定要做什么时，我们有两个主要问题：

　　Q1：我最有理由做什么？

Q2：我道德上应当做什么？

在这些问题中，关于理由的问题更宽泛也更根本。如果我们通常有决定性理由行不当之举，那么这些问题的答案通常就会相互冲突，而这就会破坏道德。道德要是重要的，我们就必须有理由关注道德且避免行动不当。任何这样的主张反过来都不适用。如果我们有决定性理由行动不当，那么这些行动的不当性就不会破坏这些理由。

人们可能会否认这样的主张。当我主张这些行动的不当性并不会破坏这些理由时，我的意思是我们仍然有这些理由。人们可能会做出类似的主张，即使我们有决定性理由行动不当，道德也不会受到破坏，因为这些行动仍然是不当的。

对道德的这种辩护是很软弱的。我们能够类似地主张，即使我们没有任何理由遵循荣誉规则或礼节规则，这种规则也不会受到破坏。不决斗仍然是不光彩的，用勺子吃豌豆仍然是不对的。这些主张尽管是真的，但却是无足轻重的。如果我们没有任何理由去做荣誉规则或礼节所要求的行动，那么这些要求就没有任何重要性。如果我们没有任何理由关注道德或者避免行动不当，那么道德就同样没有任何重要性。那么道德就可能受到这种方式的破坏。

人们接下来可能会这样反驳：在提出这些主张时，我诉诸的是涉及理由的重要性准则。我假定了仅当且因为我们或其他人有理由关注某个事物时，这个事物才是重要的。但我还没有为这个准则辩护。就像道德或荣誉规则一样，涉及理由的准则也不能自我支持。"道德在道德上是重要的，理性在理性上是重要的"，这样的主张是无足轻重的；同样，"理由在蕴含理由的意义上是重要的"，这样的主张也是无足轻重的。

正如这个反驳所正确地主张的，我们不可能通过诉诸关于理由的主张来表明理由是重要的。但是证成总要有止步的地方。如果理由是根本的，那么我们就不该指望，我们能够诉诸某种更深刻的其他判准来证成涉及理由的重要性准则。

我相信，理由是根本的。仅当我们或其他人有理由关注某个事物时，这个事物才是重要的。"道德不在这种意义上重要"会有极大的影响，因为我们由此就没有任何理由关注行动是否得当。我们为了解释道德的重要性或为之辩护，就要努力表明或主张我们确实有这样的理由。既然我们总是有决定性理由履行我们的义务或避免行为不当，那么道德也许就在蕴含理由的意义上有最大的重要性。但是，如果以这种方式为道德的重要性辩护，那么我们就必须承认，最深刻的问题不是我们道德上应当做什么，而是我们有充分的或决定性的理由做什么。

本卷的余下部分将主要探讨道德。如果正如我刚说过的，理由是更根本的，那么看起来我就应该继续探讨理由。但我们有充分的理由转向道德。

第一，我们能言之成理地假定，我们确实有强理由关注道德和避免行为不当。在讨论道德时，我将在部分程度上探讨这些理由。这些也是最有必要探讨的理由，因为它们引起了最为困难的一些问题。

第二，要能够对避免行动不当的理由所具有的强度做出判断，我们就必须先回答某些关于何种行动是不当的问题。例子之一是这个问题：是否如行动后果主义者所认为的，我们如果能够舍己而救几个陌生人的生命，那么就应当牺牲自己的生命。如果这是真的，那么我们就能更言之成理地主张，我们可能有充分的乃至决定性的理由行为不当。

149　　按照大多数人所接受的重叠信念集，亦即西季威克所谓的常识道德，我们在道德上被允许给予自己的福祉某些种类的强优先性（strong priority）。我们可能没有任何义务牺牲自己的生命，即使我们能因此而救许多陌生人的生命。如果道德要求在这种方式上远没有那么苛刻，那么我们主张能够有充分的乃至决定性的理由行为不当就不那么说得通。

　　当考虑道德时，我们还有其他方式考虑理由。基于几种可行的道德原则或理论，某个行动是否不当取决于在某种实际的或虚构的情境下，我们或其他人最有理由或有充分的理由同意、赞同、想要、选择或做什么。我们为了知道这些原则或理论蕴含着什么，就必须回答关于理由的问题，就像我们为了知道原子的本质与属性，我们就必须回答亚原子粒子的问题一样。

第七章 道德概念

第21节 不知情或错误信念下的行动

我们在探讨"何种行动是不当的"之前，有益的做法是先探讨
"不当的"所指为何，以及在相信某个行动不当时我们在相信什么。
这些问题是关于"不当的"（wrong）之道德意义，以及这些意义所
表达的各种概念的。我们可以忽略 wrong 一词的各种非道德意义，
例如我们可能对某个问题给出错误的（wrong）答案，或者在错误
的（wrong）一端打开麦片粥包。

人们常常假定"wrong"只有一种道德意义。我们所考虑的行
动者若是知道所有道德上相关的事实，则这个假设就是最可行的。

我们一开始就可以假定，当我们思考这样的行动时，我们是在相同的意义上，也就是我们所称的日常意义上使用"不当的"。然而，我们在许多情形中并不知道所有的相关事实，必须在不知情或错误信念下行动。当我们思考此类情形时，"不当的"之使用有几种（部分程度上）不同的意义。其中一些意义可以通过日常意义来界定。我们有些行动会

在事实相对的（fact-relative）意义上是不当的，正好当这个行动在日常意义上是不当的，如果我们知道所有道德上相关的事实；

在信念相对的（belief-relative）意义上是不当的，正好当这个行动在日常意义上是不当的，如果我们关于这些事实的信念都为真；

151 以及

在证据相对的（evidence-relative）意义上是不当的，正好当这个行动在日常意义上是不当的，如果我们相信的是已有证据给予我们决定性理由要相信的事情，且这些信念为真。

行动若在这些意义上都不是不当的，那么就是正当的，或者至少是道德上许可的。若这些行动之外的所有选项在这些意义上都是不当的，那么它们就是我们道德上应当做的事情。

有些作者主张或假定，即使我们所考虑的行动者并不知道所有道德上相关的事实，也只要询问这些人的哪些行动在日常意义上会是或曾经是不当的就足够了。其他作者则假定，我刚刚定义的诸种

意义之一就是日常意义。我认为，这些假定是错误的。我们应当在所有这些意义上使用"不当的"。我们如果不做出这些区分或只使用某一种意义，那么就不会认识到某些重要的道理，与其他人就会产生不必要的分歧。

为了阐明这样的观点，我们假定：作为你的医生，我必须在不同的治疗方案之间进行选择。我是一个庸医，因为现有证据表明，对于不同的治疗方案有什么样的可能效果，我持有的诸多信念都是靠不住的。我还有某些理由希望你死掉。这个故事可以用几种方式来继续。假定，在

> 情形一中，我给出了某个治疗方案并且相信并希望它会救你的命，但如其几乎肯定会产生的效果，它事实上要了你的命；

以及，在

> 情形二中，我给出了某个治疗方案且相信并希望它会杀死你，但如其几乎肯定会产生的效果，它事实上救了你的命。

按照某些人的观点，我们在信念相对的意义上使用"正当的"与"不当的"就够了。基于这种观点，我们做出下述主张就够了：我在情形一中的行动是正当的，因为我做的是我相信会救你的命的事情；我在情形二中的行动是不当的，因为我做的是我相信会杀死你的事情。

只做出这样的主张是不够的。我们还应主张，在情形一中，我在事实相对与证据相对的意义上行动不当，因为我的方案杀死了

152

你，正如基于现有证据它几乎肯定会这样。如果我就应当怎么做而咨询某个有足够见识的人，那么这个人肯定不会说要用"他或她明知肯定会杀死你"的这个医疗方案。在情形二中，我应该类似地主张，我在事实相对与证据相对的意义上行动得当，因为我的行动救了你的命，正如其几乎肯定会产生这样的效果。我所做的正是任何有见识者都应当告诉我应当去做的事情。

接下来假定，尽管某种治疗几乎总是治好有你这种特殊疾病的人，某种其他治疗几乎总是杀死这样的人，但你的情形是一种不可预测的例外情形。我们还假定，在

> 情形三中，我给你的治疗几乎肯定会杀死你，但它救了你的命——这个结果是我所希望的，也是我无根据地相信会如此的；

并且在

> 情形四中，我给你的治疗几乎肯定会救你的命，但它杀了你——这个结果是我所希望的，也是我无根据地相信会如此的。

按照某些人的观点，我们在证据相对的意义上使用"正当的"与"不当的"就够了。基于这种观点，如果某个巫术信仰者试图通过把图钉钉入蜡人来杀死一个敌人，那么这个人把图钉钉入蜡人就不会是不当的。既然没有任何证据表明把图钉钉入蜡人有任何危害，那么这样做就并无不当之处。我在情形四中给予你的治疗，基于现有证据几乎肯定会救你的命，故我的行动是正当的；但我在情形三

中给予你的治疗，基于现有证据几乎肯定会杀死你，故我的行动是
不当的。

和前面一样，我们只做这样的主张是不够的。在情形四中，我
们不应只说我行动得当，因为我的行动几乎肯定会救你的命；我们
还应主张，我是在谋杀你，因此在信念相对和事实相对的意义上是
行动不当的，我们至少应该提到谋杀犯。

153

在情形三中，我们只这样说也是不够的：我所做之事几乎肯定
会杀死你，因而我行动不当。我们还应主张，既然我想救你的命，
那么我在事实相对和信念相对的意义上就是行动得当的。就我不认
为我的行动几乎肯定会杀死你而言，我可能犯有过失罪，因为我没
有阅读最近的医学杂志，而这是我应当做的。但反过来也可能是真
的，我可能认真阅读了这些杂志，我的错误只在于没有相信这些杂
志所报告的证据给予我决定性理由去相信的事情。尽管我医疗上的
无能应该受到指责，但我没有对这些认知理由做出回应并非道德上
不当。

按照某些其他人的看法，我们在事实相对的意义上使用"正当
的"与"不当的"就够了。但假定，在

　　　情形五中，我有证成地相信，我给你的治疗几乎肯定会救
　　你的命，但它事实上杀了你。

我杀了你，所以我行动不当，但只这样说是不够的。我们还应主
张，我在信念相对和证据相对的意义上行动得当。我有证成地相
信，我的行动几乎肯定会救你的命，这在道德上是重要的。反过来
假定，在

情形六中，我有证成地相信，我给你的治疗几乎肯定会杀死你，但它事实上救了你。

我救了你，所以我行动得当，但只这样说也是不够的。我们还应主张，我在信念相对的意义上是行动不当的，因为我认为我的行动会杀了你，而这正是我想它做的。我们至少应该提到未遂的谋杀犯。

在不使用这些不同意义的"正当的"与"不当的"之情况下，我们也可以做出这些区分。我们可以只使用证据相对的意义，那么就可以主张，尽管在情形四中我在谋杀你时没有行动不当，但我在道德上有决定性理由不这样做；而我的行动是可责备的，这会给予我悔恨的理由和给予他人愤慨的理由。或者我们可以只使用信念相对的意义，那么就可以主张，尽管在情形一中我试图救你没有行动不当，但我在道德上有决定性理由不这样做，因为我的行动杀了你，而我本该知道这样做肯定会杀了你。或者我们只使用事实相对的意义，那么就可以主张，尽管在情形六中我救了你并非行动不当，但我的行动是可责备的，因为我试图杀了你。但是，如果我们只在三种意义之一上使用"不当的"，那么在其他两种意义上使用"不当的"那些人就可能误解我们。我们和其他人可能会错误地认为彼此之间有分歧。在我们考虑的情形之中，若人们并不知道所有道德上相关的事实，则并不存在任何一种意义上的"不当的"，它是每个人都使用的。由此，我们最好区分并且使用这三种意义。

我们接下来问何种意义是最重要的。正如我的主张所蕴含的，这取决于我们询问的是哪个问题。我们可以从可责备性问题开始，我们可以将其看作包含关于悔恨理由和愤慨理由的问题。这里最重要的是：人们在行动时相信什么。我们应该主张：

（A）某个行动在信念相对的意义上是不当的，因为若该
行动者的非道德信念为真，则该行动不当；在此情况下，这个
事实就使该行动成为可责备的。

例如，在情形二、四和六中，我是按照我相信会杀死你的方式行
动。如果我的信念为真，那么这些行动就都是不当的，因为蓄意
谋杀是不当的，这样（A）就正确地蕴含着这些行动都是可责
备的。

人们可能主张：

（B）某个行动在事实相对的意义上是不当的，因为若该行
动者知道相关的事实，则该行动就是不当的；在此情况下，这
个事实就使该行动是可责备的。

但是我们应当拒绝这个主张。回顾在

情形五中，我有证成地相信，我做的事情会救你的命，但
它杀了你。

如果我知道这个行动会杀死你，那么这个行动就是不当的——既然
如此，（B）就蕴含着这个行动是可责备的。但这显然是错误的。我
若知道我杀了你，那么就会感到惊骇。但由于我有证成地相信我的
行动会救你的命，故这个行动不是可责备的。我没有任何悔恨的理
由，其他人也没有愤慨的理由。

这里对（B）有一个更广泛的反驳。假定在

155

情形七中，我有证成地相信，我做的事情会救你的命，事
实上它也救了你。

在这个情形中，我的行动非常清楚地不是可责备的，因为这个行动
在任何意义上都不是不当的。尽管我的行动在情形五中杀了你，但
在情形七中救了你；从我的视角看，这种差别完全是运气问题。我
从自己的视角称这种差别是运气问题，我意指的是，我此前不可能
知道这个行动会杀死你，且我绝对无法控制这个事实。尽管这两个
情形之间的这种差别完全是运气问题，但（B）蕴含着：我的行动
在情形五中是可责备的，而在情形七中不是可责备的。（B）因此蕴
含着：

（C）行动的可责备性可能完全取决于运气。

当孩子们学习什么使行动是可责备的之时，有些孩子的信念假定或
蕴含了（C）。例如，有些孩子相信，若良好意愿的行动有坏效果，
则即使这些效果是完全不可预测的，它们也是可责备的。有些成年
人也有类似的信念，诸如我们能够继承这种可责备性，为我们先辈
的罪孽而内疚，尽管这些罪孽是我们无法控制的。但是，我们更好
地理解了可责备性后，我们意识到（C）是错误的。既然（B）蕴
含了（C），那么我们就应当拒绝（B）。某个行动在事实相对的意
义上是不当的，这一点并不使这个行动是可责备的。

（C）存在着两个替代项，按照我们所称的

康德式观点（the Kantian view），行动的可责备性不能取
决于运气。

按照

156

准康德式观点 （the Semi-Kantian view），行动的可责备性不能完全取决于运气。但是，当两个行动的可责备性并不取决于运气时，那么其中某个行动可能确实因运气而更可责备。

我们很难明白可责备性如何可以在部分程度上取决于运气，所以这个观点比康德式观点更不可行。但人们有时候又主张，这个准康德式观点的蕴含更可行。我们返回到

情形二，其中我认为自己的行动会杀死你，但事实上却救了你；

以及

情形四，其中我认为自己的行动会杀死你，也确实杀了你。

这两个行动在信念相对的意义上都是不当的，因为如果我的信念是对的，那么这些行动就会如我所希望的那样杀死你。然而，在事实相对的意义上，我的行动只在情形四中是不当的。尽管我的行动只在情形四中杀死你，而在情形二中却救了你，但从我的视角看，这种差别完全是个运气问题。这样一来，这些行动按照康德式观点就是同等可责备的。按照某些准康德主义者的观点，情况并不是这样的，他们认为

（D）若行为在信念相对的意义上不当而可责备，且这些行动也在事实相对的意义上不当，则它们就更可责备。

按照这种观点，我想杀死你的两个企图都是可责备的，但我的行动在情形四中更可责备，因为这个企图成功了。尽管未遂的谋杀是可责备的，但成功的谋杀是更值得责备的，我和其他人有理由更加悔恨与愤慨。

有些准康德主义者还主张：

157
　　　　（E）行为若因为在信念相对的意义上是不当的而可责备，且它们也在证据相对的意义上不当，则更可责备。

但我们回顾，在

　　　情形四中，我的治疗杀死了你，而基于现有证据，它几乎肯定会救活你，但我没有证成地相信它会杀死你。

我们接下来假定，在

　　　情形八中，我的治疗杀死了你，且我有证成地相信它会杀死你。

这两个行动在信念相对的意义和事实相对的意义上都是不当的，因为它们都杀死了你，并且我也相信它们会杀死你。（E）蕴含着在情形八中，我的行动更可责备，因为这个行动也在证据相对的意义上是不当的。我认为，我们应当拒绝这种主张。我们认为谋杀比未遂的谋杀更可责备，这是讲得通的。但是，如果且因为一种谋杀的行为者对于行为的可能后果有更好的信念，因为这些信念能得到已有证据更好的支持，那么我们就认为它比另一种谋杀更可责备，这是讲不通的。我们最多只能主张，如果企图谋杀者有这种更有证成的信念，那么他们就更危险，因为他们的杀人企图更有可能成功。但这并不是在可责备性上的差别。

按照康德式观点，所有这种谋杀企图都是同等可责备的，不管其行动是否成功，或者成功的可能性如何。下述做法的可责备性是一样的：枪击某人且击中、枪击某人但没击中、用针扎纸人且没有证成地相信这会成功地杀死人。我们不会认为：仅仅因为我们在击中意向对象上不是那么成功或者认知上不那么合理，从而应得的责备就较少。

我认为，康德式观点是对的。尽管我们可以言之成理地认为，谋杀比未遂的谋杀更值得责备，但我认为，这种主张的可行性可以通过其他方式得到充分的解释，我在一个注释中提到了一些这样的方式。

158

我们接下来可以定义第四种不当的方式。某个行动

　　在道德信念相对的意义上是不当的，正好当行动者认为这个行动在日常意义上是不当的时候。

按照一种相当可行的观点，我们可以称之为

　　托马斯主义观点（the Thomist View）：若人们认为自己的行动是不当的，那么这就足以使其行动是不当的，即使这个行动若非如此就不是不当的。

例如，假定人工避孕、早期流产或助人安乐死不是不当的。基于托马斯主义者的观点，如果这样做的人们错误地认为这样的行动是不当的，那么这些行动就是不当的。然而，正如托马斯主义者所补充的，人们认为某个行动本该是正当的，这不足以使这个行动是正当

的。有良知的党卫军军官尽管认为其行动是正当的，或者是其义务，但通常做出的行动都是不当的。

即使我们拒绝这种观点，以下这一点看来还是清楚的：

（F）在大多数情形中，若某人以自认为不当的方式行动，那么这就使这个行动是可责备的。

在所有使行动可责备的事实中，这可能是最重要的。然而，在某些情形下，人们做出的事情之所以自认为是不当的，是因为他们尚未充分意识到：其行动并非不当的，而是为道德所要求的。例子之一就是哈克贝利·费恩（Huckleberry Finn）* 帮助在逃的奴隶逃脱。这样的行动可能不是可责备的。但在大多数情形下，行动的可责备性依赖于行动在信念相对和道德信念相对的意义上是否不当。

我们接下来要追问，当我们努力决定要做什么时，"应当"、"正当的"和"不当的"哪些意义是最重要的。在我们讨论的这些*159* 情形以及许多其他情形中，我们行动的正当性取决于其效果或可能效果的善性（goodness）。人们通常假定：

（G）在这样的情形中，我们应当努力做这样的行动，它们应当在事实相对的意义上是正当的，因为这样的行动会使事情进展得最好。

在我的医疗例子中，（G）有可接受的蕴含。我在努力做救你命的事情时，我是努力地使事情进展得最好。但是在许多其他情形中，

---

* 马克·吐温名著《哈克贝利·费恩历险记》中的主人公。

G 是错误的。考虑

> 矿井情形（Mine Shafts）：100 个矿工被困在矿井下，洪水正在上升。我们在地表正试图救他们。我们知道所有人都在一个矿井中，但我们不知道是在两个矿井的哪一个中。我们可以遥控关闭三个防洪闸。结果会是这样的：

		矿工在	
		A 矿井	B 矿井
我们关闭	闸门 1	我们救到 100 人	我们救不到人
	闸门 2	我们救不到人	我们救到 100 人
	闸门 3	我们救到 90 人	我们救到 90 人

接下来我们假定：基于现在的证据且正如我们所认为的，矿工在 A 矿井和 B 矿井的概率是一样的。我们如果关闭闸门 1 或闸门 2，那么就有一半的机会由于能救所有的 100 人而做在事实相对的意义上正当的事情。我们如果关闭闸门 3，那么就没有机会在这种意义上做正当的事情。但这显然是我们应当做的，因为我们关闭闸门 3 就肯定能救 90 人。

当我主张我们应当关闭闸门 3 时，我是在日常意义上使用"应当"。因为正如我们有证成地相信的，这 100 个矿工有同样的概率在任何一个矿井中，所以这个行动也是我们在更精确的信念相对和证据相对的意义上应当去做的。既然我们努力做在事实相对的意义上正当的行动（关闭任意一个其他的闸门）是不当的，那么我们就应当拒绝（G）。基于一种正确观念的精炼陈述，我们可以称之为

160

期望主义（Expectabilism）*：当某个行动的正当性取决于这个行动的效果或可能效果的善性时，我们应当做或努力做的是其结果在可预期地最好的（expectably-best）事情。

我们称某个行动是"可预期地最好的"，所指的并不是我们期望这个行动产生最好的结果。在这个例子中，如果我们关闭闸门 3，其结果就是可预期地最好的，尽管这个行动肯定不会产生最好的结果，反而是关闭其他两个闸门之一可能产生最好的结果。我们为了决定哪个行动会使事情是可预期地最好的，我们既要考虑不同行动之结果的善性如何，也要考虑在我们的既定信念和现有证据下，这些行动有这些效果的概率如何。若重要的只是所救人命的数目，且某个行动能救最大期望值的生命，那么它就是可预期地最好的。某个行动能救人命的期望值就是，这个行动能救的人数乘以这个行动救这些人命的概率。例如，在矿井情形中，如果我们关闭闸门 1 或闸门 2，所救人命的期望值就是 100 乘以二分之一或 0.5，这个数值是 50；如果我们关闭闸门 3，这个期望值就是 90，因为这个行动肯定能救 90 人。

我们同样能主张，只要我们不知道我们的行动会有何种效果，行动效果的期望善性就大略是：这些可能后果的善性乘以这个行动获得这些效果的概率。期望主义适用于一切情形，其中包括我们知道哪个行动事实上会使事情进展得最好的那些情形，这个行动的效果就是可预期地最好的。

---

* 这里的期望主要指经济学上的那种期望（指某种算法下的预期），而非我们日常意义上的期望或期待。

我刚刚拒绝了这样一种观点：当我们不知道行动有何种效果时，我们应当努力做事实上使事情进展得最好的行动。人们有时候主张，我们如果拒绝这种观点，那么就无法解释：为什么我们在大多数情形中应当努力发现更多的事实，从而使我们能够做出更有见识的决策。但这个主张是错误的。我们应当努力得到更多的信息，只要这种做法本身会使事情是可预期地最好的。在重要的情形中，这通常是对的。在矿井情形中，如果我们能够轻易地找出矿工在哪里，努力这样做就会使事情是可预期地最好的，因为我们极有可能救下所有人。

我们还有一个理由可以解释：当我们努力决定做什么时，我们为什么可以忽略事实相对意义上的"应当"、"正当的"和"不当的"。我们不可能努力做事实相对意义上而不是信念相对意义上正当的事情。假定我认为，我要救你的命就必须以某种方式行动。尽管我知道我的行动可能是错误的，但我没办法努力做事实上会救你的命的行动，而只能做我现在相信会救你的命的行动，因为我现在相信的正是：这样做事实上会救你的命。我们无法基于事实做决策，只能基于我们现在相信是事实的那些信念做决策。正如西季威克同样指出的，尽管我们知道我们的道德信念可能是错误的，但我们无法去做真正正当的事情，而只能去做在行动当时我们相信是正当的行动。

我之前就主张，当询问某个行动是否可责备或行为者是否有理由悔恨或愤慨时，最重要的就是这个行动在信念相对或道德信念相对的意义上是否不当。我刚刚主张的则是，当我们在不同的行动之间做选择时，不需要询问我们在事实相对的意义上应当做什么。当行动的正当性取决于其效果的善性时，我们应当努力做的不是事实上会使事情进展得最好的行动，而是"基于已有证据或我们的既有信念使事情可预期地进展得最好"的行动。这些主张看起来似乎蕴含着：何种行动在事实相对意义上正当或不当根本不重要。

然而，我们可以主张：这些事实相对的意义在某种方式上是根本的。在某些实际的情形中，我们除了问某个行动是否正当之外，还能问更宽泛的问题：何种道德信念是真的？我们应当接受或试图遵循哪种原则或理论？我们应当努力回答其中的某些问题，或者至少思考其他人的某些答案。我们尽管无法去做事实上正当的事情，而只能去做我们现在认为是正当的事情，但还是应当努力有真道德信念，这样做不当事情的概率就会更低。

162　　在努力回答这类问题时，我们最好分两个阶段进行。我们首先询问：如果我们知道所有道德上相关的事实，那么何种行动会是不当的？在这样的情形下，这些问题是关于何种行动在我所称的日常意义上是不当的。但这些问题也是关于何种行动在事实相对的意义上是不当的。如果这些行动在日常意义上是不当的，且我们又知道所有道德上相关的事实，那么它们就在事实相对的意义上是不当的。

回答这些问题后，我们就能转向这样的问题：当尚未完全知道相关事实时，我们道德上应当做什么？这些问题是关于我们应当如何应对风险和不确定性的，因而是极为不同的。尽管正如在非道德决策的情形中一样，这些问题具有很大的实践重要性，但它们不是那么根本。这些并不是不同的人与不同的理论有最深刻的分歧的问题。由于这两组问题有这样的差别，所以我们最好分开讨论它们。因此，我通常会假定，在我虚构的情形中，每个人都知道所有的相关事实。然后我们就能追问，在这种最简单且事实相对的意义上我们应当做什么。在许多其他情形中，这些区分并不重要，这样我通常就会用"最好的"意指"最好的或可预期地最好的"。

关于这些意义上的与其他类似意义上的"应当"和"不当的"之间有什么样的关系，还有很多可说的。例如，还有这种很难的问题：对于某人应当做什么，人们如果有不同的信念或认识到不同的证据，他们何时或如何会产生分歧？我的目标一直只是主张需要区分这些意义，并且决定何种意义对于我们所追问的那类道德问题是最相关的。

接下来我们可以简短地回顾如下问题：我们在非道德意义上应该或应当做什么？我们现在可以说，这些是关于我们实践上应当做什么的问题。我们可以把某个可能的行动称为

在事实相对的意义上是我们实践上应当去做的，正好当且因为这个行动是我们有决定性理由或最有理由去做的。

"应当"的事实相对意义就是我所称的蕴含决定性理由的意义。当我们考虑"人们知道给予理由的所有相关事实"的情形时，我们使用这种意义的"应当"就够了。然而，在许多情形下，人们并不知道这些相关事实，或者对事实有错误的看法。在这样的情形下，我们称此行动

在证据相对的意义上是我们实践上应当去做的，正好当我

163

们相信的是已有证据给予我们决定性理由要相信的，且这些信念若为真，这样的行动就是我们有决定性理由要去做的。

我们同样可以称某个行为

在信念相对的意义上是我们实践上应当去做的，正好当我们若对这些事实的信念为真，这个行动就是我们有决定性理由去做的。

我们还可以称某个行为

在规范信念相对的意义上是我们实践上应当去做的，正好当这个行动是我们相信我们实践上应当去做的，或者是我们相信我们有决定性理由去做的。

我们除了可以在这四种意义上询问我们应当做什么，还可以询问何种行动是合理的。我已经主张，我们应当使用"合理的"和"不合理的"这种语词来表达赞扬与批评。合理性问题在这些意义上类似于可责备性问题。出于同样的理由，答案取决于行为者的信念。基于我早前为之辩护的以下观点：

（H）当行动在信念相对或规范信念相对的意义上是我们实践上应当去做的事情时，我们理性上就应当这样做。

例如，在发怒的蛇这个情形中，由于你错误地相信逃跑会救你的命，理性上你就应当逃跑。在有些情形中，某个行动相对于我们关于给予理由的事实信念是合理的，但相对于我们的规范信念则是不合理的，反之亦然。

按照某些作者的说法，我们理性上是否应当去做某个行动，只 *164*
取决于我们的规范信念。我们只要没有回应我们认为是决定性的理
由，或者没有做我们认为我们应当做的行动，那么就是不理性的。
这类似于这样的观点：行动者仅当自认为是不当的时候，才是可责
备的。我认为，这样的观点太过狭隘。正如有良知的党卫军军官情
形那样，即使行动者自认为是正当的，他们的行动也可能是可责备
的。我们应该类似地主张，如果我们认识到这样的事实——该事实
给予我们清晰且强的决定性理由以某种方式行动，那么即使并未相
信这些事实给予我们这样的理由，我们理性上还是应当这样做。这
同样适用于我们的欲求和目标。当斯加力宁愿要周二的极度痛苦也
不愿要平时的一般痛苦时，这种偏好就是不合理的，即使他回应了
自己认为是一个理由的因素。

第 22 节　其他类型的不当性

我刚刚说过，我们应该区分几种道德意义上的"应当"、"正当
的"和"不当的"。我使用一种单一的、我所称的日常意义来定义
其他几种意义。我们现在询问能否解释这种意义，并且是否只有一
种这样的意义。

我们应该主张什么是某个词的一部分意义，这可能是不清楚或
不确定的。例如，"猎豹是有爪子的猎食者"是否属于"猎豹"这
个词的意义，或者"必须宣战"是否属于"战争"这个词的意义，

这些都是不清楚的。如果决定将更多内容纳入我们对词语的意义说明，我们更多的时候就会主张一词多义。例如，我们可能会主张，"战争"这个词有两种意义，一种仅仅适用于宣告的战争。我已经区分了几种意义上的"不当的"，现在我还将区分出几种，然后我会回到一种不同的论说，它认为"不当的"只有一种道德意义。两种论说都是值得考虑的，但我们没必要非得两者择一。

165尽管我将探讨英文单词"wrong"，但我们的问题是关于"不当的"这个概念的，即这个英语单词的意指，以及其他语言中意义足够类似的单词的意指，即这个概念指称的不当性这一属性。（当我们主张某个单词、短语或概念指称某种属性时，我们并不因此而主张有任何事物具有这种属性。有许多属性是没有任何事物具有的，例如作为一种希腊神的属性，或者女巫的属性。）如果存在不同意义上的"不当的"，这些意义就指称不同版本的"不当的"这个概念，指称不同类型的不当性。

就像"一个理由"这个概念以及蕴含决定性理由的"应该"和"应当"概念一样，至少有一个版本的"不当的"这个概念是不可定义的，意思是说它无法用其他术语得到有益的解释。我们可以使用这个概念来定义其他的某些道德概念。我们可以说某个行动是

> 正当的或道德上允许的，当这个行动不是不当的时候。

以及某个行动是

> 我们的义务或道德上要求的，或者我们道德上应当做的，当我们不这样做是不当的时候。

反过来，我们也可以通过诉诸上述其他概念之一的某种不可定义版来定义这一版本的"不当的"概念。我们也许会说，当我们不是应当做某个行动的时候，这样做就是不当的。不过，虽然我们能解释这些概念是如何彼此相关的，但这个概念群都有某种共同的成分，它是我们无法单纯用语词来解释的。就像"一个理由"这个概念以及"应该"或"应当"这个蕴含决定性理由的概念，这些道德概念必须让人们去思考某些想法，从而以其他方式解释。为了表达不可定义版的"不当的"这个概念，我会用"绝不可做"（mustn't-be-done）这个短语。

我将假定，这些道德概念也有其他可定义的版本。例如

在可责备性的意义上，"不当的"意指"可责备的"。

在反应性态度的意义上，"不当的"意指"一类行动会让行动者有理由感到悔恨或内疚，并让其他人有理由愤慨或怨恨"。

在可证成性的意义上，"不当的"意指"无法向他人证成 *166* 的"。

在神令的意义上，"不当的"意指"为上帝所禁止的"。

这些意义可以经组合而形成更复杂的意义。例如，当我们主张某个行动是不当的时候，我们可能意指该行动无法向他人证成，因而是可责备的；也可能意指该行动是上帝所禁止的，因而是绝不可做的。

有些人会在蕴含理由的意义上使用"道德上应当"和"不当的"。在我们可称之为决定性理由的意义上，

　　　　"我们道德上应当做的"意指"我们有决定性理由要做的"。

以及

　　　　"不当的"意指"我们有决定性理由不去做的"。

这些意义是误导性的，不应采用。我们常常认为有决定性理由去做某事，尽管并不认为我们道德上应当这样做。如果合理利己主义者使用这些决定性理由的意义，那么他们就会主张：

　　　　（I）我们道德上应当去做任何对自己最好的行动。

但是我们最好不要把合理利己主义看作一种道德观点，而是看作道德的外部对手。按照这种观点，我们总是有决定性理由做任何最有益于自己的事情，不管它们是否道德上不当。

　　　在我们可称之为决定性的道德理由（decisive-moral-reason）的意义上，

　　　　"我们道德上应当做的"意指"我们有决定性的道德理由要做的"。

以及

167　　　　"不当的"意指"我们有决定性的道德理由不去做的"。

我认为，这些意义并不是很重要。我们已经有了"我们有决定性理由要做的事情"这个概念，再主张其中某些理由是道德理由并无什么助益。我们应该称何种理由是"道德"理由也是不清楚的。例如，我们促进他人福祉的理由是否要被全部称为道德理由就是不清楚的。这样的主张是不可能有助益的：我们道德上是否应当以某种方式行动，取决于我们应当如何答复这种在部分程度上是语词的问题。

在我们能称之为道德上的决定性理由（morally-decisive-reason）的意义上，

> "我们道德上应当做的"意指"我们有道德上的决定性理由做的"。

以及

> "不当的"意指"我们有道德上的决定性理由不做的"。

尽管"道德上的决定性理由"似乎非常类似于"决定性的道德理由"，但它们之间有两个重大差别。第一，当询问我们是否有道德上的决定性理由以某种方式行动时，我们询问的不是我们是否有那种应该被称为"道德的"理由，而是我们要这样做的理由是否在道德上压倒了所有不这样做的理由。第二，为了能够在决定性的道德理由这种意义上使用"不当的"来陈述我们的道德信念，我们必须相信我们总是有决定性理由不做不当的行动。但是，如果我们反过来主张，我们有道德上的决定性理由不如何行动，那么这依然无法决定这些理由是否在非道德的意义上也是决定性的，或者综合看来是决定性的。即便我们相信在有些情形下，我们有充分的或决定性的理由去做不当的行动，我们依然能够在这种意义上使用"不当的"。

有些人似乎使用

> "我们道德上应当做的"意指"我们有最强的不偏不倚的
> 理由要做的"。

168 某个行动在上述意义上是不当的，如果我们有更强的不偏不倚的理
由去做其他事情的话。我们可以称这些"应当"和"不当的"是在
蕴含不偏不倚理由的意义上讲的。正如我所说，"好的""坏的"
"最好的"也可以从类似意义上讲。按照某些行动后果主义者的
主张：

> 我们应当总是做使事情进展得最好的任何事。

如果这个主张中的"应当"和"最好"是在蕴含不偏不倚理由的意
义上使用的，那么这个主张就会是：

> （J）我们有最强的不偏不倚的理由要做的行动，就是使事
> 情以如下方式发展——我们所有人都有最强的不偏不倚理由想
> 要事情发展的那种方式。

我们可称此为不偏不倚的理由的行动后果主义（Impartial-Reason
Act Consequentialism）。为了表达这种意义上的应当，我们可以使
用"不偏不倚地应当"（ought-impartially）这个短语。

　　"应当"的这种意义与更为常见的道德意义颇为不同。例如，
西季威克写道：

> 从宇宙的视角（……）看，任何单个个体的利益都不比任
> 何其他个体的利益更重要……作为一个理性存在者，我的目标
> 必定在于普遍的利益……而不仅仅在于其中的某个特定部
> 分……我不应当偏好我自己较少的利益而不是他人较多的

利益。

当西季威克主张他不应当偏好自己较少的利益时，他的意思似乎不是这种偏好是可责备的，或者无法向他人证成的，或者这个行动会让他有理由悔恨和让他人有理由愤慨。西季威克的意思似乎只是，从不偏不倚的视角来评估，他给予自己较少利益的理由要弱于他给予其他人较多利益的理由，或者说前一种理由被后一种压倒。

这类后果主义最好被看作如合理利己主义一般的道德的外部对手，而不是一种道德观点。鉴于这种观点主张我们应当牺牲自己之小利来成全他人之大利，它就离道德近得多。这使该观点在某些方面成为更值得认真对待的对手。许多拒绝合理利己主义的人可能会接受不偏不倚的理由的行动后果主义，因为他们认为自己的福祉是西季威克所称的"狭隘的"或"卑鄙的"目标。

（J）可能看起来是一个无足轻重的主张，近乎同义反复。然而，如下主张并非无足轻重的：行动在这些蕴含不偏不倚理由的意义上能够有正当与不当之分，结果能够有好坏之分。如我曾经主张的，基于某些被广泛接受的理由观，并不存在任何这样的行动或后果。而且，即使（J）是同义反复的，不偏不倚的理由的行动后果主义也能提出其他实质性主张。例如，这些人如果是享乐式效用主义者，那么就可以主张：

> （K）我们应当不偏不倚地去做的事情要能产生最大总量的幸福。

这些人可能认为，我们都有强理由这样做。他们的行动可能不会基于那些涉及更为常见意义的"道德上应当"和"不当的"之道德信

169

念，甚至根本就没有这样的信念。这些人可能深信，"事情进展得如何"关系重大，他们可能有强烈的动机和常被打动去预防痛苦或减轻痛苦。但他们怀疑，是否会有任何行动是我们的义务，或者是绝不可做的。他们还怀疑是否存在可责备性，是否有理由去悔恨和愤慨。这在一个方面表明，这种形式的后果主义是道德的外部对手。

如我所言，按照某些作者的观点，"应当"、"正当的"和"不当的"只有一种道德意义。对于诸多可定义的意义来说，做出这种主张显然是讲不通的。我们如果可以在一种可定义的意义上使用"不当的"，那么就无疑可以在其他可定义的意义上使用它。我们同样无法言之成理地主张：存在每个人都使用且可定义的唯一一种意义。我们甚至都无法主张：每个人都是用"不当的"意指"我们有道德上的决定性理由不要做的"，因为有些人从不使用或很少使用"一个理由"这个概念。

更言之成理的是这样的主张：每个人都是在我以"绝不可做"这一短语所表达的这种不可定义的意义上使用"不当的"。我们也许还可以主张，可责备性和反应性态度的意义暗暗地诉诸这种不可定义的意义，因为责备、内疚、悔恨和愤慨的态度都涉及这样一个信念：某个行动是不当的。在用"道德上的决定性理由"定义"不当的"之意义时，我们可能不得不对"道德上"这个词做不可定义的使用。人们可能会主张某种其他可定义的意义要表达的不是"某个行动是不当的"这个信念，而是关于不当行动的其他信念。例如，神令的意义和可证成的意义可能是在如下意义上表达"行动是不当的"这个信念：当且因为这些行动是为上帝所禁止的或者无法向他人证成的，那么我们绝不可做它们。

当某些作者主张像"不当的"和"应当"这样的词只有一种道德意义时，他们诉诸的事实是：即使当我们和其他人有极为不同的道德观点时，我们也只是把自己看作与这些人的观点有分歧。这些作者主张，如果我们和其他人是在不同的意义上使用这些语词，那么我们就不可能与这些人有分歧，因为我们不是在讨论同一个问题。

这个论证是软弱无力的。不同的人对"不当的"和"应当"可能是在可定义的意义上使用的，这些意义是不同的但有部分是重叠的。这就足以使分歧成为可能。例如，假定：当我主张某个行动不当时，我的意思是，此类行动是上帝所禁止的因而是可责备的；当你主张某个行动不当时，你的意思是，此类行动无法向他人证成因而是可责备的。如果我主张某个行动是不当的，而你主张它不是不当的，那么我们就可能在这个行动是否可责备上有分歧。当人们在不同的意义上使用"不当的"时候，这可能会增加他们之间的分歧。在刚才虚构的情形中，如果我们理解彼此对"不当的"之用法，你就可能会认为，没有任何行动在我的意义上是不当的，因为你认为没有任何行动会因为是上帝禁止的而是可责备的；而我则相信没有任何行动在你的意义上是不当的，因为我并不认为任何行动会因为无法向他人证成就是可责备的。我们之间的分歧由此是彻底的，因为我们每个人都完全拒绝另一个人的所有道德信念。

当同一共同体中的人在不同但部分重叠的意义上使用"不当

的”和“应当”这种语词时，这些人有理由转向其他更薄的意义，这是他们都可以使用的。这些人何时何处会产生分歧，由此就会是更显而易见的。在刚才虚构的情形中，如果你和我都用“不当的”意指可责备性，那么我们就能同意许多行动在这种意义上是不当的，即使我们在什么因素使行动不当上有分歧。

171

我们可以补充一点：在某些情形中，那些在不同的意义上使用“不当的”和“应当”的人有时候可能没有分歧。例如，基于西季威克的观点，如果牺牲自己的生命能够救两个在相关方面与我差不多的陌生人的命，那么我就应当这样做。如果西季威克是在可责备性或反应性态度的意义上使用“应当”，那么我们大多数人就会拒绝这个主张。我们会认为，如果我救自己的命而不是两个陌生人的命的行动无可指责，那么我就没有任何理由为之悔恨，不管是这两个陌生人还是其他人，也都没有理由为此而愤慨。但西季威克的意思可能只是，我有更强的不偏不倚的理由来救这两个陌生人，而这个主张不会与其他人的道德信念冲突。

我们接下来考虑这样的情形，其中行动的正当性取决于其效果的善性。在这样的情形中，有些人主张：

（L）我们应当做使事情进展得最好的事，

其他人则主张：

（M）我们应当做使事情可预期地进展得最好的事。

如果（L）在事实相对的意义上使用“应当”，而（M）在证据相对的意义上使用“应当”，那么这两个主张就并不冲突，且我们都能接受。这两个主张都不会与某一版本的（M）冲突，该版本在信念相对的意义上使用"应当"和"可预期地最好的"。

我们还有一种分歧是可避免的。按照某些作者的观点，我们应当做某些事情，诸如信守承诺、救人性命和使事情可预期地进展得最好。按照某些其他作者的观点，我们应当努力去做这些事情。我认为，我们应当同时做出这两种主张。我们不应该只是主张我们应当做这些事情，因为我们是否尽力去做这些事情在道德上是重要的。例如，我们如果尽力了但没有做到信守承诺，那么就并不应得任何责备。我们也不应只是主张我们应当努力去做某些事情，因为我们成功与否在道德上往往是重要的。例如，如果我们信守承诺的企图失败了，那么情况就可能是我们应当转而以其他方式行动。我们主张应当做某件事情，就常常被看作意指我们应当做这件事情，或者至少要努力做。

172

我刚才描述的各种意义，它们是否应当被称作"不当的"之不同意义（指向不同类型的不当性），这是不重要的。我们区分这些意义以及它们所表达的概念，这就足矣。我们由此能决定何种概念是最值得使用的。

我们在做出这种决策时可以回到这个问题：道德在蕴含理由的意义上有多重要。如果某个可能的行动是不当的，那么这个事实就给予我们一个理由不去做它吗？如果是这样，那么这样的理由有多强呢？

这个答案在部分程度上依赖于我们用"不当的"意指什么，使用"不当的"指称何种不当性。首先假定，我们若主张某个行动不当，意思就是我们有决定性的道德理由不这样做。这些理由是由"使这个行动不当"的那些事实提供的。两个这样的例子是：某个行动是撒谎和会引起无意义的痛苦这样的事实。基于这种观点，

（N）某个行动是不当的。

这一事实会是下述事实的高阶事实：

（O）存在着其他事实会给予我们决定性的道德理由不这样做。

这种高阶事实不会给予我们进一步的且独立的理由不这样做。尽管我们可能主张一个行动的不当性总是给予我们一个理由不去做它，但这个理由可能是派生的，因为它的规范性力量可能完全派生自给予理由的其他事实。这样，如果仅在这种"决定性的道德理由"的意义上使用"不当的"，那么我们就会主张：

（P）"某个行动是不当的"，这个事实不会给予我们任何进一步的理由不这样做。

173 按照这种观点，某个行动是否不当就没有任何实践重要性。当我们努力决定要做什么时，我们只要询问"我们是否有决定性理由赞成还是反对做某个可能的行动"就足矣。我们若判定自己有这种理由，那么就可以询问这些是不是道德理由，由此询问我们的行动在决定性的道德理由的意义上是否不当。但这不是一个关于我们应当做什么或有理由做什么的问题。这个问题仅仅是概念性的，就像何种理由最好被称为法律理由或美学理由的问题。因此，我认为，我们没有多少理由要在这种意义上使用"不当的"。

许多人假定，行动的不当性确实给予我们强的甚至决定性的进一步理由不去做它。如果这些人是在"决定性的道德理由"的意义上使用"不当的"，那么这些假定将是错误的，其错误方式正如我刚才所描述的。这并不表明：这些人可能由于没有明白我刚才提出的观点，因而不能在这种意义上使用"不当的"。但我认为，大部分人是在一种或更多种其他意义上使用"不当的"。当某个行动在其他意义上是不当的时候，我们就能主张，这个行动的不当性给予我们进一步的且独立的理由不那样做。

首先假定我们在不可定义的意义上使用"不当的"。我们若主张某个行动在这种意义上不当，则并非主张这个行动有斯坎伦所称的"具有给予理由的其他属性"的那种"纯粹形式且更高阶的属性"，而是主张，这个行动有"作为绝不可做的某事"这种极为独特的实质性属性。尽管我强烈地相信某个行动在几种其他意义上是不当的，但是否有任何行动具有这种不可定义的属性，在我看来是个悬而未决的问题。如果确实如此，那么我们就能言之成理地主张，某个行动绝不可做给予我们一个强理由不这样做。这是"不当的"之一种意义，我们能最言之成理地用它来主张：

> （Q）某个行动是不当的，这个事实总是给予我们一个决定性理由不去做它。

即使"不当的"意指"为上帝所禁止的"，这也无损于（Q）的可行性，尽管是出于极为不同的理由。

我们如果在其他可定义的意义上使用"不当的"，那么就同样能够主张，行动的不当性给予我们独立的理由不去做它。某个行动 *174*

是可责备的，是无法向他人证成的，是给予理由让我们悔恨和让他人愤慨的，这些事实全都能给予我们进一步的理由不去做它。然而，我们不应该主张，这些事实将总是会给予我们最强的理由不去做不当的行动。例如，某个行动会引起巨大的痛苦这个事实给予我们的理由，会比这个行动是可责备的或无法向他人证成的这个事实所给予的理由强得多。

正如我讲过的，我们没必要在"不当的"之这些意义以及它们所表述的概念之间做出选择。例如，在如下提问之中使用其中若干概念将是有价值的：何种行动是在不可定义的、不可证成的、反应性态度的或可责备性的意义上是不当的。在本书的余下部分，我会在由这些意义组成的某种组合的意义上模糊地使用"道德上应当"和"不当的"。

我们应该如何理解这些规范性概念，行动能否有这些概念所指称的那些属性，对此有着更深刻且困难的问题。除第六部分之外，我将极少谈论到这些元伦理问题。一旦我们在实践理由、认知理由和道德这些方面的思考上取得更多进展，这些问题就更易于回答。正如罗尔斯和内格尔所主张的，我们的道德理论"是原始的，还很不足"，"伦理理论……还处于婴儿期"。

我不是提出一种新的道德理论，而只是努力从某些现存的理论中学习，以希望离真理更近一点儿。我们将从康德开始，因为他是自古希腊以来最伟大的道德哲学家。康德在提出其著名公式时写道，他的目标是找出"最高的道德原则"。我将追问他是否成功了。

第二部分
原则

第八章　可能的同意

第 23 节　强制与欺骗

康德最受人喜爱的原则，通常被称为

人性公式（the Formula of Humanity）：我们必须把所有理性存在者或人（persons）永远不要纯粹当作手段，而要当作目的来对待。

康德主张，要把人当作目的，我们就永远不能以其不能同意的方式对待他们。例如，康德在解释许假诺的不当性时写道：

如果我想用许假诺来利用某个人实现自己的目的，那么这个人就无法表示同意（cannot possibly consent）我用这种方式对待他。

科丝嘉评论道：

> 人们如果得不到任何机会对某种做法表示同意，那么就无法同意该做法。最明显的这类场合就是当人们使用强制的时候。但这同样适用于欺骗……知道会发生什么且对进程有所掌控，是有可能同意的前提条件。

奥尼尔同样写道：

> 如果我们强制或欺骗他人，那么他们的不同意，由此他们的真正同意就从原则上被排除在外了。

178 科丝嘉得出：

> 按照人性公式，强制与欺骗是不当地对待他人的最根本的形式。

这些评论显示了这种论证：

> 以人们不可能同意的方式对待人们是不当的，
> 人们不可能同意受到强制或欺骗，
>
> 因此，
>
> 强制与欺骗永远是不当的。

然而，有时候以人们不可能同意的方式对待人们是正当的。例如，人们昏迷时不可能同意救其生命的手术，但这并不会使这种手术是不当的。

科丝嘉可能会说，康德的主张只适用于"其性质使同意不可能"的那种行动。不同于手术，欺骗就是这样的行动。人们要能同意我们对待他们的方式，就必须知道我们在做什么。如果人们知道我们正在欺骗他们，那么我们就不可能欺骗他们。这样，我们就不可能在人们同意的情况下欺骗他们。这就是为什么不像手术那样，欺骗总是不当的。但是考虑

致命信念情形（Fatal Belief）：我知道，除非我对你撒谎，否则你就会确切地知道布朗是个谋杀犯。由于你无法在布朗面前掩饰这个信念，他也会谋杀你。

如果我什么也不说，那么你在临死时就可以合情理地抱怨，我应当欺骗你来救你的命。我将无法有证成地这样答复：由于我不能经你同意而欺骗你，所以救你命的这种方式是不当的。这里，我的救命谎言就会如同对昏迷者的救命手术。正如这个人若有能力同意这种手术就会同意一样，你也会同意我欺骗你。我征询你的同意会使我不可能欺骗你，但这只是一个技术问题。如果你有能力使你失去特定记忆，那么我们就能解决这个技术问题。在你给出你的同意之后，你能有意地遗忘这段对话，由此我的撒谎就能救你的命。既然你如果有能力同意我欺骗你就会同意我欺骗你，那么我的撒谎在道德上就是无罪的，就像为了给某人一个意外派对而有必要撒谎一样。

　　类似的评论适用于强制。我们也许会主张，人们无法同意受到强制，因为一旦人们给予了同意，那么他们就不可能是受强制的，如果他们是受强制的，那么他们就无法给出同意。但是，我们能自

179

由地同意以后受到某种方式的强制。在发明麻醉剂之前，许多人都同意在随后痛苦的手术过程中受到强制。我们即使正受强制也能自由地同意某类强制。我们大部分人都会投票，同意以惩罚之威胁来支持公平的税收和对良法的服从，从而让每个人一直受到法律的强制。为了改善混乱无序的状况，我可能同意受强制。尽管强制与欺骗通常是不当的，但我认为，使它们不当的不是这个事实：这些行动的本质使同意是不可能的。

第 24 节　同意原则

我们现在回到康德的这个主张：

（A）以人们无法表示同意的任何方式对待他们都是不当的。

科丝嘉写道："当人们根本没有机会同意时"，他们就不可能同意。奥尼尔同样写道："要把他人当作人来对待，就必须给予他们这样的可能性：能对所提议的事情表示同意或不同意。"这些评论假定，康德的意思是：

（B）以人们无法表示同意的任何方式对待他们都是不当的，因为我们没有给予他们给予或拒绝同意的机会。

180　当我们以某种方式对待人们时，他们通常会通过告之我们或他人他们同意或不同意，从而在宣告的意义上给予或拒绝同意。科丝嘉和奥尼尔是在一种不同且更重要的意义上使用"同意"。人们如果有科丝嘉所称的"对事情进程的掌控力"，那么就能在这种影响行动的意义上给予或拒绝同意，因为他们只有同意才会受到某种方式的对待。这样，我们就能把（B）重述为

给予选择的原则（the Choice-Giving Principle）：不给予他人选择我们如何对待他们的权力（power）是不当的。

如果这就是康德的意思，那么我们就不得不拒绝康德的主张，因为给予选择的原则显然是错误的。例如，这个原则错误地蕴含了我们应当让他人选择我们是否给他们的学生打低分、买他们推销给我们的东西、要回他们从我们这里偷走的东西、报告他们的罪行或者在选举中投票反对他们。不仅如此，在大部分道德上重要的情形中，我们对不同可能行动的选择会对两个或更多的人产生重要的影响。只要这些人中的两个人做出了相冲突的选择，这就表明我们不能给予他们中的一个以上的人"选择我们如何行动"的权力。这样一来，给予选择的原则也错误地蕴含着：在上述所有情形中，不管我们做什么都是不当的。

我认为，对康德的观点我们有着更好的诠释方式。科丝嘉和奥尼尔都假定，当康德主张

（A）以人们无法表示同意的任何方式对待他们都是不当的，

他意指：

（C）以人们无法在影响行动的意义上同意的任何方式对待

他们都是不当的，因为我们没有给予人们选择我们如何对待他们的权力。

我认为，康德的意思是：

（D）以人们在影响行动的意义上本不会同意的任何方式对待他们都是不当的，如果我们给予人们选择我们如何对待他们的权力。

181

人们也许会有这样的反驳：如果我们给予人们这种权力，那么他们就能够选择我们的行动方式，由此就不存在任何行动是这些人不可能同意的。如果这就是康德心中所想的那种不可能性，那么（D）就从未蕴含某个行动是不当的，由此（D）就是无足轻重的。但是，还存在另一种不可能性。人们若说"我对你的建议无法表示同意"，那么这极少意指同意不是他们能够做出的选择之一。这些人几乎总是意指他们无法合理地同意，因为他们有决定性理由拒绝同意。我认为，康德的意思是：

（E）以人们无法合理地同意的任何方式对待他们都是不当的。

我称此为同意原则（the Consent Principle）。

有几个理由让我们认为康德诉诸的正是这个原则。虽然给予选择的原则显然是错的，但同意原则可能是对的，这使它更有可能是康德的本意。当康德主张我们不能做某事时，他常常意指我们不能理性地做这件事。康德还写道：如果我不当地对待某人，那么这个人

就不可能同意我对待他的方式，他本人也不可能容
纳（contain）在这个行动的目的中。

康德如果是在主张我们应当让他人选择我们对待他们的方式，那么
就没有理由加上这一点，因为我们对待某人的方式若能得到证成，
那么这个人就必须能够通过分享这个行动的目标，从而"容纳在这
个行动的目标中"。一旦我们让他人选择我们对待他们的方式，我
们的行动就不带有这些人不可能分享的目标。康德的意思必定是，
当我们选择如何对待他人时，我们的行动应当总是具有这些人能够
分享的目标。这些人能够分享我们的目标，这一点即使是可设想
的，也是不够的，因为许多无法证成的目标也能被设想成可分享
的。我们行动的目标应当是他人能够合理地分享的，这样他们就能
合理地同意我们对待他们的方式。

  尽管康德关于目的或目标的言论有助于诠释他关于同意的主
张，但这些言论本身却不是那么讲得通。即使他人能够合理地分享
我们的目标，但若不能合理地同意我们实现这些目标的方式，那么
我们的行动就还是可能不当。尽管你可能合理地分享我驯服的老虎
应该得到喂养这个目标，但你不可能合理地同意让自己变成老虎的
食物。即使他人不能合理地同意我们的目标，但若能合理地同意我
们的行动，那么我们就可能没有行动不当。尽管你不可能合理地分
享引用某人的名字 1 000 次，但你却可能合理地同意我引用你的名
字。这样一来，相比于他人能否合理地分享我的目标而言，人们能
否合理地同意我们的行动是更重要的。

  对于我们作为理性存在者彼此应当如何对待，康德关于同意的

182

主张给予了我们一个鼓舞人心的理想。我们能否实现这个理想是值得追问的。我们不可能总是让每个人选择我们要如何对待他们。但是，我们也许能够只以人们能够合理地同意的方式对待他们。如果这是可能的，那么康德主张"此即每个人应当总是如何行动的方式"就可能是正确的。

第 25 节　给予同意的理由

我们能否实现康德的理想，取决于哪些行动是人们能够合理地同意的。罗尔斯表示，康德在提出同意原则时假定：

（F）人们能够合理地同意某个行动，当且仅当或正好当，他们能够意愿行动者的准则（maxim）的确成为普遍法则。

罗尔斯在此参考了康德对最高的道德原则提出的另一种陈述。按照康德的

普遍法则公式（Formula of Universal Law）：按照我们无法意愿其为普遍法则的任何准则来行动都是不当的。

183　对于我们的准则，康德大略意指我们的策略和根本目标。我们没必要考虑准则在什么意义上可以被意愿成为普遍法则。

　　然而，康德本人并未承诺（F），所以这个假定可能是错误的。假定我是你的医生，我问你是否同意我给予你某种治疗。你的同意要想是合理的，你就需要相信我是一个合格且有良知的医生，知道

各种治疗方案的可能效果。但是，你没必要知道，我是否基于你意愿其成为普遍法则的某个准则或策略来行事。

为了支持康德假定了（F）这一提议，罗尔斯诉诸康德的如下评论：他的各种原则都不过是"完全相同法则"的不同陈述而已。罗尔斯认为，这个评论蕴含着康德的其他原则"不能为康德的人性公式增添任何内容"。罗尔斯因此提出，我们对康德其他原则的诠释，应该使它们无法增添任何东西，因为它们并不包含任何其他想法。

这个提议贬低了康德作为哲学家的成就。康德本人甚至更进一步地贬低自己的成就，因为他甚至否认他是在提出一个新原则。真相在于，短短 40 页的《道德形而上学奠基》大放光芒，其中给出的富有成效的新观念，比几个世纪以来所有哲学家提出的还要多。不一致性正是康德能够取得如此成就的诸多品质之一。我们如果由于康德的某些主张与其他主张相冲突而予以忽视，那么就可能错失康德观念所具有的、如赫尔曼所称的某些"未经开发的理论能量与活力"。

康德的同意原则就是此类例子之一。令人奇怪的是，这个原则甚少得到人们的讨论。这个原则极有吸引力，值得作为一个独立的道德观念加以考虑，而不仅仅是作为对康德普遍法则公式的另一种陈述。因此，我在询问这个原则蕴含什么时并不假定（F）。

当我们询问某人能否合理地同意某个行动时，我们的问题应该是关于影响行动的意义上的那种同意的。如果人们拒绝同意只不过是种单纯的宣告或抗议，对于他人会如何对待他们毫无影响，甚至

184

可能使对待方式变得更糟，那么我们询问人们能否合理地同意受到某种方式的对待就是没有价值的。如果情况真是如此，那么这些人不去抗议就可能是理性的，即使他们受到的对待方式很坏或者极为不当。

我们的问题还应该是关于知情同意的。若人们不知道某个行动有何种可能效果，那么他们是否合理地同意此行动就是不相关的。人们如果不知道自己会受到何种对待，那么就可能合理地同意极严重的虐待。出于这些理由，我们可以把同意原则重述为

> CP：如果人们知道相关的事实，并且我们给予他们选择我们如何对待他们的权力，那么以人们无法在影响行动的意义上合理地同意的任何方式对待他们就都是不当的。

我们如果知道自己的行动或者其他替代行动会（或可能会）对人们产生某种影响，或者是那些人有个人的理由要关注的，那么就可以被算作以某种方式对待他们。即使我们的行动方式不会在因果上影响这些人，情况依然如此。没有成功地救某人的命以及不遵守对死者的承诺就是两个这样的例子。

人们如果知道相关的事实，并且正好这些事实会给予他们充分的理由同意某个行动，那么就能合理地同意这个行动。如果这些理由并不弱于人们能够拒绝同意的任何理由，那么他们就有充分的理由同意这个行动。这样，同意原则就可能被更简洁地陈述为

> CP2：以人们在影响行动的意义上没有充分的理由同意的任何方式对待他们都是不当的。

我在这样陈述这个原则时假定：我们只要对理由或显见理由做出回应就是理性的。基于关于合理性的其他观点，CP 和 CP2 陈述的是不同的原则，可能会有不同的蕴含。你若接受这样一种观点，就应该认为，同意原则是由 CP2 陈述的。当我询问某人能否合理地同意某个行动时，我询问的是这个人是否有充分的理由同意。

185

　　同意原则如果想要成功，那么就必须既要本身说得通，也要其蕴含可行。这个原则要求的行动必须不能有太多在我们看来是显然不当的，或者谴责的行动（在蕴含理由的意义上是不当的）有太多在我们看来显然是道德所要求的。这个原则如果既蕴含许多我们深思熟虑的直观道德信念，又能言之成理地支持这些信念，那么我们就能有证成地使用这个原则来指导某些信念，从而修正或扩展它们。

　　同意原则蕴含什么取决于我们关于哪些事实给予我们理由的假设。如果我们假定的是某种基于欲求的主观理论或者合理利己主义，那么同意原则就是说不通的，会错误地谴责许多被允许甚至道德要求的行动。例如，假定在

　　　　地震情形（Earthquake）中，怀特和格蕾两人被困于正逐渐坍塌的废墟中。我是救援者，能阻止废墟杀死怀特或毁坏格蕾的腿。

我们应该假定，我、怀特、格蕾彼此都不认识，我们在道德相关方面均是一样的。我们在后文的虚构例子中也有类似的假设。如果这些就是仅有的相关事实，那么就很清楚我应当救怀特的命。我们接下来假定，如果我救了格蕾的腿，那么这对格蕾会好很多，会更好

地满足格蕾当下完全知情的欲求。按照基于欲求的主观理论和合理利己主义两者来说，格蕾无法合理地同意我不救她的腿，同意原则由此就会错误地谴责我救怀特的命是不当的。这同样适用于无数其他情形。按照主观理论和合理利己主义两者来说，有着无数正当行动是人们无法合理地同意的。我们如果接受这样的原则，那么就正如许多人所做的，必须拒绝同意原则。这也许是为什么这个原则如此不受人关注的原因之一。

186　　我已经主张，我们应当接受某种广义的基于价值的客观理论。基于这种观点，如果某一选择会使事情在不偏不倚的意义上变得更好，而另一选择会使事情对自己或与我们有紧密纽带的人更好，那么我们通常就有充分的理由做其中的任何一个。我认为，地震情形就是这样的一个情形。如果格蕾能够选择我如何行动，那么我就认为，她有充分的理由选择其中的任何一个。格蕾能够合理地选择我救她的腿，因为这个选择对她好得多。但是，理性并不要求她这样做。格蕾可以反过来合理地选择我救怀特的命。格蕾能够合理地认为怀特的福祉与她自己的一样重要，怀特失去生命的损失要远大于她失去腿的损失。

　　相对比而言，怀特不能合理地选择我救格蕾的腿。我认为，我们通常能够合理地选择有益于陌生人，即使我们的选择会使自己的损失稍大一点儿。但怀特与格蕾的可能获益在此有着太大的差距。怀特不会有充分的理由放弃自己的生命让我救格蕾的腿。因此，同意原则正当地要求我救怀特的命，因为这是格蕾和怀特都能同意的唯一行动。

接下来我们假定，在

> 救生艇情形（Lifeboat）中，我被困在一块岩石上，另外
> 五个人被困在另一块岩石上。在上涨的潮水淹死我们所有人之
> 前，你可以用一艘救生艇救我或救那五个人。我们都很年轻；
> 如果死去，损失都差不多。

尽管有些人认为，你应当给予我某种得救的机会（这可能是六分之
一甚至二分之一的机会），但大部分人更加言之成理地认为，你应
当救那五个人。

我如果能够选择你如何行动，那么就能合理地选择你救那五个
人而不是我吗？有些人认为不能。这些人可能同意，如果我选择放
弃我的命以救那五个人的命，那么这种选择是道德上可敬的。但他
们认为，这种选择是不理性的。基于这种观点，由于我无法合理地
同意你救那五个人而不是我，所以同意原则蕴含着你救那五个人是
不当的。这个结论是令人无法接受的。因此，如果接受这种观点，
那么我们就不得不拒绝同意原则。

我认为，我们应当拒绝这种观点。尽管我能够合理地选择你救
我，但我认为我还能合理地选择你救那五个人。如果放弃自己的命
就能救五个陌生人的命，那么我就有充分的理由这样做。

那五个人能够合理地同意你救我而不是他们吗？"同意"这个
语词在此可能是误导性的，因为我们可能假定，五个人中的每一个
都只能代表自己来给予同意。但我们不应该做出这种假定。当我们
运用同意原则时，我们询问的应该是：如果五个人中的每一个都能
在影响行动的意义上给予或拒绝同意，由此选择你如何行动，那么

这个人能否合理地同意你救我而不是那五个人？答案显然是否定的。我们假定格林是五个人中的一个。格林没有充分的理由选择你救我而不是既救格林也救其他四个人。格林既有强的个人理由也有强的不偏不倚理由不这样选择。基于这些假设，同意原则正确地蕴含着你应当救那五个人，因为这是我和五个人中的每一个都有充分的理由能够同意的唯一行动。

正如这些例子所显示的，我们能否合理地同意某个行动，在部分程度上取决于这个行动与其他行动产生的不同结果给我们和他人所带来的利益或负担。这些利益或负担有多大，会涉及多少人，都是会产生影响的。我认为，我们和他人过得如何也会产生影响。我们和他人对于情境的各种特征是否负有责任也可能产生影响。例如，如果我们有些人通过工作产生了这些利益，或者由于疏忽或不小心而产生了这些负担，那么情况就可能如此。可能还有一些行动是我们没有充分的理由同意的，即使这些行动不会给我们带来很重的负担。例如，我们可能有强理由拒绝同意由他人来决定我们如何生活，即使这些人的决策对我们并不是坏的。

只要人们对于受到某种方式的对待无法合理地给出知情的同意，就必定存在着关于这些行动的某些事实，它们会给出决定性理由让他们拒绝同意。我已经讲过，由于有怀特的损失远大于格蕾的损失这个事实，所以怀特无法合理地同意我救格蕾的腿而不是她的命。我们也能言之成理地主张，这个事实使这个行动是不当的。这同样适用于其他情形。只要某些事实给予某些人决定性

188

理由拒绝受到某种方式的对待，这些事实就会对这样的行动提出道德反驳。

同意原则要为真，这些道德反驳就必须是决定性的，因为这个原则谴责任何个人无法合理地同意的所有行动。这个强硬得多的主张要想得到辩护，情况就必须总是或近乎总是：

> （G）至少有一个可能的行动是每个人都有充分的理由同
> 意的。

我们可以称（G）为全体一致性条件。在不存在这样的行动的情形中，同意原则会错误地蕴含着，无论我们做什么都是不当的。（G）最不可能为真，若

> （H）可能行动中的每一个都会给至少一个人施加极大的
> 负担，或者剥夺至少一个人的极大利益。

这些人会有非常强的理由拒绝同意承担这种负担或者被剥夺这种利益。救生艇情形就是这样的一个情形：要么我会早死，要么其他五个人会早死。我已经讲过，在这个情形中，（G）为真。尽管我有非常强的理由选择你救我的命，但这些理由不会是决定性的。我认为，我会有充分的理由同意你救那五个人的命而不是我的命。我拥有这样的理由会强烈地支持这样的观点：至少在筹码不是很大的情形下，存在至少一个可能的行动是每个人都能够合理地同意的。

我会回到这个问题：是否总是存在这样的行动？如果确实如此，那么我们就能够论证： *189*

只要某人无法合理地同意某个行动，就必定存在某些事实——它们给予这个人决定性理由拒绝同意。这些事实对这个行动提出了道德反驳。

这些反驳必定比每个人都能够合理地同意的其他可能的行动所受到的反驳强得多。

只要两个行动之一受到的道德反驳强得多，那么这个行动就是不当的。

因此，

只要人们无法合理地同意一种行动方式，这种行动方式就是不当的。

尽管这个论证是粗略的，但它足以表明同意原则本身是说得通的。

这个原则还有许多可行的蕴含，因为它会谴责许多明显不当的行动，诸如杀人、伤害、强制、欺骗、偷盗和毁诺。许多这样对待人们的方式都是人们没有充分的理由同意的。

第 26 节　一个多余的原则？

按照某些作者的看法，诉诸合理地同意的可能性将一事无成。这些人承认：以人们无法合理地同意的方式对待他们永远是不当的。但这些作者认为，道德上重要的不是"这些人无法合理地同意这些行动"这个事实，而是"给予这些人决定性理由拒绝同意这些行动"的各种事实。

　　在考虑这个反驳时，我们可以先区分任何道德原则都可能实现的两种目标。这个原则可能提供关于不当性的一个可靠标准，确切地告知我们某类行动全都是不当的。这个原则也可能是解释性的，描述这些行动为什么不当的理由之一，或者描述使其不当的事实之一。按照我刚才提到的这些作者的看法，即使同意原则为真，我们还是不需要这个原则作为一种标准，而且这个原则也不是解释性的。

　　如果我们考虑的行动主要只影响一个人，而且我们无法与这个人交流且不知道其偏好，那么这个反驳就最为说得通。在这样的情形中，我们还是不得不替这个人做出某个决策。例如，医生有时候不得不替昏迷的病人做出决策。在这样的情形中，如下主张就够了：我们应当努力做对这个人最好的事，或者最有益于这个人的事。若补上"我们以这个人无法合理地同意的任何方式行动都是不当的"，就纯属画蛇添足。

　　然而，在最重要的情形中，我们在不同行动之间的选择可能对两个或更多的人产生重大影响。我刚才描述的观点可以得到拓宽，从而涵盖这样的情形。按照行动效用主义（Act Utilitarianism），或者

　　　　AU：我们应当总是做任何在总体上最有益于人们的事，给予人们（减去负担之后）最大的利益。

行动效用主义者会主张：

　　　　（I）每个人都能够合理地同意做总体上最有益于人们的一切事，且仅会同意做这样的事。

如果（I）为真，那么 AU 和同意原则就总是吻合的，要求的是完全相同的行动。这些效用主义者就会主张 AU 是更根本的。既然 AU 告诉我们应当总是如何行动，那么同意原则对于我们的道德思维就不会添加任何东西。但这个主张是错误的。如果每个人都能够合理地同意的行动只有那些效用主义行动，那么同意原则就会支持 AU。（I）为真会给予我们进一步的理由认为这些行动是道德要求的，有进一步的理由这样做。

191 　　我认为（I）并不为真。有许多效用主义行动是某些人无法合理地同意的，而有许多非效用主义行动是每个人都能够合理地同意的。我将在后文给出一些这样的例子。

　　同意原则如果为真，就将不仅仅是不当性的一个可靠标准。只要某人无法合理地同意受到某种方式的对待，这个事实就会反驳这种行动方式，人们就可以因此主张它是使该行动不当的事实之一。当我们必须在多个可能的行动——这些行动会对彼此利益或目标相冲突的许多人产生重大影响——之间做选择时，同意原则最具有重要性。在这样的情形中，如果只存在一个可能的行动是每个人都能够合理地同意的，那么这个事实就会给予我们一个强理由去这样行动，并且它本身就足以解释为什么所有其他可能的行动都是不当的。

　　我们还有另一个理由询问同意原则是否为真。即使我们并不需要同意原则作为不当性的标准，仍然值得询问我们能否实现康德的理想：只以人们能够合理地同意的方式对待他们。

第 27 节　实际的同意

人们是否实际上同意受到某种方式的对待，或者如果给予机会的话，他们是否会实际上同意，这在道德上通常是重要的。在这样的情形中，只问人们是否能够合理地同意某个行动就是不够的。强奸犯可能主张，受害者本来能够合理地同意与他发生性关系。这个主张即使为真，也不能证成这个人的行动。人们由此可能会反驳，同意原则由于并不要求实际的同意，所以就错误地忽略了实际的同意的道德重要性。

然而，这并不为真。即使这个受害者本来能够合理地同意与强奸犯发生性关系，她也不可能合理地同意被强奸，即她实际上拒绝而被迫的性交。在这种和许多其他类型的情形中，如果没有我们实际的同意，那么我们就不可能合理地同意受到某种方式的对待。同意原则既然谴责所有这样的行动，那么就并未忽略实际的同意的道德重要性。

人们反过来可能主张，这个原则暗暗地给予实际的同意太大的重要性。考虑

　　否决权原则（the Veto Principle）：以人们事实上或本会事实上拒绝同意的任何方式对待他们都是不当的。

正如类似的给予选择的原则一样，这个原则显然是错误的。有无数可允许或道德要求的行动，它们是某些人要么拒绝同意的，要么会

192

拒绝同意的。例如，在地震情形中，即使格蕾拒绝同意，我也应当救怀特的命而不是格蕾的腿。通常并不存在每个人事实上都会同意的可能行动。有人现在可能会论证：

> 以人们无法合理地同意的任何方式对待他们都是不当的。
>
> （J）若人们事实上或本会事实上拒绝同意受到某种方式的对待，那么他们就无法合理地同意受到这种方式的对待。
>
> 因此，
>
> 以人们事实上或本会事实上拒绝同意的任何方式对待他们都是不当的。

如果（J）是对的，那么同意原则就会蕴含否决权原则。这会使同意原则显然是错误的。

我们应该接受（J）吗？询问人们能否合理地同意他们实际上拒绝同意的行动，这可能令人困惑，因为这些人不可能同时既给予同意又拒绝同意。为了使问题更清楚，我们可诉诸另一版本的同意原则：

193

> CP3：以人们如果知道相关事实就事先无法合理地给予其不可撤销的同意的任何方式对待他们都是不当的。

我们对于某个行动的同意是不可撤销的，当我们知道，即使我们后来收回我们的同意，这对于我们以后受到何种对待仍毫无影响。

我们对许多行动都不能事先合理地给予这种不可撤销的同意。例如，我们很少能够事先合理地同意我们在行动当时实际拒绝同意的性交。因为绝大部分性活动的性质在很大程度上受到在活动当时所有相关方是否实际同意的影响，故这很少能是合理的。

　　然而，我们还是能够对许多行动合理地给予这种不可撤销的同意。对我们而言，若有充分的理由给予这种同意，则下面两种情况就都得为真：

　　　　（K）我们有某个理由给予不可撤销的同意，由此限制我们未来的自由；

并且，

　　　　（L）我们后来不会得知有这样的事实，它给予我们决定性理由后悔我们之前给予的这种同意。

但这两个条件通常是能满足的。例如，在许多情形中，人们需要知道某人的同意是有约束力且不能收回的。设想在地震情形中，我一旦开始救怀特的命而不是格蕾的腿，中途停止这样做就会很危险。接下来假定格蕾知道所有相关的事实，在现在与将来有着同样好的决策能力。基于这些假设，格蕾现在能够合理地做出决策。理性并不要求我们尽可能地推迟决策。我讲过，格蕾会有充分的理由选择我救怀特的命而不是她的腿。如果情况果真如此，那么格蕾就也有充分的理由对我后来那样做给予不可撤销的同意。格蕾能够合理地说："去救怀特的命，即使我后来改变心意。"

　　当我们以 CP3 的形式运用同意原则时，我们的目标只是询问，　*194*
人们能否合理地同意以他们事实上拒绝同意的方式对待他们。我们若把它应用于事先给予的不可撤销的同意，则这个问题就更易于回答。在许多实际情形中，人们事实上不会有充分的理由事先给予这种同意，由此使自己做出某种承诺，从而限制未来的自由。但是，给定我们虚构的思想实验（thought-experiment）的目标，我们可以假定，这些人会有充分的理由事先做出他们的决策。我们的问题是：基于这个假定，这些人是否有充分的理由给予他们不可撤销的同意？

我讲过，格蕾能够有这样的理由。我认为，人们在许多其他情形中能够合理地给予这种不可撤销的同意——同意后来在无须其实际同意的情况下受到某种方式的对待。如果这为真，那么我们就能拒绝上述论证中的前提（J）。同意原则并不蕴含否决权原则，至少可以避免对那个原则最强有力的反驳。

我们尽管应当拒绝否决权原则，但可以言之成理地接受此原则的一个弱得多的版本。按照我们所称的

> 权利原则（the Rights Principle）：在未经其实际同意的情况下，每个人都有权利不受到某种方式的对待。

当主张人们有权利不受到某种方式的对待时，我们在部分程度上意指，未经这些人的同意，这种方式的行动会是不当的。我们可以称这些行动为涵盖否决权的行动。

在陈述这个原则时，我们通常很难判定哪些是人们有权利否决的行动。这个原则要想为人所接受，这些权利就必须得到严格描述。例如，我们不应该主张，每个人总是拥有不被杀的权利，因为有些杀害是无法避免的，有些杀害是有证成的，正如在自卫情形中那样。但是，我们也可能主张，我们都有某种更受限制的权利，诸如未经我们同意，即使为了我们的利益也不能杀掉我们。我们可能

会同样主张，每个人对于如何处置自己的身体具有否决权，不仅是性方面的，而且还有其他方面的。例如，基于一种观点，每个人都 *195* 有权利拒绝同意治疗，从而不再活着。

除了谴责当事人拒绝同意的那种涵盖否决权的行动外，权利原则还应该要求我们给予人们拒绝同意的机会。如果我们由于无法与人们交流而无法给予他们这种机会，那么我们就应当努力以涵盖否决权的方式（即他们如果有这样的机会，就本会同意的那种方式）对待他们。当人们对某个行动无法表示同意，但我们知道他们本会给予或拒绝同意时，这些事实具有类似的道德重要性。当询问某人是否会事实上同意某个行动时，这完全不同于询问他们是否能够合理地给予这种同意。我们也许知道某些人事实上不会同意某个涵盖否决权的行动，即使他们拒绝同意是不理性的。我们可能会说，在这样的情形中，人们有权利不理性并承受其后果。

然而，同意要想在道德上是重要的，给予同意的人就必须对相关事实有充分的了解，并且能够在头脑足够清醒的状态下考量这些事实。不过，满足这两个条件的人还是可能做出不理性的决策。但权利原则不应该诉诸对最重要的相关事实不了解的人，或者过于年轻的人，或者有严重精神疾病的人，或者受到其他扭曲（喝醉了、嗑药了和受威胁了）影响的人给予的同意。可以说，在这样的条件下，人们无法有效地给予或拒绝同意。

若人们无法有效地对行动给予同意，那么我们就可能问：这些人如果不受到这些扭曲的影响，那么是否本会给予这样的同意？但这个问题可能很难回答。我们还有其他可行的方式来修正或拓展权利原则。与其诉诸我们认为在行动时某人本会给予的假设同意，我们或许不如诉诸这个人之前所做之实际的同意。在某些情形中，人们若知道他们随后会受到扭曲的影响，那么就可能事先有效地给予或拒绝同意随后受到某种方式的对待。我们可能认为，我们随后应该遵循这些早前有效的决策。还有一些情形，人们当时无法给予有效的同意，并且他们事先也没有给予或拒绝同意。在这样的情形中，我们可能认为应当仅以如下方式对待他们：他们事后会追溯性认可，事后会很高兴我们的作为。"人们本会给予同意"这样的主张是无法确证的，"事后认可"这样的预测则不一样，有许多是可以确证或证伪的。这能够为我们使用这样的预测来证成我们的行动提供一个有效的检验。

我们接下来会限定权利原则，以便它能够反映"有效同意的条件是个程度问题"这个事实。若人们的判断受到一定扭曲的影响，但这不足以使其决策无效，那么我们就能够有证成地给予这种决策较小的道德权重。

为了阐明其中的某些要点，我们可以回到这个观点：在无法给予同意的情况下，每个人都有权利不接受手术。人们通常主张这种权利是绝对的，毫无例外。但我认为还是有些例外。假定，在

> 手术情形（Surgery）中，为了救格林的命，我们在没有麻醉剂的情况下给他做手术。这个手术非常痛，但会给格林带来多年有价值的生活。格林事先对这个手术给予了不可撤销的同意，如果后来的痛苦导致他改变心意，那么在必要时就可以使用武力。

在发明麻醉剂之前，许多人对救命手术都合理地给予了这种不可撤销的同意。如果格林给予了这种同意，而后来的痛苦的确导致他改变了心意，那么我就认为，我们能够有证成地使用武力来完成这个手术。权利原则应该允许这种行动。无论如何，我们都会认为：既然剧痛是某种严重的扭曲因素，那么格林收回同意就是无效的。

我们接下来假定，在另一个不同版本的手术情形中，格林拒绝事先给予这样的同意。我们可能认为，这个拒绝是决定性的，并推出我们应当让格林死去。但我们可能会反过来认为，格林的拒绝应该被看作无效的，或者得到的权重较小，因为即将到来的剧痛是另一种扭曲因素，使人们难以做出理性的决策。基于某一版本的权利原则，如果手术的痛苦是短暂的，那么我们就能有证成地强行给格林做手术；并且，我们还有强理由认为，格林事后会认可我们的决策，会很高兴我们救了她的命，尽管无论事前还是当时她都拒绝同意。我们知道，在这样的情况下，最痛的时候一旦过去，大多数人就会认可这样的手术。

然而，在这种情形中，还有另一种不那么明显的扭曲因素。当我们考虑痛苦的经验时，我们大多数人都会有一种强烈的偏向未来的态度。一旦我们的痛苦结束，我们对它的关注就大为减少，甚至毫不关注。由此，诉诸"一旦手术结束，人们几乎总是会回溯性地认可这个行动"这一事实，就很难证成强制地做救人性命的手术。鉴于我们对未来的偏向，我们可能会低估"我们早前想要避免现在已经过去的那种痛苦"这种理由所具有的力度。

我们接下来假定，在

197

抑郁情形（Depression）中，布鲁决定自杀。我们有强理由认为，如果我们强制地阻止这种行动，那么布鲁的抑郁很快就会消失，余生都会过得很好。

许多人都会认为，我们能够有证成地否决布鲁的决策，使用武力阻止她自杀。我们如果接受权利原则，那么就可能主张：严重抑郁是充分的扭曲因素，以至布鲁的拒绝同意是无效的。但如果我们做出这个主张，那么我们的有效性标准将很高，且通常满足不了。严重抑郁的人可能知道相关事实，也不是显然没有能力做出理性的决策。我们可以更言之成理地主张：尽管布鲁的抑郁并不会使她拒绝同意是无效的，但会使她做出的决策不那么理性，因此她的拒绝在道德上可以被她其他时候的决策否决。例如，如果布鲁有频繁的暂时性抑郁，那么她就可能事先同意，我们后面可以使用武力阻止她

198 抑郁时的自杀。这就足以证成我们的行动，尽管在此我们的行动会驳回布鲁当时有效的拒绝同意。由于自杀的不可撤销性，这种行动甚至没有这种早期的同意也是可证成的。这里还有一种重要的不对称性。如果我们挫败了布鲁自杀的企图，她随后还能再次尝试；如果我们任其自杀，她后面就没机会活着了。

对于一种不同类型的例子，假定，在

错误信念情形（False Belief）中，我们能够通过输血救布朗的命，但布朗拒绝同意，因为她是一名耶和华见证会教徒（Jehovah's Witness），认为输血是不当的。

我已经说过，人们要做出有效的同意，就必须知道相关事实。布朗若知道相关事实，那么就知道输血并不是不当的，于是就能合理地

同意我们以这种方式救她的命。但我们也许会认为，既然布朗实际上拒绝同意，那么我们以这种方式救她的命就是不当的。当人们因为具有某类错误信念（比如某种道德或宗教信念）而拒绝同意某个行动时，我们能够言之成理地认为这种拒绝应该被看作有效的。

我在这样说时假定了当下的同意比过去的同意更重要，后者又比回溯性认可更重要。值得询问的是，这些时间上的差别为何具有这样的重要性。

我若无法与你交流，那么就可能会尽力判别何种行动更有可能满足你的欲求和偏好。正如我说过的，尽管自己的偏好只给予我们派生的理由，但我们具有非派生的理由来满足他人的偏好*。在努力满足你的偏好时，我没有任何理由对你现在的偏好给予优先性。假定我有理由认为：你现在想要我以某种方式行动，但你后来会改变心意，我若以另一种方式行动你会更高兴。我还有理由认为：你后来改变心意是因为你知道更多的相关事实，由此后来的偏好会更有根据。我认为，基于这些假设，我能够合理地且有证成地优先满足你后来的偏好。

作为属于此类的一例，我们可以假定，作为你的医生，我必须 *199* 决定是否以某种方式治疗你。由于你是昏迷的，我无法征得你的同意，只能尽力预测你的偏好与选择。这种治疗很快使你遭受某种痛苦，但能使你以后免于大得多的痛苦。我有很好的理由认为，你现在不喜欢我这样治疗你，但当你后来知道更大的痛苦是什么样子时，你会改变心意。鉴于这些事实，我能够言之成理地认为，我应

---

*　见前面边码第 66 页（即本书第 81～82 页）的讨论。

该满足你后来可预测的、更明智的偏好。

接下来假定在不同版本的这种情形中，你是有意识的，由此我可以就提议的治疗方案征询你的意愿。如果你拒绝同意，那么这个事实就可以清楚地否决我可行的预测：你后来会后悔做出这个决策。尽管我没有任何理由让你当下的偏好优先于后来的偏好，但你若有能力决定我如何治疗你，那么我就确实有理由更重视你现有的决定。

为了解释这种差别，我们首先可注意，我们对自己和他人的信念在态度上存在类似的事实。我若试图得到某个问题的真理并考虑他人的信念，就没有任何理由更重视他人的当下信念。如果我有某种办法知道此人后来的信念，那么我就可能有良好的理由更重视后来的信念，因为后来的信念有更好的根据。我还可能有理由更重视他人早前的信念，因为它们较少受到扭曲的影响。相对比而言，我必须更重视自己的当下信念。例如，我可能认为某个主张是错的，尽管我早前认为，或预测以后会认为它是对的。但我不可能认为某个主张是错的，尽管我现在认为它是对的。我们永远都不可能基于真理而不是基于我们现在相信为真的信念做决策。

类似的主张也适用于我们的决策。我们必须更重视现在的判断，因为这些判断基于我们现在相信为真的信念。即使我们的信念没有发生变化，或者我们相信它们不会改变，我们也必须更重视我们现在的判断，因为我们没法从过去或未来的视角做决策。我们必须从我们当下的视角来生活。这些事实或许能够解释，在他人应当得到我们同意才能行动时，为什么他们应该更重视我们现在是否同

200

意他们对待我们的方式。

第 28 节　道义式信念

　　同意原则声称只描述我们行为不当的一种方式。行动即使能够得到每个人的理性同意，也依然可能是不当的。

　　许多这类行动之所以是不当的，是因为人们事实上或本会事实上不同意。正如我讲过的，对于大部分直接干涉我们身体的行动而言，情况都是如此。另外更大一组的情形涉及所有权。人们对于我们如何处理其财产并不总是有否决权，因为如果这是救人性命或使人免受伤害的唯一方式，那么即使所有者拒绝同意，我们仍然能够有证成地使用甚至破坏多种财产。但在许多情形中，未经个人的实际同意就使用或破坏其财产是不当的。我如果未经你的同意就住你的房子、穿你的衣服、吃你的食物，那么这些就可能是不当的。在大部分情形中，同意原则都会谴责这样的行动，因为我们不可能事先就合理地同意，他人在当时不经同意就可以这样行动。但如果我早前无家可归，饥寒交迫，那么这些事实就可能让你有充分的理由事先同意我这样做。同意原则由此就不会谴责我的行动。尽管有这个事实，我未经你的实际同意就住你的房子、穿你的衣服、吃你的食物依然是不当的。

　　还有一些行动可能是不当的，即使相关的每个人事实上都合理地给予了有效同意。例如，许多人对于自愿安乐死（如某人要求我们做的，为了这个人的利益而杀死他）都有这种看法。有些行动之所以不当，其理由不在于它们对待他人的方式，所以就不会出现关于同意的问题。例如，残酷地对待动物就是这样，有些人相信自杀也是这样。

201 既然行动可能在其他方面或出于其他理由而不当，那么同意原则的蕴含就可能部分地取决于哪些行动出于其他理由会是不当的。因此，当我们运用这个原则时，我们有时必须诉诸我们关于"何种行动不当"的信念。我称这样的信念为道义式的（deontic）*，而行动的不当性所提供的理由可以称为道义式理由（deontic reasons）。

人们可能会这样反驳，如果诉诸这些信念来运用同意原则，那么我们的道德推理就会是循环的或者乞题的。这种推理不能支持关于"何种行动不当"的信念。

这个反驳在部分程度上是正确的。下面两种主张不能同时为真：

    （M）有些行动因为人们无法合理地同意而是不当的；

    （N）这个人无法合理地同意它，是因为它是不当的。

某个行动若是因为某人无法合理地同意它而是不当的，则这个人就必须有决定性的非道义式理由拒绝同意。但人们往往有这种理由。

---

  * deontic 有"义务（论）的""道义（论）的"等译法。就本书内容来看，作者是在日常道德直觉的意义上讲的。从中文语境来看，"义务（论）的"或"道义（论）的"有较强的道德理论方面的蕴含，而"道义式的"较适合指涉日常道德直觉方面的含义，故本书一般译为"道义式"或"道义式的"。

例如，在地震情形中，怀特就有这样的一个理由拒绝同意我救格蕾的腿而不是她的命。怀特无法合理地同意这个行动，不是因为它是不当的，而是因为怀特死掉的损失比格蕾失去一条腿的损失大得多。当我们把同意原则运用于这类和许多其他类情形时，它支持且有助于证成我们的其他道义式信念（deontic beliefs）。

然而，正如我讲过的，我们有时候必须诉诸道义式信念来运用同意原则。假定在第二个版本的地震情形中，我们可以称之为

> 手段情形（Means）：怀特和格蕾被困于正逐渐坍塌的废墟中。尽管怀特的生命受到威胁，但格蕾毫无危险。我能救怀特的命，但只有在未经格蕾同意的情况下，以格蕾的身体做掩护才行，而这种方式会毁坏她的腿。

我们许多人会认为，由于格蕾会拒绝同意我以毁坏她的腿的方式来救怀特，所以这个行动是不当的。基于这种（我们在此假定为真的）观点，我们未经某人同意而严重伤害某人以有益于他人的行动是不当的。 *202*

我们把同意原则运用于这种情形时，首先可以把"这个行动是不当的"这个假设放在一边。如果这个行动不是不当的，那么这种情形就与地震情形没有相关差别了。在地震情形与手段情形中，要么怀特死掉，要么格蕾失去一条腿。这两种情形的差别只在于救怀特的命与格蕾失去腿之间的因果关联，而格蕾也没有强理由偏爱某种失去腿的方式。我们还可以假定，两种方式对她的损失都是一样的。我认为，在两种情形中，格蕾本来能够合理地给予不可撤销的同意，让我随后去救怀特的性命，即使格蕾会由此失去腿。并且，

在两种情形中，怀特的损失都比格蕾的大得多，所以怀特都不可能合理地同意我不救她的命。基于这些假设，同意原则会要求我在手段情形中以格蕾的腿为代价救怀特的命，因为这是怀特与格蕾都能合理地同意的唯一行动。

我们现在回到"这个行动是不当的"这一假设。如果同意原则要求这个不当的行动，那么这将是对此原则的强有力的反驳。但我认为，该原则不会要求这个行动。如果我毁坏格蕾的腿救怀特的命是不当的，这种不当性就会给予怀特充分的理由同意我不这样做。我认为，如果有益于我们的方式会不当地伤害他人，那么即使这种利益类似于拯救我们的生命，我们还是有充分的理由不同意这样做。

这里还有另一种方式为这种信念辩护。我们是在影响行动的意义上讨论可能的同意。怀特要能给予或拒绝这样的同意，我们就必须假定我已经给了怀特权力来选择我将如何行动。如果怀特选择我毁坏格蕾的腿来救她的命，那么她就对我的不当行动负有部分责任。这就使怀特做出这种选择是不当的。我认为，我们总是有充分的理由不做出道德上不当的选择。我这里并不是声称怀特做出这种选择是不理性的。也许怀特能够合理地选择我行动不当，因为这个选择能救她的命，这就会给予她充分的理由做出这种选择。但是，怀特反过来也有充分的理由不对这个不当行动负有部分责任。既然怀特能够合理地同意我不以毁坏格蕾的腿的方式来救她的命，那么同意原则就没有错误地要求这个不当的行动。

人们接下来可能反驳说，既然格蕾能够合理地同意我以这种方式救怀特的命，那么同意原则就错误地允许了这个行动，甚至在这个行动由于格蕾实际上拒绝同意而不当的时候也是如此。但这个反驳误解了同意原则。这个原则宣称描述的只是使行动不当的事实之一。因此，当这个原则并不谴责这种救怀特命的方式时，它并没有蕴含这种方式的行动在道德上是允许的，从而允许这种方式的行动。

类似的评论适用于其他情形。在我们正讨论的情形中，有些行动是不当的，但根本不是因为某人无法合理地同意这些行动，而是另有原因。我们能够论证：

仅当某人没有充分的理由同意不做某个行动时，同意原则才要求这样做。

（O）只要某个行动出于其他理由而是不当的，这个行动的不当性就会给予每个人充分的理由同意我们不这样做。

因此，

同意原则从不要求"出于其他理由而是不当的"行动。

我们可以类似地论证，这个原则从不谴责"出于其他理由而在道德上要求"的行动。如果某个行动是被要求的，那么所有其他替代选择就都是不当的，这将给予每个人充分的理由同意这个行动。

基于某些观点，前提（O）是可以被否定的。假定，在

204

火灾情形（Fire）中，布莱克陷入着火的废墟中，如果我什么也不做，那么她马上就会缓慢且痛苦地死掉。我现在除了在不断升高的灼热迫使我在逃离前杀死她之外，没有其他办法让他免于这种痛苦。

接下来假定，布莱克知道这些事实而要求我杀死她。我认为，这个行动是能够得到道德证成的。如果确实如此，那么布莱克就不可能合理地同意我不以这种无痛的较快死亡来有益于她。基于这些假设，同意原则要求我如布莱克所愿地杀死她。

基于某种观点，自愿的安乐死即使在这种火灾情形中也是不当的。如果我让布莱克更好地死掉而有益于她是不当的，那么这个行动的不当性就会给予布莱克充分的理由同意我不这样做吗？有些人回答不会。这些人可能同意，在手段情形中，怀特能够合理地同意我不以毁坏格蕾腿的方式救她的命。但是，怀特给予这种同意的理由，是由"我只能通过不当地伤害他人来救她的命"这个事实提供的。我们对于火灾情形并不能这样说。如果我应布莱克之请杀死她，那么我就不会不当地伤害任何他人。这些人可能会认为，既然有这种差别，那么我杀害布莱克的不当性就不会给予她充分的理由同意我不这样有益于她。基于这些假设，前提（O）在此会是错误的，同意原则将会要求一个不当的行动。

我认为，这个例子并没有对同意原则提出强有力的反驳。极少有人会同时相信：这个行动是不当的，且其不当性不会给予布莱克充分的理由同意我不这样做。我们能够言之成理地拒绝这种观点。

我们接下来考虑另一版本的火灾情形。假定，尽管布莱克知道我杀死她对她是有益的，但她拒绝同意。有些人会相信这两点：没有布莱克的同意，这个行动就是不当的；布莱克本不能事先合理地同意，在未经她后来同意的情况下，我就不给予她这种更好而快的死亡。如果这两个信念都是对的，那么前提（O）就是错误的，因为同意原则在此会要求我行动不当。但我认为，如果我当时未经布莱克的实际同意而杀死她是不当的，那么这种行动的不当性同样会给予布莱克充分的理由事先同意我不这样做。

考虑一个不同类型的例子，假定，在

> 父母情形（Parents）中，在船舶遇险后，你我各有一个孩子有生命危险。我有一个救生圈，能救你的孩子或我的孩子。

接下来假定，正如大多数人会相信的，我应当救我的孩子。你能够合理地同意我这样做吗？

基于一种观点，答案是不能。如果我给予你权力来选择我将如何行动，那么你就应当选择我行动不当来救你的孩子。尽管你对我的行动不当负有部分责任，但你保护自己孩子的义务在道德上会压倒你不选择我行动不当的理由。既然有这个事实，且你还有其他强理由想要我救你的孩子，那么你就无法合理地同意我不这样做。基于这些假设，同意原则在此会要求我行动不当，要求我救你的孩子而不是我的孩子。

如果我们接受这种观点，且我们对其他在相关方面类似的情形具有类似的信念，那么我们就不得不修正同意原则，由此不再适用于这类情形。按照

> CP4：以人们没有充分的理由同意的任何方式对待他们都是不当的，除非这些人没有这种理由是因为情形涉及相冲突的个人相对的道德义务。

这种修正尽管会限制同意原则的范围，但不会降低这个原则的可行性。当我们运用这个原则时，我们可以诉诸一种思想实验，询问他人能否合理地选择我们的行动方式。如果选择如何行动的人是我们还是他人会产生道德影响，那么那样询问就是没用的。在此类情形中，我们去做他人选择我们去做的行动就是不当的。我们这里的思想实验会引导我们忽略这种事实。我们不应该指望，在这样的情形中，同意原则能够帮助我们决定何种行动是不当的。既然我们能够解释这个原则为什么不该被应用于这类情形，那么这类情形就无法质疑这个原则所表达的道德观念。

然而，这种修正可能是没必要的。我们可以问：

Q1：我们会有义务选择或使他人行动不当吗？

基于某些道德观点，有时候答案是"有"。这样的一种观点是某类道德国家主义，在第一次世界大战之前及期间的欧洲被广泛接受。基于这种观点，如果你的国家与我的国家正在开战，那么我的爱国义务就是让你行动不当，泄露你国的军事机密，从而可以让我军击败你军。

康德对 Q1 的回答是"没有"。如果我们接受这个答案是正确的，那么父母情形就并没有破坏这个康德式理想。基于这样一种观点，我们可以具有在某种意义上相冲突的个人相对的义务。情况可能是我有救我的孩子的义务，你也有救你的孩子的义务，尽管我履行自己的义务会让你无法履行你的义务。但是在父母情形中，我能够以你能够合理地同意的方式行动。既然我救你的孩子而不是自己的孩子是不当的，那么你就不可能有义务选择我这样做，这种行

动的不当性会给予你充分的理由同意我尽自己的义务，救我的
孩子。

作为另一种反驳，接下来假定，在

平等要求情形（Equal Claims）中，我能救你的命或格蕾
的命。

在这种情形中，你似乎无法合理地同意我救格蕾的命而不是你的
命。你有强的个人理由不给予这样的同意。既然你的死亡不偏不倚
地与格蕾的一样坏，那么这些个人的理由似乎就是决定性的。格蕾
会有同样的理由不同意我救你的命而不是她的命。同意原则看起来
在此是失败的，由于不管我做什么，我都会以某人无法合理地同意
的方式对待他，所以它错误地蕴含了我总是会行动不当。然而，我
们能够言之成理地主张，我应当给予你和格蕾同等的得救机会。如
果我不给予你和格蕾同等的机会是不当的，那么这个事实就会给予
你们充分的理由同意这个行动。

对于另一个例子，假定，在

高价格情形（High Price）中，我卖给你一些产品，但你
本来能在其他地方非常便宜地买到——只有我知道产品的这一
情况。

接下来假定，你由于不是很富裕，所以无法合理地选择支付这种更
高的价格。于是，同意原则蕴含着，我在赚你的钱时行动不当。我
们有些人会认为，既然你自由地同意了我赚你的钱，那么我就并没
有行动不当。但同意原则在此并不是显然错误的。我们能够言之成

207

理地认为，正如若这个产品有缺陷我就应当提醒你一样，我应当告知你，你能在其他地方以更便宜的价格买到这些产品。

我对这些情形的评论并不证明，我们总是能够有证成地遵循同意原则，由此实现康德的理想。有些人会拒绝这些主张。还可能存在着其他情形，其中没有任何可能的行动是每个人都能够合理地同意的。但是，正如各种各样的情形所表明的，同意原则具有的蕴含通常是可行的，且绝不会陷入明显的错误。这使如下问题是值得被询问的：在关于道德和合理性的最可行的观点中，何种观点是与康德的理想相容的？

第 29 节　极端要求

然而，对这个原则还有另一反驳。假定，在

> 自我情形（Self）中，我与怀特被困于正逐渐坍塌的废墟中，我能够救怀特的命或自己的腿。

208　基于某些观点，在道德上这种情形与地震情形是一样的。我应当救怀特的命而不是自己的腿，因为怀特的损失会比我的大得多。我们大多数人都会有一种不同的看法。基于这种看法，尽管我救某个陌生人的腿而不是怀特的命会是不当的，但道德上允许我救自己的腿。我们在代价很小的情况下应当救陌生人的腿，但这里我要付出的代价太大了。

同意原则在此蕴含着什么呢？如果怀特能够选择我如何行动，

那么她能够合理地选择我救自己的腿而不是她的命吗？

答案看样子是"不能"。情况看来是，怀特无法合理地同意任何人救自己的腿而不是她的命。但这种观点太过简单。我们有理由不仅关注会发生什么，而且关注谁会做这些事情，以及为什么会做这些事情。

为了阐明这一点，减少筹码会是有帮助的。首先假定我能够使怀特免于一星期的痛苦，或者使某个陌生人免于一天的同样的痛苦。怀特和这个陌生人之间并没有任何其他的相关差别。基于那个假设，我没有任何理由看低怀特的福祉。怀特无法合理地同意我的这一选择，即毫无理由地选择帮那个陌生人而不是帮她减除更大的负担。这种选择好像把怀特看作一个低劣者，或者当她根本不存在。

我们接下来假定，我要么让怀特免于一星期的痛苦，要么使自己免于一天的痛苦。尽管我没有理由更关注某个陌生人的痛苦，但确实有理由更关注自己的福祉。我们都有理由更关注发生在自己身上的事情。既然每个人都有这样的理由，那么我们就能合理地同意，出于这样的理由，其他人可以更重视自己的福祉。尽管怀特不能同意我毫无理由地选择不是使她免于一星期的痛苦，而是使陌生人免于一天的痛苦，但怀特有充分的理由同意我可以让自己免于一天的这种痛苦。对待怀特的这种方式没有好像把她当作一个低劣者，或者当她根本不存在。

然而，在自我情形中，筹码要大得多。怀特可能没有充分的理由同意我救自己的腿而不是她的命。

如果正如大部分人所认为的，道德上允许我救自己的腿而不是怀特的命，那么这会产生影响吗？也许不会。在此，可允许性与不当性之间可能存在差别。如果我只能以不当行动来救怀特的命，那么我讲过，正如我们在手段情形中所认定的那样，这个行动的不当性会给予怀特充分的理由同意我不救她的命。然而，在自我情形中，我能够救怀特的命而不用行动不当。即使道德上允许我救自己的腿而不是怀特的命，这个行动的可允许性也不会给予怀特充分的理由同意我不救她的命。

这个行动的可允许性若不给予怀特这样一个理由，那么她就无法合理地同意我不救她的命，这样，同意原则就会要求我救她的命而不是自己的腿。这个原则在此会与多数人的信念相冲突。

若只能自己付出巨大代价才能救他人的命，那么这样做的人就会很少，类似的推理还适用于许多情形。我们许多人往往能够要么有益于自己，要么给予他人更大的利益。当给予他人的利益大得多时，这些人可能没有充分的理由不有益于他们。假定，在

> 援助机构情形（Aid Agency）中，我能够花 200 美金去夜场娱乐，或者把钱给予高效的援助机构，诸如乐施会，它可以用这笔钱使遥远之地的穷人不至于瞎掉、免于死亡或者其他巨大的伤害。

同意原则若被应用于这两个选项，那么就似乎蕴含着我们应当把钱捐给援助机构。穷人似乎没有充分的理由同意我不这样做。这在明天乃至每一天都适用于我。这在每一天同样适用于本书的大多数读者。有超过 10 亿的人每天只有 2 美金左右，与他们相比，本书的

绝大多数读者是非常富裕的。

如果出于这些理由，同意原则要求富裕者把许多财富或收入 *210* 转移给穷人，那么这对此原则根本就不构成反驳。既然富裕者能够很容易地让许多穷人免于死亡或痛苦，那么任何可行的原则或道德理论就都会做出同样强烈的要求。富裕者尽管在法律上有权拥有其一切财产，但在道德上有权拥有的财产要少得多。康德写道：

> 拥有财力去实践诸如行善之类依赖于命运眷顾的德行，这大多是某些人通过……不义而受惠的结果。

据说他还讲过：

> 一个人可能参与一般的不义，纵然他从不行不义之举……甚至慷慨之举也是尽责和感恩之举，这是他人的权利所引出的。

然而，同意原则可能要求过高了。在严肃地思考正义要求和考虑相关论证之后，我们可能不得不承认，我们富裕者全都应当把财富或收入的十分之一、五分之一或三分之一转移到第三世界。但是，同意原则所要求的远不止这一点儿。

这个原则若要求过高则可修正。我们可能会主张：

> CP5：以人们没有充分的理由同意的任何方式对待他们都是不当的，只有当我们避免这种行动需要承担太大的负担时才能例外。

在运用这一版本的同意原则时，我们不得不判定这个负担在什么时候才是太大的。当我们考虑极端的全球不平等所引起的道德问题时，这是一个极其困难的问题。一个问题是：我们是否应该以及如何评估许多小馈赠的累积代价？但我们开始可以这样主张：在自我情形中，我被允许救自己的腿而不是怀特的命。

如果同意原则要求过高，且必须在这方面予以弱化，那么康德的人际关系理想在原则上就似乎是不可能的，因为存在着某些正当行动是有些人无法合理地同意的。但这些行动只在它们在道德上被允许这种意义上是正当的。道德要求的行动，可能没有任何一个是人们无法合理地同意的。这样，我们就仍然能够实现康德的理想。每个人只以每个人都能够合理地同意的方式行动就依然是可能的。也许总是至少存在一个行动是正当的。例如，在自我情形中，我可以救怀特的命而不是自己的腿，这个可敬的行动会是正当的。如果同意原则要求过高，那么这最多蕴含着：为了实现康德的理想，我们为彼此所做的可能不得不超出道德要求我们所做的。这一点儿也不让人吃惊。

我的结论是，我们有强理由接受某一版本的同意原则。这个原则可能要求过高，也可能存在着修正它的其他方式。但至少在大部分情形中，以人们无法合理地同意的方式对待他们是不当的。若我们的行动影响很多人，并且只有一个行动是每个人都能够合理地同意的，那么这个事实就会给予我们一个强理由这样做，并且足以解释道德为什么会要求这样做。按照某些可行的假设，同意原则永远不会偏离轨道，从而要求出于其他理由而不当的行动，或者谴责被要求的行动。

　　然而，同意原则不可能是康德努力寻找的那个最高的道德原则。即使每个人都能够合理地同意某些行动，它们依然可能是不当的。同意原则陈述了康德的人性公式所表达的观念之一。既然我们至少还需要一个原则，那么我们现在就可转向公式的这个部分。

第九章　纯粹当作手段

第30节　纯粹手段原则

　　通常有人主张，使用人是不当的。但这个主张需要限定。假设我们一起爬山，我可能会站在你的肩膀上，把你用作梯子。我可能会问你某个字的意思，把你用作字典，或者让你见证我遗嘱的签名，把你用作证人。这种用人方式并不是不当的。康德主张，不当之处在于纯粹使用人。正如其他人所说的，"你只是利用我"。

　　按照我们所称的

　　　　纯粹手段原则（the Mere Means Principle）：把任何人纯粹当作手段来对待都是不当的。

如果不纯粹地使用人，那么我们如何使用人呢？在解释这种区分时，我们首先比较两个科学家是如何对待实验室中的动物的。人们可以假定，第一个科学家以最有成效的方式做实验，不管这给动物带来多大的痛苦。这个科学家把动物纯粹当作手段来对待。第二个科学家只以不给动物带来痛苦的方式做实验，尽管她知道这些方法不会那么有成效。第二个科学家像第一个一样，把动物当作手段，但她没有把它们纯粹当作手段，因为她对它们的使用受制于她对其福祉的关切。

这同样适用于我们彼此对待的方式。按照一种粗略的定义，

> 如果我们利用一个人的能力、活动或身体来帮助我们实现某个目标，那么我们就是把他当作手段来对待。

213

这种定义需要以某种方式来加以限定。例如，我们有时候应该区分对某人做某事作为实现某个目标的手段和把这个人当作手段来对待。例如，医生为了发现我肋骨是否断裂而压迫我的整个胸部，说"告诉我哪里疼"。这里医生是在使用我的身体，弄疼我，作为发现这个信息的手段。但他没有把我当作手段来对待。为了涵盖这种情形，我们可以提出，如果我们的目标是为了某人好，且我们的行动得到了这个人的同意，那么我们就没有把他当作手段来对待。

按照另一种粗略的定义，

> 我们如果把某人当作一种手段来对待，并且视此人为纯粹的工具，那么就是把这个人纯粹当作手段来对待：我们忽略这个人的福祉和道德主张，并且会以任何能最有利于实现我们目标的方式来对待他。

卡姆拒绝了这种定义。她驳斥说，如果基于康德的原则，我们永远不应把人们纯粹当作手段来对待的意思就是如此，那么这个原则就太弱了，也太容易遵循了。例如，基于这种定义，某个奴隶主如果对于其奴隶的福祉略有关切，不让奴隶在天气最热时工作，那么就没有将其奴隶纯粹当作手段来对待。但这个人对待奴隶的方式肯定会受到康德原则的谴责。

我认为，这一反驳表明我们不仅应当修正这种定义，而且应当修正康德的原则。

对于一个类似的例子，考虑康德的例子：

（A）富裕者不给穷人任何东西是不当的。

假定某个富人终其一生总共给了穷人 1 美金 3 美分。既然这个人给了穷人一点儿东西，那么（A）就并不蕴含他行动不当。正如这个
214 例子表明的，（A）太弱了，因为这个人没有给予更多是不当的。我们应该主张，富裕者给予穷人太少是行动不当的。这类不当性是个程度上的问题。

我们可能会主张，把人们纯粹当作手段来对待的不当性也是如此。基于一种更强形式的康德原则，我们可称之为

第二种纯粹手段原则（the Second Mere Means Principle）：
把任何人纯粹当作手段来对待或者接近于这样做都是不当的。

如果我们把某人当作手段来对待，且给予此人的福祉或道德主张的权重太小，那么我们就是接近于把他纯粹当作手段来对待。这就是我虚构的那个奴隶主对待奴隶的方式，即让奴隶在天气最热时休

息。于是，这个被修正了的原则也谴责这个奴隶主的行动。

我们接下来能够主张：

（B）我们并没有把某人纯粹当作手段来对待或者接近于这样做，如果

（1）我们对待此人的方式在相当重要的方面受到某种相关道德信念或关注的管辖或指导，

或者

（2）我们确实或会相关地选择为了此人的缘故而承受某种重担。

某个道德信念要想在（1）所意图的意义上是相关的，就必须要求我们直接关注以何种方式对待那个人的福祉或道德主张。假定另一个奴隶主从不鞭打其奴隶，因为他认为这种行动是不当的。但他认为，使此行动不当的不是这会给其奴隶带来痛苦这个事实，而是他会从中得到虐待式快感这个事实。如果这就是他从不鞭打其奴隶的缘由，那么这个事实就无法算作反对这一指控：他将其奴隶纯粹当作手段来对待。另一个例子是，康德认为残酷地对待动物之所以不当，是因为它蒙蔽了我们的同情心，使我们更有可能残酷地对待其他人。某个科学家如果只是由于这种道德信念才避免给其实验动物带来痛苦，那么就还是在将动物纯粹当作手段来对待。

既然相关性和重要性都是程度上的问题，那么（1）是否为真通常就是不清楚的。有些奴隶主之所以不鞭打其奴隶，是因为关注其奴隶的福祉。这种关注尽管是相关的，但没有以足够重要的方式管辖这个人的行动。下面是一种不那么清晰的情形：我母亲1930

215

年在中国的一条河上旅行时，她乘坐的小船受到一帮土匪的劫持，他们的道德原则只允许他们拿走普通人一半的财产。这些土匪允许我母亲选择，让他们拿走订婚戒指还是结婚戒指。如果说这些人是把我母亲当作手段来对待，那么他们就没有把她纯粹当作手段来对待。他们近乎这样做吗？我倾向的答案是"没有"。但这可能是一种临界情形（borderline case），其中我们对这个问题没有确定的答案。

要满足条件（2），我们只准备为了他人的缘故而承担巨大的负担是不够的。这个事实可能与我们所考虑的行动不是充分相关的。考虑某个爱护妻子的人，他在某种灾难中宁愿为了她而付出自己的生命。如下情况仍然是可能的：在这个人的大多数日常家庭生活中，他把她纯粹当作手段来对待。

我们是否把某人当作手段来对待，只取决于我们的意图。我认为，我们是否把某人纯粹当作手段来对待，还取决于我们根本的态度或策略。而这在部分程度上就是这样的问题：如果情况有所不同，那么我们会做什么？我们现在回到在研究中使用实验动物的那两个科学家的情形。我们假定，在一次实验中，两个科学家都用最有效的方法，且不会给动物带来痛苦。尽管这两个科学家的行动方式一样，但第一个科学家仍是把动物纯粹当作手段来对待，因为情况仍然会是：即使最有效的方法会给其动物带来巨大的痛苦，她还是会用这种方法。第二个科学家没有将其动物纯粹当作手段来对待，因为在那种情形下她不会那样做。我们接下来考虑这样的主张：

他把她纯粹当作手段来对待。

在这个场合，在其所作所为中，他把她纯粹当作手段来
对待。

第一个主张是更自然的，是否为真通常也是更清楚的。

康德主张，把任何理性存在者纯粹当作手段来对待都是不当
的。基于类似但更宽泛的观点，把任何有感受性或有意识的存在者
纯粹当作手段来对待都是不当的。这些观点正确地蕴含着：把任何
理性或感受性存在者视作纯粹的工具，我们可以随心所欲地对待它
们，都是不当的。但是，康德的主张似乎还蕴含着：我们若把任何
人纯粹当作手段来对待，那么就是行动不当。

这可能并不为真。考虑某个暴徒，他不像我母亲碰到的有原则
的土匪，他把大部分他人纯粹当作手段，一旦伤害他人能够有益于
自己，他就会这样做。当这个人买咖啡时，他对待卖咖啡者就如同
对待自动售卖机。只要认为值得费神，他就会偷卖咖啡者的咖啡，
正如他会为此而砸碎售卖机。尽管这个暴徒把这个卖咖啡者纯粹当
作手段来对待，但不当的是他对待这个卖咖啡者的态度。在买咖啡
时，他并没有行动不当。

我们接下来考虑利己主义者，他以自认为最利己的任何方式对
待他人。康德主张：

> 一个人若想许假诺……就是想把另一个人纯粹当作手段加
> 以利用。

我们可以同样主张，当利己主义者信守其承诺是由于需要许诺对象
以后提供帮助时，他就是想要利用这个人，把他纯粹当作手段来对
待。我们接下来假定，利己主义者冒着巨大的危险救了某个溺水儿

童，但他唯一的目的就是获得报偿。康德的原则蕴含着，既然这个人把他人纯粹当作手段来对待，那么这个人在守诺和救儿童时就是行动不当。这显然是错误的。

为了避免这类结论，我们也许主张：

217

（3）如我们所知，如果我们的行动不会伤害某人，那么我们就没有把此人纯粹当作手段来对待。

但是假定，在

互利的情形（Mutual Benefit）中，格林嫁给了 90 岁的亿万富翁苟尔德。格林对苟尔德服务周到，在各方面对他都很好。正如苟尔德所知，格林的唯一目的就是继承他的部分财富。苟尔德尽管宁愿得到格林的真情，但还是基于格林的利己条款接受了互利的安排。

接下来假定，格林视苟尔德为纯粹的工具，她以实现自己目的的最好方式对待他。格林的最初方案是仿造遗嘱，然后谋杀苟尔德；随后她改变了计划，嫁给了他，待他很好，仅仅是因为这是得到苟尔德部分财富的稳妥方法。按照（3）来说，既然格林知道她的行动不会伤害苟尔德，那么她就没有把苟尔德纯粹当作手段来对待。但这个主张是说不通的。尽管格林知道她的行动不会伤害苟尔德，但这个事实对她的决策没有任何影响。如果谋杀苟尔德是个稳妥的办法，那么她就会那样做。我认为，我们应该承认，格林是把苟尔德纯粹当作手段来对待。

如果我们不能诉诸（3），那么康德的观点就蕴含着格林行动不当。也许我们应该接受这个结论。但是，当利己主义者信守承诺、冒着生命危险救溺水儿童时，我们不应该主张这些行动是不当的。我们的主张应该只是，鉴于其自利的动机，这个人的行动没有康德所称的道德价值。

为了避免谴责这样的行动，我们也许会再次修正康德的观点，按照

第三种纯粹手段原则（the Third Mere Means Principle）：如果我们把任何人纯粹当作手段来对待或者接近于这样做，且这样做还可能伤害这个人，那么我们的行动就是不当的。

在转向这个原则时，我们是在放弃这种观点：如果我们把某人纯粹当作手段来对待或者接近于这样做，那么这就足以使我们的行动不当。

我们已经讨论过，基于康德的观点，我们应当如何对待一切理 *218* 性存在者或人的两种方式。第一，我们应当遵循同意原则，以人们能够合理地同意的方式对待他们。第二，以任何方式把某人纯粹当作手段来对待都是不当的。基于第二个主张的最新版本，这样的行动仅当很可能会伤害那个人时才是不当的。

我们接下来可以把康德观点的这些部分联结起来。如果我们对待某人的方式在相当重要的方面受到某种相关道德信念或原则的管辖或指导，那么我们就没有把他纯粹当作手段来对待，也没有接近于这样做。康德自己的例子是同意原则。康德主张，如果我们有意只以人们能够合理地同意的方式对待他们，那么我们对待他们的方式就是把他们当作目的而不是纯粹当作手段。

我们现在回到

　　救生艇情形：我被困在一块岩石上，另外五个人被困在另一块岩石上。在上涨的潮水淹死我们所有人之前，你可以用一艘救生艇救我或那五个人。

我们还考虑

　　隧道情形（Tunnel）：一辆无人驾驶的失控电车正冲向一个隧道，会杀死相同的那五个人。作为一个旁观者，你改变轨道，使电车转向另一个轨道，穿过另一个隧道，从而能救那五个人的命。正如你所知，不幸的是，我处在这个隧道中。

　　桥梁情形（Bridge）：电车正冲向五个人，但没有其他轨道与隧道。我在轨道之上的桥梁上。你救这五个人的唯一方法就是通过遥控打开我正站于其上的那块桥板的活门，这样我就会掉在电车前，因此触发电车的自动刹车。

219　在这三种情形中，如果你救那五个人，那么我都会死。但是，我的死与你救那五个人有着不同的因果关联。在救生艇情形中，你会放任我死，是因为在可用的时间内，你无法既救我又救那五个人。在隧道情形中，你会使电车转向从而救那五个人，可预见的附带效果（side-effect）就是杀死我。在桥梁情形中，你把杀死我当作手段来救那五个人。我们能够假定，我和这五个人年龄差不多，没有人对我们的生命威胁负有责任，我们之间也没有任何其他相关的道德差别。

　　人们也许会主张，在桥梁情形中，你并不是真正地把杀我当作手段来救五个人。你纯粹是用我的身体作为工具来阻止电车，如果我活下来你会很高兴。基于这种观点，仅当一个人的死亡是我实现自己目的的不可或缺的部分时，我杀他才是当作手段。例如，中世纪国王的第二个儿子想要成为王位的合法继承人时，情况就可能如此：只有他的哥哥死掉才能让他实现这个目的。然而，在一种更宽泛的意义上，当我们以某种牵涉并可预见地杀死或伤害某人的方式行动以作为实现某个目的的手段时，我们就是把杀死或伤害某人当作手段。我就是这样使用"把杀死或伤害当作一种手段"这个术语的。

在救生艇情形中，大多数人认为，你要么可以要么应当救五个人的命。在隧道情形和桥梁情形中，有些人会认为你救五个人是不当的。基于这种观点，我们不杀人的义务要压倒或者优先于我们救人的义务。还有许多人认为，尽管我们不杀人的义务确实具有这种优先性，但在隧道情形中情况不是这样的。基于这些人的观点，转变一些无意图且有威胁性的过程（诸如洪水、雪崩或者正失控的电车），这样它会杀死较少的人，这并非不当。大部分持这种观点的人会认为，在桥梁情形中，如果你杀死我作为一种手段来阻止电车以救五个人，那么你的行动会不当。也有些人拒绝这种区分，认为在所有这些类型的情形中，我们都应当救尽可能多的人。我在此的目标不是要解决这种分歧，而只是询问我们一直在讨论的康德式原则蕴含着什么。

我讲过，在救生艇情形中，我能够合理地同意你救那五个人而不是我。如果这个选择是我的，那么我就有充分的理由救自己的 *220*

命，但我也有充分的理由救那五个人而不是自己的命。既然我还能合理地同意你救五个人，那么同意原则就不会谴责这个行动。

这同样适用于隧道情形。如之前一样，如果选择是自己的，那么我就有充分的理由救自己或者那五个人。在此我为了救那五个人而使电车转向，乃至反而杀死我——这不会引出任何相关的差别。我们可以设想，这种死亡方式对我来说绝不算坏。我既然能够合理地使电车转向来救那五个人，那么自然也能够合理地同意你这样做。因此，同意原则不会谴责这个行动。

这同样适用于桥梁情形，其中你只有杀了我才能救那五个人。如果选择是我的，那么我就有充分的理由跳到电车前，这样它会杀死我而不是那五个人。相对于在隧道情形中杀死我是救五个人的附带效果，在桥梁情形中，杀死我是救五个人的手段，这对我来说绝不会比隧道情形更糟。我既然能够合理地自杀以作为救五个人的手段，那么自然也能够合理地同意你这样对待我。

人们也许会反驳说，我无法合理地同意你把杀死我当作手段，因为这个行动会是不当的。但如果我同意这个行动，那么它就不是不当的。这样，即使这个行动在未经我同意的情况下是不当的，这也不会给予我任何理由拒绝同意。

我们接下来假定，正如我所知，你接受同意原则并一直践行它，这个原则因此就管辖着你的行动。如果有时间，那么我就可能如此思考：

> 按照这个原则来说，以人们无法合理地同意的方式对待他们是不当的；

我能够合理地同意你杀死我以作为救那五个人的手段。

因此，

即使我事实上不会同意，同意原则也不会谴责这个行动。

如果我们对待人们的方式受到同意原则的管辖，那么我们 221
就没有把他们纯粹当作手段来对待。

因此，

既然你对待我的方式受到同意原则的管辖，那么你就既没
有把我纯粹当作手段来对待，也没有接近于这样做，这样，就
没有任何版本的纯粹手段原则会谴责你的行动。

我认为，这个论证是健全的。未经我同意，你杀死我以作为救那五
个人的手段也许是不当的。但康德式原则并没有蕴含这一点。

第 31 节　当作手段和纯粹当作手段

在做出这些主张时，情况似乎是我必定误解或误用了纯粹手段
原则。基于一种被广泛接受的观点，我将之称为

标准观点（the Standard View）：我们如果在未经他人同
意的情况下伤害他人以作为实现某个目标的手段，那么那就是把
这些人纯粹当作手段来对待，这种方式使我们的行动是不
当的。

我认为，这种观点包含三个错误。第一，当我们把伤害人们当作手
段时，我们可能没有把这些人当作手段来对待。第二，即使我们把

这些人当作手段来对待，我们也可能没有把他们纯粹当作手段来对待。第三，即使我们把这些人纯粹当作手段来对待，我们也可能没有行动不当。

我们首先假定，在

　　　　自卫情形（Self-Defence）中，当布朗用刀攻击而试图杀死我时，我踢他救自己，且预知会踢断他的腿。

虽然我把伤害布朗当作一种手段来阻止他杀害我，但我没有把他当作手段来对待。正如我们穿雨衣使自己不变成落汤鸡时没有利用降雨一样，在保护自己不受他人攻击时我们也没有利用他们。我们能够补充说，我虽然应当把布朗本人当作目的而不是纯粹当作手段来对待，但应当把伤害布朗纯粹当作手段，即使部分地当作目的或部分地为了其自身的缘故都是不应当的。

人们可能会反驳说，既然伤害某人是对待这个人的方式，那么把伤害某人当作手段就必定是把这个人当作手段对待的方式。但这个反驳忽略了把"对某人做某事"当作手段与"利用这个人"之间的区分。正如我说过的，当我的医生伤害我以判断我的肋骨是否断了时，他并没有利用我。我认为他也没有把我当作手段来对待，因为他是经我同意且是为了我自己的利益而伤害我。尽管我阻止布朗谋杀可能是有益于他的，但这并不是解释我为什么在把伤害布朗当作手段时没有利用他的最好方式。我们可能反过来认为，既然我纯粹是保护自己不受布朗的攻击，那么如果布朗不在那里，我的目标就更容易实现。如果我是在利用布朗，那么我就会想要他在那里。

我们接下来转向这样的情形，其中我们在把伤害人们当作手段时确实把这些人当作手段来对待。基于标准观点，如果我们强行给某人带来伤害以作为实现某个目标的手段，那么这就足以使我们是在把这个人纯粹当作手段来对待。为了检验这种观点，我们考虑

> 第三种地震情形（Third Earthquake）：你和孩子被陷在某个正缓慢坍塌的废墟中，这威胁到你们两个人的生命。你要救你孩子的命，就得不经布莱克同意把她的身体用作盾牌，碾碎她的一个脚趾。如果你再致使她失去另一个脚趾，那么你就会救自己的命。

假定你认为你用这样的方式救自己的命是不当的，还认为只有救孩子的命才能证成给他人施加这种伤害。按照这种信念，你救了孩子，布莱克因此而失去一个脚趾。由于你未经布莱克同意而伤害她，标准观点蕴含着你把布莱克纯粹当作手段了。但这不是真的。如果你把布莱克纯粹当作手段来对待，那么你就既会救孩子的命也会救自己的命，使布莱克失去两个脚趾。我们如果宁死也不愿给他人带来较小的伤害，那么就没有把他人纯粹当作手段来对待。

标准观点可以得到修正。有人可能表示，虽然你没有把布莱克当作纯粹的手段，但那是因为你限制了你带给布莱克的伤害，这种方式对你来说更糟，或者说没有那么有效地实现你的目标。在桥梁情形中，如果你杀了我救那五个人，那么对于你的行动就不能这样说。你没有限制你带给我的伤害。即使你把我视作一个纯粹的手段，你还是会做完全相同的行动。这看来足够证成这个指控：在桥梁情形中，你这样的行动就是把我纯粹当作手段。基于这种建议：

（C）我们把某人纯粹当作手段来对待，如果

（1）我们在未经这个人同意的情况下把伤害他当作实现某个目标的手段，

除非

（2）我们限制所带来的这种伤害，且这会或可能会严重不利于我们，或者使我们的行动在实现自己的目标上远不是那么有效。

我认为这种观点也是错误的。我们已经假定，在第三种地震情形中，你决定不通过牺牲布莱克的一个脚趾来救自己的命。我们接下来假定，就在你行动之前，情况有了变化，这个正坍塌的废墟现在只威胁你孩子的生命。当你让布莱克失去一个脚趾时，你没有限制你带给布莱克的伤害，这样（C）就蕴含着你正把布莱克纯粹当作手段。这个结论是没道理的。你宁死也不想再使布莱克失去一个脚趾，这就足以表明你没有把布莱克纯粹当作手段。你现在不能这样做是完全不相关的。

再举一个例子，假定我是某场正义之战中的战士，与我的军队一起攻打一个被占领的城市。在攻击任何建筑物中的敌军之前，我冒着生命危险，顶着对方的枪林弹雨向他们喊话，给予他们投降的机会。如果这些人拒绝这样的机会，而我以击杀或伤害他们为手段来占领某个建筑物，那么（C）就正确地认可，既然我为了这些人的缘故而冒了生命危险，那么我就没有把他们纯粹当作手段。我们接下来假定，某建筑物中的敌军已经得到投降的机会，但他们拒绝同意。按照（C）来说，如果我杀害或伤害了他们，那么我就是把他们纯粹当作手段。这并不为真，因为我本会冒着生命危险给予他们投降的机会。在这个场合下，这些人已经有了这样的机会，所以我才没有这样做，但这是不相关的。我对所有敌军的态度是一样的，我没有把他们中的任何人纯粹当作手段。

这也适用于桥梁情形。假定你通过遥控使我掉在轨道上，这样我的身体就会阻止正在奔驰的电车。你的目标是确保那五个人得救。然而，你也跑向轨道，试图跳在电车之前，从而在电车撞上我之前阻止它，救我的命。如果你的企图成功了，那么你就没有把我纯粹当作手段，因为你能够为了我而牺牲自己。我认为，即使你没有及时赶到，这也没有任何不同。如果你本来宁愿牺牲自己以免杀死我，那么即使这永远都没有可能，这也没有任何不同。在两个版本的桥梁情形中，你的行动都可能是不当的。如果这个行动是不当的，那么使其不当的就是"你会杀死我以作为手段来救那五个人"这个事实。但是，你没有把我当作纯粹的手段来对待。

我已经拒绝了关于把人们当作纯粹的手段来对待的标准解释。某些作者给出了其他解释。例如，奥尼尔写道：

> 我们如果强制或欺骗他人……就确实利用了他们，在我们的计划中把他们当作了纯粹的手段或工具……强制或欺骗的准则就把他人当作了纯粹的手段……

科丝嘉同样写道：

> 强制和欺骗是把他人纯粹当作手段的两种方式。

但是，假定在自卫情形的某种变体中，我阻止布朗杀我的办法是开枪威胁他，或者告诉他"警察马上就会到"的假消息。尽管我会强

225

制或欺骗布朗，但我可能没有把布朗当作纯粹的手段。我之所以强制或欺骗布朗，是因为这是让我既能阻止他杀我，又能不伤害他的唯一方式。接下来假定，在

> 绝望困境情形（Desperate Plight）中，我和你被困在海底的一个潜水钟里。我们无法指望在 10 个小时之内获救，我们的氧气只够两个人用 6～7 个小时。正如我所知，除非有一个人马上死掉，否则两个人都会死。我开始以某种方式自杀，从而救你的命。当你试图阻止我时，我强制或欺骗你，这样你就无法阻止我。

虽然我是在强制或欺骗你，但我没有把你当作纯粹的手段。正如前文讲的一样，我们如果为了他人的缘故而牺牲自己的生命，那么就没有把他人当作纯粹的手段来对待。

当奥尼尔解释"强制和欺骗是把他人当作纯粹的手段来对待"这个主张时，她写道：

> 把某物纯粹当作手段来对待就是以适合对待物件的方式来对待。

然而，强制和欺骗并不是对待物件的恰当方式，因为这两者甚至都是不可能的。

科丝嘉也写道，基于康德的观点：

> 除了诉诸理性，企图以任何其他方式来控制他人的行动和反应都是把他人当作纯粹的手段。

这个主张蕴含着：只要处于权威位置的人们告诉我们要做某事——

诸如出示车票、填报税单或系安全带，他们就是在把我们纯粹当作
手段来对待。这并不正确。科丝嘉还写道，基于康德的观点，只要 *226*
"我们做某事能成功是因为大部分他人不会做它"，我们就是把他人
纯粹当作手段。但是，当穷人吃他人丢弃的残余物时，他们并没有
把他人当作纯粹的手段。

　　接下来我们假定，在

　　　　不助人为乐的情形（Bad Samaritan）中，当驾车经过沙漠
　　　　時，我看见你受伤躺在路上，需要救援。我无视你，继续往
　　　　前开。

按照某些作者的看法，康德会认为我在此把你当作纯粹的手段来对
待了。这个认为是错误的。我在无视你时，我没有以任何方式利用
你，这样我就不可能是纯粹利用你。

　　这些作者可能回应说，当康德用术语"纯粹当作手段"（或更
准确地说，它的德语对应词）时，康德不是在其日常意义上使用
的。康德常常在特殊意义上使用这个语词。当我驾车经过你，忽视
你需要帮助时，真实情况可能是，我是在康德所想的某种特殊意义
上把你当作纯粹的手段。奥尼尔和科丝嘉可能同样主张，所有的强
制和欺骗确实在康德的特殊意义上把人们当作纯粹的手段。

　　我们会在非日常意义上使用某些语词，有时候这是有道理的。
例如，我们值得扩大"痛苦的"意义，这样它就能适用于诸如恶心
这样不舒服的感觉。通过在这种宽泛的意义上使用"痛苦的"，我
们就可以避免不停地写上"痛苦的和不舒服的"，而且我们忽略这
种区分一般不要紧。有时候不舒服的感觉远比某些痛苦糟糕。然

而，在特殊意义上使用语词通常是错误的。我们于是可能会提出那种只是看起来重要但却会误导人的主张。例如，罗尔斯提出，我们如果接受他的契约论（Contractualist）的道德理论，那么就应该使用"正当的"意指：符合由其虚拟的契约方选择的原则。这就使"按照这些原则来行动是正当的"这一主张是无足轻重的。罗尔斯还提出，我们可以在这些原则会被这些契约方选择的意义上称它们为"真的"。这就使"这些被选原则为真"这一主张变成无足轻重的。

我们如果认为康德是在某种特殊意义上使用"纯粹当作手段"，那么就不应当说，按照康德的观点，我们必须从不把人们纯粹当作手段来对待。如果我们言尽于此，那么读者就可能以为我们是在主张，按照康德的观点，我们必须从不把人们纯粹当作手段。为了避免误解，我们应该使用其他术语。我们也许会说，基于康德的观点，我们必须从不以某种方式对待人们，我们可称此为把人们纯粹当作手段来对待。我们然后可以解释这种新术语的意思。

我认为，"纯粹当作手段"这个术语具有一种相当清楚且在道德上重要的日常意义。尽管康德可能有时候在特殊意义上使用这个术语，但我认为，他也在日常意义上使用它。按照康德的人性公式，我们必须永远不把人纯粹当作手段来对待，这样说是没什么误解的。这是最值得讨论版本的康德公式。

按照我对这种日常意义的粗略定义，我们如果利用某人，将其视作纯粹的工具，忽略其福祉和道德主张，对待他的方式就是要最好地实现自己的目标，那么就是把他纯粹当作手段。我们如果（1）

227

对待这个人的方式在相当重要的方面受到某种相关道德信念的管辖，或者（2）确实或会相关地选择为了此人的缘故承担某种巨大的负担，那么就没有把他纯粹当作手段，也没有接近于这样做。

当人们给出其他定义时，他们常常是努力使康德的主张涵盖大量的行动。我已经说过，我们有时候可以不使用特殊意义上的"纯粹当作手段"，而是修正康德的主张，以便它也谴责接近于把人们纯粹当作手段来对待。有时候我们应该做的不是拓展康德的主张来涵盖这样的情形，而是做出其他类似的主张。当不助人为乐者无视那些需要紧急救助的人时，他们就没有把这些人纯粹当作手段来对待。但他们确实把这些人纯粹当作物件来对待，认为他们没有任何重要性，就像路上的一块石头或者一堆破旧衣物。我们可以主张，这是同样坏的。还有些对待人们的方式比把人们当作纯粹的手段更糟糕。尽管希特勒在他征服的东部领域里把斯拉夫人纯粹当作手段，但他对待犹太人的方式更糟糕。

228

第 32 节　当作手段的伤害

我们现在有这样一个问题：是否正如康德所主张的，不仅把人们纯粹当作手段是不当的，而且以把人们纯粹当作手段来对待的方式来行动也是不当的。

正如我们已经看到的，康德的主张太强了。暴徒在买咖啡时把卖咖啡者纯粹当作手段来对待，尽管这个人的态度是不当的，但其行动却没有不当。当利己主义者冒着生命危险救溺水儿童时，尽管他纯粹是利用这个儿童，以作为得到某种报偿的手段，但其行动并无不当。

正如我说过的，为了回应该反驳，我们可以修正康德的主张。按照

> 第三种纯粹手段原则：如果我们把任何人纯粹当作手段来对待，或者接近于这样做，且这样做还可能伤害这个人，那么我们的行动就是不当的。

但我认为，我们应当拒绝这个原则。让我们再次比较

> 救生艇情形，其中你能救我或者另外五个人。
> 隧道情形，其中你能转变奔驰电车的轨道，由此它会杀死我而不是那五个人。

以及

> 桥梁情形，其中你只能杀死我来救那五个人。

按照某种观点，在这三种情形中你都应当救五个人。在救五个人时，你是否会杀死我是没有影响的。当人们的生命受到威胁时，我们应当做能救最多人的任何事。

229　　　按照第二种观点，只在救生艇情形中你应当救五个人的命。我们不杀人的义务优先于我们救人的义务。基于这种观点，在隧道情形和桥梁情形中，你救五个人都是不当的，因为救五个人的这两种方式会杀死我。正如前文讲的，你是否把杀人当作一种手段是没有影响的。

按照第三种观点，在救生艇情形中，你应当救那五个人，而在隧道情形中，你至少被允许去救那五个人，但是在桥梁情形中，你救那五个人是不当的。我认为，这种观点是三种观点中最为人们所接受的。基于这种观点，你是否把杀死我当作一种手段确实会产生影响。

我们如果接受第三种观点，那么就可能诉诸

有害手段原则（the Harmful Means Principle）：对某人施加伤害以作为实现某一目标的手段，这是不当的，除非

（1）没有更好的方式达到这个目标，

且

（2）鉴于这一目标的善性质，我们施加的伤害并非不适当或过大。

这个原则并没有告诉我们何种伤害会是太大的。我们在此不得不做出自己的判断。基于某种观点，我们能够有证成地给人们施加的伤害的数量是有上限的。例如，按照汤普逊（Thomson）的讲法，不管能救多少人的命，杀死或严重伤害一个无辜者都是不当的。我们大多数人会接受一个不这么极端的观点。我们会认为，如果杀一个无辜者是阻止原子弹爆炸的唯一方法，从而可以救数百万人的命，那么这就是正当的。但我们可能认为，把杀死某人当作手段只救 5 个人，或者仅仅 50 个人，这是不当的。这些例子之间可能存在着居间的情形，这个道德问题出现在这些情形中时，没有清楚或确定的答案。

230　　按照我所称的标准观点，如果不经人们同意，把伤害他们当作手段来实现某个目标，那么我们就是把这些人纯粹当作手段来对待。正如我所论证的，这可能并不为真。我以伤害布朗为手段来保护自己，但没有把布朗当作手段来对待，这样我就不可能把他纯粹当作手段来对待。

我们回到这样的情形，其中我们如果把伤害某人当作手段，那么就可能也是把这个人当作手段来对待。当我们询问这样的一个行动是否不当时，我们有两个问题：

Q1：这个行动的不当性可能部分地取决于我们是否以伤害此人为手段来实现某个目标吗？

Q2：这个行动的不当性可能部分地取决于我们是否把这个人纯粹当作手段来对待吗？

当比较诸如桥梁情形和隧道情形时，我们可能会判断对 Q1 的回答是肯定的。我们可能认为，尽管你能够有证成地使奔驰的电车转向，由此它会杀死我而不是那五个人，但你通过杀死我来救那五个人是不当的。我一直都没有反驳这种观点。

我认为，对 Q2 的回答一直或近乎一直是否定的。在桥梁情形中，你即使未经我同意就杀死我，还是可能没有把我纯粹当作手段来对待，或者接近于这样做。你对待我的方式可能在相当重要的方面受到相关道德原则（诸如康德的同意原则）的管辖。情况可能是，如果你本来靠近这辆电车，那么你就会牺牲自己而不是我来救那五个人。但我认为，这些事实不会影响你的行动是否不当。如果你牺牲我以作为救那五个人的手段是不当的，那么不管你是否把我

纯粹当作手段来对待，这都是不当的。即使你没有把我纯粹当作手 *231*
段来对待，或者接近于这样做，这些事实也不能证成你的行动。

　　我们接下来转向这样的情形，其中我们以伤害某人为手段是有
证成的。在第三种地震情形中，你只能不经布莱克同意粉碎其脚趾
来救你的孩子。我认为，这个行动是能够得到证成的。如果某人为
了救其孩子而粉碎我一个脚趾，那么（我希望）我不会抱怨。有些
人尽管会认为该行动不当，但还是会接受：我们能够有证成地带给
某人较小的伤害，如果这是救另一人生命的唯一办法。例如，按照
汤普逊的看法，为了救某人的命，我们可以擦伤他人的腿，使这个
人具有"短期的轻度疼痛"。这样，我们可以假定，在

　　　　第四种地震情形（Fourth Earthquake）中，暴徒只能在不
　　经布莱克同意的情况下擦伤她的腿，使她具有短期的疼痛，由
　　此来救自己孩子的命。

这个暴徒视布莱克为纯粹的手段。如果有助于实现他的任何目标，
那么他就会杀死或重伤布莱克。这样，如果暴徒通过擦伤布莱克的
腿来救其孩子的命，那么他就既施加伤害于布莱克，又把她当作纯
粹的手段来对待。按照康德的人性公式（包括纯粹手段原则），把
人们纯粹当作手段来对待的任何方式都是不当的。按照第三种纯粹
手段原则，把人们纯粹当作手段来对待且伤害他们的任何行动方式
都是不当的。这些原则都蕴含着，暴徒如果通过擦伤布莱克的腿来
救其孩子，那么就是行动不当。

　　这个结论是让人无法接受的，尽管这个暴徒对布莱克有不当的
态度，但通过给布莱克造成较小的伤害来救其孩子是可以证成的。

这个孩子具有得救的道德要求权。这种要求权不会受到其父亲对布莱克态度的不当性的破坏或否决。这同样适用于其他情形。如果在第三种地震情形中，在道德上允许你使布莱克失去一个脚趾来救你的孩子，那么在道德上也允许这个暴徒以同样的方式救他的孩子。

人们广泛认为，为了解释把伤害某人当作利他手段的不当性，我们可以诉诸康德的这个主张：我们必须从不把人们纯粹当作手段来对待。我已经论证，这个信念是错误的。如果把伤害某人当作手段来实现某个好目的是不当的，那么即使我们没有把这些人纯粹当作手段来对待，这些行动依然是不当的。如果把给某人带来较小伤害当作手段来实现某个好目的不是不当的，那么即使我们是把这些人纯粹当作手段来对待，这些行动依然不是不当的。

康德的主张包含着重大的真理。我们把任何人当作纯粹的手段都是不当的。但是，我们行动的不当性从不或极少取决于我们是否把人们纯粹当作手段来对待。

第十章 尊重与价值

第 33 节 对人的尊重

康德在对人性公式的另一个评论中写道：

> 每个理性存在者……必须总是被当作一个目的……是要被
> 尊重的一个对象。

尊重一切人的要求是康德对我们道德思考所做的最伟大的贡献之
一。但这一要求并没有告诉我们应当如何行动。

伍德表示，

（A）我们必须总是以表达尊重的方式对待人们。

然而，我们无须对人们表达尊重就能正当地对待他们。伍德表示，只要我们正当地对待人们，我们的行动就可以被看作对这些人表达了尊重。但是基于这个建议，（A）告诉我们的只是我们必须总是正当地对待人们。（A）不会有助于我们确定哪些行动是正当的，因为我们无法判定某个行动是否对人们表达了尊重，除非通过判定某个行动是否正当。

有些作者表示，

> （B）如果对待人们的方式与对他们的尊重是不相容的，那么这就是不当的。

234　某些不当的行动显然与对人的尊重是不相容的。康德的例子是：耻辱性或羞辱性的惩罚、嘲弄、诽谤以及展示傲慢或鄙视的行动。但是，康德的公式意图涵盖一切不当的行动，而大多数不当的行动并不以这种不尊重的方式对待人们。

有些作者表示，一切不当的行动都在广义上与对人的尊重是不相容的。按照这个建议，（B）不会是一个有用的主张。如同之前一样，为了决定某个行动是否在这种广义上与对人的尊重不相容，我们首先就要判定这个行动是不是不当的。这个行动如果不是不当的，那么就会与对人的尊重是相容的。正如康德与西季威克所提醒的，道德哲学家通常会提出那种看似会给予我们"有价值信息"的主张，但实际上只是告诉我们：某些行动如果是不当的，那么就是不当的。

康德还主张：

> （C）我们必须总是尊重人性，或者尊重使我们成为

人（persons）的那种"理性本质"。

伍德称（C）是康德最高的道德原则的"最有用的表述"。伍德主张，尽管（C）这个原则不能解决一切道德问题，但提供了"判定道德问题的正确基础"。为了支持这个主张，伍德指出，在其最后也是篇幅最大的一部关于道德的著作中，康德做出的论述似乎常常是在诉诸（C）。

　　我认为，康德的论述并未表明（C）是一个有用的原则。正如伍德本人所承认的，康德对（C）的诉诸通常是"简短且不经意的"。这个评论对康德的观点所增无几。例如，康德写道，我们发展自己天赋之责"与内在于我们本人的人性目的息息相关"。康德还提出了伍德正确地拒绝的其他主张。康德主张，任何人给予自己性快感或者为了避免痛苦而早死都是不当的，因为这贬低或玷污了人性。康德在谴责撒谎——即便是"为了实现某个真正的好目的"——的时候写道，任何撒谎者都会"违背自己人格中的人性的尊严"，这样他就变成"纯粹虚有其表的人"，"具有的价值甚至远不如一个纯粹的物件"。康德并不是因为这些主张而成为自古希腊以来最伟大的道德哲学家。

　　伍德表示，康德在提出这些主张时对（C）有所误用。伍德写道，我们之所以能够拒绝康德关于性、自杀和谎言的主张，是因为"我们能够有证成地认为，在这些事情上我们对于尊重人性要求什么有更好的了解"。有深刻道德分歧的双方都能使用这个原则来阐明他们自认为是最强有力的论证，这正是这个原则的"一种优势"。

　　这个评价在我看来是错误的。当康德主张某个行动会违背或贬低人性时，以及在我们拒绝这些主张时，无论康德还是我们，都没有给出自己最强有力的论证。在困难的情形中，（C）也无法帮助我们判定何种行动会是不当的。

第 34 节　两类价值

当康德解释"我们必须总是把理性存在者当作目的来对待"的意思时，他主张这类存在者具有尊严，这里尊严意指一类最高价值。这个主张提出了伦理学上最深刻的问题之一：善如何与正当（或与我们道德上应当做什么）相关联。康德还主张，我们不是要遵循古希腊人的程序，即首先询问什么样的目的是善的，然后得出什么是正当的结论，而应当把这个程序颠倒过来。罗尔斯称康德道德理论的核心特征是"正当以这种方式'优先于善'"。但相对而言，伍德主张，尽管康德的人性公式"采取了规则或命令的形式，不过在基本上它断言的是一种实质价值的存在"。赫尔曼表示，康德"最根本的理论概念"是"善"，康德的伦理学最好被理解成价值伦理学。

我们在考虑康德的价值主张之前做出更多的区分是有益的。许多事物在我所称的蕴含理由的意义上有好坏之分。这样的事物有某类属性或特征，它们在某些情境下给予我们或他人理由以某种方式对这些事物做出回应。

某些这样的好事物具有一类正如斯坎伦等人所说的有待促进的

价值。两个这样的例子是幸福以及减轻或防止痛苦。当事物具有这类价值时，我们实际上有理由去促进的是这些事物而不是其价值。

我们能够促进的是事件，广义的"事件"也能涵盖行动和事态。事件能够作为目的或作为实现目的的手段而有好坏之分。基于某些观点，行动只能作为手段而有好坏之分。我认为，我们应当拒绝这样的观点。例如，我们若把孩子抚养好，作为好的爱人或友人表现良好，成功地从事各种各样有价值的活动，行动正当和尊重他人，等等，我们就是行为得体的。这样的事情——不仅作为实现幸福或其他好目的的手段，而且部分或完全是为了自身的缘故——都可能是值得做的。这样，我们就应该把行动纳入那些作为目的就能够有好坏之分的事件之中。

按照在我看来关于事件善性的最好观点，我称之为

实现主义（Actualism）：某些可能的行动或其他事件如果具有一些内在属性或特征——这些属性或特征给予我们理由想要通过采取该行动或使该事发生而让它们成为现实且尽可能使之变成现实，那么它们就作为目的是好的。某些可能的行动或其他事件如果变成现实是实现某个目的的有效方法，那么它们就作为手段是好的。

这同样适用于作为目的而是坏的事件，或作为实现某个目的之手段而是坏的事件。事件作为目的是坏的，既可能是对特定的人说的，也可能是在蕴含不偏不倚理由这种意义上说的，或者两者都是。我们除了有理由设法导致好的事件和防止坏的事件，还有理由对它们持有各种各样的态度，诸如希望、高兴、恐惧和遗憾。所有这些态

度都是针对这样的可能性，那些事件是现实的或真实的，即作为事
情进展方式的一个组成部分。

"实现主义"既然适用于一切可能的行动及其所有可能的效果，
那么就涵盖所有这样的事物，其善性直接与我们应该做什么的决策
相关。我们有一个理由以某种方式行动，当且仅当或恰好当这个行
动以这种方式要么作为目的是好的，要么作为实现某个好目的之手
段是好的。然而，实现主义并不主张要涵盖行动和事件之外的其他
事物的善性。

按照某些作者的看法，这种观点可以拓宽，从而涵盖某些持续
存在的事物（诸如人或艺术品）的善性。某些事物的性质如果给予
我们理由想要它们存在或持续存在，并且我们有理由尽力这样做，
那么人们就会主张这些事物是好的。摩尔甚至写道：

> 当我们断言某物是好的时候，我们的意思是它的存在或实
> 在就是好的。

但这些主张是错误的。尽管某物本身不是好的，但其存在可能是好
的，反之亦然。例如，有许多坏人，但他们的存在作为目的是好
的。当某些好人正要极痛苦地慢慢死掉时，他们的持续存在作为目
的就是坏的。如果好的艺术品从未有人见过，那么它们的持续存在
就没有任何价值。

按照斯坎伦所称的那种目的论理论，只有行动或其他事件才在
本身就是好的意义上具有内在价值。斯坎伦正确地拒绝了这个主
张。还存在其他可能本身就是好的事物，诸如人、书和论证。既然
这些事物不是事件，那么我们就无法想要它们发生或使它们发生。

但我们可以以其他方式回应它们。我们有理由读这些书，被好的论证说服，尽力变成更好的人。

我们现在转向另一类价值，正如斯坎伦和其他人所说，这类价值是要被尊重而不是要被促进的。和之前一样，当事物具有这类价值时，确实是这些事物而不是其价值是我们有理由尊重的。我们尽管可以主张人是具有这类价值的最好例子，但也可以从其他例子开始。这些事物可以是那种被宣称具有象征价值、历史价值或结社价值的东西，诸如国旗、活的古树、肖像、其他宗教画以及死者躯体。

斯坎伦写道，理解某物的价值在部分程度上就是"知道如何评价它（知道要求什么样的行动和态度）的问题"。许多这样的行动和态度可以被不严格地称为尊重或尊敬该事物的方式。我可能尊重国旗、古树和宗教画，拒绝用国旗做抹布、用最古老的树做柴火和用宗教画做标靶。为了对许多这样的事物之价值做出恰当的回应，我们应当保护它们，让其继续存在。但情况并非总是如此。我们要对死者躯体的价值做出的恰当回应，就不是要如古埃及人那样保存它们，而是以某种恭敬的方式毁灭它们，如放在装点着鲜花的火葬柴火中烧掉，而不是把它们扔在垃圾堆里。

这类事物的价值完全不同于好目的或好人的善性。它不是一种善性。尽管有些亡者的躯体可以作为尸体，供解剖学或手术教学之用，其他躯体可以在某些恐怖电影中用作道具而是好的。但这些并不是所有死者躯体都可以宣称具有的那类价值。有些宗教画并不是好的。尽管这类价值不是一种善性，也不是有待促进的价值，但当

238

我们以尊重的方式对待这类事物来回应它们的价值时，这些行动就可以作为目的而是好的，具有那类有待促进的价值。

我们接下来可以转到关于人的生命价值的主张。斯坎伦写道，欣赏这类价值：

> 首先是把人的生命视为应予以尊重的，其中包括理解"不摧毁它们、保护它们以及想要它们进展顺利"的各种理由。

然而，为了理解拥有的这些理由，我们不必把人的生命视为具有应予以尊重而不是有待促进的价值。当人们活得好时，在蕴含理由的意义上这既对这些人是好的，也是非个人地好的。这种幸福的生活作为目的是好的。我们有理由保护美好的生活，以其他方式帮助人们，让他们的生活在其他各方面进展顺利。

按照某些观点，人的生命还有另一类价值。假定你即将痛苦且没有尊严地慢慢死去，你又没有任何重要的事情可做。你可能就有强理由自杀，其他人就有强理由帮助你这样做。在那些会诉诸人的生命价值的人之中，有些会认为这样的行动是不当的。这些人可能会同意，你早点儿自然地死亡对你是好的，也在非个人的意义上是好的。但这些人认为，你不应当自杀，其他人也不应当帮助你自杀，因为这样的行动没有尊重人的生命价值。基于这种观点，尊重某人生命的价值不同于做既对这个人是最好的也是这个人会选择的事情，并且会与之冲突。

斯坎伦拒绝这种观点。他写道，我们有理由不去结束某个人的生命，仅当"只要这个人有理由继续活下去或想要活下去"。斯坎伦这里否认人的生命有这样一类价值，我们尊重这类价值的方式与这个人的福祉以及自主性相冲突。我认为，这是关于人类生命价值的正确观点。为在这样的情形下自杀和帮助自杀是不当的做辩护，我们还需要其他论证。

被宣称拥有那类应该被尊重而不是被促进的价值的，不是人的生命而是活着的人。斯坎伦主张，我们应该尊重这类价值，只以能向这些人证成的方式对待他们。康德做出了类似的主张，要尊重人们，我们就应该只以他们能够合理地同意的方式对待他们。

第 35 节 康德式尊严

我们接下来考虑康德关于价值的主张。康德在提出这些主张时，区分了三种目的。康德所称的有待产生的目的是我们能够努力实现或产生的目标或结果。这些是日常意义上的目的，正如"减轻痛苦是好目的"这种主张中的那种意义。康德把这种目的与现存的或既存的目的做了对比，后者的例子主要是理性存在者或人。康德的第三种目的是自在目的。这类事物具有康德所称的尊严，他将之定义为绝对的、无条件的和不可比拟的价值（value or worth）。在别无他物具有更高价值的意义上，这种价值是最高的或者不可超越的。

在某些作者看来，康德认为这种最高价值只为某些现存目的（诸如理性存在者）所具有，是一种应该被尊重而不是促进的价值。但是康德主张，存在几种具有最高价值的有待产生的目的，这

240

些目的是我们应当努力去促进或实现的。

一个这样的目的是拥有一种善意志。康德主张，如果我们之所以履行义务，是因为它们是我们的义务，而不是由于某种其他目的如避免惩罚，那么我们的意志就是善的。我们对善意志的拥有要么被看作一种精神状态或倾向，要么是构成善意志的一种活动。基于康德的观点，无论以哪种方式，拥有善意志都是我们应当努力去实现之事。用康德自己的话说，"理性的真正天职必定产生善意志"。

另一个具有最高善性的有待产生的目的是康德所称的目的王国。这是一种可能的事态或可能的世界，若每个人都具有善意志且总是行动正当，那么我们就会一起产生出这种世界。

第三个这样的目的是康德所称的最高的善或至善。这种可能世界是目的王国再加一种特征：每个人都拥有与其德性相配的一切幸福。康德主张"我们应当努力去促进"这个目的，"理性……命令我们竭尽所能来产生它"。

可能还有第四个这样的目的。康德称理性存在者是"其存在本身就具有绝对价值"。他写道，如果不存在任何理性存在者，那么宇宙将是"纯粹的浪费、徒劳，没有终极的目的"。这些评论显示，基于康德的观点，理性存在者的持续存在是另一个具有最高价值的有待产生的目的。

我们可以回到康德的这个主张：理性存在者或人是自在目的，具有尊严或最高价值。正如我说过的，人不是有待产生的目的。他们的价值是不同类型的。正如伍德和赫尔曼所主张的，基于康德的观点，"即使最坏的人也有尊严"，一个有善意志的人与一个有普通意志或坏意志的人具有"同样多的价值"。我认为，康德观点的这个部分是一种深刻的真理。但是，道德上最坏的人所具有的价值不是一种善性。希特勒不是好人。人们具有尊严或价值，这是在如下极为不同的意义上讲的：鉴于其作为理性存在者的本质，必须总是以某种有益或尊重的方式来对待他们。我认为同样的主张适用于一切有感知的存在。在一种拓展的康德式意义上，能够感知痛苦的最低级的蠕虫也有尊严。一只蠕虫不可能本身是善的，但其本质使它是这样一种存在，我们若给它施加无意义的痛苦就是不当的。

　　我一直在忽略一种复杂性。康德有时候使用"人性"来指称理性，或指称他还称之为"理性本质"的那种东西。这样，当康德主张人性是一种具有尊严或最高价值的自在目的时，他可能意指理性有这种价值。尽管理性存在者的价值不是一种善性，但可以主张，他们是理性的，从而是善的。赫尔曼写道，在康德的伦理学中，"'善的'领域是理性的活动与能动性"，康德把道德建立在"作为一种价值的理性"的基础上。伍德甚至称康德关于理性价值的主张是"康德整个伦理学理论中最为根本的命题"。

　　基于康德的观点，理性和拥有善意志一样在部分程度上是一个有待产生或促进的目的。我们应当运用我们的理性，并且通过发展我们的理性能力而努力变得更理性。康德称尊严是一种价值，无限地高于一种低等的价值，后者他称为价格。在只具有价格的事物中，康德纳入了快乐与没有痛苦。这样，如果康德想主张理性或理性的活动具有尊严，那么他的观点就蕴含着理性具有的价值无限地

241

大于消除痛苦所具有的价值。卡笛莱尔·纽曼（Cardinal Newman）主张，尽管罪与痛都是坏的，但罪是无限地坏的，乃至如果全人类都处于极度痛苦之中，这还没有犯下一种可宽恕的罪那么坏。尽管这种观点很可怕，但我们能够理解为什么有人会持有它，因为我们能够明白罪看起来如何可能无限地比痛苦糟糕。如果理性和理性活动具有无限价值意义上的尊严，防止痛苦只具有有限的价值，那么康德观点的含义就更难以让人接受。例如，按照这种观点，我们应当增强下棋的能力或解决十字谜的能力，而不是使无数人免于极度痛苦。这个结论是疯狂的。

242　　人们可能这样反驳：即使基于这种观点，我们也应当免除这些人的痛苦，因为这会有助于他们的行动更合理。但是，我们可以在外科手术期间通过使这些人失去知觉来免除其痛苦，而这将无助于其行动的合理性。

接下来有人可能会主张，理性的价值是有待被尊重而不是被促进的。这并非康德的观点，因为康德通常主张我们应当努力去发展和使用我们的理性能力。但是，这种修正版的康德观点还是会面临类似的反驳。我们尊重人的价值，不是通过给这个世界增加人口，而是通过遵循各种各样其他的道德要求，诸如不杀人或不害人。如果正如希尔所指出的，理性具有这种价值，那么就应该存在类似的要求不去破坏或影响人们的理性能力。如果理性的价值无限地高于一切价格，那么为了只有价格的事物（例如消除痛苦）而"牺牲"或"交易"任何理性能力就都是不当的。于是，一个行动不管可以为多少人免除极度痛苦，只要会损害我们下棋的能力或解决十字谜的能力，它就是不当的。这也是个非常愚蠢的结论。

我认为，康德的观点并不具有这种蕴含。当康德主张人性具有尊严时，我认为他很少指涉理性。康德区分了下述两者：（1）我们道德地行动和具有善意志的能力；（2）我们其他的理性能力。我们可以称（2）为我们的非道德的理性。在刚刚把尊严定义为一类绝对和不可比拟的价值之后，康德就写道：

> 道德和人性（就其作为道德能力而言）是独立地具有尊严的事物。

"人性"这个词在此不可能指称非道德的理性。康德在许多其他段落中区分了我们自己和他称为的"我们中的人性"。我认为，"人性"的这种用法绝大部分不是指称我们的理性，而是要么指称我们道德地行动和具有善意志的能力，要么指称作为康德所称的本体（noumenal）存在的我们自己。尽管康德的有些评论显示非道德的理性也是具有最高价值的自在目的，但我认为他并没有承诺这种观点。康德是"伟大思想家中最不精确的"，他对"人性"这个词的用法不断变换且含糊不清。康德确实谴责某些恶习，如贪吃和醉酒，其根据就在于这些恶习干扰我们对理性能力的使用。但康德的主要主张并不蕴含：吃得太多和醉酒是不当的——这即使是使无数人从极剧烈的痛苦中摆脱出来的唯一方式，依然是不当的。

赫尔曼写道，康德关于价值的主张提出了"对传统观念的一种彻底批判"。基于康德的观点，"过去的道德哲学……搞错了善的本质"。

我认为，康德并没有提出这样一种批判。如果康德主张没有任

243

何事物具有那类有待促进的价值，那么他就会拒绝早前的诸多观点。但是，我们已经看到，康德主张，目的王国、拥有善意志、康德的至善（每个人都有德且有福）的那种可能事态或可能世界都拥有这类价值。基于康德的观点，这些都是有待产生的目的，是我们应当尽可能地促进的目的。康德在主张何种事物具有这类价值时，也追随了此前的哲学家，那些人中的许多都主张，德性和幸福就是两种作为目的而善的事物。

康德可能不接受一种被广泛持有的价值观点，因为康德通常忽略有些事物能够在蕴含理由的意义上有非道德的好坏之分。例如，他主张，审慎原则或者做促进我们自己幸福的事情的原则仅仅是假言命令，只是因为我们想要幸福，它才适用于我们。康德在此忽略了我们想要幸福的非道德的理由。在其关于实践理由的论说中，康德描述了道德和工具理性，而两者之间几乎就是荒漠。然而，康德对非道德的善性的忽略（我会在附录 G* 中讨论）并不是一种批判。

还有另一种被广泛持有的价值观点是康德可能不会接受的。基于此种观点，有价值的总是在某种意义上是好的。当康德主张所有理性存在者都有他称之为尊严的那类价值时，他并不意指所有理性存在者都是好的。如我所言，康德的意思是一切理性存在者都具有某类应予以尊重的价值，因为应当仅以某些方式来对待他们。这类价值是一种身份（status），或者是赫尔曼所称的"道德地位"（moral standing）。这类价值被许多传统观点忽略了。

---

* 见《论重要之事——规范伦理学卷（下）》。

我认为，康德的这一主张是正确的：即便道德上极恶的人，也 *244*
有与任何其他人一样的道德身份。康德称这种身份为尊严或最高价
值，从而以一种颇具说服力的方式表达了这个主张。要不是由于
"道德身份"这种观念具有这种理论益处，我们就必须从更大群体
的成员中做出区分，挑选出那些满足进一步条件的人。我们可以做
个类比来说明这一点。在罗马法中，只有那些不是奴隶的人才有充
分的法律身份，算作人。在民主国家中，只有成年人才具备资格拥
有投票的身份，而在许多国家只有那些是公民的人才有资格得到某
些利益。相对比而言，基于康德的观点，所有理性存在者或人都应
当仅受到某些方式的对待。如果我们说，所有理性存在者或人都有
作为这种实体的道德身份，这种实体只应当受到某些方式的对待，
那么这样的说法就几乎没有增加任何东西。

康德的价值主张还部分地是误导的。正如我说过的，当康德主
张所有理性存在者都具有尊严或最高价值时，他并不意指所有此类
存在都是好的。但是康德主张，道德、善意志、目的王国这种可能
世界以及至善都具有这种最高价值。基于康德的观点，这些事物的
价值是一类善性。康德的价值主张因此并没有区分最高的善与道德
身份，而道德身份是极恶的存在者（如希特勒）也具有的。然而，
我们可以很容易为康德补上这种区分。

第 36 节　正当与善

康德主张，最高的善或至善是这样一个世界：其中每个人既是

完全有德或者道德上善的，也享有与此德性相配的一切幸福。康德还写道：

> 每个人都应当努力促进这种至善。
>
> 道德法则命令我们把世界上有可能的至善作为我们一切行动的终极目标。

245 按照我们可称为的

> 至善公式（Formula of the Greatest Good）：每个人都应当总是努力促进一种由普遍德性和应得幸福组成的世界。

这个理想的世界可能极难实现。因此，在运用这个公式时，我们应该比较不完美却更容易实现的世界状态，并问问怎样才能尽可能地接近康德的理想。

康德主张，如果每个人的德性与其幸福相称，或者说配得上其幸福，那么这就是最好的。在理想的世界里，情况确实会是：我们所有人都是有全德全福的。有些作者表示，在那些不理想的世界中，最好的世界是满足两者相称条件的世界。但这看来不大像康德的观点。如果无人有德性和幸福，或者每个人都有罪且悲惨，那么其德福也是相称的。但这样的世界显然比下述世界差得多：其中每个人都很有德性且很幸福，只是有些人的幸福与其应得稍有出入。这样，我们就可以假定，基于康德的观点，若人们的德性和幸福更多，那么即使两者不那么相称，这样的世界始终也是更好的。

康德的如下主张是不可行的：任何人都不可能影响他人的德

性。基于这个假设，我们只能通过提高自己的德性水平来促进德性。我们只能通过具有善意志和做任何我们应当去做的事来最好地促进德性。我们只能把幸福给予那些所获幸福比其应得少的人，从而最好地促进应得的幸福。常常有人主张，我们无法这样做，因为我们不知道人们应得多少幸福。然而，我们并不需要这种知识。哪些人更有可能应得更多的幸福，我们只要对之有合理的信念就足矣。正如康德所假定的，我们常常具有这种信念。通过设法使这些人更加幸福，我们就可以按照这种信念来行动。这样，康德的至善公式就给予我们一个可以努力去实现的目标。

我们接下来可以再做些区分，引入康德的一些其他主张。道德 *246*
理论在最宽泛的意义上是

行动后果主义的（Act Consequentialist），如果它们主张每个人都应当总是做或努力做任何会最好地实现一个或更多共同目标的事。

按照一种这样的理论，享乐主义的行动效用主义（Hedonistic Act Utilitarianism）是

HAU：每个人都应当总是产生或努力产生最多（减掉痛苦之后）的幸福。

这些理论是个人中立的，意思是它们给予每个人完全一样的共同目标。按照大多数道德理论以及大多数人的道德信念来说，存在一些每个人都应当努力去实现的共同目标，比如人们不应挨饿。但是，我们每个人都还应当努力去实现许多个人相对的道德目标。例如，

基于这样的观点，不是我们具有如遵守承诺和照看孩子这样的共同目标，而是我们每个人都应当努力信守自己的承诺和照看自己的孩子。第三组观点则并不给予我们任何共同的道德目标。例如，"我们唯一的义务就是服从十诫"这样的观点就是如此。

有些道德理论是全部或部分地基于价值的，意思是它们诉诸这样的主张：什么东西在重要且实质性的意义上是好的或坏的。按照我们所称的基于价值的行动后果主义（Value-based Act Consequentialism），或者

> VAC：每个人都应当总是做或努力做任何会使事情进展得最好的事。

例如，基于这种版本的 HAU，每个人都应当产生或努力产生最大净数量的幸福，因为这是我们使事情进展得最好的方式。

有些道德理论除了提出关于"什么是善"以及"我们道德上应当做什么"的主张，还提出了关于"善"这个概念与道德版本的"应当"概念如何相关联的主张。按照某些理论，"善"这个概念是根本的，可以被用来定义这种版本的"应当"概念。按照某些其他理论，"应当"概念才是根本的，可以用它来定义"善"这个概念。按照第三类理论，这两个概念无法依据彼此来定义。我认为，第三类理论是最好的。因为只有这些理论才在独立的意义上使用"善"和"应当"，只有这些理论才能对"什么是善"和"道德上应当做什么"之间的关系提出实质性主张。

我们可以把摩尔的《伦理学原理》（*Principia Ethica*）作为第一类理论的一个例子。摩尔主张，当我们说

我们应当做某事或这个行动是正当的时，我们意指这个行动使事情进展得最好，由此产生的善最多。

我们可以称此为促进善性（goodness-promoting）意义上的"应当"。摩尔还主张：

M1：每个人都应当总是做会使事情进展得最好的事。

这个主张似乎是一种基于价值的行动后果主义。但是，如果摩尔是在其促进善性的意义上使用"应当"，则 M1 就是个隐藏的同义反复，其公开形式之一是：

M2：每个人如果总是做使事情进展得最好的行动，那么就总是会做使事情进展得最好的行动。

每个人都可以接受这个主张，不管其道德信念如何。摩尔的《伦理学原理》并没有提出一个实质性的道德观点。

康德主张我们应该根据"应当"来定义"善"，所以康德的观点与摩尔的恰恰相反。用康德的话说：

善恶概念绝不可先于道德法则而被决定……而是只能在其后……并且借助于它。

令人吃惊的是，康德还主张：

所有命令都是以"应当"来表达的……且说……某个行动会是善的。

康德这里所做的似乎恰恰是他主张我们绝不能做的事，即根据善来定义应当。康德同样称某个行动"是实践上必然的，也就是善的"。

248

但这些评论并没有在其任何日常意义上使用"善的"。例如，某些行动在这些日常意义上是善的，尽管其他行动可能是更善的。在这些以及其他段落中，康德并没有区分"某个行动是善的"与"这个行动是实践上必然的"，即我们应当做的。后面那些语言才能更好地表达康德心中所想。我由此提出，当康德称某个行动是"善的"时候，他意指这个行动是我们应当做的。既然康德是在"基于应当"的意义上使用"善的"，那么他就遵循了自己的要求："善"要根据"应当"来定义。

当康德称某个目的或结果是"善的"或"最善的"时候，看来他通常使用的是一种基于应当的意义。例如，当康德主张：

K1：善意志是极其善的。

他似乎在部分程度上意指：

K2：每个人都应当努力拥有善意志。

但康德也可能意指：我们之所以应当努力拥有这样的意志，是因为这种意志是极其善的。"善"的这种用法不会是基于应当的。在这个方面，康德的道德理论可能正如赫尔曼所主张的，是一种价值伦理学。但是，在从其关于什么是善的信念中导出道德法则的内容时，康德所做的不会是那种他主张我们绝不能做的事。从"善意志是极其善的"这个主张，我们能够推出 K2。但是，对于我们应当做什么，我们无法得出任何其他结论。

康德宣称，古希腊人确实犯了这种错误，因为他们试图从关于至善或最伟大的善的信念中推出道德法则。然而，如我们所见，康德本人描述了一个他称为最高的善或至善的理想世界，他主张每个人都应当努力去产生这个世界。康德在此犯了他所说的古希腊人所犯的那种"根本错误"吗？他是从关于至善的信念中推出"我们应当做什么"的信念吗？

情况或许如此。如我们所见，康德主张：

> K3：每个人都应当总是努力促进至善。

这似乎是另一版本的基于价值的行动后果主义。康德似乎是在主张，每个人都应当总是努力去产生最好的善或至善的世界。他还说了其他这样的话语：对于每个人而言，"他在每个场合的义务就是在其能力范围内做一切善的事情"。

我认为，这不是阐释 K3 的最好方式。我认为，康德是在基于应当的意义上使用"至善"这个术语，意指"每个人都应当总是努力去促进的事情"。如果这就是康德的意指，那么 K3 就可以被重述为：

> K4：每个人都应当总是努力促进那种每个人都应当总是努力促进的世界。

这个主张看起来是一个纯粹的同义反复，这是每个人都接受的。但情况并非如此。K4 蕴含着我们应当接受某一版本的行动后果主义，因为 K4 蕴含着存在某种世界，它是每个人都应当总是努力去促进的。许多人会拒绝这个主张。

然而，K4 并不蕴含一种基于价值的行动后果主义。当康德主张 K3 时，他可能也是用"至善"指称某种可能的世界，他在别处宣称这种世界是至善。K3 由此可以被更充分地陈述为：

> K5：每个人都应当总是努力促进一种由普遍德性和应得
> 幸福组成的世界。

这是对康德这部分观点最清楚的陈述，这个主张甚至并没有使用"善的"或"最善的"这种语词。这样，康德版本的行动后果主义在很大程度上就并不是基于价值的。

第 37 节　促进善

250　　康德的观点也并不显然是行动后果主义的。康德的至善公式可能被宣称是我们所需要的唯一原则，因为我们应当总是努力去直接促进康德的理想世界。但这并不是康德的观点。康德主张我们应当遵循某些其他公式，诸如他的人性公式和普遍法则公式。这样，我们接下来就可以询问：康德关于至善的主张如何与他的其他公式相关联？

康德写道，我们能够假定：

> 对道德法则的履行会导向最高的目的。

他还写道：

> 对道德法则最严格的遵守，应被视为带来（作为目的的）至善的原因。

在这些和其他段落中，康德假定：

K6：正是通过遵循道德法则，正如康德的其他公式所描述的，每个人都能够最好地促进这个理想的世界。

每个人如果都遵循道德法则，具有善意志，那么就会因此而促进康德理想世界中的一个要素，即普遍德性，因为这种普遍德性就在于每个人都遵循道德法则和具有善意志。但这并不是康德的全部意思。康德主张，如果每个人都遵循道德法则，那么这就会导致至善或成为其原因，此时康德必定是指这个理想世界中的另一个要素：普遍应得的幸福。因此，康德似乎是假定：

K7：正是通过遵循道德法则，每个人都能够最好地给予每个人与其德性相配的幸福。

尽管每个人遵循道德法则会使这个世界更接近康德的理想，但康德主张，这并不足以充分实现这个目标，因为我们无法给予每个人应得的一切幸福。例如，有的好人年纪轻轻就死掉了。但我们能够指望我们的灵魂不朽，并且我们死后，上帝会给予每个人应得的余下幸福。

我们或许会怀疑康德能假定 K7。康德似乎认为，我们应当遵循某些严格的规则，诸如禁止撒谎、偷盗和违背承诺。康德看起来不大可能相信遵循这样的规则能够最有效地促进应得的幸福。

然而，那并非不大可能的。在康德的生活时代及其之前，人们广泛认为，

（A）每个人正是通过遵循常识规则，而不是试图直接促

251

进每个人的幸福，才能最好地促进每个人的幸福。

正如西季威克后来所论证的，这个假设也是相当可行的。在试图预测何种行动能够产生最多幸福时，人们会犯下严重的错误。他们常以利己的方式自欺。例如，人们容易相信，对于能够偷到的财产，我们比财产所有者更有需要。如果每个人都总是尽力最大化幸福，那么这也会破坏或弱化各种有价值的社会实践和制度，诸如包含信任的承诺实践。并且，如果每个人都具有总是试图最大化幸福的那些人所具有的动机，那么这在几个方面是坏的。为了能够总是以这种方式行动，我们大多数人都不得不失去太多的动机，诸如对特定人的强烈之爱，而我们的许多幸福正取决于这样的动机。

我们接下来能够做出一些早期思想者并没有做出的区分。我现在用"后果主义"只指称基于价值的观点，我将把"最好的或可预期地最好的"简称为"最好的"。如果我们假定每个人都会尽力遵循某组规则，那么某些可能的规则就会是

最优的（optimific），其意思是：如果每个人都尽力遵循这样的规则，那么事情就会进展得最好。

252 西季威克出于刚才给出的理由，认为常识道德规则相当接近最优规则。按照某一版本的规则后果主义（Rule Consequentialism），或者

RC：每个人都应当总是努力遵循最优规则。

按照某一版本的行动后果主义，或者

AC：每个人都应当总是做使事情进展得最好的事。

在那些接受这两者之一的人中，大部分人现在假定这两者是冲突的，这样，我们就必须两者择一。这些人认为，

> （B）在某些情形中，违背某些最优规则很可能或肯定使事情进展得最好。

西季威克作为一个行动后果主义者，他主张在这样的情形中，我们应当违背最优规则。按照大部分规则后果主义者的看法，我们应当转而遵循最优规则，即使这样做我们可能或肯定会使事情进展得更糟。

> 然而，有些人拒绝（B）。这些人相信：

> （C）正是努力遵循最优规则，每个人才总是最有可能使事情进展得最好。

摩尔接近于接受（C）。摩尔主张，我们在努力做最有益的行动时应当总是遵循某种最优的常识规则。如果（C）为真，那么后果主义的这两种形式就不会冲突而会一致，我们就能同时接受两者。按照我们可称为的行动－规则后果主义（Act-and-Rule Consequential-ism），或者

> ARC：每个人都应当总是努力遵循最优规则，因为这是每个人最有可能使事情进展得最好的方式。

我们若询问（C）是否为真从而这两种形式的后果主义相一致，那么就必须诉诸关于应当如何评价我们行动效果的观点。按照我们所称的

253 　　　边际主义观点（the Marginalist View）：要判定一个行动
有多好，我们应该问这个行动引起的差别是什么。该行动会产
生的利益是：与不做它相比，如果做它，事情的进展就会更好
的那部分余额。

当我们考虑某类情形时，这种观点似乎是讲不通的。这类情形的一
个例子是：只要一定数量的人做出某个行动，就会完全获得某种好
结果。若这样做的人超过这个数量，边际主义观点就蕴含着其中任
何人都不会带来任何利益。假定在

　　　救援情形（Rescue）中，100 个矿工被困在地下，洪水正
在上涨。如果 4 个人参与这个救援活动，这些矿工就都会
得救。

为了弄清其因果关系，我们可以假定，如果 4 个人站在台架上，那
么合起来的重量就足以把每一个矿工升上地面。按照边际主义观
点，如果有 5 个人参加这个活动，那么就没有人会救任何人的命。
这对于 5 个人中的每个人都为真：这个人不参与这个活动，不站在
这个台架上，不会产生任何差别，因为其他 4 个人会救下所有
这 100 个人的命。按照边际主义的观点，这些人在此都没有产生任
何利益。

　　这个结论看起来是荒谬的。如果这些人都没救人，那么这 100
个人的命是谁救的呢？有些作者主张，为了避免这种愚蠢的结论，
我们应该诉求人们一起做事的效果。按照一种这样的观点，我们可
以称之为

　　　总量平分观（the Share of the Total View）：当一组人一
　　起产生某个好效果时，每个人所产生的利益是总体利益的平
　　均数。

这种观点蕴含着，如果 5 个人参与我们的救援活动，由此一起救
了 100 个人的命，那么每个人应算作救了 20 个人的命。其中任何
一个人不参与救援都不会产生影响，这是不相关的。基于这种观
点，在判定哪个可能的行动会产生最多的利益时，我们应该忽略每
一个行动在被单独考虑的情况下的效果。

　　休谟在讨论我们不偷盗和尊重他人财产权的义务时坚持了一种
类似但更含糊的观点。休谟主张，正义和忠诚"对于人类的福祉是
绝对必要的"。但是，正义的收益"并不是每一单个行动的后果"，
因为每个具体的正义行动在"就其本身来考虑"时可能具有"极为
有害"的后果。正义的收益仅来自"整体框架"或"对普遍规则的
遵守"。休谟因此而主张，为了产生这些利益，我们必须遵循严格
的规则，即使违背规则"就其本身来考虑"具有好效果，也不允许
有例外。这样的规则必须是严格的、不容变更的，因为"不可能把
善与恶分开"。

　　基于休谟的观点，我们可以称之为

　　　整体框架观（the Whole Scheme View）：要决定某个行动
　　会产生多少利益，我们不应该问这个行动单独会产生多大影
　　响。如果某个行动是一组行动中的一个，而这组行动一起会产
　　生最大利益，那么该组行动中的每一个就都产生了这种最大
　　利益。

254

行动后果主义者如果拒绝边际主义观点而接受整体框架观，就可能接受休谟的主张：我们应当遵循某些严格的规则，诸如"永不偷盗"。因为他们可能会认为，我们的每个行动就是以如此方式来产生最大利益的。这些行动后果主义者由此也会是规则后果主义者。如果整体框架观为真，那么这个主张就会是：

> （C）正是由于努力遵循最优规则，每个人才最有可能使事情进展得最好。

基于这些假设，这两种形式的后果主义不会相冲突而是一致的。

当康德为另一个严格的规则即"绝不撒谎"辩护时，他提出的是类似的主张。在一篇名声不佳的论文中，人们即使在面对杀人犯询问受害人之去处时撒谎，康德也会对之做出谴责。这也导致人们常常假定，在主张我们必须绝不撒谎时，康德陈述的观点不可能是行动后果主义的。情况并非如此。康德写道，在讲谎话时，

> 我会尽可能地产生它，这个陈述……一般是不被人相信的，这样基于契约的一切权利就会化为泡影，失去其效力，这是对一般而言的人性所造成的不公。

他还写道：

> 由此一个谎言……总是伤害另一方，即便不是伤害另一个人也仍然伤害一般的人性，因为它使权利的来源不再有用。

在这些段落中，康德通过诉诸这样的行动所引起的伤害来谴责一切谎言。如前所述，拒绝边际主义观点且接受整体框架观的行动后果主义者也会做出这样的主张。康德可能像休谟一样相信，我们如果

始终遵循某些严格的规则，那么我们的每个行动就会产生最大的利益。

接着我们回到康德的主张：每个人应得的幸福会通过"最严格地遵守道德法则"而得到最好的促进。康德经常做出这样的主张。例如，他写道：

> 促进他人的幸福是一个目的，但我能够提供的手段只能是自我完善，除此之外，别无他法。

康德所称的"自我完善"主要在于我们具有善意志和正当地行动。因此，康德在此的主张就是：正当地行动是促进他人幸福的唯一方式——或者说是他可能意指的最好方式。康德还主张：

> 如果至善存在，那么幸福与配享由此就必定是相结合的。那么这种配享在于什么呢？在于行动与普遍幸福观念的实践一致。我们如果以这样一种方式为人处世——如果其他每个人都如此做就会产生最大的幸福，那么就应该配享幸福。

康德在此主张，我们要成为有德的和行动得当，做事的方式就必须有这样的效果：如果每个人都采取同样的做法就会产生普遍的幸福。这种主张陈述了一种后果主义理论：享乐主义的规则效用主义（Hedonistic Rule Utilitarianism）。如果整体框架观和（C）为真，那么康德的观点就也陈述了一种享乐主义的行动效用主义，因为这些观点是一致的。

然而，这些主张只具有历史的重要性，因为我们既应当拒绝整体框架观，也应当拒绝（C）。再次假定，在

256

救援情形中，100 个矿工被困在地下，洪水正在上涨。如果 4 个人参与这个救援活动，这些矿工就都会得救。我知道其他 4 个人已经参与了这个活动。我要么加入这个活动，要么到别处救另外一个人。

按照整体框架观，我应当加入这个活动，因为我的行动会因此而是一组行动中的一个，而该组行动会是产生最多好处的行动，能救 100 个人。这显然是个错误的结论。我应当去救另一个人，因为由此我们就能多救 1 个人。至少在大多数情形中，我们应当接受边际主义观点。当我们问哪个行动会产生最多好处时，我们应当问这个行动会产生什么样的差别。既然我们应当接受边际主义观点，那么我们就不可能是行动–规则后果主义者。后果主义者就不得不在其观点的这两种形式之间做选择。

按照我们所称的康德的

至善公式：每个人都应当总是努力促进一种由普遍德性和应得幸福组成的世界。

正如我论证过的，康德似乎认为：

K6：正是通过遵循道德法则，正如康德的其他公式所描述的，每个人都能够最好地促进这个理想的世界。

257　基于这些假设，康德的道德理论具有一种统一性或和谐，而这是康德宣称为纯粹理性的目的之一。康德的至善公式描述了一个单一的终极目的或目标，这是每个人都应当总是努力去实现的；而康德的其他公式描述了道德法则，每个人遵循它就能最好地实现这个目的。

在确定我们是否应当接受这些主张时，我们会有两个问题：

> Q1：我们应当总是努力促进一种由普遍德性和应得幸福组成的世界吗？

> Q2：我们通过遵循康德的其他公式能够最好地促进这个理想的世界吗？

我们既然还没有考虑康德的其他主要公式（普遍法则公式）蕴含什么，那么就无法试图回答 Q2。

尽管我们可以试图回答 Q1，但我不会那样做。然而，我将讨论康德关于其理想世界的一个假设。人们有时候说，康德关于至善的主张并没有给他其余的道德理论增添任何东西。康德在别处主张我们有两种目的，也是两种义务：我们自己的德性和他人的幸福。但是，在描述他的理想世界时，康德补充了仅当幸福是应得的时，它才是善的。基于康德的观点，如果人们具有比其应得幸福更多的幸福或比应得痛苦更少的痛苦，那么这就是不好的。这些关于应得的主张无法可行地派生于康德的其他公式，或者声称得到它们的支持。康德也没有尝试以这种方式支持这些主张。他只不过是坚持这些主张，或者把它们看作显而易见的，正如他写道：

> 理性并不赞成幸福……在这样的范围内才可例外，即它与配享幸福（亦即道德的行动）一致。

我认为，康德关于应得的主张是错误的。正如我现在会论证的，康德接近于明白这一点。

第十一章　自由意志与应得

第 38 节　道德要求的自由

　　按照决定论，一切事件在因果上都是不可避免的，故而我们只要以某种方式行动，那么在因果上就不可能以其他方式行动。康德主张，如果决定论为真，那么我们就不会具有道德要求的那种自由，道德因此就会受到破坏。康德认为，决定论以某种方式为真。但他主张，决定论并不是全部真理。康德区分了现象的时空世界与本体世界；现象是实体向我们显现的样子，本体是实体如其真实所是地呈现的物自身。康德论证，在这个本体世界，既没有时间也没有空间。可以设想，我们除了是时空世界里的现象式存在，还是这个本体世界里的本体式存在。我们的行动尽管在部分程度上是时空世界里发生于时间之中的事件，但在无时间的本体世界可能具有不被决定的起源。康德认为，这会给予我们道德要求的那种自由。

康德还论证我们具有这种自由。康德的论证可以陈述如下：

（A）除非我们应当做出不同的行动，否则我们的行动就不可能是不当的。

（B）"应当"蕴含着"能够"。仅当我们能够做出不同的行动，我们才应当做出不同的行动。

因此，

（C）除非我们能够做出不同的行动，否则我们的行动就不可能是不当的。

（D）如果我们的行动纯粹是时空世界里的事件，那么这些行动就是因果上被决定的，故而我们就永远不能做出不同的行动。

因此，

（E）如果我们的行动纯粹是这种事件，那么我们就没有任何行动是不当的，这样，道德就会是一种幻觉。

（F）道德不是一种幻觉。我们应当以某种方式行动，且我们的某些行动是不当的。

因此，

（G）我们的行动并不纯粹是时空世界里的事件。

在考虑这个论证时，我们首先也许会反驳，如果（E）为真，那么我们除非知道（G）为真，否则就不会知道（F）为真。如果除非我们的行动并不纯粹是时空世界里的事件，否则道德就是一种幻觉，且我们不知道我们的行动是否纯粹是这样的事件，那么我们如何能知道我们的道德不是一种幻觉呢？但可能存在着某些方式，通过这些方式我们无须先知道（G）为真就能合理地认为道德不是一种幻觉。例如，这种信念可能为某组宗教信念所蕴含，而后者作为启示的真理，是我们能够合理地接受且宣称知晓的。

我们还应该接受康德对（C）的论证。正如康德的假定，"应当"蕴含着"能够"。如果我们不可能以某种方式行动（诸如跑得比猎豹快去救人），那么我们应当以这种方式行动就不可能为真。我们的某个行动若不当，则我们本就应当采取另一个行动，因此"我们能够采取另一个行动"就必须为真。然而，"必须为真"的意思是什么，对此有着两种相冲突的观点，它们是关于道德要求何种自由的。

260　　假定打雷时我正站在田地里，一束闪电从我身边溜过。如果我说我本来能够被杀死，那么我就可能是在绝对意义上使用"能够"。我的意思可能是，即使在真实发生的条件下，这束闪电击中我本来在因果上也是可能的。如果我们假定决定论为真，那么这就不会为真，因为这束闪电在因果上不可避免地会如它所做的那样击中地面。反过来我可能是在一种不同的、假设或虚拟的意义上使用"能够"。当我说本来能够被杀死，我的意思可能只是，如果条件稍有不同（例如，如果我站得再靠西几步），我就会被杀死。即使我们假定决定论为真，这个主张还是能够为真。

康德假定，我们仅当能够在绝对意义上做出不同的行动时，才应当做出不同的行动。由此，如下情况在因果上必须是可能的：纵然我们实际的心态是既定的，我们本来也可以选择并实施其他行动。如果我们已做出的选择与行动都是因果地不可避免的，那么我们本来能够做出其他行动就不会在相关的意义上为真。基于这种观点，正如（E）所主张的，决定论与道德要求的自由是不相容的。

然而，正如许多作者所论证的，我们应当拒绝这种不相容主义的观点。回到这种情形，其中我说"你应当帮助那个盲人过街"，而你说"我不可能那样做"。如果我问"为什么不能呢？"，那么你回答"因为我不想"就是不够的。也许你在相关的意义上本就不能做出不同的行动，比如你为某种不可控制的欲求所支配，或者是疯掉了。但我们大部分人的不自由都不是在如此种种的意义上说的。在大部分情形中，"我们能够做出不同的行动"要在相关的意义上为真，它只需要以下这一点为真：

（H）我们如果本来想或本来选择这样做，那么就会做出不同的行动。

我们可称此为"能够"的假设的动机意义。"能够"的这种意义与决定论是相容的。你本来能够帮助那个盲人过街，意思是：如果你本来选择这样做，那么你就能这样做。如下情况是不相关的：鉴于你的实际欲求和其他心理状态，"你没有选择这样做"这一点是否在因果上是不可避免的。

有些人可能如此反驳：

261

如果我们的所有决定、选择和行动都是因果上不可避免的，那么就仅当奇迹般地违抗或破坏自然法则时，我们才能做

出不同的行动。我们是否应当以某种要求这种奇迹的方式行
动，这种询问是无意义的。

然而，去问这种问题是很有价值的。我们要做什么通常取决于"我
们应当做什么"的信念。我们如果相信我们的某个行动是不当的或
不理性的，因为我们应当做不同的行动，那么这个信念就可能导致
我们改变自己或自己的情境，这样，我们就不会再以同样的方式行
动不当或不理性。我们或我们情境的这种改变可能会影响我们后面
的所作所为。我们在过去要想做出不同的行动，就得施行某个奇
迹，这并不重要。如果我们变得相信我们应当做出不同的行动，那
么我们信念上的变化就可能使下述为真：在类似的情形中，不需要
任何奇迹，我们在将来就能做出不同的行动。这就足以使询问"我
们是否应当做出不同的行动"是有价值的。

康德称此种相容主义观点为"拙劣的托词"。他宣称，按照这
种观点，我们拥有的只是"转叉狗（即某种一旦上足发条就完全自
动运转的机械装置）的自由"。但康德对相容主义的反驳看来部分
地取决于他没有做出另一种区分。

按照宿命论，我们随后会不可避免地以某种方式行动，不管我
们决定做什么。我们一切不同的可能决定，都不过是我们终究会做
同一件事的不同方式。按照这种观点，我们试图做出好的决定是没
有意义的，因为这丝毫不会影响我们后面做什么。既然非常清楚，
我们大部分人的行动确实取决于我们的决定，那么宿命论就仅当限
于某些特定的行动时才是可信的。例如，按照古希腊神话，无论俄
狄浦斯决定做什么，他都命中注定要杀父娶母。这一点要为真，某

个希腊神就不得不做好干涉的准备，从而确保俄狄浦斯的决定不会 *262*
阻碍他以后做这两件事情。

决定论是一种极为不同的观点。按照这种观点，我们将来会做
什么取决于我们决定做什么。尽管我们的决定会是因果上不可避免
的，但通常我们事先并不知道，并且不可能总是知道我们将来会决
定做什么。如果我们做出更好的决定且据此行动，那么事情就有可
能变得更好。这些事实就足以给予我们理由要努力做出好的决定。
我们如果认为努力做出好的决定于事无补，那么就会错误地滑向宿
命论，即假定我们的决定对于未来发生的事情毫无影响。

康德有时候犯了这种错误，如他写道：

> 除非我们认为我们的意志是自由的，否则这种命令就是不
> 可能且荒谬的，留给我们的就只有等待并观察上帝会通过自然
> 原因在我们心中注入何种决定，而不是我们自己作为创作者能
> 够做什么和应当做什么。

这些评论蕴含着，如果决定论为真，那么我们努力决定应当做什么
就毫无意义。我们就不得不是被动的，等着看我们会被导致做出何
种决定。情况并非如此。即使决定论为真，我们也可以是主动的，
通过努力做出好的决定并据之行动。例如，如果我们正处于起火的
建筑物中，我们可以努力决定如何逃生。我们如果只是干等着看我
们后来会被导致做出何种决定，那么就很可能做出更差的决定，更
有可能死掉。

康德还提出了一种不同的相容主义观点。他写道：

> 自由的实践概念与思辨概念毫无关联……因为我可能对于

我现在行动状态的源起完全漠不关心，我只问我现在不得不做什么，于是自由就是一种必然的实践命题。

康德在此似乎明白，当我们决定做什么时，我们能够忽略"决定论是否为真"这个思辨或理论问题。我们如果还不知道我们将决定做什么，那么在这种意义上就是自由的，即我们如果决定做什么，那么就没有任何东西会阻止我们这样做。对于实践目的而言，这种相容主义的自由就是我们所需要的一切。鉴于我们的实际心态，其他某个决定是否在因果上是不可能的，这是不相关的。

尽管康德有时候表示，对于实践目的，我们所需要的自由与决定论是相容的，但他的主要观点显然是不相容主义的。康德甚至主张，本体上的无原因的自由是他整个哲学的基石。他如果接受的是这种相容主义观点，那么就不会提出这种主张。

按照我们一直在讨论但陈述的更简要的论证：

（A）到（E）：如果我们的行动纯粹是时间中的事件，那么这些行动就是因果上被决定的，并且道德就会是一种幻觉，因为我们没有道德要求的那种自由。

（F）道德不是一种幻觉。

因此，

（G）我们的行动并不纯粹是时间中的事件。

我已经主张，我们应当拒绝从（A）到（E）的那种概括推理。由于我们的某个行动是不当的，因为我们应当做出不同的行动，所以"我们本来能够做出不同的行动"就必然为真。但是，"能够"的相关意义是假设的动机意义。"能够"的这种意义与决定论是相容的。

即使我们的行动是因果上被决定的，我们还是能够具有道德要求的
那种自由。

第 39 节　为什么我们不能应得受苦？

然而，还有另一种相容主义，而且康德对它的拒绝是对的。康
德的有些评论提出了这个论证：

（I）"我们的某个行动是不当的"要为真，我们就必须以 *264*
某种能够使我们应得受苦的方式为该不当的行动担负道德
责任。

（J）如果我们的行动纯粹是时间中的事件，那么我们就永
远不能以这种应得受苦的方式对这些行动负责。
因此，

（E）如果我们的行动纯粹是时间中的事件，那么我们就没
有任何行动是不当的，这样，道德就会是一种幻觉。
因此，

（G）我们的行动并不纯粹是时间中的事件。

前提（I）可能看起来是可行的。有这样一些人，他们不能以"能
够使他们应得受苦"的方式对其行动负有道德责任。例如，小孩子
和疯子就属于这样的人。除了认为这些人无法以这种方式对其行动
负责外，我们还可能认为，出于这个理由他们不可能行动不当。

对于这些人为什么不可能行动不当来说，还有一种更好的解释

方式。小孩子和疯子不可能具有"行动不当"这一信念，也无法据此而行动。但普通的正常成年人是可以这样做的。这就足以证成我们的信念：大部分人是道德行动者，其行动能够有正当与不当之分。这样，我们就应当拒绝康德的假设：我们要成为道德行动者，就必须以某种"能够使我们应得受苦"的方式对自己的行动负责。我们能够融贯地认为：我们的行动有正当与不当之分，而且还没有任何人能够应得受苦。

按照前提（J），如果我们的行动纯粹是时间中的事件，那么我们就不能以这种应得受苦的方式对我们的行动负责。我认为，康德的这部分观点是一种深刻的真理。我们能够以几种其他的方式或意义在道德上负责，但我认为，任何人都不曾以能够使他们应得受苦的方式负责。我也不认为，有任何人应得更少的幸福。

265 　　在康德假定（J）的理由中，他的信念是这样的：

（K）如果我们的行动纯粹是时间中的事件，那么这些行动就会是因果上被决定的；

以及

（L）如果我们的行动是因果上被决定的，那么我们就不能以某种能够使我们应得受苦的方式对我们的行动负责。

我已经主张，道德要求的那种自由与决定论是相容的。如果除了我们的欲求和其他动机之外，没有任何东西会阻止我们做出不同的行动，那么我们本来就能在相关的意义上做出不同的行动。然而，正如康德所假定的，这种自由不足以证成这个信念：我们能够由于自己的所作所为而应得受苦。康德这里正确地拒绝了我们可称之为关于应得的相容论。

其他有些拒绝这种观点的人可能会拒绝康德的这个主张：如果我们的行动纯粹是时间中的事件，那么这些行动就会是因果上被决定的。大多数物理学家现在不认为决定论为真，因为有些事件涉及亚原子粒子，在部分程度上是没有原因或随机的。这样的主张并不适用于我们的行动决定或其他心理事件。大部分神经学家认为，心理事件在因果上取决于我们大脑中的物理事件，后者是完全被决定的，因为它发生在太宏大的规模上，不会受到亚原子层次的随机影响。但有些人拒绝这种观点，认为我们的有些决定不是完全在因果上被决定的。具有这样信念的人，有些会诉诸亚原子层次的随机性；其他有些人是互动论的二元论者，他们认为心理事件并非要么就是大脑中的物理事件，要么在因果上完全取决于后者。

要证成"我们能够应得受苦"这个信念，只为"人们以某种方式行动的决定并不完全是被引起的"这个主张辩护并不够。如果这就是我们对于任何这类决定所主张的一切，那么用康德的话说，这就会是

　　　相当于让它受控于盲目的机会。

基于这种观点，我们具有的不是转叉狗的自由，而是亚原子粒子的自由；转叉狗的运动是因果上不可避免的，亚原子粒子的运动则是随机的。当且因为我们大脑中的物质以某种随机方式运动或改变，我们才不能应得受苦。即使正如某些二元论者所主张的那样，我们的决定在部分程度上是随机的非物理事件，这也于事无补。

许多人主张，尽管大多数事件必须要么是完全被引起的，要么

是部分程度上随机的，但我们的决定和行动不是这样的。这些人试图描述第三种可能性。其中有些人诉诸我们的理性。当我们主张某个人出于某个理由而行动时，这些人表示，我们不是主张这个人的行动是完全被引起的，我们也没有主张这个人的行动在部分程度上是随机的。我们出于理由而行动的能力看来提供了第三种选项。

然而，当某人出于某个理由而行动时，我们能问这个人为什么会出于这个理由而行动。在某些情形中，答案是由进一步的理由提供的。例如，我撒谎的理由可能是掩盖我的身份，而我掩盖身份的理由可能是为了避免被指控犯有某种罪行。但是，我们很快就会达到任何这种动机性理由链条的开端。我撒谎的终极目的可能一直就是避免因自己的罪行而受到惩罚。当达到某人为何行动的终极理由时，我们就能问这个人为什么出于这个理由而行动，而不是出于其他理由以其他方式行动。如果我有免遭惩罚的自利理由，又有不撒谎的道德理由，那么为什么其中之一对我具有更大的权重让我由此选择这样做呢？这个事件并不是因为某个进一步的动机性理由而发生的。这样一来，所提出的第三种选项在此就消失了。这个事件要么是因果上被引起的，要么是部分程度上随机的。在任何动机性理由的链条开端总是会有这么一个事件。既然我们实际上所做的所有行动决定都包含这样的事件，那么这里就不存在融贯的第三种选项。

为了避免这种争论，有些人主张，在不涉及任何事件的意义上，行动可以是由行动者引发的。有些相信行动者因果性（agent-causation）的人部分地接受康德的这一观点：如果我们的行动纯粹是时间中的事件，那么我们就没有任何类型的自由可以使我们因为自己的所作所为而能够应得受苦。但这些作者认为，我们作为行动者完全是时空世界的一个部分，这样就无法合理地主张由行动者所引起的行动不是事件。

　　康德提出了其他相关的主张。康德假定，要对我们的行动负责，我们就必须对我们自己的性格负责。用他的话说：

　　　　人必须使或已经使他自己成为现在的样子……不管在道德意义上，是善或恶。这两种状况都必须是他自由选择的效果。

康德写道：

　　　　一个人的性格是他本人创造的，

以及

　　　　一个人（person）是自己的发起者（originator）。

亚里士多德类似地写道：

　　　　不正义的和自我放纵的人不变成现在这个样子，在一开始是可能的，因此他们是自愿地成为这个样子的；但当他们变成这个样子后，他们想要不是这个样子就不再可能了。

但亚里士多德并没有问，当一个人接近于使自己变成不正义和自我放纵的时候，"在一开始"本来能够发生什么。康德问了这个问题，并且正确地主张，我们如果纯粹是时空世界里的存在者，那么就不可能自由地创造我们自己的性格，因此不可能自由地选择成为善的或恶的。

使用刚才所引的这一主张以及其他类似主张，康德提出了另一个论证，支持"我们的行动不纯粹是时间中的事件"这一信念。这个论证在部分程度上是：

（M）我们决定做什么取决于我们的性格以及某些其他关于我们是什么样子的事实。

268　因此，

（N）要以某种"能够使我们应得受苦"的方式对我们的行动负责，我们就必须对"我们在相关方面是什么样子"负责。

（O）如果我们的行动纯粹是时间中的事件，那么我们就不能对我们变成什么样子负有责任，除非我们早前的行动方式使我们成为那个样子。

（P）要对这些早前的行动负责，我们必须对我们那个时候的样子负责，即通过更早前的行动使我们变成那个时候的样子。

为了对这些更早前的行动负责，我们必须对我们那个时候的样子负责，即通过更早前的行动使我们变成那个时候的样子。

为了对这些更早前的行动负责……诸如这般，直到无穷。

（Q）我们不能对这一无穷系列的形成性格的行动负责。

因此，

（J）如果我们的行动纯粹是时间中的事件，那么我们就不能选择我们自己的性格，或者不能以能够使我们应得受苦的方式对这些行动负责。

康德这部分论证是有效的，我认为它也具有真的前提，因此我们应当接受（J）。

康德的论证继续：

（R）我们是以一种"能够使我们应得受苦"的方式对我们的行动负责的。

因此，

269

（S）我们的行动不纯粹是时间中的事件。我们对我们的行动负责，因为在无时间的本体世界里，我们自由地选择给予我们自己性格，自由地去做我们所做的事情。

行动既可能是完全被引起的，也可能是部分地随机的，有些作者试图描述第三种可能的选项，对此的决定性反驳是"第三种选项是无法理解的"。相较于这样的主张而言，康德诉诸无时间的本体自由在某种意义上讲更容易辩护。康德主张，我们期待理解的应该不是这种无时间的本体世界，而是时空下的现象世界。用康德的话说，尽管这种本体性自由是无法理解的，但我们至少"能够理解其不可理解性"。

然而，我并不认为这是对康德观点的一个充分辩护。我们能够含糊地理解某种实体可以是无时间性的。我们还能对这种观念有所理解：时空世界的所有特征，可以在某种非时空的方式上模糊地依赖于某种决定。这种主张被应用于上帝时可能有些意义。但是，康德关于无时间性自由的某些主张，甚至在这种模糊意义上也是不可理解的。例如，基于康德的观点，尽管发生在时空世界里的每一件事都是被因果地决定的，但发生的每一件事也是由无数自由且分立的决定所联合产生的，这种决定是由所有曾活过的理性存在者无时间性地做出的。我们无法想象，这样多的自由决定，其中有好有坏，能够挑选且产生整个完全被决定的事件系列，构成时空世界的整个历史。既然这些决定会部分地确定哪些理性存在者曾经存在，那么这些存在者就必定以某种方式展示其自身的存在。"我们至少能够理解为什么这种主张是不可理解的"，只这样说是不够的。我们能够理解，这种主张不可能为真。

270　　按照我们正在讨论的这个论证：

（J）如果我们的行动纯粹是时间中的事件，那么我们就永远不能应得受苦。

（R）我们能够应得受苦。

因此，

（S）我们的行动并不纯粹是时间中的事件。

我主张，我们应当拒绝这个论证的结论。我们的行动纯粹是时间中的事件。既然这个论证是有效的，而且我们应当拒绝这个论证的结论，那么我们就必须拒绝它的一个前提。

有些人会拒绝（J）。也有人认为，尽管我们的不当行动纯粹是时间中的事件，是因果上不可避免的，但我们能够应得被上帝送去地狱受苦。按照这种观点，为了应得受苦，我们没必要具有任何反因果的自由，或者以任何方式对我们自己的性格负责，或者对我们是谁负责。

在如此主张的那些人之中，有些坦承不能理解这种主张如何能够为真。这些人主张，上帝的正义是不可理解的。康德主张我们不应该期待能够理解无时间性的本体世界，与此相对比，主张"我们不应该期待理解我们如何能够应得受苦"就更说不通。我们没有任何理由期待这种道德事实是无法理解的。

我认为，我们应当拒绝的不是（J），而是（R）。康德正确地主张：

（J）如果我们的行动纯粹是时间中的事件，那么我们就不能应得受苦。

我们可以补上：

（T）我们的行动纯粹是时间中的事件。

因此，

（U）我们不能应得受苦。

我认为，康德接近于看出（U）的真理。康德认为： *271*

（V）如果我们的行动或者是因果上不可避免的，或者受盲目机会的控制，而且我们不对我们自己的性格负责，那么我们就不能应得受苦。

如果我们的行动纯粹是时间中的事件，那么康德认为情形就会如此。如果康德不再相信我们有本体自由，变得相信我们所有的行动纯粹是时间中的事件，那么他就还是有可能继续相信（V），相反会得出我们不能应得受苦这一结论。但我无法声称我知道康德会得出这个结论。康德也许会反过来不再相信（V），并做出这样的断言：即使我们的行动是因果上不可避免的，或者是受制于盲目的机会的，而且我们对于我们目前的样子是不负有责任的，我们还是能够应得受苦。我纯粹是希望康德继续相信（V），由此明白我们不能应得受苦。

在那些认为我们能够应得受苦的人中，有些人会给出这个反证：

（W）上帝使某些人在地狱受苦。

（X）上帝是正义的。

因此，

（R）我们能够应得受苦。

但我认为，我们并不知道（W）为真。我们如果相信一个正义的上帝，那么就必须接受

（Y）上帝使犯错者在地狱受苦是正义之举，这种受苦如何是一种正义之举是我们理解不了的。

或者

（Z）上帝没有使任何人在地狱受苦。

我认为，就这两个主张而言，我们更有理由接受（Z）。如果上帝并没有使任何人在地狱受苦，那么这么多的人认为"上帝确实这样做了"就是令人吃惊的。我们能够理解这些人如何变得具有这种错误的信念，但我们不能理解一个正义的上帝如何能使任何人在地狱受苦。

我们能够应得许多东西，诸如感激、赞扬和某种只是道德非难

的责备，但从没有任何人能够应得受苦。我认为，出于类似的理由，没有人应得较少的幸福。当人们对我们或他人不当时，我们的愤怒是有道理的。我们能够有理由想要这些人理解他们行动的不当，即使这会使他们对其所作所为感到非常不好。但这些理由就像我们想要人们为他们亡故的爱人感到悲伤的理由一样。我们无法有证成地对这些行事不当者怀有恶意，希望他们过得不好。我们也无法有证成地对他们不再具有好意，不再希望他们过得好。我们最多有证成地不再喜欢这些人，以道德上可接受的方式不再与他们有任何关联。

如果康德已经明白没有任何人能够应得受苦或少享福，那么他的理想世界就依然会是同一个世界，其中我们都是有德且有福的。但是，他会改变他关于不那么理想世界的观点，因为他不再相信：如果某些人的痛苦比其应得的少，其幸福比其应得的多，那么这就会是坏事。

尽管康德对其理想世界提出了各种各样的主张，但这些并不是康德道德理论之最有价值的部分。许多其他论者主张，两种至善是德性和幸福。康德很少为他的这一假设辩护：如果我们遵循他的其他公式，那么我们所做的事情就会最好地促进他的理想世界。康德理论之最有价值的那些部分，并不是以此方式成为后果主义的那些部分。我们已经考虑了康德的人性公式，还考虑了"要把人当作目的来对待"的其他相关主张：我们对待人们的方式必须是他们能够合理地同意的，永远也不把他们当作纯粹的手段来对待。我们现在转向康德对其最高原则的另一个主要陈述：普遍法则公式。尽管许多人已经讨论过这个公式，但我认为，迄今为止还没有任何人完全明白，正如赫尔曼所称的"替代后果主义推理的这个选项，它所具有的未经开发的理论能量与活力"。

第三部分

理论

第十二章　普遍法则

第 40 节　不可能性公式

康德声称，行动的正当与否取决于我们的准则（maxim），康德的准则通常意指我们的策略（policy）及其隐含的目标。其中有这样一些例子："运用一切稳妥的手段来增进财富"、"睚眦必报"（Let no insult pass unavenged）、"在于己有利时许假诺"（make lying promises）、"不给需要帮助者提供任何帮助"，以及"自爱（self-love）或自身幸福的准则"。

根据康德某一版本的普遍法则公式，我们可称之为

不可能性公式（the Impossibility Formula）：按照任何不

能成为普遍法则的准则来行动都是不当的。

有必要解释这一公式。在一个段落，康德提及一种作为"普遍允许的（permissive）法则"的准则。这或许表明康德的意思是

（A）任何一个准则，如果不能允许所有人都按照它来行动，那么奉行该准则就是不当的。

但康德从未诉诸（A）。且如我在一个注释中所解释的，（A）不会是一种有用的主张。

有些作者提出，康德的意思是

（B）任何一个准则，如果不能在决定按照它来行动的意义上被所有人接受，那么奉行该准则就是不当的。

276　根据这一提议，康德的公式将不可靠。如果（B）谴责的行动是这样的，即"该行动奉行的准则被所有人接受"是不可设想的或逻辑上不可能的，那么这一公式将做不到谴责大多数不当的行动。我们能轻易地设想或想象这样的世界：其中每个人都接受诸如"只要利于自己，即可欺骗和强迫他人"之类的坏准则。这样的世界或许在因果意义上（casually）是不可能的，因为有些好人在心理上不能接受这些坏准则。但是，有些坏人也在心理上不能接受某些好准则。因此，（B）如果诉诸这种因果意义上的不可能性，那么就会错误地谴责按照这些好准则做出的行动。我们或许可以诉诸某种其他的不可能性。但如上述评论所表明的，（B）是不可行的。我们没有任何理由相信：准则的好坏与否以及按照它们来行动是否不当，取决于是否每个人都接受这些准则。

有些作者提出，康德的意思是

（C）某一准则，如果每个人按照它来行动是不可能的，那么奉行该准则就是不当的。

这里"每个人"一词仅仅指适用于某一准则的人。例如，"照料自己的孩子"仅仅适用于父母。

这一公式也不可靠，因为（C）谴责许多为道德所要求或允许的行动。存在许多不能为一些人所奉行的好准则，因为他们没有按此方式来行动的机会或能力。有些父母由于身在狱中或精神失常而不能照料自己的孩子。但是，照料自己的孩子不是不当的。为了避免这一反驳，（C）可以谴责对任何这样一种准则的奉行：该准则不能被既有机会又有能力奉行该准则的所有人奉行。但是，没有任何准则不能通过这一检验。而且，（C）也是不可行的。我们得不到任何准则，因为我们没有任何理由认为：准则的好坏与否以及按照它们来行动是否不当，取决于每个人是否能够按照它们来行动。

有些作者提出，康德的意思是

277

（D）某一准则，如果不能让按照它来行动的每个人在实现其目标的意义上都取得成功，那么奉行该准则就是不当的。

这一公式毫无改进。有许多准则，我们按照它们来行动是可允许的或好的，但不可能全都取得成功。例如："成为一名医生或律师""领养一个孤儿""给慈善机构的捐助比一般人多""做使用防火通道或离开沉船的最后一人"。我们如果全都努力去实现这些目标，那么其中一些人就会失败。（D）也是不可行的。我们没有任何理由认为：如果我们按照某一准则来行动而不能全都成功，那么任何人奉行该准则就是不当的。我们知道有些努力会失败，但这种努力并非不当。

我们一直在力图理解康德的这一主张，即按照不能成为普遍法则的准则来行动是不当的。（A）至（D）是诠释该主张的最直截了当的方式。但是，它们不仅要么无益，要么既不可靠也不可行，而且也不是康德本人在运用其公式时所要求的主张。尽管康德成文的（stated）不可能性公式是

（E）按照任何不能成为普遍法则的准则来行动都是不当的，

但康德实际的（actual）公式是

（F）按照任何这样的准则来行动都是不当的：如果每个人都接受并奉行该准则，或者每个人都相信按照它来行动是可允许的，那么这将使任何人按照该准则来行动都不可能取得成功。

这一公式可以帮助我们确定哪些行动是不当的吗？

先考察这一准则："只要于己有益就杀害或伤害他人。"如赫尔曼所指出的：如果我们全都接受并奉行该准则，那么这并不会使如此的任何行动都不可能成功。因此，（F）没有谴责这样的行动。（F）也没有谴责自利性的强制（self-interested coercion）。如果我们所有人都只要于己有益就设法强制他人，那么其中有些行动

就会成功。

再看撒谎。赫尔曼写道：（F）

> 对于欺骗的准则似乎是足够的……在康德看来，普遍的欺骗将使言说从而欺骗变得不可能。

与此相似，科丝嘉写道：

> 撒谎由于会骗人，通常就能够有效地实现目标；但如果被普遍践行，撒谎就骗不了人……

但是，没有人会按照"总是撒谎"的准则来行动。许多撒谎者是按照"于己有益时撒谎"这一准则来行动的。仅当在一个由自利的撒谎者组成的世界里任何撒谎都不可能成功，康德的公式才谴责这样的行动。这并非不可能。即使在这样的世界，告诉他人真相也常常符合我们的利益。而在欺骗他人符合我们的利益时，撒谎常常变得毫无意义，因为对方不会相信我们的谎言。因此，即使我们全都是自利的撒谎者，我们所讲的也有很多是真话。大多数人都明白这一事实。而我们不可能总是判断出他人所讲的哪些话是谎言，因而有些谎言会为人所信，并实现撒谎者的目标。

为了解释偷窃为什么是不当的，康德写道：

> 如果每个人的财产都可以被取走是一条普遍规则，那么我的（mine）和你的（thine）就同时失去了存在的必要。因为我可以从另一人那里取走的任何东西，第三者也可以从我这里取走。

然而如前文所示，没有人会奉行"总是偷窃"的准则。许多偷窃者

奉行的是"在有利于己的情况下偷窃"的准则。这一准则如果被普
遍接受和奉行，那就不会产生一个如此行动绝不会成功的世界。财
产仍将存在，但不总是受到有效的保护。偷窃者有时会实现其
目标。

在讨论"睚眦必报"的准则时，康德声称，这一准则如果是普
遍的，那么就会"自相矛盾"而不会"自圆其说"（harmonize with
itself）。但是，如果每个人都奉行该准则，那么这并不会使情况变
成这样：无人能够成功地做到。情况甚至可能是这样的：每一伤害
均遭报复，由此每个人都会成功。

我们已经认识到，康德真正的公式未能谴责许多显然极为不当
的行动。该公式没有谴责自利性的杀人、伤害、强制、撒谎和
偷窃。

上述失败或许表明，康德的公式没有谴责任何东西。但我们还
必须考察康德的最佳例证：某人许假诺以便能借到他无意偿还的钱
款。此人奉行的准则是"在有利于自己的情况下许假诺"。康德主
张，如果每个人都接受这一准则并相信许假诺是可允许的，那么这
将使任何这样的许诺都不可能成功。用他的话来说：

> 每个人……可以随意做出无意遵守的承诺，这一法则的普
> 遍性（universality）将使许诺变得……不可能，因为无人会相
> 信许诺的内容，而把所有这样的表白斥之为徒劳的借口（vain
> pretense）。

罗尔斯提议，在评估这一主张的过程中，我们应该过段时间，等到
"每个人都接受许假诺者的准则"所产生的效果得以充分的展示，

再问什么是正确的。康德的如下主张似乎是正确的：在这样一个世界，无人能用许假诺的方法为自己谋利。不仅这样的许诺无人相信，而且受道德激励的（morally motivated）、包含信任的许诺这种社会实践（social practice）也不再存在。由此康德的公式谴责上述虚假的许诺。我们可以认为，大多数这样的行动都是不当的。

既然找到了一类为康德公式所谴责的不当行动，那么我们就可以问问这一公式是否可行。康德的公式在一定程度上是： *280*

> （G）按照任何这样的准则来行动是不当的：如果每个人都认为如此行动是可允许的，那么这将使如此的任何行动都不可能成功。

这一主张谴责这样的行动：其成功依赖于他人由于认为该行动不当而克制不这样做。而且（G）的谴责似乎可能出于某个好理由。我们可以提出，许假诺者的行动是不当的，因为如果每个人都相信它是可允许的，那么这将损害一种有价值的社会实践。

然而，康德的主张未被限定于有价值的社会实践。例如，希特勒军队中的军人被要求宣誓无条件服从。康德谴责许假诺，其所用的主张是：如果每个人都认为许假诺的行动是可允许的，那么许诺的实践将是"徒劳的借口"或摆设。其中有些德国军人正确地认为，他们尽管已宣誓，但违抗不道德的命令仍是道德上可允许的。我们可以做出类似于康德的主张：如果所有这些军人都认为这样的违抗是可允许的，那么宣誓无条件服从的实践将成为徒劳的借口或摆设。康德的评论似乎蕴含着这种违抗是不当的。但是，如康德本人所主张的，每个人都应当违抗不道德的命令。

作为对（G）的又一检验，我们可以设想，在二战期间有位非犹太的德国公民知道德籍犹太人正被搜捕并遭杀害，他成功地奉行这样的准则："在可以挽救某些犹太人的生命的情况下，向警察撒谎。"接着设想，如果已知每个人都认为这样的谎言是可允许的，那么这将使任何人用这种方式去挽救人们的生命变得不可能。德国警察将被要求搜查每间屋子，对于任何人关于屋内没有犹太人的说法，他们都将置之不理。根据这些假设，（G）本来应谴责该公民挽救生命的行动。

281 　康德或许会接受上述结论，因为康德曾主张，即使在蓄意谋杀者询问其意图谋害的对象身在何处时，我们撒谎也是不当的。但是，这种挽救生命的谎言显然能够得到证成。而一旦应用于上述事例，（G）就是不可行的。如下观点绝不会对这种救人方式构成反驳：如果每个人都认为它是可允许的，那么这将使它不可能成功。

这一假想事例，类似于康德的许假诺者情形。康德的许诺者之所以能实现目标，是因为可以指望有许多人（由于相信这种许诺是不当的）不许假诺。康德主张，如果已知每个人都认为许假诺没错，那么这将使任何人都不可能成功地奉行许假诺者的准则。这一点如果为真，康德的公式就蕴含着此人许假诺是不当的。类似的主张也适用于我的例子。那位德国公民之所以能达成其目标，是因为可以指望有许多人（由于相信这样撒谎是不当的）不向警察撒谎。我已经假定，如果已知每个人都认为这样撒谎没错，那么这将使任何人都不可能成功地奉行这位公民的救人准则。如果这一点为真，康德的公式就错误地蕴含着此人的救人撒谎是不当的。这两种行动的重要区别在于，它们意图实现的目标不同；而这一区别被（G）忽视了。

如此种种情况表明，（G）是不可接受的。（G）未能谴责几乎所有明显极其不当的行动，与此同时还谴责某些显然正当的行动。并且（G）尽管正确地谴责许假诺，却是出于坏理由去谴责的。

康德的公式在一定程度上还是

> （H）按照任何这样的准则来行动是不当的：该准则如果被普遍接受并奉行，那么这将使任何人都不可能成功地按照它来行动。

有些作者声称，这一公式谴责依据数种好准则的行动，比如"拒受贿赂""慷慨资助穷人"。如果这些准则被普遍奉行，那不久就将使任何人都不可能成功地奉行，因为将无人会行贿，也不会再有穷人。因此，康德的公式错误地蕴含着：拒受贿赂和慷慨资助穷人是不当的。

科丝嘉对这一反驳做出了一定程度的答复。她提出，人们在奉行资助穷人的准则时，其目标是消除贫困。如果所有富人都奉行该准则，那就可以消除贫困，从而使后来任何人都不可能奉行该准则。但是，（H）不会错误地谴责这些人的行动，因为通过资助穷人，他们将实现其目标。

然而，这样的主张不适用于某些富人。他们在奉行"慷慨资助穷人"的准则时，其目标不在于消除贫困，而在于他们由于慷慨而受到尊敬。如果所有富人都按此准则来行动，那么其行动可以消除贫困，从而使任何这样的人都不可能用达成其目标的方式来按此准则来行动。由此（H）将错误地谴责他们的行动。这些人在大笔资助穷人时，其行动没有道德价值，但并非不当。

接下来再看看那些接受荣誉守则（codes of honour）的人，比如让俄罗斯诗人普希金在雪中进行生死决斗的守则。假设普希金已接受这一准则："决斗以显示我的勇气，但一直要朝天射击。"如果所有决斗者都接受并奉行这一准则，决斗的践行就变得很荒唐，而且不会延存。这会使普希金不可能用实现其目标的方式来奉行其准则，因此，（H）将谴责普希金对该准则的奉行。在此（H）或许看上去给出了正确的答案，因为决斗是不当的。但是，（H）原本不会谴责对"决斗以显示我的勇气，且射死对手"这一准则的奉行。而奉行这第二个准则会坏得多。如这一比较所示，（H）谴责普希金的行动，这原本是出于坏理由。如下观点原本绝不会成为反驳普希金准则的理由：如果普希金的准则被普遍接受，那么决斗的践行将无法延存。如前文所示，康德的公式不当地忽视了这一问题：某种社会实践是否优良以及是否应当得到支持。

作为又一例证，我们可以想一想这样的准则："不生养孩子，283 以便有更多的时间和精力为了人类的未来而工作。"如果每个人都奉行这一准则，那么这将使任何人都不可能成功地奉行，因为人类将没有未来。因此，（H）错误地谴责这样的行动。

奥尼尔提出了（H）的一种较弱（weaker）版本。她提议，康德的公式可以成为：

> （I）按照任何这样的准则来行动是不当的：一些人对该准则的成功奉行，将阻碍其他一些人对该准则的成功奉行。

奥尼尔声称，这一公式谴责欺骗和强制，因为欺骗或强制他人的那些人由此"必然使其受害者不能按照这些施害者奉行的准则来行动"。但这一主张为假。就受骗或被强制的那些人而言，其中大多数人能够欺骗或强制另外一些人。奥尼尔还声称，我们在欺骗或强制人们的同时，就"削弱了他们的能动性（agency）"，从而"至少在一段时间内"阻碍着他们，使他们不能成功地按照与我们同样的方式去行动。但这一主张也为假。两个人可以同时欺骗对方。也可以存在同时进行的相互强制。两名摔跤者可以同时用力，以让对方着地。而我可以发出一种可信的威胁来强制你，与此同时你也可以发出另一种来强制我。正是通过这样的方式，敌对国家之间可以运用核武器相互威慑而使对方不敢使用核武器。

奥尼尔可能回答说，要表明（I）谴责欺骗和强制，如下主张就够了，即某些欺骗者和强制者阻碍他们的某些受害者，使后者不能欺骗或强制他人。这一更弱的主张为真。奥尼尔有类似的主张：我们如果按照"重伤他人"的准则来行动，我们中的一些人就会使受害者中的一些人丧失能力，从而阻止后者去重伤他人。因此，（I）谴责一些不当的行动。但是，（I）是出于坏理由去谴责这些行动。欺骗、强制、重伤他人的不当之处并不在于：由于依此方式行动，我们得以阻止其他一些人，使之不能成功地做出同样的事。

此外，（I）错误地谴责许多好的或道德上可允许的行动。有许多好准则或可允许准则的情况是这样的：如果一些人成功地按照它们来行动，那么这将阻止其他一些人同样地行动。如奥尼尔所指出

284 的，（I）蕴含着：带着争胜的目标进行竞技游戏是不当的。尽管一些英国中小学男生被告知要接受这种观点，但这似乎太苛刻。而按照"成为一名医生"的准则来行动并不存在任何不当，尽管通过申请并被允许进某所医学学校，我们阻止了其他某个人的准入。或者斟酌这些准则："去发现恐龙灭绝的肇因"、"与他人一起旅行时总是背负最重的行李"，以及"找到某个可与我一起过幸福生活的人"。努力做出某项发现或背负最重的行李并非不当，即使我们的成功会使他人不能这样做，这依然不是不当的。与某人幸福地生活在一起也并非不当，即使另外一个人只有与这个人生活在一起才能幸福。

科丝嘉提出了康德不可能性公式的又一版本。她指出，这一公式禁止的是这样的行动，其成功"依赖于它们是独特的"。她补充说，这种检验"揭示出不公平"。但我认为，情况并非如此。而且，这一版本的康德公式不当地谴责许多可允许的行动。有些穷人通过搜捡他人扔的垃圾来获取食物。这种方法必定是独特的，但不是不当的，也并非不公平。浪漫的诗人让自己体验独自一人待在荒野，这并非不当。使用最不拥挤的网球场、在要付利息之前偿还信用卡上的债务、只买二手书、举办令人意外的舞会，这些也都不是不当的，也并非不公平。

尽管我们还可能用其他方式来诠释或修正康德的不可能性公式，但这些可能性不值得考虑。在我们已经考察的诠释和修正中，没有一个包含好主意。按照那种终究不可能是普遍法则的准则来行动是不当的，这一主张之中没有任何有用的含义。

第 41 节 自然法公式和道德信念公式

康德提出了另一种好一些的公式。康德对此公式的主要陈述如下：

> 普遍法则公式：按照我们无法意愿（will）其为普遍法则 285
> 的任何法则来行动都是不当的。

康德提到，对于那些不能通过这一检验的准则，我们具有不予奉行的不严格义务。这种义务是不严格的，其意思是指：有时道德上允许我们按照这样的准则来行动。应该忽略这一提法，康德也常常这样做。康德声称，我们的严格义务可以从他的不可能性公式中派生出来。如上节所述，情况并非如此。因此，我们应该问：借助正确地蕴含"某些种类的行动总是不当的"，康德的普遍法则公式能否有所改进？如赫尔曼所指出的，康德的公式如果有这样的蕴含——为一己之便而杀害他人的策略尽管是不当的，但有时是允许的——那就是不够的。

在运用康德的公式时，我们假定或想象，我们有能力意愿或选择"某些事情为真"。我们在做某种思想实验，这种实验涉及比较世界的不同可能状态，或者可称之为不同的可能世界。像一些科学家的思想实验一样，关于这些可能世界的思想可以引导我们达至也适用于现实世界的结论。

在问我们能否意愿"某一准则成为普遍法则"为真时，康德有时问的是，我们能否一致地（consistently）意愿其为真。例如，他提问说，我们的意愿是否会与自身相冲突，或者会与自身相矛盾。在其他段落中，康德似乎问的是，我们能够合理地（rationally）意愿或选择什么。如果我们是在较宽的第二种意义上使用"能够意愿"，康德的公式就更可能成功。在某些观点看来，这毫无影响，因为我们的选择仅当不一致或相互冲突才不是合理的。但如我已论证的，我们的选择要成为合理的，还必须对理由或显见理由予以适当的回应。我们不能合理地选择或意愿"某一准则成为普遍法则"为真，只要我们意识到，有些事实给予我们显然为决定性的不这么选择的理由。

就意愿某一准则成为普遍法则而论，我们会意愿什么？康德有时声称，在运用他的公式时应该问的是，我们能否意愿我们的准则在每个人都会接受和奉行的意义上是一种"普遍的自然法"。关于这一版本的康德公式，我们可称之为

> 自然法公式（the Law of Nature Formula）：按照某一准则来行动是不当的，除非我们能够合理地意愿如下情况为真，即每个人都接受并尽可能地奉行该准则。

如前文所示，"每个人"一词仅指可以按照某一准则来行动的人。例如，"戒烟"的准则仅适用于吸烟者。

在一些其他段落中，康德诉诸我们可以称作的

> 可允许性公式（the Permissibility Formula）：按照某一准则来行动是不当的，除非我们能够合理地意愿如下情况为真，即在道德上允许每个人都奉行该准则。

286

在运用该公式时，康德认为，如果允许每个人都奉行某一准则，那么至少有一些人更有可能奉行。这种效果之产生，并不是由于这些人被允许奉行该准则，而是由于他们相信如此行动是被允许的。因此，康德必定也在诉诸我们可以称作的

> 道德信念公式（the Moral Belief Formula）：按照某一准则来行动是不当的，除非我们能够合理地意愿如下情况为真，即每个人都相信这样的行动在道德上是可允许的。

这两个公式既然相似，就没必要同时使用。并且如我在一个注释中所解释的，与可允许性公式不同，道德信念公式独自使用也是可行的。因此，我们可以忽略可允许性公式。

康德谈到，他提出的并非某个"新原理"，只不过是更准确地陈述了"普通人类理性……总能显而易见的"原理。这一说法低估了康德的原创性。但康德的自然法公式和道德信念公式提出的观点被表达于两个常见的问题："如果每个人都这样做会怎样？""如果每个人都像你这样想会怎样？"

在运用这些公式时，我们必须诉诸某些关于合理性和理由的信念。我们可以诉诸康德本人的信念。但这会有困难，因为康德对其信念未做清晰的说明。而我们要问的是，康德的公式能否有助于我们确定哪些行动是不当的，以及能否有助于解释这些行动为什么是不当的。在提问过程中，我们应该设法诉诸关于合理性和理由的真信念。故而我们应该诉诸自己的信念，因为由此就是在诉诸自认为最真的或最佳的观点。我们尽管知道可能弄错，但不可能出现的情况是：我们不诉诸自认为真的东西，而诉诸事实上是（is）真的

东西。

然而，有些信念是我们不应该诉诸的。首先，我们不应该诉诸我们关于哪些行动是不当的信念。我将之称为我们的道义式信念。我们也不应该诉诸由某一行动之不当性可能提供的道义式理由。在运用康德的自然法公式时，毫无意义的做法是同时主张如下两者：

（1）按照某一准则来行动是不当的，因为我们不能合理地意愿"每个人都奉行这一准则"为真。

以及

（2）我们不能合理地意愿"每个人都奉行某一准则"为真，因为这样的行动是不当的。

如果将两者合并，那就会像试图扯着鞋带让自己悬空。换个比喻，我们就会在原地打转，毫无进展。康德没有犯这种错误。在声称我们不能合理地意愿"每个人都奉行某一坏准则"为真时，康德从未同时诉诸如下两个信念，即他关于"如此行动是不当的"信念以及我们不能合理地意愿"每个人都行动不当"为真。康德知道，如果诉诸这样的信念，其自然法公式就将一无所成，因为该公式由此就不能帮助我们取得关于哪些行动是不当的真信念，也不能支持这些信念。

类似的评论适用于康德的道德信念公式。同时主张如下两者是毫无意义的做法：

（3）按照某一准则来行动是不当的，因为我们不能合理地意愿"每个人都相信这样的行动是可允许的"为真。

以及

  （4）我们不能合理地意愿"每个人都相信这样的行动是可允许的"为真，因为这样的行动是不当的。

在问我们能否合理地意愿"每个人都相信某种行动是不当的"时，我们不应该诉诸我们关于这些行动是否为不当的信念。如前文所示，在运用道德信念公式时，康德遵循了这一道义式信念的限制（Deontic Beliefs Restriction）而没有诉诸这样的信念。

  还有另一种我们不应该诉诸的信念。许多不当的行动有利于行动者，其获利方式是通过给他人带来大得多的负担。按照某些观点，这样的行动是不合理的，因为给予其他每个人的福祉充分的权重，这是对我们的合理要求。我们如果接受这样的一个观点，那么在运用康德的公式时就应予以搁置。康德自然法公式背后的主要观念在于，犯错者（wrong-doers）即使能够合理地按照某些坏准则来行动，也不能合理地意愿"每个人都按照他们的准则来行动"为真。在运用这一观念时，如下主张将是不相关的：给予他人的福祉充分的权重是对这些人的合理要求，因而这些人甚至不能合理地意愿"他们本人按照其准则来行动"为真。

  如前文所示，康德没有做出这样的主张。康德讨论了一个自立的（self-reliant）富人，他持有"不帮助需要帮助者"的准则，此时康德没有诉诸这样的信念，即给予这种帮助是对这个富人的合理要求。如罗尔斯和赫尔曼所提议的，在将康德的公式运用于奉行如此准则的人时，我们应该假定，这些人的准则和行动都是合理的。我们可以补充说，如果将康德的公式与较少争议而较广为接受的关于合理性和理由的假定相结合，那么这些公式只要成功就会取得更大的成效。

第 42 节　行动者的准则

289　　康德的公式认为，某一行动是否不当，取决于行动者的准则。康德讨论的大多数准则都包含某种可以在好几种情形中奉行的策略。两条准则尽管包含同样的策略，但可以是不同的，因为它们隐含的动机或目标不同。例如，两个商人可以都奉行"绝不欺骗顾客"的策略。但是，如果其中一位奉行该准则是由于他认为这是其义务，而另一位的动机是维护其声誉和赢利，那么他们奉行的准则就是不同的。

康德诉诸行动者的准则，这会引发各种问题。让我们称某一准则是

普遍的：只要每个人都尽可能地奉行该准则且相信这样的行动是可允许的。

假设我做了件错事：偷窃某个女人的钱包；这个女人身穿白衣，正边吃草莓边读斯宾诺莎《伦理学》（*Ethics*）的最后一页。我的准则是，只要有可能，就精确地按如此方式行动。我可以合理地意愿"这一准则是普遍的"为真，因为对于其他任何人而言，精确地按此方式行动的可能性是极小的。因此，"这一准则是普遍的"会产生影响的情况极其不可能。既然我能够合理地意愿该准则成为普遍

的，康德的公式就错误地允许我的行动。类似的主张也适用于其他高度具体的准则。在奉行这样的准则时，犯错者能够合理地意愿其准则成为普遍的，因为他们知道，这样的行动将极少再现，从而几乎不会产生任何影响。康德的公式将错误地允许这样的不当行动。我们可称之为稀罕性反驳（Rarity Objection）。

这一反驳可以得到部分的答复。正如某人相信、想要或意图什么是一个事实性（factual）问题一样，某人按照哪种准则来行动也是一个事实性问题。而现实中的人很少按照如此高度具体的准则来行动。如奥尼尔等人所主张的，在描述某人的准则时，我们不应纳入任何这样的细节：无论这个人在做什么，该细节的缺乏都不会对他的决定产生任何影响。就我的例子的现实版而言，即使被窃者穿的是红衣服，是在吃蓝莓，或者是在读《对喔，吉福斯！》（*Right Ho Jeeves*!）的首页，我仍会偷窃。我真实的准则将类似于"在有利于自己时偷窃"。这或许不是一条我能够合理地意愿其为普遍的准则。由此康德的公式就正确地蕴含着：我的行动是不当的。

这些言论没有完全答复稀罕性反驳。即使实际的犯错者从未按照如此高度具体的准则来行动，我们也能虚构这样的人存在。康德的公式应当能够谴责这些虚构的人的行动。而且，如我们将会看到的，这一反驳适用于某些实例。

康德诉诸行动者的准则，还会引发另一更严重的问题。考虑这样的某个人，他通常奉行

　　　利己主义准则（the Egoistic Maxim）：做最有利于自己的
　　任何事。

290

我们能够言之成理地认为，这个人不能合理地意愿如下任一情况为真：每个人总是按此准则来行动，或者每个人都相信所有这样的行动是道德上可允许的。大多数利己主义者不能合理地选择生活在一个由利己主义者组成的世界，因为对于他们来说，那会比生活在人们接受多种道德准则的世界糟糕得多。既然这种利己主义者不能合理地意愿其准则成为普遍的，康德的公式就蕴含着：他只要按照其准则来行动，其行动就是不当的。这个人不仅在偷窃和撒谎时的行动是不当的，而且在出于自利的理由去还债、守诺乃至救溺水儿童时的行动也是不当的，因为他希望获得某种回报。这些结论是不可接受的。这种利己主义者以此方式行动时，其行动没有道德价值。但是，这些行动并非不当。

或许可以声称，这个人在按照上述方式中的任何一种来行动时，他在做的事（what he is doing）不是不当的，但他对此事的做法（his doing of it）是不当的。康德做出了一种类似的区分——他声称，要履行某些美德义务（duties of virtue），我们就不仅必须正当地行动，而且必须出于正当的动机而行动。罗尔斯主张，在康德看来，我们即使没有自杀，也可能未履行不自杀的义务。要履行这一义务，我们就必须出于正当的理由而克制自杀。康德有类似的主张：要履行感恩义务（duty of gratitude），我们就必须怀有感恩之情。

这些区分不能答复对康德公式的上述反驳。例子中的利己主义者也许从未履行其美德义务，因为他也许从未持有正当的动机。然而如康德所声称的，我们还有许多正义义务（duties of justice）——无论我们的动机是什么，我们都可以通过做道德上要求做的事来履行之。其中一例是还债的义务。康德所讲的精明商人如果按照"偿还我的债务"的准则来行动，那就履行了这一义务，即使其唯一的动机是维护声誉和赢利。康德的公式在此给出了正确的答案，因为这个商人会是按照他能够合理地意愿其为普遍的准则来行动。但是，我所讲的利己主义者在还债时是按照其利己主义准则来行动，他不能合理地意愿这一准则是普遍的。因此，康德的公式错误地蕴含着：这个人在还债时不是在履行其义务，而是在不当地行动。

再回到溺水儿童情形。假设这个孩子的落水之处是靠近深水瀑布的一个水流湍急的河流，因而救他的任何努力都非常危险，超出任何人的义务范围。如果某个好人不顾危险去救这个孩子，那么这是超出义务要求的英雄之举。我所讲的利己主义者决定甘冒这些危险，因为由此他有望得到某种更大的回报。他按照其准则来行动，跳入河中。按照我们现在考虑的提议，如果这个人冒着丧命的巨大危险去救这个孩子，那么他在做的事没错，但他对此事的做法是不当的。这显然不正确。此人没有疏于义务的履行，也没有任何意义上的行动不当。

继而转到不影响其他任何人的审慎（prudent）行动。在服药或加衣保暖时，这个利己主义者或许是在按照"做最有利于自己的任何事"的准则来行动。他不能意愿其准则成为普遍的，因而康德的公式又会不当地蕴含着他的行动不当。我们也不能声称，尽管他做事没错，但他对此事的做法是不当的。如此说法毫无道理：他在加衣保暖时的行动在此意义上是不当的。

有些作者提出，我们不应将康德的公式运用于像"做最有利于自己的任何事"那样的笼统（general）准则。但是，康德经常讨论这种利己主义准则，他称之为"自爱或自身幸福的准则"。并且我们如果声称这样的准则过于笼统，那就将忽视许多人的实际准则。康德讨论了"在于己有利时许假诺"的准则。还有其他类似的准则，比如只要最有利于自己就偷窃、欺骗或违法的准则。这些准则既然全都包含同一种更为一般的策略，那就没必要这么零散，而全部可以为"做最有利于自己的任何事"这个单一准则所取代。现实中有不少人按照这种利己主义准则或策略来行动，在此情况下声称这些人也接受并奉行其他某种一般化程度较低的策略，这或许可直斥为虚妄。

我们可以转而考察一种不同类型的例子——持有错误道德信念的有良知者。可为其中一例的是：如康德的某些评论所表示而我们在此可假定的，康德本人有一时期接受"绝不撒谎"准则。这一准则为康德的公式所谴责。但康德原本不能合理地意愿"从来无人撒谎，甚至对一个询问其谋害对象之处所的企图谋杀者也是如此"为真，也不能合理地意愿"每个人都相信那些救命的撒谎是不当的"为真。因此，康德的公式就蕴含着：只要康德按照该准则来行动、对任何人都讲真话，他的行动就是不当的。甚至在告诉某人某天的正确时辰时，他的行动也是不当的。这显然是错的。类似的主张将适用于接受"绝不偷窃"和"绝不违法"准则的人。这些人不能合理地意愿"无人偷窃或违法"为真，即便在这样的行动是拯救某一无辜者生命的唯一途径时也是如此。因此，康德的公式就蕴含着：这些人只要通过偿还财物或守法而奉行这些准则，就是在不当地行动。这些蕴含显然也是错的。

我们的问题可重述如下。某些准则在总是不当的意义上是全然坏的（wholly bad），或者在总是正当的意义上是全然好的（wholly good）。"折磨他人以供我取乐"与"阻止无谓的痛苦"即是其中两个例子。在应用于这样的准则时，康德的公式有效。但是，许多准则是

> 道德混合型的（morally mixed），其意思是：如果总是按 *293*
> 照这些准则来行动，那么其中有些行动是不当的，但另一些行
> 动是可允许的，甚至是为道德所要求的。

利己主义准则与康德的"绝不撒谎"准则，即是其中两个例子。在提出公式的过程中，康德忽视了这样的混合型准则。康德的公式假定，按照某一准则来行动，要么总是不当的，要么绝非不当。在应用于混合型准则的情况下，康德的公式会失效，因为这些公式谴责某些显然可允许的或为道德所要求的行动。在利己主义者精明地还债、康德对大多数人讲真话的时候，他们并不是像康德的公式所错误地蕴含的那样在不当地行动。我们可称之为混合型准则反驳（Mixed Maxims Objection）。

对于康德的普遍法则公式——无论是其自然法版本还是其道德信念版本，有些作者在考察了形形色色的反驳后断定，不可能运用康德的公式来帮助我们确定哪些行动是不当的。伍德声称，康德的公式在用作这样的标准时是"有根本缺陷的"和"近乎无价值的"。

赫尔曼声称，尽管有一段"令人遗憾的努力史……但没有任何人能够使之变得可行"。奥尼尔提出，在某些情况下，康德的公式可能给出的指导"要么是不可接受的，要么根本没有"。希尔怀疑这一点：康德的公式在独自使用的情况下，能否提供"即便是某种不严谨的（loose）和局部的行为（action）指南"。

这些人认为，康德的公式不能提供关于不当性的标准。因此，其中有人提出，康德并没有力图提供这样的标准。赫尔曼指出，康德的公式或许仅仅旨在表明：存在着反对出于某些理由、按照某些方式行动的某种"慎思的推测"（deliberative presumption）。奥尼尔提出，康德的公式或许旨在提供一种检验，不是检验哪些行动是不当的，而是检验哪些行动具有道德价值。

我认为，康德有更具雄心的目标。用康德的话来说，在某种意义上，当我们的行动符合义务（conform with duty）或者违反义务（contrary to duty）时，这些行动就是正当的或者不当的。这是康德的公式所关注的"正当的"与"不当的"之含义。在讨论或运用其公式时，康德写道：

> 用最简短但绝对可靠的方式告诉自己……一个虚假的许诺是否符合义务，我会自问：我的确会对我的准则满意吗……应该持之为一条普遍法则吗？
>
> 某人厌倦生命……但请自问：剥夺他自己的生命是否违反对他自己的义务？
>
> 他仍然有足够的良知自问：这不是被禁止和违反义务的吗？

他自问：怠慢其自然禀赋的准则是否……与人们所称的义
务一致？

康德还主张，他的公式

非常准确地确定什么是该做的……就所有的一般性义务
而言，

以及

有此罗盘在手，普通的人类理性就十分清楚，在每种情形
之中如何区分孰善孰恶，何者符合义务或违反义务。

后面的这些主张讲过头了。但我认为，如下主张也讲过头了：作为
一种检验不当的标准，康德的公式毫无价值，并且不可能变得可
行。康德的公式能够变得可行。我将要论证的是：一旦以某些全然
康德式的方法来修正，这一公式就会取得惊人的成功。

要问应该如何修正这两个版本的康德公式，我们可以先重申混
合型准则反驳。要判断某一行动是否不当，我们必须知道它实际或
可能的道德上相关的（morally relevant）所有事实。例如，知道这
些是不够的：某人动了他的一根手指，或者动这根手指的同时扣动
了枪支的扳机，或者他由此杀死了某人。我们还必须知道某些其他
事实。比如，这个人当时是否意图杀另一人；如果是，那么他是否
出于自卫而杀人；如果是，那么他自卫时是否在袭击另外某个人。

我已经讲过，在康德讨论的诸准则之中，大多数准则都包含某
种可以在好几种情形中奉行的策略。康德的公式假定，要判断某人
的行动是否不当，知道他奉行的策略就足够了。这有时是正确的。

295

知道某人在奉行"折磨他人以供我取乐"的策略，这是足够的。但在许多其他情况下，康德的假定是失败的。对于例子中的利己主义者，如果所知的一切只是他在奉行"做最有利于自己的任何事"的策略，那么我们就不可能确定他是否行动不当。我们不知道，这个人是在杀人、救人、偷窃、还债，还是在加衣保暖。而如果所知的一切只是康德奉行"绝不撒谎"策略，我们就不知道他是让某个企图谋杀者知晓其谋害对象之所在，还是仅仅告诉某人某天的正确时辰。这些例子表明，如果我们所知的一切只是某人在奉行的策略，我们通常就未能了解所有那些可能是道德上相关的事实。

还存在另一个问题。在问某一行动是否不当或违反义务时，康德的公式时常依赖于道德上无关的（irrelevant）事实来作答。例子中的利己主义者在冒生命危险去救溺水儿童时，他在奉行"做最有利于自己的任何事"的策略是无关的。康德在告诉某人正确时辰时，他在奉行"绝不撒谎"策略是无关的。这些事实至多给予我们理由去相信，在某些其他情况下这个利己主义者和康德可能会行动不当。

康德的公式要取得成功，情况就必须是：绝不存在这样的准则或策略——奉行它们有时但并非总是不当。这显然是错误的。因此，在"准则"能够指称策略的意义上，康德的公式不应该诉诸行动者的准则。

有些作者提出，康德的公式不应该诉诸行动者的实际准则，而应该诉诸行动者本来可以奉行的可能准则。就其自然法版本而言，康德的公式由此就可以成为

> LN2：除非我们在做之事是我们在按照某个能够合理地意愿每个人都奉行的准则来行动时原本可以做（could have done）的，否则我们就是在不当地行动。

这个公式避免了混合型准则反驳。在例子中的利己主义者救溺水儿童、康德对大多数人讲真话的时候，他们原本可以按照他们能够合理地意愿每个人都奉行的准则来行动。但我们如果诉诸 LN2，那就要损失我们对稀罕性反驳的部分答复。回到我不当地对穿白衣、吃草莓的女人实施偷窃的情形。我在做的是，在尽可能按照"对穿白衣、吃草莓的女人行窃"的准则来行动时原本可做之事。我能够合理地意愿"每个人都奉行该准则"为真，因为如此行动即使还有也是极为罕见的。因此，LN2 错误地允许我的行动。类似的主张适用于其他情形。在人们不当地行动时，总会存在某一符合如下要求的可能准则：这些人能够合理地意愿该准则为普遍的，并且原本可以按照此准则来行动。因此，LN2 不能谴责任何不当的行动。

为了避免这一反驳，我们可以用更简明的方式来修正康德的公式。康德的自然法公式可以成为

> LN3：除非我们在做之事是我们能够合理地意愿每个人在类似情形中都会尽可能地做的，否则我们就是在不当地行动。

康德的道德信念公式（MB）可以成为

> MB2：除非我们能够合理地意愿"每个人都相信这样的行动是道德上可允许的"为真，否则我们就是在不当地行动。

这两个公式避免了混合型准则反驳。在例子中的利己主义者救溺水

儿童、康德告诉某人正确时辰的时候，他们能够合理地意愿如下两种情况均为真：每个人都按照这样的方式行动，以及每个人都相信这样的行动是可允许的。因此，这两个公式未犯不当地谴责这些行动的错误。

297　　这两个经过修正的公式也避免了稀罕性反驳。在将这些公式运用于某人的行动时，我们必须以道德上相关的方式来描述这个人的行动。假设我患有古怪的偷窃癖，确实是在奉行"尽可能对穿白衣、吃草莓的女人行窃"的准则。这一准则没有提供关于我的行动的道德相关描述。我行窃的对象是一个女人，她身穿白衣、在吃草莓，这些都是无关的。相关的事实或许在于，我是在对某个不比我富有的人行窃，其目的仅是取乐。我们在运用这些修正过的公式时应问一问，我能否合理地意愿如下情况为真：每个人都按照这种方式行动，以及每个人都相信这样的行动是可允许的。如果答案如我们能言之成理地主张的那样是否定的，那么经过修正的公式就会正确地谴责我的行动。

　　在许多情形下，要给出关于某一行动的道德相关描述，描述行动者正在或即将意图做（intentionally doing）什么即已足够。我们必须描述这个人的直接目标（immediate aims），或者这个人力图直接实现的是什么。还应描述这个人相信他/她的行动可能产生的效果。人们意图做（intentionally do）什么，不同于他们意图（intend）什么。以西季威克的举例来看，如果 19 世纪末某个俄国革命党人炸掉沙皇旅行乘坐的火车，那么这个人或许只是意图杀死沙皇。但这个人正在意图做的是炸掉火车，同时还知道这样不仅会杀死沙皇，而且会杀死许多其他人。

在描述人们的行动时，我们通常是描述这些人在意图做什么。有时不清楚的是，关于某一行动的道德相关描述是什么。譬如说，或许不清楚的是：应当将多少事实纳入我们关于某一行动的可预见效果之清单，或者应当将何者描述为分立的行动（separate acts）、将何者描述为单个复杂行动的组成部分（parts of a single complex act）。而要确定某一行动是否不当，我们有时需要知道的，不仅是某人在意图做什么，而且包括这个人为什么做其在做之事。为了说明这两点，我们可以设想，某个施虐狂救了某人一命，以便他随后能以更令人痛苦的方式杀死此人。此时声称这个施虐狂在意图做的是救某人的生命，这或许是不够的。

在不清楚某一事实是不是道德上相关的情况下，将之纳入我们 *298* 对某一行动的描述通常是无害的。但在将某些道德原则运用于某一行动时，可能很重要的是不纳入道德上无关的事实。我已经讲过，要同时运用 LN3 和 MB2，我们就必须对人们正在做什么给出正确的描述。类似的主张适用于某些其他道德原则，比如关于撒谎、偷窃和违背承诺之不当性的原则。有时不清楚的是，应当将哪些行动看作属于这些类型。但我们在此不必回答这些问题。我的主要主张是，在众多情况下，行动者的准则没有给予我们关于某一行动的道德相关描述。

按照我所提出的诸版本的康德公式，我们将不再使用康德的准则概念。或许有人提议，我们可以在较狭窄的意义上使用"准则"一词，使之不包含某人在奉行的策略，而仅指称这个人在做什么。

康德有时以此方式来使用"准则"，如他在讨论"自杀以免除痛苦"准则时。这个准则不是一种策略，因为我们仅能按此行动一次。但是，就行动的道德相关描述来说，这种较狭义的"准则"不会有任何增益。

对于康德对准则概念的使用，我们在此可以再补充一个反驳。人们在行动时常常并没有奉行任何策略。我们如果使用"准则"一词仅指策略，那就不得不承认，存在众多无准则的（maximless）行动。要能涵盖这样的行动，康德的公式必须时常使用"准则"这个词去指称的，就不是某种策略，而是（根据关于这个人行动的道德相关描述）某人在做之事。既然康德的公式通常必须直接运用于人们的行动，那就难以看出，这些公式为什么应该总是指称人们的策略而非他们的行动。

或许有人提出如下反驳：如果以放弃准则概念的方式来修正康德的公式，我们就不再是讨论康德的观点。这一主张为真，但根本不构成反驳。我们在问的是，康德的公式能否有助于我们确定哪些行动是不当的，能否有助于解释这些行动为什么是不当的。我们如果能够以会改善这些公式的方式修正它们，那就是在发展某种康德式的道德理论。而我认为，康德对准则概念的使用，并非康德自身理论之中有价值的部分。就终止使用这个概念而论，我们没有损失任何值得坚持的东西。

或许有人会质疑上述主张。奥尼尔写道，康德诉诸行动者的准则，这并非"康德理论中可分离或不重要的部分"，因为康德观点的这一特征使我们得以宣称：某个犯错者意愿其坏准则成为普遍的，此时他的意愿中存在矛盾。我们由此能够论证说，恶行（wrong-doing）涉及"未能含有融贯的（coherent）意图"。但如康德所指出的，犯错者事实上并不意愿其准则成为普遍的。因此，这些人的意愿中"实际上毫无矛盾"。

奥尼尔还提出，通过诉诸行动者的准则，康德回答了"对人们行动的道德相关描述是什么"这一问题。但如我们所见以及奥尼尔在别处所主张的，情况并非如此。如果所知的一切只是例子中的利己主义者奉行其准则，我们就不可能确定这个人的行动是否不当。

接下来或许还有人反驳说，如果把康德的公式修正到甚至不指称准则，那么我们就会损失康德观点中另一个有价值的部分。康德将准则定义为行为的主观原则，并且问我们能否意愿这种原则是一种普遍的法则。我们的康德公式版本并不是指称原则或法则。但MB2 可以被重述为

　　　MB3：除非我们能够合理地意愿"每个人都接受某种允许这样行动的道德原则"为真，否则我们就是在不当地行动。

这一版本保持了康德对原则和道德法则的关注。

现在回到奥尼尔的提议：通过将康德的公式运用于行动者的准则，我们至少能够确定某一行动是否具有道德价值。该提议具有某种可行性，因为一个行动的道德价值或许依赖于行动者的动机或蕴含的目标，它们可以归属于这个人的准则。在应用于上述利己主义者时，奥尼尔的提议正确地蕴含着这个人的行动绝无道德价值。如这个人的准则所揭示的，他从来没有由于相信这一行动是其义务而

按某种方式行动，也没有出于任何其他道德动机来行动。

300　　然而，当我们转向某些其他准则的时候，奥尼尔的提议就失效了。假设在奉行其"绝不撒谎"准则时，康德告诉某人真相，并付出了某种他知道自己会付出的巨大代价，因为他正确地相信，他有对这个人告知真相的义务。如果康德是在以这种代价尽自己的义务，且其动机是尽义务，那么就给予其行动以道德价值来说，这就是绰绰有余的。与此无关的是，康德无法意愿其所奉行的准则成为普遍的。只要人们是由于真正相信其行动是自己的义务而尽义务，就都适用于类似的主张。在此不相关的是，这些人是否在奉行某一他们不能合理地意愿其为普遍的准则。就像一个行动的不当性一样，一个行动的道德价值也不依赖于行动者的准则，这里的准则意指这个人奉行的策略。

　　我的结论是，我们应当修正康德的公式，以便它们不指称诸如此类的准则。学完大哲学家的作品，我们应该力图有所推进。站在巨人的肩膀上，我们或许能比他们看得更远。

第十三章　如果每个人都这样做会怎样？

第 43 节　群己困境

　　我尽管已主张我们应当修正康德的公式，但仍会继续讨论康德301本人的公式。值得说明的是，还有修正这些公式的其他理由，而我的许多主张也适用于修正版。

　　在运用康德的自然法公式时我们会问，我们能否合理地意愿"每个人都奉行某一准则"为真。要回答这个问题，我们就必须知道可选项（alternative）是什么。如果可选项是除我们之外的每个人都奉行某个坏准则，比如"付出少于我该付的那一份"（pay less than my fair share），我们或许就能合理地意愿每个人都这样做。另一可选项或许是每个人都继续做他们在做的任何事。康德的公式由此就错误地允许我们按照许多坏准则来行动。如果许多人已经在奉行某个坏准则，那么即使该准则为每个人所奉行，通常也不会产生多大的差别。按照最佳版本的康德公式（这似乎也是康德心中所想），我们应该问的是，我们能否合理地意愿如下情况为真：某一准则，与其无人奉行，不如每个人都奉行。

我们还需要了解，有哪种别的准则是每个人都会奉行的。我们能够合理地意愿如下情况为真：每个人都奉行某种坏准则，如果可选项是每个人都奉行别的更坏的准则。因此，我们应该问问是否存

302　在别的较好的准则，这里的"较好"意指我们有更强的理由去意愿"每个人都奉行该准则"为真。

在应用于如下三点为真的准则或行动时，康德的自然法公式最行之有效：

　　　众多的人奉行该准则或按此方式行动，这是可能的；

　　　无论按此方式行动的人之数量如何，每一行动的效果相仿（similar）；

　　　这些效果在不同的人之间做大致平等的分配。

在讨论这些情况的过程中，我会用"我们"（we）来指称某一群体中的所有人；在也适用于女性的意义上使用"他"（he）和"他本人"（himself）。我们通常是某个群体的成员，对于该群体来说如下情况为真：

　　如果我们每一个人*而不是无人做某种意义上较有利之事，我们就会是做同样意义上较不利之事（if each rather than none of us does what would be in a certain way better，we would be doing what would be，in this way，worse）**。

我们可将这样的情况称作群己困境（each-we dilemmas）。

　　考虑每一个人的行动会有利于一个或更多人的情况就够了。群己困境的一大类别是自利困境（self-benefiting dilemmas），这常常令人遗憾地被称作囚徒困境（prisoner's dilemmas）。在这样的例子中，我们是某群体的成员，对该群体来说如下情况为真：

　　（1）我们每一个人各自能够要么自利，要么给予他人某种较大的利益；

　　（2）这些较大的利益在所有这些人之间会做大致平等的分配；

以及

---

　　* 本章中 everyone 与 each 或 each person 有较明显的区别：前者强调的是一个群体中的所有人，着重于"无一例外"的含义；后者强调的是"各自"，侧重于个体的含义。因此，下文将 everyone 与 each 或 each person 分别译为"每个人"与"每一个人"。虽然仅一字之差，但对于理解原文来说却是不可少的。

　　** 孤立地看这句话可能感觉费解，其含义可能要随下文的解释才逐渐清晰。鉴于作者力求一种高度概括而准确的表达方式，此处不考虑为照顾可读性而转译（为慎重起见，附上原文）。要之，作者大致要表达这样一种悖论：就群体中的某事而言，它从单个成员的角度来看是有利的，而且在大多数人不这么做而个别人这么做时它对这么做的人也是有利的（如搭便车）；但从整体或长远的效果来看，它对该群体的所有人都是不利的。这种悖论包括但不止于自利困境或者囚徒困境，还包括很多其他社会合作情况，涉及公共善的供给、外部性、累积效应等问题。由于本章类似的表达较多，这里以此为例做统一的说明，以便阅读。

（3）每一个人所做之事绝不会对其他人所做之事产生显著的影响。

303 在这样的情形中，如果我们每一个人都利己，那么我们每一个人都在做肯定对自己来说较有利之事，而无论其他人怎么做。但是，如果我们所有人而不是无人这样做，我们就是在做肯定对于我们所有人来说都较不利之事。我们无人会获得较大的利益。这样的情形是群己困境，其意思是：

> 如果我们每一个人而不是无人做对自己较有利之事，我们就在做对我们每一个人较不利之事。

换种方式倒过来说：

> 如果我们做对每一个人较有利之事，每一个人就在做对自己较不利之事。

如果我们大多数人这样做，那么这对我们也是不利的，并且这样做的人越多越不利。这样的主张并非关于那些具有误导性称呼的重复的囚徒困境（repeated prisoner's dilemmas），如我在一个注释中所示，那些困境的重要性要低得多。

群己困境尽管常常被忽视，但极为普遍。更确切地说，诸如此类的情形仅涉及两个人或几个人，那是极少出现的；而众多的情形都涉及众多的人。

许多诸如此类的情形可称作贡献者困境（contributor's dilemmas）。它们涉及公共善（public goods）：这样的成果（outcome）是即使那些未促进其产生的人也可从中受益的。其中一些例子是清新的空气、国防以及法律与秩序。在许多这样的例子中，如果每个人都对这样的公共善有所贡献，那么这对每个人来说都比无人做贡献要有利一些。但对每一个人来说，他本人不做贡献就更有利。他将免于付出其个人成本，且从他人那里获取较大利益的可能性丝毫不会降低。在许多这样的情形中，公共善在于我们避免会对每个人都不利的结果，而所需的贡献不是财物方面的，而是某种形式的自制（self-restraint）。

有无数这种类型的实际情形。例如，在渔夫困境（fisherman's dilemmas）中，如果每一个渔夫都使用较大的渔网，那么不管其他渔夫怎么做，他都会捕到更多的鱼。但是，如果所有渔夫都使用较大的渔网，鱼的存量就会减少，乃至不久后他们全都只能捕到更少的鱼。而如下两种情况仍为真：对每一个渔夫而言，他若用大网则更有利；所有渔夫如果都这样做，就会全都捕到甚至更少的鱼。某些其他情形涉及诸多做法合在一起造成污染、堵车、森林滥伐、过度放牧、水土流失、旱灾、人口过剩。

这些情形之所以常常被忽视，是因为在许多此类的情形中，上述主张不适用于其中的有些人。比如，或许有些技术娴熟的渔夫即使在过度捕鱼的情况下，也会捕到同样多的鱼。但即便如此，其他渔夫仍面临群己困境。在我对这种情形的描述中，"每个人"意指"某一群体的所有成员"。（1）至（3）的主张可适用于某些人群，即便这些人群中的有些人属于同一个社群（community）且以类似的方式行动，但并不是这个群体的成员。

许多群己困境不涉及在自利或给予他人较大利益之间做选择。

304

只要人们有着不同和部分冲突的目标，上述情形就可能出现。情况可能是这样的：如果我们每一个人而不是无人做最有利于实现自身目标之事，那么这就更不利于每个人实现自己的目标。其中有些目标或许是道德上要求的。根据常识道德（common sense morality，可称为 M），我们有特别的义务（obligations）将某些利益给予那些与我们有某种关系的人。比如，我们的孩子、父母、学生、病人、客户、同事、消费者或我们所代表者都属于这样的相关者。我们可称之为我们的 M 相关者（M-related people）。我们如果应当对这些人的福祉给予某种优先性，那就可能面临群己困境。比如在父母困境（parent's dilemmas）中，我们每一个人可以要么为自己的孩子谋利，要么给予他人的孩子较大的利益。如果我们每一个人而不是无人优先考虑为自己的孩子谋利，那么这就对我们所有人的孩子都更不利。许多这样的困境引发于自利困境。例如，可怜的渔夫们全都只能捕到更少的鱼，此时或许不仅更不利于他们，而且更不利于他们营养不良的孩子，这些孩子的营养甚至会更差。

　　群己困境对实践和理论两方面都提出了难题。在某些情形中，实践难题已得到至少是部分的解决。有些解决方法是政治的，关涉改变我们的处境（situation）。例如，在许多关于公共善的例子中，通过必不可免的或是实施惩罚逃税的征税，不做贡献要么变得不可能，要么对每一个人更不利。然而在许多其他情况下，政治的解决途径不可能实现，或者成本过高。就其中有些情况而言，我们已经达成了心理的（psychological）解决方案，这里"心理的"意指：在不改变处境的条件下，我们所有人或大多数人选择给予他人较大的利益。这样的解决方案通常依赖于我们拥有并奉行某些特定的道德信念。我们尽管自己要付出成本，但仍会促进某些公共善，因为我们相信应当做贡献。

在群己困境的道德的解决方案中，与此处尤为相关者有二。我们或许是行动后果主义者（Act Consequentialists），认为应当总是给予他人较大的利益，因为我们由此将实现更大的善。我们所有人如果都奉行这种道德信念，那就都会去促进诸如此类的公共善。但这样的解决方案很少实现，因为既是行动后果主义者又经常奉行其道德信念的人极少。

还有康德主义的解决方案。如果无人促进诸如此类的公共善，那么这对于我们所有人来说比每个人都去促进要不利得多。我们不能合理地意愿如下情况为真：每个人而不是无人奉行"不做贡献"的准则。因此，我们如果都是有良知的康德主义者，总是奉行康德的自然法公式，那就都会去促进诸如此类的公共善。

对于某个贡献者困境，一旦我们已经达成某种道德的解决方案，常识道德就会要求每个人都继续做贡献。在此情况下，通常会有某些搭便车者（free riders）：受益于公共善而又不做任何贡献的人。对于每一个搭便车者来说，其本人在一定意义上给他人强加了一个更大的总负担（a greater total burden）。常识道德将这样的做法谴责为不公平。而正是在这样的一些例子中，我们拷问"如果每个人都这样做会怎样？"，可以说是最恰如其分的。

在未解决的群己困境中，情况在某种意义上是不同的。如果无人贡献于某种仅为可能的公共善，那就无人在搭便车或者没分担其合理份额。但康德的自然法公式仍蕴含着：每个人都由于没做贡献而行动不当。这个公式原本可以成为针对如此情况的特别设计。如果每个人都没做贡献，那么我们的对话就不能是"如果每个人都这样做会怎样？"，因为每个人都是那么做的。但我们可以换种方式提问。相较于每个人都做贡献而获得公共善的世界，我们不能合理地意愿"无人为了获得公共善而做贡献"的世界为真。因此，康德的公式要求我们所有人都做贡献。

在应用于诸如此类的例子时，康德的公式与某些被广泛持有而又至少有部分错误的道德信念相冲突，并且可以引导我们去修正后者。在未解决的群己困境中，大多数人相信，如下做法对我们来说要么是被允许的，要么是被要求的：与其给予他人较大的利益，不如让我们自己或我们的 M 相关者获得较小的利益。按照康德的自然法公式，这样做是不当的。我们无人能够合理地意愿"我们所有人而不是无人继续依此方式行动"为真，因为那就对我们所有人或我们的所有 M 相关者更不利。

康德的公式不仅与某些被广泛持有的信念相冲突，而且以尤为有力的方式挑战着这些信念。尽管行动后果主义者也会主张每个人都应当给予他人较大的利益，但我们更难拒绝对这一结论的康德式论证。在未解决的群己困境中，我们每一个人都将力图有益于我们自己以及我们的孩子、父母、学生、病人或其他 M 相关者。从个人的层次来判断，我们每一个人都成功，因为我们每一个人都是在做对自己或自己的孩子、父母、学生、病人等更有利之事。但是，我们是在做对所有这些人都更不利之事。即便就我们自己而言，我

们也是失败的或做更不利之事，因为我们在使如下情况成真：将更
不利于实现每个人为道德所要求的目标。在如此情形中，我们是在
奉行常识道德原则，这种行动方式是直接地集体式自我挫败的（di-
rectly collectively self-defeating）。如果我们是合理利己主义者，那
么这也丝毫不会对上述观点有所反驳，因为这种形式的利己主义是
一种关于个人的理性和理由的理论。而道德原则或理论旨在回答
关于我们所有人应当做什么的问题。因此，这样的原则或理论一
旦在集体的层次是直接地自我挫败的，就显然失败并陷入自相
谴责。

　　康德接近于给出上述论证。在讨论利他义务的限度时，康德
写道：

　　　　以自我幸福的牺牲来促进他人的幸福，这一准则……如果
　　变成一条普遍法则，那么将自相冲突。

康德的意思必定是"以自我幸福的更大牺牲"。其要必定在于，每
个人如果都以自我幸福的更大牺牲来促进他人的幸福，那么每个人
的幸福之所失将大于其所得。如果如此做法的效果在不同的人之间
做大致平等的分配，该要点就是正确的。正是通过这样的方式，该
准则会"自相冲突"。类似的要点适用于"以他人幸福的更大牺牲
来促进自我幸福"的准则。根据类似的假设，该准则如果成为一条
普遍法则，也会自相冲突。仅有一条准则能够不自相冲突地或不集
体式自我挫败地成为普遍的，此即"做总体上会最大地促进每个人
幸福的任何事"的准则。

　　在应用于一类未解决的群己困境时，康德的公式具有甚至更大

307

的价值。在许多情况下，

> （4）我们每一个人可能以使自己或自己的 M 相关者受益的方式，给他人带来更大的总负担。但这些负担将由极多的人分摊。因此，每一次这样做强加给其他人的负担，分到每一个人身上将微不足道，通常难以察觉。

在大多数此前提及的贡献者困境中，上述主张都是正确的。我们得知，我们的行动给其他许多人带来了负担，但分给其中每个人的负担是如此微不足道从而难以察觉；此时的情况并不会唤起我们通常对他人的关切。我们即使是有良知的行动后果主义者，也可能忽视这种效果。但是，一旦我们中的许多人都这样做，其综合效果或许就是极大极坏的。由于使用化石燃料，我们鲁莽而自私地使地球大气过暖，这种方式即为其中一例。在此类例子中，康德的自然法公式可以起到道德放大镜的作用，使我们得以看清我们在做什么。我们不能合理地意愿如下情况为真：我们一起给自己、我们的孩子以及我们孩子的孩子施加这样的伤害。

第 44 节 门槛反驳

现在我们可以转向某些康德公式于其中不那么有效的情况。根据康德的

> 自然法公式：按照某一准则来行动是不当的，除非我们能够合理地意愿"每个人都奉行该准则"为真。

但在某些情况下，某一行动是否不当，取决于有多少人按此方式行动。在此点为真时，康德的公式就会由于谴责正当的行动或允许不当的行动而失效。

在对诸如此类情况的讨论中，考虑如下行动就够了：该行动的正当性部分地取决于可预期的效果。对于许多准则来说，如下情况为真：

（5）如果过多的人按此准则来行动，这些人的行动就会产生坏效果；但一旦较少的人按此准则来行动，其效果就是中性的或者好的。

由此如下情况可能为真：

（6）如果过多的人按此准则来行动，这样的行动就会是不当的；尽管如此，一旦较少的人按此准则来行动，这样的行动就是可允许的，甚至可能是为道德所要求的。

在这样的情况下，

（7）我们大多数人不能合理地意愿"每个人都奉行这样的准则"为真。

当这样的行动是可允许的甚或为道德所要求的时候，康德的公式会错误地予以谴责。

一个例子是"不生养孩子，以便毕生致力于哲学"的准则。康德如果奉行此准则，那么这并非行动不当。但他不能合理地意愿 *309* "每个人都奉行该准则"为真。因此，康德的公式似乎蕴含着，康德故意不要孩子本该是不当的。再想想如下准则："只消费而不生产食物"，"成为一名牙医"，以及"在冰岛（Iceland）生活，以汲取萨加传奇（Nordic Sagas）* 的精髓"。在现实世界，奉行这些准则并非不当。但既然我们不能合理地意愿"每个人都奉行这样的准则"为真，康德的公式就似乎蕴含着诸如此类的做法是不当的。其他例子有："不吃第一块蛋糕"，"等他人说完再发言"以及"与另一辆车狭路相逢时，停车等待直到那辆车通过"。我们不能合理地意愿"每个人都奉行这些准则"为真。在这样的世界，大多数蛋糕永远没人吃，大多数交谈永远不会开始，许多人的旅程永远到不了目的地。但在现实世界，奉行这些准则并非不当。

既然该问题是由这样的行动引起的，即仅当如此行动的次数超过某个大致的门槛时该行动才是不当的，那么我们可以称之为门槛反驳（Threshold Objection）。

博格提出，要答复对康德观点的这一反驳，我们应该从康德的自然法公式转向其道德信念公式。我们尽管不能合理地意愿"每个人都按此类准则来行动"为真，但能够合理地意愿"每个人都相信这样的行动是道德上可允许的"为真。即使每个人都持有这些信念，也不会产生过多的人选择按这些方式行动的危险。大多数人已相信，他们按照我刚才提到的准则来行动是可允许的。但仍有足够多的人生养孩子、生产食物。没有过多的牙医或冰岛居民，也没有过多总是让他人先吃、先说、先走的绅士。既然我们能够合理地意愿"每个人都相信这样的行动是可允许的"为真，康德的道德信念

---

* 萨加传奇（Nordic Sagas）指的是古代挪威或冰岛讲述冒险经历和英雄业绩的长篇故事。

公式就允许这些行动。

我认为，上述主张不是对这个反驳的充分答复。如果我们无人生养孩子，那么这就会终结人类历史。如果我们无人生产食物，那么这就会由于让自己和孩子饿死而更残忍地终结历史。这些后果不仅仅是我们不能合理地意愿的。如果全都按这些方式行动，我们就是在不当地行动。我们也不能合理地意愿"每个人都错误地相信如此行动并非不当"为真。这样说是不够的：即使所有人都持有此类错误的信念，也不会产生有过多人这样行动的危险。我们总是有某种理由要求自己和他人不持有错误的道德信念，而且对此不存在任何相反的理由。

博格提出了对该反驳的又一答复。仅当我们的行动会产生某种效果，我们才会意图按某种方式行动；在此意义上，许多准则都是有条件的（conditional）。当我们的行动不会产生意图中的这些效果或者会产生某种其他坏效果时，此类准则就不适用。从这些方面来看，我们的准则或许是隐含地（implicitly）有条件的，即使我们尚未对这些条件有自觉的考量。这么讲就行了：如果未满足这些条件，我们就不会按照这些准则来行动，并且不会改变我们本来的想法。

在似乎会遭到康德自然法公式错误谴责的实际准则中，大多数至少是隐含地有条件的。如果我们有意不生产任何食物，那么在挨饿的情况下该意图不会被实施。我们的准则类似于"只要正在生产食物的其他人足够多，就不生产食物"。我们能够合理地意愿"每个人按此准则来行动"为真。因此，康德的公式并没有这样的蕴

310

含：我们没有去生产食物是在做不当之事。

还可以假设，在接受"成为一名牙医"的准则的那些人中，大多数人仅当能够由此谋生的时候才有意奉行该准则。或许我们能够合理地意愿"每个人都接受这个有条件的准则"为真，因为我们知道，就大多数人而言，该准则的条件不会得到满足。但在此，康德的自然法公式会使我们的道德推理呈现为一种相当古怪的形式。而且我们有某种理由不愿意"每个人都接受这一准则"为真。那会是意愿一个这样的世界：其中所有人都想成为牙医，乃至大多数人会由于不能实现其抱负而感到失望，因为没有留给他们的牙医职位。在此更可行的做法是遵循博格的第一个提议，转向康德的道德信念公式。我们可以宣称，任何人都被允许按照这个有条件的准则来行动，因为每个人都能够合理地意愿"每个人都相信如此行动是可允许的"为真。这种方式更佳，可以解释为什么在一个需要补牙的世界中成为一名牙医并非不当。

我们依然没有完全答复门槛反驳。尽管大多数人的准则呈现为此类有条件的形式，但仍有某些例外。康德或许本来认为，既然可以指望其他大多数人有孩子，那么他没有孩子就是可允许的。但在那些选择不要孩子的人中，有些人是按照无条件的准则来行动的。而道德原则应当有效地适用于那些仅为虚构的情形，只要这些情形包含的内容足够清晰。我们可以想象某些极端的、无条件的准则，它们一旦被普遍接受，就将导致我们所有人都变成没有孩子的、就业不充分的、挨饿致死的冰岛牙医。既然我们不能合理地意愿"每个人都奉行这些无条件的准则，或都相信如此行动是可允许的"为真，康德的公式就错误地谴责我们对这些准则的奉行，即使在我们知道，很少有人按照这些准则来行动，故而在我们的做法会取得"好效果"的情况下也是如此。

然而，这并非一个新反驳。像利己主义准则"做最有利于自己的任何事"和康德的"绝不撒谎"准则一样，上述准则都是混合型准则，对它们的奉行有时但并不总是不当的。我已经主张，要答复这一反驳，我们应该不将康德的公式运用于可能指称策略的准则，而是使之运用于对人们在做之事的道德相关描述。根据我们修正版的康德自然法公式，

> LN3：除非我们在做之事是我们能够合理地意愿每个人在类似情形中都会尽可能地做的，否则我们就是在不当地行动。

假定在奉行这些无条件准则时我们将会没有孩子或不生产食物的处境是，我们知道并没有过多的人按此方式行动。我们就能合理地意愿"每个人在类似情形中尽可能地按此方式行动"为真。在这样一个世界，不会有过多的人这样做。因此，LN3 就不会错误地蕴含这些行动是不当的。

312

第 45 节　理想世界反驳

还有另外一种情况，其中某一行动的不当性可能取决于按这种方式行动之人的数目。如下情况可能为真：

（8）如果足够多的人按某一方式行动，这些人的行动就会产生好效果；但一旦较少的人按此方式行动，其效果就是或可能是很坏的。

由此如下情况可能为真：

（9）如果足够多的人按此方式行动，我们就应当这样做，但在其他情况下这样做是不当的。

许多作者声称，康德的自然法公式要求某些诸如此类的行动，甚至在它们显然不当时也是如此。

先考察"绝不使用暴力"的准则。不时有人声称，康德的公式要求我们按此准则来行动，因为不存在任何与之冲突的、我们能够合理地意愿每个人都会奉行的其他准则。如果这一点为真，康德的公式就会要求我们绝不使用暴力。

和平主义（pacifism）直觉上相当有吸引力，而且很多人（我父亲是其中之一）是基于康德式理由的和平主义者。但像"必须绝不撒谎"这一康德的信念一样，和平主义过于简单。回到二战期间来看，如果除德国人之外每个人都是和平主义者，那么这将允许希特勒统治世界，其结果甚至可能比这场恐怖的战争更糟。如果康德的自然法公式蕴含着反抗希特勒的军队是不当的，那么这将对这个公式不利。

313　　接着设想

失误情形（Mistake）：数个人的生命处在危险之中。你和我必须在两种做法之间做出选择。其可能结果如下：

		我	
		做 A	做 B
你	做 A	我们救了所有人	我们没救到任何人
	做 B	我们没救到任何人	我们救到一些人

我们应当都做 A，因为这是救所有人的唯一途径。但假设你由于误解了我们的处境而做了 B。我尽管知道你已经犯下这一失误，但仍然做 A，其结果是我们没救到任何人。我知道，我做 A 将阻止我们去救一些人，这些人是若我做 B 则我们本来可以救的。但作为一名康德主义者，我认为我应当做 A，因为这是我能够合理地意愿我们两个人都做的唯一之事。

如果康德的公式蕴含着"尽管知道你已经做 B，但我仍然应当做 A"，那么这一蕴含是完全不可接受的。虽然和平主义具有某种可行性，但这样的主张是荒谬的：我在此应当做 A，由此任凭某些我们本可以救的人死去。

这些例子阐明了对康德自然法公式的又一反驳。科丝嘉写道，康德的"行为标准"（standard of conduct）

> 是为一种理想事态（state of affairs）设计的：我们应当总是像仿佛生活在目的王国（Kingdom of Ends）那样行动，无论可能出现怎样的灾难性结果。

科丝嘉认为，这种问题将由有人行动不当这一事实引发。但如失误情形所表明的，对康德公式的这一反驳不是仅由故意做错引发的。尽管这个例子设计得很简单，但存在许多与此类似的实例。如下情况经常是真的：如果像有人主张的且为康德的公式所要求的那样，

314 我们去做我们能够合理地意愿每个人都应做之事，我们的行动就会
可预期地产生某种坏效果，这种效果会使这些行动成为不当的。在
讨论此类情况时，希尔写道：

> 问题在于，在这个替他人设定规则的世界中行动，其结果
> 可能被证明是灾难性的。

根据我们可称为的

> 理想世界反驳（Ideal World Objection）：康德的公式错误
> 地要求我们按照某些方式行动，即使在这样的情况下，即某些
> 其他人没有按照这样的方式行动，因而我们的行动将让事情变
> 得非常糟糕且并非出于任何良好的理由。

对于这一反驳的讨论，考虑如失误情形中的情况——最佳状况是所
有相关者都以同样的方式行动——就够了。考察如下准则（简称
M）：

> M1：做我能够合理地意愿每个人都会做的任何事。

根据理想世界反驳，与意愿每个人都按 M1 行动相比，我们不能合
理地意愿无人按 M1 行动。如果这一主张是正确的，康德的公式就
要求，即使我们的行动如失误情形那样，其可预期的效果非常糟
糕，我们也要按照 M1 行动。

然而上述主张不正确。一个改进准则如下：

> M2：做我能够合理地意愿每个人都会做的任何事，除非
> 其他某个人没有这样做——在此情形中，做我能够合理地意愿

其他人在此处境中会做的任何事。

我能够合理地意愿"每个人都按照 M2 行动"为真。在失误情形中，我们俩如果都做 A，就会都按 M2 行动，因为这是能救所有人生命的方式。但我知道你没有依此行动，因为你已错误地做了 B。鉴于你的失误，我就不能合理地意愿我做 A，那样会让我们救不了任何人。要遵循 M2，我就必须做 B，由此使我们至少能够救一些人。康德的公式既然允许我奉行 M2 而不是 M1，那么就允许我以显然正当的方式对你的失误做出回应。

下面回到和平主义的准则"绝不使用暴力"。根据理想世界反驳，康德的公式要求我们按此准则来行动，因为不存在任何与之冲突的、我们能够合理地意愿每个人都会奉行的其他准则。如前文所示，情况并非如此。一个改进准则如下：

> 绝不使用暴力，除非其他某些人已使用侵略性的暴力——在此情形中，使用有节制的暴力，只要它是我自卫和保护他人的唯一可能方式。

每个人都能够合理地意愿"每个人都奉行该准则"为真，因为这将产生一个永远无人使用暴力的世界。因此，康德的公式不要求我们成为和平主义者，而是允许我们使用有节制的暴力以抵制侵略。

类似的主张适用于所有此类情形。康德的公式从未要求任何人奉行像 M1 那样的无条件准则，或和平主义准则。每个人都能够合理地意愿"每个人都奉行像 M2 那样的有条件准则或抵制侵略的准则"为真。如康德的公式所允许的，在奉行如此准则的过程中，我们能够以最佳方式对他人的不当做法或失误做出回应。

然而，还存在另一个问题。康德的自然法公式只是允许我们奉行这些改进准则。考察如下准则：

> 绝不使用暴力，除非其他某些人已使用侵略性的暴力——在此情形中，我要杀死尽可能多的人。

如前文所示，每个人都能够合理地意愿"每个人都奉行该准则"为真，因为这将产生一个永远无人使用暴力的世界。但在现实世界，某些人已使用侵略性的暴力。既然该准则通过了康德的检验，康德的公式就允许我们余下的人以杀死尽可能多的人的方式来奉行之。接着考察：

> 守诺并帮助需要帮助者，除非其他某些人没这样做——在此情形中，效仿他们的做法。

316　　这个准则也通过了康德的检验。每个人都能够合理地意愿"每个人都奉行该准则"为真，因为这将产生一个每个人都守诺并帮助需要帮助者的世界。但在现实世界，有些人没有依此行动。既然该准则通过了康德的检验，康德的公式就错误地允许我们余下的人通过违背一切许诺和绝不帮助需要帮助者来效仿那些人。

为了以更简明的方式来陈述这个问题，我们可以求助于

> M3：做每个人都能够合理地意愿每个人都会做的事，除非其他某些人没这样做——在此情形中，做我想要做的任何事。

既然每个人都能够合理地意愿"每个人都奉行 M3"为真，M3 就

通过了康德的检验。我们知道，现实世界中有些人没有奉行 M3，因为这些人没有做每个人都能够意愿他们会做的事。因此，通过允许我们奉行 M3，康德的公式就允许我们余下的人做想要做的任何事。

根据理想世界反驳，康德的公式有时要求我们要像仿佛处于理想世界那样行动，即便在这样的情况下——现实世界中这样的行动会产生灾难性的效果且显然是不当的——也是如此。我们经常出于其他理由而必须将康德的公式运用于有条件准则，若如此，则我们可以答复上述反驳。但我们现在发现，在运用于此类准则时，康德的公式所提的要求太少。根据

新理想世界反驳（New Ideal World Objection）：一旦少数人没有做我们能够合理地意愿每个人都会做之事，康德的公式就不再蕴含任何行动是不当的。

如果不能答复这一反驳，那么这将产生至少具有同等破坏性的结果。

类似的主张适用于某些其他道德原则或理论。根据某一版本的规则后果主义，或者

RC：每个人都应当遵循这样的规则，即每个人都遵循该规则将使事情进展得最好。

我们如果做到了某一规则要求我们做的事情，那就遵循了该规则。经常有人反驳说，RC 要求我们遵循这些理想规则（ideal rules），即便我们知道其他某些人并没有遵循这些规则，因而我们的行动将

317

产生灾难性的效果。可以答复这一反驳。考察

> R1：遵循这样的规则，即每个人都遵循该规则将使事情进展得最好，除非其他某些人没有遵循该规则——在此情形中，鉴于他人的行动，去做将使事情进展得最好的任何事。

这是理想规则之一，因为每个人都遵循 R1 将使事情进展得最好。由此 RC 就没有要求我们去遵循这样的理想规则：若该规则的遵循者仅为一部分人，则将产生灾难性的效果。但考察

> R2：遵循这样的规则，即每个人都遵循该规则将使事情进展得最好，除非其他某些人没有遵循该规则——在此情形中，做你想要做的任何事。

R2 也是理想规则之一，因而 RC 允许我们遵循 R2。我们知道，现实世界中有些人没有遵循这样的理想规则。因此，通过允许我们遵循 R2，RC 就允许我们余下的人做想要做的任何事。类似的反驳适用于大多数其他版本的规则后果主义，譬如这样的理论：它们诉诸其为每个人或大多数人所接受将使事情进展得最好的规则。而且类似的反驳还适用于某些契约论的道德理论。

要答复对康德自然法公式的这一新的反驳，我们就应该再次修正这个公式。在将这个公式运用于某一准则时，这样提问还不够：我们能否合理地意愿"每个人都按此行动"为真。康德的公式可以成为

> LN4：按照某一准则来行动是不当的，除非我们能够合理地意愿该准则为每个人或任何其他数目的人所奉行，而不是无

人奉行。

某一准则要通过这一更宽松的（wider）检验，我们就必须能够合　　*318*
理地意愿该准则的奉行者——不仅是每个人而不是无人（by every-
one rather than no one），而且是大多数人而不是无人、众多人而不
是无人、若干人而不是无人，以及任何其他数目的人而不是无人。
我们必须能够合理地意愿：无论多少人没有按此准则来行动，其他
每个人都按此准则来行动。

　　康德的公式如果按此方式被拓宽，那就会谴责我们已讨论过的
坏准则。其中一例是：

　　　　绝不使用暴力，除非其他某些人已经使用侵略性的暴
　　力——在此情形中，我要杀死尽可能多的人。

我们尽管能够合理地意愿"每个人都奉行该准则"为真，但不能合
理地意愿任何其他数目的人奉行之。如果有任何人使用侵略性的暴
力，其他每个人就会按此准则来行动，杀死尽可能多的人。

　　当我们思考许多准则和行动的时候，这一版本的康德公式不会
产生任何差别。有许多行动总是正当的，无论按此方式行动之人的
数目如何。在这种情况下，存在着我们能够合理地意愿任何数目的
人都应奉行的无条件准则。一些例子是"帮助需要帮助者"和"绝
不仅仅为一己之便而去伤害他人"等准则。然而如我们所见，在考
虑某些其他种类的行动时，我们能够合理地意愿的就是人们奉行有
条件准则，这些准则告诉我们把他人的行动纳入考虑。某些此类准
则可能采取这种形式：

做 A；除非做 A 之人的数目或比例低于或将会低于某个门槛，在此情况下做 B；或者低于其他某个门槛，在此情况下做 C。

在这些门槛中，有些可定义为做 A 之人的数目或比例；若低于这一数目或比例，A 类行动将不再产生某种好效果，或开始产生某种坏效果。

319　　类似的主张适用于规则后果主义。此前陈述的公式可以变成

RC2：每个人都应当遵循这样的规则，即任何数目的人而不是无人遵循这些规则，将使事情进展得最好。

某些规则可能采取此类有条件的形式。这些规则会告诉我们，我们应当鉴于正在遵循这些规则之人的数目或比例，按照会使事情进展得最好的方式行动。类似的主张将适用于那些诉诸"如果人们接受某些规则那会怎样"的 RC 版本。

这一版本使规则后果主义在某些方面更接近于行动后果主义。尤为重要的是，在问如下问题时情况就是如此：世界上的富人应当将其收入或财富的多大份额给予现在每天靠约 2 美元过活的 10 多亿人？在应用于该问题时，大多数版本的规则后果主义没有提出多高的要求。这些理论诉诸关于"若所有或大多数人接受或遵循某些原则，则什么是正确的"主张。如果所有或大多数富人给穷人提供的是其收入或财富的某个相当平常的份额，比如 1/5 乃至 1/10，那么这或许是最佳事态。这会有很大的改观，因为如今最富裕国家所给予的还不到 1/100。如果我们将"所有"或"大多数"变为"任何数目的人们"，以此方式来修正规则后果主义，从而诉诸刚才提

及的有条件规则，那么规则后果主义通常会提出高得多的要求。如果大多数富人所拿出的并没有达到富人应当给出的最佳份额，最佳规则就会要求其他富人拿出一大笔。

在按此方式修正康德自然法公式的过程中，我们放弃了"如果每个人都这样做会怎样"这一问题所表达的观念。但是，该观念成功使用的可能性仅限于某些种类的情况。在群己困境中，我们如果是没有促进某些公共善的搭便车者，那就可能受到"如果每个人都这样做会怎样"这一问题提出的正当挑战。但在众多其他情况下，回答"大多数人不会"就够了。

康德的道德信念公式诉诸的是某种不同的观念，它或许可以成 *320* 功地用于一切情况。我们尽管不能言之成理地认为，每个人都应当奉行同样的准则或按同样的方式行动，但能够言之成理地认为，每个人都应当持有同样的道德信念。因此，人们在反对我们的某一道德信念时说"如果每个人都像你这样想会怎样"，此时我们简单地答以"大多数人不会"就是不够的。如果我们不能合理地意愿"每个人都相信某种做法是可允许的"为真，那么就如康德所认为的，这一事实可能表明这样的做法是不当的。

现在我们可以转向某些较为简单且更为根本的问题。

第十四章　不偏不倚

第 46 节　黄金规则

　　在描述其自然法公式如何解释我们的利他义务（duty to bene-fit others）时，康德写道：

> 我希望其他每个人都有益于我；因此，我也应当有益于其他每个人。

这或许会让我们想起

> 黄金规则（The Golden Rule）：己之待人，当如希望人之待己。

这条规则所表达的或许是最广为接受的根本道德观念，它被独立地发现于至少三种最早的世界文明。康德尽管将其公式称作"最高的道德原则"，但将黄金规则嗤之为"微不足道的"，且不适宜作为普遍法则。这一规则应该遭到康德的轻视吗？

关于对黄金规则的拒绝，康德写道：

> 它不可能作为一条普遍法则，因为它不包含对自己的义务之根据，也不包含爱他人的义务之根据（因为许多人会愉快地同意，他人无须有益于自己，只要自己可能免于有益于他人）；而最后，它不包含对他人应尽的义务之根据，因为一个罪犯会以此为据抗辩要惩罚他的法官。

根据康德的一个反驳，黄金规则不蕴含我们的利他义务。康德声称，许多人会愉快地同意绝不受惠于他人。 *322*

这一反驳适得其反。黄金规则蕴含着，这些人如果自己想要得到帮助，那就应当有益于或帮助他人。康德并不否认这些人想得到帮助。他做出了不同的主张：这些人会同意不要帮助，只要他们由此将免于帮助他人。用康德式术语来陈述，这一主张就是这些人将意愿"不帮助他人的准则成为普遍法则"为真。这并不蕴含着，根据黄金规则，这些人没有帮助他人的义务。是康德的公式而不是黄金规则，才允许我们奉行我们能够意愿其为普遍法则的准则。

我们可以修正康德的反驳。他或许要求我们去考虑，那些不想得到他人帮助的人是否会由此免于帮助他人。于是康德可能主张，既然这些人不想得到帮助，黄金规则就没有蕴含他们有帮助他人的义务。

　　然而如前文所示，这一反驳将适用于康德自己的公式。根据该公式，这些人如果不能意愿"不帮助他人的准则成为普遍法则"为真，那就应当帮助他人。这些人如果甚至不想得到帮助，那就能更轻易地意愿该准则成为普遍法则。康德声称，无人能够意愿这样的法则，因为这样的人会由此"剥夺自己得到其想要的帮助的一切希望"。这一主张不适用于那些不想得到帮助的人。

　　康德可能回答说，就不希望得到帮助而言，这些人是不理性的。而他可以接着论证说，在应用于这类人的时候，其公式之表现优于黄金规则。康德可能声称，黄金规则既然诉诸这些人的不理性的欲求，那就没能蕴含他们有帮助他人的义务。相比之下，这些人不能合理地意愿"他们将绝不接受帮助"为真。因此，康德的公式的确蕴含着他们有这种义务。

　　对黄金规则的这一反驳是无力的。我们可以先解释，为什么在 *323* 其大多数的成文版本中，这一规则没有诉诸我们会怎样意愿他人如何待我们。我们并非绝对的君主或独裁者，并不能随心所欲地决定他人的行动方式。既然对他人没有这样的权力，我们就只能想要或希望他人确实按某种方式行动。康德的公式要求我们想象或假设，我们拥有选择或意愿"他人确实按某种方式行动"的权力。黄金规则可以采取同样的形式。它无须诉诸我们的欲求，而是能够诉诸我们会怎样去意愿自己被对待——或我们会怎样在意愿（would be willing）被对待，如果我们有选择的话。黄金规则的某些耳熟能详的陈述如"己之所欲，施之于人"（do as you would be done by），已经采取了这种形式。

黄金规则还可以诉诸我们会合理地（rationally）选择或意愿什么。确实如通常所言，这个规则没有使用合理的（rational）这个概念。但在康德对其公式的诸多陈述中，仅有两种陈述使用了这个概念，而且没有一种明确地诉诸我们能够合理地意愿什么。鉴于康德的某些其他主张，他显然想要我们问：我们能够合理地意愿或选择什么？黄金规则（G）可以采取同样的形式，它可被陈述为

> G2：应当仅以如此方式待人，即我们会合理地意愿他人用这种方式来对待我们。

在运用黄金规则的时候，有时这样问就够了：在现实世界，我们是否意愿以某种方式被对待？比如说，施虐者不会意愿将要受虐。但在考量诸多种类的做法时，我们必须问的是：在某种仅为想象的情况下，我们将要如何意愿被对待？例如，在可以给某个挨饿者食物时，这样问是不够的：我们是否意愿将不被给予任何食物？如果我们刚吃完美餐且厨房里食物储备充裕，我们对这个问题的回答或许就是"是的"。我们应当问的是：我们即使在挨饿，是否也意愿将不被给予任何食物？

接下来考察这样一个白人种族主义者：在美国南部种族歧视最严重的时期，他的旅馆拒绝接待黑人。这个人可能声称在遵守黄金规则。他会说：

> 应当仅以意愿人之待己的方式待人。我允许任何非黑人进入我的旅馆。我意愿将以这种方式被对待。我实际上是以这种方式被对待。我既然不是黑人，那就可准入所有旅馆。

324

这段话是对黄金规则的误解。根据该规则，这个人应当仅按照他如果处于黑人的境地就将会意愿被对待的方式对待黑人。他必须想象，要么（1）属于黑人的所有旅馆都拒绝接待白人，要么（2）他本人是个黑人。（1）只是其处境的变化，（2）则是他本人的改变。在将黄金规则运用于许多其他情况时，想象中的变化必须发生在我们自己身上，因为对于会受我们行动影响的那些人，我们必须通过拥有他们的欲求、态度，以及其他生理的或心理的特征，来想象自己在相关方面与他们类似。例如，某个男人要想象得到如他对待女人一般的对待，他或许就必须想象他是个女人。类似的主张适用于施虐-受虐狂。

那么，黄金规则的较完整陈述就可能是

> G3：应当仅以如此方式待人，即我们如果将处于他人的境地且在相关方面与他们类似，那就将会合理地意愿受到同样的对待。

"将会意愿（would be willing）"这一用语可能起误导作用。在运用 G3 时，我们不应该这样问：如果处于他人的境地，那时我们会意愿受到怎样的对待？应该问的是：如果随后将处于这些人的境地，我们此刻会意愿随后受到怎样的对待？（如果我类似地问"你愿意让你的器官在你死后为他人所用吗"，那我的提问并不是要预料你死后的欲求，而是要问你现在的决定。）

康德给出了对黄金规则的另一反驳。康德声称，通过诉诸这一规则，"罪犯可能抗辩要惩罚他的法官"。在此，康德必定假定这个罪犯会这么说："你既然不会想要受惩罚，那就不应当惩罚我。"这

一反驳是将黄金规则看作

> G4：应当如此对待每一个他人，即我们如果将处于这个 *325*
> 人的境地且在相关方面与他类似，那就将会合理地意愿受到同
> 样的对待。

康德对这个规则的拒绝将是正当的。假设在

> 情形一：我可能救一命，要么是布鲁的，要么是布朗的。

通过诉诸 G4，布鲁可以争辩说，我应当救她。我要是处于布鲁的
境地，那就不会意愿被弃之不顾而死去。布朗可以同样地争辩
说，我应当救她。因此，G4 错误地蕴含着，由于不能如我应当
做的那样去对待布鲁或者布朗，我无论怎么做都会行动不当。接
着假设在

> 情形二：我有一小条面包，得满足两个挨饿的人。

通过诉诸 G4，这两个人各自都会争辩说，我应当给她这整条面包。
耶稣在诉诸黄金规则的时候是在诉诸 G4 吗？我让这些人分享
面包，耶稣有意暗示这是不当的吗？答案显然是否定的。不应将黄
金规则的意思解作 G4，而应解作

> G5：应当如此对待其他人，即我们如果将处于所有这些
> 人的境地且在相关方面与他们类似，那就将会合理地意愿受到
> 同样的对待。

然而，该规则的这一改进形式较难运用。我们如何想象将处于两个
人或更多人的境地？

对此有若干提议。设想在

　　情形三：我可以要么救格林的命，要么让格蕾免于致盲。

326　　按照内格尔的提议，我应该想象，自己像变形虫一样随后将分裂成两个人，一个处于格林的境地，另一个处于格蕾的境地。按照黑尔的提议，我应该想象，我随后将去体验恰如格林和格蕾一般的生活，并非同时体验两个人的，而是逐个地体验。按照海萨尼（Harsanyi）* 的提议，我应该想象，我会概率均等地处于格林的或者格蕾的境地。按照罗尔斯的提议，我应该想象，我将处于这些人的境地之一，但并不知道将处于哪种境地的概率。

　　在将黄金规则运用于某些问题时，我们采取上述提议中的哪一种，这可能会产生差别。但在大多数情形中，这些提议有着同样的蕴含。比如在情形三中，无论以上述哪种方式来想象我将处于格林和格蕾这两者的境地，我都不会这样意愿：我宁愿在其中一个境地之中免于致盲，也不愿在另一境地之中免于死亡。

　　在已诉诸黄金规则的那些人中，许多人或许没有思考 G4 与 G5 之间的区别。但如果这些人对这些主张做了比较并明白它们的蕴含，他们就会认为，G5 更好地陈述了其心目中的道德观念。

　　现在回到康德的主张：通过诉诸黄金规则，一个罪犯可能抗辩说，法官不应当惩罚他。根据如 G5 所表达的对黄金规则的更好解读，法官可以拒绝这一抗辩。法官们应该这样问：他们如果将不

---

　　* 约翰·海萨尼（John Harsanyi，1920—2000），匈牙利裔美籍经济学家。理性预期学派的重要代表人物，将博弈论发展为经济分析工具的先驱之一，1994 年诺贝尔经济学奖获得者。

仅处于罪犯的境地，而且处于其判决会影响到的所有其他人的境
地，那就将会怎样去合理地意愿被对待。其他这些人包括如下罪
行的可能受害者：如果这个罪犯未受惩罚，那么这就更可能发生
的罪行，无论是因为该罪犯会被释放而有能力犯其他罪，还是因
为他以及其他潜在的罪犯受到威慑的可能性降低。既然法官们应
当这样运用黄金规则，该规则就没有"无人应该受到惩罚"这一
错误蕴含。

　　按照前文引用的那一段中康德余下的反驳，黄金规则不可能成
为一条普遍法则，因为它没有涵盖对自己的义务。我们可以回答
说，该规则既然仅应用于我们如何对待他人，那就没有声称要涵盖
对自己的义务。然而，如康德在别处提出的，黄金规则的这一特征
可能使它错误地描述某些对他人的义务。设想在 *327*

　　　　　情形四：我可以要么救自己的命，要么使格蕾免于致盲。

如果黄金规则告诉我的只是应当如何对待他人，该规则就可能错误
地蕴含着：我应当以我的生命为代价使格蕾免于致盲。这或许是我
如果仅处于格蕾的境地就会意愿做的事情。

　　要应对这一反驳，该规则可以成为

　　　　　G6：我们应当这样对待每个人，即我们如果将处于所有
　　　这些人的境地且在相关方面与他们类似，那就将会合理地意愿
　　　受到同样的对待。

"每个人"一词在此指的是我们的行动可能影响到的所有人。在许
多情况下，我们被包含在这些人之中。根据这一版本的黄金规则，

我在将之运用于情形四时应当做的是，如果处于不仅格蕾的而且包括我的境地，我就将会意愿做的事。比如在情形三中，我不会这样意愿：我宁愿在其中一个境地之中免于致盲，也不愿在另一境地之中免于死亡。这一版本更好地表达了黄金规则的假定，即每个人都同等重要。并不令人惊讶的是，在对该规则的大多数陈述中，我们仅被告知，要像我们意愿自己如何被对待的那样对待他人。几乎不存在我们会忽视自身福祉的危险。但对他人的这种指称（reference）在一定意义上令人误解，因为就我们应当以该规则所要求的不偏不倚的方式来考虑人们的福祉而论，我们被包含在这些人之中。

我已论证，康德对黄金规则的轻视是得不到证成的。但或许仍如康德本人所认为的，其普遍法则公式是一种更好的原则。果真如此吗？

这两种原则通常有着同样的蕴含。而作为最高道德原则的候选，它们都满足最明显的要求。在康德的不可能性公式遭到惊人的失败之处，这两种原则在大多数情形中都取得了成功。我们大多数人不能合理地意愿"每个人都奉行自利的杀人、伤害、强制、撒谎和偷窃的准则"为真。我们如果处于受影响者的境地，那就也不会意愿受到这样的对待。

康德的普遍法则公式有两个方面类似于黄金规则。就它们的最佳形式而言，这两种原则都诉诸关于如下问题的主张，即人们选择什么会是合理的。而且它们都认为，每个人都同等重要，有着平等的道德要求权。奥尼尔写道，康德公式背后的"直觉观念"是"我们不应将自己挑出来以做特殊的考虑或对待"。

这两种原则的主要差别在于，对于促进我们更加不偏不倚地进行道德思考来说，它们的促进方式不同。通过就某些想象的情形提问，这两种原则都告诉我们要进行某些思想实验。为了运用黄金规则，我们得问"如果那发生在我身上会怎样？"；为了运用自然法版本和道德信念版本的康德公式，我们要问"如果每个人都这样做会怎样？"以及"如果每个人都相信如此行动是可允许的会怎样？"。

在运用黄金规则时，我们的思想实验相当简单。像平常做决定的许多时候一样，我们会问：如果在某一场合我们以某些可能方式中的每一种去行动，现实世界会发生什么？我们甚至没必要去确定，对于这些特定的可能行动来说，其道德相关描述是什么。但我们会不仅从自己的也从可能受我们行动影响之一切他人的视角，去设法思考这些可能性。我们会问：如果处于所有这些人的境地且在相关方面类似于他们，我们就将会合理地意愿做什么以及对我们做什么？

康德的思想实验在好几个方面都要困难一些。在运用康德的自然法公式时，我们必须先确定我们将要奉行的准则是什么。在我对该公式的修正版中，我们必须确定，关于我们行动的道德相关描述是什么。接着我们要比较两种可能世界，或者说世界未来历程的两种可能走向。我们既要问如果每个人都奉行某一准则会发生什么，也要问如果由于每个人都奉行某一别的准则而无人奉行该准则，那会发生什么。类似地，在运用康德的道德信念公式时，我们既要问如果每个人都持有某一道德信念会发生什么，也要问如果由于每个人都持有某一别的道德信念而无人持有该信念，那会发生什么。这四种可能世界或许全都与现实世界极为不同，而且常常难以预测它们会是怎样的。我们可能还得考虑每个人都可能奉行的各种其他准则，或者每个人都可能持有的可能道德信念。然而从另一种意义上说，康德的公式比黄金规则更易于运用。在问我们能够合理地选择生活在哪种世界时，我们只需从自己的视角来考虑这些世界。

可以将康德的公式和黄金规则与两种别的原则做个有益的比较。根据另一种古老的观点，我们应该以某种不同而又较简单的方式来做道德推理。我们应该问选择或偏好什么会是合理的，其视角既不是自己的，也不是可能受我们行动影响的他人的，而是某个超然的（detached）观察者的，他没有被卷入我们正在思考的事例。根据该观念的一个变体，我们会问：想象其他某个相关方面类似的情形中的每个参与者对我们来说都是陌生人，此时选择或偏好什么对我们来说会是合理的？我们可以称之为不偏不倚的观察者公式（Impartial Observer Formula）。

我们还可以通过运用康德的同意原则来实现不偏不倚。通过提问是否每个人都能够合理地同意某种可能的行动，我们给予每个人拒绝同意的理由以同等的权重。

黄金规则还受到各种各样的反驳。我们处于他人的境地且在相关方面类似于他们，这可能难以想象。而我们必须设法想象的东西经常会是非常不可能的。但如某些作者所声称的，这并非决定性的反驳。某些思想实验即使要求我们去想象极其不可能的东西，也是有帮助的。爱因斯坦曾不无助益地发问：他如果以光速旅行会看到什么？我们尽管不可能是正受我们鞭打的马，或被困住的、挨饿的、我们正穿着其毛皮的动物，但还是可以出于道德的用途而对此类事情展开极为充分的想象。

对黄金规则的另一反驳要有力一些。如罗尔斯指出的，如果想象我们将处于可能受我们行动影响的一切人的境地，那么这将导致我们忽视如下事实：在现实世界，我们的行动会影响不同的人。某个人的负担不可能通过另一个人的受益来抵消。我们忽略这种"人的分立性"，就是在忽略某些事实，这些事实可能给予我们决定性理由来接受分配正义（distributive justice）原则。

330

从种种方面来看，黄金规则在理论上既不及不偏不倚的观察者公式，也比不上康德的同意原则。但就实践的用途而言，黄金规则或许是这三种原则中最好的。通过要求我们想象自己处于他人的境地，黄金规则可以提供一种心理上最有效的方式，以使我们变得更不偏不倚且给我们提供道德激励。正因为如此，这一规则已成为世上最广为接受的根本道德观念。

我将论证，在这四种使我们变得更不偏不倚的方式中，康德的普遍法则公式最不成功。该公式没有谴责众多不当的行动。但我们将会看到，存在对这些问题的一个康德式的解决方案。

第 47 节　稀罕性反驳与大赌注反驳

人们在不当地行动时，或许是在做某种不可能常做之事。其中一些人能够合理地意愿"每个人都像他们那样行动"为真，因为这样的行动太罕见，不会对他们产生显著影响。我已称之为稀罕性反驳。比如，考察

> 不公正的惩罚情形（Unjust Punishment）：除非怀特去警局认罪，否则布莱克就会被定罪且由于怀特所犯的罪行而受惩罚。怀特尽管知道这一实情，但没有任何作为。

假定怀特奉行的准则是"让他人替我顶罪受罚"。要运用康德的自然法公式，我们就得问，怀特能否合理地意愿"每个人都奉行这一准则"为真。要回答这个问题，出于前文*给出的理由，我们不能诉诸"怀特的行动是不当的"这一信念，也不能诉诸由这个行动之不当性可能产生的道义式理由。如果仅诉诸别的道义式理由，我们或许就得承认，怀特能够合理地意愿"每个人都奉行他的准则"为真。我们可以设想，怀特如果让布莱克顶罪受罚，那就会免于多年的牢狱。如果怀特的准则一旦适用就为其他每个人所奉行，这样的风险就会增加：怀特随后由于其他某个人的犯罪而受罚。但这一额外的风险很小，而且显然会为怀特免于多年牢狱之利所压倒。康德的公式由此就允许怀特让布莱克顶罪受罚，尽管这种做法显然是不当的。康德的道德信念公式也不会谴责这种做法，因为怀特能够合理地意愿"每个人都相信如此行动为道德所允许"为真。

作为另一个例子，考虑

---

* 第 287 页（原英文著作页码，即本书边码）有关于道义式信念与道义式理由的论述。后面及附录 C 还有专门的讨论。

　　谋杀性偷窃情形（Murderous Theft）：在某个沙漠旅行
时，格蕾和布鲁都被蛇咬了。布鲁出于慎重带了某种药，它是
对这种蛇致命之毒的解毒剂。格蕾救自己之命的唯一方法是偷
布鲁的药，附带的可预见后果是布鲁死去。

我们可以假设，格蕾知道，没有其他任何人会揭露她偷布鲁的药，
她的生活也不会毁于悔恨。格蕾很年轻，因而可以预期，这样做会
给她增加多年值得过的人生。布鲁也可以预期这样的生活，而且还
要年轻得多。根据这些假设，所有可行的道德观点都蕴含着：格蕾
偷布鲁的药来救自己的命是不当的。

　　先假设，格蕾如果偷药，那就是在奉行"在偷窃是救自己之命
的唯一方法时就偷窃"的准则。格蕾能够合理地意愿"每个人一旦
在该准则适用时就奉行之"为真。不太可能出现的情况是，在如此
世界，其他任何人都按此方式来对待格蕾；而且，这种风险显然为
格蕾救自己之命的获利所压倒。根据这些假设，这个例子也说明了
稀罕性反驳，因为康德的公式会允许格蕾的谋杀性偷窃。

　　转而假设，在偷窃布鲁的药的过程中，格蕾奉行的是利己主义　*332*
准则

　　　　E：做最有利于自己的任何事。

格蕾能够合理地意愿"每个人而不是无人奉行该准则"为真吗？这
取决于可选项。如我所言，如果存在某一显然较优的其他准则可供
每个人奉行，我们就不能合理地意愿"每个人都奉行某一准则"为
真。一个此类准则可能是：

E2：做最有利于自己的任何事，除非这会给他人强加大得多的负担。

如果每个人都总是奉行 E 而不是 E2，那么这对大多数人来说将远为不利。如我已经主张的，此即利己主义准则通常不能通过康德之检验的原因所在。大多数利己主义者不能合理地选择生活在一个由利己主义者组成的世界。

然而，格蕾却是个例外。她知道，如果每个人都奉行 E 而不是 E2，她通常就会承受由他人的利己主义行动强加给她的负担。但我们能够言之成理地设想，即使在这样的世界，格蕾的余生也是值得过的。若如此，则格蕾能合理地意愿"每个人都奉行 E 而不是 E2"为真。如果每个人都奉行 E2，格蕾就不会偷布鲁的药，从而会死去。如果忽略道义式理由，我们就必定同意，格蕾有充分的理由不选择一个她会死于其中的半道德世界，而宁愿选择一个她可以偷药活命的利己主义世界。因此，康德的自然法公式错误地允许格蕾的谋杀性偷窃。出于类似的理由，康德的道德信念公式也是如此。

这些主张阐述了对康德公式的一种与众不同的反驳。这些公式在此的失败，不是由于他人极少能够奉行格蕾的利己主义准则，而是由于格蕾的不当行动给予自己一种不同寻常的巨大利益。我们可以称之为大赌注反驳（High Stakes Objection）。

333   我们或许有几种途径来设法答复这一反驳。例如，我们可以重申罗尔斯的主张：在提问"我们能否合理地选择生活在每个人都奉行某一准则的世界"时，我们应假定该准则已被奉行一段时间，足以让此类行动充分展示其效果。于是我们就可以论证说，格蕾不能合理地选择每个人总是奉行利己主义准则的世界，因为存在这样一种风险：格蕾已死于这个世界，此前就被其他某个利己主义者杀死。但这一多少有些令人困惑的论证不足以为康德的自然法公式辩护。我们要将该公式与如下其他三种原则进行比较：康德的同意原则、不偏不倚的观察者公式，以及黄金规则。而一旦应用于我们现在思考的这类情形，其他三种原则的表现显然就好得多。

其主要区别如下。既然布鲁比格蕾年轻得多，那么布鲁之死对布鲁的损失也就大得多。在运用这里的其他原则时，我们会将布鲁大得多的损失纳入考虑。布鲁不会有充分的理由同意格蕾偷药，并由此致自己于死地。任何一个不偏不倚的理性观察者如果有选择机会，那就都会选择格蕾不这么对待布鲁。而格蕾如果将处于不仅是自己的而且是布鲁的境地，那就不能合理地选择以这种方式被对待。这三种原则使我们的道德推理更不偏不倚，因此，它们全都正当地谴责格蕾的谋杀性偷窃。

相比之下，在运用康德的自然法公式时，我们忽略了布鲁的福祉，因为我们仅仅从格蕾的视角来思考。我们的提问是，格蕾能否合理地意愿"救自己的生命且生活在一个利己主义的世界"为真。康德的公式要谴责格蕾的做法，答案就必须是否定的。我们必须主张，格蕾不能合理地选择挽救自己生命的那个世界，因为她有决定性的非道义式理由而宁愿选择她死于其中的那个世界。与我们运用其他三种原则时诉诸的主张相比，这一主张得到辩护的难度要大得多。

第 48 节　不可逆反驳

334　　对于康德的公式，还存在另一类似的但在实践上更重要的反驳。黄金规则使我们变得更不偏不倚，其途径是要求我们这样去对待每个人：我们如果处于所有这些人的境地且在相关方面类似于他们，那就将会合理地意愿受到同样的对待。康德的自然法公式使我们变得更不偏不倚的途径没有这么直接。在运用该公式时，我们所问的不是"如果那发生在我身上会怎样？"，而是"如果每个人都这样做会怎样？"。

这个问题是有价值的。如康德所指出的，我们在不当地行动时，通常不公平地使自己成为例外，从而去做我们不想或不愿意他人做的事。康德的自然法公式正当地谴责此类做法。而且如我曾主张的，在思考群己困境时，该公式尤为有益。

但康德指出的问题还不充分。在许多情形中，我们如果不当地行动，那就会是以"给他人施加大得多的负担"的方式为自己谋利。黄金规则谴责这样的行动，因为我们不会合理地意愿让他人对我们这样做。但是，在将康德的公式运用于我们对某一准则的奉行时，我们不问我们能否合理地意愿"他人对我们做这样的事情"为真，而是问我们能否合理地意愿"每个人都对他人做这样的事情"为真。而我们可能了解到，即使每个人都对他人做这些事情，也无人会对我们这样做。一旦这一点为真，我们就能够合理地意愿如下情况为真：每个人都像我们一样行动，因为我们由此会从自己的不当行动中获利，而他人不当的类似行动绝不会给我们施加更大的负担。在最简单的此类情形中，我们的不当行动是不可逆的，因为我们对他人在做的事，他人不可能对我们做。因此，我们可以称之为不可逆反驳（Non-Reversibility Objection）。

不同于稀罕性反驳与大赌注反驳，该反驳适用于许多实例。先回顾我们所例举的白人种族主义者。这个人不可能声称是在遵循黄金规则，但可能声称是在遵循康德的公式。他可以这样说：

> 在我的旅馆拒绝接待黑人时，我能够合理地意愿每个人都 *335*
> 按这种方式行动为真。每个人的确都这样做。每家旅馆的主人
> 都排斥黑人。于是，我能够合理地意愿"每个人都相信这样的
> 行动是正当的"为真。如果黑人相信我的行动是正当的，那么
> 我就感觉不错了。

这个人如果做出这样的主张，那就是对康德公式的误解吗？我不是在问他是否会误解康德的道德理论。康德在某些方面是引人注目的平等主义者，而且康德的观点中不乏对此类种族主义态度和行动的谴责。我的问题仅在于，康德的自然法公式和道德信念公式蕴含着什么。

在阐明其公式时，康德思考的是大多数人不予奉行的准则，以及他认为无人会希望每个人都奉行的准则。康德想象某个犯错者在问"我能够意愿我的准则成为普遍法则吗？"，此时他假定，这个人的准则不是普遍法则。但在某些情形（比如这个白人种族主义者的情形）中，该假定失效。这个人的准则已经是一条普遍法则。在奉

行"我的旅馆拒绝接待黑人"的准则时，他在做的就是其社会圈子之中所有旅馆的主人都做的事。

在犯错者奉行此类准则的时候，"如果每个人都这样做会怎样"的提问可能是无益的。如果这些人能够合理地意愿"他们及他人继续这样行动"为真，康德的自然法公式就允许他们的行动。如果对这些犯错者来说，他们及他人现在以某种方式行动是不利的（比如说，在无政府状态或一切人反对一切人的状态下，这可能是真的），那么这些人就不能合理地意愿现存事态或现状持续下去。此时康德的公式会正确地遣责这些人的行动。但在许多情形中，现状对于这些在做不当之事的人来说是有利的。而这种事态之所以可能有利于这些人，部分是因为他们的坏准则是普遍的，或者是被广泛奉行的。适用于某准则的那些人可能是某一强有力的特权群体，其行动方式是要维持他们相对于其他人的优势。如果他们能够合理地意愿"维持其特权地位"为真，康德的自然法公式就允许这些人的行动。

与之前一样，在设法论证这些人不能合理地选择去维持其特权地位的过程中，我们不应诉诸他们行动本身的不当性，因为由此康德的公式将一无所成。我们做出如下主张也不可能有效，即主张可以合理地要求这些人重视其他每个人的福祉。当然，康德没有诉诸诸如此类的主张。康德的公式要支持这一观点，即这些人的行动是不当的，我们就必须能够主张：出于其他理由，这些人不能合理地意愿"维持他们相对于其他人的优势"为真。至少就他们中的许多人而论，我们不能为这一主张做可行的辩护。

求助于康德的道德信念公式也无济于事。正如这些人能够合理地意愿"与他们同一地位的每个人都像他们那样行动"为真,他们也能够合理地意愿"每个人都相信如此行动在道德上是可允许的"为真。这些人不会有任何相关的理由倾向于认为,每个人都相信他们的行动是不当的。

比如考察一下这样的男人:他们将女人看作低人一等、拒绝承认女性的各种权利与待遇、给予女性的福祉较小的权重,从而有利于自己。如果这些男人不能合理地意愿"每个人都像他们一样行动,或者每个人都相信如此行动是正当的"为真,康德的公式就蕴含着如此行动是不当的。这样的主张并不能对这些男人的行动提出适当的反驳。在历史上的大多数时期,包括大多数女人在内的大多数人都将女人看作低人一等,且相信这样的待遇是会得到证成的。既然不能诉诸这种待遇的不当性,我们就必须承认,许多男人原本能够合理地意愿维持其特权地位。

下面再看奴隶主。康德的公式要谴责奴隶制,我们就必须论证,奴隶主不能合理地意愿如下为真:他们畜养奴隶,以及包括奴隶在内的每个人都相信奴隶制是会得到证成的。由于我们不能诉诸奴隶制的不当性,这些主张就可能难以得到辩护。诉诸康德的同意原则或黄金规则就会好得多。女人和奴隶不能合理地同意被视为低人一等,或仅被视为财产。男人或奴隶主如果处于女人或奴隶的境地,那么也不会合理地意愿受到这样的对待。

类似的主张也适用于强者通过压迫或利用弱者以自利的诸多方式。仅当这些人不能合理地意愿"他们及他人继续以这样的方式谋利,或者每个人都相信诸如此类的利用是会得到证成的"为真,康

337

德的公式才会谴责他们的行动。由于不能诉诸此类利用本身的不正当性，我们就不能为这些主张提供可行的辩护。

作为最后一例，我们可以回到全球不平等问题。在任何一种可行的道德观点看来，控制着绝大多数世界资源的那些人应当将他们的很多财富或收入移交给世界上最穷的人。大多数富人未交分毫。要论证康德的公式谴责这些人的行动，我们就必须主张，这些富人不能合理地意愿"他们及他人继续对穷人不予分毫，或者每个人都相信富人不交分毫是会得到证成的"为真。由于不能恰当地诉诸这些富人行动的不当性或利他的理性要求，我们就不能为这些主张提供可行的辩护。这些富人能够合理地意愿"他们继续现在的行动，以及每个人都相信其行动在道德上是会得到证成的"为真。

在讨论康德的普遍法则公式时，科丝嘉写道：

> 这种观点拟定围绕的及最有效地处理的是如下情形：使自己成为例外的诱惑、自私、吝啬、利用他人，以及漠视他人的权利。正是此类之事而不是源自绝望或疾病的暴力犯罪，才被康德用作不道德行为的典型。我认为，在这一点上他是无可挑剔的，因为大多数人在其日常生活中犯下的那类恶正在于此而非别处。

338　我已经论证，康德的公式并没有最有效地处理自私、吝啬以及利用他人。无论其自然法版本还是道德信念版本，康德的公式都没有谴责一些人利用另一些人的诸多做法——比如在男人、富人、强者利用女人、穷人、弱者的情形中。而既然康德是将其公式作为最高的道德原则提出的，我们就能够因其没有谴责此类行动而批评这个公式。此类的自私和利用他人，恰好就是男人、富人和强者在其日常生活中受诱于且时常犯下的那类恶。

第 49 节　一个康德式的解决方案

或许有人主张，在对康德的普遍法则公式提出这些反驳的过程中，我误读了该公式。内格尔提出，在我们问我们能否合理地意愿"每个人都奉行我们的准则"为真时，康德意图让我们去想象，我们处于其他每个人的境地且在相关方面类似于所有此类的他人。这个提议使康德的公式类似于黄金规则的极度膨胀版，由此要求我们设法想象，自己将处于数以亿计的他人之境地。

在康德关于其公式的所有说法中，没有任何一种会支持内格尔的解读。而且存在相反的段落，比如康德对某个自立的富人的讨论，这个富人持有"不帮助需要帮助的他人"的准则。在声称这个人不能合理地意愿其准则成为普遍法则时，康德写道：

> 可能发生许多这样的情形，其中……由于来自其自身意愿的这样一条普遍法则，他就会剥夺自己得到帮助的一切指望，这种帮助是他本人想要的。

如果有意让这个人去想象自己将处于需要帮助的他人之境地，康德就肯定会在这里讲出来。

内格尔用如下主张来为其解读辩护：如果康德无意让我们去想象处于其他每个人的境地，康德的公式就要经受严重的反驳。但即使最伟大的哲学家也可能忽视各种反驳。

罗尔斯对康德的公式提出了另一种解读。罗尔斯指出，在我们运用该公式时，康德意图让我们去想象，我们对自己或自己的处境一无所知。我们应该问的是，如果处在无知之幕（veil of igno-rance）背后，不知道自己的性别、贫富，不知道是幸运的抑或是需要帮助的，那么我们能够合理地意愿什么。与内格尔一样，罗尔斯用来支持其解读的主张是，似乎有必要替康德的公式辩护以使之免于反驳。但即使康德本来应当使用无知之幕的观念，也并不表明他这样做过。在对其普遍法则公式的讨论中，康德从未提议我们应当想象对自己或自己的处境一无所知。

根据 T. C. 威廉姆斯（T. C. Williams）对康德公式的第三种解读，康德意图让我们从想象中某位不偏不倚的观察者之视角来判断我们的准则。类似地，威廉姆斯用来支持其解读的主张也是，有必要替康德的公式辩护以使之免于反驳。但康德在讨论其公式时，从未要求我们想象自己是不偏不倚的观察者。

斯坎伦提出了第四种解读。他提议说，在我们运用康德的公式时，康德意图让我们提问，是否每个人都能够合理地意愿我们的准则成为普遍法则。但这不可能是康德的原意。康德写道：

> 除了按照我能够意愿我的准则同时成为普遍法则的方式之外，我绝不应当按照其他任何方式行动。

康德对其公式给出了许多不同的表述，其中没有任何一种是指每个人都能够意愿什么。

如果不作为关于康德原意的主张，而作为对康德公式的修正方

法，那么这些提议会更好，由此就能避免我们一直在考察的这类
反驳。

我认为，在以上提出的修正中，斯坎伦的提议最佳。根据道德   *340*
信念版本的康德公式，或者说

> MB：按照某一准则来行动是不当的，除非我们本人能够
> 合理地意愿如下情况为真，即每个人都相信这样的行动是道德
> 上可允许的。

根据斯坎伦的提议，这会变成

> MB4：按照某一准则来行动是不当的，除非每个人都能够
> 合理地意愿如下情况为真，即每个人都相信这样的行动是道德
> 上可允许的。

康德在关于其他两条原则即自主性公式（the Formula of Autono-
my）与目的王国公式的某些主张中，对这种修正也有所表示。例
如，康德指出

> 这样一种观念，即每个理性存在者的意志是作为给予普遍
> 法则的意志。

尽管康德从未诉诸每个人能够合理地意愿什么，但这或许仅仅是因
为他认为，对其公式的这种修正是多此一举。康德可能认为，任何
一个人能够合理地意愿什么，必定等同于其他每个人能够合理地意
愿什么。根据这一假定，MB 与 MB4 总是吻合的。

我已讲过，这个假定是错误的。能够合理地为许多男人、富人
或强者所意愿之事，不能合理地为许多女人、穷人或弱者所意愿。

既然不同的人能够合理地意愿之事可能存在这样的差别，MB 与 MB4 有时就会发生冲突，由此我们就必须在它们之间做出选择。康德如果看出有必要这样做，那么原本会正确地选择 MB4。

接着回顾：我们应当修正康德的公式，以便它的适用对象不是行动者的准则，而是对此人在做之事的道德相关描述。由此，我们修正过的公式就可以变成

MB5：按照某种方式行动是不当的，除非每个人都能够合理地意愿"每个人都相信这样的行动是道德上可允许的"为真。

341　经过类似的修正，康德的自然法公式会变成

LN5：按照某种方式行动是不当的，除非每个人都能够合理地意愿"每个人在类似的处境中都会尽可能地这样做"为真。

如我在一个注释中所说明的，诉诸 MB5 就够了。

人们一旦相信某类行动是道德上可允许的，就接受了某种允许此类行动的原则。因此，MB5 可以变成

普遍可意愿的原则公式（the Formula of Universally Willable Principles）：某一行动是不当的，除非这样的行动为"每个人都能够合理地意愿该原则被普遍接受"的原则所允许。

用斯坎伦的话来说，"要回答关于正当与否的问题，我们必须问的是……'我们所有人都能够意愿何种一般的行为原则？'"。

该公式使我们得以进行不偏不倚的道德推理，其所采取的方式

避免了稀罕性反驳、大赌注反驳，以及不可逆反驳。由于未诉诸行动者的准则，该公式避免了混合型准则反驳。由于允许我们诉诸有条件原则，该公式也避免了门槛反驳。我们还需要再做一种修正以避免新理想世界反驳，但这种修正会引起某些我们在此可予以搁置的复杂性。

我曾说过，在考察了某些类似的反驳后，有些人开始认为，康德的普遍法则公式不能帮助我们确定哪些行动是不当的。在用于此类问题时，伍德将该公式称作"有根本缺陷的"和"近乎无价值的"；赫尔曼声称，不可能使之变得可行；希尔怀疑它能否提供"即便是某种不严谨的和局部的行为指南"；而奥尼尔声称，它通常给出的指导要么不可接受，要么根本没有。这些主张是关于康德的实际公式，因而如我已论证的，它们是得到了证成的。某一行动是否不当并不取决于行动者的准则，因而康德的公式如果仅诉诸行动者能够合理地意愿什么，那就不可能成功。但我们可以修正康德的公式，其途径是放弃康德诉诸的在包含策略的意义上的准则概念，转而诉诸原则以及每个人都能够合理地意愿什么。由此所有这些反驳就都不存在了。

342

如果我们所诉诸的每个人都能够合理地选择的原则是每个人都接受的，我们的观点就属于所谓契约论的类别。若干作者比如罗尔斯和斯坎伦，提出了已被称作契约论的康德式版本。但我认为，普遍可意愿的原则公式是最接近康德本人观点的契约论版本。那么，我们可以重申这个公式并给予一个更简洁的名称。根据康德式契约论公式（the Kantian Contractualist Formula）：每个人都应当遵循这样的原则，其被普遍接受是每个人都能够合理地意愿的。

这个公式或许就是康德一直在努力探寻的东西：最高的道德原则。

第十五章　契约论

第 50 节　合理协议公式

　　大多数契约论者都要求我们去想象，我们与他人正在努力就
"哪些道德原则是每个人都愿意接受的"达成协议。根据我们可称
为的

　　　　合理协议公式（the Rational Agreement Formula）：每个
　　　人都应当遵循这样的原则，其被普遍接受是每个人都会合理地
　　　同意的。

有些契约论者转而诉诸这样的原则：其被普遍遵循或被成功地奉行

是每个人都会合理地同意的。我的大多数主张都适用于诸如此类的契约论版本，这一点我将回头再讨论。我要讲的是，我们选择的原则是我们同意其被普遍接受的。大多数契约论者假定，如果我们的选择对自己是最好的或可预期地最好的，那么我们就是在合理地选择。我们可以从这个假定入手。

尽管有些原则被普遍接受对每个人都会是最好的，但还有一些其他原则被接受仅对某些人是最好的。例如，对男人是最好的，并不总是对女人最好。看来或许是，在人们的利益相冲突的情况下，没有任何一个原则是每个人都会在自利的意义上合理地选择的。但是，合理协议公式仅适用于每个人都会合理地选择的原则。那些其被接受对我们自己会最好而为我们所选的原则，如果不能为其他某些人所合理地选择，那就是没有意义的。

344　　我们能够合理地选择什么，还取决于达不成协议所带来的影响。大多数契约论者建议我们去设想：如果我们达不成协议，那么将无人接受任何道德原则；由此无人会认为有任何行动是不当的。这样一个世界对于每个人都可能是不利的。在这种无道德的（amoral）无协议世界（No-Agreement World），如霍布斯令人印象深刻地叙述的，我们的生命将是"孤独、贫穷、恶劣、残酷而短促的"。这会给予每个人强的自利理由去设法达成协议。

我们可以设想，为了更易于达成协议，我们将展开讨论以及一系列假想的投票。但是，必须有某一最终的投票表决。我们所有人都必须明白，如果在最后一轮达不成协议，我们就将失去最后的机会，因为我们不能再来一遍。在前几轮，我们策略性地投票将是合理的。我们可以宣告，我们意图选择并将投票给最有利于自己的原则，由此努力劝说他人也投票给这些原则。只有在决定性的最终投票中，鉴于达成协议的必要性，我们每一个人对他人做出充分的妥协才是合理的。

有些契约论者认为，道德最好被视为某种互利的协定（bargain）。这不必是实际的协定。当人们的利益相冲突时，每个人就解决冲突的某些原则达成一致，这是合理的。通过诉诸这一事实，这些作者论证说，我们可以在尚未有如此协定的现实世界证成这些原则。我们应当像我们本该合理地同意的那样相互对待。这是一种可行的主张。

然而，要用这种方式来证成某些原则，我们就必须对如下主张做出辩护：每个人都本来会就这些原则合理地达成协议。高契尔（Gauthier）在讨论他推荐版的合理协议公式时，建议我们"设想在每一方提出其最初的主张之后，协议就在单个回合的妥协中达成"。但我们简直不可能设想这样的协议将会达成。鉴于我们有必要达成协议，如下情况就是合理的：我们每一个人都设法预测他人会选择哪些原则，并就这些原则自行做出选择。在某些情况下，我们每一个人或许都能够预测他人会选择什么。比如，假定我们要就某组固定资源在我们之间的分配达成协议。对于每个人来说唯一合理的选择或许是，每个人都应该获取均等份额，因为我们各自能够预测其他每个人都将做出这一选择。但当我们选择大多数其他道德原则的时候，这种协调（coordination）问题就不会有如此明显的解决方案。我们只能在暗中揣摩，设法预测他人会做出何种选择。

345

因此，在决定性的最终投票中就会有许多相冲突的原则，对于每个人来说选择它们是同等合理的。由此合理协议公式就会失败，因为不存在任何一组原则是每个人都应当合理选择的。

这一版本的契约论还面临另一种反驳。无协议世界对于某些人来说没那么不利，譬如那些更有能力的人，以及在非法的意义上控制着更多资源的富人。在无道德世界，拥有此类优势的人具备更强的谋生能力。每个人都清楚，这些人没那么必要去达成契约论者的这种协议。这会给予他们更强的议价能力（bargaining power）。他们可能宣称，在决定性的最终投票中，他们将选择某些允许他们保持优势并给予他们更多利益的原则。这样的威胁或许是可信的，因为与其他人相比，这些人更乐于承担产生无协议世界的风险。此外，在讨论某些问题的时候，无协议对于某些人来说可能更好。其中一例就是富人应当将其资源的多大份额转给穷人的问题。如果在此问题上没有达成协议，乃至无人接受"富人应当给出多少"的任何原则，那么这将差不多等同于"每个人都认为，富人分毫不给是可允许的"。这对于富人来说或许不错。以如此种种方式，那些拥有更强议价能力的人或许能够运用这种能力，以使"他人接受有利于强者的原则"变成合理的。

有些作者接受合理协议公式的这种蕴含。像高契尔这样的霍布斯式（Hobbesian）契约论者就是如此，他们所辩护的仅仅是最低度版本的道德（minimal version of morality）。高契尔声称，既然道德预设着互利，那么在其他某些人的存在无益于我们的情况下，我们施大害于他们就没有错。比如，在这种观点看来，当欧洲人在

346

北美建立殖民地的时候，他们杀害土著在道德上是可允许的。对于关怀某些先天残疾者这一要求，该观点也不能直接予以支持。高契尔承认，此类结论强烈地冲突于大多数人的道德信念。但高契尔拒绝诉诸这样的直觉信念或我们的"深思熟虑的道德判断"（considered moral judgments），他主张道德理论应当置之不理。

我已拒绝高契尔的如下主张：当我们运用合理协议公式时，高契尔的最低度道德是每个人都应当合理选择的。如我在附录 B 中所论证的，我们还应当拒绝高契尔关于合理性的假设。而且我认为，我们应当拒绝高契尔的道德观点。与洛克对霍布斯的评论一样，高契尔的最低度道德不承认"大量显而易见的义务"。我认为，类似的主张也适用于其他霍布斯式理论。霍布斯式契约论者的论证是不健全的，其结论是不可接受的。

第 51 节　罗尔斯式契约论

罗尔斯尽管也诉诸合理协议公式，但他为之辩护的结论更可接受。罗尔斯的大多数主张是关于他所称的社会基本结构（basic structure）或社会主要制度的正义（justice），其中的社会是指民族国家（nation-states）。这些主张在此是不相干的。我的评论将仅仅涉及罗尔斯关于道德的契约论论说，即他所称的作为公平的正当性（rightness as fairness）。

我将论证，罗尔斯版本的契约论在应用于道德时是失败的。而我们如果将契约论从罗尔斯的大作《正义论》中移除，那就将得到一种自由的平等主义观点；该观点不仅本身极具吸引力，而且得到了罗尔斯的某些非契约论主张和论证的充分支持。

347　　我们对罗尔斯式道德契约论的考察，可以从他关于合理性和理由的假设入手。罗尔斯接受一种基于欲求的主观理论，从而主张我们理性上应当努力实现这样的目标：这些目标是我们经过完全知情且程序合理的慎思而最想要的。在这种理论的接受者中，许多人都相信它与合理利己主义一致，后者主张，我们理性上应当努力做最有利于自己的任何事。这些人错误地假定：经过这样的慎思，我们每一个人总是最关心自己余生的总体福祉。

　　罗尔斯并没有做出这样的假定。在他所考虑的情形中，正义要求我们按照不利于我们的方式行动。罗尔斯主张，即便在这样的情形中，我们去做正义所要求之事也可能是合理的。我们如果做在全面考虑之后最想做的事，那将是在合理地行动。用他的话来说，

> 如果一个具有慎思理性的人想要从正义高于其他一切的立场行动，那么这样的行动对他来说就是合理的。

然而，既然罗尔斯的理由理论是基于欲求的，那么他就无法主张，正义地行动对于每个人都将是合理的。罗尔斯在讨论这些人——他们如果不正义地行动，其明智的欲求就将更好地得到满足——的时候声称，他们不会有充分的理由去履行正义的要求。

　　如我已论证的，按照主观理论，我们不可能有理由把某事物作为目的或由于该事物自身之故而想要它。如果人们不关心某事物，即便在完全知情且程序合理的慎思之后仍不关心，那么我们就不可

能主张他们有理由关心。罗尔斯会接受这些主张。他也写道：

> 我们知道人们是理性的，但不知道他们将要追求的目的，
> 只知道他们会明智地（intelligently）去追求。

与此类似，当讨论如下观点时：

348

> 一旦某位完美理性且不偏不倚的旁观者会赞许某事……这
> 件事就是正当的；

罗尔斯写道：

> 这一定义由于没有对不偏不倚的旁观者做出任何具体的心
> 理假设，那就得不到任何原则来解释他的赞许……

在此罗尔斯假定，我们没有关心任何事的任何理由。他如果认为我
们有这样的理由，那就不会做出如下主张，即我们如果所知道的仅
仅是某人是完美理性的（ideally rational），那么就不能对这个人会
赞许什么得出任何结论；而是会这样主张，即这个人既然是完美理
性的，那就会赞许他最有理由赞许之事。例如，他会赞许减轻痛苦
或挽救人们生命的行动。

　　作为契约论者，罗尔斯诉诸这样一种原则：如果我们所有人在
努力就全体接受的原则达成一致，那么该原则就是每个人都会合理
地选择的。按照罗尔斯基于欲求的理论，人们合理的选择是什么取
决于他们实际上想要什么。由于无法预测人们想要什么，罗尔斯就
补充了一个动机假设（motivational assumption）。他建议我们设
想，当我们在选择道德原则时，每个人的主要目标是促进自身利
益。按照这一假设，罗尔斯基于欲求的理论就与合理利己主义相吻

合。如果我们最关心自身利益，那么根据基于欲求或目标的理论，做出我们可以预期最能促进这些利益的选择对我们来说就是合理的。因此，罗尔斯的动机假设就让他诉诸关于自利的合理性的主张。用他的话来说，

> 在选择原则时，每一个人都尽最大可能地设法促进自己的利益。

通过添加无知之幕，罗尔斯修正了合理协议公式。根据

349　　　罗尔斯的公式（Rawls's Formula）：每个人都应当遵循这样的原则，即如果每个人都必须在不知道关于自己及其处境的任何特定事实的情况下达成协议，那么他们都会同意该原则被普遍接受，这是就自利而言合理的。

在解释为什么添加无知之幕的过程中，罗尔斯诉诸前文提及的对霍布斯式契约论的两个反驳。

第一，如果每个人都知道关于自己及其处境的特定事实——比如其性别、年龄、能力及其所控制的资源，我们就不可能指望解答这一问题，即选择什么对于每个人来说会是合理的。用罗尔斯的话来说，"议价问题……将复杂得令人绝望"。不存在任何这样的原则，其被普遍接受是每个人都会合理地同意的。罗尔斯的无知之幕解决了这个问题。如果无人知道关于自己如何相别于他人的任何事实，那么每个人都选择同样的原则就是合理的，由此可确保达成协议。"选择什么对于任何一个人来说会是合理的"这样的提问就够了，因为同一个答案将适用于每个人。

第二，如罗尔斯所指出的，如果我们对自己及其处境一无所知，那么这将使我们变得不偏不倚。我们不会知道那些可能给予我们更强议价能力的事实。任何人也不可能选择偏袒其自身利益的原则。尽管我们会出于自利的理由去选择原则，但我们的无知将确保在选择原则的过程中，我们会给予每个人的福祉以同等的权重。

罗尔斯写道，其主要目标之一是提出一种系统的理论，以替代各种形式的效用主义。令人惊讶的是，在努力实现这一目标的过程中，罗尔斯版本的道德契约论诉诸自利的合理性与不偏不倚的某种结合。我们应该预期，这样一种理论会支持某种属于或近似于效用主义的观点。如罗尔斯本人所指出的，大体上说，效用主义是自利的合理性加上不偏不倚。

罗尔斯意识到这个问题。根据某一版本的罗尔斯公式，在想象 *350* 我们处于无知之幕背后的时候，我们会假定，我们处于任何人之境地的机会均等。罗尔斯声称，按照这个假定，选择其被接受将产生尽可能高的平均福祉水平（average level of well-being）的原则，对于每个人来说就是合理的。通过选择这一效用主义平均原则（Utilitarian Average Principle），我们每一个人都使自身可预期的福祉水平最大化。

我们可将此称作机会均等公式（Equal Chance Formula），罗尔斯拒绝该公式。罗尔斯声称，我们如果处于无知之幕背后，那就不应当假定我们处于任何人之境地的机会均等。根据罗尔斯对其公式的偏好版（preferred version）——我们可称之为无知公式（No knowledge Formula），我们将不知道概率（probabilities）。罗尔斯论证说，这将使选择某些非效用主义原则对我们来说是合理的。

罗尔斯的契约理论要实现其目标，他就必须为其拒绝机会均等原则做辩护。在描述无知之幕的时候，罗尔斯写道：

> 似乎没有任何客观的根据……来支持这一假定：一个人有变成任何一人的均等机会。

这一评论将我们处于无知之幕背后的想象状态看作仿佛是某种实际的事态，这种状态的性质是我们必须接受的。但罗尔斯是在提出一项思想实验，他可以自由选择实验的细节。他可以建议我们设想，我们有成为任何人的均等机会。因此，罗尔斯必须给出对机会均等公式的其他反驳。罗尔斯本人指出，既然存在着具有不同蕴含的多种契约论公式，他就必须替他对其特定公式的选择做辩护。他写道，他的公式必定是那种由于"最好地表达了加于原则选择的条件，这样的条件被人们广泛认为是合情理的"，从而"在哲学上是最优的"。与机会均等公式相比，其无知公式更好地表达了这些条件——罗尔斯能够这样主张吗？

我认为答案是否定的。罗尔斯的无知之幕旨在确保，我们在选择原则的过程中是不偏不倚的。要实现这一目标，罗尔斯并没有必

351 要要求我们假定对概率一无所知。如果我们设想处于任何人之境地的机会均等，那么这将使我们变得同样不偏不倚。既然机会均等公式与无知公式没有任何其他的差别，我们就无法主张罗尔斯的无知公式就其本身而言更可行。

在讨论其所称的对其理论的"康德式解读"时，罗尔斯提出了对其无知公式的又一种辩护。罗尔斯写道，康德式契约论

　　　　旨在支持尽可能最厚的（thickest）无知之幕……康德式
　　的理据……始于让各方毫不知情，然后添加刚好足以让他们能
　　够形成合理协议的信息。

罗尔斯提出，通过假定我们的所知尽可能少，我们就会让我们的道
德推理尽可能类似于在康德的永恒本体界之中我们的本体自我所做
的推理，而我们由此就最好地表达了我们的自由和自主性。

　　我认为，对无知公式的这一辩护并不成功。我们如果始于这样
的假设，即我们处于罗尔斯的无知之幕背后时没有任何信息，而接
着应当添加信息，使之刚好足以可能形成合理的协议，那就应当诉
诸无知公式的一种更极端版本。比如，在做选择的过程中我们没必
要知道，不同的人有不同的能力或我们生活在一个资源匮乏的世
界。即使不知道这些事实，我们所知道的也足以做出合理的决定。
于是我们就会更接近实现罗尔斯"尽可能最厚的无知之幕"的目
标。但我们不能主张，这一版本的契约论是如罗尔斯所说的，"最
好地表达了加于原则选择的条件，这样的条件被人们广泛认为是合
情理的"。我们不可能合情理地要求，那些在选择道德原则的人是
尽可能地无知的。我们能够更言之成理地诉诸的，是信息充分
的（well-informed）而不是信息欠缺的（ill-informed）选择。罗尔
斯还写道，根据其观点的康德式版本，"我们开始根本就没有任何
信息；因为康德的消极自由（negative freedom）意味着，我们有
能力不受异己（alien）原因的决定而独立地行动"。真信念不能被
恰当地视为异己的原因。

　　继而回顾，如罗尔斯所主张的，机会均等公式"自然而然地导　　*352*

致"效用主义平均原则。既然罗尔斯无法就拒绝其机会均等版本的契约论提供证成，罗尔斯的理论就没有如他所期望的那样，提供一种反对所有形式的效用主义的论证。

罗尔斯可能回应说，我们还能够有另一种理由拒绝某些公式或道德理论。如果某一公式的蕴含与我们某些最深思熟虑的和最坚定的道德信念之间发生太大的冲突，那么无论该公式看上去如何可行，我们都能够可证成地予以拒绝。罗尔斯认为，效用主义与某些这样的信念相冲突，比如，奴隶制总是不当的。他或许由此声称，我们能够可证成地拒绝机会均等公式，其根据是该公式由于导致效用主义平均原则而具有不可接受的蕴含。

但即使罗尔斯做出这一主张，其契约论仍然不会提供反对效用主义的任何论证。为了证成"我们对机会均等公式的拒绝和对无知公式的诉诸"，罗尔斯就要诉诸我们的非效用主义（non-Utilitarian）信念。因此，他不能同时又这样声称：通过拒绝机会均等公式而诉诸其无知公式，我们能够证成我们的非效用主义信念。我们如果仅通过诉诸某些信念来为某一论证辩护，那就不能接着再通过诉诸这一论证来为这些信念辩护。这样的辩护以假定其所要设法证成的东西为前提而陷入了循环论证。

接着罗尔斯或许退而声称，尽管机会均等公式支持效用主义，但其无知公式会支持可行的非效用主义原则。如果这一点是真的，罗尔斯诉诸其公式就至少表明无知之幕的契约论者（Veil of Ignorance Contractualists）不必接受效用主义的结论。

然而，罗尔斯的公式没有支持可行的非效用主义原则。在运用其公式时，罗尔斯争辩说，我们如果不知道概率，那就应当合理地设想最不利的情况，且设法使我们最不利的可能结果变得尽可能地有利。由此，我们就应当选择这样的原则，即接受该原则将使最不利者的状况变得尽可能地有利。由于这一论证建议我们将福祉的最小值最大化，我们可称之为最大的最小值论证（Maximin Argument）。

这个论证受到了广泛的批评。而它即便是合理的，也不会支持 *353* 某种可接受的非效用主义道德观点。先假设在治疗患有某种疾病的各种年轻人时，我们必须确定如何运用某些稀缺的医疗资源。有两种可能结果，其一是

> 布鲁将活到 25 岁，而其他 1 000 人都将活到 80 岁。

另一种是

> 布鲁将活到 26 岁，而其他这些人都将活到 30 岁。

接着我们可以设想，人们如果寿命短些，相对来说就更不利。根据最大的最小值论证，我们应当选择第二种结果，即让布鲁多活 1 年，因为这是对最不利者来说最好的结果。这是个无法得到辩护的结论。尽管我们可以言之成理地主张让那些最不利者优先受益，但这种优先性不应该是绝对的。这样做是不当的：选择让布鲁多活 1 年，而不是让其他 1 000 人多活 50 年——这些人如果没有多活的这些年数，将全都和布鲁差不多地早死。在应用于诸多与此类似的情形时，最大的最小值论证具有未免过于极端的蕴含。

罗尔斯接受我的以上主张。尽管罗尔斯是将其最大的最小值论

证运用于社会基本结构，但他同意，一旦我们将之运用于其他关于分配正义的问题，这个论证的蕴含就过于极端。他声称，效用主义未能提供某种关于分配正义的可接受的一般原则。但罗尔斯承认，其契约论版本也未能提供这样的原则。

现在我们可以转向其他道德问题。根据罗尔斯的最大的最小值论证，在不同的道德原则之间进行选择时，我们应当合理地选择那些其被接受将最有利于最不利者的原则。最大的最小值论证即便是合理的，也无法可行地应用于许多道德问题。假设就"我们何时能够在可证成的意义上不守诺、撒谎或将风险强加于他人"这些问题，我们正在比较不同的相关原则。那将很难确定，关于这些问题的哪些原则被接受会最有利于最不利者。这也不可能是在这些原则之间进行选择的正当方式。设想有这样的情况：我们如果都接受许诺实践的两种方式之一，或者关于强加风险于他人的两种原则之一，那就会给大多数人带来大得多的利益。这样的事实将不会如最大的最小值论证所蕴含的那样是道德上不适当的。

即使罗尔斯未诉诸这一论证，其公式在另一种意义上也没能支持可行的非效用主义原则。罗尔斯版本的契约论迫使我们忽略大多数非效用主义考虑。根据效用主义观点，在行动或原则之间进行选择时，我们知道产生的利弊之大小和数量就够了。我们大多数人相信，还存在若干其他具有道德重要性的事实与考量。例如，我们拥有关于利弊应该如何在不同的人之间分配的信念，拥有关于责任、应得、欺骗、强制、公平、感激以及自主性的信念。在我们运用罗尔斯版本的契约论时，诸如此类的一切考虑除非影响到我们自身的福祉，否则就都是不相关的。罗尔斯式的道德推理尽管不同于效用主义推理，但只是减法（subtraction）上的区别。在描述人们如何从无知之幕背后选择道德原则时，罗尔斯写道，他们

> 做出决定的唯一根据是，预计什么东西似乎能够最好地促进他们能够确定的利益。

罗尔斯只是拒绝给这些人提供自利计算所需的大多数知识。罗尔斯想象中的立约者既然是出于纯粹自利的理由来选择原则，那就绝无可能纳入非效用主义的考虑。

罗尔斯在首次提出其理论时写道：

> 完全可能的是……某种形式的效用原则得到采用，由此契约理论最终导致对效用主义的某种更深入而又更迂回的证成。

他还写道：

355

> 对于契约观——它在传统上是效用主义的替代者——来说，这样的结论将是一场灾难。

罗尔斯或许能够否认，其契约论版本会证成某种形式的效用主义。但他的主张不得不是这样的：即使其理论导致了某种效用主义的结论，这也不足以言之成理地证成这个结论。

第52节　康德式契约论

为了达成更可行、更成功版本的契约论，我们应该回到一个不

同的公式，以及一种关于理由和合理性的不同观点。根据

> 康德式契约论公式：每个人都应当遵循这样的原则，其被普遍接受是每个人都能够合理地意愿或选择的。

接着回顾，根据

> 合理协议公式：每个人都应当遵循这样的原则，其被普遍接受是每个人都会合理地同意的。

这两个公式都要求全体一致的同意（unanimity），因为它们诉诸的原则都是其被普遍接受是每个人都能够合理选择的。但与合理协议公式不同的是，康德式公式没有使用协议的观念。在运用协议公式时，我们想象我们全都在努力就哪些原则会为每个人都接受的问题达成协议。这样的协议是必要的，因为每个人所愿意接受的，都只是在这单次的思想实验中每个人都会选择的原则。相比之下，根据康德的公式，

> 如果每一个人都各自认为，每个人都会接受他或她本人选择的原则，那么每个人都应当遵循每个人都能够合理地选择的原则。

356　在运用这一公式的过程中，我们进行多次思想实验，一人一次。在这些分别进行的选择中，我们无人有必要与他人达成协议，因为我们每一个人都拥有这样的能力去选择哪些原则会为每个人都愿意接受。康德式公式以一种相当不同的方式来要求全体一致的同意。该公式诉诸的原则是在多次的、分别的思想实验中每个人都会有充分的理由去选择的。

尽管罗尔斯正确地拒绝了合理协议公式，但我认为，康德式公式比罗尔斯的公式更可行，且能更好地实现罗尔斯的目标。

罗尔斯无知之幕的部分意图在于消除议价能力上的不平等。康德式公式以更好的方式实现了这一目标。既然没有达成协议的必要，也就没有议价的余地，因而无人会具有更强的议价能力。在问每个人都能够合理地选择哪些原则时，我们由此就可以假设，每个人都知道一切给予理由的相关事实，进而能够对所有这些理由做出回应。

接下来考察罗尔斯拒绝效用主义的一个理由。效用主义者认为，给少数人施加重负的做法，只要会给其他人带来更大量的利益就是正当的。罗尔斯主张，在此情形中，正义

> 不允许出现这样的情况：强加于少数人的牺牲为多数人享有更大量的利益所压倒。

根据若干作者的观点，效用主义者之所以得出如此不可接受的结论，是因为他们将不同人的利益和负担简单相加。用内格尔的说法就是，不同人的要求全都被"扔进料斗"，然后混合成一个冷冰冰的数目。其中有些作者提议，为了保护人们免于被施加这样的重负，我们应该转而诉诸全体一致的协议（unanimous agreement）这一观念。根据该提议，通过要求这种协议，我们给予每个人否决权以反对被迫承受此种负担，由此实现我们可称为的反效用主义的保护性目标（anti-utilitarian protective aim）。

然而，否决权可能遭到误用。恰恰是由于要求这样的全体一致的协议，合理协议公式使这一保护性目标更难实现。这种公式给出

357

了更进一步的有利条件，但其所给予的对象不是最需要而是最不需要道德保护的那些人，因为后者更强的能力或控制的更多资源给予他们更强的议价能力。

罗尔斯的公式在实现这种保护性目标方面鲜有作为。其无知之幕尽管消除了议价能力上的差别，但也使任何人都不知道，自己是否属于某些效用主义原则会要求或允许我们施以重担的少数人。罗尔斯所诉诸的原则，其被选是在自利的意义上合理的。而如我已经主张的，罗尔斯没有对机会均等公式提出适当的反驳。因此，他就无法言之成理地否认：在无知之幕下，我们能够合理地选择某种效用主义原则，或者某种类似的但或多或少谨慎一些的原则，由此为了获得极有可能的收益而承受小概率的大损失之风险。

康德式公式提出了一致同意的要求，但既未诉诸无知之幕也无须达成协议。这部分地是由于这一原因，即该公式更好地实现了上述保护性目标。效用主义者如果诉诸该公式就不得不主张：我们即使知道我们属于将会被施以重担的少数人，也能够合理地选择效用主义原则。至少在某些情况下，我们能够言之成理地拒绝这种主张。

康德式公式还有其他优点。罗尔斯的无知之幕尽管确保了不偏不倚，但其做法很粗糙，如同额叶切除术。不同人之间的分歧并未解决，而是被压制。无人知道关于自己及其处境的任何信息，因而可以保证全体一致的同意。在康德式公式所诉诸的思想实验中没有无知之幕，每个人都知道自己的利益如何与他人的利益相冲突。既然未保证全体一致的同意，那么若能达成一致的同意则更具道德意义，因为存在某些即使在信息充分的情况下每个人也都能够合理地同意的原则。

是否存在这样的原则，取决于我们应当持有何种关于理由和合理性的信念。如果最优理论要么是合理利己主义，要么是某种基于欲求的或基于目标的主观理论，那么康德式公式不会成功。在该公式所诉诸的思想实验中，不会产生任何一组这样的原则，即其被选是在自利的意义上对于每个人来说合理的；也不会产生一组这样的原则，即其被普遍接受会最好地实现每个人在完全知情的情况下的欲求或目标。

我认为，我们应当拒绝所有的主观理论。尽管合理利己主义就其为客观的与基于价值的而言是一种正确的理论类型，但过于狭隘。根据我所认为的最真或最优的那种客观理论，我们具有强理由去关心自身的福祉，且是以一种时间上中立的方式去关心。但我们自己的福祉并非如合理利己主义者所主张的那样，是唯一最合理的终极目标。我们能够合理地同样看重其他事物，比如他人的福祉。

再回到这个事实：由于罗尔斯诉诸的原则是出于自利的理由而被合理地选择的，我们在运用罗尔斯式公式时就根本无法纳入非效用主义的考虑。我们在运用康德式公式时可以诉诸各种非道义式理由，因而该公式就能支持非效用主义原则。

康德式公式要取得成功，就必须足够经常地满足某种我们可称为的唯一性条件（uniqueness condition）。情况必须是这样的：至少在大多数情形中，有且仅有某种相关原则是每个人都能够合理地选择的。如果没有这样的原则，那就不会有康德式公式要求我们去遵循的任何原则。那么，这个公式就可能由于未能拒绝显然不当的行动而失败。如果每个人都能够合理地选择两种及两种以上有着严重冲突的原则，那么该公式就会以类似但更复杂的方式而又宣告失败。但如果每个人都能够合理地选择几种类似原则中的任何一种，那就是没关系的。这样一些原则将会是某种更一般的高阶原则（higher-level principle）的不同版本，由此在这些低阶原则（lower-level principles）之间的选择就能以某种别的方式来进行。我认为，唯一性条件通常可以得到充分满足。

359   为了说明康德式公式，我们可以将之应用于一个简单的问题。设想

> 一定量的无主益品可为不同的人分享；
>
> 没有任何人对这些益品具有特殊的要求权，比如基于他们具有更大的需要、生产了这些益品或比其他人过得更差；

以及

> 若这些益品被均等地分配，则产生的利益最大。

在此类例子中，每个人显然应该被给予均等的份额。康德主义者可能论证说：

> （A）每个人都能够合理地选择这样的原则：它在此类例子中给予每个人均等的份额。
>
> （B）无人能够合理地选择这样的原则：它给予自己及某群体中其他人的份额少于均等份额。
>
> （C）唯有均等份额原则不会给予任何人的份额少于均等

份额。

因此，

　　　(D) 这是每个人都能够合理地选择的唯一原则。

我们如果接受合理利己主义，那就必须拒绝这一论证的第一个前提。根据该理论，每个人理性上都应当选择某个给予自己多于均等份额的原则。我们如果接受某种关于理由的主观理论，那么也必须拒绝 (A)。［因为］存在许多这样的人：由于选择均等份额原则，他们在完全知情的情况下的欲求或目标不会得到最大的满足。但我认为，如 (A) 所主张的，每个人都能够合理地选择均等份额原则，因为我们所有人都有充分的理由做出这一选择。我们不会被合理地要求去选择某种这样的原则，即它给予我们的份额多于均等份额。如 (B) 所主张的，无人能够合理地选择任何这样的原则：它给予自己及某群体中其他人的份额少于均等份额，由此产生较少的利益，且被不平等地分配。如 (C) 所主张的，唯有均等份额原则给予任何人的份额都不少于均等份额。因此，如这一论证所表明的，这是每个人都能够合理地选择的唯一原则。康德式公式正确地蕴含着：在此类情形中，每个人都应该得到均等份额。

第 53 节　斯坎伦式契约论

现在我们可以介绍另一版本的契约论。根据

> 斯坎伦的公式（Scanlon's Formula）：每个人都应当遵循无人能够合情理地拒绝的原则。

其更完整的陈述是：

> 恰好当（just when）某个行动为某个无人能够合情理地拒绝的原则所禁止，或者当允许它的任何原则都可被至少一人合情理地拒绝时，该行动就是不当的。

尽管"合情理的"有时与"合理的"同义，但斯坎伦的公式是在另一种意义即部分道德的意义（partly moral sense）上使用该词。在此意义上，我们如果给予他人的福祉或道德要求以过小的权重，那就是不合情理的。

有些人主张，由于斯坎伦诉诸这种部分道德的意义上的"合情理的"，其公式就是空洞的。他们说，如果我们接受斯坎伦的公式，那么这将对我们的道德思考毫无助益，因为每个人都可以声称，其所接受的道德原则不能被合情理地拒绝。

这种反驳忽略了如下事实：在运用某些契约论公式时，我们不能诉诸关于哪些行动是不当的信念。再设想

361

> 手段情形：格蕾和怀特被困于正逐渐坍塌的废墟中。格蕾毫无危险。我能救怀特的命，但只有以格蕾的身体做掩护才行，这种方式未经格蕾的同意且会毁坏她的腿。

许多人都会认为，我用这种方式救怀特的命是不当的。我们如果接受这一观点，就可能诉诸

> 有害手段原则：对某人施加如此严重的伤害以作为让其他

人受益的手段，这是不当的。

根据另一种与之冲突的观点，我们可称之为

> 更大负担原则（the Greater Burden Principle）：给某人施
> 加一个负担如果是可以使其他某人免于大得多的负担之唯一途
> 径，那么这就是可允许的。

关于拒绝道德原则的合情理的依据是什么，斯坎伦提出了各种主
张。根据其中之一，

> 在各种替代原则都会给他人施加大得多的负担的情况下，
> 你因为某一原则会给你施加负担而拒绝该原则……就是不合情
> 理的。

按照斯坎伦预定的意义，我们在未能给予某人某种利益时就给这个
人施加了一个负担。怀特可以争辩说，如斯坎伦的主张所蕴含的，
格蕾不能合情理地拒绝更大负担原则。尽管我按照该原则行动会给
格蕾施加一个负担，但我按照有害手段原则行动将给怀特施加一个
大得多的负担。与未能保全生命相比，失去一条腿这一负担要小
得多。

格蕾或许答道，按照她的观点，怀特不能合情理地拒绝有害手
段原则。但这种拒绝为什么就是不合情理的？格蕾或许说，她有这
样的权利：在未经本人同意的情况下，她不应被当作有利于他人的
手段而受到严重伤害。但在对拥有这种权利的主张之中，格蕾就在
隐含地诉诸她的如下信念：我以这种方式伤害她是不当的。在运用
斯坎伦的公式时，我们不能诉诸这样的道义式信念。格蕾可能

362

主张：

  （1）我的行动是不当的，因为无人能够合情理地拒绝禁止这种行动的有害手段原则。

但格蕾不可能用如下主张为（1）辩护：

  （2）无人能够合情理地拒绝这一原则，因为这样的行动是不当的。

如我所言，如果将这两个主张合并，我们就会陷入循环论证，从而一无所成。格蕾必须用某种其他方式去论证"无人能够合情理地拒绝有害手段原则"。

  如这个例子所示，斯坎伦式契约论远非空洞的。在拒绝有害手段原则时，怀特能够诉诸这一事实：与失去一条腿相比，死亡这一负担要大得多。按照斯坎伦的观点，这是一种可以为拒绝某一道德原则提供合情理的根据的事实。在为有害手段原则辩护时，格蕾不可能诉诸任何此类事实。格蕾的难题在于，不同于更大负担原则，对有害手段原则的最佳辩护是诉诸我们关于哪些行动是不当的直觉信念。我们许多人会相信，未经其本人同意而给某人施加严重伤害是不当的，即使在这是救他人生命的唯一途径时也是如此。但在运用契约论公式时，我们不能诉诸这样的信念。

  与罗尔斯一样，斯坎伦在一定程度上是将其契约论作为避免行动效用主义或 AU 的一条途径而提出的。如我们刚刚看到的，在某种意义上，契约论使 AU 更容易得到辩护。我们大多数人之所以拒绝 AU，是因为该观点要求或允许众多在我们看来是不当的行动。

如斯坎伦所述，

> 行动效用主义的蕴含与根深蒂固的道德信念之间存在极大
> 的分歧。

但在运用某些契约论者的公式且遵循道义式信念的限制时，我们不能诉诸上述信念。

　　但是，即使不诉诸这样的信念，斯坎伦式契约论者也能够拒绝 _363_ 行动效用主义。为了阐明斯坎伦的公式，有些例子是值得考察的。设想

> 移植情形（Transplant）：我在医院接受某个小手术。你是我的医生。你知道，如果秘密地将我杀掉，那么我的器官会被移植给其他五个人以挽救他们的生命。

根据

> AU：我们应当总是做或努力做最有利于人们的任何事。

这一原则要求你杀死我去救这五个人的生命，因为这是你最有利于人们的做法。我们大多数人会认为这种行动是不当的。

　　通过诉诸某一版本的斯坎伦公式，我们可以替这个信念做可行的辩护。设想我们全都知道，只要我们在医院就医，我们的医生就可能秘密地杀死我们，以便我们的器官可用来挽救其他人的生命。即便这种风险极低，得知这一点也会使我们许多人感到焦虑，且会恶化我们与我们的医生之间的关系。医患关系极为重要，因为我们通常依赖于医生的诊断、他们对我们福祉的关心，而且他们或许是我们指望帮助我们脱离生命危险的人。通过诉诸此类事实，我们能

够合情理地拒绝 AU。如果在这样的情况下所有医生都遵循上述原则，能被救活的患者就要多一些。但是，如果如我们所有人都已经了解到的，我们的医生认为用这些方式将我们秘密地杀害是正当的，那么这对我们及他人产生的伤害将压倒对这些额外生命的挽救。我们可称之为焦虑和不信任论证（Anxiety and Mistrust Argument）。

这一论证以另一种方式说明：如果我们诉诸某种契约论公式，那么这将有益于我们的道德推理。如果孤立地考察移植情形，我们就可以忽略这一论证。既然你可以通过秘密杀害我来救活那五个人，你的行动就不会产生焦虑和不信任。但是，在运用某些契约论 *364* 公式比如康德式公式或斯坎伦式公式时，我们不会孤立地考察特定的行动。我们问的是，如果我们在选择每个人都愿意接受的原则，那么哪些原则是每个人都能够合理地选择的，或者是无人能够合情理地拒绝的。就回答这个问题而言，我们必须考虑每个人都接受这些原则所产生的效果，以及知道每个人都接受这些原则所产生的效果。这就使在移植情形中如下情况变得不相关：你的行动是秘密的，因而不会产生任何焦虑或不信任。

斯坎伦声称，仅当能够提出某种更优的替代原则，我们才能合情理地拒绝某一原则。如果拒绝 AU，那么我们应该提出何种替代原则？

将移植情形与另外两种情形做个比较或许是有益的。再设想

隧道情形：通过切换某铁轨的道岔，你可以让一列无人驾驶的失控火车转向，由此杀死了我而使另外五个人幸免于死；

以及

> 桥梁情形：你可以救五个人的命，唯一方法是用遥控使我
> 跌倒于火车前，由此杀死我，但也触发了火车的自动刹车。

作为 AU 的一种替代，我们可以求助于

> 有害手段原则：把施大害于某人以作为让其他人受益的手
> 段，这是不当的。

按照这一观点，道德上重要的是：你救五个人的命与你杀我这一行
动之间如何发生因果关联。无论在移植情形还是桥梁情形中，你用
杀我这种方式去救五个人的命都是不当的。但在隧道情形中你杀我
并非不当，因为在此你杀害我，不是作为救五个人生命的手段，而
仅仅是作为让火车转向而产生的可预见的附带效果。我们许多人会
接受这些主张，认为桥梁情形中的行动不当而隧道情形中的行动是
可允许的。在运用斯坎伦的公式时，我们能够为这一区分做出可行
的辩护吗？

我认为答案是否定的。在考察像隧道情形和桥梁情形这样的情 *365*
形时，我们具有强理由去关注我们的生死，但绝无强理由去关注我
们的死亡如何与救他人之命发生因果关联。我做出这一主张，并不
是在假定重要的仅仅是结果。我们能够有理由去关注某些结果是如
何产生的。但是，他人的可能行动方式是在杀我们的同时救其他若
干人之命，此时我们绝不会有这样的强理由：与其作为救这些人之
命的手段被杀，不如作为其附带效果被杀。在某种意义上，作为手
段被杀还好一些，因为由此我们的死亡至少是在做善事。鉴于这些

事实，斯坎伦的公式似乎不利于如下观点：隧道情形中的行动与桥梁情形中的行动之间存在某种重要的道德差别。如果我不能合情理地拒绝在隧道情形中允许你杀我的某种原则，那么看起来令人怀疑的就是，我能够合情理地拒绝在桥梁情形中允许你杀我的一切原则。斯坎伦的公式似乎蕴含着：这两种行动要么都不当，要么都是道德上可允许的。

接着考察对 AU 的另一种替代，它是通过焦虑和不信任论证而提出的。根据我们可称作的

> 紧急原则（the Emergency Principle）：医生必须绝不杀害病人以用作救更多人命的手段。但是，在某些非医疗的紧急情况下，每个人都被允许去做救最多人命的任何事。

这种非医疗的紧急情况包括对人们生命的非故意的和间接的威胁，比如火灾、水灾、雪崩，或无人驾驶的失控火车。紧急原则谴责移植情形中你杀我去救五个人，因为在此你是我的医生。但该原则允许你在隧道情形和桥梁情形中以某种方式杀我以救五个人，因为这是非医疗的紧急情况，其中我对你来说是陌生人。

与有害手段原则相比，斯坎伦的公式似乎更强烈地支持紧急原则。该原则假定，道德上重要的，不是你救五个人与你杀我之间的因果关联，而是移植情形中你与我的个人（personal）关系，以及医疗的情况与非医疗的情况紧急之间的其他区别。这些都是那种在运用斯坎伦的公式时我们可以更言之成理地诉诸的事实。我们有理由要求我们的医生相信，他们必须绝不杀害病人以用作救更多人命的手段；我们可以补充说，甚至作为附带效果也不行。我们与医生

之间的关系非常重要，而在上述罕见的非医疗的紧急情况下，可能杀或救我们的那些人与我们之间并没有如此的个人关系。于是，我们就有理由要求这些人相信，在此类情况下他们应当救尽可能多的人命。我们会认识到，如果我们的生命在此类紧急情况下受到威胁，那么我们更可能成为被救的一员。

第 54 节 道义式信念的限制

假设在努力思考这些虚构的情形之后我们相信：在隧道情形中作为救五个人的附带效果，你杀我是道德上可允许的；但在桥梁情形中作为救人的手段，你杀我则是不当的。于是我们可能接受做出这种区别的有害手段原则。接着假设，出于我刚刚给出的理由，我们无法通过诉诸斯坎伦的公式来为有害手段原则辩护。对于如此种种原则的最佳辩护，是通过诉诸我们关于哪些行动为不当的直觉信念。但在运用契约论公式时，我们不能诉诸这些信念；在运用康德的普遍法则公式时，我们也不能这样做。

现在我们可以挑战这一道义式信念的限制。在诉诸这些康德式的或契约论的公式时，我们为什么应该搁置关于哪些行动为不当的信念？

康德主义者和契约论者可能回答说，如果我们诉诸这样的道义式信念，他们的公式就是循环的，从而在某种意义上变得无用。如我所言，同时做出如下两个主张是无意义的：

当允许某些行动的任何原则都不能通过康德式的或契约论的检验时，这样的行动就是不当的；

367 以及

当且因为某些原则允许的行动是不当的，这些原则将不能通过上述检验。

但这并非令人满意的回答。除非我们遵循道义式信念的限制，否则这些公式就是无用的；但即便如此，也并非表明，我们［不］* 应当运用这些公式来进行道德思考。

另一种回答诉诸某种元伦理的（meta-ethical）区分，意指其所提出的主张是关于道德信念和主张的性质与可证成性（justifiability）。罗尔斯写道，根据直觉主义者（Intuitionists）的看法，存在某些关于哪些行动为不当以及哪些事实给予我们理由的独立真理。奴隶制是不当的和我们有理由预防或减轻痛苦，即为两种这样的真理。这些真理是独立的，意指它们并非出自我们的创造或建构。根据一种罗尔斯称之为建构主义（Constructivism）的不同观点，不存在这样的真理。按照这种观点，正当与否完全取决于在某种康德式的或契约论的思想实验中，我们选择哪些原则是合理的。用罗尔斯的话来说，道德事实是什么，这是由我们决定的。我们如果是建构主义的契约论者且认为选择允许奴隶制的原则是合理的，那就应当断定奴隶制并非不当。尽管奴隶制可能在我们看来是不当的，但建构主义者拒绝诉诸像这样的直觉道德信念，其中有些人声

---

* 从上下文义（尤其是接下来的两段）来看，原文此处似遗漏一否定词，故补之。

称，这样的信念含有偏见、文化制约（cultural conditioning）或仅为幻象。

在此我姑且假设，我们应当拒绝这些怀疑论的（sceptical）、反直觉主义的观点。罗尔斯没有信奉建构主义，且经常假定存在某些诸如奴隶制为不当之类的独立真理。在设法实现罗尔斯所谓反思的平衡（reflective equilibrium）时，我们应该诉诸我们的一切信念，其中包括关于某些类别的行动之不当性的直觉信念。如斯坎伦所言：

> 若做恰当的理解，这一方法是……对道德事务做出决断的最佳方式……确实说来，它是唯一可辩护的方法：取代它的显然是幻觉。

康德主义者和契约论者如果接受这一观点——我们的道德推理应诉 *368* 诸这样的直觉信念，那就必须以某种别的方式为道义式信念的限制做辩护。

有一种直截了当且令人完全满意的辩护。在描述这种辩护时，我们可以先区分两种意义：行动的某种属性和关于行动的某个事实可以在这两种意义上使得该行动是不当的。行动的某种属性在使得该行动为不当时，并没有因果地导致（cause）该行动为不当。在一种不重要的（trivial）意义上，不当性是非因果地（non-causally）使得行动为不当的属性。其含义类似于蓝性质（blueness）是使得事物为蓝的属性，非法性（illegality）是使得行动为非法的属性。正是在某种与此不同且极其重要的意义上，当行动具有某些其他属性——比如造成无谓的痛苦的属性、许假诺的属性——的时候，这些事实可能非因果地使得这些行动为不当。造成无谓的痛苦不同于"作为不当的"。但如果某一行动造成无谓的痛苦，这一事实就可能是由于使得该行动具有"作为不当的"不同属性而使得其为不当。道德理论应努力描述在这种意义上使得行动为不当的属性或事实。

斯坎伦曾经声称，其契约论给出了某种论说，这种论说不是关于什么使得行动为不当（what makes acts wrong），而是关于不当性本身，或者是关于行动为不当是怎么回事（what it is for acts to be wrong）。我认为这一说法是错误的。为了解释其原因，我们可以先重述康德式契约论公式（KF）。根据

> KF2：某一行动是不当的，恰好当这样的行动为如下原则之一所不容，即其被普遍接受是每个人都能够合理地意愿的。

接着假定在

> 康德式的意义上，"不当的"意指"为其被普遍接受是每个人都能够合理地意愿的原则所不容"。

康德式契约论者如果在这种意义上使用"不当的"，那就能声称是要对一种不当性给出论说。按照这一观点，当行动为这样的原则所禁止时，这就是这些行动在这种康德式的意义上为不当是怎么回事。但是，KF2 由此就会成为一种隐藏的同义反复，其公开形式之一是

> KF3：某一行动为这样的原则所不容，恰好当这样的行动为这样的原则所不容。

这样的主张是不值得提出的。康德式契约论者应当转而在一种或一种以上的非康德式意义上使用"不当的"。于是 KF2 就不会变得无足轻重，因为这样的主张意味着，一旦某一行动为这样的原则所不容，这就使得该行动在此类的其他意义上成为不当的。例如，康德式契约论者可能主张

> KF4：一旦某一行动为"每个人都能够合理地意愿其被普遍接受"的原则之一所不容，那么这就使得该行动在如下意义上成为不当的，即它是在他人面前不可证成的，是值得谴责的，并且是一种让行动者有理由感到悔恨、让他人有理由感到义愤的行动。

我们如果是康德式契约论者，那就不应该主张，我们的公式描述的是在其他这些意义上使得行动为不当的唯一属性或事实。存在着其他常常更具重要性的使得不当（wrong-making）属性或事实。我们反而应该主张，该公式描述的是某种高阶的（higher-level）使得不当属性或事实，而一切其他此类属性或事实均可归入或汇聚于它之下。例如，在某一行动是许假诺时，该事实或许使它成为这样一种行动，即它为其被普遍接受是每个人都能够合理地意愿的原则之一所不容。根据这一版本的康德式契约论，这两种事实由此就都可以被真正主张为使得该行动为不当。

我认为，斯坎伦的理论应该呈现为同样的形式。根据

> 斯坎伦的公式：某一行动是不当的，恰好当这样的行动为某一无人能够合情理地拒绝的原则所不容。

斯坎伦如果在此是在另一种契约论的意义上使用"不当的"，从而意指"为这样一种不可拒绝的原则所不容"，那就可以主张，其公式对这一契约论类型的不当性给出了某种论说，或者是对在这种意义上行动为不当是怎么回事的论说。但其公式由此就将成为另一种隐藏的同义反复，其公开形式之一会是这样的主张：某一行动为这种不可拒绝的原则所不容，恰好当该行动为这样的原则所不容。无论我们的道德信念如何，我们所有人都可以接受该主张。斯坎伦的主张转而应该是：如果某一行动为某种不能合情理地拒绝的原则所不容，那么这将使得该行动在一种及一种以上的非契约论的意义上是不当的。

斯坎伦如今接受，其观点应该采取这种形式。我们由此就可以说，按照斯坎伦的理论，在行动具有某些其他属性时，这会使得这些行动为某种不可拒绝的原则所不容，从而这些事实都可以被真正主张为，在其他意义上使得这些行动为不当。

契约论者如果做出这样的主张，那就可以为道义式信念的限制做辩护，同时又无须把我们的道德直觉当作无价值的而予以拒绝。按照这些版本的契约论，仅当我们在问契约论公式蕴含什么时，我们才不应该诉诸我们关于正在考察的行动之不当性的信念。当随后决定是否应当接受这些公式时，我们能够诉诸这些信念。比如，在考虑关于哪些行动为不当的任何其他主张时，如果某个契约论公式的蕴含与我们的直觉道德信念之间存在过于频繁、过于强烈的冲突，我们就能在可证成的意义上拒绝该公式。

按照这一版本的斯坎伦观点，他并没有拒绝诉诸我们的直觉信念。相反，斯坎伦表明，我们不仅持有关于哪些做法为不当的此类信念，而且持有且能够有效地诉诸关于"拒绝道德原则的合情理的根据是什么"的直觉信念。此为斯坎伦对我们的道德思考的最大贡献。

第十六章　后果主义

第55节　后果主义的理论

　　在问最优版本的契约论蕴含什么之前，我们回头考察何为善与
何为正当之间的关系或许是有益的。

　　痛苦是我们有理由想要避免之事；有些人确实认为，痛苦在此
意义上是坏的（bad）。但一些大哲学家没有这样的信念。比如，休
谟并不是在蕴含理由的意义上使用"好的/善的"或"坏的"。或许
正因为如此，休谟才做出如下主张：我们偏好自认为较小而非较大
的善，这不可能是不合情理的或违反理性的。休谟如果使用"较小
的善"意指"那些我们具有较少理由去偏好的东西"，那原本就不

会认为这样的偏好是合情理的。休谟常用的"善"与"恶",仅仅意指"快乐"与"痛苦"。

虽然在休谟看来,"痛苦是恶的"这一主张本是很平常的,但康德有时会拒绝这样的主张。例如,康德写道:

> 严格地说,善或恶适用于行为,而不适用于个人的感觉状态……因而有人可能会嘲笑这样的斯多亚主义者,他在痛风的极度痛苦中高喊:"痛苦,无论你如何折磨我,我都绝不会承认你是恶的(kakon,malum)。"然而,他是对的。

在主张痛苦不可能是恶时,康德的意思是痛苦不可能是道德上坏的。与休谟一样,康德有时似乎没有意识到或忘记了,身处痛苦在蕴含理由的意义上是坏的。

罗斯也是如此。罗斯认为,如果某事件是坏的,那么我们就有初定的义务(prima facie duty)去尽可能地防止该事件发生。由于我们没有这样的义务去防止自己处于痛苦状态,罗斯就断定,我们自身的痛苦并不是坏的。更确切地说,罗斯提出,我们的痛苦是坏的,但仅仅从他人的视角看是如此。罗斯之所以得出这一奇怪的结论,是因为忽略了在蕴含理由的意义上事物可以有非道德的好坏之分。

痛苦不仅对于身处于痛苦之中的那个人来说是坏的,而且是非个人地坏的。用内格尔的话来说,"受苦是件坏事,这毋庸赘言;且不仅对于受苦者来说是如此"。许多人认为,虽然后果对于特定的人来说可能有好坏之分,但后果可能有非个人地好坏之分这一说法是没有意义的。但如我所言,这样的意义可以得到解释。我们比

较不同的可能后果，并且主张某一后果会

> 是在蕴含不偏不倚理由的意义上非个人地最好的，此时我
> 们的意思是：从不偏不倚的视角看，这一后果是每个人都会最
> 有理由想要的，或者希望会产生的。

在考察仅涉及和影响陌生人的可能事件时，我们的实际视角是不偏不倚的。但在我们的视角并非不偏不倚时，我们也有不偏不倚的理由，例如当我们能够减轻自己或他人的痛苦时就是如此。我们所有人都有理由为任何人——无论这个人与我们的关系如何——处于痛苦之中而感到遗憾；在此意义上，一切痛苦都是坏的。而我们所有人都有理由希望每个人生活顺利。

我们如果接受某种理由的主观理论或合理利己主义，那就必须否认，后果可以有上述意义上的好坏之分。按照这些理论，绝不存在每个人都有理由想要或感到遗憾的后果。如果某个灾难或地震致众多人于死地，那么这也不可能是在这种意义上坏的，因为这一后果并非对每个人都坏，也并非每个人都有基于欲求或目标的理由而希望受难者不死。但如我已论证的，我们应当拒绝这些理论。

在下面的讨论中，我将在蕴含不偏不倚理由的意义上使用"最好"（best）这个词。通常有两种及两种以上可被称作"同等最好"（equal-best）的可能后果。鉴于这种说法会误导人们联想到精确性，我们还是称这样的后果不差于任何其他后果为好。但为了简洁起见，我将用"最好"来指称所有像这样的后果。

尽管任何可行的道德理论都可以诉诸关于后果的善性的事实，

但某些理论将这样的事实视为根本的。根据我现在称作的

> 后果主义：我们的行动正当与否，仅取决于关于事情如何
> 进展会最好的事实。

后果主义的诸理论之间可能存在多方面的差别，因为它们在如下两个问题上都可能提出相冲突的主张：什么是好与坏，以及行动的正当性如何取决于关于"什么是最好的"事实。

有些后果主义者是效用主义者，他们认为：

> （A）若人们在总体上得益最多，也就是说在除掉负担后他们得到了最大的利益，则事情就是进展得最好的。

其他后果主义者认为，后果的善性部分地取决于其他事实。例如，有人认为：

> （B）事情进展得如何，部分地取决于利益与负担如何在不同的人之间分配。

按照两类这样的观点，两种后果中有一种即使包含的净收益较少，但如果利益与负担的分配更为平等，或最不利者得到的利益更多或负担更少，那么它可能是更好的。

"后果主义"一词在某种意义上会误导人，后果的善性与使事情进展得最好这两种说法也是如此。这些用语让人产生这样的想法：在这些理论看来，要紧的仅在于将来以及我们行动的效果。后果主义者可以拒绝这样的主张。某些后果的善性可能部分地取决于关于过去的事实。例如，若按如下做法则可能更好：将利益分给此前的较不利者；对死者守诺；只惩罚犯罪的人。而某些做法、意图

374

和动机无论效果如何，其本身就可能有好坏之分。比如，善意的行动即便失败也可能是好的；人们受骗或被强制，通常就其本身而言就可能是坏的。在问若某事发生或某人以某种方式行动是否会最好时，我们问的是，从某种不偏不倚的视角看，每个人都最有理由要求或希望什么。对于我们最有理由要求事情按照哪些方式来进展这一问题，这种意义上的"最好"完全未做解答。

然而，有一种价值观是后果主义的理论不能诉诸的。有些后果主义者认为：

> （C）在人们出于正当的理由而正当地行动时，这些行动本身就是好的，而不当的行动本身就是坏的。

如我在一个注释中所解释的，行动的正当与否不能取决于行动在这些意义上的好坏。但这对这些理论并不构成严重的反驳。

所有后果主义者都诉诸关于什么使事情进展得最好的主张。我们可将此称作后果主义标准（Consequentialist Criterion）。直接后果主义者将此标准直接用于一切事：不仅用于行动，而且用于规则、法律、习俗、欲求、情绪、信念、财富分配、大气状态，以及可能左右事情好坏的任何其他东西。在将此标准用于行动时，这些人是行动后果主义者。其中有人主张：

> （D）每个人都应当总是做实际上会使事情进展得最好的任何事。

另外有人主张：

> （E）每个人都应当总是做或努力做最可能会使事情进展得

最好的任何事，或者更确切地说是使事情进展可预期地最好的
任何事。

如果（D）是在事实相对的意义上而（E）是在证据相对的或信念
相对的意义上使用"应当"这个词，那么这两种主张并不冲突。在
下面的大多数讨论中，我们可以忽略这两种主张之间的差别。我通
常会用"最好的"意指"最好的或可预期地最好的"。

375

间接后果主义者将后果主义标准直接地用于某些事，但只是间
接地用于其他事。规则后果主义者将此标准直接地用于规则或原
则，但只是间接地用于行动。其中有些人认为：

（F）每个人都应当遵循这样的原则：其被普遍接受将使事
情进展得最好。

按照这种观点，尽管最好的原则是那种其被普遍接受会使事情进展
得最好的原则，但最好的或正当的行动并非会使事情进展得最好的
行动，而是最好的原则所要求或允许的行动。会使事情进展得最好
的行动如果为最好的原则之一所不容，那就是不当的。与此类似，
动机后果主义者主张，尽管最好的动机是那种其被每个人持有将使
事情进展得最好的动机，但最好的或正当的行动并非会使事情进展
得最好的行动，而是拥有最好动机的人所做出的行动。这些理论与
那些成体系的美德伦理学（virtue ethics）之间有交集，后者诉诸
最能促进人类繁荣或福祉的性格特征或其他气质。还可能存在许多
其他形式的间接后果主义。

第56节 后果主义的准则

有些后果主义者可能将其标准直接用于准则，而仅间接用于行动。在每个人都可以依之行动的可能准则中，有些会是

最优的（optimific），其含义是：如果每个人都奉行这些准则，那么事情将不偏不倚地进展得最好。

根据我们可称作的

准则后果主义（Maxim Consequentialism）：每个人都应当仅奉行这样的最优准则。

376 值得简短回顾一下康德的一个公式。有些康德主义者可能论证说：

（G）如果我们能够合理地意愿"每个人都奉行某一准则"为真，那么我们每一个人就都被允许奉行该准则。

（H）有些人能够合理地意愿"每个人都奉行最优准则"为真。

因此，

这些人被允许奉行最优准则。

（G）是康德的自然法公式。如果（H）为真，康德的公式就允许某些人成为奉行此类最优准则的准则后果主义者。

在评估这一论证的过程中，我们必须诉诸某种关于理由和合理性的观点。根据我认为我们应该接受的那种广义的基于价值的客观

观点，（H）为真。如果每个人都奉行最优准则，那么事情的进展既是不偏不倚地最好的，也对某些人是最好的。这些幸运者将既有不偏不倚的理由又有个人的理由来意愿"每个人都奉行这些准则"为真，而且其中至少一些人不会持有任何更强的、与之冲突的理由。

有些作者主张，在运用康德的公式时，我们应当仅诉诸"避免不一致性或避免意愿中的自相矛盾"这样的理性要求。按照这一假定，（H）为真。会有某些人能够合理地意愿"每个人都奉行最优准则"为真，因为这绝不会包含不一致性或这些人意愿之中的矛盾。另有一些作者主张，理性会要求我们意愿那些"最好地满足我们作为理性行动者的真正需要"的事情。按照这一假定，仍会有一些幸运者能够合理地意愿"每个人都奉行最优准则"为真。在这样的世界，事情将进展得最好，其部分原因在于许多人作为行动者的真正需要将得到最好的满足。

按照理由的主观理论，（H）也为真。在这些幸运者之中，有些人会极为关心他人的福祉，并且会要求事情以最好的方式进行。如果每个人都奉行最优准则，那么其中有些人的欲求会得到最好的满足。 *377*

合理利己主义者可能拒绝（H）。这些人认为，对我们的合理要求是选择最有利于自己的任何事。合理利己主义者可能主张，如果每个人都奉行某些并非最优的准则，那么这将对每一个人各自来说最好，因为其中有些行动会给这个人带来额外的利益，尽管这会给他人带来更大的损害。但我认为，这一主张是错的。如前文所示，有些幸运者极为关心他人的福祉，并且如果事情以不偏不倚地最好的方式进行，那么这对其中有些人将是最好的。

这同样适用于任何其他可行的或被广泛接受的理由观点和合理性观点。按照所有诸如此类的观点，都会有某些人能够合理地意愿"每个人都奉行最优准则"为真。由此我们可以主张，康德原版的自然法公式允许一些人成为准则后果主义者。

由于此类道德主张应当适用于每个人，而康德的公式只允许一些人成为准则后果主义者，这就对康德的公式构成了反驳。我们可称之为相对主义反驳（the Relativism Objection）。要答复这一反驳，我们可以修正康德的公式，以便它不是诉诸行动者能够合理地意愿什么，而是诉诸每个人能够合理地意愿什么。这种修正过的公式具有适用于每个人的蕴含。

我已论证，我们还有其他强理由以种种方式修正康德的公式。这些修正将我们引向康德式契约论公式。因此，现在我们可以问这个公式蕴含着什么。

第 57 节　康德式论证

在每个人都可能接受的原则中，有些可能是

　　UA 最优的（UA-optimific），其含义是：它们作为原则被普遍接受将使事情进展得最好。

根据普遍接受（universal acceptance）版本的规则后果主义，或者

　　UARC：每个人都应当遵循这样的最优原则。

在我们考察某些种类的情况时，可能存在两种或两种以上的最优原 　*378*
则，它们之间有着重要的区别。于是规则后果主义就不得不以某种
其他方式在这些原则之间做出选择。这个问题最好容后再论。于是
我们在此就可以假设，仅存在一组 UA 最优原则。

　　康德主义者能够论证说：

　　（A）每个人都应当遵循这样的原则，其被普遍接受是每
个人都能够合理地意愿或选择的。

　　（B）每个人都能够合理地选择他们有充分的理由去选择的
任何东西。

　　（C）存在某些 UA 最优原则。

　　（D）这些是每个人都有最强的不偏不倚理由去选择的
原则。

　　（E）任何人选择这些原则的不偏不倚理由，都不会被与之
冲突的任何相关理由决定性地胜过。

因此，

　　（F）每个人都有充分的理由去选择这些最优原则。

　　（G）不存在任何其他的、每个人都有充分的理由去选择
的、明显地（significantly）非最优的原则。

因此，

　　（H）正是这些仅有的最优原则，才是每个人都有充分的
理由去选择，从而能够合理地选择的。

因此，

每个人都应当遵循这些原则。

379 这个论证有效。（A）是康德式契约论公式。因此，如果该论证的其他前提为真，那么该公式就要求每个人都遵循这些最优原则。我们可称之为对规则后果主义的康德式论证（the Kantian Argument for Rule Consequentialism）。

在运用康德式公式时，我们问的是：如果每个人都假定自己有能力选择所有人从今往后都会接受的原则，那么他们能够合理地选择何种原则。该公式诉诸的原则，是在众多这样的虚构情形中每个人都能够合理地选择的。我们应该假定，在做出这些选择的过程中，每个人都知道所有的相关事实。根据这种假定，如前提（B）所主张的，每个人都能够合理地选择他们有充分理由去选择的东西。

我们假定：如（C）所主张的，存在某组 UA 最优原则。在能被每个人接受的所有原则中，这些原则是若被普遍接受就会使事情在蕴含不偏不倚理由的意义上进展得最好的。如果每个人都接受这些原则，那么事情的进展方式将是每个人都有最强的不偏不倚理由想要的。这是根据定义为真的。因此，如前提（D）所主张的，这些原则是其被普遍接受是每个人都有最强的不偏不倚理由去选择的。

根据前提（E），任何人选择这些原则的不偏不倚理由，都不会被与之冲突的任何相关理由决定性地胜过。这个前提需要辩护。如果我们是从不偏不倚的视角去选择原则，那么最优原则就是每个人都最有理由去选择的。但在这一康德式公式所诉诸的思想实验中，我们不是从不偏不倚的视角去选择的。我们的选择会影响自己的生活，以及那些与我们有着紧密关系的人如我们的近亲和爱人的生活。因此，我们可能有强的个人理由和偏向性理由不选择最优原则。

要确定是否每个人都能够合理地选择这些原则，我们必须知道 380 可选原则是什么。在此考察其他那些明显地非最优的原则就够了，这里的"明显地非最优的原则"意指，其被普遍接受将使世界的未来走向在某些意义上要坏得多。我们没必要将最优原则与略显（slightly）非最优的原则做比较，因为后者被接受只是使事情往稍坏的方向发展。如前文所示，我们应该先弄清大致轮廓，细节容后再论。

第58节 自利的理由

在问前提（E）是否为真的过程中，我们应该考察不选择"每个人都接受最优原则"的最强理由，它们是任何人都可能持有的。在不选择这些原则的理由中，有些理由可能产生于关于自身福祉的事实。如果每个人都接受最优原则，那么这对某些人会很糟糕。他们有强烈的自利理由不选择这些原则。

我或许就属于这种人。再设想

> 救生艇情形：我被困在一块岩石上，另外五个人被困在另一块岩石上。这两块岩石都将被正在上涨的潮水淹没。在此之

前，你可以用一艘救生艇救我或救那五个人。对你来说，我和
那五个人都是陌生人，我和那五个人也互不相识，而且我们在
其他相关方面也相似。我们都很年轻；如果死去，都将损失多
年的幸福人生。

任何一种最优原则都会要求你去救那五个人，因为死的人越多越糟
糕。根据一条这样的原则，我们可称之为

数量原则（the Numbers Principle）：我们能够救两组人中
的一组，他们对我来说都是陌生人，且在其他相关方面相似，
此时我们应当救有更多人的那一组。

381　接着假设我的岩石靠你更近。根据

就近原则（the Nearness Principle）：在这种情况下，我们
应当救离我们较近的那一组。

如果每个人都接受数量原则，而不是就近原则，那么在许多其他情
况下一些人会奉行数量原则，故而更多的人会被救。这一事实会给
予我一个强的不偏不倚理由去选择每个人都接受数量原则。但我知
道，如果我做出这种选择，那么你会奉行该原则去救那五个人，而
我将死去，由此损失多年的幸福人生。这一事实会给予我一个强的
自利理由去选择就近原则，因为由此你就会救我。根据前提（E），
这些自利理由不会决定性地强于或胜过我选择数量原则的不偏不倚
理由。情况是否如此？

按照理由的主观主义理论，答案取决于我的欲求或目标。我如
果对他人的福祉怀有足够的关心，那就能合理地选择每个人都接受

数量原则。但我们如果是主观主义者，那就必须拒绝康德式公式。在大多数情形下，没有任何原则是每个人都有基于欲求或目标的充分理由去选择的。然而如我已论证的，我们应当拒绝主观主义，接受某种客观主义的观点，后者会诉诸基于价值的、对象给予的理由。

根据一种这样的观点，即

> 合理利己主义：我们总是最有理由去做最有利于自己的任何事。

按照该观点，前提（E）为假。我不能合理地选择每个人都接受数量原则，因为这一选择对我更坏。但我认为，我们应当拒绝这种观点。

根据一种与之完全相反的观点，即

> 合理无私主义（Rational Impartialism）：我们总是最有理由去做不偏不倚地最好的任何事。

按照这种观点，牺牲我们的生命如果能救若干陌生人，那么这就是 *382* 对我们的合理要求。如果这为真，那么救生艇情形中的情况就不会对前提（E）提出任何反驳。选择每个人都接受某一诸如数量原则之类的最优原则，就是对我的合理要求。但我认为，我们也应当拒绝这种观点。

根据

> 广义的基于价值的客观观点：有两个可能的行动，一个行动使事情按照不偏不倚地更好的方式进行，而另一个使事情对

于我们自己或与我们有紧密关系的人来说变得更好，此时我们通常有充分的理由选择其中任何一个行动。

按照这样的观点，理性通常会允许但不要求，我们给予自己的福祉以及与我们紧密相关者（比如近亲和爱人）的福祉以大得多的权重或强优先性。我认为，我们应当接受某些与此类似的观点。

按照在我看来最可行的观点，我们如果能够救自己或者几个陌生人的生命，那就有充分的理由按照其中任何一种方式行动。在救生艇情形中，我能够合理地选择你救我，但也能够转而合理地选择你救那五个人。因此，我能够合理地选择每个人都接受数量原则。

根据某些更为利己的客观观点，给予自身福祉以强优先性是对我们的合理要求。我没有充分的理由放弃我的生命，除非由此我会救多达上百乃至上千的他人的生命。但在康德式公式所诉诸的思想实验中，我将有能力选择"哪些原则是从今往后每个人都会接受的"。我选择的原则就会被数以亿计的人接受。如果我选择每个人都接受数量原则而不是就近原则，那么我的选择会影响到人们随后在众多其他类似情况下将如何行动。尽管我将死去，但我的选择将 383 间接地挽救至少上百万的他人。如今每年至少有上百万的人在本来可以轻易得救的情况下死去。因此，即使按照这些更为利己的观点，我也有充分的理由放弃自己的生命去救大量的他人。

以上情况仅为一例。但如我所认为的，如果我能够甚至以自己的生命为代价去合理地选择这一最优原则，那么类似的主张在众多如下情形中应全都适用：其中由于风险较低，任何人选择最优原则就都不会涉及在其自身福祉上做出如此之大的牺牲。

接着假设我的信念为假。我曾主张，我们应当拒绝合理利己主义。但存在与此相关的、更可行的另一种观点。按照该观点，我们通常能够合理地选择去承受某种重担，只要由此能够让众多的他人免除类似的重担。然而，在这种负担重如英年早逝从而损失多年幸福人生的情况下，上述主张就不正确了。我不能合理地选择数量原则，因为我不能合理地选择放弃自己的生命，无论我的选择能救多少人。我们可将这种观点称作大赌注利己主义（High Stakes Egoism）。

如果该观点为真，那么救生艇情形就不仅对规则后果主义的康德式论证之前提（E），而且对康德式契约论公式都提出了反驳。正如我不能合理地选择"要求你救那五个人而不是我"的任何原则一样，那五个人也不能合理地选择"要求你救我而不是他们"的任何原则。在如此种种情况下，将不会产生任何每个人都能够合理地选择的原则。因此，也不会产生任何"康德式公式会要求我们去遵循"的原则。如果我们可以救 1 个陌生人或者另外 100 万人，那么该公式也会允许我们按照其中任何一种方式行动。这个结论是不可接受的。

我认为，大赌注利己主义为假。但值得说明的是：如果该观点为真，那么我们能够如何回应对康德式公式的这一反驳？

契约论者诉诸每个人都会合理地选择的原则，只要我们在做选择时是以某种使我们的选择足够不偏不倚的方式进行的。罗尔斯提出，要实现这样的不偏不倚，我们就应该诉诸那些每个人处于某种无知之幕背后都会合理地选择的原则，无知之幕防止我们了解关于

384 自己及其处境的特定事实。我曾主张，在运用康德式契约论公式时，我们不需要这样的无知之幕。总会存在某种适当的原则，它是每个人即使在完全知情的情况下也都能够合理地选择的。

我们现在的假设是，在一类情形中我的主张是错误的。在此类情形中，有两组陌生人的生命待救，其中一组人多一些，我们可以救其中任何一组。根据大赌注利己主义，在这两组人选择适用于该情形的原则时，对他们的合理要求将是，给予救自己的生命以绝对的优先性。康德式公式在此就失败了，因为这些人的选择是全然自利的。为了免于这一反驳，我们可以修正该公式。在将之运用于这样的情形时，我们可以诉诸这些人从不偏不倚的视角能够合理地选择的原则。或者我们可以部分地效仿罗尔斯，添加一个局部的（lo-cal）无知之幕，由此这些人就不知道他们是处在人多的还是人少的那一组。按照这两个版本的康德式公式，这些人就全都能够合理地选择某种最优原则，该原则会要求我们去救人多的那一组。

通过其所诉诸的原则全都这样被挑选出来——要么从不偏不倚的视角，要么处于全局的（global）无知之幕背后来选择，康德式公式可以得到更彻底的修正。但如我在第 52 节所描述的，这样会减弱该公式的吸引力。而且做这样的修正也毫无必要。大赌注利己主义仅适用于如下情形：如果我们选择某种最优原则，那么该选择会给我们施加极为巨大的负担，比如英年早逝或不得不忍受持久的折磨。我们能够合理地选择去接受弱一些的伤害，比如变聋或断腿，只要我们的选择将间接地使众多他人免于这样的伤害。因此，我们仍然可以声称，在人们的利益相冲突的几乎所有情况下会存在某种原则，它是所有这些人即使完全知情且从其实际的偏向性视角去看都能够合理地选择的。

如果如我所认为的，我们应当拒绝大赌注利己主义，那么按上述方式对康德式公式做哪怕部分的修正也是没必要的。

第 59 节　利他理由与道义式理由

在不选择最优原则的理由中，另外有一些理由可能来自关于某些他人的福祉的事实。设想
385

> 救生艇情形二（Second Lifeboat）：你可以救你的孩子，或者救五个陌生人。

我们可能认为，就你救那五个陌生人而言，你即使能够合理地放弃自己的生命，也不能合理地放弃你的孩子的生命，也不能合理地选择我们全都会接受某种要求这一行动的最优原则。由此看来，这种情形可能对前提（E）构成反驳。

然而，最优原则并不会要求你救那五个陌生人，而不救你的孩子。假设我们所有人都接受且奉行某种这样的原则：它要求我们不优先考虑让自己的孩子免于死亡或小一些的伤害。在这样的世界，事情在某些意义上会进展得更好，因为有更多的孩子得救，更少的孩子受伤害。但这些好效果极为得不偿失：如果我们都持有如此行动所需的动机，情况就会更糟糕。不优先考虑让自己的孩子免于伤害这一点要为真，我们对自己孩子的爱就必须弱得多。这种爱的减

弱不仅本身不好，而且有许多坏效果。鉴于种种此类事实，最优原则在许多情形中允许并且在许多其他情形中要求我们给予自己孩子的福祉以强优先性。

但是，上述反驳可能被转移到另一类不同的情况。设想

> 救生艇情形三（Third Lifeboat）：这次是我能够救你的孩子，或者救五个别的孩子。这六个孩子对我来说都是陌生人。

任何一种最优原则都会要求我去救那五个别的孩子。而我们可能主张

386

> （I）你不能合理地选择每个人都接受这样的最优原则，因为你有决定性理由转而这样选择：我接受某种原则，它要求我去救你的孩子。

我们可以主张，你拥有此类的决定性理由，因为你有义务做出会救你孩子生命的选择。

通过诉诸我们的道德信念，我们可能还有某些其他方式来论证这一点：我们不能合理地选择每个人都接受某些最优原则。我们或许认为，如果每个人都接受这些原则，那么有时就会导致我们或他人采取不当的行动。我们可能主张，此类行动的不当性会给我们提供"不选择每个人都接受这些原则"的决定性理由。

然而如我经常讲到的，在运用康德式公式或任何其他契约论公式时，我们不能诉诸关于哪些行动为不当的信念。如果我们主张

> 某一行动是不当的，因为我们不能全都合理地选择任何允许该行动的原则，

那么同时做出如下主张就是毫无意义的：

> 我们不能全都合理地选择任何这样的原则，因为该行动是不当的。

同时做出如下两个主张也是无意义的：

> 每个人都应当遵循某些原则，因为它们是每个人都能够合理地选择的仅有原则；

以及

> 这些是每个人都能够合理地选择的仅有原则，因为它们是每个人都应当遵循的原则。

如果我们将这些主张合并，康德式公式就会一无所成。因此，在运用这个公式时，我们必须搁置我们关于哪些行动为不当的信念。只有在后面的阶段（即在得出这个公式蕴含着什么之后，我们就要问：鉴于这些蕴含，我们是否应当接受该公式），我们才能诉诸这些信念。 *387*

　　既然不能诉诸我们关于你对你孩子的义务的信念，那么我们还能以某种其他方式为（I）辩护吗？我认为，我们最可行的途径是诉诸你对你孩子的爱。与其设法搁置你对孩子的义务，不如采取更简单的做法，即调整我们的案例。设想

> 救生艇情形四（Fourth Lifeboat）：我可以救某个你爱的人，或者救另外五个人。对我来说，这六个人都是陌生人。

任何一种最优原则都会要求我去救另外五个人。现在可能有人

主张：

> （J）你不能合理地选择每个人都接受某一最优原则，因为你有决定性理由去这样选择：我接受某一别的原则，它要求我去救你爱的人。

这一主张尽管可行，但我认为并不为真。

否认你有决定性理由选择这一别的原则，这或许看起来是荒谬的。罗密欧或伊索尔德*能够合理地选择任凭朱丽叶或特里斯坦死去吗？在讨论一个类似的例子时，威廉姆斯写道：

> 对他人的深爱……不能体现不偏不倚的观点，而且……还有冒犯后者的危险……然而，除非如此之事存在，否则一个人的生命中就不会有足够的意义或信念，以驱使他忠于生命本身。若包括遵循公正体系在内的任何事要有意义，则生命就必须有意义；除非生命有意义，否则它就不可能赋予公正体系无上的重要性……

然而，我并没有诉诸威廉姆斯在此动人地拒绝的这类公正体系。如我刚讲过的，最优原则通常会允许或要求，我们给予与我们紧密相关者的福祉以强优先性。而且就我们能够合理地选择每个人都接受这些原则这一主张而言，我并没有假定，给予每个人的福祉以同等的权重是对我们的合理要求。我的假定仅仅是，我们尽管被合理地允许给予自己及某些他人的福祉以强优先性，但也被合理地允许给

---

* 传奇骑士特里斯坦与爱尔兰公主伊索尔德分别是电影《王者之心》（*Tristan and Isolde*）的男女主人公，他们是一对恋人。

予陌生人的福祉以相当的权重。

如我关于救生艇情形的主张所蕴含的，你所爱的那个人能够合理地这样选择：每个人都接受某种最优原则。尽管这个人会由此死去，但这一选择间接救了其他许多人的命。该事实给予此人充分的理由做出这种选择。

我们所爱的人能够合理地选择为了有利于他人之故而承受某一负担，此时这一事实并不蕴含着，我们能够合理地选择让爱人去承受这一负担。给予我们爱人的福祉比我们自己的福祉大得多的权重，这或许是对我们的合理要求。我们或许没有充分的理由采取如下做法：宁愿救 5 个、20 个乃至 500 个陌生人而不救我们的爱人。但在救生艇情形四中，你会认识到，如果你选择每个人都接受某种最优原则，你的选择就会间接挽救多得多的他人生命。我认为，你有充分的理由选择救许多其他人。我同意，设想罗密欧或伊索尔德选择任凭朱丽叶或特里斯坦死去是荒谬的。你如果是罗密欧或伊索尔德，实际上就不会做出救许多其他人的选择。但我们经常看到，人们实际上未做他们有充分的理由去做的事。既然你有充分的理由去选择某种最优原则，那么我认为，救生艇情形四并没有对前提（E）或康德式公式构成反驳。

接下来设想我的看法是错误的。可能有人声称，在赌注如此之大的情况下，我们理性上应当给予爱人的福祉以绝对的优先性。如果这一点为真，那就不会产生适用于此类情况的每个人都能够合理地选择的任何原则；因此，也就不会产生根据康德式公式每个人都应当遵循的任何原则。该公式就不会要求，我去救甚至上百万的陌生人而不救爱人。这个结论又是不可接受的。这样的反驳类似于诉诸大赌注利己主义。如前文所示，可以通过添加某种局部的无知之幕来修正康德式公式。但我认为这种修正是不必要的。

第 60 节　使得不当特征反驳

按照某些基于价值的客观理论，有些事值得去做，有些目标值得去实现，这不依赖于或不仅仅依赖于它们对任何人的福祉所做的贡献。斯坎伦举出的例子是"友谊、其他有价值的个人关系，以及实现各种形式的卓越，比如在艺术或科学方面的卓越"。我们可称之为完善论（perfectionist）目标。

按照这样的观点，如果我们和他人拥有这些有价值的个人关系，以及实现这些其他形式的卓越，那么这将在蕴含不偏不倚理由的意义上是自身善的。最优原则可能要求我们去设法实现某些完善论目标，且帮助他人做到同样的事。既然这些是关于事情如何进展得最好的观点，这样的主张就不能给予我们拒绝最优原则的理由。

然而，按照某些观点，我们或许还有一些个人的和偏向性的完善论理由。它们并非自利的理由，因为要实现某一完善论目标，我们可能必须牺牲我们的诸多福祉。但这些理由可能与我们"让事情依此完善论方式不偏不倚地更好"的理由相冲突。假设我可以挽救两种文稿之一：一种是我几近完成的一部伟大的小说孤本，另一种是五部由其他作者写作的、同样伟大的小说孤本。我可能拥有个人的完善论理由不选择任何最优原则——该原则会要求我挽救他人的小说，而不是我的小说。但我认为，这样的理由不会胜过我选择最优原则的不偏不倚理由。我能够合理地放弃我的小说，以挽救另外五个人的类似小说。如果我的信念是错误的，那么我们可以再次修正康德式公式。但这几乎不会产生什么影响，因为这样的例子很罕见。

还存在另一种更重要的可能性。假设某种最优原则要求某些我们认为是不当的行动。在运用康德式公式时，我们既不能诉诸关于某些行动为不当的信念，也不能诉诸这些行动的不当性可能提供的道义式理由。但我们能够诉诸这些行动的特征，在我们看来，该特征使得这些行动成为不当的。于是，我们可以主张：

　　（K）这些使得不当特征给我们提供不采取这些行动的决定性的非道义式理由，且不选择每个人都接受的、要求这种行动的最优原则。

如果存在适用于（K）的某些行动，那么这就对规则后果主义的康德式论证之前提（E）提出了一个反驳，因为将会存在的最优原则是我们缺乏充分的理由去选择的。我们可称之为使得不当特征反驳（the Wrong-Making Features Objection）。

该反驳正确地假定，在能够使得行动为不当的特征中，有些也会给予我们决定性的非道义式理由。例如，如果某些行动会造成无谓的痛苦，那么这一事实将给予我们不这样做的决定性理由。这些理由不会是道义式的，因为它们不是由"这些行动是不当的"这个事实提供的。这些行动的不当性至多给予我们不这样做的进一步的理由。但是，（K）不可能被真正运用于这些行动，因为最优原则不会要求我们造成无谓的痛苦。

（K）似乎在运用于如下行动时最可能为真：该行动会产生好效果，但同时会让我们认为违反了某一原则，该原则是关于某种待人方式的不当性。回到

> 桥梁情形：你可以救五个人的命，其唯一方法是使我跌倒于失控的火车前，由此致我于死地。

假定我们相信这种行动是不当的，且其使得不当特征在于如下事实：

391

> （L）你将杀死我，以用作救其他这些人的手段。

为了陈述反驳（K）的一个版本，我们可能同时主张如下两点：

> （M）最优原则会对我们提出这样的要求：在像桥梁情形的情形中杀死一人以用作救其他几人的手段，因为我们由此会让事情进展得最好；

以及

> （N）如此行动的使得不当特征将给予我们某种决定性的非道义式理由不这样做，从而不去选择任何会要求这种行动的最优原则。

（M）并非显然为真。由于我此前和后面提及的各种理由，最优原则通常会允许甚或要求我们不去做使事情进展得最好之事。但在此我们可以假定（M）为真，而只须问像（M）和（N）这样的主张

能否同时为真就够了。

最优原则要是要求某些行动，如下主张就必须为真：

（O）在从某种不偏不倚的视角来考虑这些行动时，我们将最有理由想要每个人都这样做。

如果我们没有像这样的不偏不倚理由，那么每个人这样做就不会在蕴含不偏不倚理由的意义上更好，因而最优原则就不会要求我们这样做。在考虑的情况涉及的全是陌生人时，我们的视角是不偏不倚的。这几乎适用于所有的实际情况，因为几乎每个人对我们来说都是陌生人。因此，我们还可以主张，如果

（P）最优原则要求某些行动，

那么如下必定为真：

（Q）我们将最有理由要求几乎每个人都这样做。

按照我们现在考察的反驳，

392

（R）这些行动中有一些具有某些特征，这些特征会给予每个人决定性的非道义式理由不这样做。

我认为，至少在大多数情形下，（P）、（Q）和（R）不可能都为真。例如，在应用于桥梁情形时，这些主张蕴含着：

（S）你会有某种决定性的非道义式理由，不借助杀死我来救那五个人；

但又蕴含着：

（T）你也会最有理由要求或希望，某个陌生人到来代替你去做这样的事：杀死我来救那五个人。

按照这种观点，尽管每个人都会有决定性的非道义式理由不将杀死某人用作手段去救更多的人，但从不偏不倚的视角看，每个人最有理由要求之事是，每个能这样做的人的确将杀死某人用作手段去救更多的人。我认为，这两种理由不可能如此直接地相反对。我们不可能有如此的不偏不倚理由，而要求每个人去做每个人都有如此决定性的非道义式理由不去做的事。因此，（S）和（T）不可能同时为真。

类似的主张适用于其他情况。在使得某些行动为不当的特征中，大多数特征给予我们非道义式理由不这样做。至少在大多数情形下，这些特征也给予我们理由想要他人不这样做。这对于伤害他人的不当行动来说是最为清楚的，因为我们都有不偏不倚的理由想要他人不受伤害。但类似的主张会应用于具有其他使得不当特征的行动。例如，假定以欺骗或强制他人作为谋取某些特定利益的手段是不当的。这些行动的使得不当特征就可以给予每个人决定性的非道义式理由不这样做。如果这一点为真，那么"从不偏不倚的视角看，我们会最有理由要求每个人都这样做"这一主张也可以为真吗？我认为，我们的答案应该是否定的。如果在此情况下，欺骗与强制的性质给予每个人决定性的非道义式理由不欺骗与强制他人，那么我们就不可能也有像这样的不偏不倚理由：要求每个人在同样的情况下去欺骗或强制他人。那将是一种令人奇怪地前后不一的或内在冲突的观点。而且，如果我们没有像这样的不偏不倚理由，最优原则就不会要求这样的行动。下面我将为这些主张做进一步的辩护。

但也可能存在某类例外。设想

> 较小的恶情形（Lesser Evil）：你得知，除非你杀我去救五个人，否则格蕾和格林各自就会杀死另外两个人去救那五个人。

相信"把杀某人当作手段去救其他人"为不当的那些人之中，大多数人会认为，这样的行动即便如较小的恶情形中那样是防止更多同类行动的唯一途径，也是不当的。然而，即便该行动是不当的，我们仍会有不偏不倚的理由要求你这样做。尽管你杀死我以用作手段，这很糟糕；但格蕾和格林各自都按此不当方式杀死两个人以用作手段，那显然会更糟糕。因此，我们如果得知你依此方式不当地行动，由此防止了格蕾和格林两个人的不当行动，那就应当在某种审慎的意义上将这一事实视为好事。如果我们如同在运用康德式公式时所必须做的那样搁置关于哪些行动为不当的信念，那么类似的主张也适用。如果每个人都拥有此类决定性的非道义式理由不依某种方式行动，那么如我已经主张的，我们就不可能有不偏不倚的理由要求每个人都这样做。这会是一种前后不一的观点。但是，我们能够有不偏不倚的理由要求无人按此方式行动，除非这样的行动是防止更多同类行动的唯一途径。这不会是一种前后不一的观点。

根据我们现在讨论的反驳，

> （U）最优原则要求我们按某些方式行动，尽管这些行动具有这样的使得不当特征：它们给我们提供不采取这些行动的

决定性的非道义式理由，且不选择每个人都接受这些原则。

394 如我已论证的，我们可以这样答复：

（V）如果这些行动具有这样的使得不当特征，那么最优原则就不会要求我们这样做，也许在如此行动是防止更多同类行动的唯一途径时可以例外。

如果（V）如我所认为的那样是真的，那么这个反驳就至多适用于只是很少的情况，比如较小的恶情形。现在我要论证，即便在这些情形中，该反驳也无效。你如果预计你会同意，那或许就可以略过下一节。

第 61 节　决定性的非道义式理由

在桥梁情形和较小的恶情形中，如果要救那五个人，你就会采取杀死我的做法。接着我们就可以问，是否如该反驳所声称的，你的行动之使得不当特征会给予你决定性的非道义式理由不这样做。我们可以先重新考察隧道情形：在该情形中，如果你使一列失控的火车转向，

（W）你就会救那五个人，但是以一种同时会杀死我的方式。

我们能够言之成理地认为，该事实给予你一个强的非道义式理由不这样做。去做一件你知道会杀死一名无辜者的事，这是令人极其不

快的。或许正因为如此，许多人才认为，道德上仅仅允许而不是要求你改变火车的方向来救那五个人。但是，我认为如这些人将会同意的，杀某人的极端不快不会给予你决定性的非道义式理由不这样做。如果道德上允许你使火车转向，那么尽管你由此会杀死我，但救多人生命这一事实也将给予你充分的理由这样做。

类似的主张适用于桥梁情形，其中如果你使我跌倒于铁轨上，

（L）你就会杀死我以用作救那五个人的手段。

通过杀死一名无辜者来救五个人，这又是令人极其不快的。该行动的这一特征可能给予你一个强的非道义式理由不这样做。然而，与在隧道情形中一样，这一非道义式理由不可能决定性地胜过你会去救多人生命的理由。如果像许多人所认为的，桥梁情形与隧道情形有着显著的不同，那么我认为，这种不同就不可能在于：既然你是将杀我当作手段，你就有决定性的非道义式理由不这样做。该行动的这一特征或许给予你决定性理由不这样做。但我认为，只有通过使得该行动为不当，才可能如此。这种决定性理由将不得不是道义式的。如果这一点为真，我们正在考察的这一反驳就失败了。你不会有某个决定性的非道义式理由不这样做。

类似的评论适用于其他类型的情形。我提议

（X）如果最优原则要求某些我们认为是不当的行动，那么按照我们的意见，使得该行动为不当的这些特征或事实不会给予我们决定性的非道义式理由不这样做。真实的情况可能只是：由于使得该行动为不当，这些事实会给予我们决定性的道义式理由不这样做。

最优原则会要求多种许多人认为是不当的行动。比如，这些原则或许要求我们一些人使用人工避孕、做或接受堕胎手术、帮助某人安乐死，或者劫富济贫。如果我们有决定性理由不这样做，那么我要指出，这些理由将不得不是由这些行动的不当性提供的。

我们应该预料到（X）为真。如果最优原则要求某类行动，我们就必定拥有强的不偏不倚理由去要求每个人都这样做。如果我们没有这样的理由，那么在每个人都这样做的情况下事情就不会变得更好，最优原则由此就不会要求这样的行动。我们既然拥有强的不偏不倚理由去要求每个人都这样做，那就应该预料到，这些理由不可能被决定性地胜过，除非通过如此行动为不当的事实。我将在附录 C 中对（X）做进一步的辩护。

尽管我强烈地倾向于认为（X）是正确的，但值得再次姑且假设我弄错了。假设最优原则要求某些我们认为是不当的行动；又假设按照我们的意见，使得这些行动为不当的这些特征会给予我们决定性的非道义式理由不这样做。这些信念本身不会对前提（E）构成反驳。这一反驳必须主张，

> （Y）这些使得不当特征同时也会给予我们决定性的非道义式理由，而不去选择每个人都接受要求这些行动的最优原则。

（Y）蕴含着，存在某种最优原则是我们不会有充分的理由去选择的，由此只有（Y）才会不利于（E）。

（Y）作为一种主张，并非关于按某些方式行动的理由，而是关于选择每个人都接受某种原则的理由。这是相当不同的问题。例

如，想想某类这样的行动：它对我们来说是坏的，但会给他人带来更大的利益。我们即使拥有强理由不这样做，但也可能存在决定性理由既要求每个人都这样做，又选择每个人都接受某种要求如此行动的原则。譬如，如果每个人都这样做，那么这对包括我们在内的每个人都可能更好。

在运用于那些违反某种道义论限制（deontological constraint）的行动时，（Y）似乎最有可能为真。我们的主要例子是桥梁情形。我们同时做出两点假设：其一，在此情形中，最优原则会要求你救那五个人；其二，由于你把杀死我当作手段这一事实，这将使该行动成为不当的。根据（Y），这个事实会给予你某一决定性的非道义式理由不去选择每个人都接受任何诸如此类的最优原则。我们应该问的是，这一理由可能是怎样的。

这一理由既然必须是非道义式的，那就不能由如此行动的不当性来提供。我们可以再次诉诸借助杀死一名无辜者来救多人的可恶性（awfulness）。我们能够言之成理地认为，这种行动的可恶性给予你一个强的非道义式理由，由此你希望在道德上不被要求这样做。但如我们所见，在像隧道情形的情形中，这个理由并非决定性的，因为你会有充分的理由以同时杀死我的方式去救那五个人。而如果在桥梁情形中，最优原则要求你用杀死我的方式去救那五个 *397* 人，那么这就必须是因为相关事实给你提供了不偏不倚的理由，让你要求每个人在如此情形中都这样做。这些事实也会给你提供理由，让你想要每个人都接受某种要求他们这样做的原则。我认为，这些不偏不倚的理由不可能被你个人的非道义式理由决定性地胜过，后者想要你自己不被要求这样做。

在为上述信念辩护的过程中，我要做出某种更宽的（wider）、适用于一切情形的主张。如果最优原则要求我们依某种方式行动，相关事实就必须给我们提供不偏不倚的理由，让我们想要每个人在相关方面类似的情形中都这样做。仅在此时，每个人如果都这样做才会更好。我们既然是从不偏不倚的视角来考察几乎所有这样的情形，那就最有理由要求几乎每个人都这样做。如果我们选择每个人都接受那种要求这样做的原则，那么我们的选择就间接地导致这样的情况，即大多数人会做我们最有理由要求几乎每个人都做的事。这些事实给我们提供强的不偏不倚理由，让我们选择每个人都接受该原则。根据前提（E），这些理由不会被与之冲突的任何相关理由决定性地胜过。现在我们要问，是否如（Y）所主张的，在某些情形中（E）是错误的。

在此有益的做法是回顾一下对（E）提出最强反驳的其他情形。如果我们选择每个人都接受某种最优原则，那么这一选择可能要么对于我们自己要么对于与我们紧密相关者（比如我们的爱人）来说很糟糕。譬如在救生艇情形中，如果我选择每个人都接受数量原则，那么你会救那五个人而不救我，由此我会损失多年的幸福人生。这一事实将给我提供一个很强的个人理由，让我不选择数量原则。但我认为，该理由不会是决定性的。通过选择每个人都接受这种最优原则，我将间接地挽救其他很多人的生命，从而这个事实会给予我充分的理由去做出这样的选择。

我们现在考察的是不同类型的理由。在（Y）可能适用的情形

中，相关事实将给我们提供强的不偏不倚理由，让我们既想要每个
人都按某种方式行动，又选择每个人都接受要求这样做的最优原
则。但（Y）声称，这些不偏不倚的理由会被某些与之冲突的非道
义式理由决定性地胜过。任何像这样的理由将必须比我刚才提到的
个人理由（譬如我们这样的理由：不想英年早逝从而损失多年的幸
福人生）强得多。这种理由仅当强得多时才可能决定性地胜过与之
冲突的不偏不倚理由。我认为，只有第三类理由才可能明显强于且
决定性地胜过上述的这两种理由，即如此之强的个人理由和不偏不
倚理由。如果我们会有某种决定性理由不去做某种选择，尽管事实
是该选择要么（1）对于我们自己或爱人会好得多，要么（2）会使
事情不偏不倚地得到极大的改善，那么这种理由将不得不由如下事
实提供：该选择在道德上是不当的。我们不可能有决定性的非道义
式理由不做该选择。如果情况就是如此，那么就如我所认为
的，（Y）不可能为真。因此，对（E）的这一反驳就失败了。

第62节　每个人都能够合理地意愿什么？

根据前提（E），任何人拥有的选择最优原则的不偏不倚理由，
都不会被与之冲突的任何相关理由决定性地胜过。在为（E）辩护
的过程中，我已诉诸多种我认为为真的主张，而后做出了这样的论
证：即使我错了，（E）仍然会为真，或者可以通过对康德式公式做
某种可接受的修正而使之为真。在此意义上，前提（E）是坚实的。

值得姑且假设我又弄错了。假设在某些情形下（Y）是真的，因为我们会有某个决定性的非道义式理由不选择每个人都接受最优原则。还假设该反驳不可能通过对康德式公式的任何类似修正来应对。在这样的情形中，（E）为假。康德式论证无法表明，康德式公式总是要求我们遵循最优原则。我们将不得不修正该论证的结论。

届时该论证将在另一种意义上仍是坚实的，因为这种修正会很细微。由于前文给出的理由，（Y）为真的情况即使存在，也会很罕见。"（Y）为真"仅可能出现在像较小的恶情形那样的情形，其中某一最优原则所要求的某一行动是作为防止更多同类行动的唯一途径。既然这样的情形很罕见，那么康德式论证将表明，在几乎所有的实际情形中，康德式公式都要求我们遵循最优原则。由此，康德式契约论就其蕴含而言将非常接近于规则后果主义。它们之间的分歧，或许少于规则后果主义的某些不同版本之间的分歧。

接下来回顾，在假设（Y）有时为真时，我假设我先前的若干主张是错的。我认为，（Y）绝不会为真。若如此，则没必要修正该论证的结论。

我相信，再没有别的对（E）的强有力的反驳。若如此，则我们应当接受前提（B）至（E）。每个人都会有强的不偏不倚理由选择最优原则，并且这些理由不会被与之冲突的任何相关理由决定性地胜过。

我们既然应当接受这些主张，那就应当接受该论证的第一个结论。如（F）所主张的，每个人都将有充分的理由去这样选择：每个人都接受最优原则。

399

　　根据该论证余下的前提：

　　　　（G）不存在任何其他的、明显地非最优的原则，其被普遍接受是每个人都有充分的理由去选择的。

与前提（E）相比，为这个前提辩护要容易得多。如果每个人都接受任何像这样的其他原则，那么事情的进展将在不偏不倚的意义上差得多。这正是"这样的其他原则明显地非最优"这一主张所蕴含的。这些事实将给每个人提供强的不偏不倚理由不选择每个人都接受这样的原则。大多数人既然不会有与之冲突的个人理由，那就不能合理地做出上述选择。而且在几乎所有这样的情形中，如果每个人都接受这样的非最优原则，那么事情对于某些不幸者来说就还要坏得多。甚至更为清楚的是，这些不幸者不可能合理地选择每个人都接受这种原则，因为他们将既有强的不偏不倚理由，又有强的个人理由不做出这种选择。例如在地震情形中，怀特不可能合理地这样选择：我们全都接受某种"要求我保全格蕾的腿而不救怀特的命"的非最优原则。而在救生艇情形中，那五个人之中无人能够合理地这样选择：我们全都接受某种"要求你去救我而不救所有那五个人"的非最优原则。因此，如（G）所主张的，不存在任何其他的、明显地非最优的原则是每个人都有充分的理由去选择的。

　　（B）、（F）和（G）合起来就蕴含着：

　　　　（H）正是仅有的最优原则，才是其被普遍接受是每个人都有充分的理由去选择，由此能够合理地选择的。

一旦与（H）合并，康德式公式就意味着每个人都应当遵循这样的

400

原则。我在一个注释中为这些主张做了进一步的辩护。

现在我们可以更简洁地重述这一论证。康德主义者可能主张：

（A）每个人都应当遵循这样的原则，其被普遍接受是每个人都能够合理地意愿或选择的。

（C）存在某些原则，其被普遍接受将使事情进展得最好。

（F）每个人都能够合理地意愿每个人都接受这些原则。

（H）这些是仅有的原则，其被普遍接受是每个人都能够合理地意愿的。

因此，

UARC：这些是每个人都应当遵循的原则。

（A）是康德式契约论公式，而 UARC 是某一版本的规则后果主义。我们做出（C）的假定。我认为，我已经成功地为（F）和（H）做了辩护。因此，这一康德式公式要求每个人都遵循规则后果主义的这些原则。

我们或许怀疑，这个论证必须至少有一个后果主义前提。如果这一点为真，那么该论证将是无趣的。我们将预料，后果主义的前提蕴含着后果主义的结论。而且，这样的论证不会为非后果主义者改变他们的观点提供任何理由。

然而，该论证的前提并非后果主义的。该论证假定，后果在蕴含不偏不倚理由的意义上可能是更好或更坏的。而非后果主义者可以接受这个假定。比如，许多非后果主义者认为，如果更多的人受苦或英年早逝，那么情况会更坏。这些非后果主义者之所以拒绝后果主义，并不是因为否认后果可能在此意义上更好或更坏，而是因为认为行动的正当性不是仅仅取决于关于事情如何进展会最好的事实。该论证还假定，存在某些其被普遍接受将使事情进展得最好的原则。但这个假定也不是后果主义的。我们可能相信存在像这样的最优原则，但同时也相信我们应当拒绝其中的某些原则，因为它们要求或允许某些不当的行动。

　　既然该论证没有任何前提是假定后果主义为真的，那就值得解释，该论证如何有效地蕴含着其后果主义的结论。

　　后果主义者诉诸的主张是关于如何进展在蕴含不偏不倚理由的意义上是最好的。这些主张是关于从不偏不倚的视角看每个人都最有理由想要或选择什么的。对后果主义的最强反驳，来自我们的某些关于哪些行动为不当的直觉信念。

　　契约论者诉诸这样的原则：如果我们所有人都以某种会使我们的选择足够不偏不倚的方式在做选择，那么对于每个人来说，选择该原则就是合理的。有些契约论者主张，要实现这样的不偏不倚，诉诸这样的原则就够了：如果每个人都需要就这些原则达成协议，那么对于每个人来说，选择该原则就是合理的。另一些契约论者比如罗尔斯则添加了无知之幕。康德式契约论者实现不偏不倚的途径是诉诸如下主张：如果每一个人都各自认为有能力去选择每个人都会接受的原则，那么每个人都能够合理地选择什么。在此，不偏不倚是通过全体一致同意的要求而实现的，无须达成任何协议或无知之幕。在论证"存在每个人都能够合理地选择"的原则的过程中，我已诉诸契约论的另一特征。在运用任何契约论公式时，我们都不能诉诸我们关于哪些行动为不当的直觉信念。

402

现在我们可以解释，上述论证如何在无须任何后果主义前提的情况下有效地蕴含着其后果主义的结论。如我刚才所言：

> 后果主义者诉诸的相关主张是：从不偏不倚的视角看，对于每个人来说选择什么将是合理的。对后果主义的最强反驳，来自我们的某些关于哪些行动为不当的直觉信念。

> 契约论者诉诸的相关主张是：按照某种使选择变得不偏不倚的方式，对于每个人来说选择什么将是合理的。在契约论的道德推理过程中，我们不能诉诸我们关于哪些行动为不当的直觉信念。

既然这两种理论都诉诸对于每个人来说不偏不倚地选择什么将是合理的，而且契约论者要求我们搁置非后果主义的道德直觉，那么我们就应该预料到，含有某种契约论前提的有效论证可能得出某种后果主义的结论。

我们可以得出另一个结论。我已经主张，存在某些对康德普遍法则公式的决定性反驳。为了免于这些反驳，康德的公式必须被修正。就其修正过的最佳形式而言，该公式要求我们遵循这样的原则：其被普遍接受是每个人都能够合理地意愿或选择的。我已经论证，根本不存在每个人都能够合理地选择的明显地非最优的原则。因此，除非如我也论证过的，每个人都能够合理地选择最优原则这一点为真，否则该公式就不可能成功。除非在其修正过的形式中，康德的普遍法则公式蕴含规则后果主义，否则该公式就不可能成功。

第十七章　结论

第 63 节　康德式后果主义

接着回到行动后果主义，或

　　AC：每个人都应当总是做或努力做会使事情进展得最好的任何事。

这是其被普遍接受将使事情进展得最好的原则从而是 UA 最优原则吗？

　　如西季威克所论，答案是否定的。如果每个人都总是努力做使事情进展得最好的任何事，这些努力通常就会失败。在预测可能行动的效果时，人们经常会犯错，或者以自利的方式欺骗自己。例如，我们会轻易相信，我们的偷窃或撒谎是得到证成的，因为我们误以为，我们的获利将超过我们的行动给他人带来的负担。我们如果全都是行动后果主义者，那就还会损害或削弱某些有价值的实践或制度，比如需要信任的许诺实践。如果每个人都持有行动后果主义者的动机，那么这在其他方面就会很糟糕。"每个人都几乎总是努力使事情进展得最好"要为真，我们大多数人就不得不失去太多的深爱、忠诚、个人目标以及其他动机，这些动机是我们诸多幸福之所系，且同时在其他方面赋予我们的人生以价值。由于如此种种理由，我们可以主张，

405

（A）如果每个人都接受 AC，那么与如果每个人都接受某些其他原则相比，事情就会变得坏一些。

这些其他的 UA 最优原则将与常识道德的诸原则部分地重叠。例如，这些原则通常要求我们不偷窃、撒谎或违背承诺，即便是在可以预期这样的行动会使事情进展得最好时也如此。这些原则允许我们给予自身的福祉以某种强优先性。而且它们经常允许且不时会要求，我们给予某些他人的福祉以某种强优先性，这里的他人包括我们的近亲与朋友，以及以其他各种方式与我们可能相关者（比如我们的学生、病人、客户、同事、邻居、我们所代表的那些人）。既然 AC 并非其被普遍接受会使事情进展得最好的原则，那么康德式公式就不要求我们成为行动后果主义者。

我们一直在讨论普遍接受版本的规则后果主义，或者说 UARC。根据该理论的一个不同版本，我们可称之为

　　　　UFRC：每个人都应当遵循如下情况为真的原则，即如果
这些原则被普遍遵循，那么事情会进展得最好。

我们可将这样的原则称为 UF 最优的。当做到了某一原则要求的事
情时，我们就遵循了该原则。例如，我们如果总是做会使事情进展
得最好的任何事，那就在遵循 AC。

　　我们也一直在讨论我们现在可称作的接受版（acceptance ver-
sion of Kantian Contractualism）的康德式契约论，或者说 AKC。
根据康德式公式的一种不同版本，我们可称之为

　　　　FKC：每个人都应当遵循这样的原则，其被普遍遵循是每
个人都能够合理地意愿或选择的。

前文讨论的康德式论证可以被修正，以表明

　　　　（B）正是这些仅有的 UF 最优原则，才是其被普遍遵循是
每个人都能够合理地意愿的。

这另一版本的康德式公式由此要求我们遵循这些原则。　　　　　*406*

　　根据某些作者的观点，行动后果主义原则是 UF 最优的。例
如，卡根主张：

　　　　（C）如果每个人通过做会使事情进展得最好的任何事而总
是遵循 AC，那么事情会进展得最好。

这一主张或许看上去不容置疑。并且如果该主张正确，这一版本的
康德式公式就将要求我们成为行动后果主义者。

　　我认为，（C）并不为真。在问"如果每个人都遵循 AC，事情

是否会进展得最好"时，我们应该考虑这样的世界将区别于其他可能世界（其中每个人都遵循各种其他原则）的所有方式。我们应该纳入考虑的，不仅是人们的行动效果，而且包括人们依此方式行动的意图与动机所产生的效果。出于西季威克给出的某些理由，我们可以主张，

> （D）如果每个人都总是遵循 AC，那么与如果每个人都总是遵循某些其他原则相比，事情会变得坏一些。

如果每个人总是做使事情进展得最好的任何事，那么在大多数情形中每个人的行动会有最好的可能后果。与"每个人总是努力做会使事情进展得最好的任何事，但这样的努力经常失败"相比，事情的进展会好一些。但我认为，每个人行动的好效果又会被这样的可能后果所压倒：如果我们所有人都持有导致我们遵循 AC 的动机，情况就会变得更坏。如前文所示，就失去诸多深爱、忠诚及个人目标而言，我们许多人将失去太多使生活有价值的东西。因此，这一版本的康德式公式不要求我们成为行动后果主义者。

然而，该公式的确要求我们遵循 UF 最优原则。而且与 UA 最优原则相比，这样的原则更类似于 AC。因此，这一版本的康德式公式所支持的道德观点显然更接近行动后果主义。

407　　为了将两个版本的康德式公式都涵盖进来，我们可以将康德式契约论重述为

> KC：每个人都应当遵循这样的原则，即每个人都能够合理地意愿该原则成为普遍法则。

要么通过被普遍接受，要么通过被普遍遵循，原则可以成为普遍
法则。

　　既然这些不同版本的 KC 和 RC 具有不同的蕴含，我们或许就
不得不在它们之间做出选择。要做出这一选择，我们将不得不考虑
在此暂不考察的若干问题。但我要提到一种可能性。我已经主张，
我们应当区分不同意义上的"应当"（ought）与"不当的"
（wrong），我们可以在道德理论的不同部分使用它们以回答不同的
问题。做出类似的其他区分是值得的。例如，一个问题是：如果假
定我们都会成功，那么我们在理想情况下全都应当做什么。我们对
这个问题的回答将是我们的理想行动理论（ideal act theory），或者
是有些人所称的完全服从理论（full compliance theory）。另一个问
题是：当得知其他某些人会行动不当时，我们应当做什么。有些人
称之为我们的局部服从理论（partial compliance theory）。我们还
可以问，在将各种其他事实（比如，关于他人可能犯错的事实，以
及关于人们的动机、欲求和性情的事实）纳入考虑时，我们应当努
力做什么。又一个问题是：我们应当持有哪些动机，以及应当倾向
于做什么。我们对这个问题的回答将是我们的动机理论（motive
theory），其本身又分为理想的与非理想的部分。我们如果是康德
式契约论者和规则后果主义者，可能就没必要在不同版本（至少是
某些版本）的 KC 和 RC 之间做出选择，因为我们可以在道德理论
的不同部分诉诸这些不同的版本，并使用不同意义上的"应当"与
"不当的"。

　　可能还存在另一种复杂性。我已经假定，存在一组 UA 最优原

则，且存在另一组 UF 最优原则。如果存在两组及两组以上这样有
着显著区别的原则组合，那么我们就不得不以某种其他方式在这些
原则组之间做出选择。还存在其他可能性，但我在此暂不考虑。

现在我们可以回到康德观点的另一部分。根据我所称的康德的

至善公式：每个人都应当努力促进一种由普遍德性和应得
幸福组成的世界。

康德声称，通过遵循如康德的其他公式所描述的道德法则，我们能
够最大限度地促进这种世界。我已论证，这些公式中有一些在康德
式契约论中得到了最佳的修正和合并。因此，康德原本可以主张，

KC：每个人都应当遵循这样的原则，即每个人都能够合
理地意愿该原则成为普遍法则。

（E）每个人都能够合理地意愿如下原则成为普遍法则：该
原则成为普遍法则将使世界最接近其理想状态，由此使事情进
展得最好。

（F）该理想状态将是一种由普遍德性和应得幸福组成的
世界。

因此，

每个人都应当遵循这样的原则：其成为普遍法则将最大限
度地促进这样的理想世界。

这一论证将给康德的道德理论提供最为和谐一致的形式。康德的至
善公式将描述每个人都应当力求实现的、单一的终极目的或目标，
康德式契约论则描述其被普遍接受或遵循将最好地实现该目标的道

德法则。

在该论证的前提中，KC 是康德式契约论。第十六章的康德式论证经过某些修正，可以转变为对（E）的辩护。（F）是康德对其所谓至善的理想世界的描述。

我已论证，我们应当修正（F）。康德声称，如果人们拥有与其应得相比更多的幸福或较少的痛苦，那么这就是坏的。但康德也声称：

> （G）如果我们的所有决定都纯粹是时间中的事件，那么任何人都不可能应得痛苦。

我已论证，我们应当接受这一主张。如我所言，我们可以补充说：

> （H）我们的所有决定都纯粹是这样的事件。

因此，

> （I）任何人都不可能应得痛苦。

也没有任何人应得更少的幸福。如果我们略去康德关于应得的主张，那么康德的理想世界就是由普遍德性和幸福组成的。在考察并非理想世界的过程中，我们必须再行确定，哪些世界更接近于理想。我认为，不仅痛苦较少而幸福更多总是更好的，而且更多幸福降临于幸福较少或受苦较多的人也总是更好的。我们可能补充说：我们的福祉不仅仅在于幸福和避苦；并且"事情进展得如何"部分地依赖于其他并非与任何人的福祉相关的事实。

康德关于其理想世界的主张提出了另一个问题。要问如何能够最接近康德的理想，我们就必须比较德性与幸福的善性。在一种观

点看来，德性之善更大，其大无穷，乃至任何人的德性稍增或邪恶
稍减，都胜过得到任何数量的幸福或避免任何数量的痛苦。我认
410 为，这种观点要是可行的，我们就必须假定：我们拥有某种自由，
这种自由能够让我们以某种蕴含应得的方式为自己的行为负责。如
我已经主张的，如果不可能存在这样的自由，我们就应当接受一种
极为不同的观点。例如，如果某人由于是一名残忍的谋杀犯而是道
德上的坏人，那么这对于该谋杀犯、其受害者以及其他人而言就都
是坏的，而且还会是一种坏的事态，是我们全都有理由感到遗憾和
设法防止的事态。但我认为，某人是一名残忍的谋杀犯，其坏
处（badness）在相关方面类似于某人精神失常的坏处。这样的坏
处能够轻易地为巨大的痛苦之坏处所胜过。

对应得的这种拒绝或许看上去让我们远离康德的观点。但康德
有时做出了此类主张，比如当他提到

> 最高的目的，亦即全人类的幸福。

以及在一个早期讲座中，康德说：

> 如果我们按这样一种方式做人处事，即其他每个人如果都
> 这样做人处事就会产生最大的幸福，那么我们就是在为配享幸
> 福而如此地做人处事。

康德在此宣告的是一种享乐主义版本的规则后果主义。

现在我要概括上述诸结论。要么通过被普遍接受，要么通过被
普遍遵循，道德原则可以成为普遍法则。我已经主张，康德主义者
可以论证说：

KC：每个人都应当遵循这样的原则，即每个人都能够合理地意愿该原则成为普遍法则。

（J）存在某些原则，其成为普遍法则将使事情进展得最好。

（K）这些是每个人都能够合理地意愿其成为普遍法则的仅有原则。

因此，

RC：每个人都应当遵循这些最优原则。

KC 和 RC 都是对康德式契约论与规则后果主义的最一般陈述。我们在假定（J）为真。我相信已成功地替（K）做了辩护。因此，康德式契约论蕴含着规则后果主义。 *411*

既然这一点为真，这些理论就可以合并。根据我们可称为的

康德式规则后果主义（Kantian Rule Consequentialism）：每个人都应当遵循最优原则，因为它们是每个人都能够合理地意愿其为普遍法则的仅有原则。

第 64 节 攀登山峰

接下来回顾，根据

斯坎伦的公式：每个人都应当遵循无人能够合情理地拒绝的原则。

康德主义者可能论证说：

（A）如果我们不能合理地意愿两种原则之一种成为普遍法则，那就必定存在给予我们强烈反驳该原则的事实。

（B）如果每个人都能够合理地意愿另一原则成为普遍法则，那就无人能够对该替代原则提出同样强烈的反驳。

（C）既然我们对第一种原则的反驳要强于任何人对该替代原则的反驳，那么我们就能合情理地拒绝前者。

（D）一旦仅有一种相关原则是每个人都能够合理地意愿其为普遍法则的，那么任何人对该原则的反驳都不可能强于对每种替代原则的最强反驳。

412
（E）无人能够合情理地拒绝某一原则，只要对每一种替代它的原则存在更强的反驳。

因此，

（F）一旦仅有一种相关原则是每个人都能够合理地意愿其为普遍法则的原则，那就无人能够合情理地拒绝该原则。

（G）既然对每一种替代原则都存在更强的反驳，那么这些替代原则都可以被合情理地拒绝。

因此，

（H）一旦仅有一种相关原则是每个人都能够合理地意愿其为普遍法则的原则，那么它就是无人能够合情理地拒绝的仅有的相关原则。

（I）仅有一组原则是每个人都能够合理地意愿其为普遍法则的原则。

因此，

它们是无人能够合情理地拒绝的仅有原则。

我们可将此称为趋同论证（the Convergence Argument）。如果该论证是健全的，那么康德式契约论与斯坎伦式契约论就可以合并。无人能够合情理地拒绝的原则，就同于每个人都能够合理地意愿其为普遍法则的原则。

该论证的适用对象并非斯坎伦目前的理论，而是我所认为的最佳版本的斯坎伦式契约论。在第二十一至第二十三章，我对这一看法做了辩护，并进一步讨论了该论证。

如我已论证的，这一合并的理论也可以包含规则后果主义。根据我们可称为的

三重理论（Triple Theory）：某个行动是不当的，当且仅当或恰好当它不容于这样的原则，即该原则是

（1）这样的原则之一：其为普遍法则将使事情进展得 *413*
最好；

（2）这样的仅有原则之一：其为普遍法则是每个人都能够合理地意愿的；

以及

（3）一种无人能够合情理地拒绝的原则。

更简洁地说，

TT：某个行动是不当的，恰好当它不容于这样的原则，即该原则是最优的，是唯一可普遍地意愿的，且是不可被合情

理地拒绝的。

我们可将此称作受三重支持的原则（triply supported principles）。如果某一原则拥有这三种属性中的任何一种而没有另外两种，我们就必须问：这些属性中哪一种最具有道德重要性？但我已经论证，所有这些原则且只有这些原则拥有这三种属性。如果这一点为真，我们就可以主张：

（J）道德原则不可被合情理地予以拒绝，恰好当它们是唯一可普遍地意愿的；以及它们是唯一可普遍地意愿的，恰好当它们是最优的。

我们还可以主张：

（K）一旦某一原则是最优的，那么这就使它成为可普遍地意愿的仅有原则之一；

以及

（L）一旦某一原则是可普遍地意愿的仅有原则之一，那么这就使它成为无人能够合情理地拒绝的原则之一。

我们可以补充说：

（M）一旦某些行动不容于这样的原则，该原则是某种最优的、可普遍地意愿的和不可被合情理地拒绝的，这就使这些行动是在他人面前不可证成的。

414　　（N）这样的行动是该受指责的，且会让其行动者有理由感到悔恨，让他人有理由表达义愤。

（O）每个人都有理由绝不按这样的方式行动。这些理由总是充分的且经常是决定性的。

出于我先前给出的理由，这种三重理论应该主张其所描述的不是不当性本身，而是使行动为不当的某种属性或事实。存在多种其他更具体的使得不当属性或事实，比如造成无谓的痛苦或为一己之便而强制他人的属性。三重理论应该主张，其所描述的是某种单一的、高阶的使得不当属性，它可以纳入或汇聚所有其他这样的属性。这种高阶属性是一种为某种"（1）、（2）、（3）为真"的原则所不容的复杂性质。当某些行动具有某些其他属性时，这就使它们不容于受三重支持的原则，并且我们就可以主张，所有这些事实都使这些行动成为不当的。我们可以补充说，这些事实中的每一种都给予每个人进一步的理由不这样做。

我们如果接受这种三重理论，那就应该承认，就解释许多种行动为什么是不当的而言，我们没必要宣称这些行动不容于受三重支持的原则。在某些情形下，这样的宣称不仅没必要，而且令人困惑和不快。它们类似于这样的情形：在某强奸案或谋杀案发生之后，我们不应当问"如果每个人都这样做会怎样？"或"如果每个人都相信这样的行动是可允许的会怎样？"。有些行动所经受的反驳，比康德的公式或任何版本的契约论或规则后果主义所提供的反驳都既更清晰也更强烈。

然而，在许多其他情形下，这样的提问可能是有益的：某一行动是否被允许或不容于受三重支持的原则？例如，如下行动是否为不当可能是不清楚的：违反某一法律、为实现某种善目的而撒谎、

415 以某种方式强制某人以促进这个人或他人的善、偷窃某个其物主从不使用的东西、未能帮助某个极其需要帮助的人、放弃投票，或者在一个人口过剩的世界生养两个以上的孩子。如果任何此类行动将为某一原则所不容——该原则是其被接受将使事情进展得最好的原则之一、其成为普遍法则是每个人都能够合理地意愿的仅有原则之一或一种无人能够合情理地拒绝的原则——那么这样的事实就会对该行动提出某种最强烈的反驳。

接下来回顾，按照三重理论，某一行动是不当的，恰好当这样的行动不容于受三重支持的原则。存在若干低阶的使得不当属性以及不容许拥有这些属性之行动的若干原则。三重理论提出这样的主张，即所有这些属性和原则都具有共同之处。如果该理论的主张为真，那么这将对如下问题提出更深层次的解释：为什么这些原则是得到证成的，以及为什么这些行动是不当的。如斯坎伦所述，这样一种理论的一个目标在于，提供"关于不当性的一般标准，这种标准将这些更具体的使得不当属性联系起来并予以解释"。

某一道德理论要取得成功，就必须具备可行的蕴含。三重理论具有许多这样的蕴含。但在得出该理论蕴含什么且深思熟虑一切相关事实和论证之后，该理论有可能与我们关于某些行动之不当性的直觉信念相冲突。如果存在许多这样的冲突，或者这些直觉信念很强，我们就可以由此可证成地拒绝这一理论。如果转而是这些冲突显然不那么深刻、不那么常见，我们就可以修正某些直觉的道德信念，从而可证成地遵循该理论。

我们不仅拥有关于哪些行动为不当的直觉信念，而且拥有关于哪些原则或理论可能为真的直觉信念。因此，任何成功的原则或理论都不仅要具备可行的蕴含，而且必须其本身是可行的。只有这样的原则或理论，才能支持我们更为具体的道德信念。

康德式契约论通过了这种检验。如果某一行动不容于其成为普遍法则是每个人都能够合理地意愿的仅有原则之一，那么我们就能言之成理地主张，这就是使该行动为不当的事实之一。

斯坎伦式契约论可能看上去不仅是可行的，而且是不可置疑 *416* 的。设想我声称：

> 尽管我的行动为某种无人能够合情理地拒绝的原则所不容，但我否认这样的行动是不当的。

这一主张可能看上去近乎自相矛盾。我尽管在拒绝该原则，但似乎又承认这种拒绝是不合情理的。而如果我对该原则的拒绝是不合情理的，那么这种拒绝就不可能得到证成；因此，我无法可辩护地否认这样的行动是不当的。而斯坎伦的公式如果看起来不可置疑，那就是因为该公式没有明确地纳入道义式信念的限制。若采取更完整的陈述，则该公式可能主张：

> 某一行动是不当的，恰好当这样的行动为某一无人能够合情理地拒绝的原则所不容；但其根据不同于（other than）这样的信念：该原则是错误的，因为它不容许那些并非不当的行动。

如下主张不会陷入自相矛盾：尽管某类行动为上述原则所不容，但该原则是错误的，因为这样的行动并非不当。

我相信，康德式契约论可以与最佳版本的斯坎伦式契约论合并。但我对这一信念的论证或许是失败的。由此我们将不得不在这两种理论之间做出选择。

然而，康德式契约论仍可以与规则后果主义合并。我已经论证

（K）一旦某一原则是最优的，那么这就使它成为这样的原则之一：每个人都能够合理地意愿该原则成为普遍法则；

以及

（P）绝不存在每个人都能够合理地意愿其成为普遍法则的其他原则。

417 如果上述主张为真，那么康德式契约论与规则后果主义就若合符节了。

在三重理论的组成成分中，规则后果主义在一定意义上最难得到辩护。有些规则后果主义者诉诸如下主张：

（Q）最终要紧的仅在于事情进展得如何。

这一主张本身很可行，也没有受到我所给出的任何论证的挑战。如果我们拒绝（Q），那么这是因为该主张支持行动后果主义，而行动后果主义与我们关于哪些行动为不当的直觉信念之间的冲突过于频繁或过于强烈。规则后果主义与这些直觉信念之间的冲突则少得多。但如果规则后果主义者诉诸（Q），那么其观点将面临某个强有力的反驳。按照这个观点，尽管最佳原则是最优原则，但正当的行为不是最优行为，而是为最佳原则所要求或允许的行为。按这样的方式行动是不当的：尽管我们知道这样的行动会使事情进展得最

好，但它为最优原则所不容。我们能够言之成理地反驳说：如果最终要紧的仅在于事情进展得如何，那么做我们知道会使事情进展得最好之事就不可能是不当的。

规则后果主义反而可以建立在康德式契约论的基础之上。在此根本的信念，并非关于"最终要紧的是什么"的信念，而是如下信念：我们应当遵循"其被普遍接受或遵循是每个人都能够合理地意愿的"原则。康德式规则后果主义没有假定最终要紧的仅在于事情进展得如何，因而其观点避免了我刚才所述的反驳。这些人认为，一旦行动为不当，那就不仅仅或不主要是由于这样的行动不容于最优原则之一，即这些行动之为不当，还由于它们不容于这样的仅有原则组合之一，即每个人都能够合理地意愿该原则组合成为普遍法则。

如果像我主张的那样，康德式契约论蕴含着规则后果主义，那么这并不会导致由此得出的观点就完全是后果主义的。尽管就其关于我们应当遵循哪些原则的主张而言，这种观点是后果主义的，但无论是其关于我们为什么应当遵循这些原则的主张，还是其关于哪些行动为不当的主张，它都不是后果主义的。我们或许可以说，这种观点只是三分之一的后果主义。*418*

我在本卷已经论证，随着某些修正和补充，康德最重要的主张如下：

（R）每个人都应当仅以人们能够合理地同意的方式来对待每个人。

（S）每个人都应当带着尊重的态度去看待每个人，而绝不将他们仅仅视为手段。甚至道德上最恶的人，也拥有与任何其他人同等的尊严或价值。

（T）如果我们的所有决定都纯粹是时间中的事件，我们就不能以任何能够使我们应得痛苦或少享福的方式对自己的行动负责。

（U）每个人都应当遵循其成为普遍法则将使事情进展得最好的原则，因为它们是其为普遍法则是每个人都能够合理地意愿的仅有原则。

我认为，我们应当接受（S）和（T），并且有接受（R）和（U）的强理由。

或许值得解释一下，我为什么花那么多篇幅来为（U）辩护。在怀疑存在道德真理的理由中，最强的理由之一来自某些类别的道德分歧。大多数道德分歧对存在道德真理的信念并不构成强烈的反驳，因为这些分歧取决于不同的人持有相冲突的、经验的或宗教的信念，或者他们有着相冲突的兴趣，或者他们使用不同的概念，或者这些分歧是关于临界情形的，或者它们依赖于所有问题都必须有答案或精确答案的错误假定。但是，有些分歧不属于上述类别。最深刻的分歧发生在这样的情况下：其中我们不是在考察特定行为的不当性，而是在考察道德与道德推理的性质，以及关于此类问题的不同观点蕴含着什么。如果我们和他人持有相冲突的观点，而我们毫无理由地相信我们更可能是正确的，那么这应该至少使我们怀疑自己的观点。它或许还给予我们理由去怀疑是否有任何人可能正确。

419

一直以来人们广泛相信，康德主义者、契约论者以及后果主义者之间存在着这样的深刻分歧。我已经论证，情况并非如此。这些人是在不同的侧面攀登同一座山峰。

一直以来人们还广泛相信无事重要，因为理由是由我们的欲求给予的，而我们对这些欲求的拥有是没有任何理由的。如我已经论证且将在第六部分进一步论证的，我们应当拒绝这种悲观的观点。

如今最重要之事在于，我们那些富人放弃某些奢侈的享受，不再让大气过暖，并在其他方面爱护这个星球，以便它继续供养有智慧的生命。如果我们是这个宇宙中唯一的理性动物，那么甚至更为重要的是，我们的后代在如其可能的几十亿年之间能否延存。也许我们有些后代会过的生活和创造的世界，虽然做不到证成我们过去的苦难，但会让包括受苦者在内的我们所有人都有理由为宇宙的存在而高兴。

附　　录

附录 A 状态给予的理由

根据我们可称作的 420

状态给予的理论（the State-Given Theory）：只要某些事实使我们如果持有某一信念或欲求就会更好，这些事实就给予我们一个持有该信念或欲求的理由。

要确定我们是否有此类状态给予的理由，可以先问问：我们可能如何回应这样的理由？

设想

情形一：某个反复无常的暴君发出可信的威胁说，我要受 10 分钟的折磨，除非在从现在起的 1 小时内，我既相信 2＋2＝1，又想受折磨。某个测谎仪将揭示出我是否确实持有这样的信念和欲求。

按照状态给予的理论，这个人的威胁就给了我强的状态给予的理由持有这种信念和欲求，因为这是我免受折磨的唯一途径。但我无法通过选择持有这种信念和欲求来回应这样的理由。

这里的一个问题在于，我持有对象给予的理由，它们决定性地反对相信 2＋2＝1，且反对想要受折磨。姑且假设，由于没能持有这种信念和欲求，这个暴君折磨了我。有人可能会说："笨蛋！你何不相信 2＋2＝1？"但这种说法很荒谬。由不得我不相信 2＋2 不等于 1。这样的主张也是荒谬的：我不想受折磨，这是很傻的。我如果得知这是我取得某种大利的唯一途径，那或许就会想受折磨。例如，如果我得了某种致命的疾病，而巨大的痛苦会启动我体内的治愈进程，那么我或许会那么想。但该例不属于同一类型。这个暴君将兑现他的威胁，除非我想受折磨；但这不是作为某一目的的手段，而是作为一个目的或者说为了受折磨本身的缘故。我既然是理性的，那就不可能为了受折磨本身的缘故而想要受折磨。鉴于受折磨的可怕性，我就有决定性的对象给予的理由不持有受折磨的欲求，并且禁不住以这种非自愿的方式来回应这种理由。

接着假设，这个暴君给我一个容易一些的任务。

> 情形二：除非在从现在起的 1 小时内，我相信某个封闭的盒子是空的，否则我就会受折磨。

按照状态给予的理论，这一威胁给予我一个状态给予的理由持有该信念。而且这个理由不会遭到反对，因为我没有任何不相信这个盒子是空的之对象给予的认知理由。但如前文所示，我无法通过选择持有这样的信念来回应所谓状态给予的理由。我既然是理性的，那就无法仅仅由于我持有该信念会更好而选择相信该盒子是空的。

存在其他可能性。如果我们持有某一信念会对我们更好，那么此时我们主要有三种方法可以使自己能够持有该信念。一种方法是使该信念为真。例如，在情形二中，我或许能够打开密封盒，并取出其中的任何东西。那将使我相信这个盒子是空的，由此免于暴君的威胁。

在某些其他情况下，我们可能导致自己持有某一有益的信念（beneficial belief），其方法是通过找到证据或论证以给予我们持有该信念的足够强的认知理由。这种方法有风险，因为我们找到的证据或论证可能会给予我们强理由不持有该信念。但我们可以通过设法避免认识到这样的理由来降低风险。比如，我们如果在努力相信上帝存在，那就可以去读信奉者的著作，并避免接触无神论者的著作。值得补充一点，在这样行动时，我们不仅在实践上而且在认知上都可能是充分理性的。对于我们意识到的任何认知的或显见的理由，我们总是可以合理地予以回应。或许正因为如此，我们才必须如此小心，以避免意识到那些使我们不相信正在努力相信之事的认知理由。

在第三种情况下，我们如果持有某种自知为假的信念就会更好，因为我们意识到了给予我们不持有该信念的决定性的认知理由。我们如果是理性的，那就无法在意识到上述理由的同时做到持有该信念。但是，通过使用像自我催眠那样的技术手段，我们或许

422

能够使自己持有之。我们不可能选择给予自己这样的信念：其内容使之显然为假。在暴君发出初次 *威胁时，我不可能使自己相信2＋2＝1。无人能够在理解这个数学等式的同时相信其为真。但设想

情形三：该暴君威胁我将受折磨，除非在从现在起的 1 小时内，我相信他是世界上最伟大的天才。

我或许能够通过自我催眠而持有这一假信念。我将不得不让自己忘记"相信这个人不是天才"的认知理由。我可能还必须让自己忘记，我是如何以及为什么使自己持有这一新的假信念的，因为记得这些事实可能会削弱该信念。我既然是理性的，那就不可能相信我知道毫无认知理由去相信的东西。由于类似的理由，我们可能还必须给予自己某些关于暴君辉煌成就的、貌似真实的假记忆（false apparent memories）。但我如果是个老练的自我催眠师，那或许就能做到这些事。由此我就会合理地逐渐相信这个人是世界上最伟大的天才，因为这些貌似真实的假记忆会给予我持有该信念的决定性的显见理由。

我们大多数人并没有这样的自我催眠能力。但我们可以设想逐步拥有它们。由此我们就能使自己随意拥有许多假信念，它们可以如我们进行其他各种心理活动一般来得即时迅捷。

现在回到我们可以持有状态给予的理由这一观点。状态给予的理论家们主张：

---

* 指情形一，以下的第二次、第三次依此类推。

（1）只要某些事实使我们如果持有某一信念就会更好，这些事实就给予我们一个持有该信念的理由。

在我刚才描述的各种情形中，我们毫无诉诸如此理由的必要。如下 *423* 主张就够了：我们有理由想要持有这样的有益信念，并且尽可能地导致自己持有之。这就像希望某事发生并尽可能地使之发生的任何其他理由。补充如下说法是毫无意义的：我们不仅有理由导致自己持有这样的信念，而且有理由持有之。

可以设想出我们心理上的另一种变化。如下情况可能变成真的：在相信我们如果持有某一认知上不合理的信念就会更好时，我们有时并不需要用像自我催眠这样的有意的心理活动来使自己持有该信念。以某种非自愿的方式通过若干组支持性的、貌似真实的假记忆，我们可能不自觉地（find ourselves）开始持有这样的有益信念。

情况可能看上去是这样的：在这样的情形中我们能够大肆宣扬，我们有状态给予的理由持有此类信念。如我所言，在意识到给予我们持有某一信念的决定性的认知理由时，我们会回应这样的大多数理由，回应的方式不是有意导致自己持有该信念，而是通过一种非自愿的方式开始持有并持存该信念。我们可能做出类似的主张：在不自觉地开始持有此类不合理但有益的信念时，我们就是在对持有该信念的实践理由做出回应。

我建议，我们应当拒绝上述主张。还有两种更好的方式来描述这样的情形。

按照一种描述，就开始持有这些有益信念而论，我们尽管是以某种非自愿的方式，但仍然是在回应"导致自己持有该信念"的理由。我们经常不自觉地做某种我们也能自发地做的事。例如，我们可能不自觉地突然想努力抓住某个我们刚掉落的东西，或者移动身体以恢复平衡，或者在身体下落时举起手臂以护住脑袋。如果看到某个手榴弹就要爆炸，那么我们可能会不自觉地扑到手榴弹上，以救身边人的生命。这些都是对按照某些方式行动的理由做出的非自愿回应。姑且假设，在暴君发出第三次威胁时，我不自觉地开始相信他是个天才。在此，我可能就是在以这种非自愿的方式，对导致自己持有该有益信念的实践理由做出回应。这可能就是在某些不自觉地自我欺骗的实例中发生的情况。

我们可能转而主张：在不自觉地开始持有这样的有益信念时，我们并不是在回应任何理由。真相或许仅仅在于，在相信我们如果持有某一其他信念就会更好时，这种相信就导致我们持有这个其他信念。这有些类似于如下方式：在相信我们处于危险中时，这种信念导致肾上腺素在我们的血液中释放，从而有助于我们更有效地应对该危险。在此肾上腺素的释放虽然是有益的，但并不涉及对某一理由的回应。某些一厢情愿的情况或许也不涉及对理由的回应。

现在回到这一主张：在这样的情形中，我们是在对持有此类有益信念的理由做出回应。我已提出，我们应当拒绝该主张。如果我们是在导致自己持有此类信念，这个过程就可能是合理的，且包含对理由的回应。我们是在对行动的理由做出回应，该理由产生于"我们如果持有此类信念就会更好"这一事实。但是，如果我们仅仅是被动地开始持有此类信念，这个过程就不会是合理的或涉及任何对理由的回应。假设我无法自我催眠去相信该暴君是天才，结果受到了暴君的折磨。有人可能会讲："笨蛋！你为什么不对相信这个人是天才的理由做出回应？"当意识到某一事实给予我们决定性的认知理由要持有某一信念时，我们如果没有通过持有该信念来回应这种理由，那就不是完全理性的。但如果无法导致自己持有某一有益但不合理的信念，那么我们即使没能持有该信念，也不会经受哪怕丝毫的指责。而即使不能对我们意识到某些所谓的理由做出回应，我们也绝非不理性的；若如此，则可算作反对这一观点，即我们拥有诸如此类的理由。

　　我们还有其他理由拒绝状态给予的理论。我们可以说，两种理由是

　　　　　　互竞的，如果我们不能同时成功地对这两种理由做出
　　回应；

以及它们是

　　　　　　冲突的，如果对于同一个问题，它们支持不同的答案。

例如，如果我们拥有守诺的道德理由，同时又拥有违背承诺的自利理由，那么这两种理由就是互竞的，因为我们不可能既守诺又违背承诺。它们也是冲突的，因为对于我们最有理由做什么这一问题，它们支持不同的答案。

　　接着假设：我们意识到有些事实给予我们决定性的认知理由不持有某一有益的信念。根据状态给予的理论，持有该信念带来的益

425

处也会给予我们状态给予的理由想要持有它。这两种理由是互竞的，因为我们不可能既持有又不持有该信念。按照这种观点的一个版本，它们也是冲突的。在问我们最有理由相信何者时，这两种理由对于同一个问题支持不同的答案。我们将不得不就此做出决断：状态给予的理由让我们持有该信念，认知理由让我们不持有该信念，这两种理由孰强孰弱。

我认为，我们并不会拥有如此相冲突的理由。在暴君做出第三次威胁时，我将意识到这样的事实：它给予我决定性的认知理由，让我不会误以为这个人是世界上最伟大的天才。如果我拥有状态给予的理由持有这一信念，这种理由就产生于受折磨会很糟这一事实。我可能这样问：与受折磨相比，我持有如此的假信念是否更坏。但在此我问的是：在这两种结果中，我更有理由想要阻止并努力阻止哪一种。这是一个关于两种实践理由的强度的问题，它们类似于任何想要并努力去阻止某种坏结果的其他理由。我不能合理地问，我拥有这种假信念的状态给予的理由是强于还是弱于不持有该信念的认知理由。把证明该信念的虚假性之证据的强度与我受折磨的坏处这两者做比较，这是毫无意义的。

既然意识到这样的比较毫无意义，状态给予的理论家们就可能转而主张：这两种理由并不冲突，因为它们支持的是对不同问题的回答。在问我们是否应当持有某一信念时，我们问的可能要么是

Q1：这是一种我们认知上应当持有的信念吗？

要么是

Q2：这是一种我们实践上应当拥有的信念吗？

按照这种观点，在回答 Q1 的过程中，我们应该仅考虑认知理由；而在回答 Q2 的过程中，我们应该仅考虑状态给予的实践理由。既然它们是不同的问题，我们就不能这样问：基于全面的考虑，我们应当或最有理由相信什么。

　　上述主张部分正确。这里确实存在两个问题。但该主张无助于说明我们能够有状态给予的实践理由持有信念。Q2 有待解释，因为"我们是否实践上应当持有某一信念"这一提问的意思是不清晰的。我提议，这个问题可以被更清晰地陈述为

　　　　Q3：对我来说相信什么会最好？换句话说，我最有理由想要相信什么，并且尽可能地导致自己相信？

而这个问题并非关于我有理由相信什么的。像其他实践问题一样，该问题是关于我有理由想要并且去做什么的。

　　既然 Q1 与 Q3 是不同的问题，我们就绝无必要比较实践理由与认知理由这两者的强度。我们对理由做出回应。而我们永远也不可能既拥有不以某种方式做出回应的认知理由，同时又拥有要以这种同样的方式做出回应的实践理由。当暴君做出第三次威胁时，我可能以"使自己相信这个人是世界上最伟大的天才"这一方式来行动，由此对我的实践理由做出回应。我完全没有认知理由不这样做，因为认知理由并不是行动所依据的理由。我的确拥有不相信这个人是如此天才的决定性的认知理由；并且，我虽然记得给我提供这些理由的事实，但我可能通过丧失该信念而以一种非自愿的方式对这些理由做出回应。但我完全没有实践理由不以这种非自愿的方式去回应。我的实践理由是：按照会使我保持"相信暴君是天才"

427

这一信念的方式行动，直至通过暴君的测谎检验，从而不遭受他的折磨。对于这些实践理由与认知理由，我不可能都成功地做出回应；在此意义上，这两种理由的确是互竞的。但它们并非冲突的。

我刚刚做出的这些区分，易为人们所忽视或误解。如我所言，理论推理是一种自愿的活动，它们通常是我们出于实践理由而进行的。例如，在做数学运算时，我们可能拥有某个实践理由去检查某一证明的某一部分，或者以另一种方式重新运算。这些是以可能有助于我们达到真理的方式来行动的理由。我们出于实践理由而这样做，同时也会回应诸多认知理由。例如，在检查某一证明时，我们一旦看出由某某得出某某或什么必定为真，那就回应了认知理由。开始持有某个如此这般的特定信念，这并非一种自愿的心理活动。可以说，理论推理既包含实践的合理性，也包含纯粹认知的合理性。

实践理由与某些认知理由之间还存在其他的密切关联。我们的许多实践推理是关于实践问题的理论推理。在问我们最有理由做什么时，我们或许是在努力探究对这个问题的某个正确答案。而有些事实可能既给予我们决定性的实践理由去按某种方式行动，也给予我们决定性的认知理由以相信我们拥有这种实践理由。回到这种情形：你的旅馆失火了，你只有跳进某条河才能逃命。这一事实会给你提供跳河的决定性理由，也给你提供相信你应当跳河的决定性理由。然而尽管我们的实践理由与认知理由通常是紧密相关的，并且可能是互竞的，但它们永远不可能相冲突。

状态给予的理论家们还主张：

428

（2）只要某些事实会使我们如果持有某种欲求就会更好，这些事实就给我们提供了持有该欲求的理由。

与"我们能够有状态给予的理由持有信念"这一主张相比，主张（2）看上去要可行一些。我们可以反驳说，既然信念旨在真理，我们持有信念的理由就必须全是认知上的或与真理相关的。这样的主张绝不适用于欲求。因此，情况看上去是这样的：正如我们有对象给予的理由持有某种欲求，当且因为我们想要的事物（what we want）在相关方面是好的；我们也有状态给予的理由持有某种欲求，当且因为我们对某事物的想要（our wanting something）是好的。

我要提出，我们并没有这样的理由。假设

情形四：我的暴君宣告，我将要受 10 分钟的折磨，除非在接下来的 1 小时内我想要他杀死我。如果我持有该欲求并请求他杀死我，他就会拒绝并且放过我。就我所知，这个人总是言出必行。

进而假设我的余生会活得相当有价值。于是，我觉得很难想要他杀死我。但我或许能够自我催眠，在随后的几小时内持有该欲求。这将是我最有理由去做且理性上应当去做之事。这种心理活动将是避免强烈痛苦的安全方法。

状态给予的理论家们可能声称，他们的观点解释了我为什么应当这样做。他们可能论证说：

（A）我有想要暴君杀死我的决定性理由，因为这将使我免受折磨。

（B）当我们有决定性理由持有某种欲求时，这个事实给予我们一个使得自己持有该欲求的决定性理由，只要我有某种这样做的安全方法。

429　　　（C）我有这样的方法来使自己想要他杀死我。

因此，

我应当使得自己持有该欲求。

然而，前提（A）为假。我有想要暴君不杀我的、对象给予的理由，而这也是不想要他杀死我的理由。这些理由显然强于我所谓想要他杀死我的状态给予的理由。失去值得过的人生比受 10 分钟的折磨坏得多。因此，我并没有想要他杀死我的决定性理由。

状态给予的理论家们可能回答，我并没有任何理由不想要这个人杀死我。如果我持有该欲求，这个人就不会杀死我，而是放过我。既然我有理由持有该欲求，且完全没有理由不持有它，我理性上就应当使自己持有该欲求。按照这种观点，持有欲求的所有理由都是状态给予的，或者是由持有这些欲求的益处提供的。

要评估这一观点，我们可以假设，我持有该欲求的这种努力归于失败，暴君因此折磨我。有人可能说："笨蛋！你为何不想要他杀死你？"但这是无稽之谈。如前文所示，我如果是理性的，那就不可能仅仅因为我知道如果有该欲求对我来说会更好而想要这个人杀死我。用一个更简单的例证可以更清楚地说明这一点。假如我得知自己患有致命疾病，我如果想要死去，那么这对我来说可能更好。但这并不表明我完全没有理由不想死。他人这么说就是荒唐的："笨蛋！你为何不想死？"应该承认：即使在暴君发出威胁后，我仍然有决定性的对象给予的理由想要他不杀我。

状态给予的理论家们接下来可能提出：这些理由既然属于不同的类型，那就不相冲突。按照这种观点，我们可以提两个问题：

Q4：我有最强的、对象给予的理由想要什么？

Q5：我有最强的、状态给予的理由想要什么？

但该提议不成功。我们也可以问

430

Q6：基于全面的考虑，我最有理由想做什么？

如果对于持有同一欲求来说我们有支持和反对的理由，那么这些理由就的确相冲突，因为对于这个更宽泛的问题，它们支持不同的答案。在此不相关的是，这些理由属于不同的类型。类似地，我们可以主张，道德理由与自利理由属于不同的类型——但是，在问基于全面的考虑我们最有理由想做什么时，这些理由由于对该问题支持不同的答案而可能发生冲突。

我们现在讨论的这类情形中有两个值得问的问题。但这两个问题不是关于支持或反对拥有同一欲求的两类理由。Q6可被重述为

Q7：我最有理由持有哪些欲求？

我们还可以问

Q8：我最有理由想要持有哪些欲求，并且尽可能地导致自己持有？

在情形四中，我可以问：

我如果想要暴君杀死我，那就是在想要某种"我有决定性理由想要"的事吗？

我如果导致自己持有该欲求，那就是在做某种"我有决定性理由去做"的事吗？

我的答案应该分别是否定和肯定的。我如果想要这个人杀死我，那么这一欲求本身是不合理的，因为我拥有"不想要他杀死我"的决定性理由。但导致自己短暂地持有这一不合理的欲求，对我来说是理性的，因为这种行动会让我免受折磨。

还有另一种情形可以让我们有理由拒绝承认：我们有状态给予的理由持有欲求。设想

431
　　　自我挫败的欲求情形（Self-defeating Desire）：我有入睡的强烈欲求，因为我需要睡眠以提高我明天面谈的表现。但我有某种失眠症。只要我强烈地想要入睡，这一欲求就让我担心自己睡不着，由此让我保持清醒。因此，我只有放弃入睡的欲求，才能满足我入睡的需要。

我需要睡眠，这给予我对象给予的理由想要入睡。根据状态给予的理论，该需要也给予我"不持有这一欲求"的状态给予的理由，因为这是我入睡的唯一途径。这些理由是相冲突的，因为它们分别是对于持有同一欲求来说支持与反对的理由。按照这种观点，要决定

我是否应当持有该欲求，我就应该比较这两种理由的强度。我应该问：基于全面的考虑，我最有理由想要什么？

我可以很容易地比较这两种理由的强度。我想要入睡的、对象给予的理由产生于这一事实：我需要睡眠以提高我明天面谈的表现。我所谓不持有该欲求的、状态给予的理由产生于同样的事实，加之以持有该欲求会让我保持清醒这一事实。既然这两种理由都从我对睡眠的需要这里获得其规范性力量，那么它们的强度就正好相等。它们既然又是相冲突的，那就会相互抵消。因而状态给予的理论就蕴含着：总的说来，我没有任何想要入睡的理由。如果这一点为真，我就毫无理由持有入睡的目标，并且毫无理由导致自己放弃这一欲求以便实现该目标。这些主张显然为假。

我的提议是，我们应当拒绝这种状态给予的理论。我没有任何状态给予的理由不持有入睡的欲求。我拥有的是对象给予的理由，由此想要没有该欲求，且尽可能地导致自己放弃该欲求。不同于我所谓"不持有该欲求"的状态给予的理由，这样的理由并不与"我持有该欲求"的对象给予的理由冲突。按照这种观点，我们会达至正确的结论。我的睡眠需要给予我不受反驳的强理由持有"想要入睡"的欲求；该需要也给予我不受反驳的强理由不持有该欲求，因为这是满足这同一欲求并由此获得我所需睡眠的唯一方式。

432

只要我们如果持有某些信念或欲求就会更好，我们就有理由想要持有这些信念或欲求，且尽可能地让自己持有。但我要提出，我们并没有状态给予的理由持有信念或欲求。

我们或许有状态给予的理由处于某类其他状态。例如，我们可以这样声称：我有一个理由明年 4 月待在巴黎。但如我所论证的，这样的理由微不足道。如下主张即已足够：我有理由想要明年 4 月在巴黎并尽可能去那儿。

附录 B　合理的不合理性 与高契尔的理论

在一篇早期论文中，高契尔论证说：我们要合理地行动，就必 须道德地行动。我力图驳斥这一论证。由于未能说服高契尔，我要 再试一次。

一

高契尔认为，我们要是理性的，就必须使自己的预期效用最大 化。尽管他在"效用"（utility）与"收益"（benefit）之间做了区 分，但该区分并没有改变其主要论点。我们可以认为他是在诉诸合 理利己主义。

许多作者论证过，就自利而言（in self-interested terms），道

德地行动总是合理的。根据其中大多数作者的看法，道德与自利是
吻合的。但这并非高契尔的思路（line）。高契尔承认，道德地行动
可能对我们更不利，且这一点已为人知。他主张，即便在这种情况
下，道德地行动仍是合理的。

如果我们诉诸合理利己主义，那么为这个主张辩护也许看来就
是不可能的。如果知道我们的行动对我们更不利，那么就自利而言
它们如何可能是合理的？但是，高契尔修正了合理利己主义。按照
该理论的标准版，某一行动是合理的，如果它使我们的预期收益最
大化，或者对于我们来说是可预期地最好的。按照高契尔的版本，
合理的不是用我们的行动去自利，而是用我们的习性*（disposi-
tions）去自利。如果拥有某一习性对于我们来说是可预期地最好
的，那么该习性就是合理的。就做出如此主张而论，高契尔的观点
类似于某一版本的间接后果主义。

除了修正合理利己主义之外，高契尔还限制了道德的范围。他
主张，我们要道德地行动，就必须尊重我们的协议。在其关注的情
434 形中，我们每一个人都承诺我们将付出一定的成本，以给予他人较

---

* disposition 目前有多种中译，不统一。在哲学伦理学文献中，大概有"气质""意
向""取向"等译法；经济学与博弈论中另有"处置""外征"等译法。disposition 为本
篇附录的关键词，有必要统一译法以免混乱。但单取原有的某一种译法不太符合本篇的
文义：其一，它是后天习得的（acquired），有"后天形成的行为气质"的意思。其二，
有习惯做法的意味。其三，不止于意向与气质，比意向更趋向于实践，其重心在于对行
为表现的支配。在此，若译为"处置""外征"，就失去了第一、二点所要表达的意思；
若译为"取向"，则不足以表达第二点与第三点。综合各方面的考虑，译为"习性"可
能更接近本篇附录要表达的意思。但这种统一译法仅限于本篇，本书其他各处的译法将
随语境而调整。

大的收益。我们如果全都遵守这样的承诺就会全赢。每一个人所付出的成本，将为每一个人从他人那里获得的较大收益所超过。

　　尽管这样的协议是互利的，但对于我们每一个人来说如果不守诺通常会更好。我们无论暗中违背还是不惜损害名声，其代价都会小于我们由此之所得。我们可能认为，就自利而言，违背这样的承诺是合理的。但高契尔论证说，我们如果这样做，那就是傻瓜。

　　高契尔的论证始于一个预测。我们如果是直截了当地自利的——或简言之，精明的（prudent）——那就会图谋违背这样的承诺。他人一旦得知这一点，就会把我们排除在这些互利的协议之外。这对我们更不利。如果我们是可信赖的（trustworthy），那么这对我们会更有利，因为由此我们就为这些协议所接纳。

　　如我所指出的，如果我们只是显得可信赖但实际上是精明的，那么这对于我们来说甚至更有利。我们仍会为这些协议所接纳，但只要可以预期违背承诺对我们有利，我们就会这样做。高契尔的答复是：我们都是可识破的（translucent），乃至没有如此的欺骗能力。在订立这样的协议时，我们有时不能隐瞒自己的真实意图。他因此声称，总的说来，如果我们是真正可信赖的，那么这就对我们更有利。

　　接着高契尔诉诸其合理利己主义的变体——我将称之为高契尔观点（Gauthier's view）。按照该观点，成为可信赖者既然符合我们的利益，那么按此习性行动对于我们来说就是合理的。守诺是合理的，即便在我们知道在做之事将对我们更不利时也是如此。

　　我们应该接受这个论证吗？我认为不应该。在应用于可信赖（trustworthiness）时，这个论证或许看上去可行。但我们应该拒绝高契尔观点。拥有某一习性可能符合我们的利益，且导致自己拥有该习性是合理的，但依之行动则是不合理的。

二

435　　高契尔观点的一个难题在于，在不同的时候，符合我们利益的习性也可能不同。由此很难用可能实现其目标的方式来陈述高契尔观点。

　　在对其观点的最初陈述中，高契尔认为，

　　　　（A）如果我们由于合情理地相信养成某一习性会让我们的生活更好，从而养成了这一习性，那么依此习性行动就是合理的。

我对（A）的质疑如下。正如成为可信赖者可能符合我们的利益一样，倾向于兑现我们发出的威胁而无视他人的威胁也可能符合我们的利益。如前文所示，最有利的行动会是：在实际上保持精明的同时显得拥有这样的习性。但为了检验高契尔观点，我们应该接受他的主张：我们都是可识破的，乃至不能欺骗他人。我们如果确实拥有这样的习性就可能对我们更好。但是，依此习性行动对于我们来说可能不是合理的。

　　我曾举出如下例子，在此我要称之为你的致命威胁情形（Your Fatal Threat）。假设你和我共处荒岛，我俩都是易识破的（transparent）。你成为一名威胁兑现者（threat-fulfiller）。通过经常威胁要引爆某颗炸弹，你旨在迫使我成为你的奴隶。我维护自由的唯一途径是成为一名倾向于绝不妥协于你的威胁的无视威胁者（threat-ignorer）。我既然是可识破的，那就可以合情理地预期你会意识到我的习性，由此对我最有利。我设法养成了这一习性。但我的运气不佳。在某次的一时疏忽中，你发出威胁：除非我给你一个椰子，否则你就将我俩都炸死。根据（A），对于我来说无视你的威胁就是合理的。即便在如下情形下也是合理的：我知道如果我这样做，你就会引爆炸弹，将我俩都炸死。

高契尔一度接受这一结论。但他后来修正了他的观点，从（A）转向

　　（B）如果我们有理由相信，养成某一习性会让我们的生活更好，那么依此习性行动就是合理的。

根据（B），按照某一习性行动要是合理的，这样就是不够的：我们以前的确有理由相信，养成该习性会让我们的生活更好。我们还必须有理由相信，这个以前的信念为真。我们没必要"在面对'已知某一习性不能让生活更好'这样的情况下，仍然坚持该习性"。

高契尔打算用（B）来应对我的例子。在你发出致命威胁时，我就丧失了持有如下信念的理由：成为一名无视威胁者会让我的生活更好。按照高契尔修正过的观点，我就没必要"坚持"我的习性。

我们可以修改这个例子。假设我知道，我要不是成为一名无视威胁者，早在此前的某个时候就已死去。高契尔观点就又蕴含着：我应该无视你的威胁。既然我的习性曾救过我的命，养成这一习性就让我的生活更好。诚然，该习性现在会让我丧命。但这并非关键

436

所在。根据（B），我应该拒绝给你椰子而被炸死。

如此例所示，即便某一习性已成为灾难性的，（B）仍然可能蕴含着依此行动是合理的。如果该习性过去带来的收益大于其未来成本，那么这就是合理的。高契尔主张，我们应该"坚持"这样的习性。我们应该忠于我们的"承诺"。

在应用于许诺时，这种观点具有某些吸引力。我们如果曾受益于可信赖，那就可能认为依此习性行动是合理的，即使它成为负担也是如此。在此讨论承诺是有意义的。但就威胁行为而论，它几乎没有意义。为什么我应该仅仅由于该习性救过我的命，就不惜以生命为代价而继续做一名无视威胁者？

如果我的另一个选项是成为你的奴隶，那么我的死亡就可能很难说是一种代价。但我们可以给这种情形再增加一个细节。假设一个救援队刚刚登陆该岛。我知道，我如果给你椰子，那么不久后就会自由。

为了应对该情形的这一版本，高契尔必须再次改变其观点。对于我来说或许原本合理的是成为一名无视威胁者。但如高契尔必定会同意的，现在对于我来说合理的是设法放弃这一习性。如果我能够使自己放弃该习性，让自己保持该习性就是不合理的。既然如此，高契尔就不可能主张依此习性行动必定仍是合理的。既然我不久后就能获得自由，故意招致杀身之祸对于我来说就是不合理的。

高契尔应该怎样修正其观点呢？他或许重述主张（B），以便涵盖临时的习性。但有一种更简洁的表述方式。高契尔可以求助于

（C）如果我们有理由相信，拥有某一习性将会让我们的生

活更好，那么依此习性行动对于我们来说就是合理的。

高契尔观点如果诉诸（C），那就不会受到我的例证的挑战。在我看出我的习性已变成灾难性的时候，（C）就并不蕴含：对于我来说依之行动必定仍是合理的。

我举出过另一个例子，在此我称之为先令情形（Schelling's Case）。一个抢劫犯威胁说：除非我打开我的保险箱，把所有的钱都交给他，否则他就要动手杀我的孩子。对于我来说无视他的威胁是不合理的。但是，即使我屈服于他的威胁，仍然存在这样的危险：为了降低被抓的可能性，他把我们全都杀死。我曾主张，在这种情形中，对于我来说合理的是服用一种使我变得极其不理性的药物。这个抢劫犯由此就会判断出，威胁我将毫无意义；而且既然他无法作案，而我也没有能力报警，那么他也不太可能杀我或我的孩子。

在考察这一情形时，高契尔似乎接受（C）。他同意，让我自己短期内精神失常对于我来说是合理的；并且他主张，依此习性行动对于我来说是合理的。

然而如果求助于（C），高契尔就要付出代价。在他为契约道德的辩护中，高契尔比较的仅仅是持久的习性。他认为表明这一点就够了：如果我们是可信赖的，那么总体上说这会让我们的生活更好。但如果诉诸（C），他就需要做出更多的说明。根据（C），按照某一习性行动要是合理的，仅说明对该习性的养成此前符合我们的利益就是不够的。我们必须有理由相信，在行动的那一刻拥有该习性符合我们的利益。因此，高契尔必须表明，如果我们是可信赖的，那么在我们信守协议时该习性符合我们的利益。

我认为他并没有表明这一点。他至多只表明：在商定协议时可信赖符合我们的利益。在某些情形中，在要求信守一个协议的时刻，我们正在商定某个新协议。此时高契尔的论证可能适用。但在其他情形中没有像这样的重合。有些承诺是我们可以秘密而迅速地违背以符合自身利益的。在可能出现这种情形时，我们如果是可信赖的就对我们更不利。如果我们放弃这一习性而变成自利的——即便这是暂时的，其持续时间仅足以违背承诺——那么这对我们更有利。

要辩护其观点，即道德地行动总是合理的，高契尔就必须主张，信守上述承诺是合理的。然而，如果诉诸（C），那么他就要放弃支持该主张的论证。（C）蕴含着，违背这样的承诺是合理的，因为我们由此就是在按照这样的习性行动：我们能够合情理地相信该习性在当时对我们最有利。

高契尔可能试图给出另一不同的答复。他可能主张，我们如果是可信赖的，那就不会有能力放弃或克服这一习性。在与此处问题相关的意义上，该主张可能不为真。但姑且假设它为真。假设我是可信赖的，因而发觉违背承诺是不可能的。高契尔可以诉诸"应当"蕴含着"能够"这一主张。他可能会说，我既然无法违背承诺，如下情形就不可能为真：违背承诺对于我来说是合理的。而且他还可能说，鉴于我的习性之强度，依此习性行动对于我来说就是合理的。

这一答复足够吗？回到我倾向于无视你的致命威胁这一情形。

我如果克服我的习性，且由此设法保命直至可获救援，那么高契尔
必定同意，我的行动是合理的。但假设我的习性被证明是过于强劲
的。我发现无法使自己给你椰子。既然我无法克服我的习性，那么
对于我来说这样做是合理的这一点就不可能为真——高契尔能够这
样主张吗？既然对于我来说做出有所不同的行动在因果意义上是不
可能的，我招致杀身之祸就是合理的——他能够做出如此主张吗？

　　我认为答案是否定的。依据我前面给出的理由以及高契尔在别　　*439*
处的主张，对于我们来说怎么做是合理的在此意义上并不取决于因
果意义上的可能之事。在相关的意义上，我们本可以采取不同的行
动，只要除我们的欲求或习性之外没有阻碍我们这样做的其他因
素。如果对于我来说原本采取不同的行动是合理的，那么如下情况
就是不相关的：鉴于我的欲求和习性，不同的行动在因果意义上原
本是不可能的。我也不能诉诸我的习性之强度来为该行动辩护。这
可能让我免于某些类别的批评，但无法表明我的行动是合理的。

　　在从主张（A）退让的过程中，高契尔承认我上述的不少观
点。假设尽管养成某一习性在过去对于我来说是合理的，但我已得
知这样做是一个可怕的失误。高契尔就不再主张，按照这样的习性
行动必定仍是合理的。他同意，我们无法从这样的事实——我合理
地养成某一习性以及我现在无法克服该习性——推出：按照该习性
行动对于我来说是合理的。

三

　　我已描述高契尔观点的一个难题。既然拥有临时的习性可能符

合我们的利益，我们就很难用可能实现高契尔目标的方式来陈述其观点。现在让我们忽略这一难题，而转向核心的问题。我们应该接受高契尔观点吗？如果拥有某一习性符合我们的利益或使得自己拥有该习性是合理的，那么依之行动就是合理的——我们应该相信这一观点吗？

在我们关注的情形中，尽管拥有某一习性符合我们的利益，但依之行动却违背我们的利益。只是在这里，高契尔观点才产生影响。

重新考察先令情形。由于我暂时的精神失常，抢劫犯知道：他即使动手伤害我的孩子，也不会由此诱迫我打开保险箱。这给予他放弃并离开的理由，由此对我大为有利。但是，当我处在受药物控制的状态，且在抢劫犯离开之前，我是以破坏性的和自我挫败的方式行动。我由于爱而打孩子，由于想保护我的手稿而烧掉它。

440 　　高契尔反驳说，我的疯狂行动实际上对我更好。它们是在说服这个人，其威胁对我不起作用。既然这样的行动对我更好，那么从任何观点来看它们都是合理的。因此，这并非如我所主张的是一种合理的不合理性情形。

为了答复这一反驳，可以对该情形增加一种特征。我们可以假设，要让这个人相信我处在疯狂状态，我没必要以疯狂的方式行动。他看到我服药，并且知道它会导致暂时的疯狂。既然抢劫犯已经知道我处在这种状态，我的破坏性行动就毫无好效果。

我的行动尽管只有坏效果，但产生于一种有利的习性。按照高契尔观点，这就足以使这些行动成为合理的。

休谟有个著名的主张：我们宁愿自己彻底毁灭，也不愿引起某个陌生人的丝毫不安，这并不违反理性。但高契尔观点更极端。休谟至少要求，我们的行动要是合理的，我们就必须是在努力实现自己的目标。按照高契尔观点，我们可以是在努力挫败自己的目标。在打我的孩子或烧我的手稿时，我可能是在做我相信是不合理之事，且因为我相信它是不合理的。我的行动极尽疯狂之能事。按照高契尔观点，它们仍然可能是合理的。这显然为假。

四

高契尔有一个支持其观点的论证诉诸这样的主张：如果我们接受他的观点，那么这就对我们更好。我们可以先问问这是否为真。

高契尔认为，我们要是理性的，就应该让我们自己的预期效用最大化。他比较了这一观点的两个版本。根据标准版（可称之为 E）的合理利己主义，我们应该在行动的层次追求最大化。某一行动如果让我们的收益或预期收益最大化，那就是合理的。根据高契尔观点，我们应该仅在习性的层次追求最大化。某一行动如果产生于使收益最大化的习性，那就是合理的。在此可将该观点称为 G。

在我们关注的情形中，我们无法在这两个层次都始终使预期收 *441*

益最大化。我们如果力图就我们所有的行动来追求最大化[*]，那就无法拥有使收益最大化的习性。因此，我们如果只要预期违背承诺对我们更有利就这样做，那就无法成为可信赖的，可信赖会对我们不利。

当无法在两个层次都追求最大化时，我们如果拥有使收益最大化的习性就对我们更好。这种习性的好效果将超过我们行动的坏效果。

高契尔主张，鉴于这一事实，我们如果接受 G 而非 E 就对我们更好。在做出这一主张的过程中，高契尔假设，我们如果接受 E，那就会以行动而不是习性来追求最大化。

该假设可能不正确。既然我们如果拥有最大化的习性就对我们更好，E 就会建议我们尽可能地养成这样的习性。E 认同 G 的观点：我们应该努力拥有这些习性。E 拒绝承认的仅仅是，按照该习性行动必定是合理的。

高契尔可能认为，我们如果接受 E，那就总是会做 E 主张为合理的事。或者他可能认为，就判断任何关于合理性的理论而言，我们应该问的是：如果我们始终成功地遵循该理论，那将是怎样的。或许正因为如此，他才假设我们总是以行动来追求最大化。但我们如果能够改变我们的习性，那就无法总是做 E 主张为合理的事。养成这些习性本身就是一种最大化的行动。我们如果以所有其他行动来追求最大化，那么在没能养成这样的习性时，我们的行动就是不

---

　　[*] 本部分作者出于简洁的考虑，有时使用"最大化"这一简称来指"使收益最大化"。

合理的。我们如果转而养成这样的习性，那就无法总是以其他行动来追求最大化。

既然无法总是做 E 主张为合理之事，我们就必须做尽可能最好之事。而 E 蕴含着：与其以我们的其他行动来追求最大化，不如我们养成最大化的习性。这是我们可以预期对我们最有利的行动方式。E 与 G 之间的分歧不在于我们是否应该养成最大化的习性这一问题。与 G 一样，E 主张我们应该养成这样的习性。分歧仅仅是关于我们在按照该习性行动时所做之事是否合理。

现在高契尔可能会说，如果接受 E，我们就不能养成这样的习性。我们会认为，在某些情形中，按照这样的习性行动是不合理的。我们或许不能使自己有意图去做我们认为是不合理的事情。也许为了养成这样的习性，我们必须接受高契尔观点，并且相信按照这样的习性行动是合理的。

在讨论核威慑（nuclear deterrence）时，高契尔的确做出了这样的主张。他设想，如果我们受到攻击，那么形成报复的意图将符合我们的利益。形成该意图可能保护我们免受攻击。高契尔接着声称，如果相信这样的报复是不合理的，我们就不能形成该意图。

这个主张是不可行的：如果相信依据某一习性行动是不合理的，我们就绝不可能养成这样的习性。先令情形就是一个例外，还存在许多其他情形。但高契尔并不需要这么强的主张。他可能说，养成这样的习性通常是不可能的；或者会说，如果我们相信依某种方式行动是不合理的，我们要变得有意这样做就更困难。我们可能不得不使用某种间接方法，比如服药或催眠，这两种方法都有害

442

处。如果我们相信这样做是合理的，事情就可能容易一些。我们或许由此能够径直决定就这样做。

这可能只是转换了问题。我们如何可能获得这种信念？假设如高契尔所主张的：除非相信报复是合理的，否则我们就不可能有报复的意图。如果如高契尔所承认的，报复既无意义也是自杀性的，那么我们如何可能说服自己——亦如高契尔所主张的——这样的报复是合理的？我们如何能够让自己相信高契尔观点？就获得某一信念而言，如果其唯一根据是该信念符合我们的利益，那么我们并不容易做到。在此，我们可能也需要某种代价高昂的间接方法，但姑且将此问题置之不论。接着假设：除非我们可以设法相信依据某一有益的习性行动是合理的，否则获得该习性对于我们来说就是不可能的。使自己获得这种信念由此可能符合我们的利益。那么，接受标准版的合理利己主义就对我们更差，而接受高契尔观点对我们更好。但这仍然没有说明：高契尔观点为真，或者最佳。要达成这一结论，高契尔还需要另一个前提。

在其最初版本的论证中，高契尔的另一个前提是标准版的合理利己主义，这一点令人惊讶。他认为，我们应该从接受 E 入手。我们应该相信，某一行为如果对于我们来说是可预期地最好的就是合理的。接着他主张，如果我们通过从 E 转到 G 而改变自己关于合理性的观念，那么这对我们会更好。既然我们如果做出这一改变就对我们更好，E 就蕴含着这样做是合理的。S* 要求我们相信，真理论不是 E 而是 G。高契尔断定，真理论是 G。

---

　　* S 为 Self-interested Theory（自利理论）的缩写。

443

卡根提出了如下反驳。若 E 为真，则 G 必为假，因为 E 与 S 不相容。若 E 为假，则 G 可能为真，但是"E 要求我们相信 G"这一事实并不支持 G。一种假理论要求我们去相信某事，这是不相关的。无论以其中哪种方式，高契尔的论证都不能支持其结论。

高契尔后来修正了他的论证。他不再主张，我们应该先接受 E，然后转到他的观点。他直接论证说，我们应该接受他的观点。

在其这一版本的论证中，高契尔的主要主张似乎仍然是：如果我们接受他的观点，那么这对我们更好。他的另一个前提应该是什么？

尽管不再诉诸 E，但高契尔可能仍会说，如果接受某一信念符合我们的利益，这样做就是合理的。由此他能够坚持他的这一主张：接受 G 对于我们来说是合理的。

如前文所示，这样的主张并不蕴含 G 为真。接受一种假理论也可能是合理的。但高契尔可能认为，表明接受其观点是合理的就够了。他可能会说，即使在科学中，我们也无法证明我们的理论是真的，我们至多揭示，相信它们是合理的。

然而，如此论证会混淆两种类型的合理性。在主张持有某一信念是合理的之时，我们的意思通常是，该信念在理论上或认知上是合理的，因为我们有充分的认知理由持有。这样的理由支持该信念，因为它们产生于这样的事实：该事实要么使该信念成为必然的，要么使该信念为真成为可能的。但高契尔的论证没有诉诸认知理由。其主张将是：既然相信他的观点符合我们的利益，这一信念

444

就是实践上合理的。当我们有实践理由导致自己持有某一信念时，这些理由并不支持该信念，因为在相关的方面，它们与该信念的真值没有关联。

这一要点可表达如下。高契尔主张，相信"某些行动是合理的"符合我们的利益。他得出结论说，这样的行动是合理的。该论证假定

> （D）如果相信"某些行动是合理的"符合我们的利益，该信念就是真的。

然而，高契尔正确地拒绝了（D）。他设想有一个对各种关于合理性的信念做出酬答的恶魔。接着他声称，如果存在这样的恶魔，那么"持有关于合理性的假信念就是合理的"。在此高契尔承认，尽管持有这些信念符合我们的利益，但它们仍然为假。它们符合我们的利益这一事实并不能使之为真。

高契尔能够收回这一主张转而诉诸（D）吗？看来他显然不能。假设高契尔的恶魔酬答这样的信念：我们的行为要是合理的，我们就必须名叫"贝蒂"，且戴着粉红蝴蝶结领带。高契尔不可能主张，如果存在这样的恶魔，那么该信念就是真的。我们也不需要离奇的情形去驳斥（D）。持有关于合理性的某一信念可能符合一些人的利益，而持有相反的信念可能符合另一些人的利益。高契尔不可能主张，这些信念都是真的。

我们既然应该拒绝（D），那就应该拒绝支持高契尔观点的论证。即便相信高契尔观点符合我们的利益，或者说使我们自己相信其观点是合理的，这也并不表明高契尔观点为真。

这一论证可能揭示了某些东西。高契尔可能仍会主张，相信他的观点是实践上合理的。但除非主张其观点为真，否则他就不得不放弃其主要目标。他无法坚持认为，道德地行动是合理的。他只能争辩说，这个信念是某种有用的幻象。

五

在对核威慑的讨论中，高契尔给出了支持其观点的第二种论证。他认为，如果我们受攻击，那么形成报复的意图可能是合理的。接着他主张，既然形成这一意图是合理的，那么如果威慑失败，依此意图行动就是合理的。

刘易斯（Lewis）拒绝这一推理。他虽然同意意图报复可能是合理的，但否认报复本身是合理的。

高契尔在其答复中否认"对于一个合理的策略来说必要的行为，其本身可能是不合理的"。他写道，我们如果接受威慑策略，那么"拒绝它们所要求的行为就不可能是前后一致的"。既然"不可能主张这样的行为不应该被执行"，我们就不可能称之为不合理的。"将某一行为评价为不合理的，就是……主张它不应该被……执行"。

这样的报复行动对于威慑策略来说不可能是必要的，因为如果该策略成功，这些行动就甚至不会被执行。但这是威慑的特殊性质，我们可置之不论。在我们关注的大多数情形中，相关行动会被执行。因此，如果我由于该习性会符合我的利益而成为可信赖的，我就必定预期我会守诺。与此类似，在先令情形中，我必定预期我受药物控制的状态会影响我的行动。在这两种情形中，如果我采取将有利于我的策略，我就必定预期会以将不利于我的方式行动。

接着要指出：即便在这些情形中，我的行动也不是为我的策略所要求的。对于我的策略之成功来说，它们是不必要的。如果必要，且我的策略有利于我，我的行动就不可能对我不利。对于我的策略来说必要的，不是我的行动，而只是我的意图或习性。我的行动只不过是不受欢迎的附带效果。

我认为，这一区分动摇了高契尔对刘易斯的答复。如果某一策略尽管有坏效果但仍是得到证成的，我们就可能同意，在某种意义上这些效果"应该发生"。但这仅仅意味着，"事情应该如此这般地进行，乃至它们会发生"。并且就接受这一主张而言，我不必赞成或欢迎这样的效果。如果我们要举办宴会，事情就应该如此这般地进行，乃至我们随后就不得不洗餐具。我们仍能够有理由对不得不洗餐具感到遗憾。类似的主张适用于产生于有利习性的行动。我们能够同意，在某种意义上这些行动应该被执行。事情应该如此，乃至这些行动将被执行。但我们仍可以前后一致地认为，这些行动是令人遗憾和不合理的。

六

高契尔提出了支持其观点的又一论证。他声称，这一观点避免了合理利己主义的"某些不受欢迎的后果"。其中主要的后果是：按照那种理论，"成为合理的"可能是一种祸端（curse）。

我认为，这一论证没有为高契尔观点提供支持。高契尔承认，即使按照他的观点，成为认知上合理的也可能是一种祸端。如果认知的不合理性（epistemic irrationality）直接得到回报，那么情况确实如此。高契尔声称，任何理论都不可能避免这种不受欢迎的后果。但情况并非如此。高契尔能够拓展其观点。他可以类似地主张，我们的理论推理当且仅当符合我们的利益，才是认知上合理的。按照这一版本的高契尔观点，认知的合理性绝不可能成为祸端。然而，这种修正并不会改进高契尔观点。在疯狂的推理符合我们的利益时，这并不会使之成为合理的。

如任何优秀的理论都应该承认的，认知的不合理性可能符合我们的利益。实践的不合理性亦如此。这两种不合理性都可能得到回报。对这些事实的假定或接受绝不会对合理利己主义构成反驳。

在支持其观点的过程中，高契尔还提出了另一种主张。他承认，其观点在应用于先令情形时看上去可能违反直觉。我们可能对如下主张迟疑不决：我的疯狂行动是合理的。但高契尔提出，这绝非反驳，因为"无论我们可能凭直觉想要说的是什么内容……'合理性'在帕菲特的质疑和我的批判中都是某种技术性的用语"。

情况并非如此。我在问的是：在日常意义上，想要什么和做什么是合理的。而高契尔声称，先令情形"表明，我们关于合理性的日常观念……有时是错误的"。高契尔既然坚持认为应该修正我们的日常观念，那就无法为其"合理的"之用法辩护——他是通过使之成为一种纯粹的规定来使用的，这是据定义为真的。而这也会使他的观点变得微不足道。

按照高契尔观点，行动如果产生于有利的习性就是合理的。这样的行动即便仅仅是该习性令人遗憾的附带效果也是合理的；哪怕极尽疯狂之能事亦如此。这令人极其难以相信。我已讨论在我看来高契尔支持其观点的一切论证。我的提议是，它们无一成功。我的结论是，我们应该拒绝他的这种观点。拥有某一习性可能符合我们的利益，导致自己拥有它也是合理的，但依之行动则是不合理的。

高契尔提出了一种霍布斯版本的契约论，并为一种最低度道德辩护，因为他认为由此就能表明：即便就自利而言，我们也被合理地要求绝不做不当之事。高契尔声称，任何其他道德理论都没有实现这一目标。如我所主张的，如果高契尔的论证失败，我们就失去了接受其最低度道德的主要理由。

附录 C　道义式理由

在为规则后果主义的康德式论证之前提（E）辩护的过程中，我提出：

（X）如果最优原则要求某些我们认为是不当的行动，那么按照我们的意见，使得该行动为不当的特征或事实不会给予我们决定性的非道义式理由不这样做。真实的情况可能只是：由于使得该行动为不当，这些事实会给予我们决定性的道义式理由不这样做。

为了替（X）辩护，我们似乎可以诉诸如下主张：

（1）如果这些行动不是不当的，我们就不会有决定性理由不这样做。

但可能难以替该主张辩护。如果某些事实使某些行动为不当，我们就难以设想"这样的行动不是不当的"，因为可能不存在这一点为真的可能世界。而且即使我们可以诉诸（1），这也并不表明：正是这些行动的不当性，才给予我们决定性理由不这样做。可能存在使某些行动为不当的事实，当且仅当这些事实也给予我们决定性的非道义式理由不这样做。

据我所知，并没有对（X）的简捷（quick）论证；正因为如此，我只是指出（X）为真。但有一个反对（X）的论证值得讨论。某些人在声称某一行动不当时，其意思是：我们有决定性的道德理由不这样做。这些人尽管诉诸道德理由，但会否认存在任何道义式理由。按照这一观点，

（2）"某一行动是不当的"这一事实是如下的二阶（second-order）事实：某些其他事实给予我们决定性的道德理由不这样做，并且"我们拥有这些理由"这个事实不会给予我们某个进一步的、独立的或非派生的理由不这样做。

这一主张与（X）冲突，因为（2）蕴含着：

（3）如果最优原则要求某些不当的行动，我们就会有决定性的非道义式理由不这样做。

我认为，我们大多数人不在这种决定性的道德理由的意义上使用"不当的"。我们既然在别种意义上使用"不当的"，那就能可证成地拒绝（2）。而且我认为，正是在我们现在考察的诸情形中，（2）是最不可行的。如果最优原则的确要求某些不当的行动，那么正是

我们现在考察的这类行动，我们才能最言之成理地主张，其不当性会给我们提供进一步的独立理由不这样做。在某些这样的情形中，我们甚至可以主张，这些行动的不当性会给予我们不这样做的唯一理由。例如，如果某一避孕方法是人为的，那么这一事实就其本身来考虑似乎不会给予我们不这样做的任何理由。

这个例子并不表明：如果如我们大多数人所认为的，某些避孕方法不是不当的，（2）就是假的。就问（2）是否为真而论，我们无法行之有效地考察显然不当的行动，然后问：如果这样的行动不是不当的，那么什么会是真的。如我所言，这种反事实（counter-factual）或许是不可能的，或者至少是难以想象的。但或许是有益的做法是考察某些人如何改变其道德观点。在描述观点改变的过程中，我要重新描述这些人的信念，由此让它们用于我虚构的情形，而不是用于这些人实际考虑的那些情形的微调版本。先设想

炸弹情形（Bomb）：失控火车驶向隧道，将轧死隧道中的五个人。你可以通过扔一枚炸弹到火车前而救那五个人。但我站在附近，由此炸弹也会炸死我。

许多人相信，这种行动是不当的。在考虑这样的情形后，某些人接受

优先原则（the Priority Principle）：不杀人的消极义务优先于救人的积极义务。

就解释这一原则而论，这些人会主张：

（4）用同时会杀死其他某个人的方式去救多个人，这是不

450

当的。

接下来回顾

隧道情形：你可以让一列无人驾驶的失控火车转向，转到另一轨道，由此会杀死我而使五个人幸免于死。

这一虚构情形尽管几乎没有实践重要性，但得到了许多讨论，因为在许多人看来，该情形似乎是优先原则的反例。当他们考虑隧道情形时，上述原则的若干支持者改变了看法。这些人不再相信（4）。按照他们的观点，你通过让火车转向去救那五个人尽管会杀死我，但你的行动是道德上可允许的。这些人由此假设

桥梁情形：你可以救五个人的命，唯一方法是导致我跌倒于火车前，由此杀死我，但也使火车停止。

这些人相信，这种行动会是不当的。他们的结论是：通过让某种威胁转向以便少杀人而救多人生命，尽管这不是不当的，但借助杀死其他某个人来救这些人会是不当的。

根据（2），某一行动的不当性没有给予我们进一步的独立理由不这样做。有些人相信这一点为真，因为对于我们有决定性的道德理由不这样做这一主张，某一行动是不当的这一主张没有给它添加任何东西。如果这些主张为真，那么这么问就总是足够的：我们是否有这样的决定性理由不以某种方式行动。我们永远都没必要把"某一行动是否不当"作为某个分开的问题去问。

如我所言，正是在我们现在讨论的几类情形中，这些主张是最不可行的。我刚刚描述过：在比较像炸弹情形、隧道情形和桥梁情

形这样的情形时，一些人如何改变了其道德观点。这种观点改变不　*451*
是关于我们以某些方式行动的理由之强度。在考虑隧道情形时，这
些人不是先确定你会有充分的理由让火车转向以救五个人，然后得
出结论说：由于你有这样的理由，该行动就不是不当的。他们首先
想到的是救这五个人的方式不会是不当的，其中一些人进而断定：
既然该行动不会是不当的，那么"你将要救多人生命"这一事实就
给予你充分的理由以这种道德上可允许的方式行动。类似的观点适
用于桥梁情形。在考虑该情形时，这些人不是先确定你会有决定性
理由不借助杀我来救那五个人，而仅在此之后才断定该行动会是不
当的。这些人首先想到的是"该行动会是不当的"这一信念，而仅
在此之后才断定，该行动的不当性给予你某种进一步的且或许是决
定性的理由不这样做。

　　我已经主张，我们有些人是在某种不可定义的意义上使用"不
当的"这个语词，我将其含义表达为"绝不可做"。正是在诸如隧
道情形、炸弹情形和桥梁情形之类的情形中，我们可能最言之成理
地相信，某些行动在此意义上是不当的。在隧道情形和桥梁情形
中，你都可以通过以某种同时会杀死我的方式行动来救那五个人。
从我的视角来看，在桥梁情形中作为手段被杀绝不比在隧道情形中
作为附带效果被杀更坏。但对于这两种类似的行动，许多人认为，
只有作为手段的杀人才具有作为绝不可做之事的显著属性。这样的
行动是出局的（out），或者是不可允许的。而如果某一行动绝不可
做，那么看来我们就能言之成理地认为，这一事实给予我们一个进
一步的独立理由不这样做。在这些情形中，如下主张看来最不可

行：在某一行动为不当时，这一事实并没有给予我们任何进一步的理由不这样做。

如我刚刚论证的，我们如果能够可证成地拒绝（2），那就能拒绝这种反对（X）的论证。因此，我倾向于认为：在最优原则要求某些行动时，我们绝不会有决定性的非道义式理由不这样做。

尾　注

有些注释是可以独立阅读的，因为这些注释中引用了足够多的452段落。其他注释我只引用了文本的开头语和随后的结束句。我在后面的引注中给出了引文。

第 xxxiv 页 * 西季威克的书尽管篇幅很长，有些章节现在也可以被忽略……我们可忽略卷一的第二章、卷二的第六章和卷三的第十二章。但我们应该阅读第 6 版序言。

第 xxxvi 页　不过《伦理学方法》的第一稿就只有几个笑话，后来还被删掉了。例如，西季威克去掉了这个主张：效用主义者如

---

  *　尾注部分作为词条的页码均为原英文著作的页码，即本书边码。

果知道共同体若具有大量美德，还具有些许"被人们共同责备的恶德"，则共同体的幸福就可以得到增强，并且认为"其他人会提供这些美德"，那么就可以"认为自己提供这些恶德就是有证成的"（ME*：451）。

由此义务的秩序……当西季威克被问及是否为《伦理学方法》一书而自豪时，他的回应是："书的第一个词是伦理学，最后一个词是失败。"

第 xxxviii 页　西季威克实际在进行颠覆时……但显然不只是"稍有冒险"……西季威克写道："如果我们考虑的是性与个人完善之间的关系问题，那么非常清楚的是：如果个人的性关系纯粹是感官之类的，那么他就会失去其情感性质最高和最好的发展，但我们很难先验地知道这类关系会干扰更高关系的发展（实际上经验也没有表明情况普遍就是这个样子的）。后一种论证思路还有更深一层的困难。我们不得不为之辩护的公共舆论，它对发展得较低类型关系的谴责，并不是单纯地通过与发展得较高类型关系的比较，而是根本没有与任何关系做比较。既然我们并不严格地责备独身（若独身不是为了更高贵的目的，则可能会鄙视他），那么就很难表明，仅就与个人情感完善的关系而言，我们为什么应该谴责纯粹由性关系所带来的那种不完善发展"（ME：359）。威廉姆斯在提到西季威克对"贞操"一词的使用时，称此"无疑是布卢姆茨伯里（Bloomsbury）觉得压抑和乏味的部分"［Williams（2003）283］。这里有一种奇怪的颠倒。尽管摩尔也称"色欲的快感……享受它肯

453

---

　　*　ME 为 *The Methods of Ethics* 的缩写，见本书参考文献。

定本身是一种恶"［Moore（1903）209］，但布卢姆茨伯里团体没有觉得摩尔乏味。

第 xl 页　尽管西季威克也犯错，我在尾注中提到了一些……西季威克写过，"我不会费半点儿神去将世界整合成一个体系"，但他后来的确这样做了。西季威克写道："我们如果不以普遍幸福作为共同目的而把人类的行动系统化，那么还有什么其他原则可以把它们系统化呢？"（ME：406）他本不该假定我们是要把这些行动系统化，而且我们因此就应该是享乐主义者。西季威克拒绝一切重要的分配正义原则，我认为这是错误的。他本该更清楚地区分这两个观念："我们道德上应当做什么"与"我们最有理由做什么"。他犯下了一些简单的错误，如他写道："我认为，在现代文明社会，如果'一个平凡人'的良知被公平地引向对如下假想问题的思考，即若他追求一己幸福会给他人带来更大损失（没有任何其他抵消性收益），在这样的场合他这样做是否正当，那么他就应该毫不犹豫地做出否定回答"（ME：382）。

第 xlii 页　我假定永远不存在明显的错误，无论如何不会是重要的错误。罗尔斯很有风度地补充说："我总是理所当然地认为我们正在讨论的这些作者要比我聪明得多。若非如此，我为什么要浪费我和学生的时间来学习他们呢？"［Rawls（2000）：xvi-xviii］既然哲学能够取得进步，那么我们现在就能看到许多比我们聪明的人所犯的明显错误。

第 xliii 页　斯多亚学派关于自杀的原则……正如一个斯多亚主义者所说，"如果你的帐篷着火了，那么离开它"。

第 xliv 页 ……我们应该忽略这种情感的爆发。我们也应该忽略某些其他充满激情的伟大作者的情感爆发，诸如拉斯金（Ruskin）关于帕拉弟奥（Palladio）的威尼斯教堂的轻蔑评论。他称救世主（Redentore）教堂是一个破旧而下贱的乡下教堂。他在讨论圣乔治奥（San Giorgio）教堂时写道："无法想象，还有哪个教堂比它设计得在观念上更粗俗、野蛮和幼稚，抄袭得更一板一眼，效果上更索然无味，在理性的每一种视角下更可鄙"〔Rushkin（1903）381〕。

我像西季威克一样，有时候发现他"完全就是个启示"（HSM*：151）。西季威克评论康德的术语。但他继续说："我们必须回到康德，从他那里再出发。我也并不打算自称康德主义者，而是始终要把他作为我的老师之一来看待。"

第 31 页 我们也许是整个宇宙中绝无仅有的理性存在者。如果我问"我们是吗?"，无论如何回答都是令人震惊的。还有为数不多的几个这样的问题。

理由是由事实给予的……我们可以主张，理由不仅是由事实，而且也是由其他范畴（诸如心理状态或属性）中的事物给予的。例如，有些人会说，欲求给予我们理由，行动的不当性给予我们一个理由不去做它。但所有理由都可以被重新描述为由某些事实提供的，诸如关于我们欲求的事实或关于行动不当性的事实。

第 32 页 ……我们最有理由做的事情。当我们主张更有理由或最有理由以某种方式行动时，我们使用"理由"这个词不是指向

---

* HSM 为 *Henry Sidgwick：A Memoir* 的缩写，见本书参考文献。

具体理由的可数名词（如"树""湖""母牛"），而是用作像"木材""水""牛肉"这样的集合词，用以指称某个或某组理由，而无须在上述具体理由之间做出区分。类似的评论适用于这样的主张：我们有充分的理由和决定性理由以某种方式行动。

第 33 页　……"应该"或"应当"去做的。我认为，"应该或应当"所表述的概念如同"一个理由"概念一样，无法得到有益的定义。有些人表示，我们在主张我们应当做某事时，意思是我们有决定性理由做某事。但这看来只是我们部分的意思或蕴含。"应当"一词似乎加了点儿东西。其他人则试图通过"应当"概念来定义"一个理由"这个概念。我不相信这种定义能成功。但是即使这两个概念都是无法定义的，它们也有着紧密的关联，这种关联方式可以对它们都给出部分解释。我们可以对这一版本的"应该"和"应当"做出部分的确定，通过说正好当且因为我们有决定性理由或最有理由做某个行动时，这个概念就适用于这个行动。

第 35 页　……但如果错误信念能给予人们理由，那么我们就还需要补充一句：这些理由并不具有任何规范性力量……尽管我们最好主张实践理由只能由事实来给予，但是总体说来，可能还是承认"某些种类的错误信念也能给予人们认知理由"为好。

当我们相信自己具有某种理由时，我们就具有了一类不同的显见理由。这种信念引起的特殊问题，我会在第 17 节讨论。

第 37 页　……就鲜少讨论驱动性理由。我们从两个方面来看待这些理由是可接受的。基于心理学论说，驱动性理由是信念。基于非心理学论说，这些理由就是我们信念的内容。我们的信念若为

455

真，则非心理学论说就是更自然的。如果人们问我为什么不吃核桃，我会说"它们会杀死我"。但若我后来发现医生搞错了，我就会转而说"我过去不吃核桃是因为相信它们会杀死我"。我们还可以把驱动性理由要么描述为我们想要实现的事物，要么描述为我们的目标或欲求。当人们问我为什么不吃核桃时，我可能说"为了活着"或"我想活着"。（正如我将论证的，第二个主张并不一定蕴含我的理由是由欲求给予的。）

我认为，我们没有必要在驱动性理由的心理学论说和非心理学论说之间加以选择，因为它们是相容的，两者都能用。然而，两者的可接受性可能会引起混淆。根据一种论说，驱动性理由是真实或显见的规范性理由，是我们的如此信念在解释我们的决定和行动时相信的内容。根据另一种论说，驱动性理由就是驱动性的心理状态。既然驱动性理由既可以被看作规范性理由，也可以被看作驱动性状态，那么这就可能表示规范性理由就是驱动性状态。这会是个大错误。

第 44 页　如果我们将某事作为目的……我们的欲求就是工具性的。当我们想要某种医疗检测，从而表明我们没有某种病时，我们具有的是其他类型的欲求。

第 45 页　对象给予的理由……我们也能称这些客观理论是基于价值的。如果正如我所主张的，这些理由真正立基的不是这些结果或行动的价值，而是基于使它们有好坏之分的事实，那么这个词就有点儿令人误解。但有些客观主义者会拒绝这个主张。我使用"基于价值"这个词，在部分程度上是为了我的主张能涵盖其他版本的客观主义。

第 52 页 ……使某个更长的事件系列得到内在的改善……成为外在地好的。例如，基于某种观点，"罪有应得"是好的。由于"报应"取决于受惩罚者是否犯过某种罪，因此"报应"会是一种外在的属性。但按照这种观点，"某人犯罪随后受惩罚"这种长系列事件没有"此人犯了罪但从来没有得到报应"这种事件那么内在地坏，从而前一事件在这种意义上是更好的。

第 54 页 ……如果我们不厌恶这种感知，那么无论它们还是我们的意识状态就都不是坏的……"疼痛"这个词是含糊的，它可被用来指称两类感知，或者（1）仅当它们是被人厌恶的，或者（2）不管它们是否被人厌恶。心理学家为检测不同人的疼痛反应，缓慢地减低某种疼痛的强度，此时有些人会说"再也不痛了"，有些人会说"还是有点儿痛，但我不再厌恶它了"。我只在第一种蕴含厌恶的意义上使用"疼痛"。这是具有规范重要性的那种意义。具有通常为人所厌恶的某种感知，但我们事实上并不厌恶它时，这并不是坏的［参见 Kahane（2009）］。

第 60 页 然而，在有些情形下……主观主义者应当否认这种欲求给予我一个理由。还有一种描述这样的情形的方式。主观主义者不是说我们没有任何理由满足这样的欲求或实现这样的目标，而是说我们不可能满足这样的欲求或实现这样的目标。如果你不应得受苦，那么我伤害你就不能给予你任何你应得的痛苦，而如果你没有伤害我，那么我就没有什么可报复的。主观主义者可能会说，这种目的式欲求应该被看作暗含某种形式条件。我们真正想要的是：

456

某些事实若确实如我们认为的那样，则某件事就会发生。这些事实若不是我们认为的那样，则这种欲求就不可能被满足，这可能就是它们为什么无法提供任何行动理由的原因。

第 70 页　我们可以称一种规范性主张为实质性的主张……与这种意义的"实质性的"相对的是"概念性的"或"无足轻重的"，而不是前文讲的"程序性的"。（我应该加上，有些概念性的主张并不是无足轻重的。）

第 88 页　还有另一个理由……基于欲求的理由与欲求链条。或许有人提出，我们的欲求不是形成这样一种链条，而是形成一个循环，这样我们就有基于欲求的理由来具有所有这些欲求。但我们不可能有基于欲求的理由想要具有这种循环的欲求。例如，假定我想要一些泥以便让碗里放点东西，而我又想要一只碗以便泥有地方可放。尽管可以主张这两种欲求中的任何一种都给予我一个给予欲求的理由去拥有另一种，但这对欲求并不给予我基于欲求的理由想要它们。我想要泥和碗并不给予我一个理由想要泥和碗。

我们现在可以回到情形二……此情形提供了我们所称的反对理由的主观主义的第二个痛苦论证。这个论证在某种程度上比我在第 11 节给出的那个论证要强。那个论证指出，按照主观理论，痛苦的性质不给予我们任何理由想要避免处于痛苦之中。这第二个论证指出，按照这些理论，我们可能具有决定性理由想要我们为了痛苦的缘故而处于痛苦之中。在某种意义上这些理论的这种蕴含更难让人相信。然而，主观主义者可能主张，尽管他们的理论被应用于虚构情形时具有不可行的蕴含，但我们的欲求在大部分情形中可以给予我们理由。这至少在部分程度上回应了第二个论证。但是当主观主义者考虑第一个论证时，他们哑口无言。我们的欲求即使给予我们理由，也不能表明我们没有任何理由想要我们的欲求。主观主义者必须承认，按照他们的观点，被烧和被鞭打的感受不能给予我们任何理由想要避免被烧和被鞭打。我们压根儿就没有理由想要相信这个主张。

第91页　主观主义者必须拒绝这些主张。这些理论还受到其他反驳。假定那个反复无常的暴君威胁我，除非我明天中午有"为了折磨自身的缘故而想要受折磨"这一目标，否则他就要折磨我。按照基于目标的主观理论，我既然现在有不受折磨的目标，那么现在就有基于目标的理由要具有受折磨的目标来实现"不受折磨"这个目标。但是，如果我成功地具有这个目标，那么这就会给予我一个基于目标的理由要使自己具有不受折磨的目标，而这会给予我一个基于目标的理由要使自己具有受折磨的目标，如此以至无穷。这样我就会在这些目标之间左右摇摆。这样在明天中午，我只有二分之一的机会具有使我明天不受折磨的目标。基于客观理论，既然我服从专制者之威胁的理由不是由我的目标，而是由我具有和努力实现这个目标的不变理由提供的，那么就不存在这个问题。

第94页　然而，这些人要为之辩护的这个主张……然而，在某些情形中，这些人能够提出我在关于第60页的注释*中所描述的那类主张。

第96页　尽管目的式欲求理论并不是不融贯的……我的其他

---

*　指本部分以"第60页"为词条的注释。

反驳是适用于目的式欲求理论的。我已经论证，我们应该拒绝一切主观理论。我们接下来可以简要考虑一种混合理论。按照这种观点，我们要有一个理由努力满足某种欲求，就必须有基于价值的对象给予的理由持有这种欲求。我们想要的东西必须在某种意义上是好的或值得实现的。但是，如果我们的欲求在这种意义上是合理的，那么我们具有这些欲求就会给予我们进一步的理由去努力满足这些欲求。当我们必须在同样好的各种可能目标之间做出选择时，我们的欲求或偏好就能打破这种僵局，给予我们理由采用其中的一个目标。

458　　我相信——尽管这一信念并非很强——我们甚至应该拒绝这种混合理论。我认为，这两种理论是水火不容的。当我们有某些欲求时，这个事实可能使此为真：我们有进一步的理由满足这些欲求。但提供进一步理由的不是"我们会满足这些欲求"这个事实，而是"依赖于我们有这些欲求"的各种其他事实。我在第 9 节的末尾描述了一些这样的事实。尽管我相信我们应该拒绝这种混合理论，但我反对纯粹主观理论的论证并没有表明这一点。这个问题仍将是开放的。但我认为，既然这种理论在根本上是客观主义的和基于价值的，那么这个问题就没有太大的重要性。

　　第 100 页　*法兰克福的真实观点似乎是……没有任何目的就其本身而言是好的。这种区分常常被人们忽略。在萨特有名的例子中，一个法国青年必须在照看母亲与加入抵抗队伍之间做出抉择。这两个选项都是好的，尽管没有任何一个明显更好。由此这个例子并不如萨特所相信的那样支持萨特式主观主义的存在主义版本。*

第 101 页　按照理由的主观理论……当任何孩子的生命得救时，还有很多人的知情欲求并没有得到更好的满足。如这段评论所蕴含的，"最好的"之蕴含不偏不倚理由的意义，与不管是结果之善性还是道德之"不偏不倚观察者的"论说，都并没有丝毫关联。这些论说把"什么是最好的或正当的"定义为任何不偏不倚的观察者事实上会选择或赞成的。这种论说所获无几。我们若主张这种观察者只是具有不偏不倚的视角，那么就不能假定他们都会做出相同的选择。我们如果补充某些心理学假设，那么也许就能搞清楚这些观察者会选择什么。例如，这样的观察者如果是仁爱的就会选择有益于人们的事情。但这种预测没有任何重要性。

第 110 页　但我认为，按照这些观点，不可能存在任何真正的规范性理由，只存在行为的原因。这些作者因为认为规范性理由就是某种行为的原因，所以可能会拒绝这种描述。很难用某种中立的方式来描述还原论的观点。

第 111～112 页　接下来我们可以更细致地考察……我的信念引起的，而且是由它证成的。这些欲求要被这些信念所证成，就必须还是由这些信念以正确的方式引起的。我们在此没必要探讨这里涉及的是何种因果性。

第 113 页　当且因为某种欲求本身是合理的时候，我们持有这种欲求就在某种意义上是合理的。我这里区分的是"某种欲求本身"与"某人具有这种欲求"。如果你和我都希望威尼斯不被海洋淹没，我们具有的就是相同的欲求，但你具有这种欲求与我具有这种欲求不是一回事。在这个例子中，我们想要的是相同的事件。当

我们想要的是不同的事件时，我们仍可能拥有在较宽泛的意义上相
同的欲求。例如，如果我们在下棋，我们都想赢，情况就是如此。
"某个信念本身"与"某人具有该信念"也具有类似的差别。因为
欲求和信念既可指欲求或信念本身，也可指某人具有该欲求或信
念，所以这两个语词都是含糊的。尽管我有时候会说我指的是哪一
个，但人们通常还是会忽略这种区分。

第 121 页　……那么他的偏好就没有那么不合理。这种观点并
非不可行，因为还有其他事实给予我们理由不要那么关注那些更为
遥远的事情，由此具有这种折扣率。比如这样的事实：我们对于遥
远之事的信念，其正确的可能性通常较小；我们努力产生或阻止遥
远之事的紧迫性也更小；现在的我们与遥远未来的我们之间具有的
心理关联，很可能也是更少的；并且，早期利益往往还会产生其他
利益。但这些事实并不能证成一种纯粹的时间偏好，或者说一种就
时间本身所打的折扣。（我在 RP* 中从 63 节到 67 节讨论了这个
问题。）

第 128 页　如果"内在地优于"这种关系是传递性的……如果
情况是，若 A 与 B 有某种关系，且 B 与 C 具有这种关系，则 A 与
C 一定也有这种关系，那么这种关系就是传递性的。例如，"是某
某的父母亲"这种关系就不同于"是某某的祖先"这种关系，后者
是传递性的。

第 132 页　下面两种情况提供的理由就不是类似的……可能并
不存在精确的真理。这里值得一提的是，关于快乐或痛苦之强度的

---

* RP 为 *Reason and Person* 的缩写，见本书参考文献。

各种主张都是含糊的。"强度"的一种意义是纯粹心理学的。例如，当人们使用这种意义时，他们可能主张：

> （A）与具有 1 小时这种强度的痛苦相比，具有 10 小时一半强度的痛苦会是较好的。

然而我们通常假定：

> （B）有些苦难的痛苦性质直接取决于其痛苦的强度与持续时间。例如，如果我们的痛苦强度加倍，或者痛苦的持续时间加倍，那么我们的痛苦就加倍。

如果我们假定（B），那么（A）就蕴含着，持续更长时间的苦难会是较好的，尽管持续更长时间的苦难会是更痛苦的。基于这种观点，情况就常常是，具有更多的痛苦本身会是更好的。这些结论是不可行的。我们最好这样主张：

> （C）如果两种苦难之一会是更痛苦的，那么这种苦难本身就是更糟的。

要能够同时主张（B）和（C），我们就必须在第二种意义即评价意义上使用"强度"。例如，我们应该主张： *460*

> （D）如果具有 1 小时的强烈痛苦与具有 2 小时不那么强烈的痛苦是一样坏的，这个不那么强烈的痛苦就应该只有前者一半那么强烈。

我们的主张不应该是（A），而应该是：

> （E）如果 10 小时的痛苦比不上 1 小时更强烈的痛苦，那

么第二种痛苦就应该是比第一种不止强 10 倍。

正如这些评论所表明的，尽管我们有时候需要在心理学意义上使用"强度"，但评价意义上的强度才是更重要的。许多作者忽略了这种区分，因此做出了错误的主张。类似的评论更明显地适用于快乐。正如西季威克所写的，"我们必须小心，不要把快乐的强度与感知的强度搞混了，正如快乐的情感可能是强烈且引人入胜的，然而可能不如另一种更为精美和微妙的情感"。

第 133 页 ……在部分程度上诉诸了个人同一性之合理的重要性。西季威克既然认为人的分立性是根本且极具规范重要性的，那么他这么不重视分配正义原则就是令人吃惊的（ME：416–417）。

第 135 页 按照西季威克的观点，我们能够合理地做这样的事情……西季威克并没有考虑这样的情形。他如果考虑过，也许就会对其观点做出限定。

第 137 页 广义的基于价值的客观观点：……一个行动使……类似的主张也适用于其他情形。例如，假定我们能够或者（1）使某个陌生人免于 10 小时的痛苦，或者（2）使自己免于 2 小时的痛苦，或者（3）使这个陌生人免于 5 小时的痛苦和使自己免于 1 小时的痛苦。尽管（3）既不是不偏不倚地最好的，也不是对我们自己最好的，但广义的基于价值的客观观点可能蕴含着：作为一种折中，我们理性上应该做（3）。

第 142 页 义务与自我利益的二元论……按照我早前所称的西季威克的实践理由的二元论，我们能够合理地做不偏不倚意义上最好的行动，或者做最有益于自己的行动。西季威克并没有区分两个版本的二元论，因为他认为我们的义务总是做不偏不倚地最好的行动。西季威克对其二元论的其他评语引起了有趣的问题，我希望在其他地方进行讨论。

第 143 页　然而，这些令人印象深刻的严峻主张……西季威克 *461* 还写道："当个人富有激情地拒绝同意'德性的报酬'是'尘埃'时，通常情况下其出发点与其说是对自己报酬的私人算计，不如说是超然地避免在根本上如此不理性的一个宇宙：其中'个人的利益'最终并不等同于'普遍利益'"［ME（第一版）：471–472］。

第 151 页　……在证据相对的意义上是不当的。这种意义可以有两个版本，一个指称我们实际上意识到的证据，另一个指称我们可以让自己意识到的可用证据。事实相对的意义通常被称为"客观的"意义，但这个词还有其他意思，其他意思并不适合被称为"主观的"。还有一种道德信念相对的意义，这是我们马上要接触的。

第 157 页　按照康德式观点……我在一个注释中提到了一些这样的方式。首先假定某个人非常小心地开车，但有个小孩冲到车前被轧死了。这个人既然完全没有疏忽，那么就不应受任何责备。但正如内格尔指出的，我们能够言之成理地认为，这个人应该为他轧死了这个孩子这一事实而感到惊骇，即使他是完全无可指责的［Nagel（1979）］。威廉姆斯称此反应是"行动者遗憾"。这个人如果由于知道自己无可责备而吹着高兴的口哨驾车离开，那么这就是令人心寒的。（我们可以顺便提及，"行动者遗憾"这个术语看来是过于狭隘的。假定还有个人因为某个不可见的障碍而无可责备地被绊倒，倒下来时压死了一个小孩。我们期待这个人对于引起这个孩子的死亡怀有类似的遗憾之情，尽管这个孩子的死亡不是任何行动的结果。）

接下来考虑两个同样不小心驾驶的人，其中一人轧死了一个小孩。这两个人是同样可责备的，都应该感到悔恨。但许多人会认为，杀了人的那个人是更可责备的，也应有更多的悔恨。但有此信念的那些人可能在部分程度上假定：这个人也应该体验到行动者遗憾，对其所做之事的感受要糟糕得多。另一个没有杀人的人就没有任何理由有这种行动者遗憾。不那么清楚的是，杀死孩子的这个人除了感觉到这种行动者遗憾外，是否还要感觉到更大的悔恨。

我们接下来考虑边沁的可行原则：所有的惩罚都是坏的，由此在效果相同的前提下，我们应该尽可能少地惩罚人。未遂的谋杀有一种不同寻常的犯罪特征：这是没有任何人意图去犯的一种罪。除非我们有意杀死某人，否则我们不会谋杀未遂。未遂的谋杀是未遂的谋杀。这样，如果对未遂的谋杀不做任何惩罚，那么这就不会导致任何人去犯（未遂的谋杀）这样的罪。边沁可能论证说，我们不应该有任何这样的惩罚，因为这种惩罚不会威慑任何罪行，所以没有任何好处。

人们可能会反驳说，尽管企图谋杀者不会有意失败，但其中有些人认为他们有相当的可能会失败。惩罚未遂的谋杀可能有一些好效果，即威慑某些这样的人。尽管如此，我们还有另一种理由对未遂的谋杀的惩罚轻于成功的谋杀。如果惩罚是相同的，那么这就可能威慑某些第一次企图谋杀者。但是，人们如果进行过不成功的企图谋杀，那么就更有理由继续努力直到成功。这种成功不会增加对他们的惩罚（如果他们被抓到并定罪的话），并且通常可能会降低他们被抓的可能性。我们总体说来有决定性的威慑理由，对谋杀意图的惩罚不要有对谋杀成功的惩罚那么严重。

我们可以补充说，在英格兰法律中，尽管大部分未遂的谋杀是罪行，但以不可能成功的方法所做的未遂的谋杀是无罪的。类似的论证可以解释这样做的原因。如果我们都知道这种企图不受到惩罚，那么就没有人被引诱着去这样做。没有人会使用他们认为不可能成功的方法，这样的企图也不会产生任何危害，但企图谋杀的人在道德上可能是同样可责备的。有些人也许会认为，用针扎其所恨之人的蜡像，是在使用最有可能成功的方法。

我们现在回到这样的情形，两个人企图谋杀，其中只有一个成功，他们俩之间有何种道德差别？尽管这两个人都应该感到悔恨，但成功的谋杀者应该感到一种更大的行动者遗憾，这是谋杀未遂者没有理由要这样感觉的。出于威慑理由，成功的谋杀者应该受到更严重的惩罚。这两个主张可能充分地描述了这两个人之间的道德差别。这里可疑的是，成功的谋杀者更可责备，且如果我们相信应得，那么这个人就应得更多的惩罚。正如我所说，这个观点是悖论性的。既然我们认为可责备性和应得的理由不能完全地取决于运气，那么不清楚的就是，这些事情如何能够部分地取决于运气。

第 160 页　期望主义……可预期地最好的。许多人谈论的不是这些结果的期望（expectable）善性，而是其被期待的（expected）善性。但这个词是误导性的，既然这种期望善性通常不是被期待的善性，或应该被期待的善性。

463 　　我们同样能主张……行动效果的期望善性就大略是……期望主义并不需要假定，结果的期望善性只取决于可期望的利益总量。例如，正如布罗姆和卡姆表示的，这些利益或获得利益的机会在不同的人之间如何分配也是重要的。在涉及挽救许多人的情形中，如果每个人得到平等的获救机会，那么即使由此可能使获救的人稍少一点儿，这也可能是更好的。我们也有理由规避风险，给予避免最差的结果更大的权重。参见"Fairness"，载 Broome（1999）和 Kamm（1993）Chapter 7。

　　第 166 页　但是我们最好不要把合理利己主义看作一种道德观点，而是看作道德的外部对手。西季威克尽管称合理利己主义是"伦理学方法"之一，但却是在一种广义上使用"伦理学"，后者涵盖了关于我们有理由去做什么的所有主张。

　　第 169 页　（K）我们应当不偏不倚地去做的……这些效用主义者不是主张我们应当最大化幸福总量，而是主张我们应当最小化（去掉幸福后的）痛苦总量。正如最小化净成本等于最大化净收益一样，这些行动方式也是一样的。效用主义者告知我们要最小化痛苦的净量，提醒我们如何最有效地使有感知的存在者过得更好。其观点的这种表述更好地表达了"什么使它是可行的"。按照这种观点的佛教版本，两种伟大的德性就是同情与洞见。

　　第 186 页　怀特不会有充分的理由放弃自己的生命让我救格蕾的腿。怀特若是老人，而格蕾是个年轻的职业舞蹈家，事情就可能不同。怀特的损失可能不比格蕾的大。这类事实是道德上相关且进一步的事实，而在我考虑的情形中，我们假定并不存在这种事实。

第 209 页　同意原则若被应用于这两个选项……当然，还有其他选项。这个人会有充分的理由同意我用钱让其他人避免同样大的伤害。同意原则于是会要求我做出这种捐赠。

第 212 页　纯粹手段原则：把任何人纯粹……有些作者论证，我们可以忽略康德的这个主张，即我们永远不应该把人纯粹当作手段来对待，因为知道康德"把人当作目的来对待"的意思就足矣。这些作者主张，我们若把某人当作目的来对待，那么就没有把他纯粹当作手段来对待。康德主张，把人当作目的来对待在部分程度上就是不把他们纯粹当作手段来对待。我们由此应该问这个主张蕴含着什么。

第 215 页　既然相关性和重要性都是程度上的问题，那么（1）是否为真通常就是不清楚的。正如这个评论所显示的，我提出的（B）并不是作为一个准则，从而有助于我们决定某个人是否被纯粹当作手段来对待，或接近于这样做。（B）不过是描述我们能够如何言之成理地拒绝该行动属于这一类。没有任何人应该这样反对（B），通过主张即使（3）我们对某人的对待在很大程度上受到相关信念或关注的管辖，情况仍然可能是（4）我们是在把这个人纯粹当作手段来对待。若（4）为真，那么（3）就不会为真，因为我们对这个人的对待不会在重要的或相关的方面受到充分的管辖。

第 229 页　有害手段原则。这个原则需要受到拓展或修正，理由参见 Kamm（2007）Chapters 4, 5。

第 241 页　基于康德的观点，理性和拥有善意志一样……这个结论是疯狂的。罗斯虽然是个多元主义的直觉主义者，没有承诺某种僵化的理论，但也接近于具有类似的结论。罗斯考虑过但并没有坚定地拒绝这个观点：知识上的一丁点儿增加比任何数量的快乐（或如他的其他主张所蕴含的，不具有任何数量的痛苦）所具有的价值都要高［Ross（1930）149－152］。如此好的一个哲学家并没有拒绝这样一种可怕的观点，实在让人心碎。但这是他早期的观点。

第 242 页 "人性"这个词……康德是"伟大思想家中最不精确的"……［Kemp Smith（1962）xx］。作为一个例子，我们能够注意到康德错误地描述了其观点。康德主张，人性是一个自在目的，具有在最高和无条件意义上的尊严。但康德还主张只有善意志才具有这种最高价值。科丝嘉主张，这些主张并不冲突，因为康德使用"人性"来指称"理性选择的能力"，这种能力只在具有善意志者那里才能得到充分实现，因为这些人的选择才是充分理性的［Korsgaard（1996）123－124］。这个建议在某种意义上是可行的。但是，康德还用"人性"指称理性存在者，他主张这种存在者才是具有最高价值的自在目的。我们无法言之成理地主张，理性存在者与善意志者是一样的。我们也不能主张，这种存在者是与目的王国或至善（由普遍德性和应得幸福组成的世界）一样的。尽管康德主张只有善意志具有尊严，但我们应该承认：按照康德的观点，存在几种事物具有这种最高或无法超越的价值［参见 Dean（2006）］。

第 247 页 摩尔主张，当我们说……这个行动是正当的……由此产生的善最多。用摩尔的话说，"正当的"……确实且只能意指"好结果的原因"［Moore（1903）196］。摩尔这里的意思必定是

"最好结果的原因"。摩尔一般会加上，"重要的是坚信这种根本意义可以被证实是确定的"。几十年来，摩尔的乌云遮住了来自西季威克的阳光，这在部分程度上是因为与审慎的西季威克不同，摩尔如同康德一样，其写作采用了那种极有说服力的极端主义。除了"有机统一体学说"之外，摩尔《伦理学原理》中的有趣主张，要么来自西季威克，要么正如刚才引用所表明的那样是明显错误的。正如威廉姆斯所写的，"摩尔哲学的特点是做作的谦逊谨慎，这一特性使其行文拖沓，却没有阻止其犯下最狂妄的错误"［Williams（1985）16］。（这些评论也属于摩尔式的夸张）。

摩尔的《伦理学原理》并没有提出一个实质性的道德观点。令人吃惊的是摩尔竟然犯了这个错误，因为他用了一整章来谴责这种错误，他称之为"自然主义谬误"（尽管它既不是自然主义的，也不是谬误）。西季威克用两句话就更准确地描述了这种错误［ME：26 Note 1，109］。

第 275 页　不可能性公式……（G*：424）。康德还写道："有些行为的构成是这样的：其准则甚至一旦被视为普遍法则就会陷入矛盾之中……"有些作者追随奥尼尔将该公式称作"观念中的矛盾检验"（contradiction-in-conception test）。在已然确定这一点——在康德意指的意义上，某一准则要作为普遍法则会是怎样的——之时，我们可能发现：设想某些准则是这样的法则会是逻辑上不可能的，且在此意义上是一个矛盾。但康德经常诉诸仅仅是经验的不可能性，因而我们也应该这样做。

---

　　* G 为 *The Groundwork of the Metaphysics of Morals* 的缩写，见本书参考文献。

……（A）不会是一种有用的主张。如下情况也是不清楚的：在何种意义上，我们全都被允许奉行某一准则，这一点不可能为真。如果这样的行动是不当的，那么这就不可能为真；但这样无助于我们确定这样的行动是否不当。康德还主张，奉行任何这样的准则都是不当的：我们不可能意愿"我们全都被允许奉行该准则"为真。这是一种更可行的主张，我后面还会回到这一主张。

第 279 页　……受道德激励的、包含信任的许诺这种社会实践也不再存在。可以补充说：我们如果全都相信这样的许假诺是可允许的，那么就甚至不会理解某种道德的、包含信任的许诺这一概念。（可能仍存在某种类似于许诺实践的行动，但不同的是它采取某种非道德的形式。这样的许诺如同威胁。为了保持我们作为威胁执行者的名声，我们能够有理由执行威胁；恰与此一般，为了保持我们作为守诺者的名声，我们能够有理由遵守这样的承诺。）

第 281 页　如此种种情况表明，（G）是不可接受的。可能有人会说，这些虚构情形是不现实的，因为现实世界中的事实不会像我要求我们去设想的那样简单。但这些情形是可行的，足以对（G）的可接受性提供有效的检验。在被应用于这种多少有些简化的虚构情形时，道德原则应当是成功的。而且，关于其想象的许假诺，以及关于其他若干准则，康德的主张同样都是简化的。

第 286 页　这两个公式既然相似……并且如我在一个注释中所解释的……假设我们仅诉诸可允许性公式。我们由此就会问，我们能否合理地意愿如下情况为真：每个人都在道德上被允许奉行某一准则，即便这对任何人的道德信念或行动都毫无影响。这不会是一个有益的问题。首先，难以设想的是，我们能够意愿"某些行动是道德上可允许的"为真。就大多数不当的行动而言，如康德以及许多其他理论家所声称的，甚至连上帝都不能意愿"这些行动不是不当的"为真。而如果某些行动是道德上可允许的这一事实对任何人相信或做什么都毫无影响，那么不清楚的就是，除了"这些行动确实是被允许的"这个事实之外，我们还有什么理由意愿这些行动是被允许的。但这样一来，可允许性公式就无法帮助我们判别这些行动是不是可允许的。

第 289 页　假设我做了件错事……康德的公式将错误地允许这样的不当行动。在此我认为，不同于康德的同意原则，康德的普遍法则公式企图成为我们所需要的唯一道德原则，乃至在两个版本的康德公式都未能谴责这一行动时，普遍法则公式蕴含着该行动是道德上可允许的。

第 292 页　我们可以转而考察一种不同类型的例子……也不能合理地意愿"每个人都相信那些救命的撒谎是不当的"为真。如我在第 254 页*提出的，如果康德接受整体框架观，那么对于他来说，永远无人撒谎就可能并非不合理的。但是，整体框架观是错误的，而且在运用康德的公式时，我们应该问：如果了解相关的非道德事实且绝无错误信念，那么人们能够合理地意愿什么。

第 298 页　在不清楚……但我们在此不必回答这些问题……在我们已经以其他方式修正康德公式的情况下，这种问题的重要性也较小。

---

　*　原英文著作页码，即本书边码。

第 301 页　在运用……按照最佳版本的康德公式（这似乎也是康德心中所想）……如康德对自立者——他持有"不助人也不骗人"（G：423）的准则——的一段评论之所示。康德主张：如果每个人都奉行这个人的准则，那么这样的世界将优于现实世界，现实世界中有些人助人但许多人骗人。但康德也主张：我们不可能合理地意愿"每个人都奉行这个人的准则"为真。因此，康德隐含的比较对象不可能是现实世界，而似乎是一个无人奉行这一准则的世界。

第 302 页　我们可将这样的情况称作群己困境。我讨论过这样的情况，参见 RP 的第一部分和 Parfit（1986）。

第 303 页　……我们就是在做肯定对于我们所有人来说都较不利之事。也存在许多或然性的（probabilistic）群己困境，它们诉诸不同行动的可能效果，或者是对人们来说预期最好的效果会是什么。

这样的主张并非关于……重复的囚徒困境。在最简单的此类情形中：（1）我们每一个人通常能够要么自利，要么给予他人较大的利益；（2）由于涉及的人相当少，每一个人所做之事可能影响到在随后的情形下他人怎么做。例如，在两人的情形下，如果我给予你那份大利，那么你就可能回报给我大利。如果接下来我自利而获小利，那么你就可能报复以自利而获小利，从而不利于我。它们尽管被称作"重复的囚徒困境"，但不涉及哪怕一种真正的囚徒困境或群己困境。在此类情形下，真正的情形并不是：如果每一个人而不是无人做肯定对自己更有利之事，那么这就对我们所有人更不利。

从理论上说，这些情形乏味得多，且较少具有根本意义，因为它们只是如下多种情形之一：其中哪种行动会最有利于我们自己，这是不清楚的。这些情形的实践重要性也低得多，因为它们少见得多。然而，它们对于进化心理学家和历史学家来说很重要，前者力图解释动物行为与人类心理的各种特征，后者探讨在较早的世纪里大多数人生活于其中的小社群。

　　群己困境尽管常常被忽视……而众多的情形都涉及众多的人。值得提及的是另一类情形，我们可称之为助人者困境（Samaritan's Dilemmas）。我们每一个人都时而会通过自己付出较小但确实的代价或负担去帮助某个有需要的陌生人。例如，如下情况的确可能发生：我们能够帮助某位遭遇不测者，或者我们能够归还某个具有重要私人意义的失物。如果我们所有人都总是给陌生人提供这样的帮助，那么与从不曾有人给予这样的帮助相比，这对我们所有人都更有利。但如果像世界上一半以上的人的实际情况一样，我们住在大城市，那么对于每一个人来说如果不给予这样的帮助可能又会更好。这个人会避免自己付出成本。而他是否得到这样的帮助，极少取决于他是否给过他人此类帮助。我们每一个人未能帮助的陌生人，极少会是以后可能会帮助我们的那个人。因此，我们没能帮助他人几乎从不曾导致他人出于不满而拒绝帮助我们。但是，如果无人帮助他人，那么尽管我们每一个人都是在做更有利于自己之事，但我们却是在做对我们所有人更不利之事。

　　它们涉及公共善……可进一步区分出如下两者：一类公共善事实上有益于那些即使并未出力的人；另一类则必然有益于这样的

468

人，因为不存在任何可行的办法防止不出力者获益。洁净水通常属于第一类，清洁的空气属于第二类。

第 306 页　康德的公式不仅与……这样的原则……在集体的层次是直接地自我挫败的。还存在另一种方式显示：在这样的情形下，常识道德可能本身就蕴含着我们应当不再优先考虑我们的 M 相关者。如果我们与相关群体的其他成员都可以相互沟通，并且我们相互之间都了解对方是可信赖的，那么做出某种联合的（joint）有条件承诺——我们总是通过给予他人较大利益而做出有别的行动——就是对我们的合理的道德要求。如果仅当每个人都做出这样的承诺，这种联合协议才具有约束力，那么这一事实在我们决定是否承诺时就将我们的行动联结在一起。就做出如此承诺而论，我们每一个人都是在做最有利于自己或自己的 M 相关者之事，因为他是在促进如下情况的发生：每个人而不是无人做较有利于自己或自己的 M 相关者之事。由于这种协议要求一致同意，每一个人就都会知道：如果他不做出承诺，那么整个规划就会失败。这就是我们的行动联结在一起的方式。因此，常识道德本身就要求我们既做出又信守上述承诺。然而，这种解决方案很少能够实现，因为我们并非都可信赖，且即便都可信赖，通常也难以安排和实现这样一种联合的有条件承诺。我们如果都是有足够良知的康德主义者，那么就会避免这种问题。（更充分的讨论参见 RP 第 100～108 页。）

第 307 页　康德的意思必定是……"做总体上会最大地促进每个人幸福的任何事"的准则。然而，这种解决方案可能以另一种方式成为间接地集体式自我挫败的。参见本书第 404～405 页 *，以及 RP 第 10～42 节。

在大多数此前提及的贡献者困境中，上述主张都是正确的……以及我们孩子的孩子施加这样的伤害。我们在此可以做个区分。显然，在群己困境中，我们全都应该采取的理想行动是给予他人较大利益。如果与无人这样做相比，我们宁愿所有人都这样做，那么这就对每个人都更有利。但康德的公式要求在即使其他大多数人不这样做时也要这样做。在这样的情形下，由于按此方式行动，我们将放弃自己可以获得的那份较小利益，而且同时又不能从他人那里得到那份较大利益。这样的要求有时就可能变得极其苛刻，而且也可能是不公平的。例如在未解决的父母困境中，如果我们给予他人的孩子那份较大利益而他人却未将这样的大利给予我们的孩子，那么这对我们的孩子来说就可能是不公平的。在至少某些这样的情形下，我们可以正当地认为：其他有多少人在做我们在理想意义上应做之事，这会造成道德上的差别。我们可能被要求给予他人那份大利，仅当有足够的他人在这样做。在其他情形下，作为防御性的次优选择，我们可能被允许将那份小利给予自己、我们的孩子，或我们的 M 相关者。（关于怎样会足够的一个提议，参见 RP 第 100～101 页。）

第 311 页　我们依然没有完全答复……他没有孩子就是可允许的。奇怪的是，如康德的一位传记作家所言："康德构想出'绝不结婚'这一准则。实际上，只要康德想说明准则的某种极罕见例外

469

---

* 原英文著作页码，即本书边码。

是可接受的，他就会说，规则在此：'不应结婚！但是，让这对相配的人成为例外吧'"［Kuehn（2001）169］。

第 319 页　某些规则可能采取此类有条件的形式……类似的主张将适用于那些诉诸"如果人们接受某些规则那会怎样"的 RC 版本。我所提议的修改更容易用于规则后果主义的这些接受版，因为最优规则将采取简单得多的形式。（如里奇）所指出的，即便这些规则采取有条件的形式，也可能不存在这样的一组规则：在每一种接受层次上其被接受都会使事情进展得最好。但会有若干组这样的规则：在各种层次上其被接受将平均地或总体上使事情进展得最好［Ridge（2006）］。

第 320 页　……能够言之成理地认为，每个人都应当持有同样的道德信念。例如，如果人们持有冲突的信念，那么这些信念就不可能都为真；且我们还能认为，每个人都应当持有或者努力持有真实的道德信念……简单地答以"大多数人不会"是不够的。另见 RP 第一章。

第 321 页　这条规则所表达的……至少三种最早的世界文明。它们是古代中东、印度与中国。一些引文如下：

佛教（Buddhism）：勿以会伤害自己的方式去伤害他人。［《优陀那品》（*Udana-Varga*）第 5 章第 18 节］

基督教（Christianity）：无论何事，你们愿意人怎样待你们，你们也要怎样待人；这就是律法和先知的道理。［《马太福音》（*Matthew*）第 7 章第 12 段］

儒家（Confucianism）：己所不欲，勿施于人。在邦无怨，在家无怨。(《论语》第 12 章第 2 节) 子贡问曰："有一言而可以终身行之者乎?"子曰："其'恕'乎。己所不欲，勿施于人。"(《论语》第 15 章第 23 节)

470

印度教 (Hinduism)：这就是整修的律法；你自己不想经受的事，不要对别人做。[《摩诃婆罗多》(*Mahabharata*) 第 5 卷第 1517 节]

伊斯兰教 (Islam)：你若不为自己的兄弟渴望他为自己而渴望的东西，就不是真正的信徒[逊奈*(Sunnah)]。[《伊玛目瑙威四十圣训之第十三训》(*Imam Al-Nawawi's Forty Hadiths*)]

耆那教 (Jainism)：人自己想受到怎样的对待，就应该怎样对待万物。[《佛经》(*Sutrakritanga*) 1.11]

犹太教 (Judaism)：你不愿施诸自己的，就不要施诸别人；这就是整个律法，别的一切都是评注。[《塔木德·安息日》(*Tal-mud*，*Shabbat*) 31a]

神道 (Shinto)："你面前的人心如镜，从中可见你自身之形。"[黑住宗忠 (Munetada Kurozumi)]

道教 (Daoism)：见人之得，如己之得；见人之失，如己之失。(《太上感应篇》)

琐罗亚斯德教 (Zoroastrianism)：对己不利者勿施于人，其性善。(Dadistan-i-dinik，94：5)

---

* 逊奈，阿拉伯语 Sunnah 的音译，意为"行为""道路"等。与"圣训"同义。原指穆罕默德在创教过程中的行为，汇集于圣训中成为穆斯林生活和行为的准则。后发展为伊斯兰教对穆罕默德言行及其所默认的弟子的言行的专称。

第 327 页　　"每个人"一词……就我们应当以该规则所要求的不偏不倚的方式来考虑人们的福祉而论，我们被包含在这些人之中。康德同样写道："既然将我自己排除在外的所有他人不成其为所有人，那么仅限于此的准则就不具有法则的普遍性……使仁慈成为一种义务的法则将我自己包括在实践理由的指令范围之内，以作为仁慈的一个对象"（MM*：450）。

第 338 页　　在康德关于其公式的所有说法中，没有任何一种会支持内格尔的解读。康德的确写道："每个理性的存在者……必定总是既从自身的角度也同样地从每个理性存在者的角度来看待他的准则"（G：438）。但这一评论并非来自对其普遍法则公式的讨论，而是来自对其目的王国公式的探讨。而如果康德原本有这样的意图，即我们应该设想人之待我如我之待人，那么他就不会如此轻看黄金规则。

第 341 页　　如我在一个注释中所说明的，诉诸 MB5 就够了。如果这些公式有时含有相冲突的蕴含，那么我们就不得不在其间做出选择。它们可能发生冲突的时候是：（1）我们不能合理地意愿"每个人都以某种方式行动"为真，但（2）我们能够合理地意愿"每个人都相信这样做在道德上是可允许的"为真，因为我们知道，即使每个人都持有这样的信念，也不会有太多人选择依此方式行动。如果在用于如此情形时这两个公式的确相冲突，那么 MB5 的蕴含就会更可行。为了避免这样的冲突，我们可以从 LN5 转向

---

　　*　MM 为 *The Metaphysics of Morals* 的缩写，见本书参考文献。

　　LN6：按照某种方式行动是不当的，除非每个人都能够合　*471*
理地意愿如下情况为真，即在知道不会有太多其他人选择依此
方式行动时，每个人都会这样做。

但这个公式极类似于 MB5，乃至不值得同时讨论这两个公式。而
且我认为，MB5 不仅更接近康德的观点，而且显然更优。LN6 过
于简单，因为为什么不会有太多人选择按照某种方式行动，这个问
题并非无关紧要。例如，某些人之所以克制自己不按照某种方式行
动，是否因为他们相信：鉴于这样做的人已达相当数量，再这样做
将变成不当的。在这一点为真时，依此方式行动的人就可能不公正
地受益于其他那些有良知的自我克制者。我们与其如自然法公式所
要求的那样纳入关于人们如何做的细节描述，不如纳入道德信念公
式所指出的信念内容之细节。这个公式本身也更可行。如我所言，
通常在问"如果每个人都这样做会怎样？"是不恰当的时候，问
"如果每个人都像你一样思考会怎样？"却总是恰当的。

　　第 342 页　康德式契约论公式……就把 MB5 重述为康德式契
约论公式而论，我们从关于人们的道德信念的主张转向关于人们接
受的原则的主张。这样的原则更类似于康德所诉诸的准则。并且，
这一转换有这样的优点：由于能够将这些原则视同规则或策略，我
们就可以通过部分地诉诸它们被普遍接受所产生的效果，而更言之
成理地评价这些原则。如果以这种方式来评价道德信念，那么我们
搁置这些信念是否为真的问题就是没有道理的。规则与策略不存在
真假问题。但康德式契约论者可以是认知主义者，因为康德式公式
陈述的是某种可能为真的信念。

第 346 页　……高契尔拒绝诉诸这样的直觉信念。高契尔还坚持认为，如果我们接受其契约论以及最低度道德，那么他就能说明：即便在自利的意义上，不当地行动也不可能是合理的。高契尔宣称，任何其他道德理论都没有实现这一目标。我在附录 B 中讨论了这种论点。

在应用于道德时……极具吸引力，而且得到了罗尔斯的某些非契约论主张和论证的充分支持。一个例子是罗尔斯关于自然界抓阄的任意专断性（arbitraries of the natural lottery）的有力主张。我对罗尔斯的这一评价依照的是内格尔和巴里的观点［Nagel（1973）；Barry（1989），（1995）］。

472　　第 353 页　……最大的最小值论证具有未免过于极端的蕴含。即使在被应用于社会基本结构时，最大的最小值论证也有这样的蕴含。罗尔斯有时在宽泛意义上界定最不利群体，乃至该群体包括的许多人比某些其他人境遇更好。例如，按照一个提议，最不利者是这样的一些人：其收入低于不熟练工人的平均收入［Rawls（1971）98；RE*：84］。但最大的最小值论证要是合理的，就需要对这一群体做出窄得多的界定。该论证蕴含着：每一个人都应该努力使自己的最差可能收入尽可能地得到改善。按照罗尔斯提出的较宽泛界定，我们应当选择的政策将改善最不利群体中具有代表性的或一般的成员之境遇，即便这更不利于该群体中的最不利者。这恰恰是在应用于社会整体时罗尔斯所谴责的政策。在为他对最不利群体的宽

---

　　* RE 为 *A Theory of Justice*（Revised Edition，1999）的缩写。本书参考文献中没有这一版本的文献。

泛界定辩护时，罗尔斯写道："我们在某一刻有权请求实践的考量，因为对于做出更精细的区分，哲学或其他论证的潜力必定迟早是会被用尽的"（RE：84）。但是，把最不利者群体描述为那些同等最不利的人并不存在任何困难，因为这些人不会比任何其他人过得更好。

第 354 页　罗尔斯只是拒绝给……那就绝无可能纳入非效用主义的考虑。在其最后的著作中，罗尔斯表达了对如下规定（stipulation）的怀疑，即我们在无知之幕背后"没有任何根据去评估概率"。他写道："终究说来，要为这一规定辩护，还必须给出更多的说明"[Rawls（2001）106]。但没有做出任何进一步的说明。

罗尔斯补充了一些其他规定，这些规定容许他给予其关于概率的主张较小的权重。他要求我们假定：通过选择其正义原则，我们会确保自己拥有"令人满意的"福祉水准，由此"几乎不在意"企及甚至更高水准的问题。我们还应该假定：如果选择任何其他原则，那么我们就会面临境遇差得多的风险。罗尔斯坚持认为，按照这些假定，选择其正义原则对我们来说就是合理的。接着罗尔斯考察这样的反驳：由于补充这些假定，他使其理论与某一版本的规则效用主义相吻合，因为他的原则将是那种其被接受让一般人的境遇尽可能优裕的原则。罗尔斯的答复是：按照他的界定，规则效用主义者并非效用主义者[Rawls（1971）181－182，Note 31；RE：158－159 Note 32]。这个答复令人失望。罗尔斯早先曾说明，其目标是提供一种理论以作为对所有形式的效用主义的替代。我们如果接受某一观点但给它一个不同的名字，那么就并没有提供对这一观点的替代。

473　　我尽管已论证罗尔斯的契约论失败，但应该重申，其《正义论》是一部出色之作。

　　第 360 页　……无人能够合情理地拒绝……我们不应该假设：在两个人发生分歧时，其中至少一人必定是不合情理的。有可能存在着合情理的错误。但如果这两人对对方原则的拒绝都不是不合情理的，那么或许就不存在人们不能合情理地拒绝的任何相关原则，斯坎伦的公式由此就会失效。因此，当斯坎伦主张无人能够合情理地拒绝某一原则时，他的意思有时应该被认为是：任何拒绝该原则的人由于未能认识到他人的道德主张或予之充分的权重，故而都是在犯道德错误，即便这或许并非不合情理的错误。在此，斯坎伦就会是在某种更为狭窄的意义上使用"不合情理地"。然而，在普通意义上任何人能否合情理地拒绝某一原则，这一点通常是清楚的。

　　第 363 页　通过诉诸某一版本的斯坎伦公式，我们可以替这个信念做可行的辩护……得知这一点也会使我们许多人感到焦虑。这种焦虑可能不是合理的，但这并不会削弱这样的主张……焦虑和不信任论证。在给出这一论证的过程中，我搁置了斯坎伦观点的一个特征。斯坎伦主张：就对原则的拒绝而论，我们不能诉诸多个人群一起共同承受的利或弊。我们如果遵循这种个体式限制（Individualist Restriction），那么就无法通过焦虑和不信任论证来反对行动效用主义关于移植情形的观点，因为该论证诉诸对众多人产生的坏效果。我认为，如我在第二十一章所论证的，斯坎伦应当放弃个体式限制。

第 368 页　有一种直截了当且令人完全满意的辩护……在这种意义上使行动为不当的属性或事实。我会在第 87 节对这种区分做进一步的讨论。

第 374 页　如我在一个注释中所解释的，行动的正当与否不能取决于……如下两种说法都不可能正确：

> 某些行动是不当的，因为如果我们这样做，那么结果就会很坏；

以及

> 如果我们这样做，那么结果就会很坏，因为这样的行动是不当的。

不当的行动必定具有某种其他使之坏或不当的特征。如下说法也不可能正确：

> 某些行动是不当的，因为这样的行动为最佳原则所不容；
> 这样的行动为这些原则所不容，因为如果我们这样做，那么结果就会更坏；

以及

> 如果我们这样做，那么结果就会更坏，因为这样的行动是不当的。

契约论者必须主张：在运用他们的公式时，我们不应该诉诸由行动的不当性所可能提供的道义式理由。正与此一样，后果主义者必须主张：在运用其公式时，我们不应该诉诸正当或不当的行动之道义的好或坏（deontic goodness or badness）。后果主义者在做出关于"我们行为的正当性如何取决于关于何者最好的事实"的主张时，应该是在我们称作搁置道义主义价值的（deontic-value-ignoring）意义上使用"最好"这个词。

类似的主张适用于非后果主义者。我们拒绝行动后果主义，如果我们相信

> （A）某些行动是不当的，即便在如果人们这样做那么结果就会更好时也是如此。

为了说明（A），我们可能主张

> （B）撒谎、偷窃或食言通常是不当的，即便在这些行动会产生更多的善时也是如此。

我们如果相信（B），那么就会相信若人们依此方式不当地行动那么结果就会更好吗？如果我们相信这样的不当行动本身就是坏的，那么答案就可能是否定的。但（B）不会由此就说明（A），因为我们不会相信：这样的行动是不当的，即使如果人们这样做那么结果就会更好也是如此。因此，我们如果通过做出类似于（A）的主张来拒绝行动后果主义，那么就可能需要在搁置道义式价值的意义上使用"更好"这个词。

如某些后果主义者所认为的，如果行为可以在道义上是好的或坏的，那么我们就可能反驳说：后果主义理论不应要求我们搁置这些行为的价值。但是，与道义式信念的限制一样，这种道义式价值限制（Deontic Values Restriction）所适用的仅仅是我们道德思考

的某些方面。后果主义者做出了各种如下相关主张：我们行为的正当性如何，取决于事情如何进展会最好。仅当运用这些主张时，我们才不应诉诸我们关于道义式价值的信念。在其他时候，我们可以在不受限制的通常意义上诉诸关于何者为好坏的主张。在本书随后的论述中，我有时会在搁置道义式价值的意义上使用这些词；但在大多数情形下这种区分不会产生任何影响。

第 375 页　按照这种观点……还可能存在许多其他形式的间接后果主义。例如，按照某一版本的动机后果主义，每一个人持有的最好动机是这样的：该动机被这个人持有将使事情进展得最好。我所称的"行动后果主义"是运用于行动的直接后果主义。但也可能存在属于间接后果主义的行动后果主义者，因为他们将后果主义标准直接用于行动，但仅间接用于其他，比如规则或动机。按照这种观点，尽管最好或正当的行动是那种将使事情进展得最好的行动，但最好的规则并非其被接受会使事情进展得最好的规则，而是"总是做会使事情进展得最好之事"的规则；最好的动机不是其被持有会使事情进展得最好的动机，而是"总是力图做会使事情进展得最好"的动机。［关于这样的各种可能性的很好的讨论，参见 Kagan（2000），Kagan（1998）Chapters 6-7。］

第 393 页　相信"把杀某人当作手段去救其他人"为不当的那些人之中，大多数人……就应当在某种审慎的意义上将这一事实视为好事。不时有人主张，我们不可能拥有不偏不倚的理由想要某人行动不当。但情况并非如此。我们的主张应该至多是：我们总是拥有不偏不倚的理由不想要任何人行动不当。我们可以主张：在较小的恶情形中，如果无人杀死任何人以用作手段，那么就将再好不过；即便那五个人会因此而死去也是如此。但我们现在假设的是，至少有一人会做如此不当之事。你杀我以用作手段，由此做不当之事；这尽管很糟糕，但显然更糟糕的是：格蕾和格林各杀两人以用作手段，由此做不当之事。如果唯一的可能性就是如此，那么大多数其他人就更有理由希望你这样做，因为这会是两恶之中的较小者。由此被用作手段而被杀的人会少一些。因此，如果大多数其他人得知你这样做阻止了格蕾和格林的不当行动，那么他们就应该乐于接受这一消息而认为事情有所改善。这种观点还蕴含着：你会既有想要自己行动不当的不偏不倚的理由，也有这样做的不偏不倚的理由。但我们可以融贯地认为：我们具有其他个人相对的道义式理由不这样做，且这种理由能决定性地胜过上述不偏不倚的理由。如果这一点正确，那么基于全面的考虑，你就有决定性理由不去做"你有不偏不倚的理由去做且我们全都有不偏不倚的理由想要你去做"的事情。

第 399 页　与前提（E）相比，为这个前提辩护……因此，如（G）所主张的……我在第 81 节讨论了某些可能的例外。

第 400 页　一旦与（H）合并……我在一个注释中为这些主张做了进一步的辩护。在苏伊坎南（Suikannen）编的《关于德里克·帕菲特〈论重要之事〉的论文集》（*Essays on Derek Parfit's On What Matters*，2009）中，对于该论证的较早版本以及我的其他一些主张，好几个人提出了反驳意见。

在一篇优雅而新颖的论文中，吉迪恩·罗森对康德式公式提出了多种反驳。在运用该公式时，我们问的是：哪些原则是其被普遍接受是每个人都能够合理地意愿或选择的。罗森论证说，如果我们得知存在某个恶魔或恶意的精灵（若有任何原则被普遍接受，它们就会制造大难），那么该公式就会失败。罗森主张，这一反驳不会由于这一虚构情形的荒诞性而受到削弱，因为道德理论应当适用于所有可能的情形。

上述主张虽然可行，但不适用于某些类型的道德理论在对道德推理的论说中诉诸的思想实验。我们不可能宣称，这样的某种理论应当诉诸一切可能的思想实验。优良的理论诉诸的可能仅仅是某一类这样的思想实验。我的意见是，要答复罗森的反驳，我们可以修正康德式公式。该公式可以诉诸每个人都能够合理地选择的原则，只要每一个人都知道绝不存在这样的恶意精灵：若有任何原则被普遍接受，它们就会制造大难。在考虑这种修正时，罗森反对说，这会降低康德式公式的可行性。我认为，反过来才是正确的。若该公式允许我们设想存在这样一种恶意精灵，则其可行性会降低。我认为，类似的评论适用于罗森其他类似的反驳。

接着罗森主张：某一道德原则要成为最高的，就必须不仅告诉我们哪些行动是不当的，还必须描述使这些行动为不当的最根本的性质。罗森坚持认为，康德式契约论没有实现第二个目标。我同意。按照我的解释，康德式契约论至多能够宣称，其所描述的是某种高阶的使得不当属性，它可以纳入或汇聚所有其他使得不当属性。这些其他属性通常更重要。如我所言，"有些行动所经受的反驳，比康德的公式或任何版本的契约论或规则后果主义所提供的反驳都既更清晰也更强烈"（第 414 页*）。

　　雅各布·罗斯对规则后果主义的康德式论证提出了一些反驳。在陈述这一论证的过程中，我已大为受益于罗斯此前给我提出的若干出色的反驳。在这篇已发表的论文中，罗斯首先指出，某些最优原则可有略微不同的版本，它们为不同的人所接受会好得多。例如，假设有两群数量相等的人，我们可以救其中一群人的生命。一个最优原则可能要求我们救离我们较近的那群人，而另一原则可能要求我们救较远的。按照这些假设，就绝不存在任何这样的最优原则——其被接受是这两群人都能够合理地选择的。这一反驳类似于大赌注利己主义所提出的反驳，且能够以类似的方式予以答复。

　　接着罗斯设想有两种原则，其中之一是（1）明显地非最优的，因为其被接受会让事情不利得多，但（2）其被接受对于现存的或将要存在的每个人来说都会有利得多。按照这样的假设，每个人就都能够合理地选择这一非最优原则。因此，康德式公式在此就不会要求我们成为规则后果主义者。罗斯的例证之一是：两种原则之一允许我们使用廉价能源，这种方式会大大降低较远未来的生活质量。我们如果遵循该原则，那么在短期内就会通过促生"一种强劲得多的全球经济"而有利于所有现存的人们。我们的行动还可能有益于所有未来的人，因为他们可能既拥有值得过的生活，其生存也受惠于我们的行动。情况有可能是这样的：如果我们遵循另一种原则，亦即最优原则，那么后面生活的就会是不同的未来人，他们的

---

　　* 原英文著作页码，即本书边码。

生活质量也会高得多。

我认为罗斯关于这一情形的主张不可能全部为真。我们所有人都有不偏不倚的理由不选择任何如下原则：其被接受将大大降低未来的生活质量，由此使事情的进展大为不利。而我们不能言之成理地设想：由更强劲的全球经济这一效果所提供的、选择该原则的个人的理由，将足以比得上每个人的不偏不倚的理由。许多人的福祉并非如此高度地依赖于其收入。我会乐于放弃我的大部分收入，只要由此能够带来这样的结果：人们将按照大大提高后代生活质量的方式行动。我们不能仅仅为了有利于自己拥有更多消费品的缘故而合理地选择某种其他原则，由此使事情进展大为不利。我认为，类似的主张适用于许多其他人。

我同意如下情况是可设想的：某一原则之被接受在整体上使事情进展大为不利，但大为有利于现存的或将要存在的所有人。例如，这种情况可能为真：如果这一原则之被接受会给予现存的每个人 1 000 年幸福而有青春活力的人生，但会终结人类历史，因为这种长寿只有通过某种让每个人绝育的方式才能实现。那么如下情况就可能为真：现存的每个人都能够合理地接受该原则，尽管他们知道事情随后会变得大为不利，因为未来人类将不存在。按照这些假设，康德式公式可能不会要求我们为了使人类能够延存的缘故而放弃如此巨大的个人利益。对规则后果主义的康德式论证由此就有必要在某一方面被加以限制，因为其结论不适用于此类情况。该论证就至多能够表明：在几乎所有的实际情形中，康德式公式要求我们遵循最优原则。

478

我已讲过，这一限制几乎不会产生什么影响。罗斯写道，如果我能答复由他的虚构情形提出的反驳，那么这就会大大加强我的论点，即康德式契约论支持规则后果主义（第 153 页*）。我认为并非如此。如果我的论证表明康德式契约论在几乎所有的实际情形中都蕴含着规则后果主义，那么该论证就是几乎尽其可能地强有力的。我的目标是说明，康德式契约论与规则后果主义之间绝无深刻的分歧。如果在几乎所有的实际情形中这两种理论都有着相同或类似的蕴含，那么上述论点就是正确的。

在《关于德里克·帕菲特〈论重要之事〉的论文集》的早期初稿中，迈克尔·大冢对于我关于康德式论证的一些早期主张提出了若干有力的反驳。这些反驳导致我放弃了这些主张，并补充了第 59～61 节以及附录 C。我既然已放弃大冢先前批评的大多数主张，那么就没必要在此讨论这些批评，而只需为它们给予我的极大帮助而对大冢表示感谢。

在其发表的论文中，大冢对我保持的主张做了一些评论。根据我的前提（D），最优原则正是每个人都会有最强的不偏不倚的理由选择的。大冢宣称，（D）要是正确的，我就必须修正我关于何者构成最优原则的解释。就对事情如何进展最好的描述而论，我必须考虑应受尊重的而不是应被促进的那类价值（第 62～67 页）**。但我认为，他提议的这一修正是没有必要的。当存在某种应受尊重的价值——例如"对人的尊重"的价值即是如此——时，尊重这种价值

---

　　* 为《关于德里克·帕菲特〈论重要之事〉的论文集》的页码。
　　** 同 *.

的行动就含有那种应被促进的价值。我们如果这样做，那么结果就会更好。

大冢坚持认为，我的论证"有淹没传统上被当作非后果主义的道德理论之危险"（第68页*）。其中一例是卡姆的这一观点：如果每个人都接受某些义务论的禁令，那么事情就会进展得最好。按照我的解释，如果卡姆的观点正确，那么这些义务论原则就是最优的，且将为规则后果主义者所接受。这一事实绝不会对我的论证构成反驳。这些义务论原则并非行动后果主义的，因为它们主张：某些行动是不当的，即便我们知道这样的行动会使事情进展得最好。但这样的原则可能是规则后果主义的。这样的理论要求我们遵循最优原则，即便我们知道由此没能做到会使事情进展得最好之事。规则后果主义可能接受这样的最优的义务论禁令（另见第67节）。大冢描述了某些其他方式——由这些方式来看，如果我的论证是合理的，那么被广泛认为是相冲突的观点实际上就不相冲突。如前文所示，这绝不构成反驳，因为我要力图说明的部分在于：表面上冲突的观点实际上并不冲突。

对于我关于新理想世界反驳的首次答复，迈克尔·里奇提出了一个略加修正版。我已满怀感激地采纳了这一修正。里奇接着宣称，如果我以某种纳入我首次答复的方式来陈述康德式契约论公式，那么我对规则后果主义的康德式论证将经受某些反驳。我同意。这是我没有以此方式来陈述我的论证的原因之一，并且我将搁置由新理想世界反驳引起的复杂性以待进一步的讨论。

479

* 为《关于德里克·帕菲特〈论重要之事〉的论文集》的页码。

里奇还提问：如果我们以他提议的方式修正康德式公式，那么我的康德式论证能否成功？令人失望的是，他没有讨论这个问题，而是代之以这样的问题：某一版本的罗尔斯式契约论要求我们将我们的预期效用最大化，其蕴含是什么？因而我仍不知道我的康德式论证能否按照里奇提议的方式修正成功。对于我仍没有尽量答复这个问题，里奇称之为"异常"（第 84 页 *）。但我认为，由新理想世界反驳引起的复杂性不可能削弱我关于康德式契约论与规则后果主义两者关系的任何主张。

西尼尔·摩根（Seiriol Morgan）令人印象深刻的论文，对我关于康德的普遍法则公式所提议的修正提出了一些令人困惑的主张。摩根接受我的如下提议：我们应该用对行动者行动的道德相关描述来代替康德对行动者准则的指涉。他甚至称这一修正"全然是康德主义的"（第 45 页 **）。我还提议，康德的公式不应该针对行动者能够合理地意愿什么，而应该针对每个人都能够合理地意愿什么。摩根写道，这一修正没有产生任何影响，因为"实践上合理的意愿是什么……对于每个理性的深思熟虑者（deliberator）来说都是一样的"（第 57 页 ***）。摩根尽管认为这一修正是不必要的，但无法反对我以这样的第二种方式对康德公式的重述。没有产生任何影响的修正不可能是不可接受的。我们如果将这些修正合并，那么就得到了我所称的康德式契约论公式。令我惊讶的是，摩根写道任

---

   * 为《关于德里克·帕菲特〈论重要之事〉的论文集》的页码。

  ** 同 *.

 *** 同 *.

何真正的康德主义行动者都不可能赞成这个公式，"因为这样做将是在其意志中为自己树立一个矛盾"（第57页*）。摩根既然没有对我提议的修正提出任何反驳，那么其评论就蕴含着：任何真正的康德主义者都不可能赞成这种可接受的对康德公式的修正。这一观点不可能正确。

480

　　我认为，摩根真正反驳的是我的如下主张：这种康德式公式支持规则后果主义。摩根相信我是误入歧途，这不是由于对康德公式的修正，而是由于诉诸某种关于合理性和理由的非康德主义观点。摩根写道，我们不应该诉诸关于我们有充分的理由意愿什么的主张，而应该诉诸关于我们能够无矛盾地意愿什么的主张（第47页**）。

　　我的康德式论证可以呈现为上述形式。在每个人都可能接受的原则中，有些会是

　　　　康德式最优的（Kantianly-optimific），其意思是：人们普遍接受这些原则会使事情的进展方式是我们能够无矛盾地意愿的。

我的论证可以变成：

　　（A）我们应当遵循这样的原则，其被普遍接受是我们能够无矛盾地意愿的。

　　（B）存在某些原则是康德式最优的。

---

*　为《关于德里克·帕菲特〈论重要之事〉的论文集》的页码。

**　同*。

    （C）我们能够无矛盾地意愿每个人都接受这样的原则。

    （D）绝不存在其他的明显地非最优的原则，其被普遍接受是我们能够无矛盾地意愿的。

因此，

    我们应当遵循康德式最优原则。

摩根绝不会反对以（A）来陈述的康德式公式。我相信，他也不可能拒绝承认（B）或（C）。显而易见的是，按照康德主义的假定，存在某些其被普遍接受是我们能够无矛盾地意愿的原则。这些主张加起来就蕴含着：康德式公式允许我们成为康德式规则后果主义者，遵循这样的康德式最优原则。因此，即使按照摩根关于合理性的假定，这一康德式公式也支持一种形式的规则后果主义。我们没必要问：由于（D）也是正确的，那么该公式是否也要求我们遵循这样的最优原则。

    摩根提出，如果康德的公式蕴含着某种形式的后果主义，那么这对于康德主义伦理学来说将是一场灾难。在做出这一主张时，摩根假定，后果主义理论必定给予人们的福祉最大的权重。摩根写道：＂康德所力图明确表达的是这样一种道德哲学：它坚持自由是最重要的价值，当然也就是比幸福更重要的价值。帕菲特的'康德式后果主义'根本没有这样做。他的道德理论反而看来是打算促进另一种价值，一种我们或许可称之为'福祉不偏不倚主义'（well-being impartialism）的价值。这种价值一旦如帕菲特打算做的那样被提升到最高价值的地位，就是一种与康德相抵牾的价值"（第 59 页*）。

我认为这些评论包含了某些误解。我的论证诉诸的不是康德式后果主义，而是康德式契约论。而我对于规则后果主义的康德式论证并没有赋予福祉最高价值。我们如果相信自由比幸福重要得多，那么这就会影响到我们关于如下问题的观点：我们能够合理地或无矛盾地意愿事情如何进行。我们不可能意愿每个人都接受的原则是这样的：它导致我们促进福祉的方式（用摩根的话说）"会为了其他利益而阻碍个人的自由和能动性"（第 57 页**）。摩根的主张，与其说是否认康德式公式支持这样的康德式最优原则，不如应该说仅仅在于：这些原则会体现一种"康德式价值观"，它极其不同于其所称的"福祉不偏不倚主义"。

摩根还写道，如果有人向康德说明其公式支持某种形式的后果主义，那么康德就会认为这是"一种毁灭性的结果，一种会揭示他在道德哲学方面的整体见解都处于混乱状态的结果。因此，帕菲特的论证成功就蕴含着：一位重要的哲学家完全混淆了自身哲学的性质与蕴含，因为其主要观点实际上支持的不是其自身的而是他最为留意去抵制的那种人的伦理见解"（第 42 页***）。

我认为这些主张是错误的。康德写道："每个人都应当总是努力促进一种由普遍德性和应得幸福组成的世界。"像其同时代的许多人一样，康德认为，通过遵循常识道德的各种原则，我们能够最

---

　　* 为《关于德里克·帕菲特〈论重要之事〉的论文集》的页码。
　　** 同 *.
　　*** 同 *.

好地促进这样的幸福。而且，如我在第 410 页指出的，康德甚至一度提议一种享乐主义版本的规则效用主义*。摩根的主张与其说是在宣称，如果康德的理论蕴含某种形式的规则后果主义，那么这将毁掉康德；不如说应该是，鉴于康德关于价值的假定，康德本该提出一种既非享乐主义的亦非效用主义的规则后果主义。（对类似反驳的讨论，参见第二卷沃尔芙和赫尔曼的评论以及我的答复。）

詹姆斯·莱曼为其表现主义的（expressivist）基于欲求的理由理论做出了有力的辩护，其中他写道："欲求之所及，即是理由之所及；但仅当欲求是你的。从第三者的视角看，欲求之所及，仅止于欲求本身"（第 13 页**）。我也会这样描述这种观点。尽管莱曼主张存在着规范性理由，但其观点蕴含着：在客观地看待世界时，我们应该断定绝无这样的理由。莱曼正确地批评说：对关于我的这一信念——存在这样的理由——的形而上学的和认识论的反驳，我没有给予讨论。现在我通过写作第三十一至三十四章，已尽量答复了这些反驳。我在第 11 节简短讨论了迈克尔·史密斯颇有力度的论文。在此我要补充说：在其论文的最后部分，史密斯假定，按照我的观点，关于理由的事实可以通过诉诸关于价值的事实而得到解释。情况并非如此。

第 406 页　这一主张或许看上去不容置疑。并且如果该主张正确，这一版本的康德式公式就将要求我们成为行动后果主义者。卡根提出了一个部分类似的论证［Kagan（2002）128，147-150］。

---

* 作者在 410 页（原英文著作页码，即本书边码）用的规则后果主义。

** 为《关于德里克·帕菲特〈论重要之事〉的论文集》的页码。

许多哲学教授告诉学生，康德的普遍法则公式与行动后果主义相冲突。这些人认为，不可能合理地意愿行动后果主义的准则成为一种普遍法则。有些学生必定会问："为什么不能？为什么我们不可能合理地意愿每个人都去做使事情进展得最好之事？"我们会指望：如今存在对这个问题的某个标准答案，它可以在"伦理学导论"的许多课堂上被反复讲授。令人惊讶的是，情况并非如此。就我所知，卡根是首位讨论这个问题的作者。[而西季威克写道："我当然能够意愿如下准则作为一种普遍法则：人们应该以旨在促进普遍幸福的方式行动；事实上，它是对我来说完全清晰的唯一法则，是我因而能够从普遍的视角看决定性地去意愿的唯一法则"（ME：xxii）。]

在论证我们能够合理地意愿每个人都遵循行动后果主义的准则时，卡根诉诸是关于工具理由和自利理由的主张。卡根指出，如果选择每个人都成为行动后果主义者，那么我们就可能被要求为了他人的利益而做出巨大牺牲。卡根宣称：鉴于这一"逻辑的可能性"即我们可能处在任何一人的境地，承担这种风险就是合理的。这等同于设定某种无知之幕，如罗尔斯版本的契约论一般。黑尔给出了一个类似的论证［Hare（1997）］。在某些重要方面，这些论证不同于我一直在讨论的康德式论证。另一种甚至更为不同的对后果主义的康德式论证，参见 Cummiskey（1996）。康德的文本具有取之不尽的丰富内容，在不同的人那里激发出极为不同的思想。

卡根坚持认为我们能够合理地意愿每个人都遵循行动后果主义的准则。那么，我可能是简短论证我们不能的首位作者。

483　　　如果每个人总是做使事情进展得最好的任何事，那么在大多数情形中每个人的行动会有最好的可能后果。如吉伯德和雷根所指出的，这一点并不总是正确［Gibbard（1965），Regan（1980）］。在某些情形下，我们每一个人可能在遵循 AC，尽管我们一起并不是在做使事情进展得最好之事。对于某一群体的每一个成员来说如下情况可能为真：如果他独自一人采取不同的行动，那么这就会使事情变得更不利；但如果每个人都采取不同的行动，那么事情就会变得更有利。一种这样的情形是如第 313 页 * 所描述的失误情形。不仅是在我们都做 A，由此救所有人生命的情况下，而且在我们都做 B，由此仅救一些人生命的情况下，我们每一个人都已遵循 AC。如果我们其中一人做 B，那么另一人如果做 A 就会更不利。但如果我们都做 B，那么我们所救到的人就比我们本可能救到的要少。这种复杂性不会削弱我在文中的主张。

　　　如前文所示，就失去诸多深爱、忠诚及个人目标而言，我们许多人将失去太多使生活有价值的东西。这提供了（说明如下观点的）另一种方式：我们不可能总是按照使事情进展得最好的方式行动。如果拥有这样的动机——其被持有会使事情进展得最好，那么我们就经常要选择按照使事情较不利的方式行动。但如果我们放弃这样的动机，乃至从不依此动机行动，那么我们就会使事情在总体上较不利。按照这些假定，通过促使自己成为那种并非总是按照使事情进展得最好的方式行动的人，我们将会使事情在总体上进展得最好。

———————————

　　* 原英文著作页码，即本书边码。

　　然而，该公式的确……而且与 UA 最优原则相比，这样的原则更类似于 AC。这主要是因为，就普遍遵循何种原则会使事情进展得最好这一问题而言，我们可以忽略以多种方式出现的如下情况：在努力使事情进展得最好时，人们可能由于误算、自我欺骗以及类似的原因而误入歧途。我们还可以指出，按照某些版本的规则后果主义，我们会诉诸在我们生活着的这时段内为最优的原则。康德式契约论也可以采取这种形式。如果我们要问哪些原则在 21 世纪是 UF 最优的，那么这样的原则就会比在其他大多数世纪里甚至更接近 AC。鉴于当今世界财富与权力的极端不平等、贫困的广泛存在，以及我们的技术进步，与以前世纪的其他人所做的相比，许多行动后果主义者如今所能做的善事要多得多。因此，AC 现在可能是 UF 最优的。但我相信，AC 在以前的世纪里不是 UF 最优的。而且，若如我们所希望的，这样的贫困与不平等会得以消除，则 AC 将不再在未来的世纪里成为最优的。

　　在此值得提及一种修正版的康德同意原则。按照我们可称之为的

　　　　普遍可意愿的行动公式（the Formula of Universally Will-　*484*
　　　　able Acts）：某一行动是不当的，除非该行动能够为每个人所
　　　　合理地意愿。

每个人都能够意愿某一行动，如果每个人在有选择的情况下能够合理地选择该行动被执行。这一版本的同意原则就其蕴含而言可能也更接近 AC。

　　第 409 页　要问如何能够最接近康德的理想，我们就必须比较

德性与幸福的善性。在此容易误入歧途。有些作者主张：如果不得不在尽义务与促进幸福之间进行选择，那么我们就应当总是尽义务。但我们能够接受这一主张，即便我们相信：既然我们唯一的义务就是促进幸福，那么就绝无做出这一选择的必要。

第413页 我们还可以主张，（K）……以及（L）……我们可能注意到这些主张不能倒过来陈述。我们不能做出如下无法得到辩护的主张：如果每个人都能够合理地意愿某一原则是被普遍接受的，那么这就使该原则成为其被普遍接受会使事情进展得最好的原则之一，由此使之成为最优的。某一原则被接受的效果，并不仅仅取决于人们能否合理地意愿它被接受。我们也不能这样主张：如果某一原则是无人能够合情理地拒绝的唯一原则，那么这就使之成为其被普遍接受是每个人都能够合理地意愿的唯一原则。我对（L）的论证是由其上的（A）至（I）组成的，而且绝不存在对（L）倒转版的类似论证。

第415页 某一道德理论要取得成功……我们就可以由此可证成地拒绝这一理论。就我们能够有正当理由拒绝某一理论或信念这一主张而论，我的意思并不是该理论或信念是错误的。我们能够有正当理由持有某些错误信念。

第417页 如果上述主张为真……就若合符节了。尽管康德式规则后果主义有或许相冲突的不同版本，但这样的冲突并不是产生于这种观点的康德主义与规则后果主义这两部分之间。

规则后果主义反而可以建立在……根据康德式规则后果主义者的观点，我们之所以应当遵循最优原则，是因为它们是"每个人都能够合理地意愿其成为普遍法则"的仅有原则。在此意义上，这一版本的规则后果主义建立在康德式契约论的基础之上。然而，如我也讲过的，这些原则正是因为是最优的，其成为普遍法则才是每个人都能够合理地意愿的。在这另一种意义上，规则后果主义才是更为根本的。但在此毫无矛盾，因为这些观点是以不同的方式相互支持的。

还可以指出，尽管康德式契约论为规则后果主义提供了更坚实 *485* 的基础，但只有规则后果主义才是能够就其自身被接受的。如我在第 62 节所论证的，只有最优原则才是每个人都能够合理地意愿其为普遍法则的原则。因此，康德式契约论者必定是规则后果主义者。

第 433 页　附录 B 合理的不合理性。该附录写于 1994 年，是为了答复收入 Gauthier（1997）的文稿。我没有尝试将高契尔后来的著作纳入考察范围。

在一篇早期论文中，高契尔论证说……［Gauthier（1975）］该论证最完整的陈述见 MA*……我力图驳斥这一论证。见一份未刊稿及 RP 第 7～8 节。

高契尔认为……我们可以认为他是在诉诸合理利己主义。由于高契尔以我们的效用来意指我们目前在完全知情的情况下深思熟虑的偏好，其所诉诸的严格地说是慎思理论。但如高契尔所讲的（MA：6），他的大多数主张同等地适用于合理利己主义。而高契尔经常使用像"收益"（benefit）和"益处"（advantage）之类的

---

　　* MA 为 *Morals by Agreement* 的缩写，见本书参考文献。

语词，这些语词所指的，与其说是我们目前的偏好，不如说是我们的利益而显得更自然。因此，我们在此可以忽略慎思理论与合理利己主义之间的区别——尽管它们的区别通常很大。可以姑且假设，在我们讨论的所有情形下，我们目前深思熟虑的偏好与符合我们利益的东西是吻合的。

如果我们诉诸合理利己主义……或者对于我们来说是可预期地最好的。可预期地最好的东西未必是我们能够预期最好的东西。有些行动对于我们来说是可期望地最好的，尽管我们可以肯定地知道它们实际上不会是对于我们来说最好的。鉴于风险的存在，努力做实际上最好之事或许是不合理的。

第 434 页　如我所指出的……那么这对于我们来说甚至更有利。（见 RP 第 7～8 节）

高契尔的答复是……在 MA（尤其是其第 173～174 页）中，高契尔给出了这个答复。在 Gauthier（1997）中，他后来放弃了我们不可能骗得了他人这一主张。他提出，如果我们仍旧是自利的而仅仅显得可信赖，那么这对于我们来说就会更不利。因而，他写道："可以合情理地预期：能做出真诚的许诺所得的总收益……会超过人们在许假诺本可以幸免于罚的情况下守诺所付出的总成本"（第 26 页）。但是，如果我们不诚实能够侥幸逃脱，那么能够真诚许诺的收益何在？高契尔可能像休谟一样，诉诸心灵安宁和良知健全的收益。但这对于其目的来说似乎是不充分的。高契尔还声称，我们即使一般来说是可信赖的，但也能够做出某些不诚实的许诺。但这仅仅限制了诚实的成本，并没有提出有何收益。我认为，高契尔的独特论证要顺利展开，就需要其早期的假设，即我们不能合理地想要去骗人。

第 435 页　在对其观点的最初陈述中……（例见 MA 第六章）……我对（A）的质疑如下……（见 RP 第 7～8 节）……但是，依此习性行动对于我们来说可能不是合理的。我还推测，改变我们关于合理性的信念可能是合理的。这也旨在有助于高契尔的论证。如果不改变我们的信念，那么我们就会在做我们相信是不合理之事，而这可能足以让我们的行动成为不合理的。但在此我们可以忽略这一点。

高契尔一度接受……如他写道（像维多利亚女王一样），"我们是无动于衷的"（MA：185）。

第 436 页　根据（B）……高契尔做出断言（B）——他称之为其"二阶承诺"——［Gauthier（1997）40］。我讨论了一个类似的主张，我称之为"（G1）"（RP：13）。根据高契尔的二阶承诺，按照某一习性行动是合理的，"只要人们合情理地预期过去和未来坚守该习性都是最有益的"。看来这个主张可能意指，"如果某人既合情理地相信'过去坚守该习性是有益的'，又合情理地预期将来坚守它也会是有益的"。但这不可能是高契尔的意图，因为它将消除其二阶承诺与一阶承诺（对此的讨论见后文）之间的区别。高契尔的意思必定是："如果某人能够合情理地相信：将过去和未来合起来考虑，获得该习性在其作为整体的人生之中是有益的。"

高契尔从（A）到（B）或者说从其三阶承诺向二阶承诺的转移，几乎无损于他对合理道德的辩护。按照在 MA 中得到辩护的观点，道德的限制要对我们具有合理的影响力，接受这些限制就必须本该对我们是可期望地最好的。按照高契尔修正过的观点，这些限制要有合理的影响力，就必须也为人所知地不会总体上不利于我们。高契尔契约论道德的大多数限制都满足这第二种要求。

我们可以修改这个例子……早在此前的某个时候就已死去。或许我本来会遵守某个被证明是致命的命令……根据（B），我应该拒绝给你椰子而被炸死。可能有人反对说，我获得的习性过于粗糙。或许我应该变得倾向于无视威胁，除了如下这种情形：在其中我相信依此方式行动将是灾难性的。但是，如高契尔所言，"我可以合情理地认为，（对我的习性）的任何限制都会降低其事先的（ex ante）价值，由此无限制的无视威胁就会赋予我最好的生活前景"[Gauthier（1997）39]。我们可以补充这一假定：只有无限制的习性才会实际上最有益于我。（尚有另一种理由不允许该习性呈现为有限制的形式。我们如果这样做，那么就不得不允许对可信赖的习性加以类似的限制。如我们所见，这会削弱高契尔的论证。）

在应用于许诺时……而继续做一名无视威胁者？高契尔赞成这样的潜在威慑者的行为：一旦威慑失败，她就会灾难性地执行其威胁。他写道："她坚持到底的理由……只不过是：其失败策略的预期效用取决于她坚持到底的意愿"[Gauthier（1984）489]。那又如何呢？她的预期可能以前一直取决于这样的意愿。但是，为什么现在她还应依旧忠诚呢？[我们在此讨论的并非真正的忠诚。]

为了应对该情形的这一版本……对于我来说合理的是设法放弃这一习性。请注意：在这样主张的过程中，我们不必诉诸合理利己主义。我们不必假定：这种企图之所以是合理的，是因为它有益于我。由于高契尔拒绝合理利己主义，所以那样做就是在回避问题。但即使按照高契尔的理论，设法放弃这一习性对于我来说也是合理的。假设一旦我的习性变成灾难性的，我就放弃之。拥有这种元习性（meta-disposition）将符合我的利益。因此，根据高契尔的理论，按照这一元习性行动现在对于我来说就是合理的。

为了应对该情形的这一版本……故意招致杀身之祸对于我来说就是不合理的。先假设：我如果努力的话，就能不再成为一名无视威胁者。如我刚刚论证的，此时保持我的习性对于我来说是不合理的。高契尔如果接受这一结论，那么还能主张（B）吗？尽管保持我的习性现在对于我来说是不合理的，但依此习性行动必定仍是合理的——他能够这样宣称吗？

可能存在某些情形，其中尽管保持某一习性是不合理的，但依之行动仍是合理的。例如，假设保持精明对于我来说是不合理的。如果我的确不合理地保持这种精明，那么"依之行动而去做最有利于我的任何事"就仍可能是合理的。然而，（B）是一种强得多的主张。根据（B），尽管保持某一习性现在是不合理的，但依之行动必定仍是合理的，其原因仅仅在于：它曾经给予我大于目前成本的收益。我认为，这一主张无法为真。如果保持该习性是不合理的，那么为什么如果我实际上保持并依之行动就必定是合理的？

如果我不合理地保持精明，那么对于为什么依之行动可以是合理的就存在一种不同的解释：这样做对我更有利。这种行动的合理性要得到辩护，并非必须通过诉诸该习性的或我保持依之行动的习

488　性的合理性。这种情况相当不同于我以自知是灾难性的方式无视你的威胁。如果这样的行动被宣称为合理的，那么只可能是通过诉诸我在依之行动的习性的合理性。而如果保持该习性现在对于我来说是不合理的，那么这似乎就毫无理由去断定：依之行动对于我来说必定是合理的。

接着假设：我尽管做了努力，但不能放弃我的习性。高契尔可能会说，如果这一点为真，那么保持该习性对于我来说就不是不合理的。它不是我做得到的事。但是，如果我能够放弃，那么保持它对于我来说就会是不合理的。这似乎就足以削弱"依之行动必定仍是合理的"这一主张。

第 437 页　高契尔观点如果诉诸（C）……（C）是对高契尔所谓其观点的"最弱"版本或其所谓一阶承诺的一个解释。他写道，按照这种观点，人们应该按照某一习性行动，尽管其行动是"代价颇高的……只要他们合情理地预期坚守该习性在将来是最大限度地有益的"［Gauthier（1997）39］。

在谈及对该习性的"坚守"是有益的时，他的意思必定是持续拥有该习性。如他所同意的，依之行动可能是代价颇高的。我还要将"坚守"的意思解作"目前坚守"。尽管高契尔可能意指"现在和未来坚守"，但这会使其主张变得不那么具有可行性。它不会涵盖这样的情形：起先获得继而放弃某一习性将是有利的。（假设尽管获得某一持久的习性比根本不获得确实更有利，但是，仅在一段时期拥有它才是可期望地最好的。获得这一持久的习性，由此就不是如高契尔所要求的那样"最有益的"。）

　　第 438 页　　我认为他并没有……即便这是暂时的，其持续时间
仅足以违背承诺。高契尔可能拓展他关于可识破性（translucency）
的主张。他可能会说，我们不可能有理由去相信：我们如果违背承
诺，那么还能隐瞒该事实。但这样的答复将失去高契尔观点中的新
颖之处，因为这样会归于"诚实总是最佳策略"这一古代主张。

　　高契尔可能试图给出另一不同的答复。他可能主张……不会有
能力放弃或克服这一习性。按照某种解读，这个主张必定正确。或
许有人说，我们如果能够中止我们的习性，那么就不是真正可信赖
的。但这种解读是不相关的，因为对于高契尔的目的来说，要紧的
仅仅在于我们是否表现得（appeared）可信赖。如下主张是相当不
可行的：我们如果违约，那么就无法在此前——即便我们当时的真
实意图是守约——表现得可信赖。

　　上述主张如果要有助于高契尔的论据，那么他就必须对观点做
出其他修改。他写道："如果在人力能及（humanly possible）的范
围内，拥有某一习性将导向一种与拥有任何其他习性同样如意的人
生，那么该习性就是合理的"[Gauthier（1997）31]。诉诸人类的
可能性（human possibility）似乎与高契尔观点的其他部分相抵触。
他在别处宣称，我们不应该问哪些习性是一般地合理的，因为答案
可能取决于特定个人的处境。因而，他写道："绝无必要存在这样
一种习性：它独立于行动者的处境而足以保证他的生活尽可能如
意；而由此我就没必要去设想：需要有某种单一的、最为合理的习
性"[Gauthier（1997）31–32]。一个人的处境当然能够包括对于
这个人来说的一切可能情况。

489

诉诸人类的可能性也对高契尔的论证提出了一个问题。可信赖不是人力能及的那些东西中最有利的习性。更为有利的是，表现得可信赖但实际上是精明的；而且，这对于某些人来说当然是可能的。高契尔如果诉诸人力能及之事物，那么就不得不将可信赖判定为一种不合理的习性，甚至在它为这样的人——由于他们骗不了他人，它是在可能范围内最有利的习性——所持有时也是如此。

第 439 页　我认为答案是否定的。依据我前面给出的理由……（见第 260～263 页*）……但无法表明我的行动是合理的。在"应当"蕴含"能够"这一信条中，"能够"的含义与决定论是相容的。我们如果否认这一点而又假设了决定论，那么就不得不主张每一种行动都是合理的。

重新考察先令情形……由此对我大为有利。我如果仅仅是表现得精神失常，那么这当然甚至会更好。但我们可以设想这是不可能的，因为如果我没有服药，那么这个抢劫犯就会知道这一点。（或许该药物的一种效应是某种独特的眼神。）确实处于这种状态由此就是对我最好的习性。

第 440 页　高契尔反驳说，我的疯狂行动……［见 Gauthier（1997）:37］

我的行动尽管……按照高契尔观点，这就足以使这些行动成为合理的。当然，其条件是这些坏效果不会超过我的习性之好效果。高契尔没必要声称，如果我自杀或杀我的孩子，那么这也是合理的。

＊　原英文著作页码，即本书边码。

休谟有个著名的主张……按照高契尔观点，它们仍然可能是合理的。或许有人认为，从某一方面说，高契尔观点没有休谟观点那么极端。尽管我的行动有坏效果，但它们必然会被我拥有该习性而产生的好效果所压倒。但在此我们可以回顾：按照高契尔观点，我如果满足我目前深思熟虑的偏好（这些偏好不必与我的利益一致），那么就实现了我的效用最大化。如同休谟观点，这些偏好极尽疯狂之能事。两种观点之间的区别在于：按照休谟观点，我的行动要是合理的，我就必须至少努力去实现我的目标；而按照高契尔观点，我的行动只须是某一状态——拥有该状态会实现这些目标——的附带效果。

高契尔认为，我们要是理性的……在此可将该观点称为 G。如高契尔所言："我们的论证将实践的合理性等同于选择习性层次上的效用最大化，并且在评价特定选择的合理性的过程中贯彻这种等同性的蕴含"（MA：187）。

第 441 页　在我们关注的情形中……会对我们不利。看来可能是：如果这一点正确，那么违背承诺就不可能对我们更有利。但情况并非如此。这种坏效果的来源并非我们对这些承诺的违背，而是这一事实：我们既是可识破的，又倾向于一旦违背承诺对我们有利就这样做。

当无法在两个层次都追求最大化时……将超过我们行动的坏效果。值得解释其原因。在评价我们习性的效果之好坏的过程中，我们会纳入这些习性将要或可能导致的行动。如果拥有某一习性对于我们来说是最好的，那么尽管这会导致对我们不利的行动，但这样的效果必然会被抵消。对我们习性的评价既然包括对我们行动的评价但不止于此，那么就是一种告诉我们综合起来考虑什么对我们最有利的评价。

高契尔主张，鉴于这一事实……（MA：170）……该假设可能不正确……E 认同 G 的观点：我们应该努力拥有这些习性。可能有人质疑：G 是否会建议我们尽可能地养成这样的习性。这并不能从如下事实推出来：我们如果这样做，那么这就对我们更有利。如果 G 没有建议我们这样做，那么这就是对 G 的一种反驳，并且会破坏高契尔的论证。但高契尔可以主张：在努力养成这些习性的过程中，我们是在按照一种有利的或最大化的元习性行动。

高契尔可能认为，我们如果接受 E，那就总是会做 E 主张为合理的事。他会承认，实际上我们极少人始终是理性的。但他可能主张，就评估这些理论的可行性而论，我们应该考虑如果总是做这些理论建议我们所做之事会怎样。由此他可能主张，如果完全遵循 S，那么我们就会总是在行动的层次实现收益最大化。

高契尔可能认为……我们如果转而养成这样的习性，那就无法总是以其他行动来追求最大化。可能有人反驳说：如果我们不可能总是做 E 主张为合理的事，那么 E 就无法主张我们应当这样做。"应当"蕴含着"能够"。但这将两个问题混淆了。当我说我们无法总是做 E 主张为合理的事时，我的意思是：这不是因果地可能的。在比较我们拥有不同习性的效果时，这种可能性是不相关的。"应当"所蕴含的那种"能够"，其含义并不像高契尔所认同的那样要求这种因果的可能性。因为"能够"的这种另外的含义与决定论是相容的。

　　既然无法总是做……所做之事是否合理。看来可能的是：如果我们不可能总是做 E 建议我们做的事，那么就无法预测我们何时会遵循 S。情况并非如此。假设我们现在总是倾向于做我们认为合理的事。如果知道我们能够养成使收益最大化的习性，那么我们就会这样做，即便我们知道这会使我们后来做出不合理的行动。根据 E，养成这样的习性就是待做的合理之事。仅当养成这些习性之后，我们才会开始以 E 主张为不合理的方式行动。

　　第 442 页　在讨论核威慑时……［参见 Gauthier（1984）（1985）］……我们就不能形成该意图。［参见 Gauthier（1985）159—161］这个主张是不可行的……我们或许由此能够径直决定就这样做。［参见 McCLennen（1988）］

　　这可能只是转换了问题……使自己获得这种信念由此可能符合我们的利益。就可信赖以及高契尔主要关注的习性而论，这样的主张是相当可行的。如他所认为的，如果无法隐瞒我们的意图，那么我们打算守约就可能对我们更有利，即便在这样做对我们更不利时也是如此。除非我们有这种意图，否则他人就会将我们排除在有利的协议之外。我们要能够形成这种意图，就可能不得不相信信守这样的承诺是合理的。

　　第 443 页　卡根提出……（在给我的一封信中。）

492

　　高契尔后来修正了他的论证……［参见 MA：182 和 Gauthier（1997）31；另外参见 MA：170，158］

　　第 444 页　然而，高契尔正确地拒绝了（D）……［参见 Gauthier（1997）36］

高契尔能够收回这一主张转而诉诸（D）吗？在某种意义上，高契尔近乎接受（D）。他引证本书中的版本（D）——在他那里被称作"（G2）"——并写道："在此意义上，我接受……（G2）"[Gauthier（1997）40]。

这一论证可能揭示了某些东西……这个信念是某种有用的幻象。高契尔可能回答：规范性信念不是真正的信念，真正的信念可能是真的，或者是幻象。但这并不会挽救高契尔的论证。即使按照非认知主义的观点，我们也必须给予规范性信念这一概念某些内容。我们必须能够宣称某一行动是合理的，并且能够坚持或拒绝不同的理论。我的意见可以用这些方式来重述。

第445页 刘易斯拒绝……［参见 Lewis（1985）］……高契尔在其答复中否认……［参见 Gauthier（1985）159—161］

第446页 高契尔提出了支持其观点的又一论证……［参见 Gauthier（1997）30］……高契尔声称，任何理论都不可能避免这种不受欢迎的后果……［参见 Gauthier（1997）36］

高契尔还提出了另一种主张……"合理性"……是某种技术性的用语……［Gauthier（1997）38］

第447页 高契尔声称，任何其他道德理论都没有实现这一目标。（参见 MA：17）

第450页 这些人相信，这种行动会是不当的……借助杀死其他某个人来救这些人会是不当的。这可能不是对"什么使这些行动为可允许的或不当的"最佳描述。对此的另一种解释，参见 Kamm（2007）Chapters 1—5。

引　注

这些注释谈及参考文献。有些注释仅给出了文本段落的开头 493
语，因为这就足以使参考清晰明了。

第 xxxiii 页 *　　康德是自古希腊以来……最好的伦理学著
作……我在这些意见上追随布劳德的观点［Broad（1959）143－
144］。有关西季威克的最好的书是 Schneewind（1997）和
Schultz（2004）。

第 xxxiv 页　　批判哲学必定……［*Declaration concerning*
Fichte's Declaration concerning Fichte's Wissenschaftslehre，in

---

Kant, *Correspondence*, translated and edited by Arnulf Zweig（Cambridge University Press 1999）560]

这本书没有解决任何问题……（HSM：284）

总是考虑周到，常常是精致的……（HSM：177）

西季威克还谈到他"冗长、难懂且乏味……"［Sidgwick（2006）398］

西季威克这里指的是另一本书，但我认为他也会把此主张运用于《伦理学方法》一书。

对于西季威克的枯燥……没看过任何伦理学的书。［Sidgwick（2000）xxviii］

第 xxxv 页　在剑桥……在路面上游动。（HSM：396）

毫无疑问……是雪上加霜。（HSM：92）

我养尊处优……我会是什么？（HSM：170-171）

第 xxxvi 页　假定……就是荒谬的。（ME：298-299，强调为我所加）

……由此义务的秩序……［ME（第一版，1874）：473］

我不能基于这种资源……哲学的狂热之中。（ME：507 Note）

第 xxxvii 页 ……自私者会错过……微不足道的片段。（ME：501）西季威克一如既往地补充说："然而，我并不认为我们能有证成地把前一段落所承认的观点陈述为普遍真的。有些彻底自私者至少比大部分无私者看起来要幸福；还有一些例外的性质，其主要幸福看来派生于活动，实际上是超然，但指向幸福之外的目的。"

494　……某人说"邪恶啊……坦率而一贯的邪恶"。［Sidgwick

（2000）118］

西季威克提醒……有点儿枯燥和让人讨厌。（ME：295）

一切强烈的亲密情感……那么令人遗憾。（ME：437）

第 xxxviii 页　人们可能说孩子……人们的感恩之心。（ME：248 Note）

A 比 B 更幸福……任何不义之处。（ME：284）

因此，谨慎地表达……这样才是有利的。（ME：490）

真正具有穿透力的……无法保持的。［*Mind*，1877 125-126，引文出自 Schultz（2004）349］

（这部书）……假模假样的公平。（HSM：74）

第 xxxix 页　一直在读……归功于它。（HSM：421）

西季威克……对其对手如此公平。

我将尽可能地赞扬它……对伦理学感到极为沮丧。［Sidgwick（1906）411］

不停地提炼……所获无几。［Broad（1959）144］

第 xl 页　西季威克在再次批评……越来越低。［Sidgwick（1906）93］

这些话也过于严厉……近乎天才的良好感觉。［Rashdall（1892）］……极精确的讨论。［Broad（1959）14］

第 xli 页　还存在着更深刻的问题……"最令人气愤的"一部著作。［O'Neill（1989）126］

第 xlii 页　如果我早知道……很不可靠的。［Kemp Smith（1915）531］……尽其所能做最好的事情。［Kant（R）72］

第 xlii 页　我如果早知道……伟大思想家中最不精确的。[Kemp Smith（1915）527]尽管这话是关于康德《纯粹理性批判》的，但我认为它也适用于康德关于伦理学的书。

康德写过……最大的义务。（C2：24）

我们如果回顾……自身意愿的方式行动。（G：432）

第 xliii 页　自杀……斯多亚学派关于自杀……（LE：127，148，369）

正是"假定"……一个评价者表示……[Korsgaard（1996）126]

第 xliv 页　对于其他的此类例子……远不如一个纯粹的物件。（MM：429-430）

康德有时……理性批评的宣判。（HSM：177）

我认为，康德的有些观点……以及多样的言说方式。[Rawls（2000）18]

第 xlv 页　西季威克早已离世……对我的鼓舞最大。参见内格尔非常精彩的论述 [*The View from Nowhere*（Oxford University Press，1986），特别是第八章，以及 *The Last Word*（Oxford University Press，1997）]。

第 31 页　我们很难解释……算作支持……我在这一点上追随斯坎伦的观点。[Scanlon，*What We Owe to Each Other*，Scanlon（1998）Chapter 1]

第 36 页　许多人主张……这并不是最好的看法……（参见本书第 16 节）

495　要想成为完全理性的……这些要求引出了几个有趣的问题。参见 Kolodny（2005），Broome（即出），Scanlon（即出）。

我将在后文给出……（本书第 17 节）

第 38 页　男管家的背部结了冰。[Wodehouse（1952）93]

第 39 页　斯坎伦主张……不能给予我们理由。（WWO*：97）斯坎伦称此为推卸责任的观点。

我认为这种观点……是误导性的。斯坎伦尽管主张好性质与坏性质并不是给予理由的属性，但有时候会提及这种派生的理由。例如，斯坎伦写道："有不止一种理由要对痛苦中的人做出回应：他的痛苦是坏的，我们有义务帮他减轻它"（WWO：181）。斯坎伦会同意，第一种理由的根源是使这个人的痛苦是坏的那些特征。

第 46 页　大多数事情是好的……就在那里，闪闪发光。[Korsgaard（1996）225，278]

第 48 页　我们尽管若有理由……通常能给出理由。我在这一点上追随斯坎伦的观点（WWO：18-22）。

第 52 页　如果目的式理由……而成为外在地好的。我得出这些区分在部分程度上遵循了科丝嘉的观点 [Korsgaard（1996）Chapter 8]。

第 54 页　这些说法是有争议的……无论它们还是我们的意识状态就都不是坏的。对于一种不同的观点，参见 Rachels（2000）。

第 55 页　首先，许多人相信……[Korsgaard（1996）262]

科丝嘉的话……而赋予其价值。[Korsgaard（1996）284]

第 57 页　没有人对时间具有这种态度……我讨论了这些时间

＊ WWO 为 *What We Owe to Each Other* 的缩写，见本书参考文献。

偏好，参见 RP 第 Sections 62～70 节。（在那个折磨人的讨论中，我并没有交代清楚，在我看来，最理性的态度是时间中立。）

第 61 页　知情欲求理论……才是我们应该满足的。我在这一点上遵循彼得·雷尔顿的观点［Peter Railton，'Moral Realism'，in Darwall（1992B）142 and Note 15］。

第 65 页　理由的主观主义……［Korsgaard（1996）317，Williams（1985）19］

我认为，我们应当……如前文一样，参见 Scanlon（WWO）Chapter 1；另外参见 Raz（2000）Chapter 2。

第二……欲求与信念之间做出区分。正如斯坎伦所写："如果具有一种欲求涉及明白是欲求之外的事物提供了一个理由，那么这就可以解释'欲求提供理由'这种观念的可行性。情况的确是'具有一种欲求涉及认为具有一个理由'。这种错误在于混淆了理由与个人把它看作一个理由"［Scanlon（2002）338］。

496　第 66 页　第六……给予完全同等的权重。我在这一点上追随斯坎伦的观点［Scanlon（2003B）］。类似的主张也适用于成本收益分析。这些分析能正确地诉诸人们的偏好，而不用由此假定一种基于欲求的理由理论……例如，诺齐克就主张……［Nozick（1993）176］

第 70 页　没有那门科学……［LE*：58－59（27：264－265），Sidgwick（ME）74－75］

第 73 页　在做出这些主张时……子女及其他近亲的爱。对这

　＊　LE 为 *Lectures on Ethics* 的缩写，见本书参考文献。

种给出理由之事实的讨论，参见 Kolodny（2003），（2010），（即出）。

第 77 页　主观主义者可能回应说……"适度的审慎"。[Williams（2006）111]

第 78 页　然而，主观主义者不能……我们都可以是程序上理性的。威廉姆斯做出了这种区分［'Internal Reasons and the Obscurity of Blame', in Williams（1995）36－37]。

知道人们是理性的……[Rawls（1996）49]

第 79 页　也许有人会如此反驳……[Michael Smith，'Desires，Values，Reasons，and the Dualism of Practical Reason', in Suikannen（2009）] 我在此总结了史密斯所称的 R 原则（120）。

史密斯说……但发生在周二的除外。（同上，注释5）

第 80 页　为了阐明这种要求……[Smith（2004）269－270]

第 94 页　他们也不能融贯地断言……更有理由要去努力满足的。对于此类理论的类似反驳，参见 Enoch（2005）。

并没有必要确定特别合理的目的。[Korsgaard（1996）261] 如果我们没有评估我们的选择对象，那么我们的选择是否应该被称作合理的，这就是不清楚的。

第 96 页　我认为……什么对我们是重要的就够了。[Frankfurt（1988）81，91 Note 3]

第 97 页　某人真的完全不关注……[Frankfurt（2004）22]

第 98 页　不是关于关注的事实性问题……[Frankfurt（2004）28]

爱对于爱人者本身……［Frankfurt（2004）37］

第 99 页　当某个目的……［Frankfurt（2004）56］法兰克福使用"义务"这个词，但他不是在讨论道德，因此，这个义务最多只是一种决定性理由。

第 103 页　个人的善……［Rawls（TJ＊）395］罗尔斯的厚重（thick）善理论令人吃惊的是类似的。

会采用的……［Rawls（TJ）417］

尽管这样的问题……但个人经过这种慎思后事实上会选择什么却是一个心理学问题。正如西季威克提到的（ME：112），罗尔斯声称在给出这个定义时，他是在追随西季威克。虽然西季威克提出了类似的定义且主张它有某些优点，但西季威克拒绝了这个定义，在部分程度上是因为这个定义不是规范性的。西季威克然后定义其利益为"如果我的欲求与理性和谐一致的话，假定我只考虑自己的存在，我实际上应该欲求什么"（ME：109－113）。在早前的一个版本中，西季威克把"由理性所规定的终极目的作为我们应当寻求或指向的事物"［ME（第五版）112，强调为我所加］。

它是个人在具有……［Rawls（TJ）408，强调为我所加］

我们无论具有……想要什么或赞同什么。［Rawls（TJ）184－185］

第 104 页　人们可能会主张……没有任何办法可以超越慎思理性。［Rawls（TJ）560］

然而，罗尔斯的主张……我们想要说的一切。［Rawls（TJ）

＊ TJ 为 *A Theory of Justice* 的缩写，见本书参考文献。

401，也可参见此书第 111 页和第 451 页〕

第 107 页　这些黯淡的观点……大部分主观主义者理所当然地认为……甚至对于声称质疑基于欲求的主观理论的某些作者来说，情况也是如此。例如，诺齐克提出了二十三条关于我们应该如何超越一种理性的纯工具性的、基于欲求的论说的建议〔Nozick (1993) Chapter V〕。但没有一条建议含有这样的观点：我们具有欲求的理由中，有些是这些对象或我们想要之物的内在特征所给予的。

第 108 页　有些主观主义者的论证……这个理由就是基于欲求的。例如，这个论证是由威廉姆斯提出的〔'Internal and External Reasons', in Williams (1981) 102 and 106−107；'Internal Reasons and the Obscurity of Blame', in Williams (1995) 39〕。对此论证更长的讨论，参见 'Reasons and Motivation', in Parfit (1997)。

第 110 页　哲学自然主义者……〔Darwall (1992) 168〕

基于最深刻的反思……〔Stephen Darwall, Allan Gibbard, and Peter Railton, in Darwall (1992B) and Darwall (1996) 176−177〕

我认为，理由的这种自然主义论说……必须是错的。我的这些话遵循了内格尔的观点〔Nagel (1986), (1997)〕。

第 113 页　许多人……休谟表示……休谟写道，尽管欲求不可能在严格意义上与"人的理性相悖"，但它们在"立基于错误的假定"之时可能在不严格的意义上是"不合情理的"（Hume's Treatise, Book II, Part III, Section III）。我在第 111 节对休谟的观点做了进一步的探讨。

我们若想是完全理性的……探讨这些要求。参见 Kolodny

（2005），Scanlon（即出），Broome（即出）。

第 118 页　努力获得真理……实践理由与认知理由支持对不同问题的答案。参见 Kelly（2003）。

第 119 页　然而，正如以前一样……正如斯坎伦提到的……（WWO：Chapter 1）

第 121 页　斯坎伦在讨论……（WWO：29−31）

第 123 页　我已经拒绝了……斯坎伦在某种意义上……（WWO：25−30）

第 125 页　基于一种普遍的观点……这将是一种合理的不合理性情形。对于一些例子，参见附录 A 和附录 B。

第 126 页　按照其他某种类似的观点……布兰德特表示，参见 Brandt（1979）和 Brandt（1992）。

第 128 页　当这种偏好依赖于……在理论上是有趣的……对于一些极迷人的论证，参见 Temkin（1987），（1996），（2009），（即出）；Rachels（1998）。这样的论证一旦成功就极具实践重要性。

第 130 页　理由的各种客观理论……我将论证，情况不是这样的。参见本书第二十二章。

第 131 页　在其乏味的大作《伦理学方法》……西季威克尽管称利己主义为"伦理学方法"之一，但却是在讨论他称之为个体行动的合理目的的观点。（ME：xxviii，强调为我所加）

实践理由的二元论……（ME：Concluding Chapter）这只是西季威克的部分观点。他还提出了其他主张，我在第 20 节会转向它们。

第 133 页　西季威克对其观点的辩护……理由关注自身的福祉。用西季威克的话说，"否认人与人之间的区分是真实且根本性的，这有悖常识，'我'由此关注自己作为个体的生活质量，在某种意义上是有根本重要性的，且无法在这种意义上关注其他个体的生活质量。因此，我无法明白，我们如何能够证成不把这种区分看作根本性的，从而决定一个人理性行动的终极目的"（ME：498）……伦理学的根本事实。［Findlay（1961）294］比较罗尔斯的主张："效用主义者并没有严肃地对待人与人的分立性"［Rawls（TJ）27］。

西季威克的二元论……内格尔所称的……参见 Nagel（1986），特别是其第八、九章，以及 Nagel（1991）第二章。西季威克论及"关于人类个体的不可避免的双重观念：作为一个完整体的个人，以及作为更大世界的一个部分的人。有些事物是他把自己作为一个独立单元考虑时合理地欲求的，还有些事物是他采取一个更大的整体视角时他必须再次承认要合理地欲求的"［ME（第三版）：402，引自 Schneewind（1977）369］。西季威克还写道："从宇宙的视角（……）看，任何单个个体的利益都不比任何其他个体的利益更重要……作为一个理性存在者，我的目标必定在于普遍的利益……而不仅仅在于其中的某个特定部分"（ME：382）。内格尔称此为"对个人自己视角的超越……伦理学中最重要的创造性力量"［Nagel（1986）8］。　　　*499*

我们接下来假定……没法给我们任何指南。（ME：508）

第 134 页　我们能称此为两视角论证。西季威克并没有明确地断言（D）和（E），但他的推理看起来需要这些前提。

第 136 页　我很快会转向……关注他们的福祉。对这些理由的讨论，参见 Kolodny（2003）。

假定我从……〔Nagel（1986）160〕

第 138 页　在思想中，痛苦可以与……〔Nagel（1986）161〕

第 142 页　西季威克怀疑……（ME：386 Note 4）

有的作者在考虑……就是傻瓜。〔Reid（1983）598〕里德可能没有承诺这种观点，因为他认为我们并没有面临这种困境。

第 143 页　我们关于行动之内在合情理性……〔ME（第一版，1874）：473〕既然西季威克在后面版本中删除了这一段，那么这里就值得整段引用："但是，合理利己主义原则和建构整体的义务体系之原则之间的这种根本对立，在与其他方法调和之后只会显得更为清晰与尖锐。'履行社会义务有益的不是自己而是他人，这个古老的、不道德的悖论无法为经验论证所完全驳倒：我们越是研究这些论证，就越是被迫承认，如果我能依赖的只有这些，那么就必定存在着这种悖论为真的情形。然后我们就只能与巴特勒（Butler）一道承认：寻求个人自己的幸福终究说来是合情理的。因此，如果没有一个可为经验证实且调和个人与普遍理性的假设，没有（不管以何种形式出现的）这一信念，即我们以为在现实世界里没有完善地实现的道德秩序实际上依然是完善的，那么我们关于行动之内在合情理性的整个信念体系就会坍塌。如果我们拒绝这种信念，那么我们也许仍然能够在非道德的宇宙中发现思辨理性的恰当对象，能够在某种意义上最终得到理解。但是义务的秩序由此实际上就会被归为混乱，人类知识分子为建构一种理性行动的完美理想而做出的长期努力似乎注定会失败。"

第 144 页　还有第三种可能性……去行正义之举。[Rawls（TJ）575]

第 146 页　我们接下来要提到……没有那么重要。例如，这个得到了强有力的论证，参见 Kolodny（2005），Scanlon（2007），Broome（即出）。

第 156 页　我们很难明白……更讲不通。参见 "Moral Luck" in Nagel（1979）。 *500*

第 158 页　在所有使……在逃的奴隶逃脱。参见 Bennett（1974）123—134。

第 161 页　我们还有一个理由可以解释……正如西季威克同样指出的……（ME：207—208）

第 168 页　从宇宙的视角看，任何单个人的利益……（ME：382—383）

第 168 页　这类后果主义最好被看作……"卑鄙的"目标。（ME：200，403）

第 169 页　这些人可能认为……道德的外部对手。例如，西季威克写道："效用主义道德可能被选择'普遍利益'作为其终极目的的那些人接受，无论这些人这么选择是基于宗教根据，是由于其心中不偏不倚的同情之主导，是因为他们出于良知的行动符合效用主义原则，还是出于如此种种的理由之某一组合"[Sidgwick（2000）607]。西季威克对第二和第三种群体的区分看来提出的是一种"不偏不倚理性"的后果主义。

第173页　首先假定……斯坎伦所称的……（WWO：97）

第174页　我们应该如何理解……［Rawls（TJ）52，Nagel（1995）182］

我不是要提出一种……"最高的道德原则"。（G：392）参考页码指的是普鲁士学院版的页码，这是绝大部分英文版给出的页码。

第177页　人性公式……用康德的话说："人与一般意义上的理性存在者，是作为自在目的的存在，不是这个或那个意志可以随意用作纯粹手段的存在；相反，他必须在他的所有行动中，不管行动是针对自己还是针对其他理性存在者，总是被同时当作一种目的"（G：428-429）。

如果我想用许假诺……（G：430）

科丝嘉评论道……［Korsgaard（1996）139］

奥尼尔同样写道……［参见 O'Neill（1989）111］

第178页　科丝嘉得出……［Korsgaard（1996）140］

科丝嘉可能会说，康德的主张……欺骗总是不当的。我这里遵循科丝嘉的观点［Korsgaard（1996）295-296］。（科丝嘉本人并不认为欺骗总是不当的。）

第179页　我们现在回到康德的这个主张……康德说他欺骗的那个人"没有可能对我对待他的方式表示同意"，随后指其话语引入了他所称的"其他人的原则"（G：430）。（A）是这个原则最简单的陈述。

奥尼尔同样写道……［O'Neill（1989）110］ *501*

第 180 页　给予选择的原则……科丝嘉写道："其他人不可能具有这个相同行动的目的，因为你的行动方式阻止她选择是否对该目的的实现有所贡献"［Korsgaard（1996）138-139］。

第 181 页　我称此为同意原则。其他作者已经假定或主张这是康德的意思，例如参见 Hill（1992）45。

有几个理由……无法合理地做这件事。例如，当康德主张我们不能意愿某个准则成为普遍法则时，这看来常常为真。

就不可能同意……（G：429-430，强调为我所加）

第 182 页　我们能否……罗尔斯表示……［参见 Rawls（2000）100-191］希尔提出了一个类似的主张［Hill（1992）45］。

第 183 页　为了支持……"完全相同法则"。（G：436）罗尔斯因此提出……［Rawls（2000）191，182-183］

这个提议贬低……提出一个新原则。（C2＊：Note on p. 8）赫尔曼所称的……［Herman（1993）vii］

第 198 页　正如我说过的，尽管自己的偏好……［参见前文第 66 页的注释＊＊］

第 210 页　拥有财力……（MM：454）参见 Wood（1999）5-8，我从伍德那里获得这个以及下一个引用。

一个人可能参与……［LE：179（27：416）］

在运用这一版本……极其困难的问题。这可能是大部分富裕者

＊ C2 为 *Critique of Practical Reason* 的缩写，见本书参考文献。
＊＊ 指本部分以"第 66 页"为词条的注释。

面临的最重要的道德问题。四个卓越的讨论，参见 Murphy（2000），Mulgan（2001），Cullity（2004），Pogge（2002）。参见且（我指望）回应：www. givingwhatwecan. org。

第 211 页　然而，同意原则不可能……最高的道德原则。（G：392）

第 212 页　纯粹手段原则……康德写道："所有理性存在者都处于如下法则的支配下：其中每一个人都要把他本人以及其他所有人，绝不能纯粹当作手段而总是要同时当作自在目的来对待"（G：433）。

第 213 页　卡姆拒绝……卡姆在讨论中给了我这个反驳。参见Kamm（2007）第 12～13 页及其注释，卡姆提出了一个纯粹当作手段来对待的论说，完全不同于我的论说。基于卡姆的论说，我们是否把某人纯粹当作手段来对待，并不取决于我们对这个人的态度。即使我们没有把这个人当作手段来对待，甚至为了这个人的缘故而牺牲自己的生命，我们仍然可能是把他当作纯粹手段来对待。尽管卡姆提出了几个可行的道德主张，但我认为，她并没有描述"纯粹当作手段来对待"的日常意义。

富裕者不给穷人任何东西……（G：423）（康德讨论了某个"过得称心如意"的人，此人对那些穷人"没做任何贡献"。）

第 214 页　某个道德信念要想……康德认为残酷地对待动物……（MM：443）但是康德赞扬了莱布尼茨在显微镜下观察一个虫子后，不怕麻烦把它放回到叶子上去（C2：5：160）。

第 216 页　一个人若想许假承诺……（G：429）

第 217 页　如果我们不能诉诸（3）……我们的主张应该只是……对于这些主张的进一步的辩护，参见下文的第 42 节。

第三种纯粹手段原则……例如，诺齐克做过这样的主张，参见 Nozick（1974）31。

第 218 页　我们接下来可以……康德主张……就是他们作为目的……例如，"理性存在者……总是同时被当作目的而得到重视，也就是说，只作为必须能够自身包含在那个相同行动的目的之中的存在"（G：429−430）。

第 219 页　人们也许会主张，在桥梁情形中，你并不是真正地把杀我当作手段来救五个人……这个反驳是由本内特（Bennett）给出的［Bennett（1995）Chapter 11］。

第 224 页　我们如果强制或欺骗他人……［O'Neill（1989）111，114］

科丝嘉同样写道……［Korsgaard（1996）347］科丝嘉可能只想描述康德的观点。

第 225 页　把某物纯粹当作手段来对待……［O'Neill（1989）138］

科丝嘉也写道，基于康德的观点……［Korsgaard（1996）142］

这个主张蕴含着……科丝嘉还写道……［Korsgaard（1996）93］

第 226 页　我们会在非日常意义上……例如，罗尔斯提出……［Rawls（TJ），111，184］罗尔斯还提出［Rawls（1999）355］……这就使……主张变成无足轻重的……既然罗尔斯根本没有这些意义上的"正当的"和"真的"，那么我的话对他的道德理论就并不构成反驳。

第 227 页 "纯粹当作手段"这个术语……在特殊意义上使用这个术语。如果某个人自杀以避免痛苦或者让自己得到性快感，康德主张这个人因此把自己纯粹当作手段来对待了（G：429；MM：425）。

第 229 页 这个原则……按照汤普逊的讲法……［Thomson（1990）166-168］汤普逊补充道："然而，当数字变得极大时，有些人开始感觉到紧张，数百、数百万甚至整个亚洲的人口！"

503 第 231 页 我们接下来转向……例如，按照汤普逊的看法……［Thomson（1990）153］汤普逊的主张是关于救四条人命的，但我认为她会将其运用于救一条人命。

第 233 页 康德在对人性公式的另一个评论中写道，每个理性存在者……（G：428）

伍德表示……［Wood（1999）152-155］

然而，我们无须……伍德表示［Wood（1999）117］

第 234 页 某些不当的行动……傲慢或鄙视的行动。（MM：462-468）

伍德称（C）……［Wood（2002）172］……伍德主张，尽管（C）……［Wood（1999）155］伍德指出……［Wood（1999）139］篇幅最大的一部关于道德的著作中……这部书是《道德形而上学》。

我认为，康德的论述……正如伍德本人所承认的……

［Wood（2006）346］康德写道，我们发展自己天赋之责（MM：444，392）……贬低或玷污了人性……（MM：423-425）纯粹的物件（MM：429-430）

第 235 页　伍德表示……［Wood（1999）154，371，Note 32］

当康德解释……罗尔斯称……［Rawls（TJ）31，Note 16］但相对而言，伍德主张……［Wood（1999）141］赫尔曼表示……［Herman（1993）208，153］我们在考虑康德的价值主张之前……以某种方式做出回应。我这里遵循斯坎伦的观点［Scanlon（WWO）Chapters 1，2］。

第 237 页　当我们断言……［Moore（1903）171］（摩尔在本段末尾的论述似乎与这个主张相冲突。）

斯坎伦写道，理解某物的价值……（WWO：99）

第 238 页　首先是把人的生命……（WWO：104）

第 239 页　斯坎伦拒绝……（WWO：105）

我们接下来考虑……康德所称的尊严……价值。（G：435-436）

第 240 页　一个这样的目的是拥有一种善意志……构成善意志的一种活动。赫尔曼写道："善的领域就是理性活动和能动性（即意愿）"［Herman（1993）213］……真正天职……（G：396-397）

另一个……有待产生……（G：433，438）

第三个这样的目的……相配的一切幸福。参考文献上，可参见第 34 节开头的注释……竭尽所能来产生它。C2 第 119 页康德的术语是"das hochste Gut"，其字面含义是"最高级的善"。但康德的术语具有误导性。正如康德自己指出的，他所称的"das hochste Gut"并不具有比善意志的善性更为高级的善性，而只是最为完备的善性（C2：111）。我的翻译"至善"能更好地表示康德的意指，这种善是至善，不是因为是最高级的，而是因为是最完备的。

504　　　　可能还有第四个这样的目的……（G：428，*The Critique of Judgment* 442-443）

我们可以回到……［Wood（1999）133，Herman（1993）238］伍德写道："然而，康德提出绝对命令的根据是任何具有人性（也就是出于理性来设立目的的能力，不管其意图是好是坏）之存在物的价值"［Wood（1999）120-121］。康德有时言及，我们以某种方式行动不当时，我们就在抛弃我们的人性，由此，我们比纯粹物件的价值还要低。但这并不是康德的观点。

第 241 页　我一直在忽略……赫尔曼写道……［Herman（1993）213］伍德甚至称……［Wood（1999）121］希尔类似地写道，当康德主张个人是自在目的时，这是"内在于人的理性是这样一种目的"的简略说法［Hill（1992）392］。

基于康德的观点……后者他称为价格（G：435）……卡笛莱尔·纽曼主张……［Newman（1901）Vol I，204］

第 242 页　接下来有人可能会主张……［Hill（1992）50-57］

道德和人性……（G：435）

"人性"这个语词……康德确实谴责……（MM：427）

第 243 页　赫尔曼写道，康德关于价值的主张……［Herman（1993）215，210］

康德可能不会……所称的"道德地位"。[Herman（1993）129]

第 244 页　康德主张，最高的善或至善……例如，康德写道："这个世界的最伟大的善、至善或配有最大可能程度善的道德"[LE：440（27：717）]。（参见前文第 240 页的注释 * 中关于我对"至善"这个词之翻译的主张。）

每个人都应当努力……（C2：125）（当康德写"我们"时，他意指"我们所有人"）他还写道："这个世界至善的产生就是由道德法则所决定的意志的必然对象"（C2：122），"尽我们最大的能力来实现至善正是我们的义务"（C2：143 Note）。

道德法则命令……（C2：129）

第 245 页　这个理想的世界……接近康德的理想。我在此遵循康德，他写道："他们用这来意指这个世界可获得的最高的善——它纵然是我们无法企及的，却是我们必须靠近的，也因而必须是通过手段之实现而予以靠近的"[LE：253（27：482）]。他还写道："我称之为理想的这种至善，亦即可设想的最大情形，这里任何事物都是据此决定和衡量的。在任何情况下，我们都必须先构想某种典范，由此一切事物可据之得以评判"[LE：44（27：247）]。

康德主张……有些作者表示……例如斯蒂芬·安斯特朗姆写道，基于康德的观点，幸福与德性的这种匹配会是"次优的事情"[Engstrom（1992）769]。

康德的如下主张是不可行的……正如康德所假定的，我们常常具有这种信念……例如康德写道："一位不偏不倚的理性观察者永

---

　　* 指本部分以"第 240 页"为词条的注释。

远不会乐于"见到一个毫无德性的人享有幸福，当让这个人的幸福被剥夺时，"每个人都赞同且觉得这本身就是善的"。他还写道："如果某人喜欢激怒与打扰爱好和平的人，他最终因他的某一次挑衅而受到厉害的鞭打……每个人都会赞同它且认为这本身就是好的，即使这没有任何进一步的结果"（C2：61）。

第 247 页　善恶概念绝不可……（C2：63-64）

所有命令……（G：413）

第 248 页　康德这里所做的似乎……"是实践上必然的，也就是善的"（G：412）

K1：善意志……用康德的话说，"我们根本就无法想象，这个世界上除了善意志，还有任何事物可以被认为是无条件地善的"（G：393）。他继续说这种善性是无可超越和绝对的。

康德宣称，古希腊人……（C2：64）

第 249 页　这似乎是……做一切善的事情。（R：72）

第 250 页　对道德法则的履行……［LE：440-441（27：717）］这个最高的目的就是至善。

对道德法则最严格的遵守……［R6：7-8（long note）］

第 251 页　正如西季威克后来所论证的，这个假设也是相当可行的。（ME：Book IV Chapters III to V）

第 252 页　摩尔接近于接受（C）……遵循某种最优的常识规则……摩尔补充说，只要这些规则既是"普遍有用也是可普遍实践的"［Moore（1903）211-213］。摩尔否认最多的幸福就是最好的，但这与此无关。

第 254 页　休谟在讨论……"整体框架"……［*Enquiry* Appendix III，256（强调为我所加）］他还写道："这里单个行动的结果在许多情形下都是与整个体系的结果直接相反的；前者可能是极为有害的，而后者可能是最为有益的。"休谟在《人性论》中写道："单个的正义之举可能与公共利益或者私人利益相悖，然而整个计划或体系肯定是富有效率的，无论对于社会的支持还是对于每个人的福利，实际上是绝对必要的。我们不可能把善与恶分开"（Book III，Section 2，497 in Selby-Bigge）。

当康德为另一个……*严格的原则*……辩护……我会尽可能地产生它……（SRL*8：425-430）　*506*

第 255 页　由此一个谎言……（SRL8：426）

促进他人的幸福……［LE：388（27：651）］

如果至善存在……［*Metaphysik* L1（28：337），来自大约 1778 年的讲座，转引自 Guyer（2000）94］

第 257 页　尽管我们可以试图……康德在别处主张……（MM：385-388）我们促进自己德性的义务是我们促进自己完善这个义务中最重要的部分，后者还包含我们作为理性存在者的其他能力。

基于康德的观点……例如参见上文第 245 页注释**中的引用。

这些关于应得的主张……正如罗尔斯写道："在 CI 程序中没有

---

　*　SRL 是 *On a Supposed Right to Lie from Altruistic Motives* 的缩写，见本书参考文献。

　**　指本部分以"第 245 页"为词条的注释。

任何因素能够产生要求我们让幸福与德性成比例的戒律"[Rawls（2000）316]。

理性并不赞成幸福……（C1*：640）他还写道："在实践理由观念中，还有进一步的因素伴随着对道德法则的僭越，即它应得的惩罚"（C2：37）。

第 258 页　按照决定论……康德主张……用康德的话说，"他必须假定行动中有意志自由，无此就没有任何道德"（REV**8：14）。

第 261 页　康德称此种相容主义观点为"拙劣的托词"。（C2：5：96）

第 262 页　除非我们认为……（REV8：13）

自由的实践概念……（REV8：13）

第 265 页　相当于让它受控于盲目的机会。（C2：5：95）

第 266 页　为了避免这种争论……引起的行动不是事件。对这些问题的卓越讨论，参见 Nagel（1987）Chapter VII。

第 267 页　人必须使……（R6：44）

亚里士多德类似地写道……（*Nicomachean Ethics* 1114a19, cf. 1114b30 seq）

第 268 页　（J）如果我们的行动……这些行动负责……［参见 Nagel（1986）Chapter 7]我对这个论证的陈述部分程度上遵循了盖伦·斯特劳森的观点，他给出了这个论证的一个卓越版本［Straw-

---

　＊　C1 为 *Critique of Pure Reason* 的缩写，见本书参考文献。

　＊＊　REV 为 *Review of Schulz，Attempt at an Introduction* 的缩写，见本书参考文献。

son（1994），Strawson（1998）]。

第 272 页　我们能够应得许多东西……但从没有任何人能够应得受苦……"没有人能够应得受苦"这个信念引出了很多问题，对这些问题的讨论，参见 Sidgwick（ME）的第五章（特别见其中的第 4 节），以及 Pereboom（2001）的第五至七章。

尽管康德对……所具有的未经开发的理论能量与活力……[Herman（1993）vii]

第 275 页　行动的正当与否……其中有这样一些例子……（C2：27，C2：19，G：423，C2：34）

一种作为"普遍允许的法则"的准则。（MM：453）康德还提及某种法则的普遍性，即每个人都能够以某些方式行动（G：422，强调为我所加）。

第 277 页　有些作者提出，康德的意思是（D）……例见 O'Neill（1989）157。[奥尼尔的观点此后有所改变。例见 O'Neill（1996）59。]

但康德实际的公式是（F）……康德在讨论许假诺时（G：422）以及在许多其他段落（其中一些我在后文要提到）的论述中诉诸了（F）。我得承认，康德在讨论"自杀以免麻烦"（亦参见 G：422）的准则时没有诉诸（F）。康德没有宣称：如果我们全都接受这个准则或相信这样自杀是可允许的，那么这将使自杀变得不可能。这种说法显然错误。康德的主张反倒是这样的：由于这样自杀的动机关系到我们自身的福祉，而自然赋予我们这种动机是为了保存我们的生命这一目的，那么就不可能存在这样一条自然法：由该自然法而来的这一动机会引导我们去自我毁灭。他写道，如果存在这样一种法则，那么自然就会陷入"自相矛盾"。这些主张没有支持康德的公式。康德在别处主张：如果每个人都"能够任意了结自己的生命，那么这样一种安排就不会作为一种持续的自然秩序"。这个主张假定：如果我们都相信自杀是可允许的，那么人类就不可能持存，因为过多的人会在尚未成年生养孩子之前就自杀。这不太可能正确。

先考察……如赫尔曼所指出的……〔Herman（1993）118-119〕

第 278 页　似乎是足够的……〔Herman（1993）119〕

撒谎由于会骗人，通常……〔Korsgaard（1996）136〕

如果每个人的财产都可以被取走是一条普遍规则……〔LE：232-233（29：609）〕

第 279 页　在讨论……不会"自圆其说"。（C2：19）

上述失败……"……许假诺"。（G：402-403，422）

这一法则的普遍性……（G：422）

罗尔斯提议，在评估这一主张的过程中……〔Rawls（2000）169〕

第 281 页　康德或许会接受……因为康德曾主张……〔SRL8：425-430〕

第 282 页　科丝嘉……一定程度的答复……〔Korsgaard（1996）95〕

第 283 页　奥尼尔提出了（H）的一种较弱版本……〔O'Neill

（1989）133，135 以及别处〕

　　奥尼尔声称，这一公式谴责……〔O'Neill（1989）138 –
139〕……"削弱了他们的能动性"……〔O'Neill（1989）215 –
216〕

　　此外，（I）……带着争胜的目标进行竞技游戏。〔O'Neill
（1989）102–103〕

　　第284页　科丝嘉提出……〔Korsgaard（1996）92–93〕使用 *508*
最不拥挤的网球场……〔Herman（1993）138–139〕偿还信用卡上
的债务……〔Blackburn（1998）218〕举办令人意外的舞会……
〔Herman（1993）141〕

　　第285页　普遍法则公式……康德提出了许多版本的这一公
式，其中大多数都采取命令的形式，乃至它们既不可能真也不可能
假。但在第一次提出该公式时，康德写道："我绝不应当行动，除
非以这样的方式行动：我能够同时意愿我的准则成为普遍法
则"（G：402）。

　　康德提到……如赫尔曼所指出的……〔Herman（1993）123〕

　　就意愿某一准则……康德有时声称……例如，他写道："准则
必须这样被选择：它们将仿佛如普遍的自然法一般被持有"（G：
436）。另外参见G第421页和C2第69～70页。

　　第286页　可允许性公式……例如，康德写道："我究竟能否
对自己说：每个人在发现自己陷入困境时都能够做出虚假的承
诺？"（G：403）而且，他提及"这样一种法则的普遍性：每个人
都……能够随其所欲地许诺而又无意于守诺"（G：422）。类似地，

在另一处康德谈到"这样一种法则：每个人都能够否认一笔无人能证明其所有者的存款"（C2：27）。如我所言，康德言及一种作为"普遍允许的法则"的准则（MM：453）。（上述引用中的强调均为我所加。）这一可允许性版的康德公式由斯坎伦于 1983 年的未刊讲稿中提出。另外参见 Pogge（1998），Wood（1999）80，Herman（1993）120。

道德信念公式……康德并未明确诉诸这一公式。但据说他在讲座中曾讲："你应该这样行动：你的行动准则必须成为一种普遍法则，亦即其本身必须被普遍地认可"［LE：264（27：495－496）］。而且，康德还写道："如果每个人……都认为，自己只要对人生厌烦至极就有权自寻短见"（C2：69）。（如前，强调为我所加。）

康德谈到，他提出的……（G：403）

第 288 页　如前文所示，康德没有……如罗尔斯和赫尔曼所提议的……［Rawls（2000）167 Note 3］

第 289 页　这一反驳可以得到部分的答复……［O'Neill（1989）85］

第 290 页　这些言论没有完全……相关讨论参见 Wood（1999）103－105。

或许可以声称……罗尔斯主张……［Rawls（2000）187］

康德有类似的主张……（MM：455－457）

第 291 页　有些作者提出……康德经常讨论……（C2：34）

第 293 页　在考察了形形色色的反驳后……［Wood（2006）345，Wood（2002）172；Herman（1993）104，132；O'Neill（1975）129，125］另外参见 O'Neill（1989）130，Hill（2002）122。

这些人认为……〔Herman（1993）117；O'Neill（1989）86，98，103〕

第 294 页　用最简短但绝对可靠的方式告诉自己……（G：403）

某人厌倦生命……（G：422）

他仍然有足够的良知……（G：423）

他自问：怠慢其自然禀赋的准则是否……（G：421-422）

非常准确地确定……（C2：8 Note）康德还写道："所有的义务命令都可以从这个单一命令推衍出来"，并且"这些是许多实际义务之中的几种……非常清楚地派生于上述同一个原则"（G：424）。

有此罗盘在手，普通的人类理性……（G：404）

第 295 页　有些作者提出……（LN2）……奥尼尔、赫尔曼、博格和卡根全都做出或讨论了此类提议〔O'Neill（1989）87，130-131；Herman（1993）147-148；Pogge（2004）56-58；Kagan（2002）122-127〕。

第 297 页　在许多情形下，要给出关于某一行动的道德相关描述……以西季威克的举例来看……（ME：202 Note）西季威克声称，尽管这个革命党人的意图是刺杀沙皇，但他并非有意杀其他人这样的说法是错误的。我认为，还是这样说为好：这个人在意图做的，是以一种他知道会杀死许多其他人的方式行动。

第 298 页　按照我所提出的诸版本的康德公式……这个准则不是一种策略……在康德篇幅更大的论述中，这个准则是："从自爱出发，我使如下行动成为我的原则：在活得更久的痛苦大于愉悦时缩短寿命"（G：422）。这一准则可能是一种策略，因为我们经常能够以缩短寿命的方式行动。吸烟者每当吸烟时都可能在这样做。但康德此处是在讨论单一的自杀行为。

第 299 页　或许有人会质疑……［O'Neill（1975）112］……但如康德所指出的……（G：424）奥尼尔本人后来写道："这并不是说在现实世界，每一个欺骗者的思维中都存在某种矛盾"［O'Neill（1989）132］。

奥尼尔还提出……［O'Neill（1989）87］……以及奥尼尔在别处所主张的……［O'Neill（1975）112 - 117，124 - 143；O'Neill（1989）130］赫尔曼做出了类似的主张［Herman（1993）Chapters 4，10］。

第 307 页　以自我幸福的牺牲来促进他人的幸福……（MM：393）

第 308 页　一个例子是"不生养孩子……"……我的这个例子取自 Pogge（1998）190。

510　　第 309 页　博格提出……［Pogge（1998）190］在此博格是依照斯坎伦 1983 年的未刊讲稿。

第 313 页　是为一种理想事态设计的……［Korsgaard（1996）149］科丝嘉的这一主张并非关于康德的自然法公式的，而是关于他的人性公式做出的。但这种区别在此是不相关的。

第 314 页　问题在于……［Hill（2000）66］

第 317 页　R2 也是……譬如这样的理论……据我所知，对于规则后果主义近来最佳的陈述与辩护，参见 Hooker（2000）。

第 318 页　某一准则要通过……其他每个人都按此准则来行动。我部分地依照了卡根的某些提议［Kagan（2002），Kagan（1998）231−235］。

第 319 页　这一版本……拿出一大笔。参见胡克对这个问题的讨论［Hooker（2000）］。

在按此方式修正……回答"大多数人不会"就够了。如赫尔曼所指出的，参见 Herman（1993）Chapter 7。

第 321 页　我希望其他每个人……（MM：451）我将"仁慈的"（benevolent）换成了"有益的"（beneficent），因为这必定是康德想要表达的意思。

它不可能作为一条普遍法则……（G：430 Note）

第 322 页　然而如前文所示……康德声称，无人能够意愿这样的法则……（G：423）

第 325 页　按照内格尔的提议……［Nagel（1970）000*，Hare（1963）Chapter 6，Harsanyi（1955），Rawls（TJ）］

第 326 页　现在回到康德的主张……法官可以拒绝这一抗辩。如莱布尼茨所指出的，参见 Leibniz（1988）56。

按照……康德余下的反驳……然而，如康德在别处提出的……（MM：450−451）

第 328 页　康德公式……"直觉观念"……［O'Neill（1989）94］

---

* 原文如此。

第 329 页　对黄金规则的另一反驳……［Rawls（TJ）Section 30］

第 334 页　这个问题是有价值的。如康德所指出的……（例见 G：422）。

第 335 页　这个人如果做出这样的主张……对此类种族主义态度和行动的谴责……［参见 Wood（1999）3，7］

在阐明……康德想象……这个人的准则不是普遍法则。（例见 G：422）。

第 337 页　这种观点……如下情形……［Korsgaard（1996）101］

第 338 页　或许有人主张……内格尔提出……［Nagel（1991）42-43］

可能发生许多这样的情形……（G：423，强调为我所加）

第 339 页　罗尔斯对康德的公式提出……罗尔斯写道："我相信，康德可能已假定（我们的）决定……要经受至少两种信息方面的限制。某些限制是必要的，这一点显而易见……"［Rawls（2000）175］。在罗尔斯引证的两段中，一段是关于目的王国公式的，另一段（在第 176 页*）似乎未支持罗尔斯的解读。

根据……第三种解读……［Williams（1968）123-131］

斯坎伦提出……（WWO：170-171，以及未刊讲稿的总结）

除了按照我能够意愿的……我绝不应当按照其他任何方式行动……（G：402）

＊　指 Rawls（2000）的第 176 页。

第 340 页　这样一种观念……（G：432）而且，他提及"这样一种观点：每个理性存在者都必须将自身视为普遍法则的给予者……"。但康德从未明确地诉诸每个人都能够合理地意愿什么。例如，刚刚引用的这一说法，其结尾是"通过其意志的所有准则"（G：434）。如果每一个人都通过他的意志准则而将自身视为法则的提出者，那么他就不是在问哪些法则是每个人都能够意愿的。在其他好几处，在似乎将要诉诸每个人都能意愿什么时，康德就回到其普遍法则公式，并建议我们诉诸自己能够意愿的法则。

第 341 页　用斯坎伦的话来说……（WWO：171）

我曾说过，在考察了某些类似的反驳……［Wood（1999）172；Herman（1993）104，132；O'Neill（1975）125，129］

第 344 页　然而，要用这种方式来证成某些原则……"……在单个回合的妥协之中达成"。［Gauthier（1986）133］……不存在任何一组原则是每个人都应当合理选择的。［例见 Sugden（1990）］

第 345 页　有些作者接受……杀害土著……某些先天残疾者这一要求。　［Gauthier（1986）18 Note 30，268］但高契尔拒绝诉诸……［Gauthier（1986）269］

第 346 页　我已拒绝……"大量显而易见的义务"［引自 Gauthier（1986）17］且如罗尔斯所言，"对于每一个人来说，依据其威慑优势并不是一种正义观"（TJ：134）。

罗尔斯尽管也诉诸……他所称的作为公平的正当性。　（TJ：Sections 18-19）对于他这部分的观点，罗尔斯尽管谈得很少，但显然认为很重要。例如，他写道："也许我能把本书的目的最好地表达如下：在现代道德哲学的诸多理论中，占支配地位的系统理论一直是某种形式的效用主义……我认为，他们没能建立起一种可与效用主义相抗衡的、可行而系统的道德理论"（第 xvii 页*）。只有在对道德的契约论论说中，罗尔斯才提出了一种对效用主义的替代理论。

第 347 页　如果一个具有慎思理性的人想要……（TJ：569）

512　然而，既然罗尔斯……不会有充分的理由去履行正义的要求。（TJ：57）

我们知道人们是理性的……［Rawls（1996）49］

第 348 页　这一定义由于……（TJ：184-185）可比较他的如下主张："为了各方能有所选择，可假定他们拥有对基本善的欲求"［Rawls（1999）266］。

作为契约论者，罗尔斯诉诸……罗尔斯就补充了一个动机假设。在诉诸其公式的过程中，罗尔斯写道："我们用关于合理审慎的判断（a judgment about rational prudence）代替了伦理的判断"（TJ：44）。处在无知之幕背后，我们被"假定彼此之间毫不关心对方的利益"（TJ：147）。他还写道，处在无知之幕背后的人们"为他们关于如下情况的合理评价所驱动：哪种选项最可能促进他们的利益"［Rawls（1999）312］。罗尔斯并没有假定：在现实世界，每个人都是自利的。

在选择原则时……（TJ：142）

---

* 指 TJ 的第 xvii 页。

第 349 页　第一，如果每个人……"……将复杂得令人绝望"。(TJ：140)

第二，如罗尔斯所指出的……如罗尔斯所言，"相互冷淡与无知之幕的结合达到了同仁慈一样的用处。因为这种条件的结合迫使原初状态下的每一个人都会考虑他人的利益"(TJ：148)。在此罗尔斯是与不偏不倚的仁慈相比较，且如他所指出的，无知之幕使有偏向（partiality）变得不可能。

罗尔斯写道，其主要目标之一……(TJ：22)……如罗尔斯本人所指出的……例如，他写道："效用主义者把适用于个人的选择原则扩展到社会"(TJ：28)。

第 350 页　罗尔斯意识到这个问题……罗尔斯声称，按照这个假定……(TJ：165-166；RE)

似乎没有任何客观的根据……(TJ：168)

这一评论……他写道，他的公式……(TJ：122，121；RE)

第 351 页　旨在支持尽可能最厚的无知之幕……〔Rawls (1999) 335-336；另外参见 Rawls (TJ) Section 40〕

我认为，对无知公式的这一辩护……足以做出合理的决定。如罗尔斯在 TJ 第 397 页的主张……"……异己原因的决定而独立地行动"。〔Rawls (1999) 265〕

第 352 页　继而回顾，如罗尔斯所主张的……(TJ：166)……就没有如他所期望的那样……提供一种……论证。对罗尔斯论证的这一反驳，我取自 Nagel (1973)。

第 354 页　做出决定的唯一根据……(TJ：584)

513　　　完全可能的是……（TJ：29）

第 355 页　对于契约观……［Rawls（1999）174］

第 356 页　不允许出现这样的情况：强加于少数人的牺牲……（TJ：4）

根据若干作者……尤见于 Nagel（1979）中的《平等》（"Equality"）。

第 360 页　斯坎伦的公式……（WWO：4-5，Chapter 5）

这种反驳忽略了如下事实……斯坎伦诉诸这种道义式信念的限制（尽管未用此名），参见 WWO：4-5，194，213-216。

第 361 页　……就是不合情理的。［Scanlon（1997）272］

第 362 页　与罗尔斯一样，斯坎伦……（WWO：215）

行动效用主义的蕴含……［Scanlon（1997）267］

第 367 页　另一种回答诉诸……罗尔斯写道，根据直觉主义者的看法……［Rawls（1999）344］……根据一种罗尔斯称之为建构主义的不同观点……罗尔斯写道："'接近于道德真理'这种观念在建构主义学说中并无一席之地……也不存在任何道德事实是所采纳的原则要接近的"［Rawls（1999）353］。

用罗尔斯的话来说……是由我们决定的。［Rawls（1999）Essays?* 351］

若做恰当的理解，这一方法是……［Scanlon（2003）149］

第 370 页　斯坎伦如今接受……参见后文注释 000**。

_____

＊　原文如此。

＊＊　同＊．

第 371 页　痛苦是我们有理由想要避免之事……休谟常用的"善"或"恶"……如当他写道，"除了善与恶，或者换言之，苦与乐……"（*Treatise* Book II，Section 19）。

严格地说，善或恶……（C2：60）康德还主张：审慎的原则或自爱是一种假言命令，仅仅因为我们想要未来的幸福，它才适用于我们。这一主张表现为一种基于欲求的观点，而轻视我们想要未来幸福的理由。

在主张……蕴含理由的意义……在一种解读看来，斯多亚学派所做的是某种有趣的主张，即甚至在这种非道德的意义上，痛苦也不是坏的。例见 Irwin（1996）80。根据某些其他作者的观点，斯多亚学派只是如康德一样在主张：痛苦在道德上并不是坏的。

第 372 页　罗斯也是如此……［Ross（1939）272-284］罗斯做出的这些主张尽管是关于快乐的，但也有意使之适用于痛苦。

痛苦不仅对于……用内格尔的话来说……［Nagel（1986）161］……许多人认为……例如，汤姆森写道："假设有人问（某事）是否一件好事。我们应该回答：'你讲的是什么意思？你的意思是它对于某人来说是好的吗？'最好有人告诉我们是否就是这个意思，或者是否意指其他某事……由此后果主义就不得不退场"［Thomson（2003）19］。就做出的最后断言而论，汤姆森未免过早假设她的问题无法答复。

第 374 页　（E）每个人都应当总是做……使事情进展可预期地最好的任何事。这是在前文第 21 节所解释的意义上讲的。

第 376 页　有些作者主张，在运用康德的公式时……最好地满

514

足我们作为理性行动者的真正需要……例见 Rawls（2000）173-176，232-234。

第 381 页　就近原则……对这一原则的部分辩护，参见 Kamm（2007）Chapters 11，12。

第 387 页　对他人的深爱……［Williams（1981）18］

第 389 页　按照某些基于价值的客观理论……斯坎伦举出的例子……（WWO：125）

第 404 页　如西季威克所论，答案是否定的。（ME，Book IV，Chapters III to V）

第 407 页　既然这些不同版本的 KC 和 RC……我们可以在道德理论的不同部分使用它们……我在 RP 第 37 至 43 节讨论了其中的某些问题。另外参见 Kagan（2000）以及 Kagan（1998）的第六章和第七章。

第 410 页　最高的目的……（*The First Critique* A851 B879）

如果我们按这样一种方式做人做事……（*Metaphysik* L1，28：337），引自 Guyer（2000）94。

第 414 页　出于我先前给出的理由……（参见第 368～370 页＊）

第 415 页　接下来回顾……如斯坎伦所述，这样一种理论的一个目标在于……（WWO：11）

第 420 页　情形一：某个反复无常的暴君……这些例子可能应归功于 Kavka（1986）。

＊　原英文著作页码，即本书边码。

第 426 页　既然 Q1 与 Q3 是不同的问题……对这些问题之间区别的一种类似的诉诸，参见 Hieronymi（2005），（2006）。但希罗尼米并没有断定绝不存在状态给予的理由。

附录 B 的引用部分已被纳入我对该附录的注释。

参考文献

515   Barry, Brian (1989) *Theories of Justice*, Volume 1 (Harvest-er-Wheatsheaf).

—— (1995) *Justice as Impartiality* (Oxford University Press).

Bennett, Jonathan (1974) 'The Conscience of Huckleberry Finn', *Philosophy*, Vol. 49, No. 188 (April).

—— (1995) *The Act Itself* (Oxford University Press).

Blackburn, Simon (1998) *Ruling Passions* (Oxford University Press).

Brandt, Richard (1979) *A Theory of the Good and the*

Right (Oxford University Press).

—— (1992) *Morality*, *Utilitarianism*, *and Rights* (Cambridge University Press).

Broad, C. D. (1959) *Five Types of Ethical Theory* (Littlefield, Adams, and Co.).

Broome, John (1999) *Ethics out of Economics* (Cambridge University Press).

—— (即出) *Rationality Through Reasoning* (Oxford University Press)。

Cullity, Garrett (2004) *The Moral Demands of Affluence* (Oxford University Press).

Cummiskey, David (1996) *Kantian Consequentialism* (Oxford University Press).

Darwall, Stephen (1983) *Impartial Reason* (Cornell University Press).

—— (1992) 'Internalism and Agency', *Philosophical Perspectives*, Vol. 6, *Ethics*.

—— (1992B) Allan Gibbard, and Peter Railton 'Toward Fin de Siecle Ethics: Some Trends', *The Philosophical Review* (January).

—— (1996) *Moral Discourse and Practice*, edited by Stephen Darwall, Allan Gibbard, and Peter Railton (Oxford University Press).

Dean，Richard （2006） *The Value of Humanity in Kant's Moral Theory* （Oxford University Press）.

Engstorm，Stephen （1992） 'The Concept of the Highest Good in Kant's Moral Theory'， *Philosophy and Phenomenological Research*.

Enoch，David （2005） 'Why Idealize?'，Ethics，115 （July）.

Findlay，John （1961） *Values and Intentions* （George Allen and Unwin）.

516 Frankfurt，Harry （1988） *The Importance of What We Care About* （Cambridge University Press）.

—— （2004） *The Reasons of Love* （Princeton）.

Gauthier，David：MA：*Morals by Agreement* （Oxford University Press，1986）.

—— （1975） 'Reason and Maximization'，*Canadian Journal of Philosophy*.

—— （1984 ） 'Deterrence，Maximization，and Rationality'，*Ethics*，94.

—— （1985） 'Afterthoughts'，in *The Security Gamble*，edited by Douglas Maclean （Rowman & Allanheld）.

—— （1997） 'Rationality and the Rational Aim' in *Reading Parfit*，edited by Johathan Dancy （Blackwell）.

Gibbard，Allan （1965），'Rule Utilitarianism：Merely an Illusory Alternative?'，*Australasian Journal of Philosophy*，43.

Guyer, Paul (2000) *Kant on Freedom, Law, and Happiness* (Cambridge University Press).

Hare, Richard (1963) *Freedom and Reason* (Oxford University Press).

—— (1997) 'Could Kant Have Been a Utilitarian?', in R. M. Hare *Sorting Out Ethics* (Oxford University Press).

Harsanyi, John (1955) 'Cardinal Utility, Individualistic Ethics, and Interpersonal Comparisons of Utility', *Journal of Political Economics*, 63.

Herman, Barbara (1993) *The Practice of Moral Judgment* (Harvard University Press).

Hieronymi, Pamela (2005) 'The Wrong Kind of Reason', *The Journal of Philosophy*, 102 No. 9 (September).

—— (2006) 'Controlling Attitudes', *Pacific Philosophical Quarterly*, 87, No. 1 (March).

Hill, Thomas E. (1992) *Dignity and Practical Reason* (Cornell University Press).

—— (2000) *Respect, Pluralism, and Justice* (Oxford University Press).

—— (2002) *Human Welfare and Moral Worth* (Oxford University Press).

Hooker, Bradford (2000) *Ideal Code, Real World* (Oxford University Press).

Hume，David：*A Treatise of Human Nature*.

Kagan，Shelly（1998）*Normative Ethics*（Westview Press）.

—— （2000）'Evaluative Focal Points'，in *Morality*，*Rules and Consequences*，edited by Brad Hooker，Elinor Mason，and Dale E. Miller（Edinburgh University Press）.

—— （2002）'Kantianism for Consequentialists'，in *Groundwork for the Metaphysics of Morals*，Immanual Kant，edited and translated by Allen Wood（Yale University Press）.

517　　Kahane，Guy（2004）*The Sovereignty of Suffering*，*Reflections on Pain's Badness*（Oxford University D. Phil. Thesis）.

—— （2009）'Pain，Dislike，and Experience'*Utilitas*，Vol. 21，No. 3.

Kamm，Frances（1993）*Morality*，*Mortality*，Volume One（Oxford University Press）.

—— （1996）*Morality*，*Mortality*，Volume Two（Oxford University Press）.

—— （2000）'Famine Ethics：The Problem of Moral Distance and Singer's Ethical Theory'，in *Singer and his Critics*，edited by D. Jamieson（Blackwell）.

—— （2004）'The New Problem of Distance in Morality'，in *The Ethics of Assistance*，edited by Deen K. Chatterjee（Cambridge University Press）.

—— （2007）*Intricate Ethics*（Oxford University Press）.

Kant，Immanual：我的大多数引用所标的是普鲁士学院版的页码，列在大多数英文版的页边。我使用如下缩略形式：

C1：*Critique of Pure Reason*.

C2：*Critique of Practical Reason*.

G：*The Groundwork of the Metaphysics of Morals*.

LE：*Lectures on Ethics*.

MM：*The Metaphysics of Morals*.

R：*Religion within the Limits of Reason Alone*.

REV：*Review of Schulz，Attempt at an Introduction*：8：10−14.

SRL：*On a Supposed Right to Lie from Altruistic Motives* 8：425−430.

Kant：*Correspondence*，Translated and edited by Arnulf Zweig (Cambridge University Press，1999).

Kavka，Gregory (1986) 'The Toxin Puzzle'，*Analysis*，43.

Kelly，Thomas (2003) 'Epistemic Rationality and Instrumental Rationality：A Critique'，*Philosophy and Phenomenological Research*，Vol. LXVI，No. 3，(May).

Kemp Smith，Norman (1915) 'Kant's Method of Composing the Critique of Pure Reason'，*The Philosophy Review*.

Kerstein，Samuel (2002) *Kant's Search for the Supreme Principle of Morality* (Cambridge University Press).

Kolodny，Niko (2003) 'Love as Valuing a Relationship'，*The*

Philosophical Review.

—— （2005）'Why be Rational?', *Mind*, Vol. 114.

—— （2010）'Which Relationships Justify Partiality? The Case of Parents and Children', *Philosophy & Public Affairs*, Vol. 38, No. 1.

—— （即出）'Which Relationships Justify Partiality? General Considerations and Problem Cases', in *Partiality and Impartiality*, edited by Brian Feltham and John Cottingham（Oxford University Press）。

Korsgaard, Christine （1996） *Creating the Kingdom of Ends*（Cambridge University Press）.

Kuehn, Manfred（2001）*Kant*（Cambridge University Press）.

Leibniz（1988）*Political Writings*, 2nd edition translated by Patrick Riley（Cambridge University Press, 1988）.

Lewis, David（1985）'Devil's Bargains and the Real World', in *The Security Gamble*, edited by Douglas Maclean（Rowman & Allanheld）.

McClennen, Edward （1988）'Constrained Maximization and Resolute Choice', *Social Philosophy and Public Policy*, 5.

Moore, G. E. （1903）*Principia Ethica*（Cambridge University Press）.

Mulgan, Timothy（2001）*The Demands of Consequentialism*（Oxford University Press）.

518

Murphy, Liam (2000) *Moral Demands in Nonideal Theory* (Oxford University Press).

Nagel, Thomas (1970) *The Possibility of Altruism* (Oxford University Press).

—— (1973) in his 'Rawls on Justice', *Philosophical Review* April, reprinted in Norman Daniels, *Reading Rawls* (Blackwell, 1975).

—— (1979) *Mortal Questions* (Cambridge University Press).

—— (1986) *The View from Nowhere* (Oxford University Press).

—— (1991) *Equality and Partiality* (Oxford University Press).

—— (1997) *The Last Word* (Oxford University Press).

Newman, Cardinal John Henry (1901) *Certain Difficulties Felt by Anglicans in Catholic Teaching* (Longman).

Nozick, Robert (1974) *Anarchy, State and Utopia* (Blackwell).

—— (1993) *The Nature of Rationality* (Princeton).

O'Neill, Onora (1975) *Acting on Principle* (Columbia University Press).

—— (1989) *Constructions of Reason* (Cambridge University Press).

—— (1996) *Towards Justice and Virtue* (Cambridge University Press).

Parfit，Derek：RP：*Reasons and Persons*（Oxford University Press，1984，reprinted with some corrections in 1987）.

—— （1986）'Comments'，in *Ethics*（Summer）.

—— （1997）'Reasons and Motivation'，*Proceedings of the Aristotelian Society*，Supplementary Volume.

Pereboom，Derk（2001）*Living Without Free Will*（Cambridge University Press）.

Pogge，Thomas（1998）'The Categorical Imperative'，in *Kant's Groundwork of the Metaphysics of Morals*：*Critical Essays*，edited by Paul Guyer（Rowman and Littlefield）.

519 　　—— （2002）*World Poverty and Human Rights*（Polity）.

—— （2004）'Parfit on What's Wrong'，the *Harvard Review of Philosophy*（Spring）.

Rachels，Stuart（1998），'Couterexemples to the Transitivity of Better Than'，*Australian Journal of Philosophy*，76，No. 1（March）.

—— （2000）'Is Unpleasantness Intrinsic to Unpleasant Experiences?' *Philosophical Studies*，Vol. 99，No. 2.

Rasdall，Hastings（1892）a review of Sidgwick's *Elements of Politics*，in the *Economic Review* 2.

Rawls，John：TJ：*A Theory of Justice*（Harvard University Press，1971）.

—— (1996) *Political Liberalism* (Columbia University Press).

—— (2000) *Lectures on the History of Moral Philosophy*, edited by Barbara Herman (Harvard University Press).

—— (2001) *Justice as Fairness* (Harvard University Press).

—— (2001B) *Collected Papers*, edited by Samuel Freeman (Harvard University Press).

Raz, Joseph (2000) *Engaging Reason* (Oxford University Press).

Regan, Donald (1980) *Utilitarianism and Cooperation* (Oxford University Press).

Reid, Thomas (1983) *The Works of Thomas Reid* (Georg Olms Verlag).

Ridge, Michael (2006) 'Introducing Variable Rate Rule-Utilitarianism', *The Philosophical Quarterly* (April).

Ross, Sir David (1930) *The Right and Good* (Oxford University Press).

—— (1939) *Foundations of Ethics* (Oxford University Press).

Ruskin, John (1903) *The Works*, edited by E. T. Cook and Alexander Wedderburn, Volume XI (London).

Scanlon, T. M. WWO: *What We Owe to Each Other* (Harvard University Press, 1998).

—— （1997）'Contractualism and Utilitarianism', *Moral Discourse and Practice*, edited by Stephen Darwall, Allan Gibbard and Peter Railton (Oxford University Press).

—— （2002） 'Replies', in *Social Theory and Practice*, Vol. 28.

—— （2003） 'Rawls on Justification', in *The Cambridge Companion to Rawls*, edited by Samuel Freeman (Cambridge University Press).

—— （2003B） 'Value, Desire, and the Quality of Life', in *The Difficulty of Tolerance* (Cambridge University Press).

—— （2007）'Structural Rationality', in *Common Minds*, edited by Geoffrey Brennan, Robert Goodin, and Michael Smith (Oxford University Press).

520　　　—— （即出）*Being Realistic about Reasons* (Oxford University Press)。

Schneewind, Jerome （1977） *Sidgwick's Ethics and Victorian Moral Philosophy* (Oxford University Press).

Schultz, Bart （2004） *Henry Sidgwick: Eye of the Universe, an Intellectual Biography* (Cambridge University Press).

Sidgwick, Henry: ME: *The Methods of Ethics* (Macmillan and Hackett various dates).

——HSM: *Henry Sidgwick: A Memoir*, by A. S. and E. M. S (Macmillan).

—— (2000) *Essays on Ethics and Method*, edited by Marcus Singer (Oxford University Press).

Smith, Michael (1994) *The Moral Problem* (Blackwell).

—— (2004) *Ethics and the A Priori* (Cambridge University Press).

Stratton-Lake, Philip (2004) *On What We Owe To Each Other* (Blackwell).

Strawson, Galen (1994) 'The Impossibility of Moral Responsibility', *Philosophical Studies*, 75.

—— (1998) 'Free Will' in the *Routledge Encyclopaedia of Philosophy*, edited by E. Craig (Routledge).

Sugden, Robert (1990) 'Contractarianism and Norms', *Ethics* 100.

Suikannen, Jussi (2009) *Essays on Derek Parfit's On What Matters*, edited by Jussi Suikannen and John Cottingham (Blackwell).

Temkin, Larry (1987) 'Intransitivity and the Mere Addition Paradox', *Philosophy & Public Affairs*, 16, No. 2.

—— (即出) *Rethinking the Good*: *Moral Ideals and the Nature of Practical Reasoning* (Oxford University Press)。

Thomson, Judith (1990) *The Realm of Rights* (Harvard University Press).

—— (2003) *Goodness and Advice* (Princeton University

Press).

Williams, Bernard (1981) *Moral Luck* (Cambridge University Press).

—— (1985) *Ethics and the Limits of Philosophy* (Fontana).

—— (1995) 'Internal Reasons and the Obscurity of Blame', in his *Making Sense of Humanity* (Cambridge University Press).

—— (1995B) *Making Sense of Humanity* (Cambridge University Press).

—— (2003) *The Sense of the Past* (Princeton University Press).

—— (2006) *Philosophy as Humanistic Discipline* (Princeton University Press).

Williams, T. C. (1968) *The Concept of the Categorical Imperative* (Oxford University Press).

Wodehouse, P. G. (1952) *Pigs Have Wings* (Ballentine Books).

Wood, Allen (1999) *Kant's Ethical Thought* (Cambridge University Press).

—— (2002) *Groundwork for the Metaphysics of Morals*, translated by Allen Wood (Yale University Press).

—— (2006) 'The Supreme Principle of Morality', in *The Cambridge Companion to Kant and Modern Philosophy*, edited by Paul Guyer (Cambridge University Press).

索　引 *

我在 1~28 页已经给出了主要主张与论证的内容提要，这里就不重复其中的某些信息了。这个索引给出的页码主要是为了：（1）我对各种主题的主要论证，涉及 28 页之前的内容提要；（2）我在其他地方对这些主题的零散评论；（3）我对其他主题的简要评论；（4）某些其他人的主张。有些条目出现了重叠，要么是因为这些主题是重叠的，要么是为了减少条目数，只是告诉你去参考其他条目。

Act Utilitarianism 行动效用主义，190；its hedonistic form 其享乐主义形式，246；better restated as a claim about suffering 被更好地重述为关于痛苦的主张，463；as one form of Impartial-Reason Act Consequentialism, which might be an external rival to morality 作为一种形式的不偏不倚的理由的行动后果主

＊　索引部分涉及的所有页码均为本书边码。

Act Utilitarianism 行动效用主义（续）：

  义，也许是道德的外部对手，168－169，500

Act-and-Rule Consequentialism 行动－规则后果主义，251－256

Actualism about the goodness of events 关于事件善性的实现主义，236

aesthetics, reasons or causes 审美理由或原因，53－54

agent's maxim, whether the wrongness of acts could depend upon, see Kant's Formulas, the Mixed Maxims Objection 行动者的准则，行动的不当性能否取决于它，参见康德的各种公式、混合型准则反驳

agent-causation and free will 行动者因果性和自由意志，266－267

agony, see pain 痛苦，参见痛苦

Agony Argument 痛苦论证，73－82，456－457

Aid Agency, and whether the Consent Principle is too demanding 援助机构情形，以及同意原则是否要求过高，209－210

aim-based reasons 基于目标的理由，58－60 would be derivative('Fifth…') 会是派生的，66（"第五……"）

All or None Argument 全部或全不论证，

83－91

Analytical Subjectivism 分析性主观主义，70－73，75，以及第二卷

anti-Utilitarian protective aim 反效用主义的保护性目标，356－357

Anxiety and Mistrust Argument 焦虑和不信任论证，363－365；and Scanlon's Individualist Restriction 与斯坎伦的个人主义限制，473

apparent reasons 显见理由，35，454（on 35），111；and see Reasons and Rationality 以及参见理由与合理性

arbitrary distinctions and procedural rationality 任意的区分和程序合理性，56－57，79－80

Aristotle, on creating our own character 亚里士多德论创造我们自己的性格，267

attempted murder, and whether blameworthiness can depend on luck 未遂的谋杀，以及可责备性是否能够取决于运气，155－158，461－462；Self-Defence, and whether, in harming someone as a means, we treat this person as a mere means 自卫情形，以及若把伤害某人当作手段，我们是否把他当作纯粹的手段来对待，221－222，225

Audi, Robert 罗伯特·奥迪，xlvi

autonomy, respect for 对自主性的尊重，66（"第六……"）；and the value of life 与生命的价值，239；Kant's Formula of Autonomy 康德的自主性公式，340；Rawls's Kantian interpretation of his veil of ignorance 罗尔斯对其无知之幕的康德式解读，351

Bad Samaritan, treats people, not as a mere means, but as mere things 不助人为乐的情形，把人们不是当作纯粹的手段，而是当作纯粹的物件来对待，226－227

bargaining power, and Hobbesian Contractualism 议价能力，以及霍布斯式契约论 345，349，447

belief-relative sense of 'ought' and 'wrong', and some other sense "应当"和"不当的"之信念相对的意义，以及某种其他意义，150－162

beliefs and desires, mostly non-voluntary 信念和欲求，大多数是非自愿的，47－50，420－432

Bentham, Jeremy, on punishing attempted murder and the economy of deterrence 杰里米·边沁论对未遂谋杀的惩罚以及威慑的经济性，461－462

Berker, Selim 塞利姆·伯克，xlvi

best for someone: the ordinary wide sense, and different theories of well-being 对某人最好：日常的广泛含义和不同的福祉理论，39－40；the reason-implying sense 蕴含理由的意义，41；the present-choice-based sense 基于当下选择的意义，103，496－497, which has implausible implications 它具有不可行的蕴含，104；the hedonistic and temporally-neutral desire-based senses, which, used on their own, state only concealed tautologies 享乐主义意义和时间中立且基于欲求的意义，它们就其自身来使用的话，只是陈述了隐藏的同义反复，105；could state substantive claims if we combine them with the reason-implying sense 我们若把它们与蕴含理由的意义组合起来，就能陈述实质性主张，106；which Subjectivists cannot do 主观主义者做不到这一点，102，107

bias towards the near 偏向眼前，46，57；towards the future 偏向未来，197

blameworthiness 可责备性：and the fact-relative, belief-relative, and moral-belief-relative senses of 'wrong' 与"不当的"之事实相对的、信念相对的和道德信念相对的意义，153－158；and whether, blameworthiness 可责备性（续）：

as Kantians claim and semi-Kantians deny, blameworthiness can partly depend on luck 如康德主义者主张而准康德主义者否定的，可责备性能否部分地取决于运气，154−158，461−462；our reasons to try to avoid "我们尽力避免可责备性"的理由，174；not the same as deserving to suffer 与应得痛苦不是一样的，272

blameworthiness sense of 'wrong' "不当的"之可责备性的意义，165，168−171

Blind man crossing the street, and ought implies can 盲人过街情形，以及应当蕴含能够，108，260−261

Blue's Choice, and Rawls's thin theory of the good 布鲁的选择情形以及罗尔斯的稀薄善理论，103−106

Bomb, and the priority of our duty not to kill 炸弹情形以及我们不杀人义务的优先性，449

Brandt, Richard 理查德·布兰德特，xxv，126

Brewer, Talbot 塔尔波特·布鲁尔，xlvi

Bridge: harming as a means and treating as a mere means 桥梁情形：作为手段的伤害和作为纯粹手段的对待，218−220，223−224，228−230；and Scanlonian Contractualism 与斯坎伦式契约论，364−366；and the Wrong-Making Features Objections to the Kantian Argument 与对康德式论证的使得不当特征反驳，393−397；and deontic reasons 与道义式理由，450−451

Broad, C. D. C. D. 布劳德，xxxix

Broome, John 约翰·布鲁姆，xlvi；on fairness and giving people chances of receiving benefits 论公平和给予人们得到利益的机会，463；on reasons, normativity, and rational requirements 论理由、规范性和合理要求，参见 Broome（即出）

buck-passing view of goodness, Scanlon's 斯坎伦关于善性的推卸责任的观点，495

Chang, Ruth 张美露，xlvi

Chislenko, Eugene 尤金·基什伦科，xlvi

choice-based reasons 基于选择的理由，64−65，90；choice-based sense of 'best for someone' "对某人最好"之基于选择的意义，103−105，496−497

Choice-Giving Principle 给予选择的原则，180−181，192

codes of honour, normativity and reasons

荣誉规则、规范性和理由，144-148

coercion 强制：and the impossibility of consent 与同意的不可能性，177-179；and actual consent 和实际的同意，191-200；and treating as a mere means 与作为纯粹手段的对待，224-226；and Kant's Impossibility Formula 与康德的不可能性公式，283

Cohen, Jerry 杰里·科恩，xlvi

collectively self-defeating principles 集体式自我挫败原则，306-307，468-469

common sense morality 常识道德，149；and Sidgwick's Methods 与西季威克的《伦理学方法》，xl；and promoting happiness 与促进幸福，251-252；directly collectively self-defeating in many each-we dilemmas 在许多群己困境中直接地集体式自我挫败，304-307；would require a joint conditional promise 会要求某种联合的有条件承诺，468；but overlaps with the optimific principles, since Act Consequentialism is indirectly collectively self-defeating 但与最优原则有重叠，因为行动后果主义是间接地集体式自我挫败的，405-406

concealed tautologies：defined 隐藏的同义反复：定义性同义反复，70-72；mis-takenly believed to be substantive claims 被误认为是实质性主张，72-73；Analytical Subjectivism 分析性主观主义，72，75；Rawls's thin theory of the good, and other such theories 罗尔斯的稀薄善理论和其他此类理论，104-106；acting rationally and maximizing our expected utility 合理地行动和使我们的期望效用最大化，125；Rawls's suggested senses of 'right' and 'true' 罗尔斯提出的"正确"与"真"之意义，226-227；Moore's sense of 'right' 摩尔提出的"正当的"之意义，247，464-465；one form of Scanlon's view 某种形式斯坎伦观点，369-370；以及第二卷

concepts, normative 规范概念：non-moral 非道德的，31-42，454；moral 道德的，150-174

Consent Principle 同意原则，8-10，177-211；Kant's claim about consent 康德关于同意的主张，177；the Choice-Giving Principle 给予选择的原则，180；the Consent Principle 同意原则，180-181；Kant's ideal 康德的理想，182；Rawls's interpretation and the fertility of Kant's ideas 罗尔斯的诠释和康德观念的活力，182-183；whether we could achieve

Consent Principle 同意原则（续）：

Kant's ideal 我们能否实现康德的理想，191，207，210－211；the moral importance of actual consent 实际的同意在道德上的重要性，191－200；the Veto Principle 否决权原则，192；the Rights Principle 权利原则，194－198；assumed hypothetical present consent, past actual consent, and retroactive endorsement 当下认定的假设性同意、过去的实际同意和回溯性认可，195－198；the significance of these differences in timing 这些时间上的差别的重要性，198－200；wrong acts to which we could rationally consent 我们本会合理地同意的不当行动，200－204；whether the Consent Principle could require us to act wrongly 同意原则是否要求我们行不当之举，203－207；whether this principle is too demanding 同意原则是否要求过高，207－211；whether the Consent Principle always condemns harming people, without their consent, as a means 同意原则是否总是谴责未经人们同意且把伤害他们当作手段的行动，218－221，230；this principle is in one way better than Kant's Formula of Universal Law 同意原则在某种意义上比康德的普遍法则公式更好，329，333，336－337；but cannot be the supreme principle of morality 但它不可能是最高的道德原则，200－201，211；the Formula of Universally Willable Acts 普遍可意愿的行动公式，484

Consequentialism 后果主义，22－26，373；common-aim and value-based versions 共同目标和基于价值的后果主义版本，246；value-based versions use the impartialreason-implying sense of 'best' 使用蕴含不偏不倚理由的意义上之"最好"且基于价值的后果主义版本，41－42；this sense of 'best' could also be used by Non-Consequentialists 非后果主义者也能使用这种意义上的"最好"，401；Utilitarianism 效用主义，373；Consequentialist claims about what is best are not restricted to outcomes or to the future 后果主义关于何物最好的主张不限于结果或将来，373－374；and the goodness and badness of right and wrong acts 正当与不当行动之好坏，473－475；beliefs about what ultimately matters 关于"最终要紧的是什么"的信念，417；the Consequentialist Criterion, which could be applied to things other than acts 后果主义标准可以被应用于行动之外的事物，373－375；Direct and Indirect forms of 直接形式和间接形式的后果主义，374－375，475

Act Consequentialism, or AC 行动后果主义，246；Moore's trivial analytic version 摩尔无足轻重的分析性行动后果主义版本，247，464－465；whether, if we all accepted or followed AC, things would go best 如果我们都接受或遵循行动后果主义，事情是否会进展得最好，404－406，482－483；if not, AC would be indirectly collectively self-defeating, and might be self-effacing, xxxviii 如果不会，那么 AC 将是间接地集体式自我挫败的，会是自我抹消的，xxxviii；Act Consequentialism and each-we dilemmas 行动后果主义和群己困境，305－307；and Kant's claims about lying 与康德关于撒谎的主张，254－256；Impartial-Reason Act Consequentialism as an alternative to morality 不偏不倚的理由的行动后果主义是取代道德的，168－169，500（on 169）；and Act Utilitarianism 与行动效用主义，190；and Scanlonian Contractualism 与斯坎伦式契约论，362－364，473（on 363）；Hedonistic Act Utilitarianism 享乐主义的行动效用主义，246，256

Motive Consequentialism 动机后果主义；and systematic virtue ethics 与成体系的美德伦理学，375；as part of a wider theory 作为更宽泛理论的一部分，407；individualistic version 个体主义版本，475

Maxim Consequentialism and Kant's Formula of Universal Law 准则后果主义和康德的普遍法则公式，375－377

Rule Consequentialism, or RC: acts are right, not if they make things go best, but if they are required or permitted by the best or optimific rules or principles 规则后果主义：不是由于行动使事情进展得最好，而是由于行动为最好或最优的规则或原则所要求或允许，375；relations to Act Consequentialism, a partly historical discussion 与行动后果主义的关系，部分地是一种历史性探讨，251－256；the universal ac-

Consequentialism 后果主义（续）：

ceptance version of RC 普遍接受版本的规则后果主义，374−377；the universal compliance version of RC 普遍服从版本的规则后果主义，405−407，which is closer to Act Consequentialism 它更接近行动后果主义，406−407，482−483；and the Ideal World Objections 与理想世界反驳，316−320；revised to meet 为应对这个反驳而做的修正，319，469；when revised, closer to AC 当修正时，更为接近行动后果主义，319；some questions raised by this revision set aside for later discussion 这个修正引出的某些问题放到后面讨论，341，479；Rule Utilitarianism and Rawlsian Contractualism 规则效用主义和罗尔斯式契约论，349−355；Kantian Rule Consequentialism 康德式规则后果主义，411，484−485；the Kantian Argument for 对规则后果主义的康德式论证，377−411；as part of the Triple Theory 作为三重理论的一部分，411−418；and Kant's claims 与康德的主张，249−251，254−257，408−410，以及参见第二卷

Contractualism 契约论，20−26，342−370，377−419，471−473，484−485

Hobbesian Contractualism 霍布斯式契约论；the Rational Agreement Formula 合理协议公式，343−344；has some appeal, but faces two objections 具有某种吸引力，但面临两个反驳，344−345；Gauthier's minimal morality 高契尔的最低度道德，346；only his theory, Gauthier argues, shows that it cannot be rational to act wrongly；this argument seems to fail 高契尔主张，只有他的理论才能表明不当地行动不可能是合理的，但这个论证看来是失败的，433−447，485−492

Rawlsian Contractualism 罗尔斯式契约论，346−358，367；rightness as fairness, Rawls's contractualist moral theory 作为公平的正当性，罗尔斯的契约论道德理论，346，511；Rawls's assumptions about rationality 罗尔斯关于合理性的假设，347−348；Rawls adds a veil of ignorance to the Rational Agreement Formula 罗尔斯在合理协议公式上添加了无知之幕，348−349；whether Rawls succeeds in providing an alternative to all forms of Utilitarianism 罗尔斯是否成功地提出了取代所有形式的效用主义的一种选项，349－355；the Equal Chance and No Knowledge Formulas 机会均等公式和无知公式，350－351；the Maximin Argument 最大的最小值论证，352－354；comparison with Kantian Contractualism 与康德式契约论的比较，356－358；further comments 进一步的评论，472－473

Scanlonian Contractualism 斯坎伦式契约论：Scanlon's Formula 斯坎伦的公式，360；Scanlon's intended senses of 'reasonable' and 'unreasonable' 斯坎伦意图的"合情理的"和"不合情理的"具有的那种意义，360，473；Scanlon's appeal to the Deontic Beliefs Restriction 斯坎伦诉诸道义式信念的限制，360－363；a defence of this restriction 对这种限制的一种辩护，366－370；why Kantian and Scanlonian Contractualism should give an account, not of wrongness itself, but of a higher-level property that makes acts wrong 康德式契约论和斯坎伦式契约论给出的论说，为什么应该不是关于不当性本身的论说，而是关于使得行动是不当的一种高阶属性的论说，368－370；we can appeal to our moral beliefs, not when applying these Contractualist formulas, but when deciding whether to accept these formulas 我们应该不是在运用这些契约论公式时，而是在决定是否接受这些公式时，才诉诸我们的道德信念，370；how a revised version of Scanlonian Contractualism could be combined with Kantian Contractualism and Rule Consequentialism 修正版的斯坎伦式契约论如何才能与康德式契约论和规则后果主义组合，411－416，以及第二卷

Kantian Contractualism 康德式契约论：how Kant's Formula of Universal Law should be revised, so that it becomes the Kantian Contractualist Formula 康德的普遍法则公式应该如何修正，从而变成康德式契约论公式，14－17，19－20；the Mixed Maxims Objection 混合型准则反驳，290－293，and the best response 以及最好的回应，293－300；the Non-Reversibility Objection 不可逆反驳，334－338，and the best response 以及最好的回应，338－342，470－471；comparisons with Hobbesi-

Contractualism 契约论（续）：

an and Rawlsian Contractualism 与霍布斯式契约论和罗尔斯式契约论的比较，355－360；and the Deontic Beliefs Restriction 与道义式信念的限制，366，which can be justified 后者是可以证成的，367－370

Kantian Contractualist Argument for Rule Consequentialism 对规则后果主义的康德式契约论论证，23－26，377－403；whether everyone could rationally choose the optimific principles 是否每个人都能够合理地选择最优原则，380－399；self-interested reasons and the High Stakes Objection 自利理由与大赌注反驳，380－384；altruistic reasons 利他理由，385－386，387－389；deontic reasons and the Deontic Beliefs Restriction 道义式理由和道义式信念的限制，386－387；the Wrong-Making Features Objection 使得不当特征反驳，389－399，448－451；whether everyone could rationally choose any significantly non-optimific principles 是否每个人都能够合理地选择任何明显地非最优的原则，399－400；the Kantian Formula implies Rule Consequentialism 康德式公式蕴含规则后果主义，400－401，as we should have expected 正如我们本应预料到的，401－402，and is the only way in which Kant's Formula of Universal Law could succeed 这是康德的普遍法则公式唯一能成功的方式，402－403；further objections to the Kantian Argument 对康德式论证的进一步反驳，476－481；以及第二卷

Kantian Rule Consequentialism 康德式规则后果主义：could take other forms 它能采取其他形式，404－408；whether the Act Consequentialist maxim could be willed to be a universal law(both of the notes on 406) 行动后果主义准则能否被意愿为普遍法则，482－483（两个注释都在 406 页）；and Kant's own view 与康德自己的观点，340，408－410，也见 249－251，254－257；Kantian and Scanlonian Contractualism could be combined, the Convergence Argument for the Triple Theory 康德式契约论和斯坎伦式契约能够组合，对于三重理论的趋同论证，25－26，411－416；climbing the mountain 攀登山峰，417－419；以及参见第二卷

contradiction-in-conception test and the Impossibility Formula 观念中的矛盾检验和不可能性公式，465（on 275）

contrary to duty or in conformity with duty, the aims of Kant's Formula of Universal Law 违背或符合义务，康德普遍法则公式的目标，293—294

contrary to reason, irrational or open to rational criticism 违背理性，不理性或受到理性的批评，56—57，119—125

Convergence Argument for the Triple Theory 三重理论的趋同论证，411—416

'could', categorical and hypothetical senses of "能够"，绝对意义或假设意义的，260—263

criterion of wrongness 不当性标准，190—191；whether Kant's Formulas are intended to provide, and could provide, such a criterion 康德的公式是否想以及能否提供这样一种标准，293—294；and the Triple Theory 与三重理论，414—415

Cullity, Garrett 加内特·卡内提，xlvi

cyclical preferences 循环偏好，128

Dancy, Jonathan 乔纳森·丹西，xlvi

Darwall, Stephen: on Metaphysical Naturalism, normativity, and motivating force 斯蒂芬·达沃尔论形而上学的自然主义、规范性和驱动力，110，497

deception 欺骗：when wrong, not because it makes consent impossible 当不当时，不是因为它使同意不可能，177—179；may not involve treating others as a mere means 可能不涉及把他人当作纯粹的手段来对待，224—226；Kant's claims about 康德关于欺骗的主张，234—235，254—255；not condemned by Kant's Impossibility Formula 康德的不可能性公式并不谴责欺骗，278

decisive reasons, and the decisive reason-implying senses of 'should', 'ought', and 'must' 决定性理由，以及蕴含决定性理由意义上的"应该"、"应当"和"必须"，32—33，454（on 33）

decisive-moral-reason senses of 'ought' and 'wrong': not the same as the morally-decisive-reason senses 决定性的道德理由的意义上的"应当"和"不当"：不同于道德上的决定性理由的意义上的"应当"和"不当"，167；these senses imply that it makes no practical difference whether some act would be wrong 这些意义蕴含着某个行动是否不当没有

decisive-moral-reason 决定性的道德理由（续）：任何实践影响，166－167，172－173；some of the acts to which these senses are least plausibly applied 这些意义被应用于某些行动时是最不可行的，448－451

Deliberative Theory: of reasons, or Deliberative Subjectivism 慎思理论：理由的慎思理论或慎思主观主义，62－64，78，95；of rationality 合理性的慎思理论，78－81，103－104，347；of well-being 福祉的慎思理论，103－104，496－497

demandingness of morality 道德的过高要求，148－149；and we rich people 与我们富裕者，207－211，319，501（on 210）

deontic reasons, reasons given by an act's wrongness: not the same as moral reasons 道义式理由，由行动的不当性给予的理由：不同于道德理由，166－167；and kinds of wrongness 与不当性的类型，172－174，448－451；and the Consent Principle 与同意原则，201－206

Deontic Beliefs Restriction: and Kant's formulas 道义式信念的限制：与康德的公式，287－288；and Contractualist formulas 与契约论公式，360－362，416；defence of 对它的辩护，366－370；and the Kantian Argument for Rule Consequentialism 与对规则后果主义的康德式论证，386－387；and the Wrong-Making Features Objection 与使得不当特征反驳，390－398，448－451；and the Deontic Values Restriction 与道义式价值限制，473－474

Depression, and justified coercion 抑郁情形，以及有证成的强制，197－198

derivative reasons 派生的理由，39；and goodness or badness 与好处或坏处，42；and subjective theories 与主观理论，66

desert 应得，13－14；many people believe that happiness and suffering can be deserved 许多人相信幸福与痛苦可以是应得的，142；Kant's ideal world 康德的理想世界，240；Kant's Formula of the Greatest Good 康德的至善公式，245；Kant's belief in desert is not supported by his other claims 康德的其他主张并不支持其关于应得的信念，257；moral responsibility in the suffering-deserving sense 应得受苦意义上的道德责任，264；we cannot deserve to suffer, Kant assumes, if our acts are merely events in time 康德认定，如果我们的行动纯粹是时间中的事件，那么我们就不能应得受

苦，263－266；an argument for this view 对此观点的一种论证，267－268；since our acts are merely events in time, we cannot deserve to suffer 既然我们的行动纯粹是时间中的事件，那么我们就不能应得受苦，269－272；redescribing Kant's ideal world 对康德理想世界的重述，409－410

desire-based or aim-based reasons, see Reasons, Subjectivism 基于欲求或目标的理由，参见理由、主观主义

desire-dependent or aim-dependent reason-giving facts 依赖于欲求或目标且给予理由的事实，67－69

desire-based theories of well-being 基于欲求的福祉理论，40，105－106

desires 欲求：the wide and narrow sense, and Psychological Egoism 狭义和广义上的欲求，与心理利己主义，43；telic and instrumental desires 目的式欲求和工具性欲求，44；making some desire an aim 使某种欲求成为目标，44；whether our desires confer value on what we want 我们的欲求能否赋予我们想要之物价值，46，55，67－69；differences between meta-hedonic desires and hedonic likings and dislikings 元享乐式欲

求与享乐式喜好和厌恶之差别，54－56

Desperate Plight, and treating someone as a mere means 绝望困境情形，以及把某人当作纯粹的手段来对待，225

determinism 决定论，258；believed to deprive us of the freedom that morality requires 被认为会剥夺我们道德要求的那种自由，258－260；compatible with the sense of 'could' relevant to ought implies can 与应当蕴含能够的那种"能够"之意义是相容的，260－263；sometimes confused with fatalism 有时候被混淆为宿命论，261－262；whether, if our acts were fully causally determined, we could deserve to suffer 如果我们的行动是彻底地因果决定的，那么我们能否应得受苦，264－272，506（on 268 and 272）；Kant came close to answering No 康德接近于回应"不能"，271；nor would it make a difference if some events are partly uncaused, and random 即使某些事件部分地不是被引起的，而是随机的，这也不会有影响，265；whether there is some third alternative 是否存在第三种选项，266－269

dignity, Kantian 康德式尊严，239－244

Direct Consequentialism 直接后果主义，

374—375

discount rate with respect to time, can seem plausible 时间的折扣率似乎是可行的，459（on 121）

distributive justice 分配正义：and the Golden Rule，与黄金规则，330；and Rawlsian Contractualism 与罗尔斯式契约论，353；almost ignored by Sidgwick 西季威克几乎完全忽略了分配正义，460（on 133）

divine command sense of 'wrong' "不当的"之神令的意义，166，170，173

Drowning Child：saved by the Egoist, who treats this child as a mere means, but does not act wrongly 溺水儿童情形：利己主义者救了他并将他当作纯粹的工具，但其行动并无不当，216，as the Third Mere Means Principle concedes 正如第三种纯粹手段原则所承认的，217；this act is wrongly condemned by Kant's Formula of Universal Law 康德的普遍法则公式错误地谴责这种行动，290—291

Dualism of Duty and Self-Interest 义务与自我利益的二元论，141—149

Dualism of Practical Reason 实践理由的二元论，130—144，498—499（on 133

and 143）

duties of justice（which can be fulfilled whatever our motive）and duties of virtue（which cannot）正义义务（其履行可以不管动机）和美德义务（其履行不能不管动机），290—291

each-we dilemmas 群己困境，17；these include so-called prisoner's dilemmas 这些包括所谓的囚徒困境，301—303；how 'repeated prisoner's dilemmas' are not true each-we dilemmas "重复的囚徒困境"如何不是真正的群己困境，467；there are many true dilemmas, most involving many people 有许多真正的困境，大部分涉及许多人，303—304；political, psychological, and moral solutions 政治的、心理的和道德的解决方案，304—306；common sense morality and the joint conditional promise 常识道德与联合的有条件承诺，468；Kant's Law of Nature Formula would, if accepted, provide the best solution 康德的自然法公式若被接受就能提供最好的解决方案，305—307；as Kant suggests 正如康德建议的，306—307；especially when applied to acts whose bad effects are very widely spread 被应用于其坏效果分散特别广时尤其如此，307-308

Earthquakes 地震情形：First Earthquake, as a test for the Consent Principle 第一种地震情形，作为对同意原则的检验，185-186，192-193，201-202，208；Second or Means, to illustrate deontic reasons to give consent 第二种地震情形或手段情形，用来阐明给予同意的道义式理由，201-204；Third and Fourth, as tests of the Mere Means Principles 第三种和第四种地震情形，作为纯粹手段原则的检验，222-223，231-232

Egoism 利己主义：Psychological 心理利己主义，43；Rational Egoism 合理利己主义，52；some versions are concealed tautologies 有些版本是隐藏的同义反复，125，135；substantive Rational Egoism is not a moral view, but an external rival to morality 实质的合理利己主义不是一种道德观点，而是道德的外部对手，166；ignobility of 利己主义的卑鄙性，169；but undeniably plausible 但不可否认是可行的，498（on 133），499（on 143）；and non-egoistic reasons 与非利己主义理由，130-144，358-359；and each-we dilemmas 与群己困境，306-307；and Deliberative Subjective Theories 与慎思主观理论，347-348；High Stakes Egoism as an objection to the Kantian Argument 作为对康德式论证的一个反驳的大赌注利己主义，383-384；and Gauthier's theory 与高契尔的理论，433-447

Egoist, my imagined：treats some other people merely as means, with the aim of benefiting himself, but does not act wrongly 我虚构的利己主义者：把别人纯粹当作手段来对待以有利于自己，但并未行动不当，216，as the Third Mere Means Principle concedes 正如第三种纯粹手段原则所承认的，217；but Kant's Formula of Universal Law condemns these acts 但康德的普遍法则公式谴责这样的行动，290-291

Egoistic Maxim 利己主义准则：and the Mixed Maxims Objection 与混合型准则反驳，290-293；could be willed by some wrong-doers to be universal 可以被某些行为不当者意愿为普遍的，330-331

Einstein 爱因斯坦，xl，329

Emergency Principle 紧急原则，365-366

empirical beliefs 经验信念，128-129

ends-in-themselves 自在目的，239－240，464，501，504

ends-to-be-produced 有待产生的目的，239－240

Enoch, David 大卫·伊诺克，xlvi

epistemic reasons:truth-related reasons to-have beliefs, see Reasons 认知理由：持有信念的真值相关理由，参见理由

Error-Free Desire Theory 无错的欲求理论，60，94－95

Equal Chance Formula, and Rawlsian Contractualism 机会均等公式，以及罗尔斯式契约论，350－351

equal chances, giving people, and Expectabilism 给予人们均等的机会和期望主义，462－463

Equal Claims, whether we could rationally consent to being given only an equal chance of being saved 平等要求情形，我们能否合理地同意只被给予同等的得救机会，206－207

euthanasia 安乐死，200，204－205，238－239

events,in the wide sense 广义上的事件，43－44，236

evidence-relative senses of 'ought' and 'wrong', and some other senses "应当" 和 "不当的" 之证据相对的意义和其他意义，150－162；evidence-relative sense of 'ought practically' "实践上应当" 之证据相对的意义，163

existent ends 现存目的，240

Expectabilism, expectably-best 期望主义，可预期地最好的：and trying to do what is right in the fact-relative sense 尽力做在事实相对的意义上正当的事情，159－162，462－463；and unnecessary disagreement 与必要的分歧，171，374－375

extrinsic goodness 外在善性，52，455

fact-relative senses of 'ought' and 'wrong':and some other senses "应当" 和 "不当的" 之事实相对的意义和其他意义，150－162，374

False Belief, a Jehovah's witness can validly refuse consent 错误信念情形，耶和华见证会教徒能够有效地拒绝同意，198

Fatal Belief, and justified deceit 致命信念情形，以及有证成的欺骗，178

fatalism and determinism 宿命论和决定论，261－262

Fire, and deontic reasons to give consent 火灾情形，以及给予同意的道义式理

由，204—205

Fitzpatrick, William 威廉·菲兹帕特里克，xlvi

following a principle or rule 遵循原则或规则，405—406

Frankfurt, Harry: on being important, or important to us 哈里·法兰克福：论作为重要的或对我们重要的，96—101

free riders 搭便车者，305

free will of the kind required for morality 道德要求的那种自由意志，258—263；of the kind required for deserving to suffer 应得痛苦要求的那种自由意志，263—272

future of humanity 人类的未来，31，419

Future Tuesday Indifference 对未来周二漠不关心情形，56，79，120—124

Gangster, and treating people merely as a means 土匪情形，以及把人们纯粹当作手段来对待，216，228，231—232

Gauthier, David 大卫·高契尔：Contractualist theory 契约论理论，344—346；claims about rationality 关于合理性的主张 433—447，485—492

Gibbard, Allan 阿兰·吉伯德，xxv，61，483

global warming 全球变暖，307，374，419

God 上帝：and morality 与道德，166，466（on 286）；and our reasons not to act wrongly 与我们不行动不当的理由，173；and Kant's noumenal world 与康德的本体世界，269；and whether anyone could deserve to suffer 与是否有任何人能够应得受苦，270—272

Golden Rule: humanity's earliest and most widely accepted moral idea 黄金规则：人类最早也是被最广泛接受的道德观念，321，469—470；Kant's criticisms fail 康德的批判是失败的，321—327；strengths and weaknesses of 黄金规则的优缺点，328—330；achieves impartiality better than Kant's Formulas 比康德的公式更好地实现不偏不倚，334—338

Good(and bad): the reason-involving concepts and properties 好（与坏）：涉及理由的概念和属性，38—42，45—47，235—237

good for: the reason-involving sense 对……是好的：基于涉及理由的意义，39—41，102；the present choice-based sense 基于当下选择的意义，103，496—497；other senses of 'good for' "对……是好的"之其他

Good(and bad)好（与坏）（续）：

意义，105－107；and see best for someone 以及参见对某人最好

good, period, or impersonally good in the impartial-reason-implying sense 好的，勿用多言，或在蕴含不偏不倚理由的意义上是非个人地好的，41－42，235－239，371－373；events may be impersonally good because they are good for people 事件可以因为它们对于人们是好的而是非个人地好的，42；different views about what is good 关于什么是好的之不同的观点，52，130，373－374；moral goodness or badness 道德上的善性与恶性，473－474；best and expectably-best 最好的和可预期地最好的，159－160；the impartial-reason-implying sense of 'best' has no connection with some impartial observer accounts of morality "最好的"之蕴含不偏不倚的理由的意义与道德之不偏不倚观察者的论说之间没有丝毫关联，458（on 101）；and see Reasons 以及参见理由

these reason-involving concepts cannot be used by Subjectivists 主观主义者不能使用这些涉及理由的概念，46，93－95，101－102，105－107

intrinsic goodness 内在善性，38－39，42；and instrumental goodness 与工具性善性，50；and extrinsic goodness 与外在善性，52，455；and the rationality of desires 与欲求的合理性，129，497（on 107）；the goodness of events and things 事件和事情的善性，236－237

values that are to be respected rather than promoted 要被尊重而不是促进的价值，237－239

goodness-promoting sense of 'right' "正当"之促进善性的意义，247

Greater Burden Principle and Scanlonian Contractualism 更大负担原则和斯坎伦式契约论，361－362

Greatest Good, see Kant's Formulas 至善，参见康德的各种公式

happiness 幸福：and well-being 与福祉，39；Kant's claims about 康德关于幸福的主张，243，410；and Utilitarianism 与效用主义，246；and suffering 与痛苦，463（on 169）；and the separateness of persons 与人的分立性，133；Sidgwick's argument for normative hedonism 西季威克对规范享乐主义的论

证，453（on xl）；effects on happiness if we all had the motives of Act Consequentialists('deep attachment…') 我们若都有行动后果主义者的动机对幸福的影响，387，404（"深爱……"）；and see pain 以及参见痛苦

harming people as a means 把伤害别人作为手段，219；may not involve treating these people as a mere means 可能不涉及把这些人当作纯粹的手段来对待，221－228；the Harmful Means Principle 有害手段原则，229，361－366，464；and Scanlonian Contractualism 与斯坎伦式契约论，360－366

Harsanyi, John 约翰·海萨尼，326

hedonic: involving pain or pleasure, suffering or happiness 享乐的：涉及苦与乐、痛苦与幸福；hedonic reasons 享乐式理由，52－56；hedonic likings and dislikings of present sensations, importantly different from meta-hedonic desires 当下感知的享乐式喜好和厌恶，极为不同于元享乐式欲求，52－57，67－68；and see pain, happiness 参见痛苦、幸福

hedonistic: people or theories that give prominence to hedonic reasons, values, or desires 享乐主义的：极为看重享乐式理由、价值或欲求的人或理论；Psychological Hedonism 心理享乐主义，44；hedonistic theories of well-being 享乐主义的福祉理论，39－40，reductive analytic version 还原的分析性版本，105；Hedonistic Act Utilitarianism 享乐主义的行动效用主义，169，246；Hedonistic Rule Utilitarianism, Kant's early remarks about 康德早期关于享乐主义的规则效用主义的主张，255－256，410

Herman, Barbara 芭芭拉·赫尔曼：on Kant's greatness 论康德的伟大，183；whether Kant's ethics is best understood as an ethics of value 康德的伦理学是否最好被理解为价值伦理学，235，240－243，248，503；on Kant's Impossibility Formula 论康德的不可能性公式，277－278；on Kant's Formula of Universal Law 论康德的普遍法则公式，285，288，293；以及第二卷

High Price, and the Consent Principle 高价格情形，以及同意原则，207

High Stakes Egoism as an objection to the Kantian Argument 作为对康德式论证的一个反驳的大赌注利己主义，383－384；the similar objection involving our reasons to save those we love 类似的反

驳涉及救那些我们所爱之人的理由，388-389

High Stakes Objection to the Kantian Formulas 对康德式公式的大赌注反驳，331-333

higher-level wrong-making properties or principles 高阶的使得不当属性或原则，369，414-415，476

Highest Good, see Kant's Formulas, Greatest Good（as explained at the end of 503）最高的善，参见康德的至善公式（如503页末尾的解释）

Hill, Thomas 托马斯·希尔：on the value of rationality 论理性的价值，242；on Kant's Formula of Universal Law 论康德的普遍法则公式，293；on Ideal World Objection 论理想世界反驳，314；on the Consent Principle 论同意原则，501（on 181）

Humanity 人性：see Kant's Formulas 参见康德的各种公式；what Kant means by 'humanity' "人性"在康德那里的意思 234-235，241-242，255，464（on 24）

Hume 休谟，xxxiii，xl，xliv；on reasons to have desires 论持有欲求的理由，100，113，118，371，以及第二卷；on the effects of single acts, and the

Whole Scheme View 论单个行动的效果以及整体框架观，254-255

hypothetical motivational sense of 'could' "能够"之假设的动机意义，260；the sense that is relevant to ought implies can 这种意义与应当蕴含能够相关，261-263

ideal deliberation, fully informed and procedurally rational 理想的慎思，完全知情且程序合理，62-64，what can be achieved by claims about 我们能从关于理想的慎思的主张中获得什么，78-80，83-84，93-95，103-104

Ideal World Objections 理想世界反驳，18；the old objection 古老的反驳，312-315；the new objection 新反驳，315-317；one solution 一种解决方案，317-319；which raises complications that I shall here ignore 它提出我们在此会忽略的复杂性，341，479（on Ridge）

Imagined cases 虚构情形：

Aid Agency, and whether the Consent Principle is too demanding 援助机构情形，以及同意原则是否要求过高，209-210

Bad Samaritan, treats someone, not as a

mere means, but as a mere thing 不助人为乐的情形，把人们不是当作纯粹的手段，而是当作纯粹的物件来对待，226-227

Blind man crossing the street, and ought implies can 盲人过街情形，以及应当蕴含能够，108，260-261

Blue's Choice, and Rawls's thin theory of the good 布鲁的选择情形，以及罗尔斯的稀薄善理论，104-106

Bomb, and the priority of our duty not to kill 炸弹情形，以及我们不杀人义务的优先性，449；contrasts with Tunnel 与隧道情形的对比，450

Bridge, harming as a means and treating as a mere means 桥梁情形，作为手段的伤害和作为纯粹手段的对待，218-220，223-224，228-230；and Scanlonian Contractualism 与斯坎伦式契约论，364 – 366；and the Wrong-Making Features Objection to the Kantian Argument 与对康德式论证的使得不当特征反驳，393 – 397；and deontic reasons 与道义式理由，450 - 451

Depression, and justified coercion 抑郁情形，以及有证成的强制，197-198

Desperate Plight, and treating someone as a mere means，绝望困境情形，以及把某人当作纯粹的手段来对待，225

Drowning Child: saved by the Egoist, who treats this child as a mere means, but does not act wrongly 溺水儿童情形：利己主义者救了他并将他当作纯粹的工具，但其行动并无不当，216，as the Third Mere Means Principle concedes 正如第三种纯粹手段原则所承认的，217；this act is wrongly condemned by Kant's Formula of Universal Law 康德的普遍法则公式错误地谴责这种行动，290-291

Earthquakes 地震情形：First Earthquake, as a test for Kant's Consent Principle 第一种地震情形，作为对同意原则的检验，185-186，192-193，201-202，208；Second or Means, to illustrate deontic reasons to give consent 第二种地震情形或手段情形，用来阐明给予同意的道义式理由，201-204；Third and Fourth, as tests of the Mere Means Principles 第三种和第四种地震情形，作为纯粹手段原则的检验，222-223，231-232

lmagined cases 虚构情形（续）：

Equal Claims, whether we could rationally consent to being given only an equal chance of being saved 平等要求情形，我们能否合理地同意只被给得得救的均等机会，206

False Belief, a Jehovah's witness can validly refuse consent 错误信念情形，耶和华见证会教徒能够有效地拒绝同意，198

Fatal Belief, and justified deceit 致命信念情形，以及有证成的欺骗，178

Fire, and deontic reasons to give consent 火灾情形，以及给予同意的道义式理由，204—205

Future Tuesday Indifference 对未来周二漠不关心情形，56，79，120—124

Gangster, and treating people merely as a means 土匪情形，以及把人们纯粹当作手段来对待，216，228，231—232

High Price, and the Consent Principle 高价格情形，以及同意原则，207

Lesser Evil, how it might be better if someone acted wrongly 较小的恶情形，某人行动不当如何可以是更好的，393，475；and an objection to the Kantian Argumen 与对康德式论证的一种反驳，393—394，399

Lifeboats 救生艇情形：First Lifeboat, as a test for the Consent Principle 救生艇情形一，作为同意原则的检验，186—188；as a test for the Kantian Contractualist Formula 作为康德式契约论公式的检验，380—384；Second, Third and Fourth, further tests for this formula 救生艇情形二、三和四，作为这个公式的进一步检验，385—389

Means, and deontic reasons to give consent 手段情形，以及给予同意的道义式理由，201—204，209

Mine Shafts, and doing what would be expectably-best 矿井情形，以及做可预期地最好的事情，159—160

Mistake, and the Ideal World Objection 失误情形，以及理想世界反驳，313—314；and whether following the Act Consequentialist principle would always make things go best 遵循行动后果主义原则是否总能使事情进展得最好，405—406，482—483

Murderous Theft, and the Rarity and High Stakes Objections to the Kant's Formulas 谋杀性偷窃情形，以及对康德公式的稀罕性反驳与大赌注反

驳，331-333

Mutual Benefit, and treating someone merely as a means 互利的情形，以及把某人纯粹当作手段来对待，217

Parents, and the Consent Principle 父母情形，以及同意原则，205

Rescue, and how we can do the most good 救援情形，以及我们如何做最好的事情，253，256

Scarlet, Crimson, and Pink, irrationality and inconsistency 斯加力、克里蒙森与平克情形，不合理性与不一致，120-124

Schelling's Case, and rational irrationality 先令情形，以及合理的不合理性，437

Self, and whether the Consent Principle is too demanding 自我情形，以及同意原则是否要求过高，207，211

Self-Defeating Desire, and alleged state-given reasons 自我挫败的欲求情形，以及所谓的状态给予的理由，431

Self-Defence, harming someone as a means without treating this person as a mere means 自卫情形，把伤害某人当作手段，没有把他当作纯粹的手段来对待，221-222，225

Shipwrecks, saving myself or a stranger 船舶事故情形，救自己还是救陌生人，139-141

Surgery, and justified coercion 手术情形，以及有证成的强制，196-197

Transplant, Act Utilitarianism and Scanlonian Contractualism 移植情形，行动效用主义和斯坎伦式契约论，363-365，473 (on 363)

Tunnel 隧道情形，218；a counter-example to the belief that our duty not to kill has priority over our duty to save lives 我们不杀人的义务优先于我们救人的义务，对此信念的一个反例，450；compared with Bridge 与桥梁情形比较，219-220，228-230，364-366，449-451

Unjust Punishment, and the Rarity Objection to Kant's Formulas 不公正的惩罚情形，以及对康德公式的稀罕性反驳，330-331

Whimsical Despot, and non-voluntary responses to reasons 反复无常的暴君情形，以及对理由的非自愿回应，47；and the rationality of desires 以及欲求的合理性，125-126；and state-given reasons 以及状态给予的理由，420-430；

lmagined cases 虚构情形（续）：

    and Subjectivism 以及主观主义，457；

    and an objection to the Kantian Contrac-
tualist Formula(Rosen's malicious grem-
lin)以及对康德式契约论公式的一种反
驳，476（罗森之恶意的精灵）

impartial reasons, see Reasons 不偏不
倚（的）理由，参见理由

Impartial-Reason Act Consequentialism as
a rival to morality 不偏不倚的理由的行
动后果主义是道德的一个对手，168-
169，171，500（on 169）

Impartial Observer Formula：may appeal to
what an impartial observer would ration-
ally choose 不偏不倚的观察者公式：可
能诉诸不偏不倚的观察者之合理的选
择，329-330；or to what such a person
would in fact choose 或者诉诸其事实上
的选择，458（on 101）

impartiality, ways of achieving: having an
impartial point of view 实现不偏不倚的
各种方式：具有一种不偏不倚的视角，
40-41，133-134，not needed 这种视角
不是必要的，135-137；following the
Golden Rule 遵循黄金规则，321-330；
imagining living other people's lives 设想
过他人的生活，325-326；following the
Consent Principle 遵循同意原则，329；

Kant's Formula of Universal Law 康德
的普遍法则公式，333-338；the Kanti-
an Contractualist Formula 康德式契约论
公式，339-341；the Rational Agree-
ment Formula 合理协议公式，343-
346；veils of ignorance, and Rawlsian
Contractualism 无知之幕和罗尔斯式契
约论 348-351，356-357，472-482，
and Kantian Contractualism 和康德式契
约论，383-384，389，401-402

imperatives, hypothetical and categorical 假
言命令与绝对命令，243

impersonally good, as contrasted with good
for 非个人地好的，与之对比的是
"对……是好的"，41-42

importance 重要性：psychological 心理的，
97；in the normative, reason-implying sense
规范的、蕴含理由意义上的，146-148；
    and see mattering 以及参见重要

Impossibility Formula, see Kant's Formu-
las 不可能性公式，参见康德的各种
公式

imprecise comparability 不精确的可比性，
33，132，137-139；以及第二卷

Incoherence Argument against Subjectiv-
ism 反主观主义的不融贯论证，91-101

incompatibilism about the freedom required

for morality 关于道德要求的那种自由的不相容主义，258－263；about the freedom required for deserving to suffer 关于应得痛苦要求的那种自由的不相容主义，263－272

inconsistency 不一致性：of desires 欲求的，126－128；of beliefs 信念的，128－129；and rational requirements 与理性要求，36，118，123

Indirect Consequentialism 间接后果主义，22，374－375

individual rationality, not shown to be self-defeating in each-we dilemmas 个人理性，在群己困境中并未表明是自我挫败的，306

Informed Desire Theory of reasons 理由的知情欲求理论，61，94－96

instrumental desires 工具性欲求，44；cannot be plausibly be claimed to give us reasons 不能言之成理地给予我们理由，59；instrumental reasons 工具性理由，52，get their force from intrinsic reasons 从内在理由获得其效力，90－91

instrumental rationality 工具理性，243，497（on 107）

intensity of pain, the psychological and normative senses 痛苦的强度，心理学意义与规范意义，132，459－460

intentional objects of desires, and the rationality of these desires 欲求的意向性对象，以及这些欲求的合理性，112，129

intentionally doing, morally relevant descriptions of an act 意图做，关于某一行动的道德相关描述，297－298

interactionist dualists 互动论的二元论者，265

internal senses of 'reason', 'should', and 'ought' "理由"、"应该"和"应当"的内在意义，72；以及第二卷

Internalism about Reasons, see Reasons, Subjectivism 理由的内在论，参见理由，主观主义，以及第二卷

intransitive and transitive relations 传递性关系与非传递性关系，128，459

intrinsic goodness 内在善性，38－39，42；and instrumental goodness 与工具善性，50；and extrinsic goodness 与外在善性，52，455；and the beliefs of many Subjectivists 与许多主观主义者的信念，93－101；and the rationality of desires 与欲求的合理性，129，497（on 107）；the goodness of events and things 事件与事物的善性，236－237

intuitive beliefs or intuitions 直觉信念或直觉，185，346，362，366－368，370；以及第二卷

irrationality, see Reasons and Rationality 不合理性，参见理由与合理性

irreducibly normative truths 不可还原地规范性的真理，109－110，494（on xlv）；以及第二卷

irreversible consent 不可撤销的同意，193－196，202

justice, see distributive justice, desert 正义，参见分配正义、应得

justifiabilist senses of 'ought' and 'wrong' "应当"与"不当的"之证成意义，166，170，174，368－369

Kagan, Shelly 谢利·卡根，xlvi

Kahane, Guy 盖伊·卡汉，xlvi

Kamm, Frances 弗朗西斯·卡姆：on treating people merely as a means 论把人们纯粹当作手段来对待，213，501－502；on harming as a means 论作为手段的伤害 464（on 229），492（on 450）；on optimific deontological prohibitions 论最优的义务论禁令，479；on giving people equal chances 论给予人们

均等的机会 463；on the moral relevance of distance 论距离的道德相关性，514

Kant 康德：compared with Sidgwick 与西季威克的比较，xxxiii-xxxiv；his greatness, and why we should read him 他的伟大，以及我们为什么应该读他的著作，xli-xliv；summary of claims about 关于康德主张的提要，8－26

Kant's Formulas 康德的各种公式：

Humanity Formula 人性公式，177，500；Kant's claim about consent 康德关于同意的主张，177－181；the Consent Principle, and Kant's ideal 同意原则与康德的理想，8－10，180－211，483－484；treating people as an end, not merely as a means 不把人们纯粹当作手段，而当作目的来对待，10－12，212－228，463；harming as a means 作为手段的伤害，228－232；respect for persons 对人的尊重，233－235；Kant's claims about the value, dignity, or supreme worth—as ends-in-themselves or ends-to-be produced—of good wills, rational beings, rationality, the Realm of Ends, and the ideal world of the Greatest Good 康德关于善意志、理性存在者、理性、目的王国和至善的理想世界（作为自在目的或有待产生的目的）所具有的价值、尊严或最高价值之主张，12 - 13，235 - 244，464

Greatest Good Formula: Kant's Consequentialism 至善公式：康德的后果主义，13，244 - 257；whether Kant makes what he calls the 'fundamental error' of the ancient Greeks 康德是否犯有他称之为古希腊人之"根本错误"的错误，243 - 249；how we ought always to strive to promote the Greatest Good 我们应当如何总是致力于促进至善，249 - 257；by following Kant's other formulas 通过遵循康德的其他公式，250 - 251；Kant's claims about happiness 康德关于幸福的主张，243；and Hedonistic Rule Utilitarianism 与享乐主义的规则效用主义，255 - 256，409 - 410（and 484）；and desert, morality, and free will 与应得、道德和自由意志，13 - 14，257 - 272

Universal Law Formula: 'I ought never to act except in such a way that I could also will that my maxim would become a universal law' 普遍法则公式："我应当永远只按照也能意愿其变为普遍法则的那种准则来行动"（G：402）

Impossibility Formula 不可能性公式，14，275 - 284，465 - 466

Permissibility Formula 可允许性公式，286，466，508

Law of Nature and Moral Belief Formulas 自然法公式和道德信念公式，15，284 - 288，466 - 467，508；willing as a universal law 意愿作为普遍法则，285 - 288，301 - 302；assumptions we should make when applying these formulas: we should not appeal to our beliefs about which acts are wrong 我们运用这些公式时应该做的假设：我们不应该诉诸关于何种行动为不当的信念，287 - 288，nor to certain beliefs about rationality 也不应该诉诸关于合理性的某些信念，288；the relevant alternatives 相关的替代项，301 - 302，466；when the Law of

Kant 康德（续）：

Nature Formula achieves most 当自然法公式最有成效时，17，301－308，467－469

Mixed Maxims Objection: the wrongness of acts cannot depend on the agent's maxim 混合型准则反驳：行动之不当性不能取决于行动者的准则，15－16，how we should describe an agent's maxim 我们应该如何描述行动者的准则，289－290；the maxim of the Egoist who keeps his promises, pays his debts, and saves a drowning child 守诺、还债且救溺水儿童之利己主义者的准则，290－292；Kant's maxim 'Never lie' 康德之"绝不撒谎"准则，292；how Kant's formulas should be revised 康德的公式应该如何修正，16－17，293－300，466 (on 298)

Threshold Objection 门槛反驳，18，308－312；Ideal World Objections 理想世界反驳，18，312－320，341，469，479

Maxim Consequentialism and Kant's Law of Nature Formula, the Relativism Objection 准则后果主义和康德的自然法公式，以及相对主义反驳，375－377

Kant's Formulas and the Golden Rule 康德的各种公式和黄金规则，321－330；the Rarity and High Stakes Objections 稀罕性反驳与大赌注反驳，20，289－290，296－297，330－333

Non-Reversibility Objection 不可逆反驳，19－20，334－338；how Kant's formulas should again be revised, becoming the Kantian Contractualist Formula 康德的公式再次应该如何修正，从而变成康德式契约论公式，20－21，338－342，470－471；and see Contractualism, Kantian 以及参见康德式契约论

Kantian Argument for Rule Consequentialism, see Contractualism, Kantian 对规则后果主义的康德式论证，参见康德式契约论

Kantian view of blameworthiness 关于可责备性的康德式观点，155－157，461－462

Kemp Smith, Norman 诺曼·坎普·史密斯，xlii，464，494

Kolodny, Niko 尼科·科洛德尼，xlvi；on reasons and rational requirements 论理

由和合理要求，495；on the reasons in-
volved in love 论涉及爱的理由，496
on（73）

Korsgaard, Christine 克里斯汀・科丝嘉，
xxiv, xlv；on Subjectivism and Objec-
tivism about goodness 论善性的主观主
义和客观主义，46，55，94；on desire-
based reasons 论基于欲求的理由，65；
on Kant's claims about consent 论康德关
于同意的主张，177－180，501；on
Kant's claims about treating others as a
mere means 论康德关于把他人当作纯
粹手段来对待的主张，224－226，502；
on Kant's Impossibility Formula 论康德
的不可能性公式，278，282；proposes
another version of this formula 提出另一
版本的这一公式，284；on Ideal World
Objections to Kant's formulas 论对康德
公式的理想世界反驳，313，510；on
Kant's Formula of Universal Law 论康
德的普遍法则公式，337；on Kant's
claims about humanity 论康德关于人性
的主张，464，and suicide 以及论自杀，
xliii，494

Law of Nature Formula, see Kant's For-
mulas 自然法公式，参见康德的各种
公式

Lenman, James 詹姆斯・莱曼，xlvii，
481－482

Lesser Evil: how it might be better if some-
one acted wrongly 较小的恶情形：某人
行动不当如何可以是更好的，393，
475；an objection to the Kantian Argu-
ment 对康德式论证的一种反驳，393－
394，399

Lifeboats 救生艇情形：First Lifeboat，救
生艇情形一，as a test for the Consent
Principle 作为同意原则的检验，186－
188，as a test for the Kantian Contrac-
tualist Formula 作为康德式契约论公式
的检验，380－384；Second, Third and
Fourth, further tests for this formula 救
生艇情形二、三和四，作为这个公式的
进一步检验，385－389

local veil of ignorance 局部的无知之幕，
384，389

Love: as part of well-being 爱：作为福祉
的一部分，39；desires and the reasons
involved in love 欲求与涉及爱的理由，
73，496（on 73），141；as a source of
reasons 作为理由的一种来源，98；our
reasons to love people 我们爱人的理
由，100－101；loving our enemies 爱我

们的敌人，126；and those to whom we have close ties 与那些和我们有紧密纽带的人，136；and having sufficient reasons to act wrongly 与具有充分的理由行动不当，143；loving but treating merely as a means 爱某人但将其纯粹当作手段，215；and intrinsically good acts 与内在地善的行动，236；and our happiness 与我们的幸福，xxxvii，251；and the Kantian Argument for Rule Consequentialism 与对规则后果主义的康德式论证，387－389；and one way in which, if all or most of us either accepted or followed the Act Consequentialist principle, things would go worse 与这样一种方式，即如果我们所有或大部分人要么接受要么遵循行动后果主义原则，那么事情就会变得更糟，387，404，406（"深爱……"）

lying promises 许假诺；and the impossibility of consent 与同意的不可能性，177；and treating people merely as a means 与把他人纯粹当作手段来对待，216；and Kant's Impossibility Formula 与康德的不可能性公式，279－281

Marginalist View about how we can do the most good 关于我们如何做将使事情进展得最好的边际主义观点，253－256

masochism and the Golden Rule 受虐狂与黄金规则，324

mattering 重要：psychological and normative senses 心理意义与规范意义，96－101；the reason-involving sense 涉及理由的意义，144－148；on Subjective theories, though things matter to people, nothing matters 基于主观理论，尽管事情对人们是重要的，但无事重要，106－107，110；beliefs about what matters as external rivals to morality 论关于何物作为道德的外部对手而重要的信念，169；whether and how much morality matters 道德是否重要以及有多重要，172－174；and Consequentialism 与后果主义，417；what now matters most 现在最重要的事物，419；以及第二卷

Maximin Argument 最大的最小值论证，352－354，472

maximizing happiness, producing the greatest total sum of happiness minus suffering 幸福的最大化，减掉痛苦后产生的幸福总量最大，169，251，463

maxims：what Kant means and some of his

examples 准则：康德的意思以及他的一些例子，275；how maxims should be described 准则应该被如何描述，289-290；the Mixed Maxims Objection: the wrongness of acts cannot depend on the agent's maxim 混合型准则反驳：行动的不当性不能取决于行动者的准则，15-16，289-293；other good or permissible maxims that Kant's Formulas condemn 康德的公式谴责的其他好的或可允许的准则，308-312；bad maxims that these formulas fail to condemn 这些公式没能谴责的坏准则，315-320，335；and the Kantian Contractualist Formula 与康德式契约论公式，471（on 342）；Maxim Consequentialism and Kant's original Formula of Universal Law 准则后果主义与康德原本的普遍法则公式，375-377；whether the Act Consequentialist maxim could be willed to be universal 行动后果主义准则能否被意愿为普遍的，482-483

Means, and deontic reasons to give consent 手段情形，以及给予同意的道义式理由，201-204，209

means, treating merely as 纯粹当作手段来对待，10-12，212-228，463-464；

different from harming as a means 不同于作为手段的伤害，228-232

Mere Means Principles 纯粹手段原则：First and Second 第一种与第二种纯粹手段原则，212-214；Third 第三种纯粹手段原则，217-221，228-232

meta-ethical and meta-normative theories 元伦理理论和元规范理论，109-110，174，367；以及第二卷

meta-hedonic desires, importantly different from hedonic likings and disliking 元享乐式欲求，极为不同于享乐式喜好和厌恶，54-65

Metaphysical Naturalism 形而上学的自然主义，109-110；以及第二卷

Mine Shafts, and doing what would be expectably-best 矿井情形，以及做可预期地最好的事情，159-160

Mistake, and the Ideal World Objection 失误情形，以及理想世界反驳，313-314；and whether following the Act Consequentialist principle would always make things go best 遵循行动后果主义原则是否总能使事情进展得最好，405-406，482-483

Mixed Maxims Objection to Kant's Formula of Universal Law 对康德普遍法则公式的

混合型准则反驳，15-16，289-293

Moore, G. E. G. E. 摩尔：goodness and existence 善性与存在，237；'right' means 'would make things go best' "正当"意指"使事情进展得最好"，247，464-465；on following optimific rules 论遵循最优规则，252；on the pleasures of lust 论性欲的快感，453

Moral Belief Formula, see Kant's Formulas 道德信念公式，参见康德的各种公式

moral-belief-relative senses of 'ought' and 'wrong' "应当"和"不当的"之道德信念相对的意义，158-161

moral luck, and agent-regret 道德运气，以及行动者遗憾，156-157，461-462

Moral Rationalism 道德理性主义，141-144

moral status, value, dignity, and worth, Kant's claims about 康德关于道德身份、价值、尊严的主张，235-244

moral theories, different parts of 道德理论的不同部分，407

moral worth 道德价值，and the wrongness of acts，与行动的不当性，217，282，290-291；and Kant's Formula of Universal Law 与康德的普遍法则公式，293，299-300；and good wills 与善意

志，240-250

moralist's problem 道德主义者的问题，143

morally-decisive-reason senses of 'ought' and 'wrong' "应当"和"不当的"之道德上的决定性理由的意义，167，170

morally relevant facts, or descriptions of acts 道德上相关的事实或关于行动的道德相关描述，294-295，298，466（on 298）

Morgan, Seiriol 西尼尔·摩根，479-481

morally responsible, in the suffering-deserving sense, see desert 道德上负责的，在应得痛苦的意义上，参见应得

motivating reasons 驱动性理由，37；can be described in two ways 可用两种方式描述，454-455；and Subjectivism 与主观主义，66，107-110；and free will 与自由意志，266

Motive Consequentialism 动机后果主义；and systematic virtue ethics 与成体系的美德伦理学，375；individualistic version 个体主义版本，475；as part of a wider theory 作为更广泛理论的一部分，407

M-related people, and common sense morality M 相关者，以及常识道德，304-

307，468-469

Murderous Theft, and the Rarity and High Stakes Objections to the Kantian Formulas 谋杀性偷窃情形，以及对康德公式的稀罕性反驳与大赌注反驳，331-333

mustn't-be-done, the indefinable sense of 'wrong' 绝不可做，"不当的"不可定义的意义，165-166，169-170，173，451

Mutual Benefit, and treating someone merely as a means 互利的情形，以及把某人纯粹当作手段来对待，217

Nagel, Thomas 托马斯·内格尔，v, xlv; on personal and impartial points of view 论个人视角和不偏不倚的视角，133，498-499，136-139; on the Golden Rule 论黄金规则，325-326; on Kant's Formula of Universal Law 论康德的普遍法则公式，338-339; on agent-regret 论行动者遗憾，462; defends the semi-Kantian view of blameworthiness 为可责备性的准康德式观点辩护，500; assessment of Rawls 罗尔斯的评价，471（on 346）; irreducibly normative truths 不可还原地规范性的真理，494（on xlv）; on meta-ethics 论元伦理学，174; 以及第二卷

Naturalism, Metaphysical 形而上学的自然主义，109-110; 以及第二卷

Naturalistic Fallacy: neither naturalistic nor a fallacy, better understood by Sidgwick than by Moore 自然主义谬误：既不是自然主义的也不是谬误，西季威克的理解比摩尔的好，465

Nearness Principle 就近原则，381-382，514

New Ideal World Objection 新理想世界反驳，316，341

Newman, Cardinal 卡笛莱尔·纽曼，on the relative badness of pain and sin 论痛苦与罪的相对坏性质，241

Nietzsche, Friedrich 弗里德里希·尼采，54; 以及第二卷

No Knowledge Formula, and Rawlsian Contractualism 无知公式，以及罗尔斯式契约论，350-352

No-Agreement World, and Hobbesian Contractualism 无协议世界，以及霍布斯式契约论，344-345

non-deontic reasons: to refuse consent 非道义式理由：拒绝同意，201; and the Kantian Argument for Rule Consequentialism 与对规则后果主义的康德式论证，390-398，448-451

non-moral goodness and badness 非道德的

好与坏，38－42，243，371－372

Non-Reversibility Objection 不可逆反驳，19，334－338，341

non-voluntary responses to reasons 对理由的非自愿回应，117－118，424

normative disagreements 规范性分歧，418

Normativity：normative concepts 规范性：规范性概念；non-moral 非道德的，31－42；moral 道德的，150－174；the reason-involving and rule-involving conceptions 涉及理由和涉及规则的观念，144－148，and see mattering 以及参见重要；normativity and motivation 规范性和动机，107－110；substantive normative claims 实质性的规范性主张，70，and see concealed tautology 以及参见隐藏的同义反复；normative force 规范性力量，35；and derivative reasons 与派生的理由，39，66，198；and reasons that depend causally but not normatively on desires 因果地依赖但规范上不依赖欲求的理由，68；and instrumental reasons 与工具性理由，90－91；irreducibly normative truths and Metaphysical Naturalism 不可还原地规范性的真理与形而上学的自然主义，109－110，以及第二卷

noumenal beings 本体式存在，242，258，263，269，351

Nozick, Robert 罗伯特·诺齐克：value-based theories and 'despotic requirements' 基于价值的理论和"专制要求"，66；ignores object-given reasons 忽略对象给予的理由，497；on treating merely as a means 论纯粹当作手段来对待，502（on 217）

Numbers Principle 数量原则，380－383，388－389，397

O'Neill, Onora 奥诺拉·奥尼尔：and 'the most exasperating' of Kant's books 康德"最令人气愤的"一部著作，xli；on deceit, coercion, and the possibility of consent 论欺骗、强制以及同意的可能性，177－180；on treating as a mere means 论当作纯粹的手段来对待，224－226；the contradiction-in-conception-test 观念中的矛盾检验，465（on 275）；proposes a weaker version of Kant's Impossibility Formula 提出一个更弱版本的康德不可能性公式，283－284；on how we should describe some agent's maxim 论我们应该如何描述某个行动者的准则，289－290；on the 'intuitive idea' behind Kant's Formula of Universal Law 论康德的普遍法则公式背后的"直觉观念"，328；suggests that this formula is intended to tell us only which acts have moral worth 表示这个公式是想告诉我们只有何种行动才具有道德价值，293；but Kant's formula could not achieve this aim 但是康德的公式无法实现这个目标，299－300

oaths, and arguing from 'is' to 'ought' 宣誓，以及从"是"到"应当"的论证，280

Objectivism about reasons, see Reasons 理由的客观主义，参见理由

optimific : making things go best : different senses 最优的：使事情进展得最好：不同的意义，375，377，405，475；and see Consequentialism 以及参见后果主义

Otsuka, Michael 迈克尔·大冢，xlvi，478－479

ought implies can 应当蕴含能够，107，258－259，438

ought and should : in the decisive-reason implying senses 应当与应该：在蕴含决定性理由的意义上，33；ought practically, different senses of 不同意义的实践应当，162－163；ought rationally 理

性上应当，33－36，163－164；ought-impartially 应当不偏不倚地，168－169；and see Reasons 以及参见理由

ought morally, see wrong 道德上应当，参见不当的

ought epistemically 认知上应当，117－118，426

ought-based sense of 'good' "善"的基于应当的意义，247－249

pacifism 和平主义，312－315

pain, agony, suffering 疼痛/痛苦、痛苦、苦难，2－4；the relevant sense of 'pain' 相关意义的"疼痛/痛苦"，53－54，455－456；a wider, stretched sense of 'painful' 一种拓展的、广义的"疼痛的"，226；badness of, and reasons to want to avoid future pain 其坏处和避免未来疼痛/痛苦的理由，31，56－57，129，138；denied by subjective desire-based theories 为基于欲求的主观理论所否认，73－77，81－89，456－457；perhaps denied by the Stoics 也许为斯多亚学派所否认，371，513；ignored by Kant and Ross 为康德与罗斯所忽略，371－372，513；compared with the badness of sin 与罪的坏性质相比，241；

the intensity and duration of pleasures and pains, relative importance of 快乐和痛苦的强度与持续时间，其相对的重要性，132, and the psychological and normative senses of 'intense' "强度"的心理学意义与规范意义，459－460；pain and the bias towards the future 痛苦与偏向未来，197；hedonistic theories of well-being 享乐主义的福祉理论，39，105；of motivation 动机的，44；of rationality or morality 合理性或道德，169，246；whether suffering can be deserved 能否应得痛苦，257，264－272，409－410；以及第二卷

Parents, and the Consent Principle 父母情形，以及同意原则，205

perfectionism 完善论，389

Permissibility Formula, see Kant's Formulas 可允许性公式，参见康德的各种公式

person-relative and partial reasons 个人相对理由和偏向性理由，40；and see Reasons 以及参见理由

Persson, Ingmar 英马尔·佩尔森，xlvi

phenomenal world 现象世界，258，269

pleasure 快乐：and desires, Psychological Hedonism 与欲求、心理享乐主义，44－

45；and hedonic likings and dislikings 与享乐式喜好和厌恶，53－56；and Subjectivism about value and reasons 与关于价值和理由的主观主义，55，67－68；sexual pleasure, Sidgwick and Moore 性快乐，西季威克和摩尔，xxxviii，453；and see happiness, pain, and Reasons 以及参见幸福、痛苦、理由

Pogge, Thomas 托马斯·博格：and the Threshold Objection to Kant's formulas 对康德公式的门槛反驳，309－310

practical reasons, see Reasons 实践理由，参见理由

Principle of Equal Shares 均等份额原则，345，359－360

principle of self-love 自爱原则，291－292，513（on 371）

procedural rationality 程序合理性，62－63，78－80，103，347，496

profoundest problem, Sidgwick's 西季威克的最深刻的问题，6－7，130－149，498（on 133），499（on 143）；this problem's wider form 这个问题的宽泛形式，144－148

progress, philosophical and moral 哲学的进步和道德的进步，xxxiii，174；以及第二卷

promises 承诺：and Kant's Impossibility Formula 与康德的不可能性公式，279－281，465；promises to people who are dead 对亡者的承诺，374；common sense morality and the joint conditional promise as a solution to some moral each-we dilemmas 常识道德与联合的有条件承诺作为某些道德上的群己困境的解决方案，468；and Gauthier's theory 与高契尔的理论，433－445，485，488－491

proportionality condition, of desert and happiness 应得与幸福的相称条件，245

Psychological Egoism 心理利己主义，43

Psychological Hedonism 心理享乐主义，44

punishment, justification of 惩罚的证成，455，461－462；以及第二卷

Rarity Objection 稀罕性反驳，289－290，296，330－331

Rational Agreement Formula, and Hobbesian Contractualism 合理协议公式，以及霍布斯式契约论，343－346，348，355－357

Rational Egoism 合理利己主义，52；some versions are concealed tautologies 有些版本是隐藏的同义反复，125，135；substantive Rational Egoism is not a moral view, but an external rival to morality 实质的合理利己主义不是一种道德观点，而是道德的一个外部对手，166；ignobility of 卑鄙性，169；but undeniably plausible 但不可否认是可行的，498（on 133），499（on 143）；and non-egoistic reasons 与非利己主义理由，130－144，358－359；not self-defeating in each-we dilemmas 在群己困境中不是自我挫败的，306－307；and Deliberative Subjective Theories 与慎思主观理论，347－348；High Stakes Egoism as an objection to the Kantian Argument 作为对康德式论证的一个反驳的大赌注利己主义，383－384；and Gauthier's theory 与高契尔理论，433－447

Rational Impartialism 合理不偏不倚主义，52，130－131，168－169；see Consequentialism 参见后果主义

rationalist's problem 理性主义者的问题，143

rationality, see Reasons and Rationality 合理性，参见理由与合理性

Rawls, John 约翰·罗尔斯：beliefs about rationality and reasons 关于合理性与理

由的信念，78，144；thin theory of the good 稀薄善理论，103－105；on Kant's claims about consent 论康德关于同意的主张，182－183；on the right and the good 论正当与善，235；on how to apply Kant's Formula of Universal Law 论如何运用康德的普遍法则公式，279，288；on failing to kill ourselves as a duty of virtue 论不自杀作为一种德性之责，290；suggests that Kant assumed a veil of ignorance 提出康德假定了一种无知之幕，339；on the Golden Rule 论黄金规则，329；on redefining 'right' and 'true' 论重新定义"正确"与"真"，226－227，342；on moral theories 论道德理论，174；rightness as fairness, Rawls's contractualist moral theory 作为公平的正当性，罗尔斯的契约论道德理论，346，511，see Contractualism, Rawlsian 参见罗尔斯式契约论

Raz, Joseph(whose views I should have discussed)约瑟夫·拉兹（其观点是我本该讨论的），xlvii，495（on 65）

reactive-attitude sense of 'wrong'（"不当的"之反应性态度的意义），165，169－171，174；moral dispraise different from wishing things to go badly for someone, or ceasing to wish them to go well 道德非难不同于希望某个人过得不好，或不再希望其过得好，272

Reasons and Rationality 理由与合理性，1－8，27－28，31－149

the concept of a reason 一个理由这个概念，31；'have a reason' and 'is a reason'"有一个理由"和"是一个理由"，32

practical reasons, in my widened sense of 'practical' 实践理由，广义上的"实践的"，45，47，65

sufficient and decisive reasons, most reason 充分的理由、决定性理由和最有理由，32－33，454

reason-giving facts 给予理由的事实，34－37，42，111；some call these: facts that are reasons 有些人称它们为：是理由的事实，32；Subjectivists cannot appeal to 主观主义者不能诉诸，94－95

the reason-involving concepts should, ought, must 涉及理由的概念应该、应当和必须，33，454（on 33）；good（and bad）好（与坏），38－39；good for and impersonally good 对……是好的和非个人地好的，41－42；this use of 'impersonal' can be

misunderstood"非个人的"这种用法
可引起误解，41−42

apparent reasons, see Rationality below
显见理由，参见下文合理性

motivating reasons 驱动性理由，37；
describable in two ways 可用两种方式
描述，454−455

telic, instrumental, intrinsic, and extrin-
sic reasons 目的式、工具性、内在的
和外在的理由，52，455

Objectivism about reasons，理由的客观
主义，2−3，5−7

object-given reasons，对象给予的理
由，45−47

the sense in which these reasons are
value-based 理由是基于价值的那种
意义，455

reason-involving kinds of goodness 涉
及理由的各类善性，38−42，101−102

hedonic reasons are not desire-based
but object-given 享乐式理由不是基
于欲求的而是对象给予的，52−
56，81−82，456−457

different objective theories 不同的客
观理论，45−47，52，130

partial and personal reasons 偏向性理
由和个人的理由，40，135−

138，143，379，389；and see Ra-
tional Egoism 以及参见合理利己
主义

impartial reasons 不偏不倚（的）理
由，6−7，22−23，40−42；and
the impartial-reason-implying sense
of 'impersonally best' 蕴含不偏不
倚理由的意义上的"不偏不倚地最
好的"，41−42，which cannot be
used by Subjectivists 主观主义者不
能使用这种理由，101−103；we
might have impartial reasons to care
more about some people's well-be-
ing 我们也许有不偏不倚的理由更
关注某些人的福祉，41；impartial-
reason-implying senses of 'ought'
and 'wrong' "应当"和"不当的"
之蕴含不偏不倚理由的意义，167−
171，372；impartial reasons to give
consent 给予同意的不偏不倚的理
由，187−188；to choose that some
principle be universal 选择某个普遍
原则的不偏不倚的理由，378−
388，391−403；and person-relative
deontic reasons 与个人相对的道义
式理由，246，475（on 393）

conflicts between partial or personal

Reasons and Rationality 理由与合理性（续）：
and impartial reasons，偏向性理由或个人的理由与不偏不倚的理由之间的冲突，130－144；Sidgwick's Dualism of Practical Reason 西季威克的实践理由的二元论，131－134，499（on 143）；The Two Viewpoints Argument 两视角论证，134－137；wide value-based objective 广义的基于价值的客观论，136－141

reason-involving conception of normativity 涉及理由的规范性观念，144－145；the reason-involving sense in which things matter 事物重要的那种涉及理由的意义，146；reasons are more fundamental than rational or moral requirements 理由比理性要求或道德要求更为根本，145－148

reasons and morality 理由与道德，141－144，147－149；Moral Rationalism 道德理性主义，141；Sidgwick's Dualism of Self-interest and Duty 西季威克的自我利益与义务的二元论，142－144，460（on 142）；Weak Moral Rationalism 弱道德理性主义，144；The profoundest problem revised 修正后最深刻的问题，144－145，147－148

deontic reasons 道义式理由：and the Consent Principle 与同意原则，201－202；and Kant's Formulas 与康德的各种公式，287－288；and non-deontic reasons 与非道义式理由，390，395，448－451

derivative reasons 派生的理由，39；and goodness 与善性，42

epistemic reasons：truth-related reasons to have beliefs 认知理由：持有信念的真值相关的理由，47－51；how epistemic and practical reasons may compete but cannot conflict 认知理由与实践理由如何可以竞争但不可能相冲突，425－428；epistemic reasons and Metaphysical Naturalism 认知理由与形而上学的自然主义，110；以及第二卷

Whether we can have state-given or practical reasons to have desires or beliefs 我们能否有状态给予的或实践的理由持有欲求或信念，50－51，420－432，442－444

Subjectivism about reasons 理由的主观主义，1－5，45－47，58－109

desire-based, aim-based, and deliberative theories 基于欲求和目标的慎思理论，58-65，456

unlike desire-based theories of well-being, subjective theories about reasons appeal only to facts about present desires 不同于基于欲求的福祉理论，理由的主观理论只诉诸关于当下欲求的事实，74-75

how the Deliberative Theory may seem Objectivist 慎思理论如何可以看来是客观主义的；procedural and substantive rationality 程序合理性与实质合理性，62-63，79-80

why so many people accept subjective theories 为什么这么多人接受主观理论，65-70

Analytical and Substantive Subjectivism 分析性主观主义与实质性主观主义，70-73

Subjectivist claims about self-interested and moral reasons 关于自利理由和道德理由的主观主义主张，102；on subjective theories, we may have no reasons to do our duty, and decisive reasons to act wrongly 基于主观论，我们可能没有理由履行我

们的义务，并且有决定性理由行动不当，144，347

Arguments against Subjectivism 反对主观主义的论证：

the Agony Argument 痛苦论证，73-82，456-457；Subjectivists cannot answer this argument by dismissing imaginary cases 主观主义者不能通过不考虑虚构情形来回应这个论证，76-77；or by appealing to claims about procedural rationality 也不能通过诉诸关于程序合理性的主张来回应这个论证，77-81

the All or None Argument 全部或全不论证，83-91；though wanting agony for its own sake is hard to imagine, that does not weaken this argument 尽管很难设想为了其自身的缘故而想要痛苦，但这并没削弱这个论证，83-84；we might have no desire-based reason not to fulfill this desire 我们可能没有任何基于欲求的理由不满足这种欲求，85-89；Subjectivists cannot appeal only to desires that we have reasons to have 主观主义者不可能只诉诸我们有理由持有的欲求，89-

Reasons and Rationality 理由与合理性（续）：91，106−107

the Incoherence Argument 不融贯论证，91−96；those who appeal to informed desires are not really Subjectivists 那些诉诸知情欲求的人不是真正的主观主义者，91−96；Frankfurt's view 法兰克福的观点，96−101

Subjectivists cannot make positive normative claims about the goodness of outcomes 主观主义者不能对结果的善性提出正面的规范性主张，101；or about well-being 或者对福祉提出正面的规范性主张，101−106，496−497；or about what matters 或者对何物重要提出正面的规范性主张，107

Arguments for Subjectivism 支持主观主义的论证：

appeals to hedonic reasons 诉诸享乐式理由，53−56，67

to derivative reasons（'Fifth … '）诉诸派生的理由，66（"第五……"）

to ought implies can and motivating reasons 诉诸"应当蕴含能够"和驱动性理由，108−110

to Analytical Subjectivism 诉诸分析性

主观主义，72−73

to motivational accounts of normativity, and Metaphysical Naturalism 诉诸规范性的动机论说和形而上学的自然主义，70−73

Rationality 合理性：

senses of 'rational' and 'irrational'：the ordinary sense "合理"与"不合理"的意义：日常意义，33；Scanlon's narrower sense 斯坎伦的更狭义，123；present-desire-based and egoistic senses 基于当下欲求的意义和利己主义意义，123，135

when we are aware of facts that give us decisive reasons, we ought rationally respond to these reasons 当我们意识到事实给予我们决定性理由时，我们理性上应当对这些理由做出回应，111；we are not failing to respond if we are not aware of the reason-giving facts 我们如果没有意识到给予理由的事实，那么就不会在回应上失败，32，111；unlike our responses to reasons for acting, our responses to reasons to have desires, and to epistemic reasons, are seldom voluntary 不同于

对行动理由的回应，我们对持有欲求或认知理由的回应很少是自愿的，47－51，420－424

rational responses to conflicting reasons 对冲突理由的合理回应，130－136；wide value-based views 广义的基于价值的观点，138－141，186－187，382－383，460；rationality and morality 合理性与道德，141－149

some examples of irrational desires or preferences 几个不合理欲求或偏好的例子，55－57，79，83－84，104；reasons to have irrational beliefs and desires, and rational irrationality 持有不合理信念和欲求的理由，合理的不合理性，125－126，420－432，439－441

though reasons are given only by facts (but see 454, on 35), what we ought rationally to want or do depends on our beliefs 尽管理由是由事实给予的（但是参见 454 页关于 35 页的注释），但是我们理性上应当想要或做的事情取决于我们的信念，33－35；why we should draw this distinction 我们为什么应该做

出这种区分，36；we have an apparent reason when we have beliefs whose truth would give us some reason；apparent reasons may be real or merely apparent 当我们持有的信念若为真就会给予我们某种理由时，我们具有显见理由；显见理由可能是真的或者仅仅是显见的，35；we are rational insofar as we respond to reasons or apparent reasons 只要我们回应理由或显见理由，我们就是理性的，34－35，111－113；whether our desires or acts should be called irrational when we have these desires, or act in these ways, because we have irrational non-normative beliefs 当我们持有某些欲求或做某些事情是因为我们具有不合理的非规范信念时，我们的欲求或行动是否应该被称为不合理的，113－117

what we ought practically to do in the fact-relative, evidence-relative, belief-relative, and normative-belief relative senses 在事实相对、证据相对、信念相对和规范信念相对的意义上我们实践上应当做什

Reasons and Rationality 理由与合理性（续）：

么，162−163；questions about risk and uncertainty 关于风险和不确定性的问题，37，125，159−163；Expectabilism 期望主义，160，462−463

epistemic rationality 认知合理性，110−120；distinguishing more deeply, and in a different way, between epistemic and practical rationality 在认知合理性与实践合理性之间以另一种方式做出的更深刻的区分，116−118，427

rational requirements and inconsistency between our normative beliefs and other mental state 合理要求以及"我们的规范信念和其他心理状态"之间的不一致性，36，118−125；other rational requirements 其他合理要求，36，146；our reasons to follow these requirements 我们遵循这些要求的理由，146−147，495（on 36）；other views about rationality 其他关于合理性的观点，125−129，135；instrumental rationality 工具理性，90−91，125，497（on 107）；procedural and substantive rationality 程序合理性与实质合理性，62−63，79−80；deliberative theories 慎思理论，62−63，103−106，126

the existence of rational beings 理性存在者的存在，31，419

reasonable rejection, in Scanlonian Contractualism 斯坎伦式契约论中的合情理的拒绝，360−365，416，473

Reid, Thomas, 'whether it be best to be a knave or a fool' 托马斯·里德，"最好的情况不是做无赖就是做傻瓜，142

Relativism Objection 相对主义反驳，377

religion 宗教：and Sidgwick's profoundest problem 与西季威克的最深刻的问题，142；and valid consent 与有效（的）同意，198；and believing that morality is not an illusion 与相信道德不是一种幻觉，259；and moral disagreements 与道德分歧，418

Rescue, and how we can do the most good 救援情形，以及我们如何做最好的事情，253，256

respect for persons 对人的尊重，233−235

responsible, in the suffering-deserving sense, see desert 在应得痛苦的意义上负责，参见应得

retributive justice, see desert 报应性正义，

参见应得

retroactive endorsement 回溯性认可，196－198

rich：we rich people：our most important moral question 富裕者：我们富裕者：我们最重要的道德问题，501（note about 210）；Kant's Formulas 康德的各种公式，337；and the Consent Principle 与同意原则，209－210；and Rule Consequentialism 与规则后果主义，319；and what matters 与重要之事，419

Ridge, Michael 迈克尔·里奇，xlvii，469（on 319），479

rightness as fairness, Rawls's contractualist moral theory 作为公平的正当性，罗尔斯的契约论道德理论，346，511（on 346）；and see Contractualism, Rawlsian 以及参见罗尔斯式契约论

Rights Principle 权利原则，194－197

risk and uncertainty：importance of, and different senses of 'ought' and 'wrong' 风险与不确性："应当"与"不当的"之重要性以及不同意义，37，125，159－163；Expectabilism 期望主义，160，462－463；and Rawls's appeal to a veil of ignorance 与罗尔斯对无知之幕的诉诸，349－353，357，472－473

Rosen, Gideon 吉迪恩·罗森，xlvii，476

Ross, Sir David 大卫·罗斯爵士，372，464（on 241）

Ross, Jacob 雅各布·罗斯，xlvi，476－478

Rule Consequentialism 规则后果主义，375，and see Consequentialism 以及参见后果主义

rule-involving conception of normativity 涉及规则的规范性观念，144－145

Ruskin, John, comparison with Kant 约翰·拉斯金与康德的比较，453

Samaritan's Dilemmas 助人者困境，467

Sartre, Jean-Paul, uses an example that does not support his view 让-保罗·萨特，使用的一个例子并不支持其观点，458（on 100）

Scanlon, T. M. T. M. 斯坎伦，v，xlv；his claims about reason-involving goodness 其关于涉及理由的善性的主张，39，495；on autonomy and other people's desires 论自主性和其他人的欲求，66，496；on reasons and rational requirements 论理由与合理要求，495（on 146）；Scanlon's interpretation of Kant's Formula of Universal Law 斯坎伦对康德的普遍法则公式的诠释，

339－341，and the Permissibility Formula 以及对可允许性公式的诠释，508（on 286）；on rationality and beliefs about reasons 论合理性和关于理由的信念，119－125；suggests that we use 'irrational' in a narrower sense 提出我们在一种更狭义的意义上使用"不合理的"，495（on 65）；on values that are to be respected rather than promoted 论被尊重而不是促进的价值，236－239；Scanlon's moral theory, see Contractualism, Scanlonian 斯坎伦的道德理论，参见斯坎伦式契约论

Scarlet, Crimson, and Pink, irrationality and inconsistency 斯加力、克里蒙森与平克情形，不合理性与不一致，120－124

Schelling's Case, and rational irrationality 先令情形，以及合理的不合理性，437

Schneewind, Jerome 杰尔姆·施尼温德，xlv，493

Self, and whether the Consent Principle is too demanding 自我情形，以及同意原则是否要求过高，207，211

self-creation, the impossibility of 自我创造的不可能性，267－269

Self-Defeating Desire, and alleged state-given reasons 自我挫败的欲求情形，以及所谓的状态给予的理由，431

Self-Defence, harming as a means without treating as a mere means 自卫情形，把伤害某人当作手段，没有把他当作纯粹的手段来对待，221－222，225

self-love, the maxim or principle of 自爱的准则或原则，275，291－292，513

Semi-Kantian view of blameworthiness 可责备性的准康德式观点，156

separateness of persons and distributive justice 人的分立性与分配正义，133，330，498 and 460（both on 133）

Setiya, Kieran 基兰·赛提梔，xlvi

Share of the Total View about how we can do the most good 关于我们如何做最有益事情的总量平分观，253

Shipwrecks, saving myself or a stranger 船舶事故情形，救自己还是救陌生人，139－141

Sidgwick 西季威克：compared with Kant 与康德的比较，xxxiii－xxxiv；his greatness, and why we should read him 他的伟大，我们为什么应该读他的著作，xxxiv-xl；the Dualism of Practical Reason and 'the profoundest problem' 实践理由的二元论和"最深刻的问题"，6－

7，130－149，498（on 133），499（on 143）；Two Viewpoints Argument 两视角论证，134－136；Sidgwick's Consequentialism as a rival to morality 西季威克的后果主义是作为道德的外部对手，168－169，171，500；warns against concealed tautologies 提醒要小心隐藏的同义反复，234；and the Naturalistic Fallacy 与自然主义谬误，465；how the acceptance of Act Consequentialism might be indirectly self-defeating, by making things go worse than they could have gone 接受行动后果主义如何可能是间接地自我挫败的，使事情之进展没有本该有的那么好，251－252，404－406；suggests but rejects an ideal choice-based account of well-being 提出但是拒绝了一种理想的基于选择的福祉论说，496－497；on the intensity of pleasures 论快乐的强度，460；what seem to be some mistakes 看起来是错误的一些事情，453

significantly non-optimific principles 明显地非最优的原则，380，399－400，477

Smith, Michael 迈克尔·史密斯，xlvii，79－80，482

state-given reasons 状态给予的理由，50－51，420－432，442－444

Stoics 斯多亚学派，xliii，371，453，513

Subjectivism about reasons, see Reasons 理由的主观主义，参见理由

substantive normative beliefs 实质性的规范信念，62，70－73，105－106，125，247，456（on 70）

substantively rational 实质上合理的，62－63，78，121

suffering, see pain 受苦，参见痛苦

sufficient reasons（some people use 'sufficient' in a different sense, to mean decisive）充分的理由（有些人在不同的意义使用"充分的"，意思是"决定性的"），32－33

suicide 自杀，xliii，198，200，235，239，453

Surgery, and justified coercion 手术情形，以及有证成的强制，196－197

tautologies, see concealed tautologies 同义反复，参见隐藏的同义反复

teleological theories 目的论理论，237，246－247；see Consequentialism 参见后果主义

telic 目的式：desires 目的式欲求，44；reasons 目的式理由，52

Temkin, Larry 拉里·特姆金，xlvi，498

temporally-neutral desire-based sense of 'best for' "对某人最好"之时间中立且基于欲求的意义，105

thin theory of the good, Rawls's 罗尔斯的稀薄善理论，103-105

Thomist view 托马斯主义观点，158

thought-experiments: Einstein and the Golden Rule 思想实验：爱因斯坦与黄金规则，285，328-329，350，355-356，382，476

Threshold Objection 门槛反驳，308-312

time, attitudes towards：our actual bias towards the near, an imagined bias towards the next year, and Future Tuesday Indifference 对时间的态度：我们对眼下的实际偏向，对来年的虚构偏向，对未来周二的漠不关心，46，56-57；our bias towards the future 我们对未来的偏向，197；temporal neutrality 时间的中立，495（on 57）

transitivity 传递性，128，459

Transplant, Act Utilitarianism and Scanlonian Contractualism 移植情形，行动效用主义和斯坎伦式契约论，363-365，473（on 363）

treating someone as a means, merely as a means, and as a mere thing 把某人当作手段来对待，把某人纯粹当作手段来对待，把某人当作纯粹的物件来对待，10-12，212-228，463-464（on 212-229）；harming as a means 当作手段的伤害，228-232；and Scanlonian Contractualism 与斯坎伦式契约论，360-366

Triple Theory 三重理论，411-417；以及第二卷

trivial benefits and burdens 微不足道的收益与负担，307；以及第二卷

Tunnel 隧道情形，218；a counter-example to the belief that our duty not to kill has priority over our duty to save lives 我们不杀人的义务优先于我们救人的义务，对此信念的一个反例，450；compared with Bridge 与桥梁情形比较，219-220，228-230，364-366，449-451

Two Viewpoints Argument 两视角论证，134-136

UA-optimific principles UA 最优原则，377-379，404-407

UF-optimific principles UF 最优原则，405-407，482-483（on 406）

Unanimity Condition, for the Consent Principle 同意原则的全体一致性条件，188

uniqueness condition, for the Kantian Contractualist Formula 康德式契约论公式的唯一性条件，358

universal acceptance 普遍的接受，285－286，341－342

universal compliance, or some principle's being universally followed 普遍的服从或某个原则得到普遍的遵循，343，405－407，482－483（on 406）

Universal Law, see Kant's Formulas 普遍法则，参见康德的各种公式

Unjust Punishment, and the Rarity Objection to Kant's Formulas 不公正的惩罚情形，以及对康德公式的稀罕性反驳，330－331

unreasonable in Scanlon's intended sense 在斯坎伦想要的意义上的"不合情理"，360－365，416，473

Utilitarianism 效用主义，373；Act Utilitarianism 行动效用主义，190；in its hedonistic form 其享乐主义形式，246，better restated as a claim about suffering 更好地重述为关于痛苦的主张，463；is in some ways indirectly self-defeating 它在一些方面是间接地自我挫败的，251；as one form of Impartial-Reason Consequentialism, might be an external rival to morality 作为不偏不倚的理由之行动后果主义的一种形式，它也许是道德的外部对手，168－169，500；Hedonistic Rule Utilitarianism, Kant's claims about 康德关于享乐主义规则效用主义的主张，255－256，410；Rawls's proposed alternative 罗尔斯提出的替代选项，349－355；and Scanlonian Contractualism 与斯坎伦式契约论，362－364，473（on 364）；and see Consequentialism 以及参见后果主义

valid consent 有效的同意，195－200

values: to be promoted or respected 价值：要被促进的或尊重的，236－239，243，478，and see Good (and bad) 以及参见好（与坏）

value of life, two views about 关于生命价值的两种观点，238－239

veil of ignorance, see Contractualism, Rawlsian 无知之幕，参见罗尔斯式契约论

Veto Principle 否决权原则，192－194

virtue ethics, in its systematic form, and Motive Consequentialism 美德伦理学，成体系的形式与动机后果主义，

375，475

Weak Moral Rationalism 弱道德理性主义，144

Well-being 福祉，39；theories of：hedonistic, substantive goods, desire-based 各种福祉理论：享乐主义的、实质善的、基于欲求的，39－40，74；what is best for someone in the reason-implying sense 在蕴含理由的意义上什么对某人最好，102，in the present-choice-based, hedonistic, and temporally neutral senses 基于当下选择的、享乐主义的和时间中立的意义上的，103－106；Rawls's thin theory of the good 罗尔斯的稀薄善理论，103；whether there are desire-based self-interested reasons 是否存在基于欲求的自利理由，102

What if everyone did that? 如果每个人都这样做会怎么样？17－18，286，301－320

What if everyone thought like you? 如果每个人都像你一样思考会怎么样？286，320，471

what someone is doing, his doing of it 某人在做什么，其做法，290

what someone is intentionally doing 某个人

正想做什么，297

Whimsical Despot, and non-voluntary responses to reasons 反复无常的暴君情形，以及对理由的非自愿回应，47；and the rationality of desires 以及欲求的合理性，125－126；and state-given reasons 以及状态给予的理由，420－430；and Subjectivism 以及主观主义，457；and an objection to the Kantian Contractualist Formula(Rosen's malicious gremlin)以及对康德式契约论公式的一种反驳，476（罗森之恶意的精灵）

Whole Scheme View about how we can do the most good 我们如何能够做最有益的事情的整体框架观，254－256

Wide Dualism 广义二元论，140－141

wide value-based objective views of rationality and reasons "合理性和理由"之广义的基于价值的客观观点，137－141，186，460(on 137)；and see Reasons（and Rationality）以及参见理由（合理性）

Williams, Bernard：misled by Sidgwick's remarks about sexual morality 伯纳德·威廉姆斯：受到西季威克关于性道德评论的误导，xxxviii，452－453；on Subjectivism 论主观主义，65，77；'life has to have substance' "生命要有意义"，387；on agent-regret 论行动者遗憾，462；on Moore 论摩尔 465

Williams T. C. T. C. 威廉姆斯，339

willing as a universal law 意愿作为普遍法则，285－288，301－302

Wood, Allen 阿伦·伍德：on Kant's Formula of Humanity and respect for persons 论康德的人性公式与对人的尊重，233；on sex, suicide, and lying 论性、自杀与撒谎，235；on Kant's claims about value 论康德关于价值的主张，235，241；'even the worst human beings have dignity' "即使最坏的人也有尊严"，240；condemns Kant's Formula of Universal Law 谴责康德的普遍法则公式，293；以及第二卷

wrong：senses of 'wrong' and kinds of wrongness 不当："不当的"之意义以及各种不当性，150－174；fact-relative, evidence-relative, and belief-relative senses 事实相对的、证据相对的和信念相对的意义，151－164，461；moral-belief-relative sense 道德信念相对的意义，151，171；the indefinable sense, 'mustn't-be-done' 不可定义的意义，"绝不可做"，165－166，169－170，173，451；other definable senses 其他可定义的意义，164－174；can be used to define 'ought', 'right', and 'morally permitted' 可用来定义"应当"和"正当"，以及"道德上许可的"，165；wrongness itself and the properties that make acts wrong 不当性本身以及使得行动是不当的属性，368－370

Wrong-Making Features Objection 使得不当特征反驳，390－398，448－451

图书在版编目(CIP)数据

论重要之事：规范伦理学卷. 上 ／（英）德里克·帕菲特（Derek Parfit）著；（美）塞缪尔·谢弗勒（Samuel Scheffler）编；阮航，葛四友译. --北京：中国人民大学出版社，2022.3

ISBN 978-7-300-30320-8

Ⅰ.①论… Ⅱ.①德…②塞…③阮…④葛… Ⅲ.①伦理学-研究 Ⅳ.①B82

中国版本图书馆 CIP 数据核字（2022）第 023677 号

论重要之事
——规范伦理学卷（上）
[英] 德里克·帕菲特（Derek Parfit）　著
[美] 塞缪尔·谢弗勒（Samuel Scheffler）　编
阮　航　葛四友　译
Lun Zhongyao Zhi Shi

出版发行	中国人民大学出版社			
社　　址	北京中关村大街 31 号		**邮政编码**	100080
电　　话	010－62511242（总编室）		010－62511770（质管部）	
	010－82501766（邮购部）		010－62514148（门市部）	
	010－62515195（发行公司）		010－62515275（盗版举报）	
网　　址	http://www.crup.com.cn			
经　　销	新华书店			
印　　刷	涿州市星河印刷有限公司			
规　　格	148 mm×210 mm　32 开本		**版　次**	2022 年 3 月第 1 版
印　　张	24.375 插页 4		**印　次**	2022 年 3 月第 1 次印刷
字　　数	524 000		**定　价**	238.00 元（上下卷）

守望者
The Catcher

阅读 你的生活

论重要之事

规范伦理学卷（下）

ON WHAT
MATTERS

[英]德里克·帕菲特（Derek Parfit） 著

[美] 塞缪尔·谢弗勒（Samuel Scheffler） 编

阮 航 译

葛四友 校

中国人民大学出版社

· 北京 ·

献　　给

汤姆·内格尔（Tom Nagel）
蒂姆·斯坎伦（Tim Scanlon）

目　录

前　言 ·· 1

内容提要 ·· 1

第四部分　评论

游山之旅 ··· 19

作为自在目的的人性 ······················· 50

方法的不匹配 ·································· 81

我怎么不是康德主义者？ ··············· 124

第五部分　回应

第十八章　论游山之旅 ························· 157

　　第 65 节　实际的同意与可能的同意 ··············· 157

　　第 66 节　把某人纯粹当作手段 ················· 159

　　第 67 节　康德式规则后果主义 ················· 162

　　第 68 节　三种传统 ······················· 169

第十九章　论作为自在目的的人性 ··············· 173

　　第 69 节　康德的自主性公式和普遍法则公式 ········· 173

　　第 70 节　作为最高价值的理性本质 ·············· 177

　　第 71 节　作为应予以尊重的价值的理性本质 ········· 183

第二十章　论方法的不匹配 ·················· 189

　　第 72 节　康德的公式需要修正吗？ ·············· 189

　　第 73 节　一个新的康德式公式 ················· 196

　　第 74 节　赫尔曼对康德式契约论的反驳 ··········· 201

第二十一章　数量何以重要 ·················· 216

　　第 75 节　斯坎伦的个体式限制 ················· 216

　　第 76 节　效用主义、加总和分配原则 ············· 220

第二十二章　斯坎伦式契约论 ················· 244

　　第 77 节　斯坎伦关于不当性和非人称式限制的主张 ····· 244

　　第 78 节　非同一性问题 ···················· 249

　　第 79 节　斯坎伦式契约论与未来人 ·············· 266

第二十三章　三重理论 ·· 281

　　第 80 节　趋同论证 ·· 281

　　第 81 节　斯坎伦理论的独立性 ······················· 294

附　录

附录 D　为何有物？为何如此？ ························· 303

附录 E　公平的警戒观 ·· 338

附录 F　康德对其普遍法则公式的一些论证 ········· 342

附录 G　康德关于善的主张 ·································· 366

附录 H　自主性和绝对命令 ·································· 373

附录 I　康德的动机论证 ······································ 388

尾　　注 ··· 423

引　　注 ··· 437

参考文献 ··· 449

索　　引 ··· 469

译 后 记 ··· 482

前　言

尽管本卷的前四分之一在一定程度上是关于第一卷的，但余下的四分之三完全独立。在本卷的评论者中，我大为受益于罗伯特·亚当斯、罗伯特·奥笛、塞利姆·伯克、保罗·博戈西昂、劳伦斯·邦朱尔、尼古拉斯·博斯特罗姆、菲利普·布里克、约翰·布鲁姆、张美露、尤金·基什伦科、罗杰·克里斯普、加内特·卡内提、特伦斯·库内奥、乔纳森·丹西、奇安·多尔、大卫·伊诺克、基特·费恩、斯蒂芬·芬利、威廉·菲兹帕特里克、阿尔文·戈德曼、鲍勃·黑尔、迈克尔·朱比恩、谢利·卡根、盖伊·卡汉、托马斯·凯利、塞缪尔·科尔斯坦、帕特里夏·基切尔、尼科·科洛德尼、布莱恩·莱特、威廉·莱肯、蒂姆·莫德林、布莱恩·麦克劳林、查尔斯·帕森斯、英马尔·佩尔森、托马斯·博格、彼得·雷尔顿、西蒙·里彭、雅各布·罗斯、斯蒂芬·希弗、马克·施罗德、拉斯·沙费尔-兰多、彼得·辛格、克努特·斯卡索恩、罗伯特·斯塔尔纳克、拉里·特姆金、布莱恩·韦瑟森、拉尔夫·韦奇伍德和蒂莫西·威廉森。

内容提要

第四部分　评论

第五部分　回应

第十八章　论游山之旅

第 65 节　实际的同意与可能的同意

　　根据我所称的康德的同意原则，我们应当仅以人们能够合理地 1
同意的方式待人。沃尔芙提出，我以这种方式诠释康德，就抛弃了
尊重自主性这一康德式的观念，该观念经常要求我们仅以人们实际

同意的方式待人。但同意原则并没有抛弃该观念，因为人们很少能够合理地同意以未经他们实际同意的方式受到对待。并且，一旦这样的对待是不当的，该原则就不会要求这样的行为。

第 66 节　把某人纯粹当作手段

沃尔芙主张，如果我们是在把人们纯粹当作手段，那么给这些人施加某些伤害就是不当的。我主张，即便我们不是在把人们纯粹当作手段，伤害这些人以用作手段也可能是不当的。按照这第二种观点，伤害人们以用作手段会在更多情况下是不当的。

第 67 节　康德式规则后果主义

根据康德式契约论公式，每个人都应当遵循这样的原则，其被普遍接受是每个人都能够合理地选择的。我论证说，该公式要求我们遵循规则后果主义的最优原则。沃尔芙反驳说，每个人都能够合理地选择某些非最优的保护自主性原则。然而，如果每个人都能够合理地选择这样的原则，这些原则就必定是最优的。但沃尔芙关于"每个人都能够合理地选择这些原则"的主张可能是正确的。

第 68 节　三种传统

如沃尔芙所主张的，假如根本就没有单一的最高道德原则，那么这不会是个悲剧。但假如不存在单一的真道德，那么这会是个悲剧。

第十九章　论作为自在目的的人性

第 69 节　康德的自主性公式和普遍法则公式

伍德主张，康德最高原则的"最确定的形式"是康德的自主性公式。如果以显然有必要的方式来修正该公式，该公式就成了我所提议的康德式契约论公式的另一版本。

第70节 作为最高价值的理性本质

按照伍德对康德观点的诠释，人性或理性本质具有最高价值；它既是道德的基础，也给予我们遵守道德法则的理由。然而，理性存在者的最高价值不是一种善，而是一种道德地位。这种道德地位不可能是道德的基础，也不能给予我们遵守道德法则的理由。这样的基础也不可能由非道德的理性来提供。但康德有时使用"人性"一词是指我们的道德能力以及拥有善意志的能力。善意志的最高善性可能是奠定道德的价值。伍德反对这一观点的论证并非决定性的。

第71节 作为应予以尊重的价值的理性本质

伍德提出，我们的行为是不当的，当且因为它们没有尊重非道德的理性之价值。赫尔曼给出了类似的提议。这些提议似乎要遭到强烈的反驳。并且对人的尊重，应该不是尊重其非道德的理性，而是尊重他们。

第二十章 论方法的不匹配

第72节 康德的公式需要修正吗？

根据康德的普遍法则公式，按照我们不能合理地意愿其为普遍的任何准则行动都是不当的。我已论证该公式是失败的，因为有许多这样的准则，按照它们行动有时但并非总是不当的。其中两例是利己主义的准则"做最有利于自己的任何事"以及"绝不撒谎"的准则。我们不能合理地意愿这样的准则成为普遍的。但我假想的利己主义者在按照其准则来守诺、偿还债务、救溺水儿童时，其行为并非不当的。按照"绝不撒谎"的准则告诉某人正确的时间，这也并非不当的。

赫尔曼提出，我假想的利己主义者在好几种意义上的确在不当地行事。但康德意图让其公式回答的问题是，哪些行为在违反义务的意义上是不当的；从而康德会同意，我假想的利己主义者的行为在这种意义上并非不当的。并且，按照"绝不撒谎"的准则行事，在这种意义上很少是不当的。因此，康德的公式需要修正。

第 73 节　一个新的康德式公式

可能有人主张，康德的公式会告诉我们，在什么时候行为在其他某些特定意义上是不当的。但这一版本的康德公式会失败。

第 74 节　赫尔曼对康德式契约论的反驳

赫尔曼先前写道，尽管有一段令人遗憾的努力史，但没有任何人能够使康德的公式变得可行。我论证说，如果以两种全然康德式的方式来修正康德的公式，我们就能够使之变得可行。赫尔曼反驳说，无论在运用康德原本的公式还是运用我提议的修正时，我都抛弃了康德道德理论中一个最具特色的部分。我诉诸这样的理由，即我们有理由去关注自己和他人的福祉；并诉诸这样的事实，该事实给我们提供其他非道德的理由去关注所发生之事。赫尔曼指出，对如此理由的诉诸在深层次上说不是康德式的。我认为，她的这一看法并不正确。并且只有诉诸这样的理由，我们才能使康德的公式变得可行。

第二十一章　数量何以重要

第 75 节　斯坎伦的个体式限制

根据斯坎伦的契约论公式，我们应当遵循无人能够合情理地拒绝的原则。关于什么是对于拒绝原则来说可容许的根据，斯坎伦提出了多种主张。根据斯坎伦的

个体式限制：就拒绝某一原则而言，我们必须诉诸该原则仅仅对于我们自己以及其他单个人的蕴含。

斯坎伦诉诸对于每一个人的可证成性这一观念，由此给该限制提供某种支持。但我要论证的是，斯坎伦观点的这个部分也具有某些不可接受的蕴含。

第 76 节　效用主义、加总和分配原则

在提议其个体式限制时，斯坎伦的一个目标在于避免某些特定的效用主义结论。效用主义者认为，给某一个人施加重担是正当的，只要我们能够由此给数量足够多的其他人带来少量收益。斯坎伦认为，效用主义者把这些人的收益加在了一起，由此误入歧途。按照斯坎伦的观点，数量并不重要。

我指出，对于效用主义者如何达成如此不可接受的结论，斯坎伦存在误判。效用主义者的错误不在于数量重要的信念，而在于他们认为，收益与负担如何在不同的人之间分配从道德上说是没有什么区别的。为了阐明这种区别，我们应该考虑这样的情形：其中如果我们不加干预，那么每个人的境况会同等糟糕。在这一类的某些情形中，斯坎伦的观点蕴含着，我们应当让多人中的某一人受益，

而不是给所有这些人提供大得多的收益总量并让他们均等分享。例如，我们如果是医生，那就应当使单个人的寿命从 30 岁延长到 70 岁，而不是使 100 万人的寿命从 30 岁延长到 35 岁。这个结论显然是错的。

我认为，这些情形表明斯坎伦应当放弃其个体式限制。斯坎伦的公式要成功地运用于这些情形，斯坎伦就必须允许我们有时能够以如下方式合情理地拒绝某一原则：我们所诉诸的原则的蕴含不仅是对于我们而言的，而且是对于某群体中的其他人而言的。在我刚刚描述的情形中，这 100 万人中每人能够合情理地拒绝"不要求我们让他们每人都多活 5 年"的任何原则。这些人能够合情理地诉诸如下事实，即他们的境况与那单个人的境况一样糟糕，并且他们加起来会获得大得多的收益总量，这些收益又会在所有这些人之间做更公平的分配。

斯坎伦提出，如果放弃其个体式限制，其观点就不再提供对效用主义的一种清晰的替代。情况并非如此。斯坎伦不应该否认数量重要的观点，而应该回到其一个较早主张的更强版本，我们可称之为契约论优先性观点。他应该主张，人们的境况越糟糕，人们就有越强的根据拒绝某一原则。这一修正版的斯坎伦观点会经常与效用主义冲突，并且其产生冲突的方式不会导致讲不通的结论。

第二十二章　斯坎伦式契约论

第 77 节　斯坎伦关于不当性和非人称式限制的主张

斯坎伦在其著作中声称，他的契约论对不当性本身或"行为之为不当是怎么回事"给出了某种论说。斯坎伦应该转而主张，一旦行为在其契约论的意义上是不当的，这就使这些行为在其他非契约论的意义上是不当的。例如，他可以主张，如果某一行动为某一无人能够合情理地拒绝的原则所不容，这一事实就使该行动是不可对他人证成的，是值得责备的，并且给予该行动者悔恨的理由、给予他人义愤的理由。现在斯坎伦承认，其契约理论应该采取某种这样的形式。

根据斯坎伦的

> 非人称式限制：就拒绝某一道德原则而论，我们不能诉诸关于后果在包含不偏不倚理由的意义上非人称地较好或较坏的主张。

就描述在他所提出的契约论的意义上行为之为不当是怎么回事而论，斯坎伦可能主张，按照定义，对这些不偏不倚理由的诉求是不相关的。但如果斯坎伦主张这些行为在其他意义上是不当的，他就不能以这种方式为其非人称式限制辩护。他也不能在可辩护的意义上主张：如果行为在其契约论的意义上是不当的，那么这一事实相对于那些关于何为非人称地较好或较坏的事实就具有绝对的道德优先性。如果保持其非人称式限制，斯坎伦就不得不后退到如下较弱的主张，即一旦某一行为在其契约论的意义上是不当的，这就使该行为在其他意义上是初定地不当的。如果放弃这一限制，斯坎伦就可以做出如下较强的主张，即行为在其他意义上是不当的，恰好当且一部分是因为这些行为在他的契约论的意义上是不当的。如果这是正确的，斯坎伦的契约论就会统一且有助于解释"某些行为之为不当"的所有更具体的方式。这会给斯坎伦提供理由做出这种更大胆的主张。

第78节　非同一性问题

斯坎伦还有其他理由放弃其非人称式限制。在描述我们对其他人具有什么义务时，斯坎伦意指的其他人包括所有未来人。我们的许多行为和策略会影响到未来人的同一性，或者说在将来生活的那个人是谁。我们通常可以同时得知如下两点：

（A）如果我们的行动按照两种方式中的一种或遵循两种策略中的一种，我们就很可能使未来要过的某些生活的质量降低；

7　以及

（B）既然未来过这些生活的将是不同的人，那么这些行为或策略对于其中的任何人来说就都不会较坏。

我们可以问：（B）是否会产生影响，以及会如何产生影响？我把这称作非同一性问题。

按照一种观点，只要这两种后果中的一种或两种行为中的一种对于任何人来说都不会较坏，这种后果就不可能较坏，这种行为也不可能不当。即使这样的行为或策略会大大降低未来生活的质量，我们也没有理由不这么做。

按照较优的另一种观点，如果未来要过的某些生活的质量会降低，那么这本身是较坏的；并且我们有理由不按照会产生如此影响的方式行动。如果这些影响会很坏，而我们知道我们能够通过自己

付出很小的成本予以避免，那么这样的行动就是不当的。这种观点可能采取两种形式。根据

> **无差别观点**：这些未来生活是由同样的人度过的，因而这些后果对于这些人来说较坏——无论情况是否如此都是没有差别的。

根据

> **两层观点**：上述事实的确会造成差别。尽管我们始终有某些理由不使未来生活的质量降低，但如果过这些生活的是不同的人，因而这些行为对于其中任何人都不会是较坏的，那么这样的理由就要弱一些。

两层观点具有某些不可接受的蕴含。我们应当接受无差别观点。

第 79 节 斯坎伦式契约论与未来人

在应用于影响未来人的行为时，斯坎伦目前的观点也具有不可接受的蕴含。和前文所述一样，斯坎伦应该放弃其非人称式限制，并允许我们诉诸不偏不倚的理由。当我们的行为会影响未来人时，我们必须考虑将来可能实际存在的另一批可能的人。要解释某些特定的行为为何不当，我们就必须诉诸人们——他们是如果我们采取不同的做法就会在将来存在的那些人——本来会过得更好的生活。我们不能在可辩护的意义上主张：这些行为之所以是不当的，是因为这些人能够合情理地拒绝任何允许如此行为的原则。如果我们这么做，那么这些人将永远不会存在，并且我们不能在可辩护的意义上诉诸关于"那些仅为可能的人能够合情理地拒绝什么"的主张。

既然不能诉诸为从不曾存在的人所持有的个人的理由，我们就应该诉诸实际存在的人所持有的不偏不倚的理由。

按照这一版本的斯坎伦观点，在问哪些是无人能够合情理地拒绝的原则时，我们有时不得不比较这些相冲突的个人理由与不偏不倚理由这两者的道德权重。对于在不同种类的情形中有哪些这样的原则会提供拒绝原则的更强根据，我们不得不使用我们的判断。然而如斯坎伦所指出的，所有关于合情理地拒绝的主张都要求这样的比较判断。

这样的判断可以从两个方向中的任一方向进行。某一行为使事情进展得最好，此时我们所有人都有不偏不倚的理由拒绝那些不要求这些行为的原则。在某些情形中，这些不偏不倚的理由会是决定性的，并且斯坎伦的公式会要求我们采取使事情进展得最好的做法。而在某些其他情形中，某些人能够合情理地拒绝任何要求这些行为的原则，因为每个人的不偏不倚理由在道德上会为这些人与之冲突的个人理由所胜过。

对于斯坎伦式契约论为什么应该允许我们诉诸不偏不倚的理由，我已主张存在两个原因。如果我们不能诉诸不偏不倚的理由，

> 斯坎伦的公式就不可能可辩护地应用于我们影响未来人的许多行为或策略；

以及如我之前论证的，

9

> 斯坎伦所能主张的仅仅是：一旦某一行为在其契约论的意义上是不当的，这就使该行为在其他非契约论的意义上是初定地不当的。

如果我们能够诉诸不偏不倚的理由，斯坎伦的公式就能可辩护地应用于我们的所有行为，并且我们能够主张它既告诉我们哪些行为是不当的，又有助于解释这样的行为为何不当。我认为，斯坎伦式契约论应该采取这种更强的形式。

第二十三章　三重理论

第 80 节　趋同论证

我曾论证，在运用康德式契约论公式时，它是其被普遍接受是每个人都能够合理地选择的仅有最优原则。这样的原则可能要求我们，为了给多数的他人提供少量的收益而给某一人施加重担。情况可能看上去是这样的：在有些这样的情形中，承受该重担的那个人不能合理地选择每个人都接受这样的原则。如此情形会算作对我所主张的"康德式契约论蕴含着规则后果主义"的反驳。我坚持认为，这个反驳是失败的。

我还论证过，康德式规则后果主义可以与斯坎伦式契约论合并。斯坎伦反驳说，承受重担的那个人尽管能够合理地选择最优原则，但也能够合情理地拒绝该原则。我认为，在大多数情形中情况并非如此。

第 81 节　斯坎伦理论的独立性

然而，在有些情形中斯坎伦的反驳可能成功。与康德式规则后果主义相比，斯坎伦式契约论更有力地支持某些特定的分配原则，并可能支持一些更强的原则。三重理论的这三个部分还可能在其他一些方面发生冲突。

如果存在这样的冲突，那就可能看上去表明我们应该拒绝这种理论。但我认为情况并非如此。我们所有的道德理论都需要修正。

10 我们仍在攀登这座山峰。并且如果登山队员拥有不同的能力和力量且他们有时尝试不同的路线，那么这个登山团队可能做得更好。仅当到达峰顶，我们或我们的追随者们才会拥有全然相同的真信念。

附　录

附录 D　为何有物？为何如此？

27　　这个宇宙为何存在？这里有两个问题。第一，究竟为何会有宇宙？本来可能成真的是，任何事物都不曾存在：没有生物，没有星辰，没有原子，甚至没有时间和空间。一旦我们想到这种可能性，那么任何事物的存在都可能看上去令人吃惊。第二，为何存在的是这个宇宙？有无数种方式让情况本可能有所不同。那么，宇宙为何是现在这个样子？

28　　很多人已经假定，这些问题既然不可能有因果的答案，那就不可能有任何答案。因此，有些人取消这些问题，把它们看作不值得考虑的。另一些人则断定它们没有意义。

　　我认为这些假定是错的。这些问题即便不可能有答案，也仍然有意义，并且值得考虑。我们也不应该假设，对这个问题的答案必定是因果的。即便真实不可能得到充分的解释，我们也仍可以取得进步，因为那些不明之处有可能变得不像现在这样看上去令人困惑。

附录 E　公平的警戒观

尽管惩罚不可能在蕴含应得的意义上有正义与否的分别，但这样的处罚可能有公平与否的分别。但在有正当理由施加公平的惩罚时，我们应该为我们在做之事深表遗憾。

附录 F　康德对其普遍法则公式的一些论证

康德论证说：

> 所有原则或命令要么是假言的，要么是绝对的：前者要求我们的行为方式是，该行为作为手段以实现某个我们已经意愿的目的；后者要求我们的行为方式是，把该行为作为目的或仅由于其自身之故，而不是作为实现任何其他目的之手段。
>
> 绝对命令给我们的准则和行为施加的只是形式的约束，因为这些命令要求的只是符合法则本身的普遍性。
>
> 因此，
>
> 仅存在一个绝对命令，它要求我们仅按照我们能够意愿其为普遍法则的准则来行动。

康德的前提为假；并且即使它们为真，也推不出康德的结论。康德 *29*
还论证说：

> （1）当我们的行为动机是尽义务时，我们必定是按照如下原则而行为，即对该原则的接受就会驱动我们，而无须借助对

行为效果的欲求。

（2）某一原则要具有这样的驱动力，就必定是纯粹形式的，仅要求我们的行为遵从普遍法则。

（3）这样的原则必定要求我们仅按照我们能够意愿其为普遍法则的准则来行为。

因此，

这种要求是那个仅有的道德法则。

前提（2）和（3）为假。康德还给出了似乎失败的其他论证。

附录 G　康德关于善的主张

在若干段落，康德似乎忽视了这一含义，即幸福是非道德地好的，苦难是非道德地坏的，并且忽略了我们关注所发生之事的其他非道德理由。

附录 H　自主性和绝对命令

根据康德的自主性论点，我们仅受制于我们将之作为法则给予自己的原则，并且仅有义务遵照自己的意志来行动。这个论点似乎要么不可辩护，要么微不足道。就其关于他律性的主张而论，康德似乎混同了两种极为不同之事：由欲求产生的动机以及强绝对的要求。

附录 I　康德的动机论证

30　　康德的论证似乎是：

真正的道德法则必定既是普遍的，又是规范上绝对的，它们适用于所有理性存在者而无论他们想要或意愿什么。

任何原则，若非其被接受必然会驱动所有理性存在者，则不可能是真正的道德法则。

任何原则，若不能全凭自身来驱动我们而不借助任何欲求，则不可能具有如此必然的驱动力，从而不能成为真正的道德法则。

只有康德的形式原则具有这样的驱动力。

必定存在某种道德法则。

因此，

康德的形式原则是唯一真正的道德法则，从而是最高的道德原则。

这个论证不可能成功。

第四部分

评论

游山之旅

苏珊·沃尔芙 （Susan Wolf）

33

《论重要之事》是一部杰作。它快步穿越哲学伦理学的版图，
到处是富有挑战性而发人深省的讨论，其中涉及的哲学立场与问题
多得令人吃惊。至少就其大体而言，所有这些讨论之提出都服务于
对最高道德原则的探寻。其中最重要的是帕菲特在该著第一卷的论
断：他认为，如此原则的一个上佳候选是康德式契约论公式。该公
式告诉我们：

> 每个人都应当遵循这样的原则，其被普遍接受是每个人都
> 能够合理地意愿或选择的。（*342*）†

---

† 斜体数字表示第一卷页码。[本书正文中夹注的阿拉伯数字表示页码，正体数字为
《论重要之事》（*On What Matters*，New York：Oxford University Press，2011）第二卷页码，
即本书边码，斜体数字为《论重要之事》第一卷页码。本书所有星号注均为译者注。]

他论证说，由该原则可得出这样的观点，即每个人都应当遵循最优原则；他把由此得出的观点称作康德式规则后果主义（411）。

对该书的一种读法是将之视为展示了这样一位哲学家的思想：该哲学家从多种不同的伦理理论中精挑细选，择出他认为最好的与最富有洞见的方面，然后将它们予以组合，从而提出他自己的不同观点。就此而论，它代表了研究道德哲学的一种不错的方式——并非唯一但不错的方式；并且帕菲特达成了独到的观点，对随其进展而提出和辩护的其他观点也做出了独到的评价，我觉得这些观点和评价颇有吸引力。然而，对该书还有另一种更具雄心的读法，这种读法为帕菲特提出其思想的方式所暗示，尤为第一卷的结语所提示，该卷最后一节则由此得名。如他所指出的，康德式后果主义有权要求同时是康德主义的、契约论的以及（至少是三分之一）后果主义的。尽管这三种伟大的道德哲学传统通常被看作表达了形成强烈对照且彼此不相容的伦理视角（perspective），但帕菲特提出，其所提议的公式之可行性连同他达成该公式的论证，让我们有理由以不同的眼光来看待这些传统。他写道："一直以来人们广泛相信，康德主义者、契约论者以及后果主义者之间存在着……深刻分歧。我已经论证，情况并非如此。这些人是在不同的侧面攀登同一座山峰"（419）。

如果我的诠释没错，这个提议就是说：存在某种单一的真道德（a single true morality），它浓缩为某个单一的最高原则；可以认为，这些相异的传统分别是以其自身独立且不完善的方式在探寻该原则。

我在本文要争论的就是这个提议，或者可以说就是这种雄心。

34

这个提议既有元伦理的层面，也有规范的层面。从元伦理的层面看，帕菲特的著作似乎体现了这样一种假设：我们有非常强的理由想要或希望存在某一道德原则，这一原则是唯一最高的且想必是普遍而永恒的（timeless），所有其他道德原则对它来说都处于从属地位。就那些与帕菲特主张合并的传统相关的重要人物而言，即使不是所有人也有很多人与帕菲特共享着上述假设。然而，前文引用的那些言论旨在表明：我们可以按照上述方式来诠释和梳理这些不同传统所看重的价值，乃至消除它们之间的紧张关系；或者说，对于这些传统最杰出的代表人物所陈述的观点，我们做一些修正和限制，从而最终使之与其对手的观点达成调和——这样的做法是符合这些代表人物的精神的。就这样的意旨而论，帕菲特对这些哲学家著作的讨论，是以在我看来既在诠释上讲不通也在规范上令人遗憾的方式，背离了其中任何一位哲学家所持的鲜明立场。

像帕菲特一样，我认为，康德主义、后果主义和契约论传统各自把握了关于价值的深刻而重要的洞见。借用帕菲特的比喻，我们可以认为，与其说它们各自仅把握了真理之一粟，毋宁说更像是各自占据了真理的某一山峰。它们各自做出了某种深刻的贡献，从而促进了我们对如下问题的理解：我们有理由去做和关切哪些事，应该表达、维护和提倡何种道德。对帕菲特来说，要理解这些不同的评价视角就构成了某种挑战，这种挑战是他在这部著作中旨在应对的：将来自这些视角的洞见收集起来，予以统一、体系化或组合，以便达成某种唯一而融贯的道德观点，这种道德观点能够以某种免于道德剩余（moral remainders）和规范紧张的方式来指导我们的

35

行为。我尽管认为可以理解这样的愿望，即调和不同的传统，并将它们的观点转化为某种唯一的统一整体，但与许多其他道德哲学家相比，这种愿望对我的吸引力要弱一些。

当然，我们有理由希望或盼望存在唯一的最高道德原则；并且如果最终表明存在这样的原则，那么了解它是什么就是不错的。然而，在缺乏关于道德是什么的某种特定元伦理论说的情况下，根本没有理由假定存在这样的原则；并且如果结果表明道德并非构造得如此整整齐齐乃至存在这样的一个原则，那么这也不会是个道德悲剧。此外，按照我本人对康德主义、后果主义和契约论传统之贡献的理解与评估，这些不同理论立场所表达的价值会继续避开这样的完全统一。在我看来，出现得相当频繁的情况是，这个世界会给我们提供多种选择，而对于这些选择，并不存在简单或唯一的道德答案：有不错的道德理由支持一种选择，也有不错的道德理由支持另一种；并且如果不是乞题的，那就根本不存在支配性的或进一步的理由去解决这些选择之间的争议。

在具体的社会实践层次，可能存在一些理由去采取某种常规的（conventional）价值排序或决定程序，它们可以产生在诸多互竞价值的实现与表达之间达成妥协的效果。尽管如此，但在我看来重要的是，在道德哲学的语境中妥协和常规应该就其本身而得到承认。我们不应该容许，"我们想要就普遍原则（更不用说唯一的根本原则）达成一致"这样的旨趣曲解这些原则所依据的独特价值，或者抑制我们承认这些价值之间可能存在的紧张关系。

无论如何，在我看来，我们通常的道德思维中存在着紧张关

系，其中至少有一些体现于康德主义、契约论和后果主义的视角差 *36*
异（因而我分享着为帕菲特所拒绝的通常看法，即这些观点之间有
着深刻的分歧）。随着帕菲特批判地诠释与修正康德的理论以便同契
约论和后果主义的洞见相调和，就上述紧张关系而言，其中有一些由
此消失了，有一些在我看来最有说服力而独特的康德本人的道德视角
则变得淡薄了。

我在本文将特别聚焦于一种像这样的紧张，它经常关系到康德
主义和后果主义伦理学之间的差别，亦即对自主性（autonomy）
的尊重与对最优结果的关切之间的差别。了解如下内容将不无教
益：帕菲特对康德理论的改造是如何使这种紧张消失的，而我们可
以做出哪些说明来支持对康德的另一种解释。随后，我还会对契约
论与非契约论之间的紧张、最高道德原则的发现之重要性（或不重
要性）有所说明。

我本人并非研究康德的学者，因而并不奢望做出关于康德真正
的意思是什么或哪些在精神实质上是真正的康德主义的主张。我的
关切是规范性的，而不是诠释性的。尽管如此，在我看来仍然存在
着对康德的某种诠释，或者至少存在由康德启发出来的某种道德视
角，据此帕菲特提议的某些修正是让我们远离而不是接近某种更具
说服力的道德理论。

对自主性的尊重

康德本人使用"自主性"这一术语指的是某种形而上的属

性（property），这种属性是帕菲特以及很可能大多数当代哲学家都认为并非人类所具备的；尽管如此，但对该术语的非形而上理解仍然是康德所关切的很大一部分内容。具体地说，我们可以这样理解：自主性指的是对实践理性的拥有，由此给予其拥有者以能力去独立思考和决定该珍视什么、该怎么做，以及如何生活。谈到我们应该尊重自主性或应该将人作为具有自主性的存在者来尊重，也就是说我们应该牢记人的上述特征，并要求某种回应，要求我们以某些特定的方式来约束对待他人的行为，或许还要求他人采取某些行为类型。这种观念的大意在于，尊重自主性包含着尊重人们管理其自我生活的能力，避免干涉他们自己的选择，以及避免给他们施加未经其本人许可的负担。这种价值与对好结果的关切之间的紧张源自如下事实：人们并非总是知道什么是好的，即使对于自己来说亦如此；并且他们并非总是知道或很关心，对于这个世界来说一般而言什么是好的。这种紧张明显表现于我们对家长作风可能产生的复杂反应；也表现于如帕菲特的桥梁情形（218）和手段情形（201），其中人们必须选择是否给某人（或某群体）施加一种负担，以便使另一个人（或群体）免于更大的伤害。可以说，对于是否想要为了更大的善而牺牲自己的福利，对自主性的尊重敦促我们让人们自己决定。如果他们不做出这样的选择，对其自主性的尊重就敦促我们不予以干涉。

康德在其著作中对自主性的尊重（即便是对上述非形而上类型的自主性）是相当明显的；在许多读者看来，它似乎融入了康德"绝不把人仅仅（only）当作手段"的禁令。它与"使某人对待另一人的方式为合法"之中同意的重要性具有甚至更明显的关联。然而，帕菲特对康德同意原则的诠释，以及他对"把他人当作纯粹的手段是怎么回事"的诠释，似乎抛开了对自主性的尊重。他从康德式契约论派生出康德式后果主义，其中似乎也反映了对尊重自主性这一价值的失察。让我们来看看，一个对这一价值有深刻印象的人对帕菲特的论证可能做出何种回应。

同　意

我们可以从帕菲特对"康德关于同意的主张"的讨论入手，帕菲特将之重述为"（A）以人们无法表示同意的任何方式对待他们都是不当的"（180）。如帕菲特所指出的，按照对（A）的至少一种自然而然的诠释，这个主张太强，不能代表那种可以最体谅地（charitably）被理解为康德经过深思熟虑的观点①。我们可以补充说，对于代表关于某种约束——这种约束旨在体现对自主性的尊重——的合情理的观点来说，它也太强了。例如，可能出现这样的情况：某人必须采取行动但无法获得同意，因为（要表示是否同意的）那个人处于无意识状态或没有交流能力，或者因为根本没有时间停下来询问。可能还有其他情况，其中某人之所以明确地拒绝同

---

① 更明确地说，帕菲特反对科丝嘉和奥尼尔对康德主张的诠释，其根据是"（B）以人们无法表示同意的任何方式对待他们都是不当的，因为我们没有给予他们给予或拒绝同意的机会"（179）。

意某一行为，是因为他处于精神病发作期，或者得到的是极其错误的信息（misinformed）。在像这样的情况中，在未经同意之下采取行动使某人免于严重伤害，似乎既非不当，也非不尊重。如果某人合情理地确信，那个人若是有意识的、精神正常等则会同意，那么采取行动似乎就足以达到为同意原则的精神所要求的标准②。

　　帕菲特自己所提议的对康德主张的重述，乍看上去只不过是把上述各类限定嵌入立场表述的一种方法而已。根据帕菲特的观点，我们应该将康德的同意原则理解为这样一种表述，"以人们无法合理地同意的任何方式对待他们都是不当的"（181）。然而，与最初呈现的版本相比，帕菲特的版本让我们大大地远离了关于同意的原初观点。帕菲特在其关于理由和合理性的诠释中采用的是一种基于价值的理论，并且其所提议的原则涉及一个人能够（could）合理地同意什么。因此，即使我们丝毫没有理由认为将受到影响的某个人会（would）同意我们对他做某事，帕菲特版本的同意原则也可能容许我们这么做——实际上，即使某个人在完全理性和知情的条件下会明确拒绝同意对他做某事，该版本也容许我们这么做③。

---

②　这里仅意在提出某种大致的陈述，该陈述是对同意原则的一种可行的修正，这一修正不会违反尊重自主性的精神。然而，它需要做精细的调整。一名耶和华见证会教徒拒绝挽救生命的治疗，因为他相信这样的治疗违背了上帝的意愿；他的医生则可能认为这是得到了极其错误的信息。但在这种情况下，我们可以争辩说，尽管医生的信念有充分的根据，但放弃同意条件仍然不相容于对病人自主性的尊重。

③　帕菲特谨慎地指出，同意原则不是作为最高或唯一的道德原则而被提出的。如他所提出的，"同意原则并不主张，某一行为仅当不能为人们合理地同意才是不当的……该原则承认，行动可能在其他方面或出于其他理由是不当的"。我的看法仅仅是，帕菲特的同意原则本身并不谴责或者劝阻如下待人方式——该方式是这个人在完全理性和知情的条件下明确拒绝同意的。

例如，可以看看帕菲特地震情形的变体——手段情形，其中 39
你可以救怀特的命，但只能通过挪动格蕾由此使之失去一条
腿（两人都被困在废墟中，并因此都不能自己移动）。按照帕菲
特广义的基于价值的理由理论，格蕾能够合理地选择，你为了救
怀特的命而挪动她，使她失去一条腿；但她也能够合理地选择，
你不挪动她，让她的腿得以保存而听任怀特*死去。既然帕菲特
的同意原则要求你将行为限制在受影响方能够（但不必然会）合理
选择的范围内，那么至少就格蕾而言，该原则就允许你挪动和不挪
动她都行。

可以进一步设想，你恰巧认识格蕾，知道她是那种不愿牺牲肢
体去帮助陌生人的人。我们可以假设，就在上周她还拒绝捐肾去救
她的亲兄弟。我们其实还可以设想，尽管被困于瓦砾中，格蕾仍保
持着足够的警觉，能估量她和怀特的处境，因而对你喊道："离我
远点儿，你这个行善的自以为是的后果主义者。"

我不想以这样或那样的方式去论证，一个人在像这样的处境中
应当做什么。在我看来该说的是：如果格蕾拒绝同意，那就要避免
挪动她；而为了救怀特的命，那么无论如何都要挪动格蕾。但如果
一个人不顾格蕾的反对而选择后者，那么"这个人满足了同意原
则"这一说法就显得很古怪④。一种自然得多的看法是视之为这样 40

---

* 原文此处为格蕾。从上下文看，似误，故改之。

④ 对于这种可能满足同意原则的情形，有一种思考方法是这样的：如果认为同意
原则应该在一般原则而不是具体行为的层次上发挥作用，那么在某些可行的条件下，格
蕾可能会同意允许你挪动其大腿的原则——尽管在危急时刻，她不会在乎原则，从而不
同意具体的行为。本文稍后将讨论这种非常重要的复杂性。

一种情况："将自己的行为克制在某人同意的范围内"的这种价值为挽救生命的价值所压倒。

只要尊重自主性（如我所提议的，可以把尊重自主性理解为一种尽可能地设法让人自己决定如何做的律令）是激发诉诸同意原则的价值，帕菲特本人的同意原则就是全然离题的。对格蕾自主性的尊重要求我们将格蕾的价值和选择纳入考量；或者，如果做不到这一点，那么也要考量格蕾如果能够拥有相关信息、思考相关问题就会持有的价值和做出的选择，如此等等。[而在帕菲特这里，]* 格蕾可能选择放弃自己的腿（她如果这么做，那么并非不理性）这一事实几乎与格蕾本人无关，并且根本无关于格蕾本人实践理性的运用。

帕菲特在关于同意的章节中考察了同意原则的一些版本（亦即给予选择的原则与否决权原则），它们要求人们避免做出这样的行为：这些行为是受行为影响的当事人在理性和知情的情况下不同意的。他之所以拒绝这些原则，至少一部分是因为，一个人如果要努力将其行为限制在受影响的各方（在完全理性和知情的情况下）都会同意的范围内，其愿望就会落空。我们时常发现，一方仅同意一种行为，而另一方仅同意另一种。格蕾可能不同意失去腿，而怀特可能不同意失去生命。用帕菲特的话说，这些原则就不会满足全体一致性条件（*188*）。

对帕菲特来说，尽管他在探寻某个最高的道德原则（且即便达不到这个目标，也要探寻那些给我们提供决定性理由的原则，从而

---

* 方括号内容为译者添加，是为了避免歧义而补足文意，以方便阅读。

缩小可允许的行为范围），但可理解的是，全体一致性条件占据着相当的分量。为了满足这一条件，我们就要超越对同意原则的各种诠释，这些诠释会禁止受影响各方会合理地表示不同意的行为。与《论重要之事》卷一后面考察的哲学立场有关，满足该条件的一种方法将是"上移一个层次"（move up a level），即我们的提问不再是一个人会同意哪些特定的行为，而是在相关条件下我们会就行为的哪些一般原则达成一致。然而，在对同意原则的讨论中，帕菲特采取的似乎是另一种进路，亦即基于人们能够而不是会合理地同意什么的一种约束进路。

41

如我已论证的，这种提议的问题在于，它抛弃了同意原则背后的道德观点。它抛弃了同意以及对自主性的尊重，后者可以被认作同意价值的来源。如果人们首先关心的不是阐述某一最高的或决定性的道德原则，而是要表达和明确重要的（但可能是竞争性的）道德考虑，那么他们就不会允许全体一致性的需要按照上述方式去改造其原则。

把某人仅仅当作手段

无论如何，对某种可区分行为正当与否的唯一整全性（comprehensive）原则的探寻，导致帕菲特取消了同意原则（甚至是他本人提出的同意原则版本），因为它太弱了，难以完成这项任务（211）。他接着考虑在康德人性公式另一特性的发展中发现如此原则的可能性。然而，在此亦如我将要论证的，帕菲特的诠释没有抓住该公式至少一部分的力度。该公式告诉我们，始终要把理性行为者当作目的本身，而绝不仅仅当作手段。很明显，在对这一原则的可能含义的理解中，帕菲特的选择是聚焦于第二个观念，即把某人仅仅当作手段；而不是聚焦于第一个观念，即把某人当作目的本身。

某人把另一人仅仅当作手段，这个说法是什么意思？如帕菲特向我们揭示的，如果人们特别关注限定词"仅仅"，而不提供任何背景去诠释该限定词可能旨在排除什么，那么把某人当作"仅为一种手段"或者用帕菲特的说法"一种纯粹的手段"就可能被理解为如下意思：你把某人仅仅当作手段，当且仅当你"利用一个人的能力、活动或身体……并且视此人为纯粹的工具……我们忽略这个人的福祉和道德主张，并且会以任何能最有利于实现我们目标的方式来对待他"（213）。相比之下，按照帕菲特的解读，"我们并没有把某人纯粹当作手段来对待或者接近于这样做，如果（1）我们对待此人的方式在相当重要的方面受到某种相关道德信念或关注的管辖或指导，或者（2）我们确实或会相关地选择为了此人的缘故而承受某种重担"（214）。

如帕菲特所指出的，按照这种诠释，喂养用作实验的兔子、订婚戒指（而不是结婚戒指）被劫的女士、被推下桥以阻止更多其他人死亡的男士，都没有被当作纯粹的手段来对待，只要这里讨论的对待受到这样的限制——这些限制是关于行为者对受害者愿意施加何种类型与程度的伤害和痛苦——的影响甚或反事实的约束⑤。

理解把某人仅仅当作手段这一观念的另一种方式可能是，更多
地关注作为整体的人性公式，从而要注意到，把某人仅仅当作手段
是与把某人当作目的本身相对照的。如我始终认为的，"仅仅"这
个限定词用作一种认可方式，让我们承认，只要把人们当作手段与
把人们当作目的本身这两者根本上不处于紧张状态，把人们当作手
段就是可能的。实际上我们一直在这么做：我把理发师当作手段以
获得体面的发型；我把朋友当作手段，让他驾车送我去机场；我的
学生把我当作手段，以获得哲学训练；我的孩子们把我当作手段，
让我在家给他们做饭。在所有这些形式的互动（interaction）中都
不存在可供反对之处，其原因至少部分在于我们自愿受到这样的对
待。在这些情形中，我们彼此并没有把对方仅仅当作手段或当作纯
粹的手段来对待，因为其中一人在利用另一人之时，其目标（pur-

⑤ 说句题外话，作为对于帕菲特对该原则的理解来说构成支持的一个要点，或许
可以指出：它可能不仅适用于理性的行为者，而且适用于非理性的动物，比如兔子。在
我看来，它还有更广阔的应用，因为我也可能在某些方面有所克制地对待无生命物，以
免毁损它们。我可能克制自己，不将最喜爱的油画置于能给我带来最大快乐之处，因为
那个地方充足的阳光最会损害油画。类似地，我可能"小心看护"我的家、小车、早
餐碟子、工具箱——从而克制自己不做某些事以免损害它们；并且，即便自己在繁忙的
日子里有更重要的事要做，我也努力提供维护。诚然，其中有些举动可以由如下事实而
得以证成：让这些器物完好无损，长远地看更有利于我。只要是出于如此动机，我就仍
然是把它们仅仅当作手段，只是由于长远地看待这些器物作为手段对于我的价值而小心
翼翼。但是，许多人——我可被计算在内（不管是好还是坏）——养成了小心对待其财
产（也包括他人的财产）的习惯，而不管这么做是否符合他们的利益。他们不愿损坏器
物的美观或者使用潜能，即便这丝毫无益于自己或他人，甚或不为任何人所知也是如
此。我们尽管把这些器物当作手段，但按照帕菲特的诠释，并没有把它们当作纯粹的手
段。我们并没有只要适合自己的目标就对它们为所欲为。而这意味着，我们甚至也没有
把器物当作彻头彻尾的手段或工具，亦即帕菲特所诠释的纯粹的手段。

pose）并不是相对立于或无视对方的目标。

如果沿着这样的思路来理解人性公式，我们就会把该公式看作是在教导我们：要把拥有其自身目标和规划的理性存在者看作具有如下地位（status）的存在者，即该地位禁止我们以忽略或无视其目标的方式来利用他们。按照这样一种诠释，将某人推下桥以免多人受伤害（假定他不曾同意被推下，或没有要跳下的任何表示），很肯定是把他"仅仅当作手段"⑥。按照这种诠释，该公式在其精神实质上紧密相连于这样的原则，即要求我们仅按照受影响各方实际或将会同意的方式行动的原则。这两种原则都是对"尊重其他行为者的自主性"这种价值的表达方式。

然而，这些把握某一重要道德视角的原则，无论我们可能觉得多么言之成理，多么富有吸引力，一旦被考虑作为某种绝对的最高伦理原则之候选，那就是很成问题的。因为如前文指出的，不少人比较冷漠，不愿意为了陌生人或公共善的缘故而牺牲自己或自己的爱人；并且如帕菲特也会同意的，他们这么做并不必然是不理性的。如果我们必须尊重他们自己实际的选择和价值，至少就他们是理性的而言必须如此，那么我们就会频繁地受到阻碍，不能去做许多人认为我们有强的道德理由去做的事情。例如，我们不能在某人不想被牺牲的情况下牺牲他去救 5 人乃至 5 000 人。我们如果去掉"他们的选择必须是合理的"这一限定，或者对合理性做更宽泛的诠释，那就会受到甚至更严密的约束——例如，要避免为了救一个

44

---

⑥ 我本该想到，这样的说法会支持那种就旨在把握该措辞的日常意义而言的诠释（227）。

孩子的命而压碎某人的脚趾。和帕菲特一样，我同意，这个结论是不可接受的。尊重自主性的原则如此之强，不可能成为无条件的绝对道德原则。但在我看来不那么清楚之处在于，这蕴含着：对于把某人仅仅当作手段（亦即当作纯粹的手段）这一观念，我们必须要么做出不同的诠释，要么拒绝"该观念对于道德具有直接而根本的相关性"这一提议。一种替代方法是抛开这一两难选择，转而将之表达为这样的想法：如果其他情况相同，那么把某人仅仅当作手段就是应该避免的；并且即便容许它有时会被其他道德考虑压倒，这种情况也始终是令人遗憾的。

帕菲特没有选择这种替代方法。他反而进一步讨论绝对命令的另一种阐述方式，即普遍法则公式，并提议它应该予以修正，修正的方式是比康德本人的著作更明确地表达为契约论的，由此达成他所称的康德式契约论原则。我在本文开头提到了这个原则，其陈述是"每个人都应当遵循这样的原则，其被普遍接受是每个人都能够合理地意愿或选择的"（342）。

像帕菲特所说的同意原则一样，该公式要求我们约束自己的行为，其根据不是每个人（在某些特定的理想条件下）都会选择的原则，而是每个人都能够合理地选择的原则。就此而论，人们可以认为，与我们此前讨论的同意原则一样，这个公式根本不会为关于尊重自主性的康德式价值提供支持。然而，面对这种不满，契约论者为该原则辩护的方法可能不会为在某种非契约论背景下某一类似原则（如帕菲特的同意原则）的辩护者所接受。具体地说，契约论者旨在找出所有人（只要他们是通情达理的）都能够一致同意的原则。如罗尔斯和斯坎伦已指出的，要找出这样的原则，就需要我们想象人们在某些理想条件下进行慎思。尤其是他们不无道理的提议：应该设想这些慎思者是处于某种要努力达成协议的压力下。由于这一点，某些原则即便并非慎思者最中意的也可能被选，因为不同于其最中意的原则，这些原则可以被每个人选择；并且慎思者认识到，每个人都能够同意的某些原则（或至少是这些被选择的原则）之存在要优于根本无原则。

换言之，在契约论的相关条件（其中人们是在寻求每个人都能够接受的原则）下，对"每个人都能够合理地接受某一原则"的承认（recognition），可能算作某人要接受该原则的理由。也就是说，每个人都能够接受某一原则，这一点可能有助于使如下情况成真，即在某些特定的理想条件下每个人都会接受该原则。

康德式契约论

即便就体现"对自主性的尊重是康德伦理学的标志之一"这一点而言，康德式契约论公式可以被说成康德式的，帕菲特对该公式所做的进一步工作也再次显示，他没有领会自主性的价值及其产生理由的能力。具体地说，帕菲特论证说，康德式契约论应该引导我们接受某种版本的规则后果主义。也就是说，他认为，康德式契约论者最终应该将其观点视为致力于这样的主张，即"每个人都应当遵循其被普遍接受将使事情进展得最好的原则"（第十六章）。对于

"康德主义、契约论和后果主义这三大传统可以合为一体"这一观念来说，这或许是最引人注目的论证。然而，这里仍然会受到质疑的是，为康德式传统或康德主义与契约论结合在一起的传统做辩护的那些人是否会同意这一论证。

如该论证较简洁的形式（400）尤为清楚地表明的，帕菲特提供的推导非常简单。既然按照帕菲特的观点，每个人都能够合理地选择"每个人都按照最优原则（亦即其被每个人接受将使事情进展得最好的原则）行事"，并且既然如他所认为的，没有任何其他原则是每个人都能够合理地选择的，那么康德式契约论就应该支持最优原则。但在我看来，"没有任何其他原则是每个人都能够合理地选择的"这一点是不清楚的。

要解释我怀疑的理由，最容易的途径是考量帕菲特认为其论证所蕴含的有争议的结果之一，亦即康德式契约论者应该支持的原则，会要求面对手段情形（此前提及的地震情形之变体）的行为者为了救怀特的命而牺牲格蕾的腿，还很可能要求面对桥梁情形的行为者将一人推下桥，以免让电车道上的其他五人被失控电车撞死。

帕菲特意识到，人们只要想象自己置身于格蕾或桥梁上那个人的处境，就可能合理地想要上述原则不是应予以遵循的。人们可能合理地想要这样的原则，该原则会禁止一个人为了整体的更大善，决定在未经某人自己同意的情况下牺牲其生命或肢体。但帕菲特指出，你如果想象自己置身于怀特或电车轨道上那五个漫步者的处境，那就不可能合理地接受这个原则，因为从这样的视角看，该原则所导致的结果既对个人而言也在不偏不倚的意义上更坏。我对此不是很肯定。

在我看来，对于一个会容许乃至要求某人在相关情形中把这个人推下桥的原则，使人们不愿给予支持的原因不仅仅在于这样的想法，即这个不管闲事的（minding his own business）无辜者会死去⑦。毕竟我们可以假设，那五个漫步于电车轨道的人也是不管闲事的无辜者。毋宁说，其令人不安之处与如下事实有关：为了更大的善而牺牲这个人，是在另外某个人作为第三方或另一人类行为者的掌控下进行的。人们如果可以想象自己置身于这个人*的处境，那就可能希望情况是这样的：只要"是否应该放弃这个人的生命去救五人"是某个人为的决定，这个决定就应该是由他做出的。而且在我看来，这种想法是人们即便不置身于他的处境也能够持有并支持的。

47　　换言之，在我看来，许多人都有掌控自己生活的强烈偏好——也就是说，只要在其控制范围内⑧，他们就要求掌控自己的生活。在某种相当切身的（local）层面，他们想要成为掌控者，掌控发生在他们身上的事件，更不用说掌控自己的生命。进一步说，这种偏好似乎不具有作为与某一价值相对立的纯粹偏好这一特性。即使人们认识到，由于保有这种控制，人们对不失去生命和肢体这一总体

---

⑦　严格地说，帕菲特桥梁情形中的行为者并没有亲手把怀特推下桥，而是使用遥控装置使怀特摔倒在轨道上。设计的这种变化旨在消除该情形中的行为者选择自己跳下桥的可能性，但就我力所能及的判断，这种差异对于我在此讨论的思路没有影响。

*　依文意，此段的"这个人"以及加着重号以示强调的"他"均指牺牲者。为免依原文翻译而在中文语境中可能产生的歧义，特此指出。

⑧　最后这个从句，意在预先回应如下反驳：我们是否发觉自己处在失控电车的轨道上、被雪崩困住或遭遇器官衰竭，这些都不在我们的控制范围内。

安全的要求会有所降低，上述偏好也完全可以持存。其实在我看来，人们对器官移植计划（允许医生暗中杀掉一个病人，以便其器官可用来救五个人的计划）的抵制所表现出的关切，与其说是这种计划会滋生对医生及医院的焦虑和不信任（363），不如说是上述关切。

这种偏好似乎全部都依赖于这个行为者的潜在地普遍的特征。例如，它不依赖于人们的社会地位、财富或性别。看来它毋宁说是某种品味或性情。如果这是正确的，那么原则上任何人都能够拥有这种偏好。如果除此之外我们还承认这种偏好是合理的——也就是说，它与对某一如下原则的偏好一样合理：该原则允许人们在（非医疗的）紧急情况下干涉某人生活，由此会带来不偏不倚的更大的善——那就可以导出，任何人都能够合理地接受的原则会支持不干预桥上那个人，而不支持把他推下桥⑨。

因此，如果我们承认，一个人的合理选择有可能是维系对自己身体和生命的直接控制，而不是最大限度地减少失去生命和身体的危险，那么帕菲特的论证——康德式契约论必定支持某种形式的规则后果主义——就行不通。即便如我乐意这么做的，我们认可帕菲特的这个主张，即所有人都能够合理地接受最优原则，我们也不得不承认所有人都能够合理地接受非最优原则，尤其是那些更强烈地反对人们干涉他人控制自己生命和身体的原则。

48

---

⑨ 或者用遥控装置使他跌下桥。这些评论使人想起对一个更一般原则（即帕菲特所称的有害手段原则）的辩护，按照其说法是，"对某人施加如此严重的伤害以作为让其他人受益的手段，这是不当的"（361）。根据帕菲特的观点，"对有害手段原则的最佳辩护是诉诸我们关于哪些行动是不当的直觉信念"（362）。但我的评论没有诉诸这样的直觉。

至此，许多读者可能已经想到，这种一直被我描述为与福利偏好竞争的偏好（亦即掌控自己生命和肢体的偏好，在生活方面由自己做主的偏好）是与自主性的价值紧密相关的。我们实际上可以将之描述为，在具体行为的层面或直接控制和即时控制的层面对运用人之自主性的能力的偏好。

有些康德主义者或康德式契约论者或许更进一步，认为"保护自主性的运用"的原则优先于那些把"产生最优结果"视为唯一合理的原则。在他们看来，康德式契约论不仅没有蕴含帕菲特所称的康德式后果主义，而且蕴含即使不是肯定也是很有可能与后者冲突的原则。但我的评论并不企图得出如此强的规范性结论，而是意在指出，帕菲特没有注意到或没有处理"自主性优先于福利"这一偏好对其论证提出的挑战；从而表明，他又没有认可和领会自主性的价值，以及这样一些人的视角，即在他们看来，自主性的价值具有不可还原的重要性。只要对这种视角的表达及其与道德的根本相关性被认作康德主义传统的重要组成部分和贡献，帕菲特的诠释似乎就是不充分的；并且，如下提议也会受到质疑，即康德主义者可能最终支持帕菲特的"三重理论"，而无须抛弃起初使之成为康德主义者的精神。一种康德主义形式的契约论不会如此迅速或清晰地导向任何形式的后果主义。

其他紧张

本文始于引用《论重要之事》第一卷最后几个段落的几句话，

其中帕菲特质疑这样一种被广泛持有的观点：康德主义者、契约论 49
者和后果主义者在某些特定的方面有着深刻而尤为难解的分歧。他
提出，这三种类型的伦理理论家全部都是在不同的侧面攀登同一座
山峰。在支持为帕菲特所拒绝的这种被广泛持有的观点时，我聚焦
于康德伦理学的一个方面；在我看来，这个方面是帕菲特在其诠释
及提议的康德修正版中未能把握和处理的，亦即康德和康德主义者
赋予尊重自主性这一观念的核心角色。广为人们承认的是，康德伦
理学的这一方面与后果主义之间处于尤为紧张的状态。然而，既然
帕菲特谈到，他旨在予以整合的传统不是两种而是三种，那么要充
分讨论其最终主张，就还要考察契约论与非契约论之间的关系。康
德主义与契约论、契约论与后果主义之间的紧张，是否像康德主义
与后果主义之间的紧张一样深刻呢？

　　这些问题很难，其部分原因在于，"契约论"这一术语在被理
解为一种理论类型的或道德哲学传统的称号时的难以把握性（slip-
periness）。以这样或那样的方式诉诸契约观念的各种重要伦理理论
是否都应当被认作同一种伦理传统的组成部分，这是不清楚的；而
且，即便在聚焦于已被认作契约论者的单一观点或一组紧密相关的
观点时，人们或许也无法肯定，这些观点的哪些特征使它们显得独
特，从而特别地应得这个称号。

　　我们如果接受斯坎伦对契约论的特征描述（该描述将契约论关
联于这样的观点，即从根本上说道德就是关于能够向他人证成自己
及其行为），那么看到康德主义与契约论之间的某种和谐就不应该
感到吃惊。"人们的行为必须是可以向他人证成的"这一规定似乎

接近这样的观念：人们必须仅按照受行为影响各方在指定条件下会同意的方式行动。就此而论，它可以被视为对"道德要求我们尊重其他行为者的自主性"这一观点的另一种把握方式，而我一直把该观点认作康德主义的一个标志。是否还存在与契约论对立的可行版本的康德主义？这是个有趣的问题，但我不拟在此探究。

50　　在我看来，契约论与后果主义之间的关系更复杂，并且更具体地说是不对称的（asymmetrical）。尽管我在前文论证说，一位康德式契约论者不必接受帕菲特的这一主张，即她的立场会导向某种后果主义［并且是出于可适用于任何契约论（无论是不是康德式的）的理由］；但是，我的这个论证并非意在表明，契约论观念本身与后果主义观念本身之间存在着紧张。相反，就我的理解，契约论者信奉的观点是，道德的正当原则是满足可被认作是"对每个人都可证成"这一条件的任何原则。如果结果表明这些原则是其被普遍接受会使一切进展得最好的原则，那么契约论与这一类型的规则后果主义就是吻合的。另外，有一种强版本的后果主义会拒绝任何形式的契约论。具体地说，像西季威克、斯马特和卡根这样的后果主义者把道德的唯一根本价值看作使这个世界尽可能地好；如果从不偏不倚的视角看，违背"每个人都能够合理地接受的原则"这一限制会使事情进展得更好，他们就不会承认有道德理由把自己的行为限制在这些原则的范围内。再者，即使正在讨论的原则是最优原则（亦即其被普遍接受会使一切进展得最好的原则），他们也不会承认有这样的理由。

　　在对规则后果主义的讨论中，经常有人提出上述观点，这是一种从纯粹的后果主义视角看理性上不稳定的观点。经常有人指出，如果服从最优原则始终会产生最好的结果，规则后果主义就"沦为"行为后果主义；而如果这种服从并非始终会产生最好的结果，一种严格的（strict）后果主义有时就有理由违反规则。无论是哪一种情况，严格的后果主义者都没有理由采取规则后果主义优先于行为后果主义的立场。帕菲特本人似乎认识到这一点，其表现是他相当明智地承认，"包含把道德不当性等同于对最优原则的侵犯"的三重理论"只是三分之一的后果主义"（418）。

另外，人们即便不是后果主义者，也完全可能认为后果在道德上重要（实际上很难否认这一点）。通过某一种而不是另一种行为过程，你能够救更多生命或缓解更多不幸——这一事实可以在道德上算作对前一种行为的支持，即使并不算作决定性的。尽管帕菲特三重理论的拥护者会支持始终遵循最优原则的行为，但有时仍会出现这样的情况：人们能够相当确信，按照这些原则所禁止的方式行事能够产生更大的善，比如说救更多的人。在这种情况下人们为什么应该遵循这些原则？严格的后果主义者会认为毫无理由遵循，从而拒绝三重理论，并完全拒绝规则后果主义。但即使一位多元论者（pluralist）（他承认有某种以牺牲效用为代价去遵循这些原则的理由，承认有与能够向他人证成自己有关的理由，或者有与目的王国的理念保持一致地行动的理由）也可能质疑：这些非后果主义的理由是否总是胜过对效用的考虑，而如果答案是肯定的，那么原因是什么？

结论——游山之旅

如果一个人坚持把"就最高的道德原则达成一致"看作最重要的，答案可能就呼之欲出了。毕竟，帕菲特的三重理论既承认后果主义的价值，也承认非后果主义（亦即契约论）的价值，并以一种系统一贯的方式将两者组合在一起。如果人们要寻找唯一原则，甚或一套井然有序的原则系列——这些原则或原则系列对总体效用的考虑以及能够向他人证成自己的考虑都给予了某种重要性——那么帕菲特的三重理论可能是最佳候选。

然而，致力于就某个单一原则达成一致并将之认作真道德，这种志业（commitment）可能遭到质疑。这种志业本身仅得到了其中某些价值的支持，而另一些价值并非如此；并且，以某种不会受到"每个人都应该接受的原则"之支持的方式行事有时在道德上更好，这一观念并非自相矛盾的，至少在浅显或明显的意义上并非如此。

只要能够把富有个性的道德理论家们认作在倡导各具特色的康德主义、契约论和后果主义传统，我们就可以认为，他们是在沿着不同的路径旅行，从而形成如此之多的不同旅行团队。每个团队沿途都会碰到各种岔路口，必须决定往哪条岔路继续旅行。有些理由会支持选择沿着某条路继续，也有其他理由会支持选择另一条。做出这种选择会让旅行者更有机会达成某种理论，该理论的原则将产生更明确的结果或更可能为更多的其他人所同意。然而，如果这些旅行者一开始做出的是另一种选择，那么这另一条路径或许会产生越来越大的吸引力。

每个团队可能都会有某些成员选择具有第一种优点的那条路。帕菲特的著作让我们有理由认为并希望：每个团队做出这种选择的成员实际上是在攀登同一座山峰，并将会合于山顶。

然而如我打算揭示的，可以理解的是，其他人会选择别的路径。有些康德主义者会为了更忠实地尊重自主性而选择放弃"其被服从将产生更大收益"的原则；例如，他们会选择"禁止为了救更多人而把路人推下桥"的原则。有些后果主义者会为了产生更大的善而放弃向每个人证成自己的可能；例如，他们可能赞成医生暗中杀死一个健康的人以便用他的器官救另外五个人。这些路径想必会让他们登上不同的山峰。

帕菲特对康德的解读令我做出这样的推测：就把自己设想为康德主义团队的一员而言，帕菲特本人对于探寻最高道德原则的方法论承诺（methodological commitment）把一条道路照得远比其他道路明亮，乃至他没怎么注意到某些岔路——那里可能有不止一条可以继续向前的可行途径。本文的主旨一直是要更确切地呈现这一图景（landscape），以便至少可以表达这样的事实，即无论有多好的理由去选择某一条而不是另一条路线并最终登上一座山峰，做出如此选择的人们都必然会错过未选之路上的收获或美景。

人们如果把道德理论化（moral theorizing）的工作构想成一心

一意地探寻最高的道德原则，那或许就只有一种选择可做，并且只有一座山峰值得攀登。然而，人们可以反过来把道德理论化认作有着许多目标的活动，其中包括对一些价值——这些价值对于道德行为和道德推理来说是根本性的——的明确表达和理解，并探讨这些价值在多大程度上能够一起得到实现和表达。如果假定这些价值不可能同时得到最大程度的实现，那么人们会认为，为了最有效地运用道德理论，必须涉足整个山脉。

有没有一种正确的方式来构想道德理论化这一任务？这在一定意义上是在问：发现或同意达成道德最高原则（或一组井然有序的原则）这一点有多重要？发现或同意达成这样一组统一的原则——它是整全性的，并且会对乍看上去需要在不可通约的不同价值观之间做出权衡的问题给出确定的答案——有多大的价值？通过确认这样的原则，我们会得到什么？可能失去（如果有所失的话）什么？对如此原则的确认会或应该具有怎样的实践蕴含？

如我在本文开头提到的，自道德哲学起步以来，哲学家们就一直在探寻最高的道德原则。对如此原则的渴求是如此自然，其价值又如此明显，乃至几乎不要求对此渴求做明确的辩护。但是，在下结论之前，我想对持有这种观点（亦即对如此原则的确定，一如道德哲学家们通常所认为的那么有价值，那么重要）的两个理由提出质疑。

使发现最高的道德原则这一目标显得极为诱人的一种思考模式关系到社会和谐的理想，亦即达成社会共识的吸引力。人们可能认为，如果存在最高的道德原则，那么每个人都应当理性地认可和接受该原则，并且依此行动是可以对所有人证成的⑩。并且，懂得如何按照每个人都会赞成的方式来生活或行动，这难道不是很美妙吗？

的确如此。但是，从达成其理论目标的前景来看，这种思路中存在某种落差（slide）；其理论目标是要确认：所有通情达理的（reasonable）人们都应当接受的原则以及真实的人类存在者在这个多样而分裂的世界中所达成的假想的共识。在研究道德哲学时，我们自然而然地把自己看作通情达理的；或许还往往暗中假定，其他每个人（亦即世界上其他所有人）都同样通情达理，并且对揭示真道德同样抱有足够的兴趣，由此从事某种道德反思——对于逐渐认识到"已被一个人认作最高道德原则的那个原则应该得到与其本身相配的对待"来说，这种反思是必要的。但是，上述假定是疯狂的。

即使有某个原则，每个人都接受它是合情理的，这个原则也不是每个人都会接受的。并非每个人都是通情达理的，也并非每个通情达理的人都愿意接受这样一个原则，该原则是他们只要完全通情达理且充分关注一组复杂的道德论证就应该予以接受的。换言之，这种通过识别最高的道德原则并依之行动而达到的社会和谐是纯粹的假想。人们即使按照这样的原则行动，也很可能发现其行动方式有时是受影响的当事者不同意的，或者是他觉得自己不可接受地被当作手段，或者被他视为不可证成的。

---

⑩ 契约论者认为，正是某一原则可以向所有人证成这一事实使该原则成为最高的道德原则；非契约论者可能认为，解释的次序应该倒过来。

深受探寻最高的道德原则这一目标吸引的第二个理由甚或更有力，这个理由关系到对实践的道德指南的渴求以及为道德难题提供确定答案的希求。与对社会共识的欲求一样，这种希求也是合情理的。例如，在类似于地震情形、手段情形、桥梁情形和器官移植情形这样的情境中有不少利害攸关之处，从而有可资利用的原则来确保人们做正当之事，这就是不错。告诉人们有理由这么做，也有理由那么做，这并没有提供任何新东西，也根本无济于事。我们对道德理论的要求不止于此。

我同意上述观点。但不清楚的是，探寻乃至成功地发现最高的道德原则是否会提供我们所寻求的这种道德指南。帕菲特为之辩护的原则，其实践有效性可能不如预想。

诚然，对于该怎么做的任何问题，这些原则在某种意义上都可以作为答案而被给出。我发现自己站在桥上某个人的旁边，看到一列疾驰的失控电车如果不予以干预就会撞死五个人。如果我把这个人推下去，他就会死，但会刹住电车救另外五个人的生命。我该怎么做？

55 　　康德式契约论给出的答案差不多是这样的：按照其被普遍接受是每个人都能够合理地意愿或选择的原则行动。我在前文提出了某种理由来质疑这一点，即该原则会得出某个确定性的建议。我指出，即便所有理性的人都能够接受其被普遍接受会使事情进展得最好的原则，他们或许也都能够接受给予尊重自主性更优先考虑的原则。

进一步说，即便我是错的而帕菲特是对的，康德式契约论的确给予最优原则独有的支持，也仍然存在这样的问题：在如上述一般的情形中哪个原则是最优的？帕菲特提出，医疗情形与（在其他方面与前者结构上相似的）非医疗情形之间有区别。但我也可以建构一个关于桥梁情形的论证，由此表明"不要把那个人推下桥"长远地看是最优的。把帕菲特对紧急原则的辩护（365–366）与我想象的论证（它提议，采取某种更接近于有害手段原则的原则会产生更好的结果）这两者进行比较，我不知道哪一个论证更有力。对此，需要考虑而难以确定的因素太多了。这里似乎最合情理的处理是，不相信人们有能力足够客观、富于想象力和考虑周全去达成关于这些问题的可靠结论。

这里的要点在于，最高道德原则的任何可行的候选都不得不极为抽象或/和复杂，乃至难以应用。尽管这样一个原则可能有助于提示某种方法来解释我们认为正当的行动为什么确实正当，或者有助于提出某种途径去回应对"其他某种行为会更好"的关注，但它不太可能为我们走出这样的道德困境——其中我们不知道在求教于该原则之前该怎么做——提供实践指南。

帕菲特和其他一些人把探寻最高的道德原则作为道德理论化的目标，并赋予该目标显赫的地位，对此，我在这最后几段提出了质疑的理由；尽管如此，但我并不是说这种探寻是无价值或徒劳的。相反，这里有很多有待收获之处（实际上已有不少收获），即使我们不同意这种探寻已经或到目前为止已经完全取得成功。我们如果确实发现（或换句话说选择同意）这样的原则，那么收获甚至会更多。但我觉得，如果我们发现或选择这样的原则，那么按照它来行

56

动将不会把握或实现所有那些传统上被认作道德价值的一切价值而无遗漏。效用最大化有时确实与尊重自主性相冲突，而且据我所知，这两者各自都时而与服从无人能够合情理地拒绝的原则相冲突。与帕菲特似乎在第一卷结尾处所表明的相反，你不可能总是令所有的道德理论家满意。

如果上述观点是正确的，那么我们如果应该发现或同意达成最高的道德原则，该原则就会体现各种价值之间某种程度的妥协，其被达成想必是由对某种最高的道德原则的拥有（而不是根本没有）将带来的那种益处。为了道德的清晰性起见，我们应当承认上述事实，从而要承认：即便某一行动受到我们已最终认作的最高原则的支持，从而严格地说是道德上正当的，这也并不意味着，在行动过程中我们就不可能有任何遗憾或歉意；而即便某一行动为最高原则所禁止，从而严格地说是道德上不当的，这也并不意味着，行为者无话可说或无可辩解。这些想法可能转而提出关于"断言某一行动是道德上不当的，其真正的含义是什么"的问题。它是否意指或蕴含着，做出如此行动的行为者应当感到内疚？抑或认识到行为者举止不当的第三者对该行为者的责备是可证成的？如果我们要求人们受到这些原则——尤其是最高的道德原则（如果有的话）——的约束，那么这种要求应该有多强或有多么一贯？我们自己应该受到它们（或它）多强的指导？

以上属于帕菲特在第七章第 22 节所指向的那类元伦理问题。他注意到，"不当的"之不同的含义是以各种不同的方式与可责备性（blameworthiness）、反应性态度的适当性（appropriateness of

reactive attitudes）以及对他人的可证成性（justifiability to others）
关联在一起的，并解释说："在本书的余下部分，我会在由这些意
义组成的某种组合的意义上模糊地使用'道德上应当'和'不当
的'"（174）。他继续说："除第六部分之外，我将极少谈论到这些
元伦理问题。一旦我们在实践理由、认知理由和道德这些方面的思
考上取得更多进展，这些问题就更易于回答。"对帕菲特第六部分
讨论的评估，不属于本文关注的范围。但即便在尚未经过他彻底审
察的这一节，帕菲特描述的元伦理问题领域（无意中产生的地理双
关语*）也是如此之棒，既引人注目也令人印象深刻；值得大为赞
赏的是，他承认要对"第一卷的论证可以说已经完成的内容"取得
某种令人满意的理解，这些问题就很重要。它们是否让我们更接近
最高的道德原则（无论这意味着什么），这仍然要经受质疑。但即
使没做到，它们也肯定带我们走上了一条值得跟进的道路，这条道
路上不乏智识的吸引力和道德哲学的洞见。

57 处 在右侧

---

 　* 这里的双关语指"领域"（range）一词，range 在地理方面的含义是"山脉"。这
里作者指出其双关意味，隐然呼应了本文的标题"游山之旅"（Hiking the Range）。

作为自在目的的人性

阿伦·伍德（Allen Wood）

第一部分：理性的同意、实践理性
和作为自在目的的人性

　　帕菲特的各章尤其是第八—十章，有大量内容是我极为赞同的，我也将集中评论这三章。康德说，我把另外某个人看作自在目的，这个人就必然能够"将我的行为目的包含在其自身之中"（G4：

429-430)⑪；我认为，对于康德这段话的意思，帕菲特提供了优于奥尼尔和科丝嘉的论说，对于该观念与围绕假想的理性同意而展开的争论之间的关系，帕菲特的说法也更优。我还觉得，关于可能的理性的同意与实际的同意之间的关系，以及它们各自如何与行为的道德性发生关联，帕菲特的评论极有启发。

在更深的层次，我还认为我支持对康德的这样一种解读：让他更接近罗尔斯式的康德主义者所认作的伦理学中"独断的理性主义者"（dogmatic rationalist）的观点，并且我认为这意味着更接近帕菲特想要辩护的立场。因此，我会把帕菲特所称的"基于价值的"理由理论接受为适当的（good）康德主义；因此，帕菲特对"基于欲求的"理论的拒绝，在我看来无非是适当的康德主义。因此，我也接受帕菲特的这一论点，即"我们的欲求与目标不提供任何理由"。但我对此想要补充另外两点（我认为帕菲特不会否认）：第一，我们的欲求与目标通常仅仅是基于价值的理由的理性表达；第二，我们的欲求只要与价值有这种正确的关联，就可能构成我们某些理由的一个关键方面。

我认为，我与帕菲特的分歧在于伦理理论中的某些方法问题。他似乎偏向于在我看来是源自西季威克的方法，这种方法包括在对道德原则的表述（formulation）和检验中诉诸西季威克所谓"人类的通常道德意见"（the common moral opinions of man-

59

---

⑪ 康德. 道德形而上学奠基. 阿伦·伍德，编译. 纽黑文：耶鲁大学出版社，2002. 此书缩写为 G，按卷数引用，页码按《康德全集》学院版［柏林：德古意特出版社（W. de Gruyter），1902— ］标注。康德的其他著作将按卷数引用，页码按学院版标注。

kind），或者就是"常识"。相比之下，我支持的方法不仅可见于康德，而且可见于诸如边沁和密尔之类的效用主义者；这种方法从极为一般而根本地考量理性欲求和行为的性质出发，以此为据得出根本的道德原则，然后试图使这些原则与（仅限于可被视为原则应用的）通常的道德意见相协调。西季威克本来的想法似乎是：其所谓"理性的第一直觉"（primary intuition of Reason）应该仅仅用来对常识进行系统化和修正⑫；这种常识要在道德理论的范围内继续发挥独立于第一原则的权威，甚至可能有助于形塑对道德原则的表述⑬。

相比之下，我所支持的康德与密尔的方法涉及某个根本原则（这个原则的根据独立于道德直觉或常识），然后从根本原则派生出各种道德规则或义务。关于具体情形的结论从根本上说不是从第一原则直接推导出来的，而仅仅是间接地依赖于第一原则，是通过密尔所称的"次级原则"（secondary principles）和康德所称的（各种）"义务"（康德提供了关于义务的一个分类）推导出来的。而且，从第一原则派生道德规则或义务，这种派生也不是演绎的。毋宁说，第一原则根本上是对基本价值〔对康德来说是理性本质（rational nature），对密尔来说是幸福〕的某种表达。这些规则或义务代表着，对规范性原则在人类生活状况下运用基本价值的某种诠释。进一步说，这些规则或义务在其应用中本身需要参照第一

---

⑫　Henry Sidgwick. The Methods of Ethics. Indianapolis: Hackett，1981：373-374.

⑬　就此而论，罗尔斯的"反思的平衡"方法更多地受益于西季威克而不是康德。

原则加以诠释，且容许例外⑭。更新近的（西季威克式的）理论为 *60*
自身设定了这样一个目标：提供一种或一组精确的原则，这些原则
与一组事实一起，能够使人们在任何可设想的情境中推导出关于如
何去做的"正确"结论。西季威克使伦理学成为"科学的"就是这
么回事⑮。在如我所理解的康德或密尔的理论看来，这个目标是如
此无望，乃至让理论方法指向这个目标就是冥顽不化。

　　遵照康德式观念，道德哲学的体系由三个不同的部分组成：第 *61*
一，一种根本的原则或价值，康德认为它是先验的；第二，关于人

----

　　⑭　对密尔的这种诠释可能是富有争议的，但我要为它辩护，根据如下：（1）他对
于道德规则与效用原则之间的关联而给出的论说是作为社会的"定向标"（direction-
posts），为我们对社会总体幸福的追求提供某种指南，他认为作为一种标准，它对于这
些规则的内容只发挥极为泛泛的（甚至是大多不被认可的）影响（Mill. Utilitarianism.
2nd edn. G. Sher, ed. Indianapolis：Hackett, 2001：24—26）。（2）对于"没有足够的
时间在每一行为之前权衡各方的所有效用"这种驳斥，密尔的回应是将效用原则的应用
与基督教新旧约伦理的应用进行比较，后者涉及依据人类经验对经文的诠释。因而我要
指出，密尔同样是把道德规则认作依据经验来诠释效用原则而得出的结果（同前，
23）。（3）密尔对第一原则本身的表述是"行为的正当性匹配于它通常增进的幸福，行
为的不当性匹配于它通常产生的不幸"（同前，7），这事实上是一种相当松散的表述，
人们不能以这种原则表述为据而在可证成的意义上认为，他们能够在特定情形下直接决
定怎么做。还可能发生争议（尽管不应如此）的是，康德式的义务在原则上说总是容许
例外。"例外"构成康德在《实践理性批判》（5：66）中提出的12种基本"自由范畴"
之一（12种理论范畴也与此类似）。康德在德性学说中讨论了大约12个"决疑的"（cas-
uistical）问题，其中大多数是关于义务的可能例外的情形。康德把这些讨论的一般目标
描述为"一种在需要做出判断的问题上如何探求真理的实践"，而康德坚持认为，判
断（规则在特定情境中的正确运用）绝不可简化为准则、规则或原则，因为"为了把这
种准则运用于可能发生的情形，人们仍始终可能要求另一种原则"（《实践理性批判》6：
411）。因此，决疑亦即道德规则或义务在特定情形中的诠释和应用，始终包含一个明显
的思考阶段，它不能被当作关于规则或原则的问题。

　　⑮　Henry Sidgwick. The Methods of Ethics. Indianapolis：Hackett, 1981：359 -
361.

类及其处境的、经验的信息与理论部分，在《奠基》中康德称之为"实践的人类学"（G4：388），后来被描述为道德原则的"经验的应用原则"（MS*6：217）；最后一部分是依据第二部分的信息来诠释第一部分的原则或价值，由此得出一组规则、义务或其他道德结论。康德伦理理论的这第三个部分是在《道德形而上学》（德性学说的伦理部分）中阐述的义务分类或体系。它大致对应于密尔所认为的那组道德规则，这些规则被包含在道德义务的每一种情形中，而与效用原则仅有松散的关联；密尔认为，效用原则不会给我们直接施加任何义务，从效用原则（即便与关于行为后果的事实相结合）导不出有关特定情形中该如何做的任何实质性结论⑯。

我认为，道德理论的上述构想方法以及"帕菲特支持另一种不同的理论方法"这一事实可以解释，帕菲特在第十章开头对康德的诠释与我的诠释在某些方面是有分歧的。他援引我对康德作为自在目的的人性公式（Formula of Humanity，缩写为 FH）的如下诠释，"我们必须总是以表达尊重的方式对待人们"，然后反驳说，

---

* 这里的 MS 当指《道德形而上学》。

⑯　因此，密尔既不是"行动效用主义者"，也不是"规则效用主义者"这一大类中的成员。规则效用主义的程序采取的是这样的形式：陈述某一效用原则，然后与一组事实相结合而导出该如何做的结论。对密尔来说，第一原则似乎主要有三个方面的作用：（a）提供伦理的基本价值导向，对它的诠释为被接受的道德规则提供根据；（b）提供一个标准，由此被接受的道德规则能够得到修正和改进；（c）为这些规则可以容许的例外提供根据。然而，所有这些作用都没有采取如下决定程序的形式：通过这些程序，借助演绎推理而达成具体的规则或构成这些规则的例外。在我看来，密尔由此成为历史上伟大的效用主义者中最明智的一位〔顺便提一下，《效用主义》（Utilitarianism）中呈现的康德却是被严重误解的，在大多数康德主义者那里亦是如此〕。

"大多数不当的行动并不以这种不尊重的方式对待人们"。他在此引 62
用的评论出现在对康德理论做出更系统阐释的语境中；如我所解读
的，帕菲特会把这种理论称作"狭义的"或"一元的"基于价值的
理论。就这种理论而言，所有的理由或直接或间接地都是依据理性
本质的单一价值，康德将之表达为两个方面：作为自在目的的人性
之客观价值，以及作为普遍立法的人格尊严。

就我的理解，尊重首先是一种感受（feeling）或情绪（emo-
tion）。与斯多亚学派（以及某些对康德伦理学做出严重误读的诠
释）相反，康德认为，一个有限理性的存在者要是没有某些感受和
情感并使之流露于其行为中，根本上就不可能理性地行动。在《道
德形而上学》中，康德列举了四种这样的感受，即道德感受、良
心、对人类的爱以及尊重。这些感受在起源上与其说是经验的不如
说是理性的，对它们的敏感性（susceptibility）简直是作为道德行
为者的一个条件（MS6：400）。我会把一般意义上的尊重描述为与
对客观价值的理性认可相匹配的感受⑰。

尊重不仅是我们所感受到的，而且见之于表达尊重的行为。对
于道德的行动来说，重要的正是对尊重的积极表达而不仅仅是感
受。按照康德基于价值的实践理由的一元理论，行为的一切理由都
直接或间接地基于理性本质的客观价值，对于以绝对命令形式呈现

---

⑰　依据对尊重的这种考察，我会直接推导出，所有否认存在客观价值的、元伦理
的反实在论者（antirealist）要么根本上是有缺陷的人种而没有能力去感受对任何人或物
的尊重，要么每当确实有此感受，他们就让自己与其自身的元伦理理论相矛盾。这些理
论在其应用中通常有着令人着迷的精致与复杂性，然而从一开始就必然被所有理性的行
为者认作犯有明显而粗暴的错误。

的道德理由来说尤其如此。对每一种绝对命令的遵从，由此就包含着对理性本质的客观价值表示尊重。在此意义上，道德的最根本要求就是我们要对这种价值表示尊重；而对道德的违反全部都包含对此价值——通常是体现于理性存在者之中的理性本质的价值——的不尊重。许多道德上不当的行为并没有在该用语的任何通常意义上"表现出对人的不尊重"，但如果康德的理论是正确的，那么这些行为的道德不当性就其根本方面而言就在于，它们表现出对理性本质的客观价值的不尊重。

　　帕菲特认可康德对应予以尊重的价值与应予以促进的价值这两者所做的区分。但他担心，"尊严是超出一切价格的价值"这一主张可能让康德主义者坚持这样的观点，即理性本质作为应予以促进的价值必然绝对优先于其他应予以促进的价值。例如，帕菲特正是按照上述方式来解读托马斯·希尔的如下陈述："康德的观点蕴含着：快乐以及对于痛苦乃至极端不幸的减轻，都仅仅是有价格的，而绝不应置之于人身上的理性的价值之上"⑱。在我看来，帕菲特的担心是基于误解。对理性本质（作为一种能够被促进的价值）的促进，根植于对理性本质（作为应予以尊重的基本价值）的尊重。正是后一种价值，才具有超出一切价格的尊严，从而必须被给予相对于与之竞争的一切价值的优先权。但同样地，对减轻人类苦难（作为应予以促进的价值）的关切也根植于同一种根本价值。而这蕴含着，发展理性本质这一价值（作为应予以促进的价值之一）

---

⑱　Thomas E. Hill. Dignity and Practical Reason. New York：Cornell University Press，1992：56—57.

与其他也根植于尊重理性本质的价值相比较，并没有绝对的优先权。出自希尔的上述引文，如果其正确解读是断言这种优先权，那么希尔的观点就不是对康德学说的正确诠释。

在康德看来，理性本质的客观价值奠定了作为义务的两种一般目的：我们自身的完善（perfection）与他人的幸福（在康德看来，我们自身幸福这一价值，除了是一种间接义务，还是审慎理性的目标，而不是道德理性的目标；而他人的完善仅在如下情况下才成为我们的义务：我们所促进的是他们想要获得的完善，由此落在他们的幸福这一条目之下）。引人注目的是，完善包括我们的应予以促进的价值的理性本质，其中既有道德的也有非道德的理性本质。这两种义务是宽泛的或不完全的。因而对康德来说，作为应予以促进的目的或价值，完善并没有相对于幸福的系统性的（systematic）优先权。

帕菲特说，拥有尊严的"人性"不可能指涉非道德的理性——这一说法也存在着误解康德的危险。康德说，作为根据理性来设立目的的能力（capacity），人性是自在目的；而且人性只要具有道德能力，就拥有尊严。如我所诠释的，康德的观点在于，正是我们的人性才是自在目的；其中的"人性"具有技艺方面的意涵，指涉我们设立目的的能力〔既包括工具理性，也包括审慎理性，即拟定幸福概念的能力以及给予幸福优先于"爱好（inclination）的诸多较有限目标"的能力〕。因此，我们还应该把可允许的他人目的尤其是他人的幸福（作为这些他人目的的一般性的综合观念）纳入我们的目的（尽管就所有这些目的彼此之间何者必须优先而言，并没有

64

一般意义上的严格规则）。尊严——康德用它意指那种绝不容许被牺牲或交易的至上价值——属于理性本质，但不在于理性本质设立目的的能力，而仅仅在于其给予（并且遵循）道德法则的能力（G4：435）。

然而，正是道德能力而不是其成功的运用，才拥有尊严⑲。因此，我同意帕菲特对康德如下说法的诠释：即便道德上的至恶之人也拥有尊严，且在此意义上他们拥有与甚至道德上的至善之人完全同等的价值。我还同意帕菲特的这一说法：康德的上述观点表达了一种"深刻的真理"。帕菲特进而正确地指出，上述观点绝不蕴含着，我拥有作为人的尊严就使我成为一个善人。并非所有事物都由于具有价值就是善物，对于上述类型的善来说尤其如此。对康德来说，善是那种被认作独立于爱好而实践上必然的东西（G4：412）。拥有如恶人一般的性格，是与实践上必然的东西截然相反的，尽管如下情况也是实践上必然的：由于理性本质的尊严，即便恶人也要待之以尊重。因此，正是对待恶人的方式而不是恶人，才是善的。

帕菲特否认 FH——我们应该始终尊重作为自在目的的人性这一原则——是实践上有用的原则。我的主张是，FH 为我们解决难题提供了正确的价值根据，并且对于许多难题，FH 的一个优点在于，持不同观点的各方能够用它来明确其最强的论证；在回应我的

---

⑲　帕菲特断定，康德对"人性"的用法"不断变换且含糊不清"。我认为，就康德谈论"人性的尊严"而言，这一论断是正确的；而在严谨准确的意义上说，是人格（给予并遵循道德法则的能力）而不是人性（根据理性来设立目的的能力）才拥有尊严。但如果如我所认为的，康德实际上（且必须）坚持认为在上述意义上人性与人格必然是共存的，那么其"人性的尊严"这一用法就不包含严重的错误。

这一主张时，帕菲特断言，就大量有争议的议题而言，诉诸 FH 实际上并不会构成各方的最强论证。我认为，我们在此可能是在各说各的，因为我们始于不同的假定（这是我在上文力图澄清的），这些假定是关于道德理论的目标和结构以及基本原则如何与"该怎么做"的结论建立关联。康德的理论以最高原则为基础，然后通过诠释，将该原则应用于"关于人类本性和生活的经验信息与理论"的部分，从而得出一组道德规则或义务。在确定该怎么做时，这些规则或义务又通过实践判断而应用于特定的情境。

　　FH 是康德最高原则的公式之一，最常用于他在《道德形而上学》中对其义务体系的推演。这也是在我做出为帕菲特所怀疑的主张时 FH 扮演的角色。另外，我猜测帕菲特的观点是，道德理论是要力图表述一些精确的原则，依据这些原则，我们能够严格地派生出一套关于在一切实际的或虚拟的情形中该怎么做的结论。在帕菲特看来，这些原则的可接受性取决于，由此可派生出的结论如何匹配于西季威克的"常识"或"人类通常的道德意见"。有充分根据的原则在不同的情形中可能给我们提供理由去修正关于特定情形的结论，但某一备选（candidate）原则与我们直觉之间体系性的公然冲突则被认作使该原则无效。帕菲特把 FH 看作由这些标准来评价的原则并予以拒绝，认为它过于模糊不定，从而无法得出这种原则本该得出的具体结论，由此也无法为道德论争中的各方提供为这种道德理论观所要求的恰当论据。如果用这样的方式来看待 FH，那么我认为帕菲特是正确的；但如果用我所认为的方式——我认为也是康德所认为的方式——来看待 FH，他就是不正确的。（显然，我

66

对康德的解读方式包括解读其关于普遍法则公式的四个著名陈述，我的方式与通常的解读方式——我认为其中包括帕菲特在第十二章及其后所选择的解读方式——有相当大的差异。但这种差异不拟在这里的评论中做进一步的说明。)

第二部分："电车难题"

本文余下的评论将包括对帕菲特（尤其是其第八至九章）例证的一些一般性反思。我认为，这些评论是与我前文力图概述的理论差异相关的，因为它们关系到目前实施方法论策略的一种流行方式，我已指出，帕菲特大体上是从西季威克那里承接这种策略的。我认为，下文的评论从根本上说不是要质疑从大体上构想的西季威克式方案。像许多雄心勃勃的哲学方案一样，就其观念而言它是令人敬畏的，绝不会被几个机智的论证或例证驳倒。但我的确打算挑战实施这一方案的某些流行方式。我的评论也与FH有关，因为它们有助于描绘这样一种方式：按照这种方式，我认为FH能够在道德推理中有效地发挥作用。我还应该坦率地承认，这些评论让我有机会表达心中对如今许多道德哲学家的工作的一些不满。

2001年5月，斯坦福大学的泰纳讲演者（the Tanner lecturer）是朵拉思·爱丽森（Dorothy Allison），小说《来自卡罗莱纳的私生女》（*Bastard Out of Carolina*）的作者。对于道德哲学本身，爱丽森没有多谈，但的确讨论了她从某位哲学家那里得知的"救生艇问题"。她的反应是拒绝这个问题，根本拒绝回答，其根据是我们原则上应该拒绝在一条生命与五条生命之间做出选择。她说，甚至以这样的方式提出问题就已经是不道德的。她认为，由这些例子提出的唯一真实的道德议题在于，为什么没有预先准备更多或更大的救生艇。在许多哲学家看来，她的评论看上去无疑是天真甚至不合情理的。然而我认为，与我们从使用这些例子的大多数哲学家那里通常所获得的相比，爱丽森对救生艇问题的反应要明智得多，也正直得多。 *67*

对于此类例子，我不打算称作"救生艇问题"，而是称作"电车难题"（trolley problems）。（帕菲特的例子实际上都与电车无关，尽管其中两例是关于列车的。）所有这些例子的要点都在于，你必须在挽救较多人的与较少人的生命之间做出选择。我们既然认为，人之死亡一般说来是件很坏的事情，那就自然会认为，死亡较少的选择必定优于死亡较多的选择。这些例子的尖锐性来自如下事实：当较少的死亡是以不当的方式导致时，上述表面上显明的观点就似乎突然成为可质疑的甚或违反直觉的。这些例子的用意通常在于促进我们这样来表述某些原则：使这些原则符合甚至是证成我们对例子所呈现的疑难情形或成问题的情形的道德直觉（或对西季威克式"常识"的表达）。其期望显然在于，以此方式达成的原则有助于我们在面对实际生活中的疑难情形时以西季威克式的科学准确性来做决定。

有人可能认为，FH 如果把每个理性存在者都视为拥有尊严的（或者无论为了获得别的什么，把这种价值用来交易都绝不可能是合理的），那就很可能不仅支持爱丽森关于救生艇问题的判断，而且必然导出，在 1 人与 5 人的生命之间或就此而论在 1 人与 50 亿人的生命之间都不可能有合理的选择方式。若如此，则根据我们的直觉，FH 似乎会得出看上去显然不可接受的结果。从表面上看，我们甚至连一个人的死亡都绝不能允许，即便为了挽救整个人类也不能这么做。

理性本质拥有尊严或不可比拟的价值，这一事实无疑确实意味着具有理性本质的存在者的生命是宝贵的、重要的。但是，仅仅从"理性本质之价值不可能被合理地牺牲或交易"这一事实显然不会导出，理性存在者的生命绝不能被合理地牺牲。如果一个人为了救他人或维护某个重要道德原则而英勇献身，那么这并不是在贬低其自身的理性本质。因涉及的情境和原则而异，甚至可能出现宁愿选择理性本质的价值而舍弃生命价值的情形，而康德主义伦理学甚至可能要求这么做。FH 也没有明确地支持"人类生命的神圣性"这种模糊的观念；在其通俗的和政治的应用中，该观念通常涉及诸多自我欺骗式的装腔作势，且有时服务于目前道德观念市场上兜售的至为有害的道德迷信（例如一些令人讨厌的迷信：安乐死无一例外均为不当的，或者人类胚胎或胎儿的生命拥有权利）。我要强烈呼吁，谨防把 FH 与此类庸俗的道德偏见联系在一起。

因此，FH 对电车难题的影响还不是完全清楚的。到目前为止我希望这一点是清楚的：就康德伦理学而言，诸如 FH 之类的道德原则之要旨不是直接告诉我们该怎么做。它毋宁是要奠定一组规则或义务，更一般地说是要就我们的如下问题提供导向：对于应该做什么，我们应该怎样思考，不应该怎样思考。例如，我们从 FH 会正确地得出这样的结论：我们应该不愿意把人的生命当作具有某种能够予以计量和估算的价值来对待。我认为，这就是爱丽森观点的正确之处。因而接着就可以说，像帕菲特的救生艇情形、隧道情形、桥梁情形之类的问题，其答案绝不可能如 5 大于 1 这样的算术事实一般清晰（或平常）。有些道德哲学家倾向于做出如此推理，是由于其如下不良的思维习惯，即认为每种道德原则的典范形式必定在于，它以科学般精确的方式对事态（作为行为的结果）做出何者优先的排序。但 FH 告诉我们，价值的根本承载者绝不是事态，而是人和人性或人之中的理性本质。这类价值无法被轻易地转换为事态的优先性排序。

FH 并不蕴含着，选择 5 个人而不是 1 个人的生命总是不道德的；但我认为它的确蕴含着，我们应该不情愿以那样的方式或实际上以某种对事态进行优先性排序的方式来思考这样的选择。FH 反而蕴含着，我们应当安排好世间的事情，以便行为者不会面临这类选择。当然，这意味着要尽可能地做好安排，以便不必为了救 5 个人而牺牲 1 个人。但它还意味着要这样来安排事情（包括我们的道德慎思），乃至在关乎生命的数量时我们的道德原则所指令的选择 *69* 不是仅仅基于数量，而电车难题正是由于其（纳入和排除）精心挑选各种信息来提出这些问题的方式，通常暗示只能按这样的方式来选择。

　　我一直认为，电车难题提供的是误导人的道德哲学思考方式。我的一部分疑虑在于，它们所激发的所谓"直觉"，对于道德哲学来说竟然构成了值得信赖的资料（data）。如西季威克所充分认识到的，我们的直觉仅当代表对情境的深思熟虑的反应（而对于该情境，道德教育和经验可能为我们提供某种可靠的指导），才被视为道德原则是否可接受的指标而值得郑重看待⑳。民意调查者充分认识到，问题的设计方式常常决定着大多数人会给出的答案。如果诱发直觉的方式导致我们忽略我们不应忽略的因素，或者暗中服务于某些理论任务（对于这样的任务，我们如果审查清楚就会发现它们似乎是可疑的），那么这些在我们看来可能是真实的直觉就是不可靠的，甚至是骗人的。

　　电车难题所描述的大多数情境在现实生活中极不可能发生，并且描述这些情境的方式很贫乏，简直就是卡通式的〔例如，在虚构的桥梁情形中，我不禁想让我最喜爱的卡通超级英雄怀尔狼（Wile E. Coyote）去扮演那个可能倒在铁轨上的倒霉角色〕。但当然，这本身并不构成问题。极其罕见的是，一个人把十几岁的男孩诱进其公寓，然后杀害、肢解、吃掉；而写到这里，这样的事件无论如何依然完全是绝无仅有的：一群恐怖分子绑架民航客机，让飞机撞进摩天大楼，大楼里都是过着日常生活的无辜人们。但这些情形的罕见性，并不会让我们不信任我们对它们的直觉。就漫画书和动画片中有时刻画的荒谬而匪夷所思的恶行而言，我们也不

---

⑳　Henry Sidgwick. Methods of Ethics. Indianapolis: Hackett, 1981: 96-103, 374, 421-422.

会不信任我们对它们的道德反应㉑。

然而，电车难题中的欺骗性与其类似卡通的性质间接相关，因 70
为它至少一部分在于如下事实：我们被剥夺了某些道德上相关的事
实，这些事实在我们的现实生活中通常存在且恰恰同样重要；以及
要求我们做出这样的承诺，即对于某些在现实生活中绝不可能确定
的事情，我们要给出确定的答案。因此，它巧妙地怂恿我们忽略某
些道德原则（视为不相关的或无效的，因为已规定要排除其可适用
性）。并且在这些原则所在的位置（in their place），它诱导我们提
出（甚至发明）相当不同的原则，甚至把这样的原则视为道德上根
本的；如果是在现实生活中，那么这样的原则很少能发挥作用，或
者即使发挥作用，在我们看来也绝不会像在电车难题所描述的情境
中那样有说服力。

电车难题首先聚焦的是，某些后果或事态（通常是较多还是较
少人的死亡）的价值或贬值。但绝非所有的电车难题哲学家都是后
果主义者。事实上，电车难题被相当频繁地用来支持道德哲学中反
后果主义的结论，并且其中不少人似乎都这么做。但在这些问题
中，注意力毫无例外地指向某些关于个人祸福的行为后果，以及这
些行为与这些后果之间发生因果关联的方式。一般地说，人们在现
实生活情境中拥有的与特定情况相关的（circumstantial）权利、要

㉑　然而，我们应当不信任其戏剧性的目标，它使这些故事中的英雄所实施的不可
思议的血腥暴力在道德上可为我们所接受。在我看来，如下观点无论如何都是讲不通
的：这样的戏剧性情境之传播有助于创造一种氛围，在这样的氛围中，对于在 2001—
2009 年控制美国的全然邪恶的政权在国内外所做出的那些丑恶行动，许多人觉得在道德
上是可接受的。

求和资格，都完全被从行为中抽离了（被忽略或在规定中排除）。在这一过程中，大量重要的考量被系统性地抽象掉了；在我们对现实世界此类情形的道德思考中，这些考量是且应该是决定性的，在现实生活也绝对会是决定性的。在我看来，这么做的哲学后果完全是灾难性的，并且让电车难题对于道德哲学不仅无益，而且极为有害。我想通过简要讨论帕菲特在第八、九章中使用的三个问题，来描绘上述一般性的论点。

1. 救生艇情形

在面临像救生艇情形这样的情境时，在我看来仅有一种道德上可辩护的策略：你必须设法尽可能快速有效地营救所有的六个人。情况很可能是这样的：遵循这种策略，你应该先着手救那五个人，仅在此后再设法救那一个人，因为按此方式，你会朝着你唯一合法的目标（救所有的六个人）走得更远、更快且有更大的把握。但如果你认为先救那一个人会更远、更快、更有把握地达成救所有六个人的目标（比如，因为你要达到其他五个人所处的岩石，就正好要路过这一个人所处的岩石），那么显然你应该这么做。

在此，相关的甚至决定性的情况在于，在现实世界，如果两块岩石都面临被水淹没的危险，那么你很可能不会确知，你必须在救一个人还是救五个人之间做出选择（"你确知这一点"的规定毁掉了真实的道德问题，正如在理性选择理论中，"你确知给出的哪一个盒子里装有更多的钱"的规定会毁掉某个问题一样）。在现实生活中情况毋宁是，总是存在你救所有六个人的概率；而如果两块岩石都马上要被淹没，那么明显的概率还很可能是，无论你怎么做，所有的六个人都会被淹死。如果某位哲学家只是规定，我们确定你只能救一块岩石上所有且仅有的（all and only）居留者，那么我们应该清楚，他设置的问题与我们现实生活中可能面临的本该类似的道德问题是极为不同的，由此我们在回应该哲学家的这种问题时具有的"直觉"就应该是值得怀疑的。

对于诸如救生艇情形之类的情境，有一种直觉是绝对清楚、毫无可疑的。那就是：如果六个人中有任何人被淹死，其结果就是可悲的，是不可接受的。无论做过怎样的努力，你都会认为自己的营救行动显然失败，即便你知道你的失败不可避免且并非你的过错。另一种清晰而可靠的直觉是，所有的相关者都负有某种紧要的义务，即要求说明救生艇不足的责任到底该归咎于谁。他们应该努力查明这种事情为什么会发生，并采取措施让其再次发生的概率最小化。几年前，联邦政府面对卡特里娜飓风表现得完全不称职，从人们对此的普遍反应中我们可以看到，上述要点得到了显著的说明。

相较于我们可能产生的关于"该对那一个人和五个人做什么"的直觉，上述直觉至少一样强烈而明确。许多电车难题一旦被提出⑫，我认为正确的反应就是把"行为者应该做什么"直接看作不确定的，而由此提出的唯一真实的道德问题（如爱丽森正确的

⑫　在此，"被提出"这一限定也是重要的，因为我将要论证，现实世界总是存在着哲学家不允许我们予以考虑的其他事实，而这些事实时常确定着该做什么。这样的情况发生得够频繁的：这些事实会决定某个答案，该答案直接相悖于哲学家所认为的我们对其所提问题的直觉。

说法）就在于，所讨论的情境最初怎么会被容许出现。生命危急的事实意在迫使我们摒弃这种正确的反应，并使我们觉得必须下决定去做些事情——因而做出决定，做某事是道德上正当的，而做别的某事是道德上不当的。

　　然而，如果我们表达的道德直觉纵然费心却不直接涉及"行为者应该怎么做"的说法，电车难题哲学家们就会认为我们遗漏了这种问题的整个要义。这些哲学家短视地甚至强制性地使我们的注意力仅仅集中于"在这样的紧急情形下我们应该怎么做"这个问题，仿佛这是道德哲学有理由关注的唯一事情。在与西季威克式的道德理论相伴随的道德认识论背景下，对注意力做出如此限定的理由是足够清楚的。但是，对于如此情形的更清晰而强烈的直觉与他们感兴趣的问题是不相关的，单凭这一事实就应当让我们不信任这些哲学家所提问题的哲学价值㉓。

2. 电车难题为何误导人

73　　在现实生活中，为了让任何人都绝不会置身于如列车事例中那

　　㉓　不少道德哲学都普遍存在这个问题，表现得仿佛每个道德问题都必定有单一的正确答案，仿佛道德哲学的唯一工作就是说明这个答案是什么。在现实生活中，如果你的一个朋友面临某个严重的道德困境，比如说对于犯罪的孩子，他是向警察告发还是向警察撒谎让孩子逃脱；我认为，只要我们确信这个朋友用正确的方式对这一情形有过思考，对社会的以及自己孩子的道德要求都做出了适当的权衡，那么无论这个朋友做出哪种选择，我们大多数人都会予以尊重。对于这个家长应该怎么做这一问题，任何道德原则如果对此指定单一的明确答案，那么仅仅由于其如此做就都是不可接受的。这一要义可见于萨特在一个著名事例中给出的回答（回答他的学生提出的问题：如果必须在陪伴母亲和加入抵抗组织之间做出选择，那么应该怎么办）。

个旁观者所处的境地，人们不惜花费大量气力去做好安排。对于为何要如此，存在着可以从 FH 派生出来的健全的道德理由，这些理由紧密关联于爱丽森的反应，即要求任何人在一个人的生命与五个人的生命之间做选择，这种要求已然不道德。我对此观点的说法是，即便某些选择确实不可避免地会产生要么一个人要么五个人死亡的后果，仅以那样的方式看待这一选择也几乎总是有问题的。但电车难题如此这般的设定让你从一开始就得知，你不应该以任何其他方式来看待这些问题。它提供给你的信息只是"你做出的每种选择会有多少人死亡，以及如何会导致这些死亡"，除此之外，它实际上没有提供任何与你面临的选择相关的事实。有时你甚至要把"不存在任何其他相关事实"看作对你的规定。

这样一种规定既不可能被视为理论上中立，也不可能被视为道德上无瑕疵。假设某位道德哲学家对你提出如下问题："一群白人站在一块岩石上，一群黑人站在另一块岩石上。在上涨的潮水淹没这两块岩石之前，我们可以用一艘救生艇要么救那群白人，要么救那群黑人。按规定，没有其他相关事实。我们应该救哪一群人？"由于该哲学家除了告诉他们的肤色之外，没有告诉你每一组有多少人以及任何其他信息，我希望你干脆拒绝回答该哲学家的问题。如果你的确产生这样的"直觉"，即你应该救那群肤色与自己相同的人，那么我希望你抵制基于如此"直觉"的回答，也希望你真心地对竟然产生这样的"直觉"感到羞愧。你当然不应认为，同意这样的"直觉"应当是在服务于某种检验，这种检验是所有道德原则都应当通过的。

74

鉴于"没有其他相关事实"这一粗暴的规定，在此最可反对的是那位哲学家的问题本身暗含的语义。也就是说，该问题蕴含着，给你提供的信息足以回答所设置的问题，或至少足以产生某些对于思考答案应该是什么来说有价值的直觉。在上述例子中，单单这种蕴含本身就很明显是违反道德的。大多数电车难题不同于此例之处在于，其中给予我们的关于情境的信息至少乍看上去是道德上相关的：每块岩石上的人数至少不是那么明显而令人不快地不相关。但情况仍然可能是这样的：就引发有价值的直觉而言，电车难题通常没有给予我们足够的或正确的信息。例如，就隧道情形和桥梁情形而言，在现实世界中除了我们被给予的信息之外，确实必须有更多关于该情形的相关事实；并且在现实世界中"我们应该怎么做"，会变得更基于这样的相关事实，而远远不是基于被给予的那些信息。因此，"这些是仅有的相关事实"这一规定并非我们应该信以为真地予以接受的。

3. 隧道情形

我的意思如下：列车和电车由公共机构或私人公司负责，应当且通常由政府做出详细规定，其目的是确保公共安全和避免生命危险。应当有且通常也有相应的条款，以物理上（physically）防止任何人处在可能被失控列车或电车撞死和撞伤的位置。如果在隧道情形中那五个人或一个人进入这些危险区域是在违反上述规则，那么他们的表现就是鲁莽的，出现在那里的后果应该完全自负。与处在允许区域的任何人相比较，他们要求受保护而免于伤害的权利显然要弱得多；与处在允许区域的人们相比较，这些闯入者受保护的权利并不会仅仅因为闯入者数量的增加而得到相应的提高（我的主张是，根本没有变化）。进一步说，应当且通常要从物理上阻止纯 75 粹的旁观者触及列车或电车变轨装置。法律严格禁止他们出于任何理由去干扰这些装置，且他们要为由这样的干扰而导致的死伤承担罪责。

这些事实——如果让我们做些解释——在像隧道情形这样的情形中是决定性的：作为纯粹的旁观者，我们被法律禁止接触变轨装置（铁路主管人员除非犯了玩忽职守罪，否则很可能也从物理上阻止我们去接触它们）。在现实世界，不仅有这些法律存在的适当理由，而且总是有令人无法抗拒的适当理由要求我们予以遵守。在现实生活中，对于如何恰当地使用这些装置，我们极有可能是没有把握的。就我们目前所能了解的，救那五个人的努力，其结果可能是毁掉失控列车，并导致车上数十人死亡。进一步说，我们即使在现实生活中看见五个人在一个隧道而一个人在另一隧道，也无法知道：从人不多的地方沿着铁轨离开仅仅一点点，我们使用变轨装置是否也会导致死亡。就一名纯粹的旁观者所可能知道的而言，那五个人是闯入者，他们出现在铁轨上是非法的从而要完全自担风险；而那一个人是正在值班的铁路雇员。在现实世界，这些不确定性始终在场，它们发挥作用的可能性绝非只是可忽略不计的。正是由于这个重要原因，旁观者是且应该总是被法律严格禁止去干扰变轨装置。

当然，如果在刚才描述的情形中我就是那个正确地未采取任何行动的旁观者，那么我仍可能预计自己在随后的岁月中会做噩梦，为"我本可以有所作为去救那五个人"的念头所折磨。这是由我目睹可怕场景而产生的自然而然的人类反应。但我内疚和自责的感受，尽管或许是可理解的，却是不理性的。更为糟糕且不理性的是这样的旁观者所产生的真正可怕的心态：他由于改变轨道而杀死那一个人、救了那五个人，随后因杀人罪被判监禁（这显然是他应得的），他因此在其余生中觉得受到了不公正的对待。

4. 桥梁情形

适用于隧道情形的评论大多同样适用于桥梁情形，两者的差别仅在于，桥梁情形中旁观者救五个人的不当行动之罪错显然严重得多。因为此处的旁观者当然必须认为：在列车上方的桥上步行的那个人处在人们完全有步行权利的区域，并自以为不会有受到伤害的危险，无论危险来自列车雇员的还是实施干扰的旁观者的行为。而那五个人可被认为进入了后果自负的禁区。在这种情形中，为了救五个人而杀害那一个人就不仅是杀人而且是谋杀。在其长年服刑期间，那个实施干扰的旁观者待在监狱里可能得到一些安慰：世界顶尖大学中不少颇负盛名的道德哲学教授认为，让他入狱的那种道德直觉是值得反思的。我想要让他失去这最后的安慰，但愿我这不够慷慨的愿望会得到宽恕。

如果隧道情形和桥梁情形之类的情形发生于现实世界，那么这肯定会招致愤怒的公众针对铁路系统的抗议。对抗议者来说，是（或应该是）一个人还是五个人死亡，这个问题远没有失控列车导致死亡这一事实那么重要。如果我们进而曝光，关于谁去死的选择受控于某个纯粹的旁观者，而这个旁观者只是按照其道德直觉来行动，那么这只会成为公众愤怒的进一步理由。相对而言，人们的注意力几乎不会（或应该不会）集中于，这个旁观者是选择一个人死亡还是那五个人死亡。换句话说，对于电车难题哲学家过度关注的那个问题，抗议者远没有那么关注（而且正当如此），后者关注更多的反而是这些哲学家通过规定而轻易排除的那些相关事实。

5. 权利与资格

电车难题哲学家很少考虑，轨道上的人可能拥有或被废止何种类型的受保护资格（entitlements to protection）；也从不曾担心，我们作为纯粹的旁观者是否有资格仅基于道德直觉来选择谁该死、谁该活[24]。

他们是否认为，那些在铁轨上的人无论以怎样的方式来到这里，全部都必然拥有同样的免于伤害的受保护权（right to protection）？他们是否觉得，变轨装置应当设在一般公众都能够触及的方便位置，以便在紧急情况下有最大机会按照他们的道德直觉来行动？或者从另一面来看，他们是否反而觉得，我们知道自己接触变轨装置的举动既草率也非法；但以为，对于"谁该得救，谁该死

---

[24] 一个引人注目的例外来自：Judith Thomson. The Realm of Rights. Cambridge：Gauthier，1988；Harvard University Press，1990：ch. 7。其中高契尔的确讨论了如下问题的相关性：轨道上的人是否有资格待在那里，还是忽视了让他们勿近轨道的警告？感谢帕菲特让我注意到这一参考资料。

去"，我们仍然可以在可证成的意义上越权地做出决定（即便在这样的情况——除了意料中会杀死的人之外，我们并不能确定是否会杀死许多其他人——下也是如此）？在这样的情形中，他们想当然地默认的道德假设肯定比他们希望能够在我们身上尽可能引发的任何道德直觉都可疑得多。

某些哲学家可能希望把所有关于"人们免于伤害的受保护权或运用变轨装置的资格"的考虑都抽离出来，其原因之一在于他们暗中将如下观点假定为一种根本的道德原则：所有的权利和主张都必定是从某些道德原则派生出来的，而这些道德原则正是他们打算使用电车难题来检验的对象。由此看来，电车难题似乎有其理论动机（theory-driven），乃至他们似乎假定，规范伦理学的基本主题仅在于计算事态对于特定人群来说的好性质与坏性质，尽管他们也考虑到人类行为与这些事态之间可能具有的各种因果关联。有些电车难题似乎只不过是作为工具，以便呈现某些基于上述未经论证的、假定的抽象道德原则㉕。但这种假定从未被表达出来，从而令人怀疑电车难题的一个目标可能在于，偷偷加入这种假定而逃过人们批判官能的审查，仿佛它就是与我们关于这些难题本身的道德直觉一起被给予的。

然而，如下观点显然是可以得到辩护的：我们赋予事态的价值

———————————

㉕　诚然，使用电车难题的哲学家并不必然接受这种假定，且其中有些哲学家如汤姆森和菲利帕·富特（Philippa Foot）明确拒绝这样的观点，即若更多人死亡则必然更坏。如我已经提到的，设计出来的电车难题似乎有时被用来说明，某一行为的正当与否，不仅依赖于其所产生之事态的价值，而且依赖于其产生事态的因果过程。但是，这些难题似乎假定了一种理论，其中上述两种因素是唯一相关的。

是从其他价值（比如理性本质的尊严）派生的；在评价事态以及评价对事态价值的比较和排序方式时，我们也可能对这些由以派生的其他价值设置重要的限制。例如，守诺这一事态的价值至少一部分源自"承诺应该得到遵守"这一原则的义务性质（obligatoriness）。"那一个人是受保护的而不受他人伤害"这一事态的价值，同样源自这个人拥有受如此保护的权利；对于某个以 FH 作为权利根据的人来说，这种权利转而又源自这个人作为自在目的的人性之尊严。"福利的计算乃是搞定事情的一个绝佳理由，所有的权利和资格都基于这种计算"这样的观点远远称不上真的，乃至人们拥有权利和资格恰恰应该使"道德问题终究可以还原为这种计算"这一观点成为谬误。FH 是可以提供如此理由的一个但绝非唯一的道德原则。

有些人不信任那些不是基于福利考虑的权利，因为他们认为，上述权利一般仅仅是由享有特权的少数人（比如富裕的财产拥有者）诉诸的，是为了为占支配地位的社会体系（比如那些明显包含不平等分配的体系）辩护。这些人可能认为，嵌入电车难题中的假定是正确的想法（right-headed），而我对之的拒绝必然是有害的。但是，"这是这些权利可能具有的仅有含义"这一观点是幼稚的。在现实世界，有利于多数人（"纳税人"）福利的政策，通常用来使对少数群体（"社会底层"）的压制合理化。诉诸权利与诉诸福利同样可能被滥用。因此，从道德理论的立场看最好的处理方式当然就应该是，对于人们拥有何种权利以及权利根据中可能有怎样的考虑，我们保持开放的心态去看待。如果它是属于电车难题的未经论证的假定以及由此引发的如下道德直觉，即所有这些权利都必须仅仅基于电车难题所聚焦的那些考虑，那就有理由怀疑这样的直觉是否为道德的理论化提供了可靠的论据。

6. 极端情形

对其他人来说，电车难题之所以可能具有吸引力，是因为在他们看来，要直接面对许多社会政策的决定，唯一诚实的方法就是把它们看作是在不同人们最深层的利益之间做坦诚的交易。如下情况简直是关于诸多社会政策决定的一种事实：按一种方式做决定，这些人就会受损害；按另一种方式做决定，其他的那些人就会受损害。但从这一事实不会导出，考虑所有诸如此类情形的正确方法就是直接地甚至是首先要从这种角度来看待它们。人为什么被视为具有权利或资格，且大多数人为什么被禁止甚至阻止在他人的互竞利益之间直接做出选择，其中一个重要原因在于，"仅仅以此为据而在互竞的利益之间做选择"一般来说是恶的。例如，之所以不允许医生摘取健康人的活器官以便在五个需要器官移植的人之间分配，真正原因即在于此。出于同样的原因，铁路员工和桥上的步行者具有闯入铁轨者所没有的受保护权，并且我们不允许旁观者操作列车的变轨装置或桥上的活板门以便通过杀一个人来救五个人。

在人类生活中存在某些极端而令人绝望的情形，比如战争、无政府状态、瘟疫、饥荒或自然灾害。在这样的情形中，可能看上去唯一理性的思考方法就只是冷酷无情地考虑人数、利害的多少、你可以用来产生利害的各种行为。但重要的是，我们应该把这些决定

视为被制造成冷酷无情的，从而是以一种经济学式的一孔之 *80*
见（tunnel-vision）来计算后果，与此同时完全否定了所有正常的
人类思维与感受。因为在这样的情形中，人类已被剥夺人性化的社
会制度（比如应该提供足够的救生艇、预防列车和电车失控、让闯
入者勿近轨道、让旁观者勿近变轨装置等制度），这些制度使"不
以上述方式看待事情"成为理性上可能的。我同意，电车难题可能
有助于你以一种［假定是去人性化的（dehumanized）］理性的方式
去思考这样的情形——在此情形中，只剩下这种仅有的思考方式，
因为这种情形本身已经是去人性化的。这是在道德哲学中反对使用
电车难题的有力论据。

我们之所以把战争视为道德上不可接受的情形，很大程度上是
因为在战争中人们如果以确实可怕的方式来看待自己与他人的生
命，那就的确可能看上去是理性的。作为人类存在者，我们的一个
首要任务是要以更好的方式看事情，若有必要则改变世界（对医生
和电车系统的表现加以规范）以便产生理性地看待事情的其他方
式。人类生活的某些部分（比如医疗保健服务）本身并不像战争那
样野蛮，如果你认为用上述方式来考虑这些部分是唯一理性的，特
别是如果你视之为一般地思考根本道德原则的唯一理性的方式，那
么这就等同于你单方面有意做出这样的决定，即要把医疗保健服务
甚至整个人类生活变成某种恐怖而非人性的事情，它们类似于绝不
应当存在的战争。

7. 目的王国

FH 即每个人之中的人性都具有作为自在目的的尊严，这个原

则可以给予理由让我们拒绝以电车难题往往诱导我们采取的方式去看待这个世界。但就达到同样的结论而言，康德的目的王国理念或许提供了一种甚至更为直接的路线。该理念蕴含着，我们不应该以在互竞的人类目的之间权衡利弊的方式来思考道德问题，而应该努力把每一问题的答案理解为要把所有人都看作目的，并且除了那些自绝于由所有理性目的组成的和谐体系（或王国）的目的之外，我们绝不遗漏任何其他人类目的。因为在目的王国中，任何人都不必基于数量而在一个与五个生命之间做选择，因为每个生命仅就其本身来看都是目的王国的一分子，都具有同等的尊严。由此没有人必须牺牲生命，除非其行为使他们不再相容于这一目的的和谐体系。

面对自然界以及更甚于此的人类邪恶，人类无疑是脆弱的，这种脆弱性对于这样一种目的王国的实际存在构成了永久的障碍。正是由于这些原因，诸如飓风、海难、不公正的经济体系与战争之类的事情很可能是始终存在的。由于同样的原因，还存在诸如医疗服务之类事物的分配问题（在像我们这样的根本上不公正、不人道的社会中尤其如此），它们似乎被归结为不同人群和团体的最深层利益之间赤裸裸的利弊权衡。因此，电车难题旨在处理的各种议题始终有其容身之处。这是我对那些喜欢思考电车难题的哲学家做出的一种让步。这一让步是明显的，但与可能乍看上去的让步相比又是极为有限的。因为既然在某种程度上，人们能够在他们彼此的关系以及对这些关系的思考方式中创造目的王国，这就还意味着，这些难题就其道德重要性而言并不如许多哲学家所认为的那么普遍。例如，列车与电车的实际运作受支配于负有相当责任的人类控制与规定，因而对于产生电车难题哲学家想要处理的那类问题来说，失控电车事实上并非关于此类情境的好案例。

更重要的是，电车难题并没有呈现道德原则必须处理的那些根本议题。相反，这些类型的难题显示出道德思维处理人类生活问题的能力之限度。它们施加于我们的那种思考毋宁说构成了我们必须考虑的事情的一个方面，它正是我们的道德雄心本质上已然失败的一面。如果我们的主要道德关切应当是尽可能地把人类生活变成目的王国，那么从道德的立场看，防止人们不得不以电车难题所诱导的方式去思考互竞的人类利益，就始终在原则上优先于关于"在救生艇情形、隧道情形、桥梁情形之类的情形中行为者实际上应该怎么做"的任何规则或策略。如果这一点正确，那么道德哲学家使用电车难题来检验根本道德原则的这种做法就包含对一种思考方式——这种思考方式在道德哲学中应该是根本的——的严重误解。

82

电车难题的爱好者们曾对我表示，这些难题旨在成为哲学上有用的，因为它们使我们能够以相当精确的方式从日常生活中抽离，从而诱发我们对于道德上重要之事的直觉；其中排除了不相关的复杂性和现实世界中情境的"杂音"，它们妨碍我们清楚地看出我们的直觉是什么。但我已指出我无法接受这种观点的原因。在我看来，电车难题所抽离的，并非不相关的事实，而是与极为类似于现实生活的所有情形相关的、道德上的关键事实。退一万步说，电车难题预设（而不是确立）了某些事情在道德上是根本的；而我本人的观点是，这些预设至少是高度可疑的，很可能是有害的谬误，并且电车难题（或人们对之的回应）根本无助于支持或证实这些预设。毋宁说，它们所提供的仅仅是某种非法的虚假支持（pseudo-support），以及以一种怂恿我们以不质疑这些预设的方式去研究道德哲学的机会㉖。

㉖　别的（不同类型的）电车难题爱好者承认，它们不会诱发经常被用于现实生活的道德直觉，但对于不同的人对于某些电车难题产生的直觉的趋同程度，他们感到震惊。因为这向他们表明，对于这些如此奇特的案例，人们之间意见的认同度竟然如此不同于我们现实生活中的道德判断，这本身是个颇能引起心理学兴趣、需要做出理论解释的重要材料。我仍然怀疑，对电车难题的回应的趋同是某种有趣的材料，或者说能成为某种意义上的证据；或许仅有极为一般的意义，在我看来那就是让人严重怀疑许多通过心理学和社会学研究检验的结果，亦即在各种调查中，人们可能很容易受问题提出方式之表面特征的误导。约翰·米海尔（John Mikhail）和马克·豪泽（Marc Hauser）曾给我提供这样的提议：他们都认为，对某些电车难题的回应的趋同甚至跨越了年龄、性别和文化上的差别，这构成了存在天生的道德官能的证据，这种官能类似于乔姆斯基（Chomskian）的天生的语言官能；进一步说，研究对电车难题的回应，能够有助于我们确定这种官能的内容。

方法的不匹配

芭芭拉·赫尔曼（Barbara Herman）

一

德里克·帕菲特的《论重要之事》提供了一种公然宣称是混合
的（hybrid）道德理论，或者说至少是"告诉我们哪些行为是不当
的"这一部分的道德理论。对于该理论的详尽阐述，是通过把康德
伦理学作为某种契约论加以拓展，并进行别出心裁的批判性重构。
用某种极宽泛的方式来说，这种理论之所以成为混合的，是由于契
约论框架与某种价值论说的结合，这种价值论说绝大部分是关于福
祉的后果影响㉗。该混合理论尽管包含了康德式契约论的框架（即

㉗　在帕菲特看来，与判断和行为有关的理由是反馈价值的（value-responsive）；尽
管如此，帕菲特这里仍然依循西季威克的观点，认为个人的理由与非人称的理由是带着
不相关且独立的权重进入道德判断的。

道德的根本目标不是使事情进展得最好，而是探寻每个人都能够合理地意愿的行为原则），但既然贯穿于理性意愿的价值（绝大部分）是关于什么是在非道德意义上最好的，混合理论最终就带有强烈的后果主义特性。

某种规范理论是混合的，这本身并不是受批评的依据。令人困惑的是以一种混合的方法论取径来理解康德道德理论的抱负，因为康德的理论绝非混合的。康德理论的确定性特征在于，善是道德原则的函数（function），而并非独立于道德原则[28]。尽管我认为，对于其在文本中发现的康德主张和论证，帕菲特拒绝其中的某些版本，这通常是正确的；但我并不认为，其修正性的诠释方案（该方案旨在根据非道德的好后果来评估和修正康德伦理学的主张，以取其精华）能够把握康德理论最具特色之处。方法的这种不匹配（mismatch of methods）太深刻了。

这种方法的不匹配是令人深感担忧的根源，就此而论，我们想要知道两点。一点是这种不匹配确确实实会对道德判断和思维产生深远的扭曲影响；另一点是存在着某种版本的康德伦理学，它是可以作为一种统一的（非混合的）可行理论的。这样的计划较为宏大，在此难以展开。我要代之以如下计划：彻底审查某些例证，以显示这种不匹配问题的深度与广度；然后从诠释的角度抗拒混合论证，这种抗拒会给康德的说法提供一种更好的匹配，且遵循该统一计划的精神。在此没有足够的篇幅——充分引证或捍卫我关于康德

---

[28] 此即方法悖论（Paradox of Method）之要义所在（《实践理性批判》5：63）：对福祉的考量，是支持偏好的而不是（至少不是直接地）支持价值的事实。

的主张；这些主张必然是暂时的，其价值在于它们所提出之诠释的可行性与独特性。我要用更多的篇幅论证：对两个区域——为我们个人性的（personal）关切留下道德空间，以及好目的能够证成作为手段的初定为不当的行为——的规范上的担忧会激发混合型修补的要求；如果康德的理论不是以不必要的狭隘方式来诠释，那么这两个区域对于康德的理论来说并不构成问题。

二

要弄清这种不匹配的一些成分，我们可以从考虑混合的修正论者（revisionist）对康德所讨论的撒谎的处理方法入手㉙。首先，他对康德之所言是这样看的：撒谎是人们可能做的道德上最坏的事情之一；撒谎之所以是不当的，是因为撒谎没有做到尊重理性能动性（尤其是撒谎者本人的能动性）的价值；并且，广为人知的是，无论结果如何，人都不可以撒谎。这些要点大多被视为明显不正确的。而不被视为不正确的是这样的康德式观念：道德限制某些行为，其根据是允许这些行为的原则是不可能被合理地意愿的（尽管对于如何理解普遍合理意愿的条件，康德本人的观点被视为错误的或令人困惑的）。接着修正论者提供了一个更优但是混合的论证，*85* 大体上展开如下。撒谎可能有益也可能有害，这要视具体情况而定。在大多数情况下，撒谎是通过控制受骗者可利用的信息而力图为撒谎者谋得某种好处（尽管控制信息也可能是有益的，从而可能是合理的）。谋利的撒谎（advantage-lying）一旦广泛传播，就会破

㉙　以下并非帕菲特讨论撒谎的准确记载，而是把握其主要成分的压缩变体。

坏对于合作活动来说为必要的信任条件，而合作活动本身是大有益处的。因此，对于普遍允许撒谎这一原则的意愿不会是合理的：既然撒谎如此频繁地成为有用的手段，允许撒谎就很可能导致这样的结果，即得以幸存的是撒谎，而不是信任进而合作。但是，"在需要挽救受到不当威胁的生命时允许撒谎"的原则，不会影响到我们有理由去保护的利益，并且对于信任也几乎没有破坏性的影响。因此，谋利的撒谎被揭示为不当的；并非所有撒谎都是不当的；不当性的理据所指向的不是理性能动性的价值，而是合作的益处。这样一来，修正论者就保留了康德式（契约论）的精神，并得到了某种可行得多的道德观点。在修正论者的论说中，后果主义在谋利的撒谎会怎样进行以及挽救生命的撒谎如何是可允许的之间建立了一种比较，从而两次发挥作用：第一次是在其所诉诸的价值中，第二次是在对普遍性条件的处理中。

然而，无论康德关于撒谎的正确观点是什么，其最佳版本之被发现，都不会以成本和收益为根据，也不会通过某种"诉诸比较由于普遍接受某个选择性地许可的原则而产生的成本值/收益值"的论证。这样的理路使撒谎（和讲真话）脱离了道德理论的中心，并以纯粹工具的方式看待其道德意义。如果康德道德哲学的抱负是要在实践理性论说的范围内建立一种关于价值和原则的统一理论，如果"撒谎的准则成为理性意愿的原则"被认为是不可能的，那么我们就应当把撒谎所产生的理性行为者之间的关系看作在某种意义上侵犯了属于（或蕴含于）他们共同理性本质的原则[30]。无论怎样阐

---

[30] 在本文第八部分，我将回到康德关于撒谎的论说。

述这样一种观点，我们都不会在其论证中给予福祉的结果以独立的 86 角色[31]。诚然，对于"把理性或理性本质认作应该是有价值的"[32] 这一观点，我们难以讲出它可能的意思是什么；并且我同意，被认为是由此导出的尊重人的观念有这样的危险：它要么是空洞的，要么其内容是人们所偏好的关于人类地位的论说。即便如此，但如果说康德提出了某种深刻的洞见，那么无论弄清这一点有多么困难，它都不会存在于别处，而只会存在于对价值的论说以及从理性意志的构成性原则派生出的行为评价原则。情况可能是这样的：康德的理论不能实现其抱负，但如本文随后希望揭示的，我认为对康德的最佳诠释尚未达到这样的论辩阶段[33]。

三

如果说撒谎获利的例证显示出方法不匹配的一个方面，那么康德理论与帕菲特方法论之间具有分界的另一种标识，就可见于它们

---

[31] 如我对《道德形而上学奠基》中检验的解读，它们要问的，并不是两种假想的世界中哪一种对我们更好，而是哪些行为原则与理性意愿的构成性规范一致。可共存性（compossibility）并非混合理论家心中所想的那种结果。康德认为，我们所有人如果都道德地行动，那么目的王国就会实现；并且，我们的行为与准则要与这种效果一致，目的王国就并不表示在提供行为目标或理由意义上的结果值。我认为，这同样适用于康德的至善概念：除了在"我们按照道德所指引的方式来寻求自己和他人之幸福"这一意义之外，它并非我们能够追求的目标。

[32] 帕菲特本人对于这组观念所做出的努力堪为典范且富有信息（239－244）——对于那些富有吸引力但糟糕的论证之令人生畏的特征，他有着准确无误的感受。

[33] 这里要厘清的是，我并没有试图提出存在某种使康德的普遍法则公式从根本上得以生效的途径。我认为不存在这样的途径。但我也怀疑，这个公式到底是否打算进行建立许可和要求的工作（它可以解释不当行为的不当性，但其本身并不能告诉我们哪些行为是不当的），因而要进行这一工作，就必须纳入对康德理论中其他成分的考虑。

87　在对不当行为的评价中对动机角色的处理。在帕菲特看来，行为的不当性几乎从来不曾由行为者的动机来确定，甚至从来不会受其影响。如果像他所论证的那样，证成道德原则的价值依赖于最终的事件（outcome-events）（将产生的结果是某种被一般接受的原则），那么（大多数）不当行为就要么直接产生坏结果，要么是这样的类型：它们如果（被认为）是可允许的就最终会产生坏结果；或者与行为者依照某个互竞原则的行为相比较，它们会产生明显更坏的结果。何者使某一行为成为不当的，由此就直接是确实发生的或将要发生的事件的函数，而与该行为的原因无关（动机在此被视为行为的原因）㉞。动机可能关系到其他问题，比如性格、可信赖性、依从这样或那样的动机来行动的某个人可以合情理地维持的关系类型，但不会出现在对不当行为之不当性的解释。

　　因此，自私的动机不会使营救成为不当的，甚至坏的道德动机也不会将其负面品质传递到其所导致的符合道德的行为。在一个相关的例子中，帕菲特让我们设想这样一个买咖啡的暴徒：其动机是要做"使世界符合他的欲求"的任何事。要是有人和他作对，他就准备制造各种骚乱；并且，如果那个咖啡调理师不过来给他配饮料，他就要将之臆想为可能拒绝工作的饮料机而予以猛击。但是，确实没有任何人和他作对，点好咖啡并已付款。既然该行为符合道德原则（购买付款，或者诸如此类的事情），那就没有任何坏事发

　　㉞　在谈论动机时，帕菲特的意思有时是指行为者在行为过程中所持的态度：我是把你视为一个理性的人、一个道德主体，还是某种纯粹的手段。相当令人不快的态度可能共存于可允许的行为——该态度的负面潜能仍未实现出来，因而不会对与不当性相关的议题产生影响。

生。他是个坏家伙,你不会情愿他出现在你身边;但尽管如此,除非且直到他做出某种不被许可之事,道德上的质疑都只是关于潜在性与可能性的问题,是关于坏动机的,而无关于坏行为[35]。

人们可能感到疑惑的是,是否真的"没有任何坏事发生"。咖 88 啡调理师定然处在他本不该有的危险之中。如果我们假定动机的透明性(transparency),如下说法就显得很奇怪:对于你身边某个其首要动机是随意侵犯的人,如果仅仅由于避免了目光接触或由于安抚或由于做出为"避免惹火他"所必要之事,你逃脱了他的伤害,那就没有发生任何不当之事。穿过雷区并非闲庭信步。但让我们搁置这种担忧。

我们对道德不当性的关注,在某一方面似乎支持与动机不相关的结论。如果我们是在留意不当的行为,并(可能乃至原则上)打算加以干预,那么只要那个暴徒之所为在该情境中符合要求——他为咖啡付了款——那就没有任何我们应予以阻止之事(而在旨在获得报酬的救生者这一情形中,我们甚至可能有理由为他提供帮助)。更一般的想法会是这样的:要把某一行为判断为不当的,我们就必须还认为,该行为如果不发生就会更好(道德上更好?)——至少其发生会带来遗憾。买咖啡但未付款或生命未得救,当然不会更好。在此,对上述行为表示遗憾似乎是不理性的[36]。

---

[35] 出于获取报酬动机的救生者的例子可能看起来要单纯一些,因为似乎毫无疑问的是,他是打算做好事。但假定他在游过去营救时被告知救下游的受难者会获得更丰厚的报酬,那么这时他有理由去做的事情是什么?

[36] 除了这种行为之外,我们还可以对关于该行为者的很多事情予以批判或表示遗憾。

　　然而，对他人之所为表示遗憾与适用于行为者之行动的遗憾，这两种情况通常是不同的。一个改过自新的暴徒可能带着某种恐惧，合情理地回顾在咖啡馆的那一幕：只要那个家伙有一句话说得不好，我就准备让他滚出去！很容易设想，他会断定其曾经之所为是不当的，而其良好的结局纯粹是由于运气。对他来说并非不妥的是，他希望未曾发生的事情当然不是为咖啡付款，而是这整段经历。如果做错事的迹象是内疚或可能想表示歉意，那么动机或态度就足以将之引发；并且就对所做之事进行道德补救而言，态度的改变通常是其中必不可少的组成部分（某人行为的对象应该意识到其所遭受的不当对待，这对于需要道歉来说并非必要的）。依据这些理由可以认为，行为者的态度或动机与道德的关系所牵涉的，不止于其性格品质或他会按照道德导向来行动的相关可能性。这些理由揭示出，某个行为者在以其不应有的方式行动。它们不是混合理论在其对不当性的论说中想要显示的理由，因为其关于价值的后果主义论说促使该理论暗中把不许可（impermissbility）的法律概念作为不当性的模型㊲。尽管不许可可能在相当程度上要凸显那类"无论行为者动机如何均为不当"的非法行为，但它不必然（且

　　㊲　我觉得法律主义（legalism）是相当深层的。从根本上来说，如果在问到意愿遵循"这种方式"——营救行为的表象之下（sub specie）是为了获得更丰厚的报酬，付账单的表象之下是作为把恼怒降到最低的途径——的行动之被普遍接受是否理性时，人们认为动机重要，那么不当性就是敏于动机的（motive-sensitive）。如果从另一角度看，人们通过类比于那些其发生不可能合法的事情来思考不当性，那么动机就是不相关的。但是，类比并没有为依此方式来看待道德不当性提供论证。（此注释后面还有一段，但与原注释39重复且与此处上下文不合。或为错出，故删。——译者注）

就我的判断，在康德看来它也没有）穷尽行为中道德不当性的类别㊳。

那么，按照康德的观点，到底是什么能够使动机相关于对不当性的判定？在对行为进行道德评价时，我们为什么应该关注其背后的原因？我的说法是这样的：在康德看来，不当性标识出不正确的行为方式，而不仅仅标识没能符合"适用于行为-（意图的）结果的组合"的原则的行为。某个行为者如果忽视或没能对其情境的道德相关特征做出恰当的回应，那就是以不当的方式行动。并且如果他正确地行动，那么无论其外在行为和（意图的）目的是否符合预期，其行动的正确性都不会改变。回到那个暴徒的情形：从狭隘的（法律的）视野看，他点咖啡然后付款，从而没有发生任何不当之事。但一旦拓宽视野，我们就会看到更多。他并没有把点咖啡看作必须付款的；他如果未受任何刺激，那就会付款。他也没有把点咖啡然后付款看作获得咖啡的必要途径：就偷窃卖咖啡者的咖啡而言，他只要认为值得费神就会去做（216）。因此，如果人们与康德的观点一致，认为不当性产生于慎思的（deliberating）行为者的原则，并且是关于他是否借助这些原则而拥有对其行为的健全推理理路，那么这个暴徒就是一再犯错的㊴。既然正是行为者的动机才是 *90* 形成正确要素的原因，从而在行为的产生过程中扮演正确的角色，那么动机就是与行为的不当性相关的。就我的理解，按照康德的观

㊳　正如"依据义务"的行动不同于应当采取的行动。

㊴　顺便提一下，我把康德主义立场的普遍性条件解读为关于形式的：某个"受质料地（materially）限定的实践推理"的要求满足了某个独立于事件的（matter-independent）正确性标准。

点，避免不许可与避免不当性并非一回事；行为可以"不是不许可的"而仍然是不当的[40]。

四

至此，我可以想象到有人会问，我要提出的康德版本是否忽略或漏掉了康德关于具有道德价值的行为与符合义务的行为之间的著名区分：前者要求行为是出于道德动机而做出的，后者则与动机无关。首先要注意的是，这个问题已经暗示着某种立场：道德价值就本身而言是在可允许性之后的某种添加。给定某一依据义务的行为，这同一行为如果带有特别的态度或出于义务的动机就具有道德价值。这样一种描述错失了由道德价值指出的这种区分的要义。对于行为者据以行为的准则，康德在考察其道德内容时针对的是行为的价值（而不是如这个问题所表示的行为者的价值）的某种条件。缺乏道德价值的外在地符合的行为（externally conforming action）与道德正确性之间的关联，是有条件的或偶然的。在此意义上，它不是（道德上）正确的行为。要确定某一行为正确与否，可能存在认识上的障碍〔但不应夸大不透明性（opacity）：通过观察行为者对失败如何做出回应，我们通常可以判断，什么时候她不是在正确

---

[40] 有趣的是，我们尽管无法讨论不许可的程度，但可以讨论不当性的程度。我知道你会遭遇某件作为我的行为结果的不利之事，但我并不因此而把我的行为看作有价值的——从不当性的维度看，这种情况之坏要弱于我的直接意图即是如此，也弱于视之为积极的效果乃至二阶的动机收益（second-order motivating benefit）（亦即，我不会按照为了额外收益的行为方式来行动，但与某种其他选择比较，它可能给我的行为带来附加价值）。

地行动〕；并且存在着独立的理由，让我们可能不想干预那些外在
地符合道德原则的行为（通常还存在适当的理由让我们不想就其外
在地符合的行为来拷问行为者，除非我们与他们是师生关系或顾问
关系）。如果我是受到其行为影响的那个人，且如果我与她没有密
切关系，或不指望她是道德推理家（我们所进行的是一次性交往，
而不是长期的或复杂的项目），那么她的处事（依据义务）看上去
正确可能就够了。但从慎思行为者的视角看，情况就有所不同：她
如何看待处事正确，相当于在一部分程度上确定了她在做什么㊶。

　　我认为，"道德价值是关于其他事情"这一思想倾向接受了这
样的观点：存在着"处事正确"的清晰观念，这种观念可以脱离
"以正当或不当的方式来做事"而存在。在别的领域〔此外还包括
信念形成（belief-formation）〕——在这样的领域中，我们把偶然
的正确性判断为这样的：它追踪正品（genuine article）从而是正
确的，但偶尔会脱离正轨——我们会对上述类别的观点感到不安。
一种没有被证成的真信念当然是真的，但就作为（严格意义上的）
信念而言它是不正确的、不当的或有缺陷的。我认为，对于道德价
值和不当性，康德持有同样的观点。一种具有道德价值的行为，一
种出于义务动机而做出的行为，是在道德原则的非偶然调控下达成
的（出于义务动机的行为就是这么回事）㊷。首要的观念不是避免
做不当之事（违反义务的行为），而是做正当之事。

　　㊶　形式的要求是，一个人仅按照由此他能够（can）同时意愿的准则来行动……而
不是符合由此他间或能够（could）同时意愿的原则来行动……

　　㊷　也就是说，道德价值不仅仅是关于人们对其行为持有的态度的，至少比起对证
据的权衡来说大不了就是人们对于信念形成可能持有的态度的。

就认为康德在有些地方提供了独立于动机的（motive-inde-pendent）不当性概念而言，道德价值学说并非其唯一之处，同样引人注目的是康德关于完全义务（perfect duties）和正义义务（duties of justice）的观点。康德的这两种观点都不支持"不当性是独立于动机的"这个一般性论点。在这两种情形中，"认为它们支持该论点"这一看法所犯的错误是有教育意义的。

在《奠基》中，完全义务被描述为"绝不容许任何例外去支持爱好"的义务（G4：421Note），从而似乎是独立于动机的⑬。但既然爱好只是一种动机或动机之源，这种描述就留下了如下的未决问题：完全义务是否可以容许那些"支持另一种动机"的例外。并且鉴于康德的行动理论中动机是行动者对目的感兴趣的根源，对作为手段的行动感兴趣的情况也是如此（单单手段的有效性并不能证成行动），上述问题就是有意义的。动机的范围很广，包括从那些基于爱好的对自我、家人和朋友的关心，直到我们对于道德目的的理性兴趣。对于持有不同动机的行为者来说，同样的行为-目的组合可能采取相当不同的组合方式，因而如下情况就是可能的：某些种类的行为（比如欺骗性地承诺）可能在用作某个自利目的的手段时是不当的，但该目的如果得到对拯救生命之道德兴趣的支持就不是不当的（作为用作证成的好事态，它不是预想的目的；动机的条件蕴含着，证成依赖于行为者对其目的具有道德上正确的观念。关于这一条件，随后我会展开论述）。

---

⑬ 不完全义务（imperfect duties）把要求直接地施加于目的，而仅仅间接地施加于行为。

正义义务的确仅仅与外在行为相关，正义义务的正确履行与动机无关。道德义务就其本身而言共分四类，即讲真话、帮助、尊重和友善的义务，然而正义义务并不属于其中任何一类。在康德看来，它们是基于制度的（institution-based）义务，旨在维护平等的外在自由的环境（"对于所有人来说同样自由"的环境）[44]。它们只有通过国家［或有权强制（公民）服从的公民联盟］的立法活动才会产生[45]。借用康德的核心例证，偷窃之所以违背正义义务，不是因为它是对某个惯例（convention）的搭便车（帕菲特要求我们能够把合宜的惯例与琐细的和可恶的惯例区分开来，这是相当正确的），而是出于与人的理性能动性的条件有关的理由——就对某些事物的使用而言，我们必须能够正当地把他人排除在外——在道德强制之下，我们生活在这样一个国家：其中财产的划分由法律解决，并且我们有义务遵守其法律（这一条途径可以让我们揭示，与棋类俱乐部的规则相比，财产法具有不同的地位、不同类型的权威）。既然有财产法，侵夺他人的财产就是不当的。侵夺即使是为了道德上的善目的，也是对正义义务的违反。这样的目的可能是法庭宽大处理的理由，或者是让该法律加上某种道德征用条款（mor-

——————————

[44]　关于正义义务的要点与性质，一个极清晰的说明参见 Arthur Ripstein. Authority and Coercion. Philosophy and Public Affairs，2004，32（1）2－35。存在着进入国家（state）的道德义务，由此就可能有正义义务，进而有经过道德地裁决的财产规定和契约规定。

[45]　它们是完备道德理论（complete moral theory）的核心部分，因为它们为许多道德义务提供了必要的背景条件。我们具有遵守法律的道德义务，因而能够履行"出于义务"的正义义务。但在此意义上，我们也能够出于义务而遵守交通法，这并不会使"红灯时禁止右转"（no right on red）成为道德义务。

al eminent domain clause）以便涵盖这样的案例（由此在取走拯救生命所必需的某物时，人们可以像代表国家的行为者一样行动）。偷窃在道德上的不当，涉及在另一领域的正当权威之下对某一领域的侵犯；但决定其不当性的那个领域，是由国家（或其他执法体系）来定义并在其保护之下的⑯。

总之，无论道德价值学说、康德对完全义务的论说，还是其对正义义务的引入，都不支持这样的观点：在康德看来，道德不当性这一根本范畴是独立于动机的。这虽然不足以作为支持"动机与道德不当性相关"的论据，但应该足以让我们有理由多想想这里紧要的相关因素是什么。究竟说来，康德对道德行为的处理不必符合当代的议题，后者所聚焦的是不许可的标准。

就思考帕菲特指向康德道德理论的挑战而言，以上结论让我们居于何处？如果这两种方法的区隔（separation）是如此之大，乃至即使对于我们在评价行为不当性时所关注的事物类别，两者也没有达成一致的基础，那么逐点比较对康德论证的诠释与帕菲特的混合型重构就可能只会引发对具体话题的兴趣，除此之外不会有多少收获。它们实在相距甚远⑰。考虑到这一点，我打算利用本文的余下篇幅从康德的这一方面做些努力：混合理论的一部分吸引力来自它避免或超越了康德观点被觉察到的局限性，因而如果有某种对康德的更优诠释不以这些方式受到限制，我们就仍可能取得一些

---

⑯　由于这一原因，对正义义务的违反应被视为反对国家的行为。正义（或法权）义务包括还债和守诺的要求，但仅限于它们发生在订约的情境中。守诺的道德义务有着不同的根源，而对它的违反可能是也可能不是独立于动机的。

⑰　对于受康德启发的最佳版本的契约论，这并不意味着有任何判断。

进步。

五

对于我们所关注的道德，康德的理论尽管对其中一个方面做了大量的讨论，但似乎对另一个方面表现出令人沮丧的迟钝：前一方面是我们对目的的追求应受到理性原则的约束，后一方面是其原则不应引导我们以我们觉得（用帕菲特的话说）糟糕的方式行动。混合理论是要直接地回应我们的自然关切和非道德目的，因而其本身是作为更合情理的理论而被提出的——其所禁止与允许的要求如果得到尊重，就会使事情对我们来说进展得更好。与之形成对照的是，康德的理论可能看上去对我们所关注的事情漠不关心，其要求是毫不妥协的，甚至在它所阻止的结果显然是好的时候也是如此。我在前文曾提出，情况可能是这样的，即康德的体系承认，在极端情境（freighted circumstances）下我们按照通常情况下不应当的方式行动，这有时是能够证成的；如果这一点为真，我们就可以断定，有理由重新思考康德式道德要求的条款及其与我们所关注的目的之间的匹配性。按照这样的精神，我会提供一个由诸要素组成的纲要：对康德道德理论的一种以慎思为核心的解读（deliberation-centered reading），同时略微聚焦于它对非道德目的的处理；然后回到必要的谎言的例子，来看看这样诠释出来的理论能否更好地处理关于目的与手段的道德问题[48]。

---

[48] 该论说的第一部分取自我的论文：Barbara Herman. Reasoning to Obligation. Inquiry, 2006, 49 (1)：44-61。

95　　　先看纲要。在康德看来，道德属于实践理性的范围，道德原则是实践理性的第一原则。谈到理性，无论实践的还是理论的理性，都是要显示某个主题，这个主题是关于从思想到思想、从思想到信念、从思想到意图或选择（或者是在表示它们的命题或语句之间）有正当理由的转换（warranted transition）。因此，绝对命令如果是或者表达某种实践理性的原则，那就是一种推理的原则；正是在如假言推理（modus ponens）那样进行（尽管理当是通过不同的规则）的意义上，它指导着从一处到另一处的（正确）推理⑲。

　　　考察康德的一个例证⑳。某人把某个有价值之物交给我保管，无人知道我有此物，且在应予以归还前这个人已过世。正确的实践推理让我从某个关于所有权的前提出发达成某个结论，该结论是关于按照推理原则或规则的方式我应该怎么做，其最抽象的形式是这样陈述的："仅按照这样的原则（或准则）行动，该原则同时能够被意愿为普遍法则。"如果我的原则转而是"以一切可靠的手段来增益我的财产"，那么它就把我的推理引向按照某种包含矛盾的方式（如果我运用某种这样的原则，其所确保的推理是从 P 导出非 Q，并且同时若 P 则 Q，那么正是在此意义上，这种方式就会包含矛盾）来保有该物的意图。也就是说，我的原则实际上不可能成为对于行为的推理（reasoning-to-action）的某一例正确原则。注意，这里仍留有常见的困难：如何阐述准则，对普遍化的恰当理解，如

---

　　⑲　康德坚持先验综合判断的可能性，其部分目标就是要拓展认识之间的必要联系的范围。

　　⑳　《实践理性批判》5：27—28.

此等等。但如果这些暂且不论，那么在我看来最可行的说法是：对于康德关于道德推理的论说进而对于其关于何者使行为不当的论说而言，以上是恰当的处理方式。

那么，实践推理如果要效仿一般的推理形式，就需要获得真前提，并且这样的前提必须属于目的或关于目的。许多人认为康德的断言显然并非如此，这在我看来是源自对《奠基》之论证结构的混淆，这一混淆把关于绝对命令（它是独立于目的的[51]）之应用条件的主张，错误地认作关于"目的或关于目的的前提对于道德推理来说是不相关的"的主张[52]。如果像康德所认为的，理性能够决定行为的意愿，那么理性的原则应当告诉我们，存在我们不可以拥有的以及必须拥有的目的[53]。只要是我们不可以拥有的目的，出于这些目的的任何推理就不可能是健全的。而就为道德所要求的目的而言，任何从其中正确地派生出来的意图都具有某种道德内容；也就是说，行为者关于其行为的观念将由该目的引出某种内在于如此行为的道德意义或目标，以及对该行为之物质性功

---

[51] 康德说，绝对命令的可能性依赖于"一个实践的命题（proposition），该命题不是把行为的立意（volition）从另一已被预设的立意中分析地派生出来（因为我们没有如此完善的意志），而是把这一立意与理性存在者的意志这一概念作为未被包含于其中的某种东西直接地关联起来"（G4：420Note）。由此可见，作为一种推理规则，实践命题把理性标准应用于一切被意愿的行为——意指被用作某种目的——而无关乎行为者所意愿的目的的内容。

[52] 参见 G4：414-415。这里显然是要我们做好准备，接下来会是关于客观目的或善的论说。正是更进一步的（further）目的才是被排除在外的。作为自在目的的人性是一种客观目的，但它是形式的目的，并且如果未经诠释就不可能支撑慎思。

[53] 因此，康德在《道德形而上学》（6：385）中给出了明确的论证。

效（material efficacy）的意识㊾。如我们将要看到的，必要的或义务性的（obligatory）目的为非道德的利益提供了道德的处所（housing），因而如果我们想要弄清对我们个人而言重要的事情是否且如何在道德上重要，这些目的就正是那类我们应予以关注的事物。最后，如果说有什么东西能够提供超越常见普遍化规则的证成资源，那么它只能是义务性目的。在探讨这种可能性之时，我会考察两种情形：在一种情形中康德显然确实认为，道德上必要的目的会证成通常被禁止的手段；而在另一种情形中康德应该这么认为。在这两种情形中，我都会论证，目的提供的这种证成在任何通常的意义上都不是工具性的。鉴于这样的目的处于实践推理的范围，这种情况就是顺理成章的。

六

97 　　康德坚持认为，有且仅有两种义务性目的：我们自身的完善与他人的幸福㊿。稍加充实，它们其实就意味着：对于自己，我们有发展与维持我们的道德能力和理性能力的目的；对于他人，我们要注意我们的行为对于他人的幸福追求所产生的与能动性相关的影

㊾ 不必存在两种（一种对于行为，一种对于目的）同等根本的原则，这是康德的"方法悖论"的要点：对于自由意志之官能的正确运用来说，道德法则是一种积极的先验综合原则；就客观决定性的善意志而言，它必然是（或必然决定）意愿的原则及其目标。

㊿ 《道德形而上学》6：386. 事实上，还存在来自权利方面的另一种必要目的，该目的使我们负有创建和支持国家的义务。但如我们将会在第七部分看到的，严格说来，不存在对于每一个分立的个人来说的可能目的：没有人能够为这样的目的而行动，除非他人也这么做。

响。康德对这两种目的的论述简短而晦涩；就我们的意旨而言，做个直观的解说应该就够了。

让我们始于这样的提问：从实践理性的视角看，我们需要关注什么？就行为而言，我们不应按照任何与普遍立法（law-giving）不一致的原则（我们不能同时意愿其为普遍法则的原则）来行动。在采用诸目的的通常过程中会产生这样一个类别不同的问题：在发展和追求我们的幸福观念之时，这些目的是否促使我们做出不当的行为？因为我们在这种幸福观念下所追求的对象，从实践理性的视角看有可能是不可接受的。对幸福的追求一旦不处于比爱好的某一有序满足更高的观念的规范性控制之下，其效果就可能是懒惰、贪婪、在我们相信什么及如何推理的问题上敷衍了事，以及对核心能力的忽视㊶。这些效果本身并非目的，也不大可能是意图之中的；情况毋宁是这样的：考虑到我们的心理，它们就是危及实践理性的例子，除非我们有特别的理由来处理某些目的对我们的理性运作（rational functioning）可能产生的影响，否则这样的例子就是不可避免的。我们如果要处理，那就必须摒弃一些目的；另一些目的必须以更融洽于理性的（reason-friendly）方式去追求；鉴于理性的需要或必须得到修补的理性减损，我们可能不得不采取或许本不想拥有的目的。从实践理性的视角看，如下问题不可能是无关紧

98

㊶　可能有人认为，理性的审慎在此会这么思考：我们是持存的存在者，从而我们未来的自己有权要求被纳入我们当下的关注中。但是，上述诸多恶行都没有给我们提供任何想要使未来有别于现在的理由。它们影响着我们实践想象的视野，没有给我们留下任何理由去预期可能产生的方案和需要（这样的方案和需要应该对"我们现在如何对待自己"有约束作用）。

要的：受我们所做之事的影响，我们的心理容易陷入无能为力的状态，而这种状态可能使我们缺乏足够的能力去回应理性的要求。这个问题不是说我们由此就会被驱使去做错事，而是说我们即便由于侥幸从未做错，也不会恰当地进行对于行为的推理，从而不会如我们应当的那样去意愿。这样一来，我们就得出了关于自身完善的义务性目的，它进而产生各种对于自己的义务（duties-to-self）。

以上论述大体上也适用于关于他人幸福的义务性目的。尽管每个人都必然会追求自身的幸福观念，但他人对这种追求会产生大量的影响，这种影响几乎贯穿我们追求幸福的每一步——从给予关于如何生活的观念组合直到各种帮助的提供与否。但假定我们像上面所做的那样提出如下问题：从实践理性的视角看，这里可争议之处何在？那就在于，为什么他人对幸福的追求应该由于实践理性而变成与我相关的。其原因很可能正好同于我们刚才在讨论对于自己的义务中提出的：关于我们的心理，一个额外的但同样根本的事实在于，我们不是单子（monad），不是自给自足的欲求体系。一个人的理性能力（部分地）是通过他人而形成，（部分地）是通过他人而得以维持；理性能力易受贫乏、屈辱和持续之误导的影响。推到极致来说，让人们活得太艰难或太轻松，都可能影响到他们维持或重视理性活动的能力。如果搁置棘手的人格塑造问题，那么上述问题就是：不偏不倚的实践理性如何可能不在意那些"损害我们自己或他人进行推理的能力"的活动？

义务性目的对我们提出了什么样的要求？它们应该既塑造我们对幸福的追求，也塑造我们对幸福的观念。我在选择是去听音乐会还是与朋友共度良宵时，它们不会要求我应该慎重考虑自我（或他人）的改善，这样的要求是荒谬的。但它们的确蕴含着：如果我工作过于努力乃至没有闲暇交友或享受，那么就领会健康的人类能动性所需的物质性条件而言，我可能已经失败或不应当如此——在这些方面，我可能忽略了自己[57]。有些一般性关注是我本不该忽视的。同样地，由于我的行为影响他人，我就不可以对我给他人带来的损失无动于衷，并且绝不会在尊重他人方面漫不经心。一旦义务性目的提出的规范或标准得不到满足，我们的意愿就是有道德缺陷的。也就是说，除非有从义务性目的到行为的推理过程，否则行为就没有得到充分的证成（无论该行为是否得到外在的许可）[58]。并且虽然义务性目的通常并非推理中的唯一前提，且通常并非选择之确定中的某个起积极作用的前提，但它应该始终是行为者的实践前提之一。

假定由于漠视或不在乎我的计划对我（或任何人）的理性能动性所产生的影响，我决定把在海滩度周末作为那类促进幸福的事情。我们真的想说，这么做（去海滩取乐）存在道德缺陷吗？对于目的，存在着"出于……而行动"（acting from）与"按照……而行动"（acting according to）的类似概念。使审慎的店主的行为看上去无法反驳的是，它是那种由意愿良好者实施的行为；也正因为

[57] 这是这样的区域之一——在此区域内关于个体的真理压倒了关于人的一般性主张，因而没能追求富有个性的健康的人类目标，就是一种严肃的警示但不必然是失败。

[58] 同样，不当性判断从行为到立意的拓展是康德的核心要点：如果道德不当性是关于错误推理的，那么某种以行为为中心的（action-centered）不当性（或不许可性）概念就可能发挥实际作用，但它并没有充分把握道德错误的本质。

99

如此，它才是按照义务的。同样，使去海滩这一目的看上去不错之处在于，其所是的这类（寻求享受的）目的能够成为在自我完善的义务性目的的权威下行动的那些人的目的。但正如审慎的店主之行为是道德上不稳定和缺乏道德内容的（该行为不是要寻求任何道德的事物），“采用决定去海滩这一简单的目的，而不顾及义务性目的”在道德上也是空洞的，且因此在道德上是危险的。当然，与吸食纯可卡因以取乐这一目的相比，它不是很危险。但如果就行动着的行为者而言，这种区别是没有关系的，那么从道德的视角看，上
100 述“漠视”（indifference）就的确是很危险的。那么“在按照我的计划行动时，我在做道德上的不当之事”这个说法可能看上去就不是很离谱(59)。

义务性目的由此将各种日常的人类关切引入道德。尽管为了重新定位，我们的幸福观念可能不得不经受某种修正和发展，但关切自我和关切他人的常见要素仍然留存，且仍然处于我们目标的核心。在获得关于关切自我与他人福祉的规范时，义务性目的使这些考虑成为对行为的健全推理的支柱。仍有待观察的是，义务性目的能否证成那些普通目的所不能证成的行为。它们能否表明，撒谎、强制或伤害由于它们的缘故而成为可接受的呢？

---

(59) 如果其准则具有道德内容的行为展现出善意志，那么它就是呈现在日常行为因义务性目的之故而做出之时。由于需要工作之余的休息，我决定去看场电影。我这么做，可以仅仅是为了快乐；也可以是由于意识到这样的快乐是健康生活的一部分，并且我也是出于这一理由而行动的。后一种情形中的推理在道德的意义上既有效又健全，因而看来它的确是善意志之一例［尽管它没有道德价值，因为去看电影本身并非尽责（dutiful）行为］。

我并不是要提议：义务性目的可能是道德炼金术的熔炉，能够把不道德的行为变成道德的行为。如果说它们提供了更广泛的证成，那么这种证成就是作为这样的前提——这些前提影响着"由义务性目的得出的立意"的道德内容。这也适用于其他道德目的。在友谊的目的下行动时，某一使我关心朋友、原本可允许的行为，可能由于上述原因而成为不当的；或者，如果有关于需求和亲密性的特殊事实，某些有道德疑难的行为手段就得以容许（考虑到要留出插科打诨的空间）。关于义务性目的的问题不在于它们是否影响到道德上可利用的手段（它们的确有影响），而在于我们应如何确定它们可用来证成的范围。他人幸福的义务性目的可能证成某种家长作风（paternalism），但我们不会指望它去证成杀一人以利多人（或某人）的做法——它不可能改变"意愿把这种行为作为手段"的内容。但或许它能够有助于解释为了救某个生命而撒谎的做法。

七

为了给思考"道德目的如何可能证成可疑的手段"提供指引，我打算利用另一处的论证——其中显而易见的是，康德的确诉诸某种道德目的以表明，有些通常被禁止之事是如何被容许的，且实际上是道德上必要的。这个论证是关于强制进入政治联合体[60]。满足法治（rule-of-law）标准的国家的形成与延续，在康德的道德理论中扮演着特殊的角色，因为在如此国家中的成员身份是行为外在自

101

---

[60] 以下取自《法学》（*Rechtslehre*），见《道德形而上学》第一部分（6：252－261）。

由的必要条件。通过其强制的与裁决的制度，国家免受攻击而保卫其体系的完整性，并使财产的持续所有权（possession）和交易成为可能。只要上述条件得不到满足，世间及世上（in and on the world）个体理性行为的多元性进而个体的幸福就不可能被融贯地追求。因此，人们负有这样的强烈义务：若无国家则组建之，若有则持存之。这个目的不是任何个人能够独自追求的，康德论证说，它是我们能够且必须强迫他人与我们一起追求的。这就引出了下面的问题。该论证如果是一个道德的论证，那么情况看上去就可能是这种强迫应该被禁止。但由此道德似乎就阻碍了其自身的现实可能。然而，如果这个论证不是道德的，我们就会拥有一种更胜一筹的（trumping）反道德的（contra-moral）政治义务。合起来看，这些状况可以说就构成了一种义务的二律背反（antinomy）。就康德式二律背反而言，最佳解决方式是重新思考产生它的假定。在这一情形中，这个问题源自对有权强迫共同拥有公民身份（co-citizenship）的特性描述：能否揭示这种描述与理性意志的自主性是一致的。

康德伦理学的一个核心特征在于：某件由你来做的事情是好的，这并不会让我有权强迫你这么做。然而在此，"我们"（包括你）必须（为了我们的善）生活在一个国家之中，这一事实显然让我们有权强迫进入和阻止退出（这样或那样的公民国家）。不过，强制是运用武力或武力威胁，以使他人产生与其本人意愿相反的意愿。但如果这里的利害攸关之处（at stake）在于将人们及其行为置于国家的权威之下，那么并不清楚的是，意愿是否被强迫，或是否以某种使强制成为道德上可反对的方式被强迫。对此，我们可以这样思考：警察在设路障时有权强迫我止步；无论此时我想做什么，他们的行动都是强制性的，但并非采取道德上可反对的方式。并且这暗示着，这种二律背反可能也是关于权威的。如果强迫（进入国家）的权威是由每一个及所有行为者的必然意志势必造成的，那么这种二律背反就得以解决。

康德做出的正是这样的论证，其大略如下。就取得对某物的所有权供我们所用而言，我们必然意愿他人抑制对该物的获取（我如果获得供食用的苹果或种植某作物，就会意愿它是我的，而不是你的）。没有得到对某些事物的所有权，我们就无法生活，并且康德论证说，我们意愿他人抑制获取我们之所有，其得以生效的条件是国家［"只有在民法条件（civil condition）下，外物才能是我的或你的"］；那么就取得对某物的所有权而言，我们实际上意愿这个条件，从而实际上意愿作为必要手段的国家权威。在此意义上，国家的权威高于每一个人的意志，这是为每一个人所意愿的，而为每一个人所意愿是以"他人相互之间意愿如此且必须如此"为条件的。由此公民联盟在法律之下的产生，就在于且由于所有权（财产权）的相互理性条件。就其实质上是被迫按照我们自身意志的权威来行动而言，它不是我们能够理性地避免的权威，因而我们没有受到不当的强制。

以上述方式解决二律背反，可以使道德在世间的表达保持通畅，并且道德做到这一点的方式会解释，为什么人们不可以为了迫使公民进入（或禁止公民退出）而无所不为。既然处于法律之下的状态是一种道德状态，被归置于国家权威之下的条款就必须与人们作为平等公民的地位相容。于是，这就解释了为什么通过战争和殖民来扩张地域是不容许的。如康德所言，公民联盟的条件产生于共同生活的条件，国家没有任何权威人为地创造条件。

因此，强制的公民联盟（compelled civil union）不是对反道德行为的令人不安的支持，反而是提供了这样的一例：某事看上去是得到证成的不当之举，结果却表明，它是不折不扣的道德作为。此外，强制的公民身份尽管在其道德目标（亦即确保自由行为的条件）方面是得到证成的，但不是仅仅作为某一目的的手段而得到证成的，甚至不是作为道德目的而得到证成的，而是作为以含有道德内容（作为道德自我实现的一种）的原则为根据的行为而得到证成的。这种证成由此就拟定并塑造了随后道德推理的框架。

103

在我看来，这类事情是这样的。如果国家是得到道德证成的，那么对于其功能发挥来说为必要的各种角色（警察、立法者、法官、军人，以及医生、教育工作者、福利供给者）亦是如此。个人一旦占据这些角色，就被允许以在服务于其自身目的时所不允许的方式行动（例如，警察对强制武力的使用，对伤病员的医疗策略）。可以说，这些角色设立了推理的目的，乃至来自社会角色的行为与源自私人目的的同样行为在道德上是不一样的。当然，机构（institution）的辩护范围是有限的：有些行为可以工具性地促进某一社会角色的职能，但与支持该机构在可允许的范围内发挥作用的道德理据是不一致的，或者会损害这种理据。我们允许甚至要求公务员使用强制力来达成对法律的遵循，但他们不可以使用行贿的手段来达成同样的目标。不偏不倚地使用强制力是自由行为的条件，因而与国家的道德目标一致；公务员行贿则损害了合作的法治条件，而国家的存在是要使后者成为可能。

从对强制的公民联盟的论证中可得出的观点远不止以上所述，但就理解义务性目的的运作而言，有两点最有用：一点是道德上必要的目的所代表的价值进入关于手段的推理的方式，另一点是公共目的这一观念。

第一点要利用关于目的与手段的基本事实。我们的行动是指向目的的，并采取相应的手段；我们的推理则是从目的到手段。如果我们由以推理的目的是被欲求的事态，那么该推理就会是人们所熟知的工具性的。对于这种推理的进一步审查往往是横向的（lateral），是人们对正在或将要追求的其他目的所要付出的成本。对于纯粹工具性推理的道德审查纯然（simpliciter）是关于手段的：如果人们对目的的认知只不过是知道它是被欲求的，我们就应该问：能否允许它以这种方式产生？义务性目的对于下行的推理至少在两个方面会产生额外的影响。首先，义务性目的或这种目的的事例具有道德的内容，因而在这种目的的支持下行动时，我们就应该把我们要做之事设想为对于该目的既是道德地充足的也是因果地充足的。我们不能这样行动：为了"帮助需要帮助者"这一目的而采取拆东墙补西墙式（impoverishing Peter to aid Paul）的手段⑥。同

---

⑥　假定这种使人贫困的做法不是采取不可允许的行动方式，那么这就不仅能够是而且能够被论证是某种可能的自然法的变体。

样，如果某种养生之道在采取使自己更专注于细节的道德规划的同时，让人在这方面表现出近乎强迫症的举止，那么它虽然在一定意义上是有效的，但会损害"增强洞察力和判断力"这一目的的价值。一般地说，义务性目的的道德内容所产生的效果会限制这类本来可允许的工具性手段，要求这些手段应该（且应该被看作）与该目的所代表的价值一致。

然而，有时候义务性目的对道德推理的影响有可能拓宽手段的范围，从而容许甚或指导我们做些我们原本不能做的事情。我们如果遵循强制的公民联盟所带来的教益，那就不会把道德目的看成这样的：它拥有某种私人目的所没有的权重，其价值只是要重于反对可疑行为的任何考虑。这些行为也不会以单单（spare）工具性的方式被证成。情况毋宁是：必要的道德目的之价值会支持对某种如下类型行为的推理：它们仅仅是偶然地外在地符合被禁止的行为。在强制的公民联盟情形中，某些行为看上去像是强力的粗暴实施，原来却是所有人都被合理地要求去意愿的。它是强制，但并非不当的强制。

这种道德比值（valence）的变化是随着目的细节的变化而来的，这也可见于更寻常的例子。比较如下两种情形：一种是你的孩子即将在你的泳池中被淹死，而只有不经请示就使用你的救生圈，我才能救他；另一种是我的孩子即将在我的泳池中被淹死，从而我必须拿走你的救生圈。假定在这两种情形中我都有可证成的理由使用并非为我所有之物。但这两个行为并非同类。在第一种情形中，我会说我的行为是为了你，是把你的所有物用作你的能动性的延伸，由此我取走你的所有物，可以通过你有义务去意愿之事来证成。在第二种情形中，存在着伤害、合情理地施加负担、归还救生圈并道歉的时机这三者之间的权衡，其中任何一项在第一种情形中都是没有意义的。由于用你的所有物去救你的孩子而道歉——这样的说法怎么讲得通呢？

我并不坚持要用这种方式来描述上述情形，它只是思考这些情 *105* 形的一种可能方式；并且它是一种自然而然的方式，只要我们承认如下观念，即在出于道德上要求的目的来进行从目的到手段的推理时所发生之事不只是因果地相符。我们不是在问"对于我的目的，我可以采取这种手段吗"，而是要问"这种目的-手段组合是否满足对于意愿的充分道德条件"。根据我们此前（第四部分）的讨论，它是关于动机的例子，反映于某个目的之中，并影响着行为的（道德）个性（identity）。

得自政治联盟论证的第二点教益与它作为一种公共目的相关：有些必要之事是我们每一个人都应该做的，乃至如果不是他人也持有该目的且为此而行动，那么无人能够实现该目的。义务性目的也是公共目的，尽管不是出于同样的理由。它们是实践理性的目的，因而是我们每一个人都有义务采用的。但"对这些目的的持有在我们的义务范围内"这一事实，并不会使这些目的所要求之事在某种超出定位的（locating）意义上成为我的规划⑥。在理性的要求下，我们所有人都承认并采用"帮助他人或促进其合理的福祉"的义

---

⑥ 这个要点是托马斯·内格尔在《利他主义的可能性》（*The Possibility of Altruism*）中给出的，约翰·罗尔斯用之于对康德的解读。

务性目的。此时此地必须提供帮助的那个人是我，这只有间接的道德意义。我所回应的是一种（我们会称之为）非个人的理由，该理由的根据在于我所正确地认作的非选项（non-optional）目的（相比之下，只要是私人目的，"它们是我的目的"就不仅仅是一个定位的问题：它们属于我）。因此，其中有意义之处在于，像强制的公民联盟情形一样，义务性目的给我们提供共同的规划；但与强制的公民联盟不同的是，我们能够且实际上必须准备对该规划各负其责⑥。就某一目的是公共目的而言，它不必同时是合作性的目的。

八

上一部分论述了义务性目的的若干特征，即它们对手段的道德内容的影响、对选择范围的拓宽，以及公共目的这一观念；借助梳理出的这些特征，我们就应该有能力在对一类情形的处理问题上取得一些进展：这是一类人们认为康德处理得相当糟糕的情形，其中道德要求我们做出的行为，似乎无须考虑那些我们有压倒性理由去避免或防止的后果。我会聚焦于"门前的谋杀者"（murderer at the door）这一场景，这么做的主要原因在于其不幸的名声，而且因为对于"讲真话对康德以慎思为中心的伦理学（deliberation-centered ethics）为何如此重要"这一问题，我们可以通过探究该场景而获

106

---

⑥　即便在我们协同行动比如通过慈善组织来行动时，要满足的也是我们的个人义务，尽管通过共同努力会更有效。

得某种洞见㉔。

让我们按照寻常的方式设定场景。你要面对这样一名谋杀者，他意图杀死你的朋友，问你他在哪里；你认为，你应该撒谎以防止谋杀者得逞。你的谎言自然会被视为某种手段，以误导谋杀者从而救朋友一命。康德的反对意见理当如下：你撒谎的用意是要提供好处（或避免伤害），这一点并不会改变撒谎这种做法的不当性。这一原理尽管抽象地说（in the abstract）似乎足够正确，但其在上述情形中的应用几乎给每个人都留下了荒谬的印象：如果在此撒谎竟然是不当的，那么其为不当在程度上肯定低于其所阻止的不当。康德似乎不能接受这一点，因为对于通过撒谎来促进某人的目的，他是极为贬低的。但我们并不确定的是，在此情形下撒谎究竟是否不当。

如果直接从挽救生命这一目的甚或义务来论证，我们将无法应对这个问题。一般地说，挽救生命并非道德上压倒性的目标（我们不能为了挽救生命而伤害或折磨他人）；问题在于，它是否总是一个压倒性的目标。在缺乏对权衡不当的固定运算时，从阻止不当做法或不当伤害来论证是无济于事的。实际上，除非我们接受康德关于撒谎之道德意义的观点，否则这个问题甚至连被恰当地提出都做不到。最佳入手处由此就在于对因某人自身目的之故而撒谎的具体

㉔ 我们总体上误读了康德的"所谓的撒谎权利"（Supposed Right to Lie）——对于这一观点，阿伦·伍德给出了不错的理由（Allen Wood. Kantian Ethics. Cambridge University Press, 2008：ch. 14）。在此，我会从旧有的假设入手，尽管我的结论更契合伍德的观念，且实际上也更契合康德讨论撒谎的其他部分。需要指出的是，康德并不认为撒谎始终是不当的。

107 反驳。随后我们会考虑，撒谎（和讲真话）是否且如何可能受到义务性目的的影响，也就是说，讨论中的这类目的是否以及如何对"可以做什么"产生道德影响。我们要遵循的路线将带领我们途经我们不那么熟悉的关于言说和推理的领域、目的的规范含义，以及防止不当做法之不同方式的道德意义。

那么，康德为什么会对讲真话予以如此强烈的关注？我们要从如下事实着手，即正常的交谈带有某种真话预设（truth presumption）：如果缺乏"不给予相信"的适当理由，我们就有依据把言说的内容作为真的（或者言说者认为其为真）来接受；且在一定的限度内，"我们依赖于该预设"这一做法是适当的。无论真话预设源自何处——是来自理性、断言的逻辑或语法还是来自信任的条件——它显然都在两种义务性目的的外延之中。在康德看来，正确的推理一般说来终究要依赖于我们能够一起做推理，因而"我们应关照自己和他人之中的理性能动性条件"这一义务性目的的要求就使真话预设成为对公共目的的一种核心关切（central concern）。依据上述说法，我们应该认为，工具性的谎言之不当来自对"日常言说可信"这一暗示的欺骗性利用，而对这一点的信赖被用来使受骗者的推理符合某一并非受骗者本人（或者更确切地说并非以正确的方式属于其本人）的目标。

如果真话预设对于理性行为者的正常作为（well-functioning）至关重要，忽视（by-passing）它（即便由于善目的）就似乎包含着对人们作为理性行为者这一地位的某种侮辱——这是为道德所禁止的。这表明，对于由谋杀者造成的被迫言说情形，其自然而然的那个提问就是，它是否在一定意义上使这个预设失效。对于"谋杀者无权了解真相"这一主张，康德做出了某种辩者式的反驳；但不清楚的是，他是否不得不拒绝如下观点：在某些言说条件下可以取消真话预设。

但毕竟还有种种这样的场合，其中我们会表示，我们的假话不应被当作谎言，比如吹牛、开玩笑、游戏中虚张声势、写科幻小说、进行政治讽刺，如此等等。社会习俗为善意的谎言和机智的疏忽留有一席之地。在企图谋杀者情形中我们可以争辩说，言说是被迫的或者会助长不当的举动，因而行为的背景显示真话预设被悬置了[65]。然而，不同于开玩笑和吹牛——其中我们知道其用意不在于言说为真（或者真相并非其要旨）——也不同于所有人或大多数人都熟悉的机智的习俗，上述情形中的一方亦即侵犯者在其推理中依赖如下事实，即真话预设发挥着寻常的效力。

在通常情况下，无论我们是否喜欢某人的行动方式，无论它支持还是反对我们的利益，自主性都要求尊重人的能动性，尊重其在行为推理中的表达。我们不可以通过引入错误的信念、令人误解的真相，甚至也不可以通过制造让人无法思考的噪声，由此为了我们自己的目的破坏他人的推理。出于尊重，我们可能决定不纠正谬误，或者我们的干涉仅限于提建议。有时这是因为我们不确定行为者的意图是什么；但通常情况是，我们即便可以确定其意图，也要接受每一个人都有权把人生诸要素按照自己的方式组合在一起。尽

---

[65] 康德说，我们不能把正当行为的有害后果归咎于行为者。在某个正当行为助长不当的做法时，这种情况会发生变化吗？

管一个人可能比另一人（总体上或在某一情形中）懂得更多或有更有利的条件来深思熟虑，但在道德推理中无人具有通往正确无误（correctness）的特权（一般地说，道德错误并非由技巧或认知状况方面的差异而导致的结果）。在此意义上，我们所具有的作为推理者的地位是同等的。

从另一角度来看，并非所有推理过程都有必要予以尊重。侵犯者的推理不仅是错误的，而且以如下要求而告终：我们的言说要违背诚实这一核心价值，并且背叛"恰当地进行推理"这一公共目的。正常的言说条件部分地在于，我们要使用彼此的真话以服务于自己的目标，而无论言说者是否知道我们目标的内容或者是否同意该目标。然而，侵犯者在此索求我们的言说，其意旨在于动用武力。他会记下我们之所言，以服务于反道德的目标；对于该目标来说，不存在任何健全而慎思的路线。由于上述原因，其要求就取消了真话预设，或者没有利用真话预设的权利。但是，我们从讲真话的要求中解脱，并不至于把我们带到撒谎的境地。正是因为除了对真话预设的背叛之外，侵犯者错误推理的目标如果不受阻碍就会对他人有害，我们才有理由不让这种情况顺其自然地发生。正因为如此，自卫的撒谎才成为一种现实的选择。

请注意，如果其结果是我们可以撒谎以抵制对我们言说的征用，那么我们斡旋的首要目标就不是保护受害者，而是类似于防卫共享的道德空间，以应对侵犯者对公共目的的背叛。考虑一下这样的情形：其中我们被迫的言说会助长某种错误的推理，但由于侥幸，这种推理产生了有利的结果。对此，我们会有同样的行为根据来反对被迫的言说，但具有好理由让这种结果有利的情形顺其自然地发生。

当然，这名侵犯者尽管行为不当，却是不折不扣的理性行为者，因而他仍在道德领域内。如果在我们门口他的心脏病发作，那么我们无论究竟有何种义务，都有义务叫救护车（并且对于他可获得的帮助，我们要对他讲真话）。我们也不会为了服务于道德防卫（policing）而为所欲为；防卫手段也要经受与防卫所针对的行为一样的禁令。正因为如此，要紧的是"自卫的假话不应类同于利他的谎言"，后者是为了救朋友的命这一善目的而试图改变侵犯者的行为方向（其途径是把真话预设用作手段来控制他的推理和行为）⑥⑥。但如果侵犯者自己的推理改变了言说的情境从而取消了真话预设，我们所处的环境就不是不当撒谎的寻常环境。就他通过推理而达成其暴力的目标而言，我们的假话会起到阻碍作用，但不必针对对其意愿的控制，因而并没有犯下通常撒谎所犯的错误。它是谎言，但或许不是不当的谎言。

尽管正是侵犯者所造成的被迫言说情形才显示出预设的变化，但我们如果在不给受害者增加危险的前提下不撒谎就可以处理好，那么就应该如此⑥⑦。如果可能，保持沉默或不泄露信息的言辞 *110*

---

⑥⑥　正是对于那名侵犯者的推理过程具有权威这一假设，才使利他的撒谎者要为新出现的任何风险担负部分的责任。

⑥⑦　这里我受益于科林·奥尼尔富有洞见的研究，该研究是关于如下两者之间的道德差异的：直接的谎言（the lie direct）与在误导性言辞的其他形式中被迫的（constrained）误导（Collin O'Neil. The Ethics of Communication. UCLA Ph. D. Dissertation，2007）。

就是有意义的。像这样常常受讥讽的决疑术（casuistical maneuver）表现出对真话预设的尊重，并且具有额外的道德益处：将负担转移给那个要为道德妥协的（morally compromised）情况负责的听众。尽管如此，但由于行为的情境并不是对讲真话有高要求的（truth-demanding），且实践的紧急情况可能几乎没有使用道德技巧的余地，那么直截了当的撒谎也可能没有过错。从公共目的来推理，它与其说是背叛，不如说是尊重康德所谓“陈述中最正当的条件”(68)。

我们由此接近如下结论：经过适当构想的假话可以为道德所允许，甚至也许为道德所要求。它在道德上相当于其他种类的阻止，即阻止不当行为中坏推理的完成。回到强制的公民联盟的例子，我们可以用之类比国家的治安行为，后者的证成是它们“会阻止对自由的妨害”。

然而，“强制的公民联盟论证中的必要目的”与“公共目的的地位从而我们具有资格地位把作恶者（malfeasor）当作公共目的的行为者来处理”，这两者之间存在明显的不相似之处。在公民联盟的论证中，行为者必然意愿的某事物（所有权）是以公民联盟作为必要（从而是全方位的）条件的。但这里是什么算作这样的在先意愿？虽然真话预设属于这两种义务性目的（无论对于我们自己的还是他人的合理福祉，我们都不能无视正确推理的条件），但作为目

(68) “所谓的撒谎权利”，8：429. 对于康德的主张即我们不可以用某种偶然的（contingent）目标做借口而放弃言论的真实性，这是我尽最大可能贴近其原意的理解。我认为它确实相当贴近。

的，义务性目的仅当得到行为者的采用才成为她的目的。真话预设对于交谈从而一般意义上的（人类）理性意愿来说是必要的。但它并非言说本身的必要条件，从而并非为所有人所必然意愿。我认为应该这么说：既然我们每一个人都有充分且必要的理由采用义务性目的（某个目的之所以成为义务的，一部分原因即在于此），我们就有权这样看待每个人从而包括那个作恶者，仿佛他具有这样的目的：我们要把该目的归因（impute）于他⑥⑨。

目的具有三种显著的规范作用。第一，作为我们的意旨，目的突显行为的目标，它们是我们慎思的入手处。行为者除非采用某一目的，否则就无法进行从该目的到行为的推理。第二，目的代表着行为的标准或调控（regulative）规则：理性本身给出某个调控目的，并施加关于一致性、次序和证成的规范。第三，目的显示行为者能够提供的各类理由，这些理由会塑造可接受的相互作用。通常情况下，在某人对某个目的说"不"时，他具有保证"我们尊重其决定"的理由。但是，一个拒绝采用助人目的的人并不会因此而免于道德指责。而门前的谋杀者没有理由拒绝那个应该引起我们关心的公共目的。在对公共目的进行归因时，我们要让上述第二点和第三点的规范要素参与进来，并使用这些要素来保证，我们是在以仿佛第一点亦为真的方式行动。

111

---

⑥⑨　在康德的《道德形而上学》（6：227-228）中，归因的学说（doctrine of imputation）是关于行为及其后果的，而不是关于目的的。我之所以拓展这个术语的用法，是因为我想要借助目的归因（imputing ends）的观念来论证，某些特定的道德条件可以解释"某标准适用于某意愿"这一说法何时是正确的。使源自义务性目的的其他内容归因是可能的，但在此与对自卫谎言的证成是不相关的。

进行目的归因不是要做多么奇怪的事情。我看见你的住宅前有水流喷出，于是走进你的房子，关掉主阀以免水流泛滥，尽管我其实并不知道你是否在意对房子的保护（可能是你亲自放水以便获得保险金，或者让你的房子变成演出的一幕）。我之所以这么做，是因为我会合情理地假定，你的确具有那种在如此情境中人们通常会有的目的。我认为自己的行为是为了你的利益，是要完成你如果在场就会为了你的目的而做出的行为推理。我和你如果存在分歧（gap），那么也是认识上的分歧。但在先前的情形中，我使用你的所有物去救你的孩子，以免他在你的泳池中淹死；此时虽然我仍然不知道你想要或意图什么，但我对你的目的所做的假定不是要沟通我们在认识上的分歧；这里不存在分歧。我假定你持有该目的，这不仅是合情理的，而且该目的是你（道德上）必须持有的。我们
112 有权将该目的归因于你。如果在关水阀时我误解了你的艺术追求，我就应该道歉。这是一个合情理的错误。或许你本应提醒我你在做某件不同寻常之事(70)。在濒临淹死的情形中不可能存在这样的错误（或提醒）：你想要从你孩子的意外死亡中获得保险金，并不会引入任何“我在行动时需要予以克服”的理由。

我们有时把目的归因作为理解某人实践推理的一种方式（作为对影响或形成其推理的最佳论说）。我们还把隐藏的动机和不被认可的抱负进行归因；我们还把不是完全出自行为者，而是属于情境或某一占主导的意识形态（在某些情形中，我们把讲无趣的笑话归

(70) 我们越是把道德或道德的诸部分视为公共规划，就越有责任标示出特殊的情境。相比之下，骗取保险金不是有必要予以尊重的目的。

因于感觉迟钝)(71) 的意义归因于这个人的言说。我们要求各行各业的人们达标，批评其失职而不考虑他们的意志承诺；也就是说，给定某一角色，我们就可以进行目的归因。被归因的目的是对如下情形的一种解释方式：是什么让我们有权要求银行家讲诚信，或给我们照 X 光的医师要表现出合情理的关怀——无论其实际意愿如何，在其诚信或关怀缺失之时，我们投诉这个人就都是正当的(72)。这并非说，被归因的目的完全等同于真实的目的。如果某个目的仅仅是被归因的，行为者就可能失败或推理不好；但是，除非它确实是他的目的，否则他就不可能推理得好。

因此，我认为，我们可以把该公共目的恰当地归因于谋杀者。在此情形中或一般地说，他毫无废除该归因的理由；他具有采用该目的的充分理由，而没有不采用的适当理由。因此，在以仿佛他享有该目的的方式来对待他时，我们并没有对他作为推理者表现出任何不尊重。

那么关于义务性目的，我还有一种情况没有讨论，这种情况就 113
是该目的所产生的义务是不完全的。尽管指导我们关心他人的（合理）福祉这一义务性目的蕴含着，原则上说任何人的福祉都不是我们可以漠不关心的问题；但由于这种义务是不完全的，我们每个人

(71) 对于失职的判断通常涉及归因，但被归因的是对于道德上相关的、指导行为的事实的知识；其目的则不在讨论之列。

(72) 尽管行为者可能不支持该行为标准，但我们仍可以说，在被归因的意义上它属于该行为者，并且其行为推理如果与被归因的目的所导出的内容不一致，那么就要遭到谴责。至于仅仅是被归因的目的，行为者可能失败或推理不好；但除非它是她的目的，否则她就不可能恰当地推理。

为此目的的行动就会采取不同的方式，且有场合之分。不完全的义务引入了某种劳动分工——在服务于该目的时我们每一个人都扮演某一角色，该角色是由我们所在的区域、我们的关系、我们的资源来安排的(73)。情况由此可能看上去是这样的：对于为了公共目的之故我们每一个人应该怎么做，事先我们几乎无话可说，并且这就暗示被归因的目的是闲置的（idle）——对于只是被归因的行为者来说，它绝无可能成为（甚至是反事实的）行为推理的根据。实际上，甚至连以此名义来提高批评的声音，可能看上去都难以做到。

但公共目的并非闲置的。我们以上所持有的、使该目的从根本上归因的根据，足以支持交流中保持信息真实性的一般义务，即一般地作为人类合理福祉的条件的通常真话预设。（也就是说，我们可能具有的、撒谎的任何合理理由，都不会存在于真话预设的条件所适用的场合。）正因为如此，谋利的谎言无论是否造成伤害都是不当的：它误用了该预设，以作为支配他人的权力的一种私人来源。在眼前的情形中，这种误用发生于某种被迫言说的处境的形成中，此时言说者的任何回答都不可能与道德目的一致。因此，公共目的的标准是适用的。作为公共目的的主体，我们因此之故有权干涉，我们所定向的欺骗就是对其权威的重申。

对于得到证成的谎言要实现的目的，以上给我们提供了一个颇具特色的论说。作恶者的行动受到阻止，是为了避免违反某个被归

(73) 这样一来，义务性目的就塑造了我们人生的方方面面，但并非把所有的人生塑造为同一种形态。

因之目的的条件；这不是他持有的目的，而是这样的一个目的：我们有权把该目的用作判断其推理的标准。更具体地说，这种干涉针对的是不适当的推理之链，该推理之链对于共享的言说条件提出了非法的要求，这种要求无论从事实这一方的视角还是从被归因这一方的视角看都是非法的。该谎言*并不强迫这个犯错的推理者变得与适当的推理保持一致（他还是必须为此做正确的推理）；也不能使他依据其未予以采用的被归因的义务性目的来行动。这一谎言旨在制造某个障碍，破坏其推理的顺利完成。无论对这个推理还是对这个推理者，这个障碍都没有表现出不尊重，因为作恶者根本没有"会做可以受到尊重的事情"的理由。如果他在滑冰时会造成伤人伤己的危险，我就可以不失尊重地阻止他继续滑行。在上述情形中，我们会阻止一个跨越"真话受保护的边界"的企图。

114

　　显然，这是一个有局限的（narrow）结果。它并不表明我们可以撒谎来防止伤害，也不表明讲真话的原则存在某种由于保护生命之故而产生的例外。它不会证成，某个反对撒谎的规则存在例外。我们得到的教益是，某个通常要求讲真话〔使之成为我们的默认设定（default position）〕的目的或价值在此情形中没有这样要求；该情形的事实前提包含对真话预设的误用，由此改变了审议的结果。义务性目的的价值内容沿着推理之链发挥作用，乃至允许或要求抵制对言说的真实性条件的误用。它由此告诉我们应该如何理解从而证成这种谎言。

---

　　* 按原文当译为"假话"（false speech），为了与本段开头的说法相应以便于理解，这里仍译为"谎言"。

如果没有被迫言说的特征，对于干涉的推理就必然有所不同。假定某人没有被迫发言，那么他可能出于把谋杀者支走的目的而自告奋勇地撒谎吗？在这样的情形中，他是把真话预设用作对他人行使权力的手段，因而答案是否定的〔从而可以主张，某人一旦用谎言来策划某事，就要为该谎言导致的坏结果承担某种责任。在被迫言说情形中没有发生推卸责任（shift）的情况〕。利他的谎言在道德上无异于涉及监禁、约束和伤害他人身体的利他行动。义务性目的的任何内容都绝不会产生对于"对他人行使侵害的权力"的许可。相比之下，就向谋杀者做出的被证成的谎言来说，该行为者是如其始终应该做的那样作为公共目的的主体来行动的，其所要达成的谎言是对公共目的之权威的重申。

从义务性目的来推理，我们可能有道德理由使某人的慎思从而
115 行为变得更困难。我们告诉他，他的行为将修复我们的友谊，以期望这一事实不仅作为抑制因素（disincentive）而且作为重新思考的理由来影响他的慎思。我们可以使信息不确定，以期望必需的等待会为思维更清晰的慎思创造机会。我们闪烁其词，其目的在于使事情悬而未决并规避危险；作为私人行为者（private agent）＊，我们无权控制他人并筹划其未来。

但假定上述一切都是错的。要阻止谋杀者，我们必须使之失去

　　＊　本文中的 private agent 译为"私人行为者"。其要有二：一是就范围来讲，它是指私人生活中的行为，而与公共生活中的行为有别。二是就行为分析来看，它是指出于私人的目的，与之相应的道德概念是"善"与"恶"；公共行为则是指出于公共的目的，与之相应的道德概念是"正当"与"不当"。或许更清晰的译法是"代表私人的行为者"，但为简洁起见采取文中的译法。

行为能力、予之以限制或伤害。尽管在此无法论证，但我要做出如下说明。如果国家行为者比如警察可以采取武力干涉，那么我们也可以。但我们不是作为追求善目的的私人行为者，而是（在公共权力不可利用时）作为公共权力的替代者，并且是为了公共目的（为了维持公共秩序，我们会采取行动而使侵犯者失去行为能力）。其范例是对公民的逮捕，其中使用了武力，但这并非不道德的手段。使用武力的私人行为者之所以行事不当，是因为从其善目的的道德内容到对武力的使用之间没有有效的路线；然而，公共行为在为国家服务时有其允许使用武力的根据。公共行为与私人行为尽管从外部看是同样的，但具有不同的道德内容。"武力的私人使用不可能不被允许，因为任何人都不可能持有适当的理由去阻止干涉"这样的答复（rejoinder）把其他公共理由（例如检察官的裁决）错误地当作道德的证成。但这些都是难题，当别处再论。

作此长篇决疑之论，其意在于阐明，当我们在行为推理之链的起始处具有义务性目的之时可能发生什么：尽管有些手段在我们原本看来是被排除的，但更大量的手段是道德上可允许的；并且在不向道德工具论让步的情况下后果也被揭示为有关系的。我们只有对这一决疑做出更充分的阐述才会知道，经由义务性目的的路线是否提供了足够的东西去容纳那些康德理论似乎忽视的道德直觉。但作为促进对康德伦理学做出统一的（非混合的）诠释规划之资源，甚至这一论说片段也是足够丰富的。

我怎么不是康德主义者?

T. M. 斯坎伦 (T. M. Scanlon)[74]

《论重要之事》始于一种有力的辩护，辩护的是认知主义的（cognitivist）和基于价值的理由论说；它归结为一个惊人的主张：康德主义、后果主义和契约论之间是趋同的。帕菲特的这部著作内容丰富、发人深省，本文的评论将集中关注该著作上述两部分之间的关系。

对于帕菲特的结论来说，关于理由的问题是根本的，因为讨论中的趋同理论都在描述，就人们有理由想要什么或能够合理地做什么而言的正当与不当的特性。帕菲特在考量的三

（页边）116

[74] 帕菲特对这些议题多有讨论，并为本文的一个较早版本做出了有益的评论。对此我表示感谢。

种理论是：

> 康德式契约论公式：每个人都应当遵循这样的原则，其被普遍接受是每个人都能够合理地意愿的。
>
> 斯坎伦的公式：某一行动是不当的，如果它为某一无人能够合情理地拒绝的原则所不容。
>
> 康德式规则后果主义：每个人都应当遵循最优原则，因为它们是每个人都能够合理地意愿其为普遍法则的仅有原则。

帕菲特承认，他称作"康德式"的两种理论有别于康德本人的说法。但他认为，这对他在做的工作绝不构成反驳。他写道："我们在问的是，康德的公式能否有助于我们确定哪些行动是不当的，能否有助于解释这些行动为什么是不当的。我们如果能以会改善这些公式的方式修正它们，那就是在发展某种康德式的道德理论"（298）。

我同意，发展一种与康德理论在某些方面相似而在另一些方面又相异的道德理论，这可能是一个有价值的规划。但我认为，就帕菲特设计的理论与康德本人观点相异的方面而言，其中有一个方面值得注意：帕菲特的结论看上去令人惊讶的程度，在一定程度上取决于他在探讨的理论与康德的理论有多么接近。更重要的是，对于该理论与康德理论一个相异方面的审查会揭示某些难题，这些难题是帕菲特和我支持的那种理由论说进而基于该论说的道德理论所要面临的。

我不拟致力于对康德文本的详解，而是建立在几个宽泛主张的

117

基础上来讨论这些议题；这些主张是关于康德之理性和道德性的观点，我希望也是相对说来没有异议的。为简明起见，我将集中于康德的普遍法则公式，以及康德在《奠基》中对该公式的讨论。完整的讨论需要考量绝对命令的其他公式以及康德在其他著作中的论述。但对于我想要做出的大体上的比较要点来说，这么做就够了。

我先要考察康德是在何种意义上认为绝对命令对我们具有权威。他在《奠基》第三部分说的是，在决定要做什么时，我们只要把自己看作根本上是在行动，就必须把绝对命令看作我们的实践推理在最高层次的原则。如果认为任何其他原则对于我们来说都是根本性的，我们就不可能把自己看作是在行动，而是仅仅看作是作用于我们的因素的奴隶。这个主张转而依赖于康德在《奠基》第二部分的论证，即只可能存在一个绝对命令（也就是说，除了它已提供的原则，其他任何原则都只有诉诸爱好才能影响行为者）。因此，在康德看来，只有把绝对命令当作实践推理的根本原则，人们才能认为，是自己在决定做什么，而不是仅仅为其爱好所决定。

现在从绝对命令的权威转向其内容，普遍法则公式的表述是，人们应该仅按照能够意愿其为普遍法则的准则来行动。我认为，对于康德所谓"某一准则成为一个普遍法则"的含义，最佳诠释是每个人都认为按照该准则行动是可允许的，并且他们在有此意向时依之行动。在确定该公式要求的内容时，关键问题如下：（1）在康德看来，何者会阻碍某一准则恰好成为这种意义上的普遍法则；以及（2）何者会造成如下情况：某一准则不能被意愿为这样的法则⑦。

康德的观念似乎在于：如果在"人们的态度属于某一普遍法则所描述的那种类型"的情况下，某一准则所描述的行为方案是不融贯的（incoherent），那么该准则在他所想的意义上"不可能成为普遍法则"。他要诉诸的"相互矛盾"（contradiction）因而就发生于如下两者之间，即对"该准则所描述的行为方案"的预设，以及如果该准则是普遍法则就会存在的条件。对此最讲得通的例子是康德的许假诺情形：如果每个人都认为已许下的诺言对于其未来行为不构成约束，这样的许诺就不会成为获取其所欲之钱财的有效途径。帕菲特认为，"相互矛盾"和"不可能成为普遍法则"的表述不是表达这种观点的最佳方式；这一看法可能是正确的。但我认为康德的想法是相当清楚的。

对于"某某被合理地意愿为普遍法则"这一观念，帕菲特的理解不同于我所诠释的康德观念。帕菲特在诠释其所讨论的各种公式时询问的是，某一行为或原则是不是某人能够合理地意愿的；他把这个问题理解为关于这个人持有的诸理由及其相对强度的问题。按照他的观点，一个人如果持有充分的理由去做某事，那就能合理地意愿这么做；一个人如果不意愿某事的理由强于意愿此事的理由，   *119*

---

⑦　帕菲特在第 40 节与第 41 节分别讨论了这些问题。对于这些康德式观念，我的诠释与他的略有不同。对于"按照不能合理地意愿其为普遍法则的准则来行动是不当的"这一主张，我刚才描述的含义类似于帕菲特所称的自然法则公式，差别仅在于我代之以"他们在能够如此时依之行动"与"他们在有此意向时依之行动"的表述。关于这一主张，我的版本有别于帕菲特所称的道德信念公式，因为我的版本要求人们不仅能够意愿每个人都相信按照讨论中的准则来行动是可允许的，而且能够意愿他们在有此意向时依之行动。

那就不能合理地意愿这么做（285）。康德关于一个人能够意愿什么的观念与此有别。在考虑"某一给定准则能否被合理地意愿为普遍法则"这一问题时，康德似乎完全没有或至少没有在根本的意义上诉诸理由及其相对强度⑦。实际上，在康德关于理性行为和道德性的论说中，理由及其相对强度的观念至多只扮演派生性的角色⑦。

讲到某一准则不可能被意愿成为普遍法则，康德的意思是：对这样一种法则的意愿（亦即意愿如果他/她有依某一准则而行动的意向且相信他人也会这么做，那么每个人都会依此准则而行动），将不相容于把自己看作理性行为者。例如，康德宣称，"发展自己的才能，仅当觉得这么做有乐趣或有吸引力"的准则以及"帮助他人，仅当这恰巧让自己快乐"的准则不可能被意愿成为普遍法则，因为就意愿这些法则而言，人们是在意愿自己以及他人不给予"对于我们的目的追求来说为必要的一般条件之存在"以内在的（intrinsic）权重。然而，要作为理性行为者，就要拥有目的；从而一个人不可能（不理性的情况除外）在拥有目的的同时，却又漠视对于其追求来说为必要的条件。由此康德心目中的"相互矛盾"之根据与（如我此前认为的）绝对命令本身的权威之根据就是一回事，

---

⑦　按照某一准则而行动，就是要出于一定的理由而行动。因此，在问一个人能否意愿人们按照某一准则而行动或被允许如此之时，行为理由的观念出现的根源是，人们正在问的是关于什么。我要说的是，对康德来说，这样的问题不应通过诉诸行为者所持有的理由来回答。

⑦　在《论重要之事》一书手稿的较早版本中，帕菲特表示惊讶的是，康德似乎没有在帕菲特所理解的规范意义上使用理由的观念。我对此的观点是，这种观察在某种意义上是正确的，但没有乍看上去那样令人惊讶。

亦即一个人只要把自己看作理性行为者就必须采取的观点。

关于普遍法则公式的要求是什么，康德的主张由此并非基于个体拥有何种理由或这些理由的相对强度。当康德主张"某一特定的准则不可能是普遍法则（比如许假诺情形）"时，人们能够意愿什么这一问题甚至还没有出现。当他主张"我们不可能意愿某一准则（比如忽视发展自己的才能或他人需要的准则）成为普遍法则"时，他并不是要主张，就意愿其成为普遍法则而言，我们不这么意愿的理由要强于支持这么意愿的理由。康德所说的毋宁是，只要把自己看作理性行为者，我们就不可能把发展自己的才能或他人的需要视为其本身无关紧要的考虑。为康德的论证提供根据的主张是关于理性的，即关于"只要不是不理性的，我们就会秉持的态度"，而不是关于我们持有的理由[73]。与之相应，这些论证的结论也是这样的主张，即只要不是不理性的，我们就必须把这些事情（发展自己的才能和他人的需要）看作在为行为提供理由，而不是关于我们所持理由的实质性主张。

然而我应该指出，尽管我已经诠释康德关于"人们能够意愿什么成为普遍法则"的论证，但对于我们必须把某些特定考虑看作具有多大的力度，其结论只给出了最低度的（minimal）主张。这一

[73] 我对这种区别的进一步讨论，参见 Reasons: A Puzzling Duality? //R. Jay Wallace, Philip Pettit, Samuel Scheffler, Michael Smith//Reason and Value: Themes from the Moral Philosophy of Joseph Raz. New York: Oxford University Press, 2004: 231–246; Structural Irrationality//Geoffrey Brennan, Robert Goodin, Frank Jackson, Michael Smith. Common Minds: Essays in Honor of Philip Pettit. Oxford: Oxford University Press, 2007。

主张只是说，我们不能把诸如发展自己的才能和帮助他人之类的考虑视为（除了它们对我们爱好的诉求之外）无关紧要的。如果这种诠释正确，并且这一最低度结论就是康德的论证所得出的一切，那么给予这些考虑多大的权重就留待每个人自行决定（我的推测是取决于各人的爱好）。但也有可能康德的论证实际上得出了强一些的结论。或许康德可以确立这样的观点，即一个把自己视为理性行为者的人不可能融贯地意愿这样的准则："帮助他人"或"做必要之事以发展自己的才能"的目标一旦与出于便利或舒适的某些考虑相冲突，就不付诸实施。

情况似乎可能是这样的：为了确立上述结论，康德将不得不诉诸关于理由之相对强度的前提。也就是说，不得不依赖如下主张，即可能享有某些形式的、讨论中的便利或舒适，并不是"没有做到以某些方式发展才能或帮助他人"的充分理由。但从如我在诠释的康德式视角来看，这会让情况倒退。有关理由（确切地说，是人们必须把什么看作理由）的主张必须根植于人们关于理性能动性的主张，也就是关于与人们把自己看作理性行为者相一致而能够采取何种态度的主张。证成绝不会从另一个方向进行，即从关于理由的主张得到关于合理性要求什么的主张。

我把这种观点称作关于理由的康德式建构论（constructivism）；在我看来，它是康德式伦理理论的一个根本特征，从而与在某些方面类似康德理论的其他观点区别开来。尤其是如我所言，它使康德的观点与帕菲特在《论重要之事》第三部分讨论的所有道德观点都区别开来。所有这些观点（包括那些被描述为康德式的观

点）都诉诸"一个人能够合理地意愿什么"这一观念，该观念预设
了一种可独立理解的、关于一个人持有的诸理由及其相对强度的概
念（notion）。因此，在某种意义上所有这些观点都不是康德式的：
都没有接受关于理由的康德式建构论。这种歧异会产生面向两个方
向的问题。从消极的方向看（negatively），为什么不接受关于理由
的康德式建构论？从积极的方向看（positively），可以做出哪些论
述，以辩护帕菲特所运用而我本人也赞成的关于理由的替代
观念？

就消极的方面而言，帕菲特对其所谓康德的不可能性公式提出
了反驳；根据该公式，按照终究不能成为普遍法则的准则来行动是
不当的[79]。这些反驳主要采取的论证形式是：康德关于何者不能成
为普遍法则的言论要以某种方式得到诠释，就不可能避免直觉上讲
不通的、关于道德正当与不当的蕴含。我同意帕菲特在此提出的诸
多观点，尽管我会采取稍有不同的说法。

122

"观念中的矛盾"（contradiction in conception）检验[80]具有直觉
上的吸引力，因为它似乎把握了这样的观念，即把自己排除在适用
于其他每个人的道德要求之外是不当的。许多不当的做法的确符合
上述类型：如果为了提供某种重要的公共善（或者防止某种严重的
"公共恶"）而一定需要某些约束，并且人们一般都服从这些约束，
那么在他们服从的情况下把自己排除在这些约束之外而搭便车就是
不当的。但康德的检验并没有以某种可靠的方式探究这一观念。

---

[79]　参见《论重要之事》第一卷第四十章。

[80]　帕菲特把这一检验称作"康德实际版本的不可能性公式"（14，277）。

在康德的检验所把握的行为类别中，行为者的行为方案预先假定：其他人相信每个人都受束缚于这样一些限制，这些限制会排除该行为者打算实施的那种行为。问题在于，由于聚焦于行为者的行为与该行为对他人信念和意图所做出的预先假定这两者之间的关系，这种检验就回避了如下问题，即考虑中的限制是否确实得到证成。（康德检验的一部分吸引力可能就在于此：它似乎无须考虑诸理由的相对强度这一棘手问题，就可以提供可运用的不当性标准。）但证成的问题至关重要。如果其他人认为具有约束力的限制实际上是无根据的（比如说只是一种禁忌），那么违反这种限制就可能并非不当，即便人们行为的顺利实施依赖于其他大多数人认真对待该限制。另外，如果这些限制是必要且得到证成的，那么违反这些限制就是不当的，而无论这一同样行为的顺利实施是否依赖于其他人认为该限制具有约束力并一般会遵从。一切都依赖于讨论中的这种限制的必要性，而不仅仅在于行为的顺利实施是否依赖于这些限制一般会得到遵从。

通常所称的康德的"意愿中的矛盾"（contradiction in the will）＊ 检验，可能需要回答上述的证成问题。这一观点就是说，要确定某一限制是否得到证成，我们就应该提出这样的问题：如果违反该限制适合某个人的目标，那么这个人能否意愿"这种违反一般被认为是可允许的"。如帕菲特所言，这种可证成性标准（criterion

___

＊ 国内通行的译法是"意志中的矛盾"，但文中译法更符合这里乃至本文的语境。这两种译法之间可能存在微妙但并非根本性的区别。或许前一种译法更切合康德本人的意思，而后一种译法更契合当代非形而上学伦理学的取向。

of justifiability）类似于我提议的契约论版本。

康德的标准与我以及帕菲特的标准相异的一个方面似乎在于：就打算实施某一行动的某一行为者而言，康德的标准所聚焦的只是该行为者能否意愿某种允许如此行动的原则，而不关注是否有人能够合情理地拒绝允许如此行动的原则，也不关注是否每个人都能够意愿这样的原则被普遍接受。此处的问题在于，一种关于正当与不当的思考模式如何应该是敏于（be sensitive to）他人利益的。对于这一问题，不同的理论有不同的解决方式。

我认为，按照对康德理解其普遍法则公式的最佳诠释方式，在问行为者能否意愿其准则成为普遍法则之时，我们是在问，他能否意愿人们被普遍地允许按照该准则来行动，这里的普遍性会包括这样一些情境：其中，该行为者居于诸相关位置中的任何一个（any of the positions involved）——例如，既有该行为者需要得到帮助的情境，也有该行为者需要提供帮助的情境。假定上述观念是可理解的，并且如果某人实际上处于某一位置，而该行为者处于其他某一位置也会持有与前者同样的理由，那么这种检验与帕菲特提议的问题"是否每个人都能够意愿这种普遍的允许"，这两者所导出的结果就会是一样的。但尽管如此，我仍然同意帕菲特的观点："处于其他位置的每个人能够意愿什么或能够合情理地拒绝什么"的提问可以避免关于行为者处于不同位置的诸多反事实，从而使情况更清楚，并且让我们清楚地意识到是在与不同的人交往。

我们一旦考虑应如何理解"某人能够合理地意愿什么"这一观念，就可能产生与康德的另一种分歧。人们可能反对康德对该观念的论说，其根据是，该论说关于我们所持理由的蕴含是不充分的或讲不通的。我已提及这种类型的两个反驳。第一个反驳是康德的论说仅得出这样的结论：个人只要不是不理性的，就必须把哪些事情看作理由。但在我看来，确实存在关于我们所持理由的实质性的真主张，这些主张不同于康德得出的这种主张且不能从后者派生出来。第二个反驳是，如果撇开这两种主张之间的区别，那么我认为，理性行为者的观念不足以得出关于"看上去正确无疑的理由"的所有主张。

124

然而，越过这种反驳来说，我们如果打算拒绝康德的论说，那就需要考虑更深层次的问题，即康德对"绝对命令作为我们所持理由的限制性根据"的论证如果的确错了，那么错在哪里。在此我将援引康德的如下主张：把绝对命令作为最高层次的实践推理原则来接受，是人们能够把自己看作是在独立于爱好而行动的唯一途径。我觉得这个主张站不住脚。我不明白的是，行为者在判断哪些考虑构成理由的过程中为什么就不能把自己视为"积极主动的"（active）[31]。

对于理由（或至少是我们把哪些事物看作理由的情况），康德提供的是一种从上至下的观念。在他看来，关于理由的主张根植于理性能动性的要求。我们如果拒绝这种论说，那么替代选择看来就可能是一种"从下至上的"（bottom up）观念——根据这样的观

---

[31] 或许有人提议通过诉诸康德的人性公式亦即如下观念：只要每一个人都必须把自己（以及他人）的理性本质看作自在目的，我们就可以避免这些问题，并且还可以为更广泛的理由组合提供根据。我认为，这一论证思路不会比我概述的那个论证更成功；但它离我在这里的论题太远，故不予以考察。

念，实践推理始于关于特定的诸理由及其相对强度的主张，由此"往上"进行而达至的结论是关于"全盘考虑所有的相关理由，我们最有理由去做或思考什么"。基于欲求的行为理由理论至少看上去属于这种形式。这样的观点认为，如果做 X 会增进某行为者对其所持的某欲求的满足，该行为者就拥有至少某种程度的（pro tan-to）理由去做 X。经过全盘考虑，行为者最有理由做什么，取决于在这些可能相冲突的多种理由之间做出的权衡。

在《论重要之事》第三章和第四章，帕菲特考虑并拒绝了基于欲求的理论。他说，为我们提供行为理由的不是欲求，而是各种关于某些特定目标的事实，以及使这些目标变得相关地好的或值得实现的行为事实。理由是由对诸如"做 X 会伤害或挽救某人"之类事实的考虑来提供的。这在我看来是正确的。但我们如果仅聚焦于这些考虑，视之为最终的理由提供者（reason-providers）而予以逐一考量，那就可能使从下至上的观点看上去不可行。或许可以问，我们确实想要提出这样的主张吗：上述考虑再加上其物理的与心理的属性，能够产生"提供某一特定强度的理由"这一额外的规范属性，并且实践推理的基础在于探测出这些规范属性。用这种方式来论说的确显得古怪。但我认为，这种古怪性源自如下事实：这种处理方式忽视了理由的若干关键特征。

关于这种原子论式的（atomistic）陈述，显得古怪的一点在于，它忽略了理由的关系（relational）特征以及理由对于情境（context）的依赖。某一特定考虑并不提供某一特定种类的理由，这一点无须多言。它在某一情境中为某一行为者提供做出某一行为或采取某种态度的理由。在这样一种更完整的意义上，同一种考虑可能依相关的行为者、情境和态度的不同而提供不同的理由。同样地，某一理由的"强度"，亦即一种考虑可能压倒、削弱其他考虑或是相反，取决于正要做出的决定处于何种情境。

基于欲求的理论具有某种内置的关系结构，这一事实让它获得了某些可行性。欲求是对于某一特定满足的欲求，也是属于特定行为者的欲求、具有特定强度的欲求，由此它依赖于该行为者的处境而为不同的行为提供理由。基于欲求的理论的一个弱点在于，它所提供的关系结构极为有限。就某一欲求只是对于一定结果的、一定强度的欲求而言，它所提供的是会促进该结果的行为理由。但并非所有理由都是按这样的方式由目标来导向的，并且我们所持的理由除了对于行为之外还有对于事情的。对理由的充分论说必需容纳这些事实。

与我此前提到的原子式实在论（atomistic realism）的对照，会显示基于欲求的理论应予以注意的另一特征，即其"从下至上"的特性与其说是真实的，不如说是表面上的。欲求是某一正在欲求的行为者的欲求，它们因此得到其给予理由的力量。在这个方面，基于欲求的理论类似于康德式观点，但它关注的是能动性的另一个方面，并至少如我所陈述的，其得出的结论是关于行为者所持的理由，而不是行为者只要是理性的就必须把哪些东西视为理由。

但即便基于欲求的理论提供的是关于理由来源的从上至下的论说，其关于实践推理过程的论说也仍然是从下至上的：在它看来，实践推理始于我们对于个体诸欲求及其强度的经验。保有这种从下

126

至上特性的关于理由的原子式实在论将享有上述不可行性。我们并不是把考虑作为带有某一强度的理由来逐一地经验。情况毋宁是，认为某一种考虑是比另一种考虑更强的理由，就是就某一特定情境中某一特定类型的决定而言把这种考虑视为更重要的。例如，"做出某个评论会很有趣"这一事实是否算作做出该评论的强理由，这要取决于情境、我的目标和责任是什么，以及我与在场的其他人之间的关系。此外，关于理由及其重要性的判断要经受一致性要求（requirements of consistency）的检验：我如果判断 A 对于某一情境中某一行为而言是比 B 更强的理由，那就必须在其他情境对于其他行为者来说也做出这样的判断，除非我能举出这些情境之间的某种相关区别。

关于一种对于理由的充分论说必须是怎么样的，上述讨论暗示了若干结论：它必须保持这样的观念，即理由问题的产生是对于且关于面对某些决定的行为者。其次*，它必须按照刚才描述的方式而是整体论式的（holistic）：关于特定理由及其相对强度的判断，取决于我们对所持诸理由的全盘观点。这种康德式观点的力量在于它对上述重要观点的认识。但对理由的论说必须是实质性的：它必须纳入关于行为者所持理由的主张，而不仅仅是关于他们必须把哪些事情视为理由。并且，这些主张不能仅仅从行为者的欲求或从他们是理性行为者这个单一的事实派生出来。如果我的这种观点是正确的，那么对理由的充分论说就是某种实质性的整体论（holism）。

现在我转向帕菲特在《论重要之事》第十六章做出的惊人主

127

---

* 原文如此，可能有疏漏。作者这里未指明第一点或"首先"在何处。

张，即契约论与规则后果主义趋同，更确切地说，是他所称的康德式契约论将与规则后果主义保持一致。我希望对其翔实论证的考察有助于揭示：我所提议的那种契约论理论有何独特之处，以及该理论如何区别于规则后果主义，即使这两种理论支持同样的原则。

从帕菲特所称的康德式契约论公式入手：

> 每个人都应当遵循这样的原则，其被普遍接受是每个人都能够合理地意愿的。

如我所言，对于某人能够合理地意愿什么这一问题，帕菲特将之理解为，这个人对其所持理由的全盘权衡会支持什么。在他看来，行为者能够合理地意愿某些原则应被普遍接受，仅当该行为者具有充分的理由意愿如此。因此，如帕菲特所言，对康德式契约论的诠释依赖于关于理由和合理性的主张。仅当存在着某种（可适用于情境的）单一（single）原则，该原则是每个人都具有充分的理由去意愿其被普遍接受的，上述公式才会得出关于我们在给定情形中应当做什么的确定答案。帕菲特把这一点称作唯一性条件（358）。考虑到关于"一个人所持的理由"的某些观点，这个条件就不会被满足，因为不存在每个人都有充分的理由去意愿的原则。合理利己主义或许是如此观点的一例㉝。

对于这个问题，不同的道德理论采取了不同的处理方法。罗尔斯假定，对于他人过得如何，人们并不关心（他们是"相互冷淡的"）；但要求他们在无知之幕背后进行原则选择。我本人的契约论

㉝　如帕菲特所论证的，大卫·高契尔可能就不同意。

版本处理这个问题的方法是：对与原则选择相关的理由以及应如何 *128*
考虑这些理由的方式⊗做出特定的规定。帕菲特所称的康德式契约
论观点没有采取上述两种动议（move）中的任何一种。按照帕菲
特的这种观点，我们在道德上应当做什么，取决于在对情境完全知
情且把每个人实际持有的所有理由都纳入考虑的情况下，每个人都
能够合理地意愿什么。帕菲特认为，唯一性条件会"足够经常
地"（sufficiently often）（358）得到满足，因为人们持有的理由涵盖
不偏不倚的理由，以及个人的和偏向性的理由。

他认为，不偏不倚的理由是这样的理由：我们如果从不偏不倚
的视角去考虑事情，也就是说不考虑自己在情境中所处的位置，那
就会看到自己持有这样的理由。例如，如果我们仅仅是或者设想自
己仅仅是某一事件的外部观察者，我们自己的福祉或与我们有亲密
关系的人的福祉都不受该事件的影响，那么我们会采取这样的视
角。在这些不偏不倚的理由中主要的是关切他人福祉的理由，但不
偏不倚的理由还可能包括关切个人福祉之外的事情的理由。帕菲特
论证说，在从我们自己的个人视角考虑事情时，我们持有同样的不
偏不倚的理由（135）。转换到个人视角所要做的，只是在不偏不倚
的理由之上添加个人的和偏向性的理由⊗。

⊗ 关于把这些理由限定为我所称的"个人的理由"，参见 T. M. Scanlon. What We
Owe to Each Other. Harvard University Press，1998：218-223。

⊗ 这揭示出如下事实："视角"这一观念只是被用作说明的资具，是让我们集中
注意力的方法。不偏不倚的理由并不是指我们从某一特定视角去看而持有的理由。与个
人的理由（关切我们自己）和偏向性的理由（关切与我们有某些特别关系的他人）形成
对照的是，它们是我们独立于与对象的特定关系而持有的理由。在"采取不偏不倚的视
角"时，我们忽略这些关系，从而意识到的仅仅是不依赖于这些关系的理由。

关于某人能够合理地意愿什么的决定，必须把上述所有理由都纳入考虑。在某些情形中，不偏不倚的理由可能占主导：人们不会有充分的理由去做这样的事情，即为了避免擦伤自己的手指而导致多人死亡。在别的情形中相反的结论为真：人们不会有充分的理由牺牲自己的生命，以防止擦伤另一个人的手指（或许我可以说，无论多少人的手指）。但帕菲特认为，在许多情形中这两种理由都不会以这种方式占主导。他写道，在诸如此类的情形中，

> 有两个可能的行动，一个行动使事情按照不偏不倚地更好的方式进行，而另一个使事情对于我们自己或与我们有紧密关系的人来说变得更好，此时我们通常有充分的理由选择其中任何一个行动。（137）

帕菲特认为，唯一性条件会"足够经常地"得到满足，因为存在某些原则是每个人都具有充分的不偏不倚理由去意愿其被普遍接受的，即便他们可能具有个人理由和偏向性理由去选择其他原则也是如此。

帕菲特根据不偏不倚的理由的观念来定义"最好后果"（best outcome）的观念。他写道，我们应该把某一后果称作"最好的"，仅当"从不偏不倚的视角看，这一后果是每个人都会最有理由想要的"（372）。关于哪些后果在其所定义的意义上会是最好的，他讲得并不是很多。尤其是对于"最好（bestness）这一观念在何种程度上是加总的（aggregative）"这个问题，他没有给出明确的回答：如果一种后果包含较大数量的福祉，另一种后果包含较少的福祉总额，那么是否无论福祉在这两种情况下如何分配，前者都优于后

者？例如，在一种情况下产生了较大总量的福祉，如果这一福祉总量的产生是由于少数人付出大量代价而给很多人带来少量收益，那么这种情况是否算作更好？按照帕菲特的处理方式，这将取决于人们是否具有不偏不倚的理由去支持其中一种状态而不是另一种。这就使如下可能性悬而未决：他所定义的"最好后果"这一概念在诸多重要方面是非加总的（non-aggregative）。

通过运用最好后果这一概念，帕菲特把普遍接受版的规则后果主义定义为如下观点：

> 每个人都应当遵循这样的原则，其被普遍接受将使事情进展得最好。

他论证说，这种观点是如下观点的直接结果：

> 康德式契约论公式：每个人都应当遵循这样的原则，其被普遍接受是每个人都能够合理地意愿的。

他对此的论证展开如下[85]：　　　　　　　　　　　　　　*130*

> 康德主义者可以论证说：
>
> （A）每个人都应当遵循这样的原则，其被普遍接受是每个人都能够合理地意愿或选择的。
>
> （B）每个人都能够合理地选择他们有充分的理由去选择的任何东西。
>
> （C）存在某些最优原则，其被普遍接受将使事情进展得

---

[85]　参见《论重要之事》第一卷第378～379页。

最好。

（D）这些是每个人都有最强的不偏不倚理由去选择的原则。

（E）任何人选择这些原则的不偏不倚理由，都不会被与之冲突的任何相关理由决定性地胜过。

因此，

（F）每个人都有充分的理由去选择这些最优原则。

（G）不存在任何其他的、每个人都有充分的理由去选择的、明显地非最优的原则。

因此，

（H）仅有这些最优原则是每个人都有充分的理由去选择的，从而能够合理地选择的。

因此，

这些原则是每个人都应当遵循的。

对于帕菲特关于其康德式契约论与规则后果主义之间关联的结论，我没有异议。这里我想要集中关注的是，关于他的康德式契约论的结构与我的著作中提出的契约论版本这两者不同的那些方面，上述关联会揭示什么。

帕菲特说，根据康德式契约论，为了确定某一行为是否可允许，我们必须做多次思想实验，一人一次，由此评估允许该行为的原则。在每次这样的思想实验中，我们要问其中一个人能否合理地意愿允许如此行为的原则。对这个问题的回答，既要考虑这个人的个人理由和偏向性理由，又要考虑其不偏不倚理由。假定这个人的不偏不倚理由支持对该原则的接受。如果这个人具有不接受该原则的个人理由或偏向性理由，那么我们要问的就是：尽管有这样的理由，这个人是否仍然有充分的理由去选择"每个人都接受这个为其不偏不倚理由所支持的原则"。如我们所见，帕菲特坚持认为，这个人即便有充分的理由去选择为其个人理由和偏向性理由所支持的原则，也可能对上述问题做出肯定的回答。

根据我的契约论版本，对于某一行为是正当还是不当的决定也涉及一系列思想实验。其主要在于就待考察的每个人而言要这样提问：这个人能否合情理地拒绝某个允许正在被讨论的行为的原则⑧？如在先前的情形中假定有个名叫格林的人，由于讨论中的原则要求她承受的负担，她持有拒绝该原则的个人理由。根据我的契约论版本，要确定格林能否合情理地拒绝该原则，对于其他人所持有的想要该原则被接受的理由，我们需要作为反对理由一个个地加以考虑。这就涉及进一步的思想实验系列，以对应于人们可能为讨论中的原则所影响的各个方面。在每一种情形中我们都应该问：即使讨论中处于某一位置的某人持有想要该原则被接受的理由，格林拒绝该原则是否仍然是合情理的。这里我们所考虑的与

132

⑧ 就正确描述应考虑其理由的"个人"而言，帕菲特和我可能持不同的观点。他尽管没有明确说明但确实做出的一些表述仍暗示，他考虑的是实际生活中的这样一些人：他们受到（讨论中的）行为的影响，或接受（讨论中的）原则会给他们带来影响。就我的情况来说，我们所要考虑的并非实际生活中人们的理由，而是某人由于占据着与讨论中的原则相关的特定角色而持有之"通用的"（generic）理由，比如依靠他人保护的那个人，或需要帮助者，或被要求提供帮助者。我对这个问题的讨论，参见 T. M. Scanlon. What We Owe to Each Other. Harvard University Press，1998：202－206。

格林拒绝该原则的个人理由相对立的理由，对应于她如果采取不偏不倚的视角就会持有的理由，但两者仍存在一个明显的区别。在我所提议的契约论形式中，我们应予以考虑的并非格林可能持有的两种理由（譬如个人理由和不偏不倚理由）；而毋宁说是处于两种不同位置的个人会持有的理由：格林的理由以及某个这样的人——他将以某种不同于格林的方式受到该原则的影响——持有的理由。

对于某人可能持有的接受或不拒绝某一原则的理由，上述两种诠释方式的区别可以通过考察帕菲特对一种反驳的处理方式来阐明，这种可能的反驳是针对帕菲特关于由康德式契约论导向规则后果主义的论证。设想在救生艇情形中，某人面临着要在救五个陌生人与救自己的一个孩子之间做出选择。帕菲特认为，在此情形中这个人具有决定性理由去救自己的孩子。最优原则可能看上去是要求这个人救那五个陌生人。若如此，则尽管意愿最优原则被普遍接受受到不偏不倚理由的支持，但人们仍可能有决定性理由拒绝这样的最优原则；这就相反于我在前文引述的那段帕菲特论证中的前提（E）。帕菲特的回应如下：

> 然而，最优原则并不会要求你救那五个陌生人，而不救你的孩子。假设我们所有人都接受且奉行某种这样的原则：它要求我们不优先考虑让自己的孩子免于死亡或小一些的伤害。在这样的世界，事情在某些意义上会进展得更好，因为有更多的孩子得救，更少的孩子受伤害。但这些好效果极为得不偿失：如果我们都持有如此行动所需的动机，情况就会更糟糕。不优

先考虑让自己的孩子免于伤害这一点要为真，我们对自己孩子的爱就必须弱得多。这种爱的减弱不仅其本身不好，而且有许多坏效果。鉴于种种此类事实，最优原则在许多情形中允许并且在许多其他情形中要求我们给予自己孩子的福祉以强优先性。（385）

从后果主义的文献来看，这种论证思路是人们所熟知的[⑧]。它具有鲜明的后果主义特色，因为其所诉诸的是何者为总体上最好的——这种后果是每个人都具有最不偏不倚的理由去选择的。在我的契约论版本中，我提出了类似的观点，但含有一个重要的区别[⑧]。我的论证不是诉诸最好后果这一观念，即"每个人都有不偏不倚的理由去选择什么"，而是基于"每一个人有理由为自己想要什么"。"要求我们总是给予陌生人的需要与朋友和家人的需要以同等权重"的原则是我们每一个人都可以合情理地拒绝的，因为它会使我们具有强理由想要拥有的特殊关系变得不可能。虽然这两种论证导向同样的结论，并且其所赋予规范重要性的人类生活事实是同样的，但它们对于这些事实的思考方式是不同的。

如我以上所述，根据我的契约论版本，为了确定格林拒绝某一原则是否合情理，我们需要做出的考虑所采取的那种理由，是其他人所持有的想要该原则被接受的理由。在帕菲特的康德式契约论

---

⑧ 例见 Peter Railton. Alienation，Consequentialism，and Demands of Morality. Philosophy and Public Affairs，1984（13）：134—171。

⑧ 参见 T. M. Scanlon. What We Owe to Each Other. Harvard University Press，1998：160—161。

中，这些考虑所融入的理由形式是格林所持有的想要该原则被接受的不偏不倚理由。但根据帕菲特的康德式契约论，在这些不偏不倚的理由中，仅有一些可以算作支持格林接受该原则。其中有两点区别尤为重要。其一，如帕菲特所描述的格林的不偏不倚理由，除了与之一致的、其他个人所持有的想要事情进展得更好的理由之外，还可以纳入其如下的不偏不倚理由：她想要较多而不是较少的人受益，或者收益总量尽可能地大。然而，根据我的书中描述的契约论版本，就评估某人拒绝某一原则的合情理性来说，应予以考虑的只是每一个受影响者所持有的想要该原则被接受的理由。加总的考虑并非直接相关的。其二，我的观点排除了非人称的理由，比如那些与自然物或艺术品的价值相关的非个人理由（假定我们不考虑对那些能够体验这些事物的个人所产生的益处）。但帕菲特所描述的不偏不倚的理由可以容纳这种理由。

对于我的书中陈述的观点来说，这两点区别可视为改进；我的这种观点在不少人看来是不可行的，因为它排除了加总论证，也因为它在确定何为正当与不当之时没有给予非人称的价值以权重。这些反驳可以通过如下方式来处理：在确定能否合情理地拒绝某一原则时，把这两种理由纳入考虑㉓。

关于帕菲特的康德式契约论进而我的观点的改进版处理加总问题的方式，有必要在此稍作展开。加总问题的情况如下。在许多情

㉓　帕菲特此前极力主张我应该放弃我对于拒绝理由所做的"个体式限制"，由此做出这种改变（Parfit. Justifiability to Each Person//Philip Stratton-Lake. On What We Owe to Each Other. Oxford：Blackwell，2004：67-68）。

形中，我们应该做什么乃至可允许做什么，似乎依赖于我们可采取的行为过程所影响的人数。在这样的情形中，胜任道德论证的论说似乎应该做出相关的加总考虑；但这么做并不支持讲不通的加总论证，譬如会证成如下情形的论证：杀害或奴役少数人以改善绝大多数人的境遇，其中每一个人的境遇得到的改善极小。

如我所理解的，帕菲特的提议是将此当作在处理这个问题：哪些后果是"最好的"（也就是说，每个人都有不偏不倚的理由来偏好的后果）。因此，他会认为，在我刚刚考察的那种情形中，"通过奴役少量的人以使极大量的人稍微受益这样的方式增加福祉总量"这一事实并不意味着我们具有不偏不倚的理由选择在这种情形中这么做；"最好后果"的观念敏于数量，但并非严格加总的。在此我要搁置如下问题，即对不偏不倚的理由和"最好后果"的这样一种论说如何可能得以阐明。

我一直在讨论的是关于如下问题的不同观点：就确定某一原则是否每个人都能够意愿其被普遍接受或合情理地拒绝而言，我们应该把哪些理由纳入考虑。在确定行为正当与否的思想实验的实施过程中我们应该如何提出问题，对此帕菲特和我的理解方式有差别；现在我转而讨论这种差别的重要性。根据帕菲特的康德式契约论，人们应该问：是否每一个人都能够合理地意愿允许该行为的原则被普遍接受。按照我的观点，人们应该问：每种这样的原则是否某人能够合情理地拒绝的。这两种提问之间的差别如何可能导致关于哪些行为为正当的不同答案呢？

如我们所见，帕菲特承认存在不少这样的情形，即一个人有充分的不偏不倚理由接受某一原则，同时又有充分的自利理由拒绝这么做。看来可能的是：在其中某些情形中，这个人拒绝考虑中的那个原则是合情理的。情况可能是这样的：该原则之被普遍接受，会涉及这个人有充分的理由接受的某种代价（它不会是诸如为防止擦伤其他某个人的手指而牺牲生命之类的情形）。但这种代价同时是个人能够合情理地拒绝付出的。如果存在诸如此类的情况，那么康德式契约论所牵涉的代价就比我的契约论版本更高。

有益的做法是把上述可能的情形分为两类。在第一类情形中，

尽管遵循最优原则牵涉某人付出重大代价，但若不遵循则另一人会遭受更严重的损失。第二类情形则并非如此：最优原则要求某人做出的牺牲，要大于其他任何一人在每个人都遵循某个非最优原则的情况下遭受的损失。

以下是第一类可能情形中的一例。假定

> 情形一：格蕾捐献自己的某个器官用于移植，由此缩短几年寿命。但她这么做能够让怀特（不是格蕾的熟人）的寿命延长多年。

若如此，则格蕾具有充分的不偏不倚理由捐献器官；并且如果她这么做，那么在帕菲特包含不偏不倚理由的意义上后果会更好。但格蕾也有充分的自利理由不捐献。再者，似乎也讲得通的是，"处于格蕾位置的某人将拒绝要求做出如此捐献的原则"是合情理的。

第二类情形涉及两种原则：一种是最优原则（简称 P），它会

给处于布鲁*位置者（people in the position of Blue）施加高代价；另一种是不会给任何人施加高代价的原则（简称 Q）（在从普遍接受 P 到普遍接受 Q 的这一转换中，其他任何人之所失都不会大于处于布鲁位置者之所得）。如果 P 是最优的，且每个人都有不偏不倚的理由选择 P 而不是 Q 被普遍接受，那么这最有可能是因为，在 P 被接受时，各类人的受益总量超过了处于布鲁位置者付出的代价。或许 Q 允许我们挽救布鲁的生命，其代价是未能防止大量的人们瘫痪；P 的要求则相反。又或者，P 要求我们防止许多人失去腿，而不要求像 Q 所允许的那样挽救布鲁的生命。要得知其中哪些情形符合我所描述的那种类型，就必须知道帕菲特的不偏不倚理由和"最好后果"的观念是如何处理加总的。如我所言，这并不是很清晰。但很可能有一些情形符合我所描述的抽象类型。

上述反思关系到帕菲特对规则后果主义与其所讨论的两种契约 *137*论形式趋同的论证。他在这一论证中主张，每个人都有强的不偏不倚理由做出这样的选择，即最优原则应被普遍接受；并主张，这些理由不会为与之冲突的任何理由所决定性地胜过，因而每个人都能够合理地选择这样的原则。接着他争辩说，不存在任何其他的、每个人都能够合理地选择的、明显地非最优原则，因而这些最优原则是每个人都能够合理地选择其被普遍接受的仅有原则。在转向我的契约论版本时，帕菲特由此认为，如果某些最优原则是每个人都能

---

* 这里布鲁所涉及的情形缺乏上下文背景，或可参考《论重要之事》第一卷第332～333 页、353 页。关于罗尔斯式契约论与康德式契约论的讨论，可以结合其中的案例来理解。

够合理地选择其被普遍接受的仅有原则，这就意味着对于其他每种原则组合都存在着更强的反驳；并且若如此，则这些最优原则不可能被合情理地拒绝。

假定最优原则要求我们使其他多个人免于较小的负担，而不是挽救布鲁的生命。处于布鲁位置者尽管可能具有充分的理由意愿这样的最优原则被普遍接受，但可能也有充分的理由意愿某种非最优原则被接受，该原则允许或要求挽救布鲁的生命。

情况可能是这样的：如果仅考虑不偏不倚的理由，那么与意愿某种要求挽救布鲁生命的非最优原则被接受相比，每个人都有更强的理由意愿最优原则被接受。这也可以换个说法，即（仅考虑不偏不倚的理由）比起对最优原则的反驳，存在着对该替代原则的"更强的反驳"。但是，如果考虑所有的理由，那么与其他任何一人对某种不施加牺牲的非最优原则的反驳相比，处于布鲁位置者对给布鲁施加牺牲的最优原则的反驳就可能更强。如果这是正确的，那么"这些替代原则要受到更强的（不偏不倚的）反驳"这一事实并不必然意味着它们要受到决定性反驳，从而并不必然导致这样的结论，即最优原则不可能被合情理地拒绝。

如果我刚才所述是正确的，那么从"某人能否合情理地反对这些被普遍接受的原则"的问题转换到"每个人能否都合理地意愿它们被普遍接受"的问题，就引出了一种道德理论——该理论要求我们做出明显更大的牺牲，且允许或要求他人将这些更大的牺牲施加于我们。

然而，上述动议还解决了类似于我的契约论观点在第一类情形中遇到的一个难题⑨。如果某个处于格蕾位置者能够合情理地拒绝要求她捐献器官的原则，那么难道随之而来的不就是某个处于预定接收器官位置者能够合情理地拒绝那种允许格蕾不捐献的原则吗？毕竟，这个人所持有的反对不捐献原则的个人理由，似乎至少不弱于格蕾拒绝对她做出更苛刻要求之原则的理由，而且格蕾的代价要小一些。这似乎会导致一个道德僵局（standoff），其中对于应该做什么没有正确答案。转换到"每个人都能够合理地意愿什么"（或者与帕菲特保持一致而断定，合情理地拒绝的标准事实上要沦为这个问题）会解决这个问题，尽管要付出一定的代价⑪。

在结尾部分，我要对帕菲特在其结论中给出的一个观点表示同意。鉴于其对不偏不倚理由和最优原则的强调，他在结论中提出的三重理论听上去（至少第一印象）更像后果主义，而不是我的契约论版本。因此，对于其三重理论从根本上说是一种契约论还是后果主义，人们可能要表示质疑。

帕菲特说，该理论是契约论；我认为这种说法是正确的。任何可行的道德观点都会认为，在许多情形中何为正当或不当取决于对个人的利与害。仅当把产生最好后果的价值当作道德的基础，这样的理论才是后果主义。帕菲特的组合理论并没有这么做。根据该理论，重要的是允许某一行为的原则是否最优。但这之所以重要，仅

139

---

⑨　托马斯·内格尔提出了这个问题（Thomas Nagel. The View From Nowhere. New York：Oxford University Press，1986：50−51，172）。

⑪　也就是说，如果在这样的情境中总是存在某种每个人都能够合理地意愿其被普遍接受的原则（如果"唯一性条件"得以满足），那么这个问题就会得以解决。这取决于不偏不倚的理由与自利理由之间的相对强度。

仅是因为这些原则是每个人都有理由意愿的，而把"可以向他人证成什么——他们有理由意愿什么"视为最根本的道德观念，正是至少如我所描述的契约论的精髓。

把向他人可证成的观念认作基础性的（basic），这开启了一种帕菲特尚未讨论的可能性，但我认为它不应被忽视。很多人可能为后果主义所吸引，因为在他们看来，在有些情境中，"决定做什么"在道德上正确的方法是算出何者会产生总体上的最好后果。政府官员关于该建什么样的医院的决定，可能是一个不错的范例。在这样的情形中产生最好后果是正确的标准，这一点看上去是如此明显，因而人们由此推论该观念始终是道德的基础。在我看来，这样的推论是错的；在上述情形中产生最好后果之所以可能是正确的标准，不是因为它是道德的基础，而是因为它是在那种情形中与人们处于特定关系的行为者对人们负有的责任。把向他人可证成的契约论观念认作道德的基础，让我们至少可以提出这样的可能性：尽管在某些情境中对他人的责任是遵循会产生最好后果（在不偏不倚的意义上理解）的原则，但情况并非必然一直如此。在其他情形中我们的责任和职责可能会有所不同。

如果情况是这样，那么当然需要问为何应该是这样。而回应可能是，这些貌似如此的情形实际上是误导性的：在这样的情形中，由于作为不偏不倚的原则这一负担，最优原则将允许人们根据某种并非不偏不倚地最好的结果来决定该做什么。但是，如我之前在讨论帕菲特如何处理对朋友和亲属的偏向性中所言，存在着描述如此情形的两种方式。偏向性之所以为道德所允许，是因为对之的允许在不偏不倚的意义上是最好的吗？或者是，其被允许，是因为"要求某种更高层次的不偏不倚"的原则会是个人能够合情理地拒绝的（出于非不偏不倚的理由）吗？在我看来，后者更可信。无论如何，这似乎是规则后果主义与我的契约论版本之间遗留的紧张关系自行显现之处。

第五部分

回应

第十八章 论游山之旅

第 65 节 实际的同意与可能的同意

在我看来，苏珊·沃尔芙做出的若干主张既正确也重要。并且 143
我认为，我们之间的分歧比她所认为的要少。

在解释许假诺的不当性之时，康德写道：

> 我想要用如此承诺来利用某人，以便达到我自己的目的；
> 我对待他的这种方式绝不可能为他所同意。

接着康德把这一意见称作"他人原则"（the principle of other human beings）。我提出，康德的原则是

（A）以人们无法合理地表示同意的任何方式对待他们都是不当的。

沃尔芙反驳说，我用上述方式诠释康德，就抛弃了尊重自主性这一康德式的观念，后者通常会谴责以人们实际上不同意的方式对待他们（36-41）。但我并没有抛弃这一观念。我主张，许多行动即使能够得到人们合理的同意也是不当的，因为这些人事实上不会同意。我提出，为了涵盖这样的行动，我们可以言之成理地诉诸

权利原则（the Rights Principle）：在未经实际同意的情况下，每个人都有权不受到某种方式的对待。

我认为，我也没有误读康德关于同意的评论。这些评论似乎旨在涵盖所有情形。在上述引文中，康德的意思似乎不是

（B）以未经人们实际同意的方式对待他们，这通常是不当的；

而是

（C）以人们绝不可能表示同意的方式对待他们，这始终是不当的。

正是由于这样的原因，我在提出权利原则时并没有宣称是在诠释康德。按照一些作者的观点，康德的意思是

（D）以人们绝不可能表示同意的方式对待他们，这是不当的，因为我们没有给他们提供能力去选择我们如何对待他们。

但如沃尔芙所同意的，这个主张为假，并且不太可能是康德的意

思。按照我提议的诠释，更完整的陈述是

（E）以这样的方式待人是不当的：如果人们知道相关的事实，且我们给他们提供能力去选择我们如何对待他们，那么这种方式是他们不可能合理地同意的。

这个主张是可行的，并且可能为真。（E）可以被称作可能的合理同意原则（the Principle of Possible Rational Consent），但我使用的是更简洁但或许会产生误导的名称：同意原则。

沃尔芙主张，该原则会认可或容许我们对某人做某事，即使这个人明确地拒绝同意这样的行为（38-39）。这个主张可能遭到误解。如沃尔芙在一个注释中所解释的，她的意思仅仅是，同意原则本身并不谴责这样的行为。这个原则既然没有宣称要涵盖所有不当的行为，那就没有在蕴含这些行为并非不当的意义上认可或容许它们。这个原则还谴责许多这样的行为，因为在未经我们实际同意的情况下，同意以某种方式被对待通常是不合理的。并且，按照一些可行的假设，这个原则不可能与权利原则冲突。如果在未经其本人实际同意的情况下以某种方式对待某人是不当的，同意原则就不会要求这样的行为。

第 66 节　把某人纯粹当作手段

根据沃尔芙的一些别的主张，这些主张可概括为

沃尔芙原则（Wolf's Principle）：如果在未经同意的情况

145

下伤害人们以作为达成某一目标的手段，我们由此就以某种方式把这些人纯粹当作手段；这种方式始终是令人遗憾的，且在其他条件同等的情况下，这就使我们的行为成为不当的。

如沃尔芙所指出的，我对一个类似原则提出了反证。但她没有讨论我提议的选项。根据我提议的

有害手段原则：对某人施加伤害以作为实现某一目标的手段，这是不当的，除非

（1）我们的行为是实现这一目标的伤害最小的途径，以及

（2）鉴于这一目标的善性质，我们施加的伤害并非不适当或过大。

为了比较这些原则，考察

地震情形五：你和你的孩子被困在一个逐渐坍塌的废墟中，你们俩的生命都受到威胁。你可以用布兰克的身体做掩护（未经布兰克同意）去救你的孩子，这种方式会毁掉她的一条腿。你还可以通过使布兰克失去另一条腿来救自己的命。但你相信这么做是不当的，因为只有救孩子才能证成对他人施加这样的伤害。你按照这样的信念行动，使布兰克失去了一条腿，救了你的孩子。

根据沃尔芙原则，既然你是未经布兰克同意而伤害她以作为达成你某一目标的手段，你就是在把布兰克纯粹当作手段。鉴于"纯粹"

与"作为手段"的含义，这个主张在我看来为假。如果是把布兰克纯粹当作手段，你就会使布兰克失去双腿，从而把你和你孩子的命都保住。我们如果听凭自己死去也不愿对某人施加较小的伤害，那就不可能是把这个人纯粹当作手段。

146

沃尔芙还主张，如果以某种"忽略或无视"其"目标和规划"的方式利用人们，我们就是把这些人纯粹当作手段。但这个主张不支持沃尔芙原则。在以毁掉布兰克一条腿的方式救你的孩子时，你可能没有无视布兰克的目标和规划。你可能认为，你不应当毁掉布兰克的另一条腿，因为这第二次伤害会使布兰克更难实现她的某些目标和规划。可能正是由于这样的原因，你选择死去而不是对布兰克施加伤害。

我们大多数人会相信：就毁掉布兰克的腿去救你的孩子而论，你是在不当地行动。我认为，这也是沃尔芙的观点。但是，仅当我们确实能够断言你是在把布兰克纯粹当作手段，沃尔芙原则才会支持上述观点。并且如我所言，这个断言为假，因为你为了布兰克而放弃了自己的生命。

要为"你的行动是不当的"这一信念辩护，我们可以转而诉诸我所提议的有害手段原则。我们可以主张：尽管你能够在可证成的意义上对布兰克施加较小的伤害（假定这是救你孩子的唯一方法），但你达成上述目标的做法——借助对布兰克施加失去一条腿这么大的伤害——是不当的。我们可以补充说，尽管你不是把布兰克纯粹当作手段，你的行动依然是不当的。

接着回到

桥梁情形，其中你可以通过运用遥控使我跌倒在失控列车面前，从而救五个人的生命。

沃尔芙断言，这一行为"很肯定地"是把我纯粹当作手段（43）。我曾论证，在这种情形的某些版本中，你并不是把我纯粹当作手段。但我也曾主张，这一事实不会证成你的行为。

类似的主张也适用于其他情形。沃尔芙的某些评论提出：按照我的观点，伤害某人以用作使他人免于更大伤害的手段，这么做并没有可反驳之处。但我的观点并非如此。我给出的是不同的主张：如果对我们来说，"给人们施加某种伤害以用作达成某些目标的手段"是不当的，那么无论我们是否把这些人纯粹当作手段，这些行为都是不当的。如果诉诸沃尔芙原则而不是我的有害手段原则，那么这更难为"这样的行为是不当的"这一信念辩护。按照沃尔芙的观点，对"这些行为伤害某些人以用作手段"这一主张的诉诸是不够的，因为我们还必须辩护这样的主张，即这些行为把这些人纯粹当作手段。按照我提议的观点，要谴责伤害人们以用作手段，我们不必为上述更进一步的、通常更可疑的主张辩护。

第 67 节　康德式规则后果主义

沃尔芙挑战我的这一论证，即康德式契约论蕴含着规则后果主义。她坚持认为，我在给出这样的论证时"没有领会自主性的价值及其产生理由的能力"（45）。

沃尔芙写道，我们尊重人们的自主性是通过

> 避免干涉他们自己的选择，以及避免给他们施加未经其本
> 人许可的负担。(37)

按照沃尔芙的用意，如果在未经某人同意的情况下某种方式的行为伤害了这个人，我们就给这个人施加了一种负担。沃尔芙主张，这样的行为即便同时会让其他多人免于同样或更大的伤害，也可能是不当的。我们可以把谴责如此行为的原则称作保护自主性（auton-omy-protecting），要求或允许如此行为的原则称作侵犯自主性（autonomy-infringing）。

根据我所称的康德式契约论公式，我们应当遵循这样的原则，其被普遍接受是每个人都能够合理地意愿或选择的。如果其被普遍接受在蕴含不偏不倚理由的意义上会使事情进展得最好，这样的原则就是最优的。沃尔芙假定，某些侵犯自主性原则会是最优的，因为其被接受会使更多人免于死亡或其他负担。沃尔芙还主张，在考虑这样的情形时，

> （F）每个人都能够合理地选择，每个人都接受某种其他非最优的保护自主性原则。 *148*

用沃尔芙的话来说，我们能够合理地选择某种保有每个人的自主性的原则，尽管这样会降低我们"对不失去生命和肢体这一总体安全的要求"(47)。沃尔芙称之为自主性优先于福利的偏好（a prefer-ence for autonomy over welfare）。沃尔芙反驳说，既然每个人都能够合理地选择这样一种非最优的原则，我的论证就没能揭示，康德

式契约论要求我们遵循规则后果主义的最优原则。

为了评估上述反驳，我们可以再次假设在

> 隧道情形：你可以使某一失控列车转向，由此会杀死我而不是其他五个人。

沃尔芙的保护自主性原则会谴责你以这种方式救那五个人，因为如此行为会给我施加重担。根据沃尔芙的反驳，

> （1）每个人都能够合理地选择每个人都接受上述的某个原则，

尽管

> （2）这个原则不会是最优的。

但这两个主张不可能同时为真。在运用康德式契约论公式时我们的提问是"哪些原则是每个人都能够合理地选择的"，由此我们假设，每个人都知道给予理由的相关事实。按照这种假设，人们能够合理地选择的原则仅仅是那些他们会有充分的理由去选择的。如果保护自主性原则不是最优的，它们之被接受就在蕴含不偏不倚理由的意义上会使事情进展得较坏。这正是"这些原则不是最优的"这一主张的意思。因此，每个人都会有不偏不倚的理由不选择任何这样的原则。并且有些人还会有强的个人理由不选择任何这样的原则。例如在隧道情形中，那五个人会知道，如果他们选择沃尔芙的保护自主性的诸原则之一，你就不会使失控火车转向去救他们的生命。那五个人也不会有任何强的相关理由去选择这样的原则。既然那五个人既有不偏不倚理由也有强的个人理由不选择任何这样的原则，并

且不会有任何强度相近的反对理由，他们就不会有充分的理由做出这种选择。他们不能合理地选择任何这样的原则：该原则既是明显地非最优的，又要求你听任他们死去。

沃尔芙可能反驳说，在做出上述主张时，我忽视了自主性优先于福利这一偏好的合理性。她写道：

> 帕菲特没有注意到或没有处理"自主性优先于福利"这一偏好对其论证提出的挑战；从而表明，他又没有认可和领会自主性的价值……（48）

我的确没有考虑这种特定偏好的合理性蕴含着什么。但如我刚刚论证的，即使这种偏好是合理的，这也不会对我的论证构成任何挑战。若如沃尔芙的主张，每个人都能够合理地选择某种保护自主性原则，则这种原则必定是最优的；因为它必定是这样的原则中的某一种，即它是从不偏不倚的视角看每个人都最有理由选择的。除非那五个人有强的不偏不倚理由选择这种保护自主性原则，否则他们就会有决定性的个人理由不选择该原则，因为这种选择导致你听任他们死去。但我的上述言论有可能是错的。沃尔芙的如下主张或许是正确的：那五个人会有像这样的强的不偏不倚理由选择这种保护自主性的最优原则。

沃尔芙还主张，鉴于康德主义传统中自主性的根本价值，可疑的是，康德主义者能否在接受规则后果主义的同时"无须抛弃起初使之成为康德主义者的精神"（48）。沃尔芙主张，每个人都能够合理地选择某种非最优的保护自主性原则，然后写道：某些康德主义者可能更进一步，声称选择这样一种原则是"唯一合理的"。她评

论说，按照这种观点，

150 　　康德式契约论不仅没有蕴含帕菲特所称的康德式后果主
　　　 义，而且蕴含即使不是肯定也是很有可能与后者冲突的原
　　　 则。（48）

然而出于类似的理由，这种观点不可能正确。每个人都选择"每个
人都接受某种保护自主性原则"，这要成为唯一合理的，"每个人都
会有决定性理由做出这种选择"就必须为真。并且这些理由不可能
全部都是个人的理由。一些人会有强的个人理由不选择任何保护自
主性原则，因为这种选择会使他人听任他们死去或承受某种其他重
担。因此，如果我们所有人都有决定性理由选择"每个人都接受某
种保护自主性原则"，这样的决定性理由就必须是不偏不倚的。而
如果我们有这样的理由，这些原则就会是最优的，因为它们将是那
种其被接受会使事情在蕴含不偏不倚理由的意义上进展得最好的原
则。由此这些保护自主性原则就会是某种规则后果主义原则，即如
我所论证的，康德式契约论要求我们遵循的原则。

　　在质疑我的论证时，沃尔芙或许是在某种与我不同的意义上使
用"最优的"。沃尔芙可能假定，在我们考察的情形中，这样的原
则会是最优的：其被接受会让每个人最长寿或受伤害的危险最小，
从而将以某种常见的方式最好地促进他们的福祉。但我们不应该做
出上述假定。如果我们所有人都能够合理地选择生活在这样一个世
界——其中我们尽管在生命和肢体的损失方面较少防护措施，但拥
有较多的自主性——那么或许确实可以主张，我们在这个世界中的
生活总体上会更好。我们在选择这种世界时，由此就不会如沃尔芙

所主张的，是优先选择自主性而不是福利。我们也不应该假定，这些原则仅当其被接受会总体上最好地促进每个人的福祉，才是最优的。结果的善性（goodness）可能部分地依赖于别的事实，比如关于收益与负担如何在不同的人们之间分配的事实，或者那些甚至无关于人们福祉的事实。如果每个人都能够合理地选择每个人都接受某种保护自主性原则，那么这种原则可能是其接受会使事情进展得最好的原则之一，尽管该原则之被接受不会在总体上最好地促进每个人的福祉。规则后果主义不必采取这种效用主义的形式或其他任何全然福利主义（welfarist）的形式。

　　沃尔芙可能并不打算把她的主张运用于类似隧道情形的情形。就规则后果主义的拒绝者而言，其中许多人会相信，在隧道情形中道德上允许你使列车转向，乃至它会杀死我而不是那五个人。这可能也是沃尔芙的观点。而沃尔芙的确讨论了桥梁情形，其中你只能借助杀死我去救那五个人。

　　我们大多数人会相信，在桥梁情形中你用上述方式去救那五个人是不当的。根据沃尔芙的保护自主性原则，未经其本人同意而给人们施加重担是不当的。沃尔芙原则不会在隧道情形与桥梁情形之间做出区分。在这两种情形中，如果你救那五个人，你的行为就会以未经我同意就杀死我的方式给我施加一个重担。沃尔芙还写道：

> 许多人都有掌控自己生活的强烈偏好……在某种相当切身的层面，他们想要成为掌控者，掌控发生在他们身上的事件，更不用说掌控自己的生命。(47)

这些主张对于隧道情形与桥梁情形都同样适用。在这两种情形中，我和那五个人都有强理由选择成为掌控者，去决定发生在我们身上的事件以及我们的生死。

如果认为你救那五个人在桥梁情形中是不当的但在隧道情形中是可允许的，我们就无法诉诸沃尔芙的保护自主性原则——该原则蕴含着在这两种情形中这样的行为都是不当的。我们必须诉诸与我所提议的有害手段原则类似的原则。在这两种情形中，如果你救那五个人，你的行动就都会是在未经我同意的情况下杀死我，但只有在桥梁情形中你才是把杀死我用作救那五个人的手段。

我假定，在桥梁情形中最优原则会要求你借助杀死我去救那五个人。沃尔芙质疑这个假定。她提出，如果每个人都接受"某种更接近于有害手段原则的原则"，那么这可能"产生更好的结果"，并且"长远地看是最优的"（55）。如前文所示，这个提议可能是正确的。如沃尔芙所主张的，可能难以判断某一原则是否最优，因为可能难以预测不同原则被接受所产生的效果，并且难以评估这些效果的好坏如何。在讨论移植情形时，我做出了一个类似的主张。由于类似于焦虑和不信任论证所给出的理由，最优原则要求医生绝不杀害或伤害病人，即便在他们这么做能够救更多人的生命之时亦如此。如果由于最优原则谴责你在桥梁情形中借助杀死我去救那五个人，沃尔芙的提议是正确的，那么这也根本不会对我的论证——康德式契约论蕴含着规则后果主义——构成反驳。沃尔芙的提议只会使规则后果主义在某种意义上更易于为我们大多数人所接受。如我所认为的，在此这种观点不会与大多数人的道德直觉相冲突。

第 68 节 三种传统

沃尔芙没有讨论其他道德原则和其他类型的情形，但做出了一些较宽泛的评论。沃尔芙声称，在力图发展一种康德式理论的过程中，我背离了康德所持的"鲜明立场"；这种背离"既在诠释上讲不通也在规范上令人遗憾"（34）。

在此，沃尔芙部分地是针对我的这一主张：按照康德的观点，我们应当仅按照人们能够合理地同意的方式来对待他们。基于我给出的上述理由，我认为这个主张既不是诠释上讲不通的，也不是令人遗憾的。

我还主张，在若干段落，康德必定是在诉诸我所称的道德信念公式——该公式谴责依据某一准则的行动，除非我们能够合理地意愿如下情况为真：每个人都相信这样的行动为道德所允许。我认为，这种诠释不是讲不通的。我接着论证说，这个公式应该予以修正，从而它不指涉在包含策略的意义上的准则，并且其所诉诸的不是行为者能够合理地意愿什么，而是每个人都能够合理地意愿什么。既然在此我是在修正康德的公式，那么这些主张就不可能是诠释上讲不通的。根据我提议的修正，我们应当遵循其被普遍接受是每个人都能够合理地意愿的原则。而且，这个修正过的公式与康德的某些"鲜明立场"几乎没有差别。例如，康德诉诸"这样的观念，即每个理性存在者的意志都是给予普遍法则的意志"。

153

在把我的某些主张称作"规范上令人遗憾"时，沃尔芙还针对我的这一主张，即康德式契约论蕴含着规则后果主义。可能还有其他人会对这个主张感到遗憾。但我们是在研究哲学。我们应该问的，不是这个主张是否令人遗憾，而是它是否为真。我认为，用西季威克的话说，

> 伦理科学的真正进步……将受益于超越功利的（disinterested）好奇心的运用，同样是这种好奇心在物理学的伟大发现中居功至伟。

即便我们希望康德式契约论并不蕴含规则后果主义，我对这一结论的论证也仍可能是健全的。

沃尔芙还写道，在我对康德式理论的发展中，某些在她看来"最有说服力而独特的康德本人的道德视角则变得淡薄了"（36）。这里沃尔芙部分地是针对尊重自主性这一观念。但我认为，康德式契约论公式会要求我们遵循我所提议的某种版本的权利原则，根据该原则，在未经我们实际同意的情况下，我们有权不受到某种方式的对待。出于沃尔芙描述的某些理由，这将是"其被普遍接受是每个人都能够合理地选择的"最优原则之一。因此，我认为康德视角的这个部分不会变得淡薄。

沃尔芙可能还考虑了我的这一主张：在桥梁情形中，康德式公式要求你杀死我去救那五个人。如我们所见，沃尔芙质疑这个主张，因为她提出，最优原则可能谴责这样的行为。我尽管认为最优原则会要求医生绝不杀死某一个病人以用作救多人生命的手段，但仍倾向于认为，在某些诸如隧道情形和桥梁情形之类的非医疗紧急

情形中，康德式公式会要求我们去做救最多人的任何事。由此这个
公式就蕴含着：在隧道情形中，你应当使失控列车转向，从而杀死
我而不是那五个人。与其他大多数人一样，我可以接受这个结论。 154
但这个公式还蕴含着：在桥梁情形中，你应当借助杀死我去救那五
个人。与沃尔芙一样，我觉得这个主张不可行。这种行为在我直觉
上看来是不当的。

然而，这种直觉并不强。在我看来，存在支持另一种方式的事
实。我在桥梁情形中作为手段被杀绝不会比在隧道情形中作为附带
效果被杀更坏。而康德式公式提供了一个反对上述直觉的论证。如
果要选择在这样的非医疗紧急情形中每个人都会遵循的原则，那么
我认为，我们将更有理由选择要求你救那五个人的原则。尽管我仍
倾向于相信你杀死我以用作手段是不当的，但这种直觉的强度尚不
足以使我确信我们应当拒绝康德式公式。

我认为，我们有强理由接受这个公式，并且按照康德式规则后
果主义的最优原则来行动。然而如我所言，可能还存在其他情形，
其中这种道德理论会与我们的道德直觉发生更强烈的冲突。如果确
实如此，我们就可以在可证成的意义上拒绝这个理论。

沃尔芙做出了别的较宽泛的主张。她写道："像帕菲特一样，
我认为，康德主义、后果主义和契约论传统各自把握了关于价值的
深刻而重要的洞见"（34）。在讨论我的这一论证即这三种系统性理
论可以合并时，沃尔芙认为我是要力图揭示

> 存在某种单一的真道德，它浓缩为某个单一的最高原则；
> 可以认为，这些相异的传统分别是以其自身独立且不完善的方

式在探寻该原则。(34)

沃尔芙怀疑是否存在像这样的原则。她还主张我们无需这样的原则。用她的话来说：

> 根本没有理由假定存在这样的原则；并且如果结果表明道德并非构造得如此整整齐齐乃至存在这样的一个原则，那么这也不会是个道德悲剧。(35)

155　假如根本就没有单一的最高原则，我同意这不会是个悲剧。但假如不存在单一的真道德，这就会是个悲剧。并且，相冲突的诸道德不可能都正确。就力图合并这三种道德理论而言，我的主要目标不是要发现最高原则，而是要弄清我们能否解决某些严重的分歧。如沃尔芙所声称的，如果其结果是道德没有那样的统一性，那么这也没多大关系，因为存在若干正确的原则，这些原则无法被涵摄于任何更高的单一原则之下。但是，如果我们无法解决这种分歧，这就使我们有理由怀疑是否存在任何正确的原则。这可能最终表明道德什么也不是，因为道德也许只是一种幻觉（illusion）。

第十九章 论作为自在目的的人性

第 69 节 康德的自主性公式和普遍法则公式

我从阿伦·伍德引人入胜的著作中受益良多，并且让我感到高兴和宽慰的是，伍德在其评论中表达了对我若干主张的认同。在此，我将努力解决我们之间余下的一些分歧。

伍德尽管认为康德至少大致上描述了"最高的道德原则"，但也认为康德的原则不能提供不当性标准（criterion of wrongness），这里的不当性标准意指确定哪些行动是不当的方法。在康德关于其最高原则的各种公式中，伍德对康德的普遍法则公式评价最低。他称之为康德"最不适当的"公式，并且该公式在提供不当性标准方面的失败最为明显。他还写道：

> 那些以康德的捍卫者自命的人们……很可能从未放弃那高贵的圣杯搜寻（Grail-like quest），搜寻能够让它服务于这种目标的、对可普遍化检验的某种诠释，尽管与此搜寻相伴随的一直是可悲的失败历史。我认为他们的努力比浪费时间还糟糕，因为他们促使康德伦理学的评论家们继续错误地认为，关于是否存在一种对准则——该准则可用作这样的一般道德标准——的可普遍化检验这个问题，出现了某种重要的转机。

157　他补充说，这些康德主义者

> 满怀激情，竭力探索着对康德的检验（Kant's test）的前所未有的创造性诠释，以（在他们看来是在）挽救康德伦理学，避免其湮没。

既然我力图揭示，康德的普遍法则公式能够给我们提供某种讲得通的不当性标准，那么可能看起来我属于以康德的捍卫者自命的这些人中的一员，伍德将这些人的高贵圣杯搜寻视为比浪费时间还糟糕。但我不可能要求具有这样的高贵性。我接受伍德的观点：无论多么富有创造性，对康德公式的任何新诠释都不可能让这个公式提供某种不当性标准。我的论点是，我们应当修正这个公式。根据我提议的

> 康德式契约论公式：每个人都应当遵循这样的原则，其被普遍接受是每个人都能够合理地意愿的。

就修正康德的公式而言，我的目标同于伍德在其最新著作《康德式的伦理学》（*Kantian Ethics*）中的目标。我们两人都力图提供伍德所谓"最可捍卫的"康德式道德理论。如伍德所指出的，要实现这一目标，我们可能不得不修正康德的某些主张。

我认为，伍德与我两人所提议的康德式理论之间的相似度，比伍德所料想的要高一些。他诉诸康德的自主性公式，康德将之归结为"每个理性存在者的意志是给予普遍法则的意志"这一观念。伍德写道，这个公式

> 告诉我们，要把自己视为由理性存在者组成的理想共同体中的成员；在此共同体中，我们每个人都应当努力遵守我们所选择的如下道德原则，它们是共同体成员应该据以完美地主宰（govern）自身行为的原则。

以更简洁的方式来陈述，我们可称之为

> FA：我们每一个人都应该努力遵循这样的原则，它们是被我们所有人选择作为主宰每个人行为的原则。

伍德称 FA 为康德最高原则的"最确定的形式"，并且是我们应当始终"用作道德判断"的公式。但如伍德还主张的，FA 不是可靠的不当性标准。如果问哪些原则是人们实际上会选择的，我们就不可能预测其他人会选择哪些原则。我们也不可能假定每个人都会选择同样的原则。

一部分是由于上述原因，我们应当修正 FA，以便这个公式指称其被我们所有人选择是合理的原则。在此，我们并没有远离康德

的观点。相反，这一经过修正的公式会更好地表达康德的这一观念，即每个理性存在者的意志都是给予普遍法则的意志。并且，这种修正显然是有必要的，因为存在着无数坏原则，它们是我们所有人可能不合理地选择的，且不可能是我们应该努力遵循的。因此，FA 应该变成

> FA2：我们每一个人都应该努力遵循这样的原则，其被选择作为主宰每个人行为的原则对于我们所有人来说都是合理的。

这一主张是我的康德式契约论公式的另一版本。尽管我提议的康德式理论修正了康德的普遍法则公式，而伍德提议的理论修正了康德的自主性公式，但这两种修正都把我们引向我所谓的康德式契约论。鉴于康德声称这些"表示道德原则的不同方式从根本上说不过是完全相同法则的众多公式"，上述情况并不令人惊讶。

现在回到伍德的如下主张：关于是否存在提供不当性标准的某种"可普遍化检验"这个问题，并没有出现任何重要的转机。这一主张要是可证成的，仅当要么（1）我们已经有了某种完全可靠的其他标准，要么（2）拥有某种这样的标准对我们没有帮助，因为我们无须使用任何标准也始终能够对"某一行为是否不当"做出可靠的判断。对于这两个讲不通的主张，伍德没有对其中任何一个做出辩护。因此，我认为伍德应该同意，"康德式契约论是否提供一种好的不当性标准"是很重要的。而且，我已经论证这可能为真。

第 70 节 作为最高价值的理性本质

伍德还讨论了康德的人性公式，这个公式显然不像康德声称的 *159* 那样是"完全相同法则"的不同陈述方式。我指出，康德在提出该公式时的主张是，以人们不能合理地同意的任何方式待人都是不当的。我主张，这一同意原则既是讲得通的也是可辩护的。令我高兴的是，伍德在其评论中似乎同意我的主张。康德的人性公式包括"我们必须绝不把理性存在者纯粹当作手段来对待"这一不同的主张。尽管这个主张也讲得通，但我争辩说，它需要修正且对康德的观点没有多少补充。尽管把任何人纯粹当作手段来看待都是不当的，但像"我们的行为是否不当，取决于我们是否把人们纯粹当作手段来对待"这样的情况即使存在过，也是很少出现的。伍德忽视了康德公式的这一部分，因为他认为它对康德的观点毫无补充。

伍德把康德的公式重述为

> FH：我们应该始终把人性或理性本质作为自在目的来尊重。

我主张，这一版本的康德公式太模糊，不能提供不当性标准。伍德同意这一主张（65-66）。

但与我不同的是，伍德认为，在康德关于最高道德法则的所有陈述中，FH 是最重要的。伍德声称，这个公式"从根本上说是对基本价值的表达"。他甚至写道：

康德的整个伦理理论中或许最根本的命题是，理性本质是最高的价值……

伍德提出，这种最高的价值给予我们遵守道德法则的"理性根据或动机"。康德坚持认为，如果存在绝对命令，我们就必定有遵守它们的理由。这种理由必须是由这样的事物提供的：它是自在目的，具有最高且绝对的价值。而康德主张，这种自在目的就是人性或理性本质。伍德写道，由于这些主张，康德为我们提供了"对伦理学基础的一种千真万确的论说"。按照对康德观点的这种诠释，我要称之为

160

> 伍德的基础性论点（Wood's Foundational Thesis）：人性或理性本质具有最高价值，它既是道德的基础，也给予我们遵守道德法则的理由。

赫尔曼同样写道：

> 康德的伦理学规划是要提供对"善"的正确分析，这被理解为一切行为的决定性根据。

赫尔曼声称，"如果缺乏关于价值的基础性概念"，那么任何道德理论都不可能成功。按照康德的理论，正是理性本质之价值才给予道德以其"目的或意义"，并由此表明道德对我们的要求如何"是有意义的"。

需要对这些主张做进一步的解释。在使用"人性"或"理性本质"这些词时，康德有时指的是理性存在者或人。康德声称，一切人都有尊严；他把这种尊严定义为绝对的、无条件的、无与伦比的

价值。因此，康德所主张的奠定（ground）道德的最高价值可能是一切人的尊严。

许多作者以为，康德式的尊严是某种最高的善。例如，赫尔曼把理性本质之尊严称作这样一种价值，"它是绝对的，意指绝不存在如下类别的其他价值或善——由于这类价值之故，理性本质可以算作手段"。伍德把理性本质称作"非派生性的客观善"。科尔斯坦同样写道，人性是"绝对而无与伦比地善的"；而科丝嘉写道，按照康德的观点，人性必须被当作"是无条件地善的"。

然而如我所指出的，有些理性存在者或人不是善的。希特勒即为一例。伍德评论说：

> 我同意帕菲特对康德如下说法的诠释：即便道德上的至恶之人也拥有尊严，且在此意义上他们拥有与甚至道德上的至善之人完全同等的价值……帕菲特进而正确地指出，上述观点绝不蕴含着，我拥有作为人的尊严就使我成为一个善人。并非所有事物都由于具有价值就是善物。（64）

161

如果人的尊严是某种最高的善，从而希特勒拥有这种善，那么这蕴含着希特勒是最善的。如康德也会同意的，这显然为假，因而我们应该断定，尊严至少在为人所拥有时不是某种善性。如伍德、希尔和其他哲学家所主张的，人的尊严是某种"道德地位"（moral status）或"应予以尊重的价值"。尽管希特勒不是善的，但他拥有尊严——意指作为理性存在者，他具有"作为始终应当仅以某些方式被对待的实体"的道德地位。

现在回到伍德的基础性论点。如果我们认为"理性本质"是指理性存在者或人，该论点就蕴含着：

> （1）我们仅以某些方式来对待所有人，其理由是由"人具
> 有最高价值"这一事实提供的。

如刚才所见，这种最高价值并非某种善，而是某种道德地位。因
此，我们可以把（1）重述为：

> （2）我们仅以某些方式来对待所有人，其理由是由如下事
> 实提供的：人具有"作为始终应当仅以某些方式被对待的实
> 体"的道德地位。

这一重述削弱了伍德论点的吸引力。我们也不能宣称，（2）以赫尔
曼所谓"对善的正确分析"的方式奠定了道德要求。（2）的主张仅
仅在于，我们遵循这些要求的理由是由"道德要求这样的行为"这
一事实提供的。这一主张并没有给予道德如赫尔曼所称的某种价
值：这种价值可以作为道德的"目的或意义"，并表明道德对我们
的要求如何"是有意义的"。

伍德提出了其论点的另一版本。康德使用"人性"和"理性本
质"，有时是指

> 我们非道德的理性（non-moral rationality），康德在某种
> 程度上将之描述为我们"设立目的的能力，无论是何种目的"；
> 伍德声称，它还包括既是工具的也是审慎的理性，以及其他各
> 种理性能力。

162　伍德写道，这些种类的理性具有"奠定道德的绝对价值"。

伍德曾在为其论点的这一版本辩护的过程中主张，根据康德的

观点：

在运用我们设立目的的能力时，我们通过选择要努力满足某种欲求，由此使这种目的成为善的。

事物之善性的根源必定是自身善的。

因此，

我们设立目的的能力是善的。

伍德写道，这个论证包含

某种推导，即从该目的的客观善推导出设立该目的的能力之无条件的客观善。

伍德甚至提出，按照康德的观点，"对于目的的理性选择是这样一种行动——客观善通过该行动而进入现实世界"。

我认为，这不是康德的观点。康德并不认为，我们设立目的的能力是诸如善意志之善或配享幸福之类的一切善的根源。伍德如今已摒弃上述论证的大前提，且认为康德也摒弃了该前提。伍德接受了关于理由的以及关于目的之善性的、基于价值的客观理论，并且称这些观点为"适当的康德主义"。

我们非道德的理性可能拥有某些类型的价值，这一点我在后文会论及。但是，如伍德所提议的如下主张是不可能得到辩护的：这些理性通过给予我们遵守道德法则的理由而具有最高的善或绝对价值，这种价值为道德提供了基础。

还存在另一种可能性。康德写道：

> 道德以及只要能够成为道德的人性，单凭自身就拥有
> 尊严。

如伍德所指出的，在此处以及某些其他段落中，康德把尊严归于这
样的理性本质——它"不在于理性本质设立目的的能力，而仅仅在
于其给予（并且遵循）道德法则的能力"（64）。令人惊讶的是，伍
德还写道：

> 正是道德能力……而不是其成功的运用，才拥有尊严。

我们不可能宣称，一些像希特勒这样的人所拥有的未被运用的道德
潜能是最高的善，或者是道德的奠定者。

伍德的基础性论点可能转而诉诸被运用的给予和遵守道德法则
的能力，这大体上就是康德所谓的"善意志"。康德的如下主张要
有道理得多：这样的善意志是无上地善的。由此伍德的基础性论点
可以变成主张

> （3）康德把道德奠定于善意志的最高善性这一基础之上。

伍德考虑并拒绝了这个主张。他提醒我们，按照康德的观点，我们
无法确定现实中的任何人是否拥有善意志。他接着写道："如果只
有善意志才拥有自在目的的尊严……那么这种目的的存在进而绝对
命令的有效性就是可疑的。"

我认为这个论证是不健全的。因为就某事物之善性或善特征给
我们提供行动的理由（该理由可能是决定性的和无条件的）而言，
该事物不必总是实际存在的。我们的许多行动意在达成某种仅为可
能的善目的。因此，康德如果陈述过伍德的基础性论点的某个版

本，那就本可能主张：

(4) 善意志的无上善性给我们提供努力拥有如此善意志并正当地行动的理由。

要具有这样的理由，"我们拥有善意志并正当地行动"就必须是可能的。但康德认为，我们知道这是可能的。

接下来回顾康德的如下主张：至高至伟之善会是一个具有普遍德性和应得幸福的世界。康德主张，每个人都应当一直努力促成这样的理想世界。并且康德还写道：

> 道德法则命令我使世界上最大可能的善成为我一切行动的终极目标。

这些主张与(4)重叠。使这种尽可能最佳世界得以实现的会是这样的事实：每个人都拥有善意志并正当地行动，由此配享其幸福。如果这些主张为真，其真就足以给予道德以赫尔曼所称的"目的或意义"，乃至道德要求"是有意义的"。

第71节　作为应予以尊重的价值的理性本质

对于"康德把道德奠基于善意志的善性"这一观点，伍德给出了另一种反证。伍德写道："行为的一切理由都直接或间接地基于理性本质的客观价值"，"道德的最根本要求就是我们要对这种价值表示尊重"，而不当的行为"全部都包含对此价值……的不尊重"（62）。伍德坚持认为，如果理性本质的价值是善意志的善性，那么上述主张都讲不通。如果要问是什么使伤害、强制、欺骗或虐待人们的行为成为不当的，那么其答案似乎不是，这些行为表现出对善意志之善性的不尊重。如伍德所指出的，从康德的"善意志是无上地善的"这一主张，我们无法得出我们在道德上应当怎么做的任何结论。伍德断定，这一主张在康德的道德理论中只有"边缘的"重要性。康德伦理学的奠基者，不是善意志的善性，而是伍德所谓的"理性本质的绝对价值"。

尽管这一论证更有力，但我认为其结论过于简单。在讨论康德的理论时，我们可以把何者奠定道德与使行为成为不当的属性或事实这两者区分开来。我认为，伍德的论证并不算作是在反对这一观点，即康德伦理学奠基于善意志的善性与配享幸福。康德理论的这一部分可能没有打算帮助我们确定哪些行为是不当的。是否如伍德所主张的，我们的行为是不当的，当且因为它们对理性本质的价值表示不尊重，这是与上述观点分立的另一个问题。

康德使用的"理性本质"，既指理性存在者，也指这些存在者的理性。因此，理性本质的价值部分地在于所有理性存在者或人的尊严。如我们已看到的，这种尊严并非某种善性，而是"作为应当仅以某些方式被对待的实体"这一道德地位。"人具有这种地位"这一主张，不会帮助我们确定应当如何待人。

在指称理性本质的最高价值时，伍德更多时候是指非道德的理性之价值，比如审慎理性。伍德尽管不再主张，我们设立目的的能力赋予我们的选择对象以善性，但仍然认为，康德的真正主张是

"人们理性能力的正确运用……必须被视为无条件地善的"。赫尔曼同样写道，按照康德的观点，"'善'的领域是理性的活动与能动性（agency）：那就是意愿"。

我认为，这些主张是没有得到证成的。某些种类的理性活动可能具有伟大的、作为成就的内在价值，并且这会支持康德的这一主张，即我们应当发展和运用我们的各种理性能力。但不同于善意志，非道德的理性不可能被宣称为无上地善的。希特勒的理性能动性就不是善的。我相信康德也不会做出这样的主张。如赫尔曼所指出的，按照康德的观点，善的事物仅仅是善的意愿。

理性能动性即使并非无上地善的，也可以被宣称为具有伍德所称的"应予以尊重的基本价值"。伍德提出，我们的行为是不当的，当且因为它们没有尊重非道德的理性之价值。赫尔曼做出了类似的主张。她写道，按照康德的观点，

> 未赋予理性能动性正确的价值——从而轻视人类意愿的条件——是道德上不当行为的"内容"。

赫尔曼提出，大多数不当行为之所以不当，是因为其行为方式损害、阻碍或误用了理性能动性。例如，强制是不当的，因为它包含"对能动性的侵犯"；欺骗是不当的，因为它使理性能动性受挫；暴力是不当的，因为它侵犯能动性的"条件"。

我认为，这些主张是误导人的。赫尔曼还写道：

> 杀人是不当的，并非由于它导致死亡；暴乱是不当的，并非由于它导致痛苦或伤害……我作为行为者……所拥有的那种价值，在临死时并没有失去或减损。

166

使杀人成为不当的，反而是"某种错误的评价"。赫尔曼写道，我能够在可证成的意义上抵制侵犯，因为

> 侵犯者所依据的行为准则包含对我的能动性的贬低……我的行动，并非要挽救我的生命本身，而是要抵制对我的能动性的利用……

在此，理性能动性似乎被宣称具有那种某些人主张为贞洁（chastity）的价值，而自卫类似于对我们贞洁的捍卫——女性常常被告知，这种贞洁的价值是临死也不会失去或减损的。这是否真的是康德或赫尔曼的观点，我表示怀疑。我认为，侵犯性的暴力是不当的，并非由于它贬低了理性能动性，而是由于它导致死亡、痛苦或其他伤害。

这一主张同样适用于欺骗和强制。我认为，使这些行为成为不当的，并非其"没有赋予理性能动性正确的价值"。人们在受欺骗或强制时能够理性地行动。上述行为之所以是不当的，是由于其他原因，比如人们不能理性地予以同意，或者这些行为以不尊重的方式来对待人们而不是其能动性。

接下来回到伍德的这一主张，即设立目的的能力以及非道德的理性的其他成分具有"为道德奠定基础的绝对价值"。伍德写道，要表示对这种价值的尊重，我们就必须帮助他人实现其可允许的目的（64）。但是，如果是他人的非道德的理性具有这种价值，那么这就并不会给予我们任何理由去帮助这些人实现其目的。没有我们的帮助，他人仍然能够即使不那么成功也同样理性地行动。

伍德还主张，对于减轻人类痛苦的关切"根植于"非道德的理

性的"根本价值"。我认为并非如此。我们对减轻人类苦难的关切，不应该根植于这些人的理性的价值，而应该根植于苦难由于是这些人有强理由不想处于其中的一种状态而在这些意义上对他们来说是坏的。我们拥有类似的理由去减轻那些缺乏理性能力的不正常人的痛苦，以及没有理性的动物的痛苦。如边沁所言，我们的提问不应该是"他们能够推理吗"，而是"他们能够感受痛苦吗"。

伍德在别处写道：

> 道德地行动，始终是要因人之故而行动；或者更确切地说，是要因某人身上的人性之故而行动。根本上有价值的事物……是理性存在者，是人——或者更确切地说，是人之中的理性本质。

我认为，这些更确切的主张是错的。我们应当因这个人之故而行动，而不是因其非道德的理性之故而行动。并且，正是这个人而不是其理性，才具有被康德称作尊严的崇高道德地位。

伍德意识到这种反驳。他写道，康德的某些读者可能

> 担心尊重某人身上的人性（或理性本质）这一命令。他们担心，这意味着所尊重的仅仅是某种抽象物，而不是人本身。对于这种担心，康德的答案理当是，理性本质恰恰使你成为人之所在，由此尊重你之中的人性，恰恰意味着要尊重你。

我认为以上答案是不正确的。尊重你的非道德的理性，不同于尊重你。伍德还写道，按照康德的观点，

> 对人性尊严的尊重，等同于尊重为一般意义上的道德奠定 *168*

基础的法则。

康德确实宣称，严格地说，尊重人是要尊重道德法则。但并不是这些主张真正使康德人性公式得到如此广泛接受和爱戴。尊重人应该正是尊重他们本身。

第二十章　论方法的不匹配

第 72 节　康德的公式需要修正吗？

在对康德普遍法则公式的一些出色的讨论中，芭芭拉·赫尔曼
主张这个公式不能提供不当性标准。她写道，尽管"有一段令人遗
憾的努力史……但没有任何人能够使之变得可行"。我已经论证赫
尔曼是对的。康德的公式就其目前的形式而言不可能成功。但我曾
主张，如果修正这个公式，我们就能够使之变得可行。我希望赫尔
曼会同意，其"令人遗憾的历史"有一个愉快的结局。

我的希望破灭了。赫尔曼在其评论中似乎坚持认为，不必修正
康德的公式。她还坚持认为，我所提议的修正即便是必要的，也不

可能实现康德的目标。

我的一个论证可概括如下：

> 根据康德的公式，按照我们不能合理地意愿其为普遍的任何准则来行动都是不当的。
>
> 有许多准则，我们不能合理地意愿其为普遍的，尽管按照这些准则来行动常常并非不当的。
>
> 因此，
>
> 在应用于这些准则时，康德的公式常常会错误地谴责那些并非不当的行动。

为了阐明这些主张，我设想某个利己主义者仅有一种准则："做最有利于自己的任何事"。出于自利的理由，这个人还债、守诺、穿衣保暖，以及冒着生命危险去救溺水儿童以图回报。接着我论证说：

> （A）这个人在以这些方式行动时，其行动没有道德价值，但他不是在不当地行动。
>
> （B）这个人的行动是按照利己主义准则，他不能合理地意愿该准则成为普遍的。
>
> 因此，
>
> 康德的公式错误地蕴含着，这个人是在不当地行动。

在某些段落，赫尔曼似乎拒绝前提（A）。她提出，康德的公式的确蕴含着这个人是在不当地行动。

赫尔曼在为这一提议辩护时主张，按照康德的观点，

(C) 在出于不当的动机而行动或关于如何行动的决定是
以某种有道德缺陷的方式做出的时候，我们是在不当地
行动。

赫尔曼提出，我假想的利己主义者救溺水儿童是由于期望回报，此
时其自利的动机使其行动成为不当的。而且赫尔曼还提出，我假想
的冷酷暴徒从咖啡调理师那里买咖啡而把该调理师视为纯粹的工
具，此时该暴徒是在不当地行动。

赫尔曼评论说，在提议这些行动是不当的时候，她可能看上去
是要忽略康德

关于具有道德价值的行为与符合义务的行为之间的著名区
分：前者要求行为是出于道德动机而做出的，后者则与动机无
关。(90)

她还写道：

就认为康德在有些地方提供了独立于动机的不当性概念而
言，道德价值学说并非其唯一之处，同样引人注目的是康德关 *171*
于完全义务和正义义务的观点。(91)

但接着她主张：

康德的这两种观点都不支持"不当性是独立于动机的"这
个一般性论点。在这两种情形中，"认为它们支持该论点"这
一看法所犯的错误是有教育意义的。(91)

我认为，康德的确使用了"独立于动机的不当性概念"，因而这里

似乎不存在错误。对康德所谓"正义义务"的考量就足以说明这一点。康德主张，德性义务（duties of virtue）要求我们出于正当的动机而行动；与此不同的是，正义义务可以无论我们的动机如何而得以履行。如赫尔曼所述，这些义务

> 的确仅仅与外在行为相关，正义义务的正确履行与动机无关。（92）

康德把还债和守诺的义务囊括在正义义务之中。我假想的利己主义者在出于自利的动机以这些方式行动时履行了这样的义务。因此，我认为康德会接受我的主张，即这些行动并非不当。

赫尔曼承认，这些行动在某种意义上是可允许的。但她主张，按照康德的观点，

> 避免不许可与避免不当性并非一回事；行为可以"不是不许可的"而仍然是不当的。（90）

她还写道：

> 道德义务就其本身而言共分四类，即讲真话*、帮助、尊重和友善的义务，然而正义义务并不属于其中任何一类。在康德看来，它们是基于制度的义务……它们只有通过国家……的立法活动才会产生。（92）

赫尔曼在另一处提出，我们不应当"把不许可的法律概念作为不当性的模型"（89）。并且康德本人写道，我们出于自利的动机来履行

172

---

　　* 此处遗漏"讲真话"这一项，依第 92 页（本书边码）赫尔曼的原文补入。

正义义务，这会给予我们的行为以"合法性"而不是"道德性"。

康德的评论有可能被误解。按照康德的观点，正义义务是道德义务。如康德所述，

> 所有的义务正因为其为义务，就都属于伦理。

康德主张，我们没能履行正义义务会使我们的行动成为"非法的"；此时他的意思不仅是指如此行动违反基于国家的刑法，常常还指如此行动违反道德的法则。康德常用"非法性"来指那种涉及没能履行正义义务的不当性或道德的不许可性。用赫尔曼的话来说，这种不当性是独立于动机的，因为我们可以履行这样的义务由此避免这种不当性，而不管我们行动的动机是什么。康德所谓审慎的商人在还债时履行了义务，尽管其动机是维护名声和利润。康德把这样的行动称作"正当的"或"符合义务的"，而把没能履行这样的义务称作"不当的"或"违反义务的"。

赫尔曼尽管做了以上被引用的评论，但似乎同意，康德有时是在这种独立于动机的意义上使用"不当的"。但我们仅有不偷窃这一种正义义务，赫尔曼称之为"偷窃在道德上的不当"。并且，她写道：

> 不许可可能在相当程度上要凸显那类"无论行为者动机如何均为不当"的非法行为。（89）

赫尔曼的主张可能至多是，康德至少还在另一种意义上使用"不当的"。并且她确实做出了这样的主张。她写道，按照康德的观点，

> 缺乏道德价值的外在地符合的行为与道德正确性之间的关联，是有条件的或偶然的。在此意义上，它不是（道德上）正

确的行为。（90）

她还写道：

> 某个行为者如果忽视或没能对其情境的道德相关特征做出恰当的回应，那就是以不当的方式行动。（89）

173

> 不当性产生于慎思的行为者的原则，并且是关于他是否借助这些原则而拥有对其行为的健全推理理路……（89）

赫尔曼可能主张，某一行动即便是道德上可允许且符合义务的，也可能同时在以上其他意义上是不当的。

如果我们把"不当的"这些意义区分开，那么我的论证可能成为：

> （D）我假想的利己主义者在还债、救溺水儿童和穿衣保暖时，其行为没有道德价值，但并不是不当的，这里"不当的"是指道德上不允许和违反义务的。
>
> （E）根据康德的公式，按照我们不能合理地意愿其为普遍的准则来行动是在上述意义上不当的。
>
> （B）我假想的利己主义者在以这些方式行动时是在按照利己主义的准则，他不能合理地意愿该准则成为普遍的。
> 因此，
>
> 康德的公式错误地蕴含着，这些行为在上述意义上是不当的。

赫尔曼尽管对（D）和（B）似乎都接受，但可能拒绝（E）。她可能主张，康德在提出其公式时无意于提供关于行为是否不当的标准，其中"不当的"意指道德上不允许的和违反义务的。赫尔曼在别处做出了这种主张。但康德经常宣告或假定其公式提供了这样的标准。例如，康德写道：

> 用最简短但绝对可靠的方式告诉自己……一个虚假的许诺是否符合义务，我会自问：我的确会对我的准则满意吗……应当持之为一条普遍法则吗？
>
> 有此罗盘在手，普通的人类理性就十分清楚，在每种情形中如何区分孰善孰恶，何者符合义务或违反义务。

如此种种以及许多其他段落共同表明，赫尔曼无法可辩护地（defensibly）拒绝前提（E）。我认为我的论证是健全的。在我假想的利己主义者按照我所描述的方式行动时，康德的公式错误地蕴含着，这些行动在道德上不允许和违反义务的意义上是不当的。因此，该公式失败，且需要修正。

进一步说，上述反驳可以采取另一种形式，这种形式是赫尔曼的若干主张所不适用的。有这样一些人：他们是有良知的（conscientious）；且有时是以自己确实认为正当的方式行动，但他们不能合理地意愿其行动准则成为普遍的。如果像我们可以设想的那样康德接受"绝不撒谎"的准则，那么康德本人将成为其中一例。康德不能合理地意愿如下情况为真：任何人都绝不撒谎，甚至对一名询问谋杀对象藏身之处的企图谋杀者也不撒谎。因此，康德的公式将蕴含着，康德只要按照对任何人都讲真话的准则行动，那就是在不当地行动。这个主张显然是错的。接着假设我们接受"绝不偷窃"和"绝不违法"的准则。我们不能合理地意愿如下情况为真：任何人都绝不偷窃或违法，即便在这么做是挽救某一无辜者生命的唯一途径之时亦如此。因此，康德的公式蕴含着，我们只要由于归还财产或遵守法律而按照这些准则行动，那就是在不当地行动。这些主张显然也是错的。如前文所述，要避免这样的反驳，就必须修正康德的公式。

第73节　一个新的康德式公式

我论证过，我们应该修正康德的公式，使该公式指涉的不是涵盖策略意义上的准则，而是我们在考量的以是或可能是道德相关的方式来描述的行为。

赫尔曼没有讨论我提议的修正。但在前文引述的赫尔曼的主张中，有一些显示出可能修正康德公式的其他方式。我们可以做出如下区分：

175　　　　某一行为是不当的，其意思是指它是道德上不允许的和违反义务的；

以及

　　　　某一行为是不当的，其意思是指它

　　　　（1）没有道德价值，

　　　　（2）没能对道德上的相关事实做出适当的回应，

　　　　（3）是出于不当的动机而做出的，或

　　　　（4）只是偶然地符合义务。

由此我们可以提出，按照另一版本的康德公式，可称之为

新的康德式公式（the New Kantian Formula）：在按照某
·······
种我们不能合理地意愿其为普遍的准则来行动时，我们的行动
在上述一种或多种其他意义上是不当的。

我认为我们应当拒绝这个公式。行为是否具有（1）至（4）所描述
的属性，这尽管是有关系的，但"把这样的行为称作不当的"通常
是误导性的。对于人们的行为在如此种种的意义上是否不当的，这
个公式也不是一个好标准。

如我们所见，赫尔曼的评论暗示

（1）某一为道德所要求的行为如果缺乏道德价值，那就在
某种意义上是不正确或不当的。

但我认为，这不会是"不当的"之可辩护的或有用的含义。我假想
的利己主义者在出于自利的理由而还债、守诺时，其行为没有道德
价值，但这绝不是称之为不当的理由。

即便我们把这样的行为称作在上述意义上不当的，这也不会给
我们提供理由诉诸新的康德式公式。我们的行为是否具有道德价
值，不取决于我们能否意愿我们的准则成为普遍的。假设康德本人
付出极大代价向某人讲真话，因为他正确地认为该行为应该是其义
务。如我所言，对于给予该行为以道德价值来说，这已经绰绰有
余。康德是否按照某种他不能合理地意愿其为普遍的准则（比如
"绝不撒谎"）行动，则是不相关的。因此，这个新公式不应假定，
所有诸如此类的行为都缺乏道德价值。

176

接下来考察赫尔曼的如下主张：

> （2）在没能对道德上的相关事实做出适当回应时，我们的
> 行为是不当的。

我假想的利己主义者在救溺水儿童时，其行为并非在此意义上不当。救溺水儿童是全然适当的。该利己主义者在还债、守诺时也并非在此意义上不当。它们是全然适当的。康德告诉某人正确的时辰如果是按照"绝不撒谎"的准则，那也并非不当。因此，这个新公式不应该主张，在按照某种我们不能合理地意愿其为普遍的准则行动时，我们没能对相关事实做出适当的回应。这个主张通常是错的。

赫尔曼的某些评论暗示

> （3）在我假想的情形中，利己主义者在出于不当动机而行
> 动的意义上行为不当。

我假想的利己主义者即便在对相关事实做出适当回应时，也可能是出于不当的动机而行动。但我认为，（3）也是错的。在此应该区分如下两者，即这个人"做最有利于自己的任何事"的准则与这个人行动所依据的自利动机。尽管他的准则是道德上有缺陷的，但其动机并非总是不当的。在我假想的情形中，既然任何人都没有义务冒着生命危险去救溺水儿童，那么任何人如果出于自利的理由选择不冒生命危险，就不是在出于不当的动机而行动。因此，我们同样应该主张，该利己主义者在出于自利的理由而选择冒着生命危险去救溺水儿童时，并非出于不当的动机而行动。他在通过还债、守诺而

履行其正义义务时，也不是出于不当的动机而行动。如赫尔曼似乎　*177*
承认的，我们无论出于何种动机都可以履行这些义务。新公式也不
应该主张，只要按照我们不能合理地意愿其为普遍的准则来行动，
我们就持有不当的动机。如果康德由于认为告诉某人真话是自己的
义务而确实这么做，那么他不会是出于不当的动机而行动。他是否
按照他不能合理地意愿其为普遍的准则"绝不撒谎"而行动，则是
不相关的。

赫尔曼还提出

> （4）我们的行为如果仅仅偶然是道德上可允许或符合义务
> 的，那就在某种意义上是不当的。

我认为，这一主张并没有描述"不当的"之有用含义。在有些人遵
循某些传统规则或按照某些宗教信仰的要求行事时，他们是在按照
不正确的原则行动，且运用不健全的道德推理。在这样的情形中，
如果这些人履行义务，他们的行为就仅仅是偶然符合义务。但我们
不应该主张，这些人的行为在某种意义上全然是不当的。当这些人
出于正当的动机、确实相信其行为是正当的且正当地行动时，其行
动在任何意义上都并非不当的。

接下来回到我的这一主张：如果康德告诉某人正确的时辰，由
此按照"绝不撒谎"的准则行动，康德的公式就错误地蕴含着这么
做是不当的。赫尔曼可能回答，康德的行为在某种意义上会是不当
的，因为该行为仅仅是偶然符合义务。康德的准则本来可能导致他
不当地行动，比如在"康德向某一企图谋杀者告知其谋杀对象的藏
身处"这一可能情形中，这一点就会成真。但这不足以证成如下主

张，即康德在告诉某人正确的时辰时，其行为在某种意义上是不当的。我们的主张应该仅仅是，如果康德在涉及企图谋杀者这一极为不同的情形中按照其准则行事，那么这一有别的（different）行为会是不当的。

现在回到我假想的暴徒。他把他人纯粹视为工具，且为咖啡付款仅仅是因为他不屑于采取从自动售卖机偷窃的做法。赫尔曼设想，这个人获得了道德新生，从而带着恐惧回顾其以前的生活。接着她写道：

> 很容易设想，他会断定其曾经之所为是不当的，而其良好的结局纯粹是由于运气。对他来说并非不妥的是，他希望未曾发生的事情当然不是为咖啡付款，而是这整段经历。如果做错事的迹象是内疚或可能想表示歉意，那么动机或态度就足以将之引发；并且就对所做之事进行道德补救而言，态度的改变通常是其中必不可少的组成部分。（88）

然而如赫尔曼在此的主张，这个人没有任何理由希望他未曾为咖啡付款。而这正是这个人所做的一切；因而他不应该得出这样的结论，即"其所做之事是不当的"，"他应该为其所做之事表示歉意"也不是真的。如我所述，

> 尽管这个暴徒把这个咖啡调理师纯粹当作手段来对待，但不当的是他对这个咖啡调理师的态度。在买咖啡时，他并非行为不当。

赫尔曼在别处写道：

> 要求康德式的行为者所做之事，并非都是要求其做出的行
> 为……还要求我们采取某种一般性的策略：在需要帮助时愿意
> 提供帮助。

既然道德上还要求我们不把他人纯粹视为手段，我假想的暴徒的态
度就是不当的。并且我们可能同意，就对该咖啡调理师持有不当的
态度而论，该暴徒在某种意义上无礼对待了这个人，其后应该为持
有如此态度而道歉。但是，这个人在为咖啡付款时其行为不当，这
种说法没有任何有用的含义。

　　在我刚刚一直在讨论的这些段落以及若干其他段落中，赫尔曼
做出了一些讲得通且有原创性的主张，这些主张是关于以下内容
的：行为是否具有（1）至（4）所描述的属性，这可能在某些方面
具有道德重要性。但如我所力图说明的，我们既不应该主张所有这
样的行为在某种意义上是不当的，也不应该主张在按照我们不能合
理地意愿其为普遍的准则行事时我们的行为具有这样的属性。这两
种主张通常都是错的。

第74节　赫尔曼对康德式契约论的反驳

　　在上两节我努力揭示，赫尔曼的主张没有回答我对康德普遍法
则公式的一个反驳，她的这些主张也没有提出对这个公式的可接受
的修正方式。

　　我给出了对康德公式的若干其他反驳，赫尔曼没有直接讨论其

中任何一个。我认为，这些反驳表明康德的公式必须予以修正。

我所提议的修正被赫尔曼称作"混合理论"，在她看来该修正在很严重的程度上不是康德式的。她写道，这种修正

> 无法把握康德理论最具特色之处。方法的这种不匹配太深刻了（84）*……
>
> 如果这两种方法的区别如此之大……对经典的康德式最佳论证与帕菲特的混合型重构予以逐点比较，可能就不会有多少收获。它们实在相距甚远。（94）*

上述评论让我吃惊。我对康德公式的修正仅在于两个主要的方面，因而很容易做出逐点比较。根据某一版本的康德公式，我称之为

> 道德信念公式：按照某一准则行动是不当的，除非我们能够合理地意愿如下情况为真，即每个人都相信这样的行动在道德上是可允许的。

根据我所提议的修正：

> MB5：按照某种方式行动是不当的，除非每个人都能够合理地意愿"每个人都相信这样的行动是道德上可允许的"为真。

这里的一个区别在于：

180
> （F）我提议的公式不是诉诸该行为者能够合理地意愿什

---

* 此处原本无引用页码，（包括此处引用接下来的）表述也略有出入。这里参照前面赫尔曼的评论文章补入页码。

么，而是诉诸每个人都能够合理地意愿什么。

这个修正不会使这两个公式"离得太远"而不值得比较。康德以及许多康德主义者假定，我们中的每一个人（each）都能够合理地意愿什么与每个人（everyone）都能够合理地意愿什么这两者是一回事。我曾主张，这个假定在相关的意义上不为真。一些人如男人、富人、强者能够合理地意愿的东西，不能为另一些人如女人、穷人、弱者所合理地意愿。因此，康德的公式会允许某些明显不当的行为。我曾论证说，为了避免这一反驳，康德的公式应该诉诸每个人都能够合理地意愿什么。任何一位康德主义者都无法对这一提议的修正提出深层次的反驳，至多只能主张这个修正是不必要的。

另一个区别在于：

（G）康德的公式适用于在涵盖策略意义上的准则，与此不同的是，我提议的公式适用于以道德上相关的方式描述的某些类别的行为。

这个修正的确放弃了康德道德理论的一个显著特征，因为只有康德和康德主义者才经常使用准则概念。但如我所论证的，康德理论的这一特征是个失误，我们应予以纠正。值得以最一般的形式重申这一论证。康德在首次陈述其公式时写道：

我绝不应当行动，除非我同时能够意愿我的行动准则将成为一个普遍法则。

在这个以及其他许多段落中，康德的主张只是，如果按照我们不能合理地意愿其为普遍的准则行动，我们的行动就是不当的。严格地说，这一主张承认还可能存在行为不当的其他方式。但康德的公式是康德声称要将之作为最高道德原则的一种陈述。因此，康德的意思显然是，我们的行为不当，当且仅当或恰好当我们行为所依据的准则未能通过康德公式的检验。那么，我们可以论证说：

181   根据康德的公式，我们的行为不当，恰好当我们行为所依据的某一准则未能通过某一特定的检验。

因此，

    康德的公式蕴含着，如果某一准则没有通过这一检验，按照该准则行动就始终是不当的；并且如果某一准则通过了这一检验，按照该准则行动就始终是可允许的。

    有无数这样的准则，按照它们行动有时但并非始终是不当的。

因此，

    在应用于这样的准则时，康德的公式要么错误地谴责某些道德上可允许的行为，要么错误地允许某些不当的行为。

如上述重申所表明的，没有任何东西取决于康德检验的内容，或者取决于我们不能意愿某些准则成为普遍法则的那种意思。康德的公式之所以失败，正是因为它适用于涵盖策略的意义上的准则。康德的公式要取得成功，如下一点必须为真：如果按照某一准则或策略的行动有任何一次是不当的，诸如此类的行动就始终是不当的。而这显然是错的。按照"做最有利于自己的任何事"、"绝不撒谎"和"绝不违法"的准则行事，有时但并非始终是不当的。并且还有许多这种类型的其他混合准则。

可能有人反驳说，如果修正康德的公式乃至它指涉的不是准则，我们就抛弃了康德对于我们依之行动的原则的关切。出于如此种种理由，我把我所提议的修正重述为

康德式契约论公式：每个人都应当遵循这样的原则，其被普遍接受是每个人都能够合理地意愿的。

我认为，赫尔曼不可能主张：这个公式是一种"混合的重构"，它在深层次上不是康德式的。康德本人

把每个理性存在者的意志这一观念称作一种给予普遍法则 *182*
的意志。

赫尔曼的反驳所针对的，不是我提议的公式，而是我运用该公式的方式。对于我运用康德本人公式的方式，她持有同样的反驳。

在陈述这些反驳时，赫尔曼提出了这样的问题：康德的公式为什么谴责撒谎，以及该公式是否蕴含着撒谎始终是不当的。赫尔曼比较了两种原则：一种是只要撒谎符合我们的利益就允许我们撒谎；另一种是仅当谎言对于救某个无辜者的生命来说是必需的，才允许我们撒谎。与我一样，赫尔曼认为，康德的公式在得到正确的运用时，会谴责出于我们自身利益的撒谎，但允许为了救无辜者而撒谎。但赫尔曼反对我达成这一结论的方式。她把我的推理概括如下：

谋利的撒谎一旦广泛传播，就会破坏对于合作活动来说为必要的信任条件，而合作活动本身是大有益处的。因此，对于

普遍允许撒谎这一原则的意愿不会是合理的……但是，"在需要挽救受到不当威胁的生命时允许撒谎"的原则，不会影响到我们有理由去保护的利益，并且对于信任也几乎没有破坏性的影响。因此，谋利的撒谎被揭示为不当的；并非所有撒谎都是不当的；不当性的理据所指向的不是理性能动性的价值，而是合作的益处。这样一来，修正论者就保留了康德式（契约论）的精神，并得到了某种可行得多的道德观点。(85)

令我惊讶的是，赫尔曼拒绝对康德公式的这种运用方式，声称它有过度的后果主义特性。她写道：

在修正论者的论说中，后果主义在谋利的撒谎会怎样进行以及挽救生命的撒谎如何是可允许的之间建立了一种比较，从而两次发挥作用：第一次是在其所诉诸的价值中，第二次是在对普遍性条件的处理中。(85)

赫尔曼觉得此处可反驳的是我对某些价值的诉求。关于我的论说，她写道：

既然贯穿于理性意愿的价值（绝大部分）是关于什么是在非道德意义上最好的，混合理论最终就带有强烈的后果主义特性。(83)

某一可能的结果是在我所谓蕴含不偏不倚理由的意义上非道德地最好的，恰好当它是这样一种结果，即从不偏不倚的视角看，它是每个人都最有理由想要或希望产生的。如果某个结果是在这种意义上非个人地最好的，那么通常是由于某些方式——该结果以这些方式对于特定的人们来说是在蕴含类似理由的意义上最好的。在诉诸这些价值时，我是在诉诸"给我们提供个人的理由和不偏不倚的理由去关心自己与他人的福祉"的事实，以及"可能给我们提供非道德的理由去关心所发生之事"的事实。

有两种方式让赫尔曼可能拒绝我对这些价值与理由的诉求。她可能主张：

> （H）不存在这样的价值，因为在蕴含上述理由的意义上，任何结果都既不可能是非个人地好或坏的，也不可能对于特定人群来说是好或坏的。

或者她可能主张：

> （I）尽管结果可能在蕴含上述理由的意义上是好或坏的，但当运用康德的公式或任何其他康德式的公式时，我们不应该诉诸这些价值或理由。

赫尔曼在别处做出了一些似乎提议（H）的主张。例如，她写道：

> 在康德式的伦理学中，事态不是价值的可能承载者。

但该评论是关于道德价值的。如赫尔曼在别处写道：

184

> 发生的事情本身没有道德上的好坏对错之分，只有意愿才有这样的分别。

在讨论某个包含"损失和不幸"的结果时，赫尔曼同样写道：

> 从任何视角看，不利的结果本身都不会使这个世界变得在道德上更坏。

我们能够全部接受上述主张。如康德在讨论斯多亚学派时评论的，身处痛苦并非在道德上坏的。但痛苦是一种我们所有人都有非道德的理由不想置身于其中的状态，在这样一种非道德的不同意义上，痛苦是坏的。而如我曾主张的，结果可能有非道德的好坏之分，且在蕴含上述理由的意义上对于特定的人们有好坏之分。地震致使许多人死亡，这是坏的，尽管这一事件不像实施大屠杀者的行为那样是在道德上坏的。

对于这些类型的价值，赫尔曼似乎持有类似的信念。例如，她写道：

> 如果每个人都杀人，因为他们把杀人判断为有益的，那么我们会有一种令人不快的事态。人口数量会变少且不断缩减；每个人都生活在恐惧之中。这些当然是坏后果。

她还写道，我们不能合理地

> 意愿这样一个世界，其中人的生命在这种给予理由的意义上可能没有价值。

我们如果接受某种基于欲求或基于目标的主观理由理论，那就不能主张我们所有人都有这样的理由去关心自己和他人的福祉。但如这些评论所示，赫尔曼似乎拒绝这样的理论，并假定各种事实可以给我们提供我所谓基于价值的对象给予的理由。

赫尔曼尽管似乎认为我们可以有这种理由去关心发生的事件，但主张在运用康德的公式时我们不应该诉诸这样的理由。例如，在描述我运用康德公式的方式时，赫尔曼写道，我的推理所诉诸的

> 不是理性能动性的价值，而是合作的益处。(85)

赫尔曼在把这一推理作为具有过度的后果主义特性而予以拒绝时，其意思必定是，我们的推理不应该诉诸合作的益处。

我们可以问：为何不应该？在运用康德的公式时，我们会问我们能否合理地意愿如下情况为真：要么每个人都接受某一准则并尽可能地依此行动，要么每个人都认为这样的行动是可允许的。如果这样的世界对于我们和他人来说是坏的，并且我们有理由关心自己和他人的福祉，那么这样的事实就给我们提供理由不意愿该准则成为普遍的。在问我们能够合理地意愿什么时，我们为什么要忽视这些理由？譬如说，为什么我们不应该既诉诸理性能动性的价值又诉诸合作的益处？

如我所述，康德本人并没有忽视这些理由。在解释撒谎为何不当时，康德写道："谎言……总是伤害他者，即使不是损害另一个个体，也就它使正当的根源变得不可用而言损害一般意义上的人性。"接着考察康德的一段讨论。讨论的对象是其假想的自立的富人，他持有"不帮助需要帮助者"的准则。康德写道，这个人不能合理地意愿其准则成为普遍法则，

> 因为可能发生许多这样的情形：其中，人们需要他人的爱和同情，并且由于来自其本人意志的这样一种自然法则，他会剥夺自己在祈愿得到帮助时获得帮助的所有希望。

康德在此所诉诸的不是理性能动性的价值，而是这个人关心自己未来福祉这一理由。如赫尔曼所述：

> 把这一段诠释为做出某种审慎的（prudential）诉求······
> 这肯定不会有任何低级的错误。

186 但赫尔曼接着主张，这种诠释是个错误。她论证说，在运用康德的公式时，我们不应该诉诸这样的理由：它们在与自己未来福祉有关联的意义上是审慎的。

赫尔曼正确地拒绝了支持该结论的一个糟糕论证。叔本华提出，由于在此诉诸审慎推理，康德削弱了其如下主张，即我们应当出于道德的而不是审慎的理由而尽义务。情况并非如此。康德并没有论证说，如果他假想的这个人在现实世界帮助他人，那么情况对于这个人来说事实上会更好，因为他由此将带来这样的情况，即他人会帮助他。康德做出了相当不同的主张：如果这个人有权选择每个人会如何行动，那么他不可能合理地选择生活在一个任何人都不曾帮助他人的世界。康德会同意，在现实世界我们并非总是有审慎的理由去帮助那些需要帮助的他人。按照康德的观点，我们应当出于道德的理由去帮助他人。

对于"在运用康德的公式时，我们不应该诉诸审慎的理由"这一主张，赫尔曼给出了一个不同的论证。赫尔曼声称，如果这是运用康德公式的方式，我们就可能没有能力揭示，每个人都应当在他人需要帮助时提供帮助。可能有某个自立的富人能够合理地意愿不帮助他人的准则成为普遍法则。用赫尔曼的话来说：

> 那么问题看来在于，该例中的论证能否以这样的方式来领会——该方式使理性行为者不可能为了保持其非慈善（non-beneficence）的准则而采取"意愿放弃帮助"的策略？

> ……如果这个推理是审慎的，那么考虑产生如下情境的可
> 能性就是适当的：在此情境中，他更愿意选择帮助，而不是
> "非慈善策略"……任何一个生活如意且性情足以自律的人都
> 可能有不错的理由觉得，在拥有他人帮助时得以增益的担保所
> 付出的代价太高。

赫尔曼在此所称的"代价"是这样的事实：如果生活在每个人都在 *187*
他人需要帮助时提供帮助的世界，我们有时就不得不自己付出某种
代价去帮助他人。赫尔曼继续说：

> 似乎不存在任何方法……去揭示，愿意承受风险的那些人
> 即使选择不帮助也具有帮助他人的义务。
>
> 那么为了挽救支持慈善的论证，我们就必须能够揭示，上
> 述考虑不能被合法地引入。如我们目前为止对该论证所做的诠
> 释，似乎不存在排除这些考虑的方法，从而无法揭示：愿意承
> 受风险的那些人即使选择不帮助也具有帮助他人的义务。

然而，上述反驳并不表明，我们必须排除对审慎理由的诉求。该反
驳只能表明，在某些情形中仅诉诸这些理由可能是不够的。

此外，在力图解决这个问题时赫尔曼并没有排除对审慎理由的
诉求。根据赫尔曼认为太弱的那个论证（因为它可能并不适用于每
个人），帮助他人的代价很可能大大低于接受他人帮助所获的益处。
赫尔曼不是不认可上述审慎论证，而是提出了一个类似的但更强的
论证。

赫尔曼首先考虑了罗尔斯提议的解决方案，该方案诉诸无知之
幕背后的审慎推理。罗尔斯声称，康德假想的那个人如果不知道他

是富裕而自立的，那就不能合理地选择生活在一个无人在他人需要帮助时提供帮助的世界。赫尔曼正确地拒绝了这一提议，不是因为它包含审慎推理，而是因为罗尔斯的无知之幕放弃了康德关于道德推理的一些鲜明且可行的主张。

接着赫尔曼提出了一种运用康德公式的方法，该方法不诉诸概率或可能的成本与收益之间的权衡。该论证主张，我们即便是自立的富人，也不可能合理地选择生活在一个无人帮助他人的普遍非慈善的世界。赫尔曼写道，任何一个理性行为者都不可能意愿这样的世界，

188

> 只要两个条件中的任何一个成立：（1）有些目的是行为者想要实现的，这超过他由非慈善而来的可望获益；并且这些目的是他无法独立地实现的。（2）有些目的是任何理性行为者都不可能放弃的（在某种意义上是必要的目的）。

赫尔曼尽管声称这个论证不涉及审慎推理，但其意思仅仅在于，它没有诉诸概率或仅为可能的收益。如"可望获益"这一用语所示，该论证其实诉诸我们关心自己的未来福祉这一理由。

赫尔曼考虑了对该论证的一个反驳；它诉诸一位假想的斯多亚学派哲学家，这位哲学家选择只采用其实现不可能需要他人帮助的目的。她论证说，这种假想的情形或许是不可能的或不融贯的，并且她称之为"康德论证的力度，由此我们被推向想象所能及的边缘以发现一个潜在的例外"。

然而，这个论证即便成功也仅仅表明，根据康德的公式，从不在他人需要时提供帮助是不当的。这离对该公式的充分辩护相距甚

远。而且要发现对康德公式的其他反驳，我们不会"被推向想象所能及的边缘"。我坚持认为，在许多实际情形中康德的公式显然失败。

其中最重要的情形提出了我所称的不可逆反驳。这一反驳可以通过比较康德的公式与黄金规则来概括。有许多不当的行为，是我们以给他人施加大得多的负担的方式来为自己谋利。如我所述：

> 黄金规则谴责这样的行动，因为我们不会意愿让他人这样对待我们。但在将康德的公式运用于我们对某一准则的奉行时，我们不问我们能否合理地意愿"他人对我们做这样的事情"为真，而问我们能否合理地意愿"每个人都对他人做这样的事情"为真。而我们可能了解到，即使每个人都对他人做这些事情，也无人会对我们做这些事情。

189

为继续接近康德的例证，我们可以回到那些按照"丝毫不接济穷人"（Giving nothing to the poor）这一准则行事的富人。康德的公式谴责这些人的行为，仅当他们不能合理地意愿如下情况为真：或者他们及其他富人继续丝毫不接济穷人，或者包括穷人在内的每个人都认为，其丝毫不接济是道德上可允许的。鉴于对我们可以在此有效地诉诸的理由种类的限制，我曾论证说，我们必须承认这些富人能够合理地意愿这样的世界。类似的主张也适用于其他的行为不当者，比如借助如下方式让自己获益的男人：视女人为低人一等，剥夺女人的某些特定权利与优惠，并给予女人的福祉较小的权重。这些男人能够合理地意愿如下两种情况均为真：他们及其他男人继续以此方式对待女人，以及包括女人在内的每个人都认为他们的行为是得到证成的。

要答复如此种种反驳，我们不能诉诸赫尔曼所提议的非概率论证（non-probabilistic argument）。康德的公式之所以面临这些反驳，是因为在运用该公式时，我们所诉诸的是该行为者能够合理地意愿什么。我认为，要避免这些反驳，康德的公式应该转而诉诸每个人都能够合理地意愿什么。

现在我们可以回到赫尔曼的主张，该主张是关于我力图给出的答复，即答复对康德普遍法则公式的上述反驳。在运用康德的公式以及我提议的修正时，我诉诸关于何者为非道德地好坏的事实以及我们关心自己与他人的福祉的理由；对于其中我对康德公式及提议修正的运用方式，赫尔曼都表示反对。赫尔曼声称，我对这些价值和理由的诉求使我提议的康德式契约论成为一种"混合的重构"，这种重构离康德观点的最佳要素相去甚远。赫尔曼写道，在运用康德公式时，"这些考虑不能被合法地引入"。

我认为，这些主张并不为真。在其评论的第二部分，对于"即¹⁹⁰便不诉诸关于福祉的主张，康德式的道德推理也能达成什么"，赫尔曼给出了另一个出色的论证。然而如我们所见，在运用康德的公式时，赫尔曼本人有时也诉诸这样的主张。且如我前文引述的一些段落所示，康德也是如此。在若干类似于此的其他段落之一，康德写道：

> 如果他让其不愿帮助他人的准则……成为……一个普遍可允许的法则，那么在他本人需要帮助时每个人都同样会拒绝帮助他……因此，自利的准则如果成为一个普遍法则，那就会自

相矛盾……因此，对需要帮助者慈善这一准则是一种普遍的义务。

康德还说：

我不可能意愿冷酷无情（lovelessness）应该成为一个普遍法则，因为那样的话我也会伤及自己。

赫尔曼在别处写道，按照康德的观点，我们无法"衡量"非道德价值的数量，并且应该拒绝"那些涉及'数人头'的原则"。但康德写道：

那么我们两人会受苦，尽管这个麻烦确实（实质上）只影响一人。但世界上不可能存在增加病人的义务。

赫尔曼写道，如果诉诸这些关于福祉的主张，我们的理论就不可能是康德式的。康德如果预见到马克思，那就本可能会说，"那么我不是一名康德主义者"。

第二十一章 数量何以重要

第75节 斯坎伦的个体式限制

斯坎伦的评论始于颇有启发的讨论，这些讨论是针对康德的普遍法则公式以及康德关于合理性和理由的观点。我接受斯坎伦所有的主要主张，因而只拟补充两点评论。根据斯坎伦所称的"康德式建构论"，关于理由的主张必须基于一些这样的主张：它们是关于哪些态度与把我们自己视为理性行为者相一致（119）。斯坎伦提问说，为什么我们应当拒绝这种观点，并转而诉诸其所称的"关于理由的实质性的真主张"（123）。我认为，我们应当诉诸这样的主张，因为它们是真的。我还认为，康德式的道德理论要获得成功，就必须诉诸关于理由的实质性主张。诉诸"我们能够意愿或选择的内容与把自己看作理性行为者相一致"的主张是不够的。这样的主张过于局限，也太弱。

斯坎伦接着讨论了我的如下努力，即力图表明斯坎伦式契约论的改进版可以与康德式规则后果主义合并。在回应斯坎伦的评论之前，我要描述我对斯坎伦观点所提议的改进并为之辩护。

根据其公式的一种陈述，

> 斯坎伦的公式：按照某种方式行动是对我们的道德要求，恰好当（just when）* 这样的行动为某一无人能够合情理地拒绝的原则所要求。

斯坎伦假定

192

> 情形一：格蕾如果捐献自己的某个器官给怀特，就会让自己的寿命缩短几年，但同时会让怀特的寿命延长多年。

如斯坎伦所指出的，对于其观点来说，这种情形提出了一个"难

---

* 本书将 just when 译为"恰好当"，在中文语境中有些别扭，但对于准确表达作者的意思来说却不得不如此，至少目前还没有想到更好的译法。在斯坎伦的公式中，just when 的意思可对应于"当且仅当"，表示充分必要条件。不过，从其前面的评论来看，斯坎伦的相关理论强调，对正当与不当的判断是在一定的情境中进行的，是某种较具体的判断，必须纳入对特定关系和情境的考虑。有鉴于此，其公式中表达"当且仅当"意思的术语是 just when 而不是 if and only if，其中蕴含着对具体情境因素的考虑。需要顺便提及的是，对其公式的相关表述和讨论中的 reasonable 应译为"合情理的"（指人时或可译为"通情达理的"，但本卷尚未出现指人的情况），而不宜译为"合理的"，因为它要表达的是纳入对关系和情境因素的考虑而做出具体的、合理性的判断，与 rational 的抽象层次不同。译为"合情理的"，重在传达"合情境之理"的含义，与我们日常所说的"合情合理"有一定的区别。

题"（138）。我们大多数人会认为，尽管格蕾捐献器官给怀特是值得赞赏的，但道德上并不要求格蕾做出这样的捐献。但如果我们接受斯坎伦的公式，这种信念就难以得到辩护。该公式蕴含着

（A）格蕾如果能够合情理地拒绝各种要求她捐献器官的原则，那就不被要求做出这一捐献。

我们如果接受（A），那就不能同时主张

（B）格蕾能够合情理地拒绝各种这样的原则，因为她不被要求做出这一捐献。

这些主张会反复循环，让我们在原地踏步。要为"不要求格蕾做出这一捐献"的信念辩护，我们就必须对"格蕾能够合情理地拒绝各种要求她这么做的原则"提出某种其他的根据。

对于什么是对拒绝某一道德原则来说合情理的根据，斯坎伦提出了若干主张。根据我们所称的更大负担主张（Greater Burden Claim），或简称

GBC："在各种替代原则都会给他人施加大得多的负担的情况下，你因为某一原则会给你施加负担而拒绝该原则……就是不合情理的。"

斯坎伦是在宽泛的意义上使用"施加负担"这一表述：它不仅指伤害某人，而且涵盖未能给予某人某种可能的收益。例如，如果某一原则要求我救某个陌生人的生命而不是你的一条腿，该原则就给你施加了失去一条腿的负担。接着假定

情形二：我可以使用某种稀缺药品。要么用于格蕾，让她多活几年；要么用于怀特，让她多活许多年。格蕾和怀特都没有任何其他权利索取该药品。*193*

斯坎伦的观点正确地要求我将药品用于怀特，从而使她受益。如 GBC 所蕴含的，格蕾不能合情理地拒绝各种要求这种行动的原则。尽管这样的原则会给格蕾施加失去几年寿命的负担，但任何不这么要求的原则都会让怀特失去许多年的寿命，从而给怀特施加大得多的负担。

情形一涉及同样的可能受益和负担。斯坎伦的 GBC 因而蕴含着，格蕾不能合情理地拒绝各种要求她把器官捐献给怀特的原则。与情形二一样，尽管这样的原则会给格蕾施加负担，但任何不这么要求的原则都会给怀特施加大得多的负担。因此，斯坎伦的观点有如下不可行的蕴含：道德上要求格蕾把器官捐献给怀特从而缩短格蕾的寿命。

还存在另一个更严重的问题。怀特可以诉诸某一这样的原则：该原则允许或要求他人在未经格蕾同意的情况下，通过强力取走格蕾的器官并移植给怀特。GBC 似乎蕴含着，格蕾不能合情理地拒绝这样的原则。但我们大多数人相信，这么做是极其不当的。

既然是 GBC 对斯坎伦的观点提出了上述问题，我们就应该问斯坎伦能否拒绝这一主张。答案取决于斯坎伦是否应该以另一种更宽的（wider）方式来修正其观点。

第76节 效用主义、加总和分配原则

根据我们可称作的斯坎伦的

> 个体式限制：就拒绝某一道德原则而言，我们必须诉诸该原则仅仅对于我们自己以及其他单个（single）人的蕴含。

用斯坎伦的话说：

194

> 道德原则的可证成性，仅仅取决于反对和替代该原则的个体（individuals）的理由。

我们也可以把这些理由称作拒绝某一原则的个人根据（personal grounds）。这些根据的强度（strength）一部分取决于对该原则的接受会或可能会给我们施加多大的负担。这种强度可能还取决于某些其他事实，比如我们的境遇有多不利，对于我们或他人不得不承受某些负担，我们是否负有责任。斯坎伦补充说，某些对于拒绝原则来说合情理的个人根据可能与我们的福祉无关。例如，这样的根据可能产生于某一原则对我们的不公平。并且任何这样的根据清单都可能是不完整的，因为我们可能会逐渐认识到，还有其他合情理的根据拒绝道德原则。

斯坎伦最具吸引力的观念之一是"对于每一个人的可证成性"，这一观念为其个体式限制提供了某种支持。我们既然在问哪些是无人能够合情理地拒绝的原则，那就必须考虑每一个人对于拒绝某一

原则来说的根据，从而我们就可以言之成理地主张，这些根据是由
该原则对于这个人的蕴含提供的。

　　斯坎伦还以另一种方式为该主张辩护。与罗尔斯一样，斯坎伦
意在使其契约论提供"对于非效用主义道德推理的基础的某种清晰
论说"。行动效用主义者认为，给少数人施加重担只要我们能够由
此给足够多的其他人带来少量收益，就总是正当的。在斯坎伦设想
的一种情形中，

　　　　琼斯在电视台的转播室遭遇意外。要免除琼斯 1 小时的剧
　　　痛，我们就不得不取消对一场足球赛的一部分直播，该直播会
　　　给大量的人带来快乐。

就单个生命之内而言，痛苦可能被快乐在享乐主义的意义上胜
过（hedonically outweighed）。例如，我们可能有决定性理由去选
择，为了享有多个小时的某种快乐而忍受 1 小时的某种痛苦。该选
择给予我们快乐减去痛苦后正值的（positive）净余总量，从而有
利于我们。效用主义者认为，快乐与痛苦的产生无论是在单个生命
之内还是在不同生命之中，都是没有区别的。按照这种观点，我们
免除琼斯 1 小时的痛苦可能是不当的。如果由于减弱了大量足球赛
观众的快乐，我们减少了快乐减去痛苦之后的快乐总量，那么这种
做法就是不当的。斯坎伦拒绝这一效用主义的结论，反而主张，无
论有多少人的快乐会减弱，我们都应当免除琼斯 1 小时的痛苦。这
是我们许多人都会同意的。

　　斯坎伦提出，效用主义者之所以得出上述不可接受的结论，是
因为他们把不同人的收益与负担错误地加在一起。斯坎伦写道，通

195

过诉诸个体式限制，我们可以避免诸如"按照直觉上像是正当方式"之类的结论。用他的话来说：

> 在契约论中对原则的所有反驳都必须由个人提出，契约论的理论由此阻止了那些按照直觉上有吸引力的方式进行的证成。它容许那些承受重负者发出直觉上有说服力的不满的声音，而另一方面，其他人较小收益之总量并没有证成上的权重，因为任何人都不会喜欢这样的收益……

按照斯坎伦个体式限制的最简单形式，不同人的收益永远不可能做道德上的加总（morally summed）。在把斯坎伦的公式运用于任意两种相冲突的原则时，我们应该比较的都仅仅是如下两者：任何一个人所持有的、对于其中一种原则最强的个人反驳，以及其他任何一个人所持有的、对于另一种原则最强的反驳。有多少人持有这两种相冲突的最强反驳，这是无关紧要的；并且我们可以忽略所有较弱的其他反驳。每次诸如此类的选择由此都可被看作仿佛它所影响或涉及的仅仅是两个人。用斯坎伦的话来说，数量并不重要。

斯坎伦对上述观点做了两个方面的限定。他提出，如果不同的可能行为给不同的人施加同等的负担，那么数量可以打破均势，因为我们应当把这样的负担施加给尽可能少的人。斯坎伦还提出，如果一种负担不比另一种小得多，那么数量重要。为了避免这些复杂性，我们可以首先考察这样的情形：其中，我们可以要么使一个人免于某种重担，要么使许多其他人免于小得多的负担。

196

我认为，对于避免不可接受的效用主义结论来说，斯坎伦的个体式限制不是正确的途径。对于效用主义者如何达成这样的结论，斯坎伦存在误判（misdiagnoses）。效用主义者的错误不在于数量重要的信念，而在于他们认为收益与负担如何在不同的人之间分配从道德上说是没有什么区别的。

要阐明这种区别，我们可以做出这样的假定：某些人患有令人痛苦的疾病；以及作为掌握稀缺医疗资源的医生，我们必须确定应该治疗其中的哪些人。这些人都没有特权，在与道德相关的其他方面也没有区别。与前文所述一样，人们如果没能得到某种可能的收益，那么在相关意义上就被施加负担。

在某些这样的情形中，如果我们不加干预，那么在我们可以惠及的那些人之中，有一些人的境况会比另一些人糟糕得多。在如此情形中，可以说底线（baseline）是不平等的。假定在情形三中，仅有的可能后果如下：

后果 我们的做法	布鲁未来 痛苦的天数	一定数量的其他人中 每人未来痛苦的天数
什么都不做	100	10
治疗布鲁	0	10
治疗他人	100	0

如果我们什么都不做，布鲁的境况就会比其他人糟糕得多，因为布鲁的痛苦持续时间是其他每个人的 10 倍。接着假定痛苦 1 天为负担的均值。效用主义者由此会主张，如果能够使其他 11 人免除每人 10 天的痛苦，那么我们应当治疗这些人，而不是布鲁。我们

由此会使这 11 人免除总量为 110 天的痛苦，这个收益总量大于免除布鲁所有 100 天痛苦而获得的收益数量。我们大多数人会拒绝这一效用主义主张，反而认为我们应当免除布鲁的剧痛。我们甚至可能认为，应当免除布鲁 100 天的痛苦，而不是使任何数量的他人免于每人 10 天这一负担要小得多的痛苦。

斯坎伦的公式支持上述信念。依据斯坎伦的个体式限制，布鲁能够合情理地拒绝各种要求我们治疗其他人的原则，因为这样的做法给布鲁施加的负担，远远大于我们如果转而治疗布鲁就会给其他任何单个人施加的负担。

尽管斯坎伦的公式在此给出了讲得通的答案，但我认为它并非以正确的方式支持这个答案。如果我们应当治疗布鲁而不是这些其他人，那么这并不是因为我们将要使布鲁免于大得多的负担，而是因为我们若不使布鲁免于这种负担，布鲁的境况就会比其他这些人糟糕得多，因为她要多痛苦很多天。为了表明这一事实是重要之事，我们可以转而考察这种情形的某一版本，在此情形中没有上述差别，由此底线是平等的。我们还可以假定，我们与其给予布鲁很大的收益，倒不如给予每个人同等但少得多的收益。假定在情形四中，仅有的可能后果如下：

后果 我们的做法	布鲁未来 痛苦的天数	一定数量的其他人中 每人未来痛苦的天数
什么都不做	100	100
做 A	0	100
做 B	90	90

如果我们什么都不做，那么布鲁和其他人的境况同等地不利，因为他们都会痛苦 100 天。我们如果做 B，那就会给予所有这些人同等的收益。根据斯坎伦的个体式限制，给予不同人的收益不能在道德上加总，因而我们又应当做 A，由此使布鲁免于所有 100 天的痛苦。从而我们给布鲁提供的收益，要远远大于"通过免除其他任何一人 100 天中仅 10 天的痛苦，我们可以给这个人提供的收益"。按照斯坎伦的观点，我们能够让其他这些人中的多少人免于 10 天的痛苦，这从道德上说是没有区别的。我们应当使布鲁免于 100 天的痛苦，而不是使布鲁以及多达 100 万的其他人免于 10 天的痛苦。

上述主张显然是错的。如果使布鲁免于 100 天的痛苦，我们就不仅仅是未能使其他人免于总量为 1 000 万天的痛苦。如果我们不提供帮助，这一极大地增多的痛苦总量就要由人们来承受，他们所有人都要承受和布鲁所要承受之痛苦完全等量的痛苦。我们应当转而使这么多人每人免于 10 天的痛苦。

在上述类型的情形中，斯坎伦的观点与关于分配收益和负担的所有可行观点都冲突。根据其中一种这样的观点，

> 目标的平等主义（Telic Egalitariansim）：如果收益和负担在不同的人之间做更平等的分配，那么这在某种程度上总是会更好。

这种观点蕴含着，相较于免除布鲁所有 100 天的痛苦，更好的做法是免除对于布鲁以及其他 9 个人来说每人 100 天中 10 天的痛苦。由此同等总量的收益就被平等地分配于布鲁和其他人之间。既然没

198

有道德上相关的其他事实，这就是我们应当通过做 B 而产生的后果。如果较小的收益总量被更平等地在不同的人之间分配，那么这种情况也可能更好。但这样的情形会提出一些我们在此可以搁置的问题。平等主义还可能是一种纯粹道义式的（deontic）观点，即它不是关于后果的善性，而只是主张在许多情形中我们应当在不同的人之间更平等地分配收益。在用于此处的案例时，这种观点会得出同样的蕴含。

根据另一种不那么为人所熟悉的观点，我们可称之为

> 目标的优先性观点（the Telic Priority View）：如果把收益分配给境况更糟糕的人，那么这在某种程度上总是会更好。

这种观点也蕴含着，相较于免除布鲁所有 100 天的痛苦，更好的做法是免除对于布鲁以及其他 9 个人来说每人 100 天中 10 天的痛苦。但这种后果之所以会更好，不是因为消除了不平等，而是因为这些收益更多地被分给境况更糟糕的人。假定我们首先确保使布鲁免除 100 天中 10 天的痛苦。按照这种优先性观点，既然其他人由此就面临比布鲁持续时间更长的痛苦，那么我们提供更多善的做法就是：再提供 10 天的痛苦免除，不是给布鲁，而是给其他人中的任何一人。相较于把其他任何一人的痛苦从 100 天降到 90 天，我们把布鲁的痛苦从 90 天降到 80 天所提供的善较少，把痛苦从 80 天降到 70 天所提供的善就更少了，依此类推。既然不存在道德上相关的其他事实，我们就应当做 B，即仅免除布鲁 10 天的痛苦以便我们还能给予其他 9 人同样的收益。这种观点也可以

呈现为非目标的道义式形式，即仅仅主张在许多情形中我们应当优先考虑有利于那些境况更糟糕的人。

可能有益的做法是调整我们的案例。假定布鲁和其他若干人都是 25 岁，并且患有短寿的（life-shortening）病症。我们现有的稀缺医疗资源不能治疗所有这些人。在情形五中，仅有的可能后果如下：

后果 我们的做法	布鲁的寿命 （年）	一定数量的其他人中每 人的寿命（年）
什么都不做	30	70
治疗布鲁	70	70
治疗其他人	30	75

斯坎伦的观点蕴含着：我们应当治疗布鲁，让她多活 40 年，而不是转而让其他每个人多活 5 年，无论这些人的数量是多少。我认为，如果其他人的数量很多，这种观点就过于极端。但是，我们应当让布鲁多活 40 年，而不是让就其他 8 人、12 人、20 人乃至更多人而言每一个人多活 5 年——这样的主张在相当程度上还是讲得通的。

然而，使这种主张讲得通的在于如下事实：布鲁如果不多活这40 年，其生命就会比其他所有人都短得多。与前文所述一样，为了说明这一事实的重要性，我们可以改变该情形的这一特征。可以再假定，我们与其给予布鲁高收益，不如给予每个人同等但少得多的收益。假定在情形六中，仅有的可能选择如下：

200

后果我们的做法	布鲁的寿命（年）	一定数量的其他人中每一个人的寿命（年）
什么都不做	30	30
做 A	70	30
做 B	35	35

按照斯坎伦的观点，我们应当让布鲁多活 40 年，而不是让布鲁以及其他 100 万人多活 5 年。与前文所述一样，这显然是错误的。而使之错误之处，不仅在于与多活 40 年的生命相比，多活 500 万年的生命所增加的收益总量极为巨大，还在于这些收益是在不同的人之间做更公平的分配。显然更好的选择不是让布鲁的生命从 30 岁延长到 70 岁，而是让布鲁和其他 100 万人的生命从 30 岁延长到 35 岁。我认为，这里的第二种后果会更好，即便这每一个人多活的 5 年是分给少一些的其他人比如 7 人、6 人乃至更少的人也是如此。

效用主义者认为，后果的好性质取决于收益的净余总量，因而他们否认：如果把收益做更平等的分配或分配给境况更糟糕的人，那么这么做本身（in itself）会更好。尽管我认为这种观点是错的，但效用主义者至少在不同的分配模式之间保持中立。如我们刚刚所见，在某些情形中斯坎伦的公式支持较不（less）平等的分配。在这样的情形中，该公式存在内置的（built-in）偏见，从而反对平等，也反对优先考虑有利于境况更糟糕的那些人。这并非斯坎伦的意图。并且如斯坎伦现在所同意的，我们应当拒绝这些结论。无论在情形四还是情形六中，我们应当做的，都不是给予布鲁高收益，而是提供更大的总收益并在布鲁和其他与她境况完全一样糟糕的多个人之间做平等的分配。

　　我认为，这些情形表明斯坎伦应当放弃其个体式限制。可能有
人提议说，斯坎伦即使保留这一限制，也可以用其他某种方式来修
正其观点。但显然正是个体式限制使斯坎伦的公式步入歧途。假定
在另一版本的情形六中，我们能够要么使布鲁的生命从 30 岁延长 201
到 70 岁，要么使其他仅仅 1 人的生命从 30 岁延长到 35 岁。那么，
斯坎伦的公式就正确地蕴含着，我们应当给予布鲁多得多的收益。
但如果我们转而可以使其他 100 或 100 万人的生命从 30 岁延长到
35 岁，那么这就是我们应当做的。斯坎伦的公式要在这些情形中
给出正确的答案，斯坎伦就必须承认，这里的其他许多人能够合情
理地拒绝任何不要求给他们提供这些收益的原则。既然这些人中每
一个人的收益都比我们可以给布鲁提供的收益少得多，那就必须允
许这些人诉诸这样的事实：尽管布鲁的境况是如此糟糕，但他们每
一个人多活 5 年的显著收益量使他们加起来（they together）将得
到的收益总量要（比布鲁的）大得多。必须允许这些人中的每个人
都以该群体的名义诉诸上述事实。

　　这些情形还表明，不仅仅是效用主义给予可能获得收益或承受
负担的人数以权重，所有可行的分配原则都是如此。在考虑这些情
形时，我们应该拒绝效用主义，这不是因为它给予数量以权重，而
是因为它忽略了分配原则。

　　斯坎伦声称，其个体式限制

　　　　对于契约论的指导性观念来说是核心的，并且也使契约论
　　得以提供对效用主义的一种清晰的替代。

这一主张蕴含着，如果放弃该限制，斯坎伦的观点就不再提供对效用主义的一种清晰的替代。但情况并非如此。即便没有个体式限制，斯坎伦式契约论仍然提供这样的替代。

以下是使上述说法为真的多种途径之一。按照我们可称作的

契约论优先性观点（the Contractualist Priority View）：人们的境况越糟糕，人们就有越强的道德主张和越强的根据拒绝某一道德原则。

不同于目标的优先性观点，上述观点并非关于后果的好性质。在其理论的最早陈述中，斯坎伦诉诸了这一观点。斯坎伦写道，在考虑某一原则时，

202　　　　我们的注意力自然首先会指向那些境况更糟糕的人。这是因为如果有任何人具有合情理的根据反对该原则，那么很可能就是他们。

然而在其著作中，斯坎伦把这一观点仅运用于某些情形，并且对于境况更糟糕者的主张几乎没有给予优先性。我认为，除了放弃其个体式限制之外，斯坎伦还应当回到这种更强版本的契约论优先性观点。

有了上述两点修正，斯坎伦式契约论就可以成功地运用于我们一直在讨论的所有情形。在这些情形中，我们可以要么使单个人免于某种重担，要么使多人免于小得多的负担。斯坎伦声称，在这些情形中数量不重要，由此我们应当使单个人免于重担。在运用于其中某些情形时，这种主张可能看上去是可接受的。我们可以同意，

在情形三中，

　　（A）我们应当使布鲁免于 100 天的痛苦，而不是使对于其他 11 人来说每一个人都免除其所有 10 天的痛苦。

但斯坎伦的观点也蕴含着，在情形四中，

　　（B）我们应当使布鲁免于 100 天的痛苦，而不是使对于其他 100 万人来说每一个人都免除其 100 天中 10 天的痛苦。

而（B）显然是错的。斯坎伦应该换掉数量不重要这一主张，转而应该说，这些人的境况越糟糕，他们就有越强的道德主张和越强的根据拒绝某一道德原则。这一版本的斯坎伦观点仍然正确地蕴含（A）；布鲁遭受的痛苦比其他 11 人中每人所遭受的都要严重得多，因而她具有强得多的主张要免除其大多天数的痛苦。并且这种观点不会错误地蕴含（B）；其他 100 万人的境况与布鲁的一样糟糕，遭受同样严重的剧痛，因而这些人具有与布鲁所持之主张同样强的主张要免除其若干天的痛苦。因此，他们能够合情理地拒绝任何不要求免除其总量为 1 000 万天痛苦的原则。

　　类似的主张适用于情形五和情形六。这种修正版的斯坎伦观点在许多其他种类的情形中也具有更可行的蕴含。这部分地是因为，不同于"给予不同人的收益不能在道德上加总"这一主张，契约论优先性观点能够对程度上的差别做出回应。按照这种观点，在比较人们拒绝某一道德原则之根据的强度时，我们应当给予境况稍差者的道德主张稍大的权重，给予境况差得很多者的主张大得多的权重。

203

斯坎伦如果放弃其个体式限制，那就可以转而诉诸一种类似但弱一些的观点。斯坎伦提出了这样一种观点：根据该观点，仅当在比较大小方面（in size）足够接近的收益和负担时，数量才重要。但这种足够接近的观点（Close Enough View）也具有不可接受的蕴含。假定这种观点主张，某个收益从道德上说要被许多个少一些的收益胜过，后者（单个）的收益就必须至少是前者的 1/4。接着假定

> 情形七：我们可以延长某些人的寿命，若不延长，这些人就会就在 30 岁时死去。我们可以要么
>
> （1）使布鲁的寿命延长 40 年，
>
> 要么
>
> （2）使其他 1 000 人中每人的寿命延长 15 年，
>
> 要么
>
> （3）使其他 100 万人中每人的寿命延长 5 年。

按照足够接近的观点，给予布鲁的高收益会被给予其他 1 000 人（每一个人）的较小收益胜过，因为这些收益在大小方面足够接近。给予其他 1 000 人的收益转而又被给予 100 万人的收益胜过，因为这些收益也足够接近。但布鲁的高收益不会被 100 万人的收益胜过，因为这些收益不是足够接近的。因此，足够接近的观点蕴含着，我们应当做（2）而不是（1），应当做（3）而不是（2），应当做（1）而不是（3）。无论做哪一种，我们的行为都是不当的，因为我们本来应当转而做别的事情。即便可能存在我们可以避免不当行为的情形，上述蕴含在这里也是讲不通的。并且很清楚的是，我

204

们应当做（3），而不是（1）和（2）。

斯坎伦的主张不应诉诸足够接近的观点，而应该至多是：重要的收益和负担从道德上说不能被其他任何数量的不重要或微不足道的收益和负担胜过。例如，他可能主张

（C）我们应当使某一人的寿命延长1年，而不是使其他任何数量的人的寿命仅仅延长1分钟；

以及

（D）我们应当使某一人免除1整年的痛苦，而不是使其他任何数量的人免除仅仅1分钟的类似痛苦。

这些主张尽管是非常讲得通的，但可能具有不可接受的蕴含。1年大概是100万分钟的一半。假定

情形八：在某个人口稍多于100万的社区，我们可以按照（C）描述的方式使他们每个人受益，每次一人受益。每次这样的行为会使其中一个人的寿命延长100万分钟的一半，而不是使其他100万人中每人的寿命都延长1分钟。

既然这些效果是平等地分配的，这些行为对于每个人来说就较坏。如果一直按照这种方式行动，我们就会使每个人的寿命延长仅仅1年。如果取而代之的是一直使其他所有人的寿命延长1分钟，我们就会使每个人的寿命总共延长2年。接着假定

情形九：上述这些人经常处于痛苦状态，而我们可以按照（D）描述的方式使他们每个人受益，每次一人受益。每次

205　　　这样的行为会使其中一个人的痛苦减少 100 万分钟的一半，而不是使其他 100 万人中每人的痛苦减少 1 分钟。

与前文所述一样，这些行为对于每个人来说较坏。如果一直按照这种方式行动，我们就会使所有这些人的痛苦减少仅仅 1 年，而不是 2 年。这显然是不可接受的结论。遵循（C）和（D）是不当的，因为这些人会由此寿命都缩短 1 年，以及都增加 1 年的痛苦。

像（C）和（D）这样的主张可能在若干方面似乎显然为真。我们大多数人不善于判断大数量（large number）的意义。我们可以假定，如果"一个人是否承受某种负担"几乎没什么要紧，那么"100 万人是否承受该负担"几乎也没什么要紧。我们还可以假定，如果与其他人相比，某些人要承受大得多的负担或失去大得多的收益，那么他们是境况最糟糕的。但这样的假定可能不为真。而当这样的假定不为真时，一种巨大的损失就可能从道德上说被大量的小收益胜过。假定如果我把 100 万美元捐给某援助机构，我的捐赠就会在 1 000 万全球最贫困者之间做平等的分配，由此他们每一个人仅得到 10 美分。如果我是在捐赠我的绝大多数财产，失去 100 万美元对于我的负担就远远大于会给予其他每一个人的 10 美分这一平均收益。但这些（由 1 000 万人）加起来的 100 万收益要远远大于我的负担。这一收益总量既大得多，也被分给那些比我境况糟糕得多的人，因而"给其中每一个人的平均收益将非常小"在道德上是不相关的。我的 100 万美元哪怕给这些人提供的收益是如此之小，也产生了大得多的善。

另一种错误是考虑仅仅单个的行为。有些行为以给极大量的他人施加微小负担的方式，给我们自己带来显著的收益。例如，给许多人的空气、食物或水加重污染的许多行为就是如此。如果考虑任何一个这样的行为，那么给许多其他人带来的细微影响可能看上去微不足道。这样的行为如果给他人施加的成本少于 10 美分，或给他人减少的寿命不足 1 分钟，就可能看上去无关紧要。但如果许多人都这么做，这些微小的影响就会累加。并且在对这些影响做大致 *206* 均等的分配之时，这些行为就会使几乎所有受影响者的境况变得更糟糕。在如今的世界，这样的行为累加起来对极多的人施加了极大的负担。

尽管不应该总是忽视微不足道的收益和负担，但我们这么做通常是可以被证成的。这在（前文所述的）斯坎伦的案例中可能为真：为了让琼斯免除 1 小时的剧痛，我们必须中断上百万足球赛观众的快乐。琼斯拒绝任何要求或允许我们让他承受 1 小时剧痛的原则，这可能是合情理的。这百万观众可能反驳说，尽管他们每一个人的损失很小，但加起来损失的快乐总量在享乐主义的意义上要胜过琼斯 1 小时的痛苦。但琼斯的境况要比所有这些人都糟糕得多。鉴于这一事实，琼斯可以言之成理地回答说，免除其痛苦的主张在道德上要胜过他们加在一起的主张。

现在我们可以转向另一个问题。给予某一个人的大收益可能在道德上为给予其他人的若干较小收益所压倒，此时我们必定要问，这些收益的重要性是否与其大小成比例（proportional）。例如：如果给某一个人的 1 个收益与给其他人的 2 个收益（其中每个收益是这个人收益的 1/2）同等重要，那么情况就是如此。

斯坎伦提议，相较于救某一人的生命，我们或许更应当使百万人免于完全瘫痪。对于大多数人来说，陷入完全瘫痪的糟糕程度至少相当于死亡的 1/20。如果这些负担的道德重要性与其大小是成比例的，那么一个人的死亡就会在道德上为 30 或 40 这一较少人数的人们陷入完全瘫痪所胜过。斯坎伦选择的是 100 万人这一大得多的数量，因而他似乎给予这些较小负担小得多的权重。按照我们可称作的

> 不成比例观点（Disproportional View）：较小收益和负担的道德重要性小于与其大小成比例的重要性。

这种观点是斯坎伦个体式限制的较弱版本。按照这种限制，对一个人的大收益或大负担，不能在道德上为对其他人任何数量的较小收益或负担所压倒。按照不成比例观点，这样的大收益或大负担可以在道德上被胜过，但较小的收益或负担不应该像效用主义所主张的那样简单相加。这样的较小收益或负担尽管可以被加在一起，但应被给予不成比例的较小权重。

我认为斯坎伦应当拒绝上述观点。尽管对一个人的重担通常应该被给予不成比例的较大权重，但我认为，仅当且因为该重担会使这个人的境况比其他人的糟糕得多，这一点才为真。在这个人的境况不是较糟糕时，不成比例观点就是错的。假定

情形十：我们可以要么

（1）使布鲁免于其所有 100 天的痛苦，

要么

（2）使就其他 10 人而言每一个人免除其 100 天中的 10 天

的痛苦。

接着假定每一天的痛苦是均等的负担，因而（1）给予布鲁的收益将是（2）给予其他 10 人中每一个人收益的 10 倍。如果这些较小收益的重要性小于与其大小相应的比例，我们就应当使布鲁免于其 100 天的痛苦。但相反的主张也是正确的：正是布鲁较大的收益的道德重要性要小于与其大小相应的比例。如优先性观点所主张的，收益在分配给境况较好者时具有较小的道德权重。相较于其他人要求将其痛苦天数从 100 降到 90 的主张，布鲁要求其痛苦天数从 90 降到 80 的主张要弱一些，进而从 80 降到 70 的主张甚至更弱，依此类推。这作为其中一个原因使我们做出如下选择：我们不选择使布鲁免于其 100 天的痛苦，而应当使其他 9 人、8 人乃至更少的人中每个人的痛苦减少 10 天。

如特姆金所提议的，在某些情形中存在着另一个方向（the other way）的论证。特姆金主张，我们尽管总是更有理由把负担分配给许多不同的人，但有时可能有理由把收益全部都给单独一个人，由此使收益集中。例如在情形七中，我们可能有特殊的理由使布鲁多活 40 年，因为这样会让至少一个人活过完整的生命。特姆金在此把收益给予单个人所诉诸的理由，我们可称之为质量的（qualitative）理由。

尽管我们有时可能有这样的理由，但特姆金的观点不同于也不支持不成比例观点。例如，考察

抢座位游戏情形（Musical Chairs）：100 人随后将处于 100 种福祉水平（levels of well-being）。仅存在两种可能性：

208

（A）个人一处于水平 1，个人二处于水平 2，个人三处于水平 3，依此类推。

（B）个人一处于水平 100，而其他每个人所处的水平依次减 1。

按照不成比例观点，我们应当选择（B）。如果大一些的收益和损失所具有的重要性大于与其大小成比例的重要性，那么给个人一提供的单个大收获，即使其福祉水平提高 99，就显然在道德上要胜过给其他人带来的小损失之和，即降低 99 水平。这是讲不通的。个人一没有资格处在顶端。

我的结论是，斯坎伦不应诉诸其个体式限制的任何较弱版本。斯坎伦如果转而诉诸某一强版本的契约论优先性观点，其观点就会提供对效用主义的一种清晰的替代，并且避免我们一直在考察的所有反驳。

现在可以回到先前的一个反驳。回顾

情形一：格蕾如果捐献自己的某个器官给怀特，就会使自己的寿命缩短几年，但同时会让怀特的寿命延长多年。

我们可以补充一点：没有任何其他方法能够挽救怀特的生命，因为唯有格蕾能够提供组织类型刚好相配的器官。如我们所见，斯坎伦目前的观点蕴含着，格蕾应当缩短寿命去这么做，因为格蕾不能合情理地拒绝各种要求她把器官捐献给怀特的原则。斯坎伦写道，这种情形引发了一个难题，因为他倾向于认为，不要求格蕾做出这一捐献。这也是大多数人所认为的。

如我所言，还存在另一个更严重的问题。如果某一原则要求格蕾把器官捐献给怀特，那么该原则也可以主张格蕾有权决定如何处置自己的身体。于是，格蕾就有权通过决定不把器官捐献给怀特而采取不当的做法。但我们接下来可以考察一个更极端的原则：它否认格蕾有上述权利，因为该原则允许或要求其他人在未经格蕾同意的情况下取走格蕾的器官，并移植给怀特。这一原则甚至与大多数人的道德信念有更强烈的冲突。

如果格蕾能够合情理地拒绝这样的原则，那么斯坎伦的公式会支持上述信念。在讨论某一类似情形时，斯坎伦写道：

> 把自己的生命和身体看作"随时待命的"（on call），只要对救助处于危险中的他人来说为必需就可以做出牺牲——对这样的观念予以拒绝并非不合情理。

但如我们所见，斯坎伦同时主张：

> GBC：在各种替代原则都会给他人施加大得多的负担的情况下，你因为某一原则会给你施加负担而拒绝该原则就是不合情理的。

如果我们接受这一主张，那就可能难以论证：格蕾能够合情理地拒绝各种"允许或要求其他人在未经格蕾同意的情况下取走格蕾的器官并移植给怀特"的原则。即便有其他某些人这么做，格蕾所失去的也只是几年的寿命，而且与怀特若没有格蕾的器官就会失去许多年的寿命相比，这是小得多的负担。而如果格蕾不能合情理地拒绝这样的原则，斯坎伦的公式就蕴含着，"其他人在未经格蕾同意的情况下取走格蕾的器官并移植给怀特"的做法是正当的。这让人更加难以置信，因而这种蕴含对斯坎伦观点的反驳要强得多。

可能有人提出，格蕾既然有权决定如何处置自己的身体，那就
能够合情理地拒绝各种允许他人未经其本人同意就取走其器官的原
则。但在做出格蕾有如此权利的主张时，我们就是在主张，他人这
么做是不当的。而我们在问斯坎伦的公式蕴含什么时，不能诉诸我
们关于"哪些行为为不当"的信念。只有在随后的阶段即我们鉴于
其蕴含来确定是否应当接受该公式时，我们才能诉诸这些信念。

但仍然存在另一种方法，让我们在运用斯坎伦的公式时可能为
"格蕾有权决定如何处置自己的器官"这一主张做辩护。如果斯坎
伦放弃其个体式限制（如我已经论证的，他应该如此），那么他也
可以拒绝 GBC。按照这种修正版的斯坎伦观点，我们可以诉诸我们
以及形形色色的其他人加起来持有的拒绝理由之合力，由此合情理
地拒绝某些原则。那么我们可以主张，我们能够合情理地拒绝任何
"允许或要求其他人在未经格蕾同意的情况下取走格蕾的器官并移
植给怀特"的原则。我们所有人都有理由不想生活在这样的世界：
其中，处于格蕾位置的这些人在拒绝捐献器官时会遭到警察追捕，
其器官会被强行取走。每一个人都知道，我们本人受到如此对待的
可能性很小。鉴于这一事实，我们不想生活在如此世界的理由个别
地（individually）看要远远弱于怀特不想失去多年寿命的理由。但
是，如下情况可能为真：我们加起来就有更强的理由拒绝任何"允
许或要求某些人的器官会被强行取走并给予他人"的原则。

可能有人反驳说：尽管我们以后可能处于格蕾的位置，且如果
被强行取走我们的器官就会失去几年的寿命，但我们同样有可能处

于怀特的位置，且如果接受别人的器官捐献就会获得许多年的寿命。我们处于怀特位置的可能收益要远远大于处于格蕾位置的可能损失，因而情况似乎可能是：我们不能合情理地拒绝各种允许或要求这么做的原则。然而，我们可以言之成理地回答说，拒绝这些原则的根据不只是由"对它们的接受会如何影响我们自己和他人的寿命"提供的。这样的情形很罕见，因而这些影响也会很小。如果我们在所有这样的情形中都强行移植某些人的器官，那么每个人的预期寿命可能延长仅仅几小时或几分钟。我们想要这种预期收益的理由，可能会明显地被"我们不想生活在警察追捕某些人并强行取走其器官的世界"这一理由胜过。

　　如下是另一个有些类似的问题。当得知某些人的生命处于危险中（例如，如果某些少数群体被暗中追捕，实际上就会发生这样的情况），我们就有理由想要做出大量努力去挽救这些人的生命。有些经济学家指出，如果我们不是花费巨资去努力救助处于如此紧急状态的已知特定人群，而是将这些资金用于更划算的（cost-effec-tive）安全措施以预防更大量的统计上可预期的未来死亡，那么我们在提高人们的寿命方面会做得更好。但我们可以合情理地否认，这在道德上是决定性的事实。我们有强理由想要做出大量努力，以挽救身处危险中的已知特定人群的生命。例如，通过做出或支持这样的努力，我们对同一共同体中的每个人表达并重申我们的团结与关切。这样的效果是"仅仅预防统计上未知人群可预期的未来死亡"这一行为难以达到的。

　　我们有类似的理由想要如下情况为真：无人会被追捕并被强行

取走器官。并且这样的做法虽然是为了挽救某些已知特定人群的生命，但同时会产生诸多焦虑、冲突和不信任。我们必须承认，相较于怀特想要多活许多年的理由以及那些可能处于怀特位置的其他少数人的类似理由，我们余下的这些人具有想要避免焦虑和不信任的仅为较弱的理由。但是，即便这些理由个别地看要弱得多，我也认为，所有这些理由的合力会给予我们"拒绝任何要求或允许强行取走人们器官的原则"的合情理的根据。因此，斯坎伦如果放弃其个体式限制，就能够回应这一反驳，即其观点要求或允许上述做法。

212　　接下来我们可以问，如果放弃其个体式限制及更大负担主张，那么斯坎伦还能否坚持主张，格蕾能够合情理地拒绝任何在情形一中要求她把器官捐献给怀特的原则。这样的原则承认，格蕾有权决定如何处置自己的身体，并且有权拒绝把器官捐献给怀特而采取不当的做法。鉴于上述事实，斯坎伦不能用我刚才做出的主张拒绝该原则。如果我们所有人都接受该原则，那么无人会被追捕并被强行取走器官。我们可能主张，如果身处格蕾的位置，那么我们所有人都有理由想要"在道德上不被要求放弃几年的寿命"。但我们必须承认，如果身处怀特的位置，那么我们所有人都会有更强的理由想要被给予许多年的寿命。

　　然而，可能存在我们能够合情理地拒绝该原则的其他根据。斯坎伦声称，我们能够这样合情理地拒绝某些原则，拒绝的根据不诉诸仅仅是这些原则对我们或他人施加负担的大小以及我们福祉的水平，或者是关于公平的主张。对于其他这样的根据，有些人可能诉诸关于人性的某些事实。我们大多数人尽管能够遵循不杀害或重伤他人的道德要求（即便这么做会挽救自己的生命也是如此），但觉得难以做到"仅仅为了使某个陌生人的寿命延长多年就使自己的生命缩短几年"。我们可能主张，鉴于此类事实，期待或要求人们为陌生人做出这种牺牲是不合情理的。就做出这样的主张而论，我们并没有违反道德信念的限制（Moral Beliefs Restriction），因为我们并不是在诉诸"无人会在道德上被要求做出这种牺牲"的信念。我们反而是在主张，关于人性的这些事实为拒绝要求那么做的原则提供了合情理的根据。

第二十二章　斯坎伦式契约论

第77节　斯坎伦关于不当性和非人称式限制的主张

213　　我认为，斯坎伦还应该修正另外两个方面，由此加强其契约论版本。

　　斯坎伦在其著作中声称，他的理论不是要描述可能使得行为为不当的事实，而是要论说不当性本身，或者行为之为不当是怎么回事（what it is for some act to be wrong）。我已论证，这一主张是个失误。根据斯坎伦公式的一种陈述：

　　　　斯坎伦的公式：某一行动是不当的，恰好当这样的行动为某一无人能够合情理地拒绝的原则所不容。

斯坎伦如果在此是在契约论的意义上使用"不当的"，意指"为这样一种不可拒绝的原则所不容"，那就确实能够主张：对于这种契约论类型的不当性或在这种契约论的意义上行为之为不当是怎么回事，其公式给出了某种论说。但斯坎伦的公式由此就是某种隐含的循环论证（tautology），其公开形式是

> SF2：某一行动为某一无人能够合情理地拒绝的原则所不容，恰好当该行动为这样一种不可拒绝的原则所不容。

无论我们的道德信念如何，我们都能够接受这种无足轻重的主张。斯坎伦的主张转而应该是：如果某一行动为某一无人能够合情理地拒绝的原则所不容，这一事实就使该行动在一种及一种以上的非契约论的意义上是不当的。例如，斯坎伦可以主张：

> SF3：如果某一行动在这种契约论的意义上是不当的，这就使该行动在可证成式的（justifiabilist）、值得责备以及反应性的态度（reactive-attitude）的意义上是不当的。

"不当的"这四种意义都是可定义的更长用语的简称。因此，这一版本的斯坎伦公式可以更完整地陈述为

> SF4：如果某一行动为某一无人能够合情理地拒绝的原则所不容，这一事实就使该行动是不可对他人证成的，是值得责备的，并且是一种给予该行动者悔恨理由且给予他人义愤理由的行为。

现在斯坎伦承认，其契约论理论应该采取某种这样的形式。

接下来我们可以转向斯坎伦关于"什么对于拒绝道德原则来说

是合情理的根据"的另一种主张。根据我们可称作的斯坎伦的

> 非人称式限制（Impersonalist Restriction）：就拒绝某一
> 道德原则而论，我们不能诉诸关于后果之非人称的好性质与坏
> 性质的主张。

斯坎伦主张，拒绝原则的所有理由都必须是人称的。他还写道：

> 对于合情理的拒绝来说，非人称的价值本身不是根据。

尽管斯坎伦没有明确地说我们不能诉诸关于"后果之非人称的好性质"的主张，但这一点为其他诸如此类的主张所蕴含。在拒绝如此诉求的主张中，有一个主张是：后果可以是非人称地好的或坏的，这样的说法没有意义。这并非斯坎伦的观点。他既认为在蕴含不偏不倚的理由的意义上后果可以有好坏之分，也认为我们可以有强理由努力产生或防止这样的后果。

如一个例子所示，斯坎伦给出了由动物受苦提供的理由。他写道：

> 与人类的痛苦一样，非人类的动物的痛苦是我们有理由去防止和减轻的，并且没能对这种理由做出回应是一种道德缺陷。

接着斯坎伦设想有人会说：

> 如果存在这种非人称的理由，那么它们为什么不应算作合情理地拒绝原则的可能根据？

他答道：

　　就回答这一问题而论，重要的是要记住我们在力图描绘的这部分道德的限制范围。契约论公式旨在描述道德观念的某一类别："我们彼此负有什么义务"的要求。拒绝原则的理由因而相应于我们对其他个人所负有的特定形式的关切。按照定义，非人称的理由不体现为这样的关切形式。

在做出"某些行为是对他人的义务"这样的主张时，斯坎伦的意思是，没能这么做在其契约论的意义上是不当的，因为存在某一无人能够合情理地拒绝的原则要求我们这么做。斯坎伦本人既然定义了这样的契约论含义，那就有权主张，在问哪些行为在此意义上为不当时我们不应诉诸非人称的理由，因为按照定义，这样的理由是不相关的。但现在斯坎伦主张，一旦行为在这种意义上是不当的，这就使这些行为在非契约论的其他意义上是不当的。并且，斯坎伦不能这么说：在问"哪些行为在这样的其他意义上为不当"时，在蕴含不偏不倚理由的意义上何为好坏的主张按照定义是不相关的。

　　斯坎伦还提出，在问我们在他的契约论的意义上对他人负有何种义务时，我们可以诉诸对我们来说有能力对某些非人称的价值做出回应的重要性。例如，我们能够合情理地拒绝某一这样的原则：它要求我们遵守某个相当微不足道的承诺，而不是解救某动物的剧痛。然而如斯坎伦所指出的，我们对他人所负有的义务有时与非人称的价值冲突。并且在问哪些行为在非契约论的意义上为不当时，我们不能在可辩护的意义上主张，我们对他人负有的义务始终具有对于这些价值的优先性。

　　例如，考虑某种报应原则（Retributive Principle）：它要求我

216

们给予罪犯以他们应得的惩罚，即便无人从这样的惩罚中受益也是如此。在诉诸斯坎伦的公式时，这一原则难以得到辩护。罪犯可以合情理地反驳说，这样的惩罚不利于他们且无益于任何人。他们可能主张，我们对他们负有的义务是不应以这种无人受益的方式惩罚他们。斯坎伦会拒绝上述报应原则，这一点我确信无疑。但报应主义者（retributivist）可能回答说，人们得其应得的惩罚这本身就是善的。在拒绝这种回答时，斯坎伦可能主张，与关于后果之好性质的那些事实相比，我们对他人负有的义务具有道德优先性。但我认为，这样的回应是不够的。我们必须以某种其他方式拒绝报应原则，比如，通过论证应得的惩罚本身并不是善的或任何人的受苦都不可能是应得的。

既然不能言之成理地提出"与关于后果之好性质的诸事实相比，我们对他人负有的义务具有绝对的道德优先性"这样的主张，斯坎伦的观点就可以采取其他两种形式中的任何一种。如果保留其非人称式限制，那么斯坎伦可以回到这样的观点：一旦某一行为在其契约论的意义上是不当的，这就使该行为在其他非契约论的意义上是初定地不当的。这些行为除非能够通过诉诸关于后果之好性质的主张而得到证成，否则就会是不当的。按照这一版本的斯坎伦观点，其公式就会主张，它要描述的仅仅是那些能够在其他意义上使行为为不当的诸事实之一。这一版本的斯坎伦观点可能看上去弱得令人失望。但情况可能并非如此。斯坎伦或许能够为如下主张辩护：一旦某些行为在其契约论的意义上是不当的，在大多数时候（very often）这就使这些行为在其他意义上是不当的。并且，斯坎伦的公式可能谴责大多数不当的行为。由此该公式就可能描述能够使得行为为不当的某一类极其重要的事实，并且在一定意义上有助于解释，大量更具体的其他事实为何也能够使得行为成为不当的。

接下来假定斯坎伦放弃其非人称式限制。按照这一版本的斯坎伦观点，在主张我们能够合情理地拒绝某一原则时，我们被允许诉诸关于后果之好性质的信念。依据这一版本，斯坎伦可以做出更大胆的主张：行为在其他意义上是不当的，恰好当且一部分是因为这些行为在斯坎伦的契约论的意义上是不当的。如果这是正确的，斯坎伦的契约论就会统一且有助于解释所有能够使得行为为不当的更具体的事实。这会给予斯坎伦强理由做出这种更大胆的主张。

第 78 节　非同一性问题

我认为，斯坎伦还有其他理由放弃其非人称式限制。在问我们对其他人负有什么义务时，斯坎伦意指的其他人包括所有未来人。用他的话说：

> 对于"那些现在不存在但会在未来存在的人无权对我们提出道德要求"这样的说法，契约论不提供任何理由……

他还写道："限制在目前存在的人类，这看上去显然过于狭隘。"就确定我们对未来人负有什么义务而论，我们必须回答一些斯坎伦没有讨论的问题。因此，我现在要讨论这些问题，只是在后面才回到斯坎伦的理论。

道德上可能不相关的是，我们的行为将影响到的那些人目前尚不存在。如果我把碎玻璃扔在某个森林，而一些年后一个孩子被这些碎玻璃划伤，那么我的疏忽可能直接对这个孩子造成了伤害。情况可能是这样的：要不是我把碎玻璃扔在那里，这个孩子后来本可以不受伤害地走出森林。如果这一点为真，那么无论我这么做时这个孩子是否已经存在，我的伤害行为都一样是不当的。

218

接着假定我们必须做出这样的选择：我们的社区是否继续消耗某些稀缺的不可再生资源（unrenewable resources），或者继续使地球的大气过暖。如果我们选择

消耗（Depleting）或使大气过暖（Overheating），那么这些策略会提高现存人们的生活质量，但距今一个多世纪之后，其长期影响会明显降低未来人的生活质量。

我们可以假定，这样的负面影响（bad effects）类似于我们的策略对于当前存在的人可能产生的负面影响。如斯坎伦所述，"重要的是，有人或将有人在某处的生活会受到我们所做之事的影响"。

然而，这里存在一个通常被忽视的问题。除了对未来人的生活质量产生影响之外，我们的行为和策略可能影响到的、在将来生活的那个人到底是谁（who it is who will later live）。哪些特定的（particular）孩子是我们拥有的，这取决于我们私生活中最不受重视的细节。我们的许多行为影响着自己以及他人生活中像这样的细节；并且这样的影响像池塘的水波一样扩展到越来越多的生命。

此外，与水波不同的是，这种影响绝不会消失。随着时间的推移，将有越来越多的人符合这样的情况：如果我们采取了别样的行动，那么这些人本来绝不会被孕育（conceived）。例如，要不是发明了汽车，很可能本书的读者都将从不曾存在。一旦我们共同就"是否继续采取像消耗或使大气过暖那样的策略"做出选择，我们的选择就可能影响到生活在一个多世纪之后大多数人的身份（identity）*。出于这些理由，我们通常可以得知

（A）如果我们的行动按照两种方式中的一种或遵循两种策略中的一种，我们就很可能使未来要过的某些生活的质量降低；

但是

（B）既然未来过这些生活的将是不同的人，那么这些行为或策略对于其中任何人来说都不会较坏（worse）。

我们应该问：（B）是否产生影响，以及如何产生影响？我把这称作 *219* 非同一性问题（the Non-Identity Problem）。

有些人认为，

（C）只要这两种后果中的一种或两种行为中的一种对于任

* non-identity 按国内通行译法译为"非同一性"，但其中的 identity 其实还含有"身份"的意思。按英文解释，它首先是指 the distinct personality of an individual regarded as a persisting entity，亦即"被看作持存实体的个人的显著人格"，也可以理解为"判别个人身份的特征"。这与"同一性"的含义是一致的，但显然后者的抽象程度要高一些。有鉴于此，non-identity problem 仍译为"非同一性问题"，但在个别地方根据语境将 identity 译为"身份"。要之，这两种译法是相通的，对于理解其含义来说又可以互补。

何人来说都不会较坏，那么这种后果不可能较坏，这种行为也不可能不当。

按照这种狭窄的影响个人的观点（Narrow Person-Affecting View），即使这样的行为会大大降低未来生活的质量，我们也没有理由不这么做。

我们大多数人会恰当地拒绝上述观点。我们会认为，

（D）如果未来要过的某些生活的质量会降低，那么这本身是较坏的；

以及

（E）我们有理由不按照会产生如此影响的方式行动，并且如果可以预期这些影响会很坏，而我们能够通过自己付出很小的成本予以避免，那么这样的行动就是不当的。

在此存在两种可能性。按照一种观点，

（F）这些未来生活是由同样的人度过的，因而这些后果对于这些人来说较坏——无论情况是否如此都是没有差别的。

我们可称之为无差别观点（the No Difference View）。按照我们可称作的

两层观点（the Two-Tier View）：上述事实的确会造成差别。尽管我们始终有理由不使未来生活的质量降低，但如果过这些生活的是不同的人，因而这些行为对于其中任何人都不会是较坏的，那么这样的理由就要弱一些。

非同一性问题必定要么是实践上重要的，要么是理论上重要的。如果两层观点为真，该问题就是实践上重要的，因为我们的理由和义务部分地依赖于我们的行为对于未来人来说是否较坏。如果无差别观点为真，非同一性观点就没有实践重要性。但正是这一情况使该问题变得在理论上重要，因为许多道德理论蕴含着无差别观点不可能为真。按照这些理论，这些行为对于人们来说是否较坏，这必定是有差别的。

在讨论这些观点时，定义一个新用语（phrase）会有所助益。假定有个 14 岁的女孩珍妮，她宣称打算生个孩子。我们力图劝说珍妮暂缓这么做，此时我们可能会说：

> 如果你现在如此年轻就要第一个孩子，这就对他较坏。如果你今后再要这个孩子，那么这可能对他更好，因为你会有能力给他的生活一个更好的开端。

在给出这些意见时，我们使用"这个孩子"和"他"这些词，可能不是指某个特定的人。假定珍妮现在有个孩子，她称之为约翰尼，并且没能把他抚养好。我们可能明白，如果珍妮暂缓要她的第一个孩子，那么这不会对约翰尼更好，因为约翰尼将从不曾存在。珍妮本来会在以后给予其更好生活开端的，会是另一个孩子。"她的孩子"和"他"这些词之所指，并非某个特定的人，而是我们可称作的一般人（general person）。这个用语不只是一个简称（abbreviation）。与普通美国人（the Average American）一样，一般人不是某一个人。一般人是一大群可能的人，其中之一会是实际存在的。如果实际上是珍妮第一个孩子的那个特定的人，其生活质量差于另一个特定的人——他是如果珍妮暂缓要孩子就会成为其第一个孩子的人——所过的生活，那么对于是珍妮第一个孩子的一般人来说，境况会更糟糕。

现在我们可以说，根据无差别观点，我们有同等的理由避免做无论对特定的人还是对一般人来说较坏的事情。根据两层观点，我们有更强的理由避免做对特定的人来说较坏的事情。在此可以假定：按照这种观点，如此理由的强度是两倍；乃至相较于对特定的人来说的收益或负担，对一般人来说的收益或负担的道德重要性仅为一半。其他版本的两层观点都要求我们给予特定的人的利益或多或少的优先性。

在考虑像消耗或使大气过暖这样的策略时，我接受无差别观点。我认为，我们始终有理由不以降低未来人生活质量的方式行事，并且无论是否出现这样的情况，即"是不同的人会过这样的生活，因而这样的行为不会对任何特定的人较坏"，上述理由的强度都是一样的。在其他人首次意识到同一性问题时，其中许多人接受无差别观点，其反应和我一样。但经过进一步思考，一些人转向两层观点。

在问我们应当接受哪种观点的过程中，考虑其他某些情形会有所助益。假定

两种医疗方案情形（the Two Medical Programs）：我们是医生，必须就某一国民医疗保健制度（National Health Service）的未来政策做决策。我们已规划两种筛查方案。在方案 A 中，成百万的妇女会在怀孕期间接受检查，以便我们能够识别

那些患有某种罕见疾病的妇女。我们治愈这些妇女，以防其疾病导致其未出生的孩子出现某种短寿病症。在方案 B 中，成百万的妇女在打算要孩子时接受检查，以便我们能够识别那些患有某种其他罕见疾病的妇女。我们治愈这些妇女，以防其疾病导致她们所孕育的任何孩子出现某种类似的短寿病症。由于告诫这些妇女推迟要孩子，直至其疾病被治愈，这一推迟就使她们孕育的是另一批孩子。

接着假定，政府要削减医疗保健基金，因而我们必须取消其中一*222*种方案，从而必须在两者之间做出选择。我们可以预期这两种方案在足够多的情形中会实现的效果。我们执行任何一种方案，都会使同样人数的妇女能够拥有不出现短寿病症的孩子。在这两种方案中，她们会是两批不同的妇女。但既然人数是一样的，对这一批与另一批妇女的影响在道德上就是等同的。如果说这两种方案存在道德差别，那么这种差别必定取决于它们对这些孩子会产生怎样的影响。

就考虑这些影响而言，我们不需要问，胎儿或未出生孩子的道德地位是怎样的；也不需要问，与对未来人负有的义务相比，我们是否对当前存在的人负有更大的义务。我们可以假定距离任何一种医疗方案的启动都至少还有一年，由此在我们进行方案选择时，这些未来的孩子都还没有被孕育。并且所有将被孕育的孩子都会出生并成年。因此，就对这两种方案的选择而言，我们可以问，我们的选择会对这些未来人产生怎样的影响。我们还可以假设，虽然这些人的寿命短于大多数人，但他们的生活是快乐且富有质量的。

这个案例可以通过多种不同的方式来充实。首先假定在情形一中，

> 如果我们选择方案 A，那就会孕育 1 000 人，他们将活到 70 岁而不是 50 岁。

> 如果我们选择方案 B，那就会孕育 1 000 人，他们将活到 70 岁；而不是孕育不同的 1 000 人，他们将活到 50 岁。

按照无差别观点，这两种方案在价值上是等同的。尽管方案 A 惠及的是特定的未来人，而方案 B 惠及的是一般人，但这两种益处在*223* 道德上的重要性是一样的。按照两层观点，方案 A 优于方案 B。方案 A 会给予 1 000 个特定的人多活 20 年的益处。方案 B 会将这种益处给予同样数量的一般人，但这种益处的重要性要小一些。接着假定在情形二中，

> 可预期的影响在某一方面是不同的。如果我们取消方案 B，将被孕育的那些人就只能活 40 年。于是，该方案会给予 1 000 个一般人更大的益处，即多活 30 年而不是 20 年。

按照无差别观点，在此方案 A 劣于方案 B。按照两层观点，既然给予一般人的益处只有一半的重要性，那么方案 A 就仍优于方案 B。

在考虑上述案例时，我接受无差别观点，其他许多人也是如此。但有些人接受两层观点。他们认为，只有方案 A 才能给予同一特定的人们更长的寿命由此使之受益，这必定会造成差别。

在某些其他类型的情形中，两层观点更难让人接受。先假定，在情形三中我们仅有如下选择：

我们的选择	后果		
A	汤姆活到 70 岁	迪克活到 50 岁	哈里从不曾存在
B	汤姆活到 50 岁	迪克从不曾存在	哈里活到 70 岁

这一情形是情形一的缩小版。按照无差别观点，这两种方案同等地好。按照两层观点，方案 B 要比方案 A 差一些，因为 B 对于汤姆来说较坏；A 则不是对某个特定的人来说较坏，而只是对这里部分地由迪克和哈里组成的一般人来说较坏。如果我们选择 A，这个一般人就会失去 20 年的额外寿命；正如如果我们选择 B，汤姆就会失去 20 年的额外寿命。既然对特定的人造成的损失更重要，两层观点在此就蕴含着我们应当选择 A。

接着假定，在情形四中可能还有另一种后果。我们的选择如下：

我们的选择	后果		
A	汤姆活到 70 岁	迪克活到 50 岁	哈里从不曾存在
B	汤姆活到 50 岁	迪克从不曾存在	哈里活到 70 岁
C	汤姆从不曾存在	迪克活到 70 岁	哈里活到 50 岁

正如与 A 相比，B 对汤姆来说较坏，而只是对某个一般人较好；与 C 相比，A 对迪克来说较坏，而只是对某个一般人较好；与 B 相比，C 对哈里来说较坏，而只是对某个一般人较好。两层观点因而蕴含着，B 较坏于 A，A 较坏于 C，而 C 较坏于 B。无论选择哪种方案，我们都是做出了不当的选择，因为本来有更优的另一种选择。按照一种更广为人接受的观点，即我们可称作的

帕累托原则（the Pareto Principle）：在两种后果中，如果
在其他情况相同的情况下其中一种后果对某些人来说较坏，且
不会对其他任何人来说较好，那么该后果较坏。

该原则蕴含着，在上述三种后果中，B 较坏于 A，A 较坏于 C，C
较坏于 B。

这样的结论是不可接受的。即便存在某些这样的情形，即我们
不可能避免选择并采取不当的做法，在情形四中也并非如此。这三
种选择、做法和后果显然是道德上等同的。如果接受两层观点，我
们就必须修正该观点以便使之不再具有上述蕴含。

就修正上述观点而论，我们应该努力改变该观点在情形四中所
具有的蕴含，同时保留它在像情形三那样常见得多的情形中所具有
225 的蕴含。如果不保留那些蕴含，我们就是在放弃两层观点。两层观
点如果像帕累托原则那样做出关于后果的内在好性质（intrinsic
goodness）的主张，那就不可能以这种选择性的（selective）方式
予以修正。我们不能融贯地同时主张如下两点：

（G）如果 A 与 B 是仅可能的两种选择，那么后果 B 比后
果 A 内在地较坏；

以及

（H）如果 C 也是可能的，那么上述两种后果同等地好。

两种后果中的一种是否内在地较坏，不能取决于有哪种其他的后果
是可能的。事物的内在好性质仅取决于其内在特征，而不依赖于与
其他事物的关系。但两层观点做出的主张，可以是仅仅关于我们应

当选择什么以及哪些行为是不当的。在问两种行为之一种是否不当时，其答案有时可以依赖于哪些其他的行为是可能的。

例如，假定在大冒险情形（Great Risk）中，有两个人的生命处于危险中。对我来说，他们都是陌生人。我可以要么

X：什么也不做，

要么

Y：冒着对自己的巨大危险去救其中一个人的生命。

我们的如下看法是能够讲得通的：如果这两种是我仅有可能的行为，那么道德上允许我以其中任何一种方式行动。Y 涉及对我的巨大危险，因而这种英雄行为超出了义务的要求。转而假定我也可以

Z：以不再给自己增加危险的方式让这两个人都得救。

我如果知道做 Z 也是可能的，做 Y 就是不当的。如果决定冒这个险，我就应当让这两个人都得救。但道德上仍然允许我做 X，因为我没有义务冒这个险。我做 Y 而不是做 X 是否不当，因而就依赖于 Z 是否可能。通过诉诸关于我所冒危险的这些事实，我们可以解释为什么这一观点为真。 *226*

在修正两层观点时，我们可以努力为如下主张做类似的辩护：

(I) 在情形三中 A 与 B 是仅有可能的两种选择，此时选择 B 而不是 A 对我们来说就是不当的；但在情形四中选择 C 也是可能的，此时选择 B 就不是不当的。

我们可以用特姆金提出的一种方法来修正两层观点。按照我们在此

可称作的特姆金观点（Temkin's View），在我们现在考虑的这种情形中我们应当选择什么，一部分依赖于选择所产生后果的内在好性质，一部分依赖于相关的任何人是否抱有个人的不满（personal complaint），因为对这个人来说，这种后果比本来可能产生的另外某种后果较坏。

在情形三中，仅有的可能后果如下：

我们的选择	后果		
A	汤姆活到 70 岁	迪克活到 50 岁	哈里从不曾存在
B	汤姆活到 50 岁	迪克从不曾存在	哈里活到 70 岁

这两种后果同等地好，因为每一种都涉及两个人的存在，其中一人活到 70 岁，另一人活到 50 岁。然而如果我们选择 B，汤姆就会产生不满，因为 B 对他来说较坏。我们本来可以选择 A 让汤姆多活 20 年。如果我们选择 A，迪克就不会产生类似的不满。按照特姆金观点，既然这两种后果同等地好，汤姆对 B 的不满就打破了僵局，从而是决定性的。如起初的两层观点所蕴含的，我们应当选择 A 而不是 B。在情形四中还存在第三种可能的后果：

我们的选择	后果		
C	汤姆从不曾存在	迪克活到 70 岁	哈里活到 50 岁

227　既然我们还可以选择 C，那么如果我们选择 A，迪克就会产生不满，因为我们本可以选择 C 让他多活 20 年。如果我们选择 C，哈里就会产生类似的不满，因为我们本可以选择 B 让他多活 20 年。既然这些后果同等地好，且这三种不满的强度一样，特姆金观点在

此就恰当地蕴含着，这三种选择在道德上是等同的。

在运用特姆金观点时，我们必须经常做出进一步的决定。有两种后果，其中之一更好，但此后果会让某人产生某种个人的不满；此时我们就必须问，这种个人的不满是否在道德上胜过该后果所产生的更大好处。假定在情形五中：

我们的选择	后果		
A	汤姆活到 70 岁	杰克活到 40 岁	哈里从不曾存在
B	汤姆活到 50 岁	杰克从不曾存在	哈里活到 70 岁

在这些后果中，A 是非个人地较坏的，因为与后果 B 中活着的汤姆和哈里相比，汤姆和杰克加在一起要少活 10 年。可以说，我们如果选择 A，那就会有 10 年寿命的非个人损失。但如果我们选择 B，汤姆就会产生个人的不满，因为我们本可以选择 A 让汤姆多活 20 年。选择 B 会给汤姆施加 20 年寿命的个人损失。按照某一版本的特姆金观点，在比较后果的善与人们的不满时，我们给予个人得失与非个人得失同等的权重。我们可称之为同等权重版的特姆金观点。按照这种观点，尽管选择 A 会使后果较坏，但这里我们应当选择 A，因为 B 中汤姆 20 年寿命的个人损失将胜过 A 中 10 年寿命的非个人损失。

按照其他版本的特姆金观点，在比较后果的善与人们的不满时，我们给予个人得失与非个人得失不同的权重。如果给予个人损失少于一半的权重，我们在情形五中就会达成不同的结论。B 中汤姆 20 年寿命的个人损失会打折扣，由此不会胜过 A 中 10 年寿命的

228 非个人损失。因此，我们在此应当选择 B，从而以对汤姆来说较坏的方式使后果较好。

如果倾向于接受两层观点，我们就可能发现难以在这两种特姆金观点之间做出决定。如果在后果 B 中汤姆会活到 65 岁，那么情况可能有所不同。B 中汤姆 5 年的个人损失，可能由此在我们看来显然会在道德上被如下事实胜过：后果 B 中的哈里会比后果 A 中的杰克多活 30 年。

按照某些版本的特姆金观点，与给予非个人得失的权重相比，我们给予个人得失较小的权重——这一点看上去可能令人惊讶。但在评估后果 A 与 B 的非个人善的过程中，我们已经把汤姆在 A 中多活的 20 年纳入考虑。按照两层观点，汤姆可能多活的 20 年寿命两次进入我们的道德计算，一次是非个人地进入，一次是个人地进入。这就解释了为什么我们可以在可辩护的意义上给予个人得失以较小的权重。由此我们只是给予这样的得失以较小的额外（additional）权重。

接着假定，在情形六中可能的后果如下：

我们的选择	后果			
A	亚当斯活到 70 岁	伯纳德活到 40 岁	查尔斯从不曾存在	大卫从不曾存在
B	亚当斯从不曾存在	伯纳德活到 90 岁	查尔斯活到 10 岁	大卫从不曾存在
C	亚当斯从不曾存在	伯纳德从不曾存在	查尔斯活到 50 岁	大卫活到 20 岁

如我在一个注释中所说明的，我们起初的两层观点在此蕴含着：做 A 而不是做 B，这是不当的；做 B 而不是做 C，这是不当的；做 C

而不是做 A，这是不当的。这是一个不可接受的结论。

特姆金版本的两层观点避免了上述结论。但我认为它在另一种意义上是失败的。先假定我们接受同等权重版的特姆金观点。在后果 A 中，亚当斯和伯纳德加起来的寿命是 110 岁，但伯纳德会产生个人的不满，因为他在后果 B 中会多活 50 年。如果我们减去这 50 年，A 的最后得分就是 60。在后果 B 中，伯纳德和查尔斯加起来的寿命是 100 岁，但查尔斯会产生个人的不满，因为他在后果 C 中会多活 40 年。如果我们减去这 40 年，B 的最后得分也是 60。在后果 C 中，查尔斯和大卫加起来的寿命是 70 岁。由于无人会产生不满，C 的最后得分就是 70。按照这一版本的特姆金观点，在此我们应当选择 C。

我认为，上述结论显然是错的。要弄清楚原因，我们可以先回到情形五：

我们的选择	后果		
A	汤姆活到 70 岁	杰克活到 40 岁	哈里从不曾存在
B	汤姆活到 50 岁	杰克从不曾存在	哈里活到 70 岁

按照同等权重版的特姆金观点，在此我们应当选择 A。这个结论可能看上去是可接受的。我们选择 B 尽管使后果较好，但使汤姆少活 20 年，这对他来说要坏得多。相比之下，如果我们选择 A，那么这也不会对杰克较坏。如下看法并非讲不通的：产生较好后果的 B 选择是不当的，因为该选择对汤姆来说要坏得多。

这样的主张不适用于情形六，其中：

我们的选择	后果			
A	亚当斯活到 70 岁	伯纳德活到 40 岁	查尔斯从不曾存在	大卫从不曾存在
C	亚当斯从不曾存在	伯纳德从不曾存在	查尔斯活到 50 岁	大卫活到 20 岁

如我在前文所论证的，按照同等权重版的特姆金观点，在此我们应当选择 C。但如果我们选择 A，后果就会好得多。与 C 中存在的人的总寿命相比，A 中存在的人的总寿命要多 40 年。并且后果 A 对于任何人来说都不会较坏。我们的如下看法是不可能讲得通的：我们不应当使两个分别活到 70 岁和 40 岁的人存在，而应当使另外两个不同的、分别仅活到 50 岁和 20 岁的人存在。使亚当斯和伯纳德而不是查尔斯和大卫存在，为什么就是不当的？为什么我们反而应当使另外两个都要少活 20 年的人存在？

如果接受特姆金观点，我们的回答就可能如下。首先我们可以指出，在某些情形中，我们是否应当做出二选一的选择或是否应当按照二选一的方式行动，这依赖于有哪些别的选择或行动是可能的。在情形六中还有第三种选择，因为如果选择 B：

我们的选择	后果			
B	亚当斯从不曾存在	伯纳德活到 90 岁	查尔斯活到 10 岁	大卫从不曾存在

接着我们可以指出，对查尔斯来说，后果 B 要比后果 C 坏得多；对伯纳德来说，后果 A 要比后果 B 坏得多。我们可以说，这些事实解释了为什么"选择 A 而不是 C"会是不当的。尽管选择 A 会产生比选择 C 更好的后果，但该事实在道德上会被两个方面的因素胜

过，即对查尔斯来说 B 比 C 坏，对伯纳德来说 A 比 B 坏。

我认为，这一回答并没有成功地为上述观点辩护。相反，该回答有助于解释这些"影响个人的观点"如何可能使人误入歧途。如该回答所指出的，对某人来说 B 比 C 坏，且对另一人来说 A 比 B 坏。这些事实可能看上去蕴含着，对于两个人来说 A 比 C 坏。但情况并非如此。这两种影响个人的损失都会消失。尽管对某人来说 B 比 C 坏，且对另一人来说 A 比 B 坏，但对任何人来说 A 不会比 C 坏。选择和要做之事既使后果好得多，又不会对任何人来说较坏，那么它在此不可能是不当的。

按照某些其他版本的特姆金观点，我们会给予个人得失以较小的权重。这样的观点面临类似的反驳。如我在一个注释中说明的，如果我们给予个人损失相当于非个人损失 1/3 的权重，那么这一版本的特姆金观点蕴含着如下做法是不当的：使分别活到 70 岁和 40 岁的两个人存在，而不是使分别活到 65 岁和 35 岁的另外两个不同的人存在。按照这种观点，以不会对任何人来说较坏的方式产生较好的两种后果，这仍然是不当的。我认为这不可能为真。个人损失要胜过非个人收益，就必须因为存在遭受损失的某个人而至少有某种个人损失。

我认为，上述各种情形表明，我们应该拒绝两层观点，接受无差别观点。我们应该相信，如这两种观点都蕴含的：

（D）如果未来要过的某些生活的质量会降低，那么这本身就是较坏的；

以及

231

（E）我们有理由不按照会产生如此影响的方式行动，并且如果这些影响会很坏，而我们能够通过自己付出很小的成本予以避免，那么这样的行动就是不当的。

我们还应该相信：

（F）这些未来生活是由同样的人度过的，因而这些后果对于这些人来说较坏——无论情况是否如此都是没有差别的。

第 79 节　斯坎伦式契约论与未来人

现在可以回到斯坎伦式契约论。斯坎伦打算让他的公式适用于我们可能影响未来人的所有行为。我要论证的是，在应用于这些行为时，斯坎伦的观点需要修正。

根据斯坎伦的非人称式限制，我们不能通过诉诸关于后果之好性质的主张来拒绝原则。拒绝原则的所有理由都必须是个人的。斯坎伦还把这些理由称作"通用的"。这个词可能暗示，这些理由可以诉诸关于我所谓一般人的主张。但这不是斯坎伦的意思。他写道，这些通用的个人理由是"在原则所应用的那类情境中，任何人由于处在其中某一位置都会持有"的理由。并且他写道：

这些理由必定是这样的人"代表其自身利益"而持有的。

他还写道："这种诠释……排除了诉诸非人称的价值以作为拒绝原

则的根据……其所承认的理由产生于一个人由于遵循该原则而受到的影响"。这些主张都是关于对特定的人所产生的影响。

假定在情形七中，我们必须在其他两种医疗方案之间做出选择。可预期的结果如下：

我们的方案	后果
A	孕育 1 000 个 X 人，每人过 41 年幸福生活；并且孕育 1 000 个 Y 人，每人过 40 年幸福生活
B	孕育同样的 X 人，每人过 40 年幸福生活；并且孕育 1 000 个 Z 人，每人过 80 年幸福生活

考虑到斯坎伦关于拒绝原则的可容许（admissible）根据的主张，斯坎伦的公式似乎在此要求我们选择方案 A。X 人有理由代表其自身利益而拒绝任何允许我们选择 B 的原则，因为该选择剥夺了 X 人 1 年的幸福生活，从而给他们施加了明显的负担。没有任何其他人有理由代表其自身利益而拒绝任何要求我们选择 A 的原则，因为该选择不会给这里的任何人施加任何负担。我们的 A 选择不会对 Y 人较坏，因为如果我们选择 B，这些人就从不曾存在。A 选择也不会对任何 Z 人较坏，因为这些人将从不曾存在。鉴于这些事实，情况就似乎是：X 人能够合情理地拒绝任何允许我们选择 B 的原则，并且能够主张，选择方案 A 是我们对他们负有的义务。

如果如我刚刚主张的，斯坎伦的公式要求我们选择 A，这就对斯坎伦的观点构成了某种反驳。我们应当选择 B。这一选择不仅为无差别观点而且为任何可行版本的两层观点所要求。方案 B 会给

233

予 1 000 个一般人每人多出 40 年的寿命。与方案 A 给予 1 000 个特定的 X 人每人单单多 1 年的寿命相比，这是大得多的收益。尽管可以认为给予特定的人的收益比给予一般人的收益更重要，但我们不可能言之成理地认为，这样的收益会重要 40 倍。这种意见同样适用于特姆金观点。

斯坎伦有可能拒绝我关于其公式之蕴含的上述主张。我做过这样的假定：两种行为中的一种要是对某人施加了负担，那么与其中另一种行为相比，该行为就必定对这个人较坏。我们可称之为对收益与负担的比较性论说（comparative account）。有些作者主张，在考察那些使某些人存在的行为时，我们反而应该诉诸非比较性（non-comparative）论说。按照这种观点，如果我们使某人以其境况糟糕的方式存在——比如聋哑或出现某种短寿病症——这就足以使如下情况为真：我们在使这个人承受负担或伤害。即便我们的行为对这个人来说不会较坏（因为这个人的生活是值得过的，且拥有这样的人生不会坏过从不曾存在），我们也是在给这个人施加负担。

如果诉诸对负担的这种非比较性论说，斯坎伦就可以主张，在情形七中其公式不要求我们选择方案 A。X 人可能主张，选择 A 是我们对他们负有的义务，因为选择 B 会给 X 人施加仅活 40 年的负担。但如果我们选择 A，斯坎伦就可以说，这会给 Y 人施加同样的负担，因为这些人也仅活 40 年。按照这种非比较性论说，不相关的是：在选择 B 剥夺 X 人多出的 1 年从而对他们较坏的同时，选择 A 不会对 Y 人较坏。按照这种观点，仅活 40 年就是一种负担，并且无论其替代选择是活得更久还是从不曾存在，人们都有同等的主张不让这种负担加于己身。

在某些情形中，这种非比较性论说是可行的。即便某些行为不会对受害者较坏，我们也可以主张它们在伤害人。但在考察情形七时，这样的主张都是讲不通的。如果 Y 人仅过 40 年的幸福生活，那么这是一种负担只在如下意义上才能成立，即他们过上超过 40 年的幸福生活而对他们较好。如果选择 A，由此未能避免这些人曾经存在并过上 40 年的幸福生活，这就不是在给这些人施加负担。

那么，有些斯坎伦主义者可能争辩说：

> 如果选择 B，我们就会剥夺 X 人 1 年的额外寿命从而对他们施加负担。如果选择 A，我们就会剥夺 Z 人 80 年的寿命从而给他们施加负担。既然这是一种大得多的负担，Z 人就能合情理地拒绝任何不要求我们选择 B 的原则。

然而，斯坎伦主义者不能做出这样的主张。在诉诸无人能够合情理地拒绝的原则时，斯坎伦使用"无人"来意指"在曾经存在的人中没有任何一个"。按照以上提议的论证，"我们选择方案 A"是不当的，因为 Z 人能够合情理地拒绝任何允许该选择的原则。但如果我们选择 A，这些 Z 人就从不曾存在。我们不能在可辩护的意义上主张：某一行为是不当的，因为允许该行为的任何原则都能够为某些从不曾存在的人所合情理地拒绝。例如，我们不能主张："我们任何人选择不要孩子"都是不当的，因为允许这种做法的任何原则都能够为我们未出生而仅为可能的孩子所合情理地拒绝。

尽管情形七是虚构的且准确得不切实际，但许多现实情形具有相关的相似性。可预期的是，我们可能有许多行为或策略将导致某些未来人的境况比另一批未来人糟糕得多，其中的另一批未来人是指如果我们采取不同的行动就会存在的那些人。我的例证是消耗某些稀缺资源或使地球大气过暖的行为或策略。如果我们能够一致地以自己付出很小成本的方式避免这么做，这么做就是不当的。然而，如果我们这么做，那么这里的另一批未来人将从不曾存在*。如果以仅诉诸个人理由的方式运用斯坎伦的公式，我们就被迫忽略如下事实：如果我们采取不同的行动，这样的另一批人就会存在，并且其境况要好得多。这些是道德上相关的事实，它们可能致使上述行为成为不当的。要允许我们诉诸这些事实，斯坎伦就必须修正其关于拒绝原则之可容许根据的主张。

斯坎伦可能提出，尽管拒绝原则的所有理由在一定意义上都必须是个人的，但这些理由可以采取两种形式。在大多数情形中，我们可以诉诸"作为特定的人，我们对某一原则的接受将给我们施加的负担"。这些负担给予我们代表我们自身利益的理由。然而，在某些其他情形中，我们可以诉诸的负担是在把我们看作某种描述所适用的人时被施加于我们的。

---

* 结合上下文及前面的相关论述来看，这里所谓的"另一批人"是指与我们不污染对应而产生的那些人。要之，我们污染与不污染所对应的是两批不同的未来人，未来只会存在与我们的选择对应的那一批人；也就是说，可以预期，未来只能存在与我们的选择对应的那一批人，别的人将从不曾存在或不具有人的身份或人格。因此，下文说，即使我们选择污染，也不会有未来人提出反对或者说提出属人的反对理由，因为不会存在这样一批未来人。

要评估这一提议，我们可以回到情形三，其中我们的选择如下：

我们的选择	后果	
A	玛丽会有个孩子汤姆，他拥有 70 年的幸福生活；	凯特会有个孩子迪克，他拥有 50 年的幸福生活
B	汤姆会拥有 50 年的幸福生活；	迪克将从不曾存在，但凯特会有另一个拥有 70 年幸福生活的孩子哈里

按照这一修正版的斯坎伦观点，我们可以否认，做 A 是我们对汤姆负有的义务。如果我们做 B，这就对汤姆来说坏得多，因为我们的做法剥夺了汤姆额外 20 年的幸福生活。但如果我们做 A，这就在迪克被看作凯特的次子（Kate's next child）时对迪克来说坏得多。我们做 A 的话，这同样会剥夺在被这么看时的迪克额外 20 年的幸福生活。

我认为，斯坎伦不应做出上述主张。像"你的次子"这样的用语经常以此方式来使用，乃至他们指涉我前文所称的某个一般人。但如果斯坎伦以这种方式来陈述其观点，这就是极为误导人的。斯坎伦声称，要给出的论说是关于

我们对其他个体所负有的特定形式的关切。

一般人不是个体。一般人是一大群可能的个体或人们，其中之一将 实际存在。如果我们做 A 从而迪克会过 50 年的幸福生活，那么迪克可能同意在某种意义上如下情况会更好：我们做 B 乃至迪克将从不曾存在，而凯特会有另一个可以过 70 年幸福生活的孩子。但是，"我们做 A 对迪克来说较坏"的说法是没有意义的。并且，如果没

236

做到把迪克和哈里区分开，而把他们仅看作某个一般人的一部分，我们就是在忽视人的分立性（separateness）这已被称作的"伦理学的基本事实"。

接着回到情形六，其中我们的三种选择如下：

我们的选择	后果			
A	亚当斯活到 70 岁	伯纳德活到 40 岁	查尔斯从不曾存在	大卫从不曾存在
B	亚当斯从不曾存在	伯纳德活到 90 岁	查尔斯活到 10 岁	大卫从不曾存在
C	亚当斯从不曾存在	伯纳德从不曾存在	查尔斯活到 50 岁	大卫活到 20 岁

按照这一版本的斯坎伦观点，他会主张：

> 无论选择 B 还是选择 C 都是不当的，因为任何允许这些选择的原则都能够被查尔斯合情理地拒绝，这里查尔斯的主张代表一般人（查尔斯和亚当斯属于其组成部分）的利益。

这种主张是讲不通的。如果我们选择 B 或 C，那么查尔斯可能后来会同意，我们本应当选择 A。但选择 C 会给予查尔斯 50 年的幸福生活，而如果我们选择 A，那么查尔斯将从不曾存在。就拒绝任何允许或要求我们选择 C 的原则而论，查尔斯不是具有最强的而是具有最弱的个人理由的那个人。如下做法也是无益的：所诉诸的查尔斯的理由不是代表其自身利益，而是代表一般人（查尔斯和亚当斯属于其组成部分）的利益。如我所言，不会存在任何像这样的人。我们也不应该把查尔斯和亚当斯看作仿佛同一个人。

237　　还有一种更优版本的斯坎伦观点。斯坎伦应该主张，在问哪些是无人能够合情理地拒绝的原则时，我们应该考察并比较拒绝原则的两种理由。我们每一个人都具有个人的理由拒绝那种允许或要求某些行为的原则。这些理由可以由如下事实来提供：这样的行为会给我们施加负担，或者对我们不公平，或者由于有关对于我们来说的蕴含的其他诸事实。我们还有不偏不倚的理由拒绝那种允许或要求某些行为的原则。这些不偏不倚的理由由如下事实来提供：在蕴含不偏不倚理由的意义上，这些行为在诸多方面使事情进展得较坏。

按照这一版本的斯坎伦观点，在问哪些是无人能够合情理地拒绝的原则时，我们有时不得不比较这些相冲突的个人理由与不偏不倚理由的道德权重。对于在不同种类的情形中有哪些这样的理由会提供拒绝原则的更强根据，我们不得不使用我们的判断。然而如斯坎伦所指出的，所有关于合情理地拒绝的主张都要求这样的比较判断。

这样的判断可以从两个方向中的任一方向进行。某一行为使事情进展得最好，此时我们所有人都有不偏不倚的理由拒绝那些不要求这些行为的原则。在某些情形中，这些不偏不倚的理由在道德上会是决定性的，并且斯坎伦的公式会要求我们采取使事情进展得最好的做法。而在其他某些情形中，某些人能够合情理地拒绝任何要求这些行为的原则，因为每个人的不偏不倚理由在道德上会为这些人与之冲突的个人理由所胜过。

我认为，斯坎伦式契约论应当采取上述形式。就为我的这种观点辩护而论，有益的做法是先考察斯坎伦的观点为什么没有采取这种形式。

238 　　一种解释在于，按照斯坎伦的观点，拒绝原则的所有理由都必须是由单个人独立考虑而不是作为某群体的成员而持有的。这样的个体的理由必定同时是个人的理由。如果斯坎伦放弃这种个体式限制（如我已论证的，他应当如此），那就容许他放弃其对个人理由的限制。

　　斯坎伦还主张，在问我们彼此负有什么义务时，我们不必考虑某些非人称的理由。有些理由是

　　　　非人称的，这在斯坎伦的意义上是指这些理由"不是根植于无论是我们自己的还是他人的个体道德主张或福祉"。

例如，我们具有这样的非人称理由避免那些使动物受苦或导致某些动物物种灭绝的行为。既然这些理由与人的道德主张或福祉毫无关系，斯坎伦就主张，这样的理由与我们作为人而彼此负有什么义务是不相关的。

　　这些非人称的理由可能也是

　　　　不偏不倚的，其意思是说：无论我们的个人视角如何，我们都具有这样的理由。

但我们还有其他不偏不倚的理由，它们不是在斯坎伦的意义上非人称的。我们具有这样的不偏不倚理由去关心每个个体或个人的福祉。在此我们可能为"impersonal"一词的另一种含义所误导。两种后果之一会是：

　　　　在包含不偏不倚的理由的意义上非个人地较坏的，只要每个人都有不偏不倚的理由选择另一种后果。

就其对于特定的人来说是坏的而言，后果可能在此意义上由于在某些方面是个人地坏的而成为非个人地坏的或彻底坏的。对于这样的后果以及这样的不偏不倚理由，斯坎伦很少讨论。但在主张"拒绝原则的所有理由都必须是个人的"时，斯坎伦由此就不仅把非人称的理由而且把那些由关于人们的福祉或道德主张的事实提供的不偏不倚理由，都作为与我们彼此负有什么义务不相关的而予以排除。我们可以反驳说，这些不偏不倚的理由与我们彼此负有什么义务是相关的。

斯坎伦可能回答说，在我们的不偏不倚理由是由关于人们福祉或道德主张的这些事实提供的时候，我们没有必要诉诸这些理由。例如，我们所有人都有不偏不倚的理由拒绝任何给某些人施加负担的原则。但既然这些人有个人的理由拒绝这样的原则，我们就没有必要诉诸这些不偏不倚的理由。

239

就斯坎伦讨论的大多数情形而论，这是一个不错的回答。如该回答还表明的，如果斯坎伦容许我们诉诸不偏不倚的理由，那么这对于其契约论所描述的大多数道德推理来说是没有差别的。在大多数道德思考中，我们可以忽略如下事实，即我们在不同行为之间做出的选择会影响未来人的同一性。我们的大多数行为不会在可预期的意义上导致某些未来人的境况比另一批未来人较坏。我们的行为在可预期的意义上使事情进展得较坏，这往往是因为可以预期这些行为对于1个及以上特定的人来说较坏。既然这些人能够诉诸这样的事实，即这些行为会对他们较坏，我们就不必诉诸这些行为在蕴含不偏不倚理由的意义上使事情进展得较坏这一事实。

然而，在我们考虑那些可能用来影响未来人的行为或策略时，情况就会有所不同。在某些情形中，我们应该考虑对于将来可能实际存在的另一批可能的人会产生何种影响。其中某些情形涉及不久就会实际存在的未来人。例如，就决定何时要孩子而论，我们应当问我们何时有能力给予孩子一个好的生活开端。正因为如此，珍妮不应当仅在 14 岁时就要第一个孩子。在诸如涉及消耗或使大气过暖的策略之类的其他情形中，我们应当考虑，这些策略可能对在更远的未来可能存在的许多不同的人产生怎样的影响。我们在把斯坎伦的公式运用于上述任何一种情形时，这么问是不够的：哪些原则是无人有充分的个人理由拒绝的。要解释某些行为或策略为何不当，我们就必须诉诸这样一些人——他们是如果我们采取不同的做法就会在将来存在的人——本来会过得更好的生活。如我们已看到的，我们不能主张，这些行为之所以是不当的，是因为这些人能够合情理地拒绝任何允许如此行为的原则。如果我们这么做，这些人将永远不会存在，并且我们不能在可辩护的意义上诉诸关于"那些仅为可能且永远不会实际存在的人能够合情理地拒绝什么"的主张。既然不能诉诸永不存在的人所持有的个人的理由，我们就应该诉诸实际存在的人所持有的不偏不倚的理由。

例如回到情形七，其中我们的选择如下：

我们的方案	后果	
A	孕育 1 000 个 X 人，每人过 41 年幸福生活；	孕育 1 000 个 Y 人，每人过 40 年幸福生活
B	孕育同样的 X 人，每人过 40 年幸福生活；	孕育 1 000 个 Z 人，每人过 80 年幸福生活

我已经主张，我们应当选择方案 B。但 X 人会有个人理由拒绝所有
要求我们选择 B 的原则，因为该选择会剥夺 X 人 1 年额外寿命的明
显收益。并且我们不能主张，Z 人具有更强的个人理由拒绝那些要
求我们选择 A 的原则。如果我们选择 A，那么 Z 人将永不存在。但
我们能够合情理地拒绝这样的原则。我们可以诉诸如下事实：如果
我们选择 A 而不是 B，那么事情的进展在包含不偏不倚理由的意义
上会坏得多。我们所有人都有强的不偏不倚理由想要有 1 000 个活
到 80 岁的人，而不是仅活到 40 岁的另外 1 000 人。在这类情形中，
我们有必要诉诸这些不偏不倚的理由。我们如果只能诉诸个人的理
由，那就不得不忽略如下事实：相较于使 X 人多活 1 年，我们可以
使同样多的人多活 40 年。

　　如果斯坎伦式契约论容许我们诉诸不偏不倚的理由，斯坎伦的
公式就可以保持不变。这种观点将保留斯坎伦对于我们的道德思考　　*241*
做出的最大贡献：他对于无人能够合情理地拒绝的原则的诉求。但
斯坎伦可能必须对他的某些其他主张做出限定。斯坎伦论及我们对
他人负有什么义务，并写道：

> 对于所有可能存在者的可证成性这一观念……似乎不可能
> 是广泛的，而只能是融贯的……可能受到不当对待的存在者是
> 所有现在、过去或未来实际存在的那些人。

上述言论暗示：

> （K）我们用来影响人们的行为不可能是不当的，除非现
> 在或未来某个时候有某个实际存在的人——他受到了我们的不
> 当对待，并且我们对他负有不这么做的义务。

（K）蕴含着，在情形七中我们选择方案 A 不是不当的，尽管我们知道，由此会有许多活到 40 岁的人，而不是活到 80 岁的同样多的其他人。我们没有不当地对待那些活到 40 岁的 Y 人，因为我们不会由于没能阻止其被孕育而不当地对待他们，对于这些人我们也不负有使他们永远不存在的义务。我们也没有不当地对待那些本会活到 80 岁的 Z 人，因为我们不可能不当地对待那些永远不存在的人，我们也不可能对他们负有使之存在的义务。

类似的主张适用于许多这样的行为或策略：我们可以用它们来影响那些生活在较远未来的人。如果选择消耗或使大气过暖那样的策略，我们就可能大幅度降低未来人的生活质量，而只是为了对我们自己产生小得多的收益。在这一类的许多情形中，（K）蕴含着，"导致未来生活质量大幅度降低"并非不当。如果这样的生活会由另一批人来过，我们的策略选择就不可能不当地对待这里的任何人，并且我们不可能对这些未来人负有不选择如此策略的义务。在应用于这样的情形时，（K）不仅与无差别观点甚至也与两层观点相冲突。一旦我们明白（K）为什么具有这些蕴含，（K）就似乎不再是讲得通的。我们应该预期，在这些情形中，尽管不会有任何实际存在的人受到我们的不当对待，但我们的行为或策略仍可能是不当的。

就做出上述主张而论，我不是在假定，我们如果知道我们的行为不会对某人来说较坏，那就不可能不当地对待这个人。如我在别处所主张的，我们确实可以声称：我们有些行为会不当地对待某些未来人，尽管我们既知道这些人的生活是值得过的，也知道如果我们采取别的做法，这些人就将从不曾存在。例如，我们选择的策略会冒着导致某种大灾难的风险（比如使用核能而没有确保放射性废料的安全储存），由此就可能不当地对待某些未来人。而珍妮仅 14 岁就要孩子，由此可以预期她不会给予孩子好的生活开端，这可能就是在不当地对待约翰尼。这样的行为之所以可能不当，是因为它们侵犯了某些人的权利，或者导致人们在权利得不到满足的状态下存在。

然而，这些主张不可能完全解决非同一性问题。第一，我们在问的不是，仅有哪些行为或策略是不当的。我们所有人都有理由关心未来的后代（generations），关心我们的行为或策略可能对未来人的生活质量产生怎样的影响。如下问题很重要：如果这些生活是由另一批不同的人来过，因而这样的行为或策略对于这些人来说不会较坏，那么上述理由会不会变弱？仅诉诸关于人们权利的主张，我们不可能回答这一问题。

第二，我们如果仅诉诸上述主张，那就会产生关于我们在道德上应当做什么的错误信念。这就会导致我们忽略如下事实：如果我们采取别的做法，后来存在的那些人就本来会拥有更好的生活。如果每个人始终按目前这样的方式行事，每一代新人就都会过上较坏的生活。世界将逐渐走向毁灭。

我已经主张，有两个理由让我们得出这样的结论，即斯坎伦式契约论应该容许我们诉诸不偏不倚的理由。如果我们不能诉诸不偏不倚的理由，

斯坎伦的公式就不能可辩护地应用于影响未来人的许多行

为或策略；

243 以及如我之前论证的，

> 斯坎伦所能主张的仅仅是：一旦某一行为在其契约论的意
> 义上是不当的，这就使该行为在其他非契约论的意义上是初定
> 地不当的。

如果我们能够诉诸不偏不倚的理由，斯坎伦的公式就能可辩护地应
用于我们的所有行为，并且能够可行地被宣称为，既告诉我们哪些
行为是不当的，又有助于解释这样的行为为何不当。我认为，斯坎
伦式契约论应该采取这种更强的形式。

第二十三章　三重理论

第80节　趋同论证

现在我们可以转向斯坎伦式契约论与康德式契约论之间的关联。我曾论证，在运用康德式契约论公式时，它是其被普遍接受是每个人都能够合理地选择的仅有最优原则。康德式契约论因此蕴含着规则后果主义。在其评论中，斯坎伦没有批评这一论证。

根据我的趋同论证，既然它是每个人都能够合理地选择的仅有最优原则，那就无人能够合情理地拒绝这样的原则。若这一点为真，则康德式规则后果主义也可以与斯坎伦式契约论合并。

这第二个论证不适用于斯坎伦著作中陈述的观点，因为该观点既包括个体式限制也包括非人称式限制。通过诉诸这些限制，斯坎伦能够拒绝我的某些论证前提。但我已论证，如果他放弃这两个限制，并将其公式描述为不是对不当性本身、而是对使得行为为不当的属性而给出的论说，那么其观点会得到强化。现在我要问，在应用于这种修正版的斯坎伦观点时，我的趋同论证是否成功。

讨论某些规则后果主义原则就够了，其中的规则后果主义原则是 UA 最优原则，意指其被普遍接受将使事情进展得最好。根据我所称的某一版本的

245　　　　三重理论：每个人都应当遵循这样的最优原则，因为它们是每个人都能够合理地意愿其被普遍接受的仅有原则，并且是无人能够合情理地拒绝的仅有原则。

在考察该理论的过程中，我们会产生四个问题：

　　　　Q1：这样的最优原则要求我们做什么？

　　　　Q2：这是每个人都能够合理地意愿其被普遍接受的仅有原则吗？

　　　　Q3：这是无人能够合情理地拒绝的仅有原则吗？

　　　　Q4：这是每个人都应当遵循的原则吗？

我们能否合理地选择两种原则中的一种，取决于我们选择这些原则的所有非道义式理由的强度。我们能否合情理地拒绝两种原则中的一种，反而取决于我们对该原则的反驳是否相关地强于任何人对另一原则的反驳。对于三重理论，我的部分论证如下：

　　　　（A）如果我们不能合理地选择两种原则中的一种，那就

必定存在给予我们强烈反驳该原则的事实。

（B）如果每个人都能够合理地选择另一原则，那么任何人对该替代原则的反驳都不可能同样强烈。

（C）既然我们对第一种原则的反驳强于任何人对该替代原则的反驳，那么我们能够合情理地拒绝前者。

（D）一旦仅有一种相关原则是每个人都能够合理地选择的，任何人对该原则的反驳就都不可能强于对每种替代原则的最强反驳。

（E）无人能够合情理地拒绝某一原则，只要对每一种替代它的原则都存在更强的反驳。

因此，

246

（F）一旦仅有一种相关原则是每个人都能够合理地选择的，那就无人能够合情理地拒绝该原则。

如果补充某些更进一步的可行前提，我认为该论证就会揭示：康德式公式与斯坎伦式公式至少在大多数时候要求我们遵循同样的原则，从而是吻合的。但可能存在某些例外。

斯坎伦描述了一类可能的例外。在提出他们的契约论版本时，罗尔斯和斯坎伦都诉诸同一类情形。在我们可称作的

罗尔斯-斯坎伦情形（Rawls-Scanlon Cases）中，我们可以要么使某一人免于某种重担，要么给予境况好得多的其他多数人小得多的收益。

我们可以把这些人分别称作布鲁与多数人。假定在一种这样的情形中，

（1）每个人都能够合理地选择某一最优原则，该原则要求我们给予多数人少量收益（small benefit）；

以及

（2）某些人不能合理地选择任何与上述原则冲突的原则，该原则要求我们使布鲁免于重担。

如果（1）和（2）为真，康德式契约论公式就要求我们给予多数人少量收益。但斯坎伦提出，

（3）在某些这样的情形中，布鲁能够合情理地拒绝上述各种原则，并且无人能够合情理地拒绝某种要求我们使布鲁免于重担的原则。

如果从（1）到（3）为真，斯坎伦式公式就要求我们使布鲁免于重担。康德式契约论与斯坎伦式契约论在此就是冲突的。

247　　要确定（3）是否为真，在此之前我们必须问，在上述哪些情形中最优原则会要求我们给予多数人少量收益。斯坎伦写道，要回答这样的问题，我们就必须知道"帕菲特的不偏不倚理由和'最好后果'的观念如何处理加总"，或者处理后果的好性质如何可能取决于获得收益或负担之人的数量。他写道，我对这种意义上的"最好"的定义

使如下可能性悬而未决："最好后果"这一观念……是在诸多重要方面非加总的。

我认为，该定义应当悬置这种可能性。如果某种可能后果从不偏不

倚的视角看是每个人都最有理由想要的或希望产生的，那么该后果在这种蕴含不偏不倚理由的意义上是最好的。每个人的不偏不倚理由的强度，恰好何时以及如何部分地取决于关于"可能获得某些收益或负担之人的数量"的事实——这是一个实质性问题，不可能通过某个定义来回答。

在问两种后果中的哪一种在这种意义上较好时，如下主张是极其讲不通的：答案绝不取决于可能获得收益或负担之人的数量。但这里我们考察的只是罗尔斯-斯坎伦情形。作为这类情形较极端的一例，我们可以假定，在情形一中，仅有的可能后果如下：

> A：布鲁遭受 1 000 天的痛苦　　多数人中每人都无
> 　　　　　　　　　　　　　　　痛苦
>
> B：布鲁无痛苦　　　　　　　　多数人中每人都遭受某
> 　　　　　　　　　　　　　　　种短期的痛苦

通常的看法是，在所有这样的情形中，给予多数人的少量收益达到某一数量就必定会胜过布鲁的重担，从而使后果 A 比后果 B 更好。如果像效用主义者所认为的，后果的好性质仅取决于收益减去负担后的净余总量，那就蕴含着，"A 比 B 更好"在这种意义上必定是可能的。但这一结论不是在蕴含不偏不倚理由的意义上的"更好"所蕴含的。就关于后果之好性质的信念而论，我们可以拒绝这种效用主义观点。并且如果给予多数人中每一个人的收益很小，我们就可以言之成理地认为，任何数量的这种收益都不可能胜过布鲁的重担。例如，我们可以认为，如果布鲁要遭受 1 000 天的痛苦，这就坏过任何数量的其他人遭受 1 分钟或 1 小时的痛苦。如果我们所有

248

人都有更强的不偏不倚理由想要或希望在所有这样的情形中应使单个人免于极大的剧痛，上述信念就是真的。我认为，我们是否具有这样的理由，这是一个未决的问题。

在考察给予极多的人以每人极少量的收益时，我曾声称，我们容易犯道德错误。鉴于近两个世纪以来的技术发展，这样的情形如今极具重要性。但在此我们可以忽略这些情形。它们所提出的难题，是与"斯坎伦式契约论是否可能与康德式规则后果主义相冲突"这一问题不相关的。如果斯坎伦式公式要求我们忽略某些像这样的极少量收益或负担，那么这可能同样适用于最优的规则后果主义原则。并且在我们要探寻的情形中，最优原则会要求我们给予多数人少量收益。

既然存在关于哪些后果会最好的若干观点，那么也就存在关于哪些原则是最优的若干观点。重要的问题在于，斯坎伦式契约论是否必然与康德式规则后果主义相冲突，或者说这两种理论是否存在如下的可行版本，进而能够将两者合并。因此，我要假定，就对后果之好性质的评估而言，康德式规则后果主义会接受此前我所谓目标的优先性观点的某种强版本。这一假定使这种形式的后果主义更接近斯坎伦式契约论。

假定在情形二中，仅有的可能后果如下：

A：布鲁遭受 100 天的痛苦　　多数人中每人都无痛苦

B：布鲁无痛苦　　　　　　　多数人中每人都遭受 10 天的痛苦

如前例且在所有这样的情形中，我们都应该假定，每一天的痛苦是 249
均等的负担。按照目标的优先性观点，这些人的境况越糟糕，其负
担就越重要，就越是与导致更坏的后果有关联。既然布鲁在后果 A
中的境况比多数人中每人在后果 B 中的境况糟糕得多，那么布鲁受
苦的大多数天数之重要性就要大于多数人中每一个人受苦天数的重
要性。按照这一观点的强版本，后果 B 要比后果 A 坏，多数人的
数量就必须远大于 10。在此我们可以假定，B 要明显比 A 坏，B 中
就必须另有 100 人乃至 1 000 人每人遭受 10 天的痛苦。

　　类似的主张适用于情形三，其中仅有的可能后果如下：

　　　A：布鲁活到 30 岁　　　多数人中每人活到 75 岁
　　　B：布鲁活到 70 岁　　　多数人中每人活到 70 岁

我们可以再次假定，B 要比 A 坏，多数人的数量必须超过 100 乃
至 1 000。

　　让我们采取这样的说法：在这些情形中，道德原则如果要求我
们使布鲁免于重担，那就是保护布鲁的（Blue-protecting）；道德原
则如果转而要求我们使多数人免于小得多的负担，由此给予他
们（每人）少得多的收益，那就是使布鲁负荷的（Blue-burde-
ning）。按照刚才描述的观点，仅当与使布鲁免于重担而得到的收
益相比，我们能够给予多数人大得多的收益总量，使布鲁负荷的原
则才会是最优原则。

　　接下来回到我的论证：在康德式公式所诉诸的思想实验中，正
是仅有的最优原则，才是每个人都能够合理地选择的。我的论证把
这些原则与明显地非最优的其他可能原则相比较，其中后者意指其

被普遍接受会使事情进展坏得多的原则。略显（slightly）非最优原则会产生某些复杂性，留待后面考虑为好。

250 　　每个人都有强的不偏不倚理由选择每个人都接受最优原则，因为这样的选择会使事情进展好得多。并且我曾论证，任何人的不偏不倚理由都不会为任何与之冲突的相关理由所决定性地胜过。既然最优原则会给某些人施加重担，那么这些人就有强的个人理由不选择这些最优原则。但我曾主张，这样的理由不会是决定性的。

　　这样的主张是否适用于我们正在考虑的情形？布鲁是否有充分的理由选择每个人都接受某种使布鲁负荷的最优原则？在主张"我们所有人都能够合理地选择某种最优原则，即便该选择会给我们施加某种负担"时，我在讨论的情形是，其中我们通过选择这样的原则，会间接地使其他许多人免于差不多大的负担。例如在救生艇情形中，如果我选择数量原则而不是就近原则，我就会死亡，但我的选择间接地挽救了其他许多人的生命。

　　在罗尔斯-斯坎伦情形中，任何像这样的主张都不为真。布鲁如果选择某一最优原则，那就要承受负担，并且不会间接地使任何数量的其他人免于差不多大的负担。她只会使许多人免于小得多的负担。情况可能看上去是这样的：鉴于上述事实，布鲁不会有充分的理由选择该原则。在此情形中或许能够最可行地做出如下主张：某些人不能合理地选择最优原则。

　　我提议，我们甚至对上述主张也应当予以拒绝。回到情形二，其中我们可以要么

（1）使布鲁免于其所有 100 天的痛苦，

要么

（2）使一定数量的其他人中每人免于其所有 10 天的痛苦。

出于前文给出的理由，我们要假定，（2）要使后果更好，其他人的数量就必须超过 100 乃至 1 000。布鲁如果选择某一要求我们做（2）的最优原则，那就会遭受 100 天的痛苦；但是，其选择会使其他这些人免于 1 000 乃至 10 000 多天的痛苦。这种选择在许多其他这样的情形中也会产生如此效果。我认为，这些事实会给予布鲁充分的理由做出该选择。布鲁会有充分的理由选择自己遭受 100 天的痛苦，只要其选择会使其他这些人免受 1 000 乃至 10 000 天这一大得多的痛苦总量，其中每人免受 10 天这一数量可观的痛苦。

251

接着我们可以问，在上述任何情形中，每个人能否都合理地选择某一明显地非最优的保护布鲁原则。我提议的答案是否定的。既然任何这样的原则都是非最优的，多数人就既有不偏不倚理由也有个人理由不选择该原则。并且我们大多数人都有这样的不偏不倚理由，而不会有任何相反的理由。因此，大多数人都不会有充分的理由选择这样的原则。

我断定，对于我对康德式规则后果主义的论证，这些情形不构成强有力的反对例证。出于我在第十六章给出的种种理由，在把康德式公式运用于这些情形时，正是仅有的使布鲁负荷的最优原则，才是每个人都能够合理地选择的。

现在可以回到我关于康德式规则后果主义能够与斯坎伦式契约

论合并的论证。在应用于罗尔斯-斯坎伦情形时，我的一部分论证如下：

> （G）既然多数人不能合理地选择任何保护布鲁的原则，那就必定存在某些事实，它们给予这些人拒绝这些原则的强的根据或理由。
>
> （H）既然布鲁能够合理地选择某种使布鲁负荷的原则，布鲁拒绝该原则的根据就不可能同样地强。
>
> 因此，
>
> （I）多数人能够合情理地拒绝任何保护布鲁的原则，并且布鲁不能合情理地拒绝各种使布鲁负荷的原则。

斯坎伦在其前面的评论中拒绝了这一论证。他提出

252

> （J）在某些这样的情形中，布鲁尽管能够合理地选择某一使布鲁负荷的最优原则，但也能够合情理地拒绝各种这样的原则，并且多数人中任何人都不能合情理地拒绝各种保护布鲁的非最优原则。（135—138）

如果这一主张为真，斯坎伦式公式有时就要求我们遵循这样的保护布鲁原则。在此斯坎伦式契约论就与康德式规则后果主义相冲突。

（J）是否为真？在情形二中，我们可以要么

> （1）使布鲁免于其所有 100 天的痛苦，

要么

　　（2）使一定数量的其他人中每人免于其所有 10 天的痛苦。

我们将假定，如果最优原则要求我们有利于多数人而不是布鲁，如下情况就必须为真：我们能够使多数人免于总共 1 000 乃至 10 000 多天的痛苦。布鲁能够合情理地拒绝这样的原则，声称我们反而应当使她免于 100 天的痛苦吗？并且多数人拒绝她的这一主张会是不合情理的吗？

　　我们的答案是否应该是肯定的，这一点并不清楚。我们可以同意，既然布鲁如果遭受 100 天的痛苦，其境况就要比多数人中任何人都糟糕得多，那么在某种意义上布鲁对任何使布鲁负荷原则的反驳就具有大得多的道德权重。但在对这些后果之好性质的评估中，我们已经把"布鲁的境况糟糕得多"这一事实纳入考虑。正因为如此，如果最优原则要求我们给予多数人较少量的收益，我们就必须使超过 100 乃至 1 000 人中每人都免于其所有 10 天的痛苦。就对这些后果之好性质的评估而论，与给予多数人痛苦的权重相比，我们已经给予布鲁的痛苦 10 倍乃至 100 倍的权重。不清楚的是，布鲁能否合情理地主张：就决定该如何行动而论，与给予多数人痛苦的权重相比，我们应当给予布鲁的痛苦超过 10 倍乃至 100 倍的权重。也不清楚多数人拒绝她这样的主张是否不合情理。

　　接下来回到情形三，其中我们可以要么

　　（3）使布鲁能够活到 70 岁，而不是 30 岁；

要么

253

（4）使一定数量的其他人能够活到 75 岁，而不是 70 岁。

我们将假定，如果最优原则要求我们做（4）而不是做（3），那么其他人的数量必须超过 100 乃至 1 000。由此我们与其使布鲁多活 40 年，不如让其他人总共多活 500 乃至 5 000 年。布鲁能够合情理地拒绝要求这么做的原则吗？她能够合情理地主张，其多活的 40 年比其他人总共多活的 500 乃至 5 000 年在道德上更重要吗？而其他人拒绝这样的主张会是不合情理的吗？和前文所述一样，我们的答案是否应该是肯定的，这一点并不清楚。

可能有人反驳说，就我关于这些情形的主张而论，我已经使用某些可行的信念，这些信念是关于我们道德上应当做什么或人们道德主张的强度，并且错误地把这些信念作为关于后果的好性质而提出。斯坎伦提出，优先性观点所做出的主张，不应被看作是关于后果的好性质，而应被看作是关于拒绝道德原则的不同根据之强度。斯坎伦写道，这些主张

> 在如下观点的语境范围内会得到最自然的理解：该观点对正当与否所做出的结论，取决于在个人与个人之间证成的过程中个人所能提供的理由的相对强度。把它们诠释为关于所发生事件之好坏的主张，则是不那么讲得通的。

与此类似，罗尔斯提出，在对后果之好性质的评估中，我们不应诉诸任何分配原则，因为这样的原则所做出的主张不是关于什么是好的，而是关于什么是道德上正当的。

我认为，这些提议是错的。优先性观点尽管可以采取纯粹道义式的和契约论的形式，但也可以言之成理地采取目标的形式，从而

做出关于后果之好性质的主张。有些道德原则采取这种形式，则是不可能讲得通的。其中有些例子是这样的道义论原则：它们要求我们不以诸如"伤害某人以作为为他人谋利的手段"之类的某些方式待人。这些原则主张，即使某一行为能够通过让同类行为的发生次数最小化而使后果更好，这样的行为也是不当的。但分配原则没有做出任何这样的主张。我们能够言之成理地认为，如果对收益或负担做更平等的分配，或者如果更多的收益、更少的负担分给那些境况较不利者，那就会更好。例如可以认为，"布鲁遭受 100 天的痛苦"与"其他 100 人每人仅遭受 1 天的痛苦"这两种情况相比，前一种情况更坏。我认为，在"如果这些人对我们来说都是陌生人，我们就更有理由希望布鲁免于这种极大剧痛"的意义上，这种后果也更坏。

可能有人接着反驳说，在对后果之好性质的评估中，我们能够拒绝目标的优先性观点，或者我们所能接受的仅为这种观点的极弱版。由此我们就会拒绝我刚才为质疑斯坎伦（G）观点而给出的论证。但如下主张是不值得提出的：某些版本的康德式规则后果主义与斯坎伦契约论相冲突。在规则后果主义的各种版本——比如"诉诸其被普遍接受或被普遍遵循会使事情进展得最好的原则"的各种版本——之间也存在冲突。重要的问题在于，可行版本的斯坎伦式契约论与可行版本的康德式规则后果主义之间是否必然冲突。并且契约论的目标的优先性观点能够可行地采取某种相当强的形式。

第81节 斯坎伦理论的独立性

接下来回顾，按照

契约论优先性观点：人们的境况越糟糕，人们就有越强的道德主张和越强的根据拒绝某一道德原则。

斯坎伦可能主张，与目标的优先性观点相比，这种契约论观点能够可行地采取更强的形式。这可能足以使（J）为真。

回到情形一的例子，其中仅有的可能后果如下：

A：布鲁遭受 1 000 天的痛苦　　多数人中每人都无痛苦
B：布鲁无痛苦　　　　　　　　多数人中每人都遭受某种短期的痛苦

通常的假设是，如果所有痛苦都是坏的，那就必定存在一定数量的短期痛苦，它们会使后果 B 比后果 A 更坏。我已经主张，这种假设是错的。我们能够融贯且言之成理地认为，如果布鲁遭受 1 000天的痛苦，这就比任何数量的其他人遭受诸如 1 分钟乃至 10 分钟之类的短期痛苦都更坏。我们可以有更强的不偏不倚理由想要或希望，在所有这样的情形中那单个人免于其极大的剧痛。

然而，在其他某些情形中，我们不能言之成理地做出上述主张。如下主张可能是讲不通的：与其让布鲁遭受 1 000 天的痛苦，不如"让 100 万、10 亿乃至 10 亿亿人中每人遭受 10 天或 50 天的痛苦"。因此，我们可能不得不同意，在某些这样的情形中，最优原则会要求我们使大量的人们免于整天的痛苦。而斯坎伦的如下主张也可能是正确的：在某些这样的情形中，布鲁能够合情理地拒绝这样的最优原则，并且多数人中任何人都不能合情理地拒绝某种要求我们使布鲁免于 1 000 天痛苦的原则。如果这些主张为真，斯坎伦式契约论在此就是与康德式规则后果主义相冲突的，因为这些观点要求我们按不同的方式行事。

但这种冲突并不严重。按照这两种观点，我们都应当给予"使布鲁免于剧痛"以强的优先性。两者的区别仅在于，按照斯坎伦式 *256* 契约论，这种优先性更强一些。

在某些种类的情形中，这两种观点还可能在其他方面具有不同的蕴含。我们现在可以回到康德式规则后果主义的契约论部分。根据康德式契约论公式，我们应当遵循这样的原则，其被普遍接受是每个人都能够合理地选择的。假定在

> 情形四中，对于两个相关方面类似的人，我们可以轻易地救其中一人的生命。

根据

> 机会均等原则（the Principle of Equal Chances）：在上述情形中，我们应当按照某种给每一个人提供均等获救机会的方式来救其中一人。

我们可以主张，这是这两个人都能够合理地选择的仅有原则。这一主张尽管是可行的，但并非明显为真。或许他们还能够合理地选择

某种"仅要求我们救其中一人，我们如何选择救谁的问题留待我们自行处理"的原则。康德式公式由此不支持机会均等原则。相比之下，斯坎伦式公式决定性地支持该原则。这两个人都不能合情理地拒绝该原则，因为他们都无权要求被给予超过均等的获救机会，也都没有任何别的合情理的根据拒绝该原则。

接着假定，在

> 情形五中，不同的人可以分享一定量的无主资源，其中任何人对于该资源都没有任何特权。无论我们怎样分配这些资源，这些人加起来所获得的收益总量都是一样的。

在运用康德式公式时，我们可以主张

257

> （K）每个人都能够合理地选择某一原则，该原则要求我们在上述情形中给予每个人均等的份额；

并且

> （L）无人能够合理地选择任何这样的原则，该原则允许我们在上述情形中给予他们少于均等的份额。

我认为，上述主张为真，因而康德式公式要求我们遵循这种均等份额原则（Principle of Equal Shares）。但效用主义者可能拒绝（L），反而主张

> （M）每个人都能够合理地选择某一原则，该原则允许我们给予他们不均等的份额，因为收益的总量是一样的。

尽管我认为上述主张是错的，但（J）并非明显错的。相比之下，

斯坎伦式公式决定性地支持均等份额原则。无人能够合情理地拒绝
该原则，因为无人有权要求被给予超过均等的份额，对于该原则也
不存在任何其他可能的反驳。

在情形四与情形五中，康德式契约论与斯坎伦式契约论并非冲
突的。两者的区别仅在于，尽管康德式公式给予均等份额原则和机
会均等原则某种支持，但斯坎伦式公式以某种更强的且决定性的方
式支持这些原则。但接着假定，在

> 情形六中，如果某些人被给予不均等的份额，那么收益总
> 量会大得多。

在这样的情形中，可能有某些人不能合理地选择均等份额原则，因
为均等的分配既对于这些人来说坏得多，也使事情进展得较坏。但
如下情况仍可能为真：无人能够合情理地拒绝均等份额原则。康德
式契约论与斯坎伦式契约论由此就会冲突。

接下来我们可以指出这些案例的共同点何在。在运用康德式公
式时，我们会问哪些是其被普遍接受是每个人都能够合理地选择的
原则，此时我们纳入考虑的事实是关于"在蕴含不偏不倚理由的意
义上事情如何进展是最好的"。我已经主张，在对后果之好性质的
评估中，我们能够言之成理地给予某些分配原则以权重。我们可以
认为，两种后果之一种虽然给予人们较小的收益总量但是较好的，
只要这些收益得以更均等的分配，或者更多的收益是分给那些境况
更糟糕的人。我们还可以认为，如果给予人们均等的机会去获得某
种收益，那么情况会更好。但如我的一些案例所表明的，在我们运
用斯坎伦式公式时，这些分配的考虑能够被言之成理地给予更大的

258

权重。这并不令人惊讶。对于"哪些原则是每个人都能够合理地选择的"这一问题的回答，取决于我们选择不同原则的所有非道义式理由。这不仅包括我们选择更好后果的不偏不倚理由，也包括各种非道德的个人理由，比如我们选择什么对自己有利的理由。斯坎伦转而诉诸的主张是关于什么对于拒绝道德原则来说是合情理的根据，其中"合情理的"是在部分地是道德的意义上（in a partly moral sense）使用的。我们可以预期，在回答这一问题的过程中，分配原则能够被言之成理地给予更大的权重。如果给予人们均等的份额或平等的机会去获得某种收益，事情就可能在一定程度上进展得更好；尽管如此，但"无人能够合情理地拒绝均等份额原则或机会均等原则"要清晰得多。

作为一种不同类型的例子，假定在

> 情形七中，我们可以要么使格林免于某种负担，要么使格蕾免于某种大得多的负担。格蕾一直疏于职守，并且对于格林和格蕾面临这些负担的威胁负有责任。

对于"哪些原则是这两个人都能够合理地选择的"这一问题，其回答可能是某一"要求我们使格蕾免于大得多的负担"的原则。格林可能有充分的理由选择这一原则。但如果问哪些原则是无人能够合情理地拒绝的，那么我们可能断定，鉴于"是格蕾的疏忽导致她与格林都面临这些负担的威胁"这一事实，格蕾就不能合情理地拒绝要求她承受大得多的负担的原则。康德式契约论与斯坎伦式契约论由此就是冲突的。

可能还有这两种契约论相冲突的其他情形。并且康德式契约论有时与规则后果主义相冲突。我认为，在所有的或近乎所有的重要情形中，每个人都能够合理地选择每个人都接受某种最优原则。但也可能出现这样的情形：其中每个人也都能够合理地选择某种明显地非最优原则。在这样的情形中，康德式契约论允许我们按照这些原则中的任一原则行事，从而有别于规则后果主义。并且可能还存在其他方式使三重理论的三个部分之间有时发生冲突。

如果存在这样的冲突，那么这或许看上去表明，我们应该拒绝这种三重理论。但我认为情况并非如此。我们所有的道德理论都需要进一步发展和修正。如果似乎最为可行的理论具有极类似的蕴含，这一事实就让我们有理由相信我们在进步，并且这些理论是我们应该努力进一步发展和修正的。如果这些理论具有某些相冲突的蕴含，那么这可能有助于我们确定应该如何修正这些理论。我们仍在攀登这座山峰。并且如果登山队员拥有不同的能力和力量且他们有时尝试不同的路线，那么这个登山团队可能做得更好。仅当到达峰顶，我们或我们的追随者们才会拥有全然相同的真信念。

附　　录

附录 D　为何有物？为何如此？[*]

这个宇宙为何存在？这里有两个问题。第一，究竟为何会有宇 623
宙？本来可能成真的是，任何事物都不曾存在：没有生物，没有星
星，没有原子，甚至没有空间或时间。一旦我们想到这种可能性，
那么任何事物的存在都可能看上去令人吃惊。第二，为何存在的是
这个宇宙？有无数种方式让情况本可能有所不同。那么，宇宙为何
是现在这个样子？

有些人认为，这些问题可能有因果意义上的答案。先假定宇宙

---

*　在理解文义的过程中参考了网上的相关中译，在此表示感谢（一天一件艺术品
译：《为什么会有这一切？为什么有此生？》，2017 年 1—3 月，https://onearteveryday.
com/blog/last-part-of-parfitl）。但本译文仍是独立完成的。

始终存在。有些人认为，如果所有事件都是由先前的事件导致的，那么一切就得以解释。然而情况并非如此。即便无限的事件系列也无法解释其自身。我们可以提问：为何是这个系列发生，而不是其他某个系列，或者没有任何系列？在稳恒态理论（the Steady State Theory）的支持者中，有些人乐意接受该理论为他们所认作的无神论蕴含。他们假设，如果宇宙没有开端，那就不会有什么事情需要某个造物主（Creator）去解释。但仍然存在一个有待解释的永恒宇宙。

接着假定宇宙并非永恒的，因为在宇宙大爆炸（the Big Bang）之前什么也没有。有些物理学家提出，这个初始事件是真空中的一次随机波动，由此可能遵循量子力学（quantum mechanics）定律。他们认为，这可以为宇宙如何从无中生成提供因果解释。但物理学家所称的真空并非真的什么也没有。我们可以问：它为何存在，并且具有如其实有的潜能？用霍金的说法就是：是什么把火吸入平衡体（equation）之中？

类似的说法适用于上述类型的所有提议。对于宇宙为何存在、为何存在自然规律、这些规律为何是现在这个样子，不可能存在因果的解释。即便存在一个产生宇宙其余部分的上帝，情况也不会有所改变。对于上帝为何存在，不可能有因果的解释。

624　很多人已经假定，这些问题既然不可能有因果的答案，那就不可能有任何答案。因此，有些人取消这些问题，把它们看作不值得考虑的。另一些人则断定它们没有意义，从而假定：如维特根斯坦所述，"仅在有问题之处，才有可能存在疑问；而仅在有答案之处，才有可能存在问题"。

我认为，这些假定是错的。这些问题即便不可能有答案，也仍然有意义，并且仍然值得考虑。这样的思考会带领我们进入崇高这一美学范畴，它适用于至高的山峰、汹涌的海洋、夜间的天空、某些教堂的室内装饰，以及其他超越人力、令人敬畏而无限的事物。最崇高的问题莫过于宇宙为何存在：为何有物而不是无物。我们也不应该假设，对这个问题的答案必定是因果的。并且即便真实（reality）* 不可能得到充分的解释，我们也仍可以取得进步，因为那些不明之处有可能变得不像现在这样看上去令人困惑。

一

对于有关真实情况的一个显见（apparent）事实，最近讨论得很多。许多物理学家认为，生命要成为可能，宇宙的各种特征就必须几乎恰好像现在这个样子。我们可以把宇宙大爆炸的初始条件（initial conditions）作为如此特征的一例。这些物理学家声称，如果这些条件的变化超出所容许的极细微差异的范围，宇宙就本不会有容许生物存在的复杂性。这些条件为何刚好如此精当

---

* 本附录中的 reality 一律译为"真实"或"真实情况"，而不译为"现实"或"实在"。一方面，考虑到"现实"一词的指涉比较宽泛，不能确切表达其含义。而"实在"可能暗示着"真实存在"的蕴含，在对本附录相关内容的理解中容易引起歧义或混淆。另一方面，"真实"更能表达 reality 的本义，尤其是考虑到本附录的主旨是在科学认识论的层面运用分析方法来反思宇宙起源问题。但在中文语境中译为"真实"有被误解为形容词的可能，为了避免歧义，有时译为"真实情况"。

顺便提及的是，本附录的 law 一般译为"规律"或"定律"，而不是像本书其他部分那样译为"法则"，因为这里的 law 主要是在科学认识论意义上讲的。

（right）呢？

有些人说："如果它们不精当，那么我们甚至无法提出这个问题。"但这根本不成其为答案。我们是如何在某次车祸中幸存的，这可能令人困惑，即便如果没活下来我们就不可能感到困惑。

另一些人说："必须有某些初始条件，并且这些使生命得以可能的条件与任何其他条件是一样的。因此，没什么需要解释的。"要弄清这种回答的错误之处，我们就必须区分两种情形。先假定在瞄准太空中极多的观测点时，某个射电望远镜记录的是某种杂乱无章的入射波序列。那么这里可能没什么需要解释。再假定在沿着某个方向瞄准时，这个望远镜记录的入射波序列，其脉冲按二进制记法前 1 万位与数字 π 匹配。在一定意义上，这个特定的数字与其他任何数字是完全一样的。但在此就会有某些东西是需要解释的。尽管每一个多位数都是唯一的，但仅有极少像 π 这样的数字在数学上是特殊的。那就需要解释，这个入射波序列为什么恰好匹配于一个如此特殊的数字。尽管这种匹配可能是随机产生的巧合，但这种可能性极小。我们几乎能够肯定，这些入射波是由某种智能生物（intelligence）产生的。

按照我们正在考量的观点，既然任何波序列都是与其他波序列一样的，那就没什么可解释的。如果我们接受这种观点，太空别处的智能生物就不能与我们取得联系，因为我们会忽略他们的信息。上帝也不可能自行呈现。假定我们用某个光学望远镜看到在太空深处有某个由星辰拼出的图案，它是用希伯来文拼写的《创世记》第一章。按照这种观点，这个星辰图案不需要解释。这显然是错的。

　　如下是另一个类比。先假定在 1 000 名面临死亡的人中唯有一人能得救。如果抽签来挑选这名幸存者，并且我被抽中了，那么我是极幸运的。但在此可能没什么需要解释。总会有人被抽中，难道就不能是我？再考虑另一次抽签。除非我的看守抽到 1 000 根稻草中最长的那根，否则我就会被击毙。如果我的看守抽到了最长的那根，那就有需要解释之处。这样的说法就是不够的："这个结果与其他任何结果是一样的"。在第一次抽签中没有发生任何特别的事情：无论结果如何，总有某个人会得救。在第二次抽签中，这个结果是特别的，因为在 1 000 种可能结果中仅有一种会救一命。这个特别的结果为何同时也是实际发生的？尽管这也许是个巧合，但概率仅为千分之一。我几乎可以肯定，像陀思妥耶夫斯基的假处决一样，这次抽签是受操纵的。

　　宇宙大爆炸看起来像第二次抽签。生命要得以可能，这些初始条件就必须以极高的精确性来选择。这种如某些人所称的微调表象（appearance of fine-tuning）也是需要解释的。

　　或许有人反驳说，就"那些条件如果容许生命存在就被看作特别的"而论，我们不可证成地（unjustifiably）假定了我们自身的重要性。但哪怕是由于其复杂性，生命也是特别的。即便松鼠的大脑，它也比无生命的星系更复杂。也不仅仅是生命才需要这种微调。如果宇宙大爆炸的初始条件不是几乎精确地如其当初的样子，那么宇宙要么会几乎马上再崩溃，要么膨胀过快，随之而来的粒子分布过于稀薄，乃至不可能形成星辰或重元素（heavy elements）。这就足以使这些条件成为极其特别的。

626

接下来可能有人反驳说，我们不能主张这些条件是不太可能的（improbable），因为这样的主张需要统计意义上的根据，并且仅存在一个宇宙。如果我们正在考虑的是所有可设想的宇宙，那么要判断统计意义上的概率就确实是不可行的。但我们的问题要窄得多。我们在问的是，如果在自然规律不变的情况下这些初始条件有所不同，那么本来会发生什么。这就为统计意义上的判断提供了根据。这些条件可能有某个数值变化范围，而物理学家们能够算出，在这个范围的哪个区间（proportion）所产生的宇宙能够容有星辰、重元素和生命。

有人主张，这个区间是极其狭小的。在初始条件的可能变化范围内，小于一百亿亿分之一的区间将产生某个这样的宇宙：它具备容许生命存在的复杂性。如果如我在此要假设的，这一主张为真，那就有极度需要解释之处。为何这极小集合中的一种情况同时也是事实上发生的？

有一种观点认为，这纯属巧合。上述情况是可设想的，因为发生了巧合。但这种观点令人难以置信，因为若它为真，则发生这种巧合的概率会低于一百亿亿分之一。

另一些人说："宇宙大爆炸是微调的。在创造宇宙的过程中，上帝选择让生命得以可能。"无神论者可能拒绝这个回答，认为上帝的存在是不大可能的。但相比于这种要求如此之高的巧合观点成立的不可能性，上帝存在的不可能性要低得多。因此，即使无神论者也应该承认，就对我们问题的两种答案而言，求助于上帝的答案更有可能为真。

这种推理再现了一种支持信仰上帝的传统论证。就其最强形式　*627*
而言，这种论证诉诸动物的许多特征，比如眼睛、翅膀，它们似乎
是经过设计的。佩利（Paley）对这些特征的诉求给年轻时代的达
尔文留下了非常深刻的印象。达尔文后来颠覆了这种形式的论证，
因为自然选择能够解释这种设计表象。但自然选择不能解释宇宙大
爆炸中的微调表象。

这种诉诸概率的论证还可能以另一种方式受到质疑。在主张这
种微调极不可能是巧合时，该论证假定，在宇宙大爆炸的可能初始
条件中，每一组条件实现（obtain）的可能性是同等的。这个假定
可能是错的。与其他所有条件组合相比，容许复杂性和生命的条件
之实现的可能性要大得多。或许它们甚至是肯定成立的。

要答复上述反驳，我们必须拓宽上述论证的结论。如果这些容
许生命的条件是很可能或肯定能实现的，那么如该论证所主张的，
宇宙容许复杂性和生命这一点绝非巧合。但这种微调可能不是某个
现存的存在者的作品，而是某种非人格的力量或根本规律的作用。
正因为如此，某些有神论者相信上帝存在。

对这个论证更强的质疑来自解释微调表象的另一种方式。先考
虑一个类似的问题。地球上的生命要得以可能，地球的诸多特征就
都必须接近现在这个样子。可能有人主张，地球拥有这样的特征不
大可能是巧合，从而应该被视为上帝的作品。但这样的论证较弱。
我们可以合情理地认为，宇宙包含极多的行星，它们有着各自不同
的条件。我们应该预料，在其中几个行星上有着恰好适合生命的条
件。我们生活在这几个行星之一，这也不令人惊讶。

628 我们可以假定，就宇宙大爆炸的微调表象而言，情况有所不同。虽然可能有许多其他的行星，但仅有一个宇宙。但这种不同可能并不像看上去那么大。有些物理学家提出，可观察的宇宙只是诸多不同世界之一，这些世界都是对于真实来说同等的组成部分。根据一种这样的观点，其他世界以某种可以解答某些量子物理学之谜的方式与我们的世界相关联。按照一种与这里相关的有别且较简单的观点，其他世界具有与我们的世界一样的自然规律，并且它们产生于大体相似的宇宙大爆炸，但拥有不同的初始条件。

按照这种多世界假说（Many Worlds Hypothesis），没有必要进行微调。只要有足够多的宇宙大爆炸，我们就应该预期，其中有几次产生的条件刚好适合容有复杂性和生命；并且我们的宇宙大爆炸是这几次之一就毫不令人惊讶。为了阐明这一点，我们可以修改我的第二次抽签。假定我的看守抽稻草不是一次，而是极多次。这就可以解释他有一次成功抽到了最长的那根，这不必是极端的巧合，这种抽签也不必是受操纵的。

按照多世界假说的大多数版本，这诸多世界之间除了通过其缘起关联之外是没有因果关联的。有人反驳说，既然我们的世界不可能受到这些其他世界的因果影响，我们就不可能有它们存在的证据，从而不可能有理由相信其存在。但我们确实有一个这样的理由，因为它们的存在可以解释微调表象，否则该表象就成为我们所在世界的一个令人困惑的特征。

对微调表象的这两种解释方式，哪一种更优？与对上帝的信仰相比，多世界假说更谨慎，因为其主张仅仅是，我们从周遭能够观察到的那种真实情况不止一种。但上帝的存在已被宣称为内在地更有可能的。按照大多数有神论者的观点，上帝是全知、全能、全善的存在者。已经有人主张，与诸多高度复杂的世界之无因（uncaused）存在相比，这样一种存在者的无因存在更简单且没那么任意（arbitrary）。而许多科学家都认为，更简单的假设更有可能为真。

然而如果这样一种上帝存在，我们世界的其他特征就变得难以解释。上帝选择使生命得以可能，这可能不令人惊讶。但是，自然规律本可以有所不同，从而会存在许多容有生命的可能世界。难以理解的是，为什么上帝会在所有这些可能性之中选择创造我们的世界。最令人感到困惑的则是恶的问题。似乎存在不少这样的苦难，它们是任何善人一旦了解真相就都会尽可能阻止的。如果存在这样的苦难，那就不可能存在全知、全能、全善的上帝。

对于这个问题，有神论者提出了若干解答。有人提出，上帝并非全能或并非全善。另一些人提出，不应得的苦难并非像看上去那样坏，或者是：阻止这样的苦难而同时不让宇宙整体上的善有所减少，这是上帝不可能做到的。

在此可以忽略这些提议，因为我们需要考虑更大的问题。我在开头的提问是：事物为何会如其所是？在回到这个问题之前，我们应该问：事物是怎样的？关于我们的世界，有许多有待我们发现之处。并且正如可能存在类似于我们世界的其他世界，可能也存在极为不同的世界。

二

区分两种可能性会有所助益。全局的（cosmic）*可能性涵盖曾存在的一切，并且是真实之总体的各种可能存在方式。其中仅有一种可能性能够成为现实的，或成为实现的那一种。局部的可能性是真实之某个部分或局部世界的各种可能存在方式。如果某个局部世界存在，那就使"其他世界是否存在"成为未决的问题。

大体上说，一种全局的可能性是每个可能的局部世界都存在。我们可称之为所有世界假说（All Worlds Hypothesis）。本来可能实现的另一种可能性是从不曾有任何事物存在。我们可称之为零值的可能性（Null Possibility）。就余下的每一种可能性而言，其存在的局部世界的数目都介于零值和所有之间。有无数种这样的可能性，因为可能的局部世界有无数种组合。

在这些不同的全局的可能性中有一种必定实现且仅有一种能够实现。于是，我们就有两个问题：哪一种会实现？为什么？

这两个问题是相关联的。如果某种可能性更容易得到解释，这就可以给我们提供更多的理由去相信这种可能性会实现。正是通过

630 这样的方式，我们更有理由相信宇宙大爆炸是多次而不是仅仅一次。我们无论相信大爆炸是一次还是多次，都会产生"为什么宇宙大爆炸会发生"这个问题。尽管这是个难题，但发生多次并不比仅

---

* 这里的 cosmic 译为"全局的"，兼有"宇宙的"和"无所不包地广阔的"这两种相通的含义。考虑到它与下文"局部的"（local）之对比关系，当突出其中"范围广阔"之义，但若译为"全面的"或"全部的"，则较弱且有遗漏含义之嫌。

仅发生一次更令人困惑。大多数类别的事情或事件都有多次发生的实例。我们还有一个问题，即为什么在产生我们世界的那次宇宙大爆炸中，初始条件容有复杂性和生命。如果仅发生过一次宇宙大爆炸，这个事实就很难同时得到解释，因为极不可能的是：这些条件是纯属碰巧精当的。如果取而代之的是曾发生多次大爆炸，上述事实就容易得到解释，因为这就像这样的情况：在无数行星中有某个行星的条件容有生命。对多次大爆炸的信念留有较少不可解释之处，因而该观点更优。

如果某些全局可能性之实现留有较少有待解释之处，因而没有其他全局可能性那么令人困惑，那么是否有某种可能性的实现绝不会令人困惑呢？

先考虑零值的可能性，其中从不曾有任何事物存在。为了想象这种可能性，可能有益的做法是先假定曾存在的一切是一个单原子。接着我们想象，甚至这个原子也从未存在。

有人曾主张，如果从不曾有任何事物存在，那就没什么可解释的。但情况并非如此。在想象"如果从不曾有任何事物存在，事情会是怎样"时，我们在想象中应该排除的是诸如生物、星辰、原子之类的事物。但仍然会有各种真相，比如没有星辰和原子的真相，或者 9 可以被 3 除尽。我们可以问：为什么这些东西本来会是真的？并且这样的问题可以有答案。因此，我们可以解释，为什么即便从不曾有任何事物存在，9 仍然可以被 3 除尽。任何其他答案都是不可设想的。并且我们可以解释，为什么不会有诸如非物质的物质或球形的立方体之类的事物。这样的事物是逻辑上不可能的。但为什么不曾存在任何事物？为什么从不曾存在星辰、原子、哲学家、风信子？

我们不应该主张，如果从不曾有任何事物存在，那就没什么可解释的。但我们要求的内容可以少一些。在所有的全局可能性中，零值可能性所需的解释最少。如莱布尼茨所指出的，它是最简单的，也是最少主观任意的。并且它是最容易理解的。例如，可能看上去神秘的是，事物如何能够在缺乏存在原因的情况下存在；但对于整个宇宙或上帝为何存在，却不可能存在因果的解释。零值可能性不会引发这样的问题。如果从不曾有任何事物存在，那就不必导出这些事态。

631

然而，真实并没有呈现为其最不令人困惑的形式。不管通过怎样的方式，宇宙都已达成其存在。这可是能够让我们惊骇的结果。如维特根斯坦所述，"神秘之处不在于这个世界是怎样的，而在于世界就是这个样子"。或者用不那么神秘的思想家杰克·斯马特的话说，"事物竟然存在，这的确在我看来是最深感敬畏之事"。

接下来考察所有世界假说，其主张是每个可能的局部世界都存在。不同于零值可能性，这可能是关于事物是怎样的。并且它或许是仅次于前者的最不令人困惑的可能性。这种假设尽管包含但不同于多世界假说。按照后者那更谨慎的观点，其他的诸多世界有着与我们的世界相同的元素、相同的根本规律，仅在诸如其恒定性和初始条件之类的特征上存在差异。所有世界假说则涵盖世界的每种可设想类型，并且大多数这样的其他世界都有着极为不同的元素和规律。

如果所有这些世界都存在，我们就可以问它们为何存在。但与其他大多数全局可能性相比，所有世界假说遗留的未解（unexplained）之处可能较少。例如，无论存在的可能世界之数是多少，我们都会有这样的问题："为何是这个数目？"如果存在的数目是零，这个问题就是最不令人困惑的；而接下来最少主观任意的可能性似乎就是所有这些世界都存在。如果是其他的各种全局可能性，我们就都会产生进一步的问题。如果我们的世界是唯一的，我们就可以问："在所有可能的局部世界中，这为什么是存在的那一个世界？"按照任何版本的多世界假说，我们都会产生类似的问题："为什么只有带有这些元素和规律的这些世界存在？"但是，如果所有这些世界都存在，那就不会有这样的进一步问题。

可能有人反驳说，即便所有可能的局部世界都存在，那也没有解释为什么我们的世界是现在这个样子。但这种反驳是错的。如果所有这些世界都存在，那么每一个世界就都按照每一个数字是其所是的方式是其所是。"9 为什么是 9"这样的提问不可能是明智的。我们也不应该问：为什么我们的世界是其所是的那个世界，即为什么它是这个世界？这无异于是在问："为什么我们是我们之所是？"或者"为什么现在是现在这个时间？"这些问题在反思之下都是不健全的。

所有世界假说尽管避免了某些问题，但还是不如零值可能性那么简单或不任意。在可能的世界与不可能的世界之间可能并没有显著的（sharp）区别。怎样算作一种世界，这是不清楚的。并且假如有无限多种，那在无限的不同种类之间就存在某个选择。

632

无论哪种全局可能性实现，我们都可以问它为何实现。我的所有主张到目前为止只是说，就某些可能性而言，这个问题令人困惑的程度较低。现在让我们这样提问：这个问题可能有答案吗？有没有一种理论可以不遗留任何未解之处？

三

有时会出现这样的主张：上帝或宇宙使其自身得以存在。但这不可能为真，因为这些实体除非存在，否则不可能做任何事。

按照某种明智一些的观点，上帝或宇宙存在是逻辑上必然的，因为"它们可能本来不存在"的主张会导致自相矛盾。按照这样的观点，"可能一切都不曾存在"尽管看上去是可以设想的，但实际上是逻辑上不可能的。有些人甚至主张，可能仅有一种融贯的全局可能性。爱因斯坦提出，如果上帝创造了我们的世界，那么他可能没有在应该创造哪一种世界的问题上做选择。如果这样的观点为真，那么一切都可以得到解释。真实可能就是如其所是的样子，因为不存在可设想的替代选项。但由于经常给出的一些理由，我们可以拒绝这些观点。

接下来考察一种相当不同的观点。根据柏拉图、普罗提诺和其他哲学家的观点，宇宙之所以存在，是因为其存在是善的。即使我们确信应该拒绝这种观点，也仍然值得问的是，这种观点是否有意义。如果它有，那就可以提出其他可能性。

这种价值支配观（Axiarchic View）可以采取有神论的形式。我们可能主张，上帝之所以存在，是因为其存在是善的，而宇宙的

余下部分之所以存在，是因为上帝导致其存在。但在这种解释中，　*633*
上帝作为造物主就是多余的。如果上帝是由于其存在为善而可能存
在，那么整个宇宙也可能如此。可能正因为如此，有些有神论者拒
绝价值支配观，并坚持认为，上帝的存在是个无需任何解释的原
生（brute）事实。

就其最简的形式而言，这种观点做出了三个主张：

（1）真实如果是某种特定的样态（a certain way）就会是
最好的。

（2）真实是这种样态。

（3）（1）解释（2）。

像"如果痛苦更少，情况就更好"这一主张一样，（1）是一个寻常
的评价性主张。价值支配观假定（我认为是正确地假定），这样的
主张可以在某种强的意义上为真。（2）尽管属于一刀切的（sweep-
ing）类型，却是寻常经验的或科学的主张。这种观点的独特之处
在于主张（3）——根据该主张，（1）解释（2）。

我们能够理解这第三个主张吗？为了聚焦于这个问题，我们应
该暂且忽略这个世界的恶，并悬置对主张（1）和（2）的其他怀
疑。我们应该假定，如莱布尼茨所主张的，最好的可能宇宙是存在
的。那么，"这个宇宙是因为其为最好而存在"这一主张有道
理（make sense）吗？

价值支配论者（Axiarchist）应该承认，这里对"因为"的使
用无法轻易得到解释。但即便寻常的因果关系也是神秘的。在最根
本的层次上说，对于某些事件为什么导致另一些事件，我们是完全

不清楚的；也难以解释因果关系是什么。此外，如"上帝之所以存在，是因为其存在是逻辑上必然的"这一主张所示，"因为"和"为什么"还有非因果的含义。对于这样的主张，我们即便认为是错的也能够理解。价值支配观要难理解一些，但并不令人惊讶。如果存在对整个真实（the whole of reality）的某种解释，那么我们不应指望，这种解释完全符合某个熟悉的范畴。这种不同寻常的问题可能有某种不同寻常的答案。我们应该拒绝那些没有道理的答案提议，但也应该努力弄清哪些可能是有道理的。

634　　价值支配（Axiarchy）可表述如下。现在我们要假定，在整个真实可能成为的所有无数种样态中，有一种既恰恰是最好的，也是真实现在所呈现的样态。按照价值支配观，这绝非巧合。我认为这个主张是有道理的。并且如果绝非巧合的是，真实所呈现的最好样态同时也是真实现在呈现的样态，那就可能为如下进一步的主张提供支持，即这正是真实为什么是这种样态的原因。

　　相对于更为人熟悉的有神论观点，上述观点有一个优点。对上帝的诉求无法解释宇宙为什么存在，因为上帝本身就是宇宙的一分子，或存在的事物之一。有些有神论者争辩说，既然任何事物若无因则无法存在，作为第一因的上帝就必定存在。如叔本华所反驳的，这个论证的前提并不像有神论者一旦到达目的地就可以随意解雇的车夫。价值支配观诉诸的，不是某个现存的实体，而是某种解释性的法则。这样的法则既然本身不是宇宙的组成部分，那就有可能解释宇宙为何存在并且尽可能地好。如果是这种法则主宰真实，那么我们仍然可以问为何如此，或价值支配观为何为真。在揭示这种法则的过程中，我们会取得某种进展。

然而，价值支配观难以令人置信。如果就像现在看上去的那样，存在着许多无意义的苦难，我们的世界就不可能成为最好的可能宇宙的组成部分。

四

有些价值支配论者声称，我们如果拒绝他们的观点，那就必须把我们世界的存在看作某个原生事实，因为其他解释都不可能有意义。但我认为情况并非如此。如果我们抽出价值支配观的乐观态度，那么其主张如下：

> 在无数种全局可能性中，有一种既具有某一极为特别的特征，也是实现的那种可能性。这绝非巧合。这种可能性之所以实现，是因为它具有上述特征。

其他观点能够做出这样的主张。这种特别的特征不必就是"作为最好的"这一特征。由此按照所有世界假说，真实是最大值的（maximal），或尽可能地丰富的（full）。类似地，如果任何事物都不曾存在，真实就是最小值的（minimal），或尽可能地空无的。如果实现出来的是最大值或最小值的可能性，我们就可以主张，这样的事实极不可能是巧合。并且这可以支持进一步的主张，即这种可能性对这种特征的拥有，就是其为什么得以实现的原因。

现在让我们更细致地考察最后一步。如果两件事绝非巧合地同时为真，那么对于为什么给定其中一事为真则另一事也为真，就存在某种解释。其中一事为真，可能导致另一事为真。或者如两件事

635

是由于某一共同原因而产生的联合效果时的情形，这两件事都可能从为真的第三者那里得到解释。

接下来假定，在各种全局可能性中，有一种既是极为特别的，也是实现出来的那一种。如果这绝非巧合，那么什么可以解释这两件事为何均为真？按照我们正在考察的推理，第一事为真可以解释第二事为真，因为这种可能性是由于具有这种特别的特征而实现的。考虑到这两件事为真的类型，上述解释就不能反过来这么说，即这种可能性不可能由于是实现出来的而具有这种特征。某种可能性如果具有某种特征，那就不可能未具备该特征，因而它无论是否实现都会具有该特征。例如，所有世界假说不可能没能描述真实所呈现的最丰富的（fullest）样态。

虽然我们设想的可能性必然具有其特别的特征，但这种可能性并不必然实现。我认为，这其中的差别证成了我们正在考虑的推理。既然这种可能性必然具有这种特征，但可以不是已经实现的，那么它就不可能是由于其实现而具有该特征，也不可能有为真的第三者来解释它为什么既具有该特征又是实现的。因此，如果这些事实绝非巧合，这种可能性就必定是由于它具有该特征而实现的。

某种可能性在由于具有某种特征而实现时对于该特征的具有，就可能是某个行为者或自然选择过程使该可能性得以实现的原因。我们可称之为有意图的（intentional）方式和进化的（evolutionary）方式，由此某种可能性的某特征就可以解释该可能性为何实现。

　　有神论者声称，我们的世界可以用这两种方式中的第一种来解释。如果真实是尽可能地好的，那么"这种情形部分地是上帝的作品"的主张确实是有道理的。但是，既然上帝自身的存在不可能是上帝的作品，那么对于整个真实为什么是尽可能地好的，就不可能存在有意图的解释。因此，我们可以合情理地断定：这种样态之为最好的，就直接解释了真实为何是这种样态。即便上帝存在，这种有意图的解释也无法与价值支配观所提供的更具勇气的不同解释相提并论。

　　现在回到这一类的其他解释。先考察零值可能性。我们知道这没有实现；但是，既然我们问的是哪些有道理，那么实现与否就是没关系的。如果不曾存在任何事物，那么这必然是毫无解释的原生事实吗？我提出的答案是否定的。可能并非巧合的是，在所有无数种全局可能性中，其实现是最简单的、最不任意的，且是唯一"无物曾存在"的可能性。并且如果这些事实并非巧合，这种可能性就是本来会实现的，因为或部分地因为它具有一种或多种特别的特征。此外，这种解释不可能采取有意图的或进化的形式。如果不曾存在任何事物，那就不可能有使这种可能性得以实现的某个行为者或选择过程。它作为最简单的、最不任意的可能性，直接就是其为何实现的原因。

　　接下来考察所有世界假说，这是可能实现的。如果真实是尽可能地丰富的，那么这会是巧合吗？在所有的全局可能性中，实现出来的那一种可能性处于这样的极端——这纯粹是碰巧为真吗？如前文所述，这是可设想的；但这种巧合太巧，令人难以置信。我们可

636

以合情理地假定，如果这种可能性实现，那就是因为它是最大值的，或者说处于这种极端状况。按照这种最大值式观点（Maximalist View），根本的真理在于，"这种情况是可能的，并且是真实可能呈现的最完整样态的组成部分"就足以使之成为现实的。这是主宰真实情况的最高法则。如前文所述，如果是这样的法则主宰真实，我们就仍然可以问为何如此。但在揭示这一法则的过程中，我们会取得某些进展。

另一种特别的特征如下。或许真实之所以是现在这个样子，是因为其根本法则是按照某种标准在数学上尽可能地美的。这一点是某些物理学家倾向于相信的。

如上述评论所提示的，在此哲学与物理学之间没有清晰的界线。如果存在这样一种最高法则在主宰真实，那么它与物理学家要努力发现的那种法则属于同样的类型。在诉诸自然规律来解释真实之某些特征（比如光、重力、空间、时间之间的关系）时，我们不是在给出因果的解释，因为我们不是在主张真实之某一部分导致其另一部分成为某种样态。这些规律解释或部分地解释的是关于真实的更深层事实，因果解释把这些事实视为理所当然的。

如果某种全局可能性之实现是由于它具有某种特别的特征，那就存在我所勾勒的那种最高法则。我们可以把这种特征称作选择者（Selector）。如果存在不止一种这样的特征，那么它们都是部分的选择者（partial Selectors）。正如存在各种全局可能性，也存在各种解释的（explanatory）可能性。对于这些特别特征中的每一种，都存在这样的解释可能性，即该特征是选择者或选择者之一。

由此真实之所以会是其现在的样态，是因为或部分是因为这种样态具有该特征。

还存在另一种解释的可能性，即不存在选择者。如果这种情况为真，那么真实所呈现的现在样态是随机的（random）。事件即便在因果的意义上是不可避免的，也可能在某种意义上是随机的。流星撞击的是陆地还是海洋，正是在这种意义上是随机的。事件如果没有任何原因，那就是在更强的意义上是随机的。大多数物理学家认为，涉及亚原子粒子的事件的某些特征就是这样的。如果真实所呈现的样态是随机的，那么宇宙不仅没有原因，而且不会有任何类型的解释。我们可以把这种主张称作原生事实观（Brute Fact View）。

极少数特征能够被可行地认作可能的选择者。尽管可行性（plausibility）是个程度的问题，但有某种自然而然的门槛是我们可以诉诸的。如果假定真实具有某种特别的特征，我们就可以问如下两个信念哪一个更可信：是真实纯粹碰巧具有该特征，还是真实之所以是现在这种样态，是因为该样态具有该特征。如果第二个信念更可信，那就可以把这种特征称作可信的选择者（credible Selector）。例如，回到这个问题：有多少个可能的局部世界存在？在对该问题的各种不同答案中，我曾主张，所有世界和空无世界给予我们可信的选择者。如果所有或空无世界存在，那就不太可能是巧合。但假定 58 个世界存在。这个数目具有某些特别的特征，比如它是 7 个不同质数的最小和。这种特征是 58 个世界存在的原因，这可能仅仅是可设想的；而存在的世界的数目纯粹碰巧为 58，则是更合情理的信念。

638　　我曾主张，存在某些可信的选择者。真实可能之所以是某种样态，是因为该样态是最好的、最简单的或最不任意的，或者是因为其实现使真实变得尽可能地丰富多样，或者其根本规律在某种意义上是尽可能地优美的。很可能还有其他这样的特征是为我所忽视的。

　　在主张存在可信的选择者时，我是在做出这样的假定：就全局可能性及其解释可能性而论，其中某一些比另一些更有可能。这个假定可能遭受质疑。可能又有人主张，对于可能性的判断必须建立在关于我们世界的事实的基础之上，因而这些判断既不可能适用于整个真实会是怎样的，也不可能适用于真实如何可能得到解释。

　　我认为，这个反驳是无根据的。我们在多种科学理论之间选择时对其可能性的判断，不可能仅仅依靠基于既成事实和定律的预测。这样的判断是我们在力图确定这些事实和定律是什么时所必需的。并且在考虑整个真实可能或本来可能呈现的各种样态时，我们能够在可证成的意义上做出这样的判断。试比较两种这样的全局可能性。在第一种之中，存在一个仅仅由一些球状铁星组成的无生命宇宙，这些星辰之间的相对运动与我们世界里的运动相同。在第二种之中，其他情况同于第一种，不同之处仅在于这些星辰以小步舞曲的方式在一起运动，形成的图案像是维多利亚女王（Queen Victoria）或加里·格兰特（Cary Grant）。我们可以正确地主张，在这两种可能性之中，第一种更可能实现。

　　在做出上述主张时，我们的意思不是："第一种可能性会实现"

这一情况更有可能。这种可能性是无生命的宇宙之存在，因而我们知道它没有实现。我们是在主张，这种可能性是内在地更有可能的；或者大体上说，它本来有更大的概率是真实所呈现的样态。如果某种可能性更有可能实现，这通常就使其实际实现更有可能；而尽管一种可能性支持另一种，但两者还是相当不同的。

　　在此，另一个反驳可能看上去又是相关的。在无数种全局可能性中，有少数具有特别的特征，我称之为可信的选择者。我已经主张，如果这样的可能性实现，我们就有两个结论可供选择。要么真实是由于极端的巧合而纯粹碰巧具有该特征；要么更讲得通的是，该特征是选择者之一。可能有人反驳说，在论及极端巧合时，我必定同时做出这样的假设，这些全局可能性是同等地可能实现的。但现在我已经拒绝这个假设。如果这些可能性不是同等可能的，我的推理就可能看上去要被破坏。

　　和前文所述一样，情况并非如此。假定在全局可能性中，具有这些特别特征的可能性有大得多的实现可能。如上述反驳所正确主张的，如果这样的可能性只是碰巧实现，那就不会令人惊讶。但这并没有破坏我的推理，因为它是在以另一种方式陈述我的结论。它是"这些特征是选择者"的另一种说法。

　　然而上述言论确实表明，就某种特征可能是选择者而论，我们应该区分两种方式。概率式选择者（Probabilistic Selectors）使某种全局可能性更有可能实现，但它实际上是否实现仍是未决的。按照任何一种讲得通的观点，都会存在某些属于这种类型的选择者，因为就真实所要呈现的样态而言，其中一些样态比另一些内在地更

639

有可能。因此，在我们设想的两种宇宙中，由球状星辰组成的那一种宇宙比带有跳舞星辰（它们形成像维多利亚女王或格兰特外形的图案）的宇宙本质上更有可能。除了概率式选择者之外，可能还有一种或多种生效的选择者（Effective Selectors）。如果某种可能性具有某一特征，这就可能使这种可能性不仅内在地更有可能，而且成为实现出来的。因此，如果简单性是生效的选择者，这本来就会使"不曾存在任何事物"为真。而如果最大性（maximality）如其可能的那样是生效的选择者，这就是使真实变得尽可能地丰富的原因。在论及选择者时，这些类型就是我意指的。

五

如我们所见，存在着各种全局的可能性与解释的可能性。在努力确定其中哪些会实现或成为现实的过程中，我们可以部分地诉诸关于我们世界的事实。因此，单单依据我们的世界存在这一事实，我们就能够推出零值的可能性没有实现。并且我们的世界似乎包含无意义的恶，因而我们有理由拒绝价值支配观。

接下来考察原生事实观，其论点是真实纯粹碰巧是现在这个样子。关于我们世界的事实都不能把这种观点驳倒。但某些事实会降低这种观点为真的可能性。如果真实是被随机选择的，那么我们应该做出这样的预期：存在多个不同的世界，其中任何一个世界都不会具有那些在概率范围内处于某一极端的特征。之所以应该做出如此预期，是因为在全局可能性的诸多最大集合中，这是将会存在的情况。如果我们的世界具有极特别的特征，那就与原生事实观相抵触。

　　现在回到上帝是否存在这个问题。有人主张，与一个或多个复杂世界的无因存在相比，上帝存在的假设更简单、更少任意，从而更有可能为真。但这种假设不会比原生事实观更简单。并且，如果全局可能性的实现是随机的，我们就不应该指望，实现出来的那种可能性与所主张的上帝存在一样简单和不任意。诚然如我刚才所言，我们应该预期存在多个世界，其中任何一个世界都不会有极特别的特征。我们的世界可能属于的那种世界，是我们按照原生事实观应该可望观察到的。

　　类似的说法适用于所有世界假说。几乎没有关于我们世界的事实能够驳倒这种观点；但如果所有可能的局部世界都存在，那么我们世界的可能特征就极为类似于按照原生事实观所产生的世界的特征。鉴于这两种观点之间的差别，上述主张可能看上去令人惊讶。一种观点是关于哪一种全局可能性会实现，而另一种是关于实现出来的那种可能性为什么会实现。并且这两种观点是冲突的，因为我们如果知道其中任何一种观点为真，那就有强理由不相信另一种。如果所有的可能世界都存在，那么这不大可能是某个原生事实。但是，这两种观点以不同的方式都是非选择性的。无论按照其中哪一种观点，某些世界都不会因为具有某些特别的特征而存在。因此，如果其中任何一种观点为真，我们就不应该指望我们的世界具有这样的特征。

　　对于最后这个主张，存在一个例外。这就是我们在开头讨论的特征：我们的世界容有生命。这种特征尽管在某些方面是特别的，但也是我们不禁要去观测的。这会制约我们从"我们的世界具有该特征"这一事实所能推导出的结论。我们不能主张容有生命是选择者之一，但能够诉诸多世界假说的某个版本。如果存在极多的世界，我们就可以期望，有若干世界是容有生命的，而我们的世界必然是这若干世界之一。

641　　接下来考虑另一类特别的特征：这些特征是我们并不必然会去观测的。假定我们发现我们的世界具有某种这样的特征，并问这种情况是否巧合。可能又有人说，如果存在多个世界，我们就可以期望有几个世界具有这种特别的特征。但这不会为"这种情况为何适用于我们的世界"提供解释。比如，就容有生命的特征来说，我们无法声称我们的世界注定具有这种特征。因此，对多个世界的诉求无法为这种巧合辩解。例如，假定我们的世界是极好的，或全然由规律支配的，或具有极简单的自然规律。这些事实与如下两种非选择性观点都是相抵触的：所有世界假说和原生事实观。诚然，如果所有世界存在或存在极多随机选择的世界，那么我们应该期望有几个世界是极好的，或是全然由规律支配的，或具有极简单的规律。但这并不会解释我们的世界为什么具有这些特征。因此，我们有某种理由相信，我们的世界之所以是现在这种样态，是因为这种样态具有这些特征。

　　我们的世界具有那些与非选择性观点相抵触的特征吗？我们世界的规范性或评价性特征似乎与这些观点没有抵触，因为它们似乎是善恶的混合，而这是我们按照非选择性观点应予以预期的。但我们的世界可能有另外两种特别的特征：全然由规律支配，以及具有极简单的规律。就使生命得以可能这一目的而言，这两种特征似乎都不是必需的。并且在可能容纳生命的世界中，不具有这些特征的区域要大得多。因此，对于每一个由规律支配的世界来说，存在着无数的变体，它们以各种不同的方式不全然地由规律支配。并且相较于简单的规律，存在着一个大得多的复杂规律的范围。因此，按照这两种非选择性观点，我们都不应该预期，我们的世界具有上述两种特别的特征。但如果像物理学家可能揭示的，我们的世界现在具有这两种特征，那就给予我们理由把所有世界假说和原生事实观这两者都予以拒绝。我们就有某种理由相信，至少有两种部分选择者：由规律支配和具有简单的规律。

我们的世界可能还有其他特征，依据这样的特征，我们能够努力推断真实是怎样的以及为何如此。但是，观察只能向我们呈现（真实之）样态的局部。我们如果要有可能更进一步，那就不得不借助纯粹的推理。

六

在接受原生事实观的那些人中，许多人假定原生事实观必定为　*642*
真。根据这些人的看法，尽管真实纯属碰巧呈现为某种样态，但"真实纯属碰巧呈现为某种样态"这个事实却不是纯属碰巧为真。对于真实为什么是现在这种样态，绝不可能存在任何解释，因为不可能有因果的解释，而任何其他解释也不会有道理。

我已经论证，上述假定是错的。真实之所以可能是现在这种样态，是因为该样态是最丰富的，或最多样的，或遵循最简单或最优美的规律，或者是具有其他某种特别的特征。既然原生事实观不是唯一的解释可能性，我们就不应该假定它必定为真。

这种观点的支持者一旦承认这些其他的可能性，就可能转向另一个极端，即主张其观点之为真是另一个原生事实。若如此，则不仅对于真实之为现在的样态来说不会有解释，而且对于这种没有解释的情况也不会有任何解释。如前文所述，尽管这可能为真，但我们不应该假定这必定为真。即使某种解释的可能性纯属碰巧实现，实现出来的这种解释也可能不是原生事实观。如果"真实是否随机选择的"是随机选择的，并且还有其他可能性，那么随机的选择可能不被选择。

此外，某种解释的可能性还可能以另一种方式实现。这种可能性并非纯属碰巧实现，而是可能有某一种或一组特征来解释它为何实现。这样的特征是一种更高阶的选择者，因为它不适用于事实的可能性，而是适用于解释的可能性。这种特征所确定的，不是真实应呈现为某种样态，而是真实应以某种"真实将要如何呈现"的特定方式被确定。

如果原生事实观为真，那么它本可能以上述的某种方式被选择。例如，对于各种解释的可能性，这种观点似乎要描述其中最简单的，因为其主张仅仅在于，真实没有解释。这种可能性是最简单的，这可能使之成为实现的那一种可能性。简单性可以是一种更高的选择者，从而决定了在真实可能呈现的各种样态之间没有选择者。

然而，情况再度是这样的：尽管这可能为真，但我们不能认定

其为真。可能存在某种更高的其他选择者。例如，某种解释的可能
性之所以可能实现，是因为它是最不任意的，或者是解释最多的那 *643*
一种。这两种特征都是原生事实观所没有的。或者可能根本没有更
高的选择者，因为某种解释的可能性可以是纯属碰巧实现的。

上述选项是不同的处于更高（但是另一种）解释层次的可能
性。因此，我们同样有两个问题：哪一种会实现？为什么？

至此我们可能变得失去信心。看上去可能是这样的：每个答案
都会产生进一步的问题。但情况可能并非如此。可能有某种答案是
必然的真理。如果有了这种必然性，我们的探索就到了终点。

某个真理一旦被否决会导致矛盾，那就是逻辑上必然的。无论
真实是某个原生事实还是存在某种选择者，这样的主张都不可能在
这种意义上成为必然的。这两个主张都可以无矛盾地被否决。

还存在非逻辑的必然性。最为人所熟悉的因果必然性不能给予
我们所需要的真理。无论真实是否原生事实，这一点都不可能是因
果上必然的。因果必然性是从高向低运作的（come lower down）。类
似的说法适用于涉及特定事物或自然种类之本质属性的必然性。接下
来考虑有些作者主张用来支持上帝存在的形而上学必然性。他们认为
这个主张意味着，上帝的存在不依赖于任何其他事物，并且其他任何
事物都不能导致上帝不再存在。但这些主张并不蕴含着上帝必然存
在，并且这会使这样的必然性过弱，不足以终结我们的问题。

然而，存在着某些足够强的必然性类型。试考虑如下真理：不
应得的苦难是坏的；如果知道某个论证有效且具有真前提，我们就
应当合理地相信该论证的结论。这些真理并非逻辑上必然的，因为

其被否决不会导致矛盾。但它们不可能不是真的（failed to be true）。不应得的痛苦不会纯属碰巧是坏的。

在为价值支配观辩护时，约翰·莱斯利（John Leslie）诉诸这类非逻辑的必然性。莱斯利提出，价值不仅支配真实，而且不可能不发挥其支配作用。但这一提议令人难以置信。不应得的苦难可能本身并无坏处——虽然这种看法是不可设想的，但价值可能不发挥其支配作用却显然是可设想的，况且看上去显而易见的是，价值并没有发挥这样的支配作用。

现在回到更有可能为真的原生事实观。如果这种观点为真，那么"其为真"是非逻辑地必然吗？可能存在某种选择者或最高定律使真实呈现为某种样态——这种情况是不可设想的吗？我已经主张，答案是否定的。真实即使是一个原生事实，也可能本来并非如此。因此，如果不曾存在任何事物，那么这可能绝非巧合。真实本可以呈现为这一样态，因为在全局可能性中，它是最简单的、最不任意的。并且如我也已经主张的，正如原生事实观为真并非必然的，"这种观点之为真"是另一个原生事实也并非必然的。这种观点之所以可能为真，是因为它是解释的可能性中最简单的。

我们尚未发现我们所需要的必然性。真实可能碰巧是现在这种样态，或者是可能存在某种选择者。如下两者哪一个为真：是它可能碰巧为真，还是可能存在某种更高的选择者？这些是在下一个解释层次的不同可能性，因而我们要回到以下这两个问题：哪一种会实现？为什么？

这些问题可能永远持续下去吗？在每个层次都可能存在另一更

644

高的选择者吗？试考虑另一版本的价值支配观。真实或许是尽可能地好的，且这可能为真，因为"其为真"是最好的；而这进而可能为真，因为"其为真"是最好的；依此类推乃至无尽。可能看上去是这样的：按照上述方式，一切都可以得到解释。但情况并非如此。像一个无限的事件系列一样，这样的解释性真理系列无法解释其自身。即便每一个真理都会由于下一个而变成真的，我们也仍然可以问：为什么是这整个系列为真，而不是某个其他系列为真或根本不存在这样的真理系列？

可以让上述要点变得更简单。尽管可能存在某种最高的选择者，但这或许不是善性，而是某种其他特征，比如非任意性。在这些可能性之间能够选择什么？善性可能由于其为最好而成为最高的选择者吗？抑或非任意性由于其为最不任意的可能性而成为这种选择者？我认为这两种提议都没有道理。正如上帝不能使其自身存在，也没有任何选择者能够使其自身成为在最高层次起支配作用的选择者。没有任何选择者能够解决它是否起支配作用的问题，因为它除非确实起支配作用，否则就无法解决任何问题。

我已经主张，如果存在某种最高的选择者，那么这不可能是必然的真理。这种选择者也不能使其自身成为最高的；并且既然该选择者是最高的，其他任何事物就都不能使这一点为真。那么，我们可能已经找到我们所需的必然性。如果存在某种最高的选择者，那么我的提议是，这必定是纯属碰巧为真的。

原生事实观的支持者们现在可能觉得得到了辩护。我们不是最终接受了他们的观点吗？

我们并没有接受。根据原生事实观，真实纯属碰巧是现在这种样态。我已经论证，这可以不是真的，因为可能存在某种选择者来解释或部分地解释"真实之为现在这种样态"。还可能存在某种更高的选择者去解释这种选择者的存在。我的提议仅仅是，在任何这样的解释链条的终端，最高的选择者都必定是纯属碰巧地成为那个起支配作用的选择者。这是一种不同的观点。

这种差别可能看上去很小。我们或许认为，如果它是纯属碰巧地起支配作用，那就没有任何选择者能够解释真实。这种想法虽然是自然而然的，却是个失误。某种解释如果诉诸某个原生事实，那就没有解释该事实；但它可以解释其他事实。

例如，假定真实是尽可能地丰富的。按照原生事实观，这个事实不会有任何解释。按照最大值式观点，真实之所以是这种样态，是因为单一的最高定律是，每种局部的可能性都成为现实的。如果真实是尽可能地丰富的，那么这种最大值式观点要优于原生事实观，因为它将解释为什么真实成为现在这种样态。并且该观点即使纯属碰巧为真，也能够提供上述解释。但会产生差别的是，这个原生事实从何而来。

这里差别的一部分在于，虽然存在无数种全局可能性，但仅存在极少数讲得通的解释可能性。如果真实是尽可能地丰富的，那么真实作为一个原生事实就非常令人困惑。存在无数种全局可能性，因而如果实现出来的那种可能性纯属碰巧地处在最大的极值，那这就是令人惊讶的。按照最大值式观点，这个事实绝非巧合。并且既然仅有极少数解释的可能性，那么如果最大值式最高定律纯属碰巧地成为起支配作用的那种可能性，这就不是令人惊讶的。

我们不应该主张，某种解释如果依赖于某个原生事实，那就不是解释。大多数科学解释都采取这种形式。其中可能为真的大多数解释是这样的：如此解释在某种意义上只是一种较优的描述。 *646*

如果上述观点为真，那就为我们一直在考虑的那种推理提供了另一种辩护。即便是为了揭示事物是怎样的，我们也需要解释。并且我们可能需要最宏大尺度（scale）的解释。我们的世界可能看上去具有某种特征，该特征不太可能是巧合。我们可以合情理地猜想，该特征是选择者或选择者之一。这个假设可能引导我们去证实，我们的世界如其看上去的那样的确具有这种特征。而这可以给予我们理由断定，要么我们的世界是唯一的，要么存在着带有相同或相关特征的其他世界。由此我们可以企及关于整个宇宙的真理。

即便所有解释都必定终结于某个原生事实，我们也应该不断地努力解释宇宙为何存在，以及为何是现在这种样态。原生事实可能不会在最低的层次介入。如果真实之所以是现在这种样态，是因为该样态具有某种特征，那么要想知道真实是什么样子，我们就必须问为什么。

七

我们或许永远没有能力回答上述问题，这或者是因为我们的世界仅仅是真实之一小部分，或者是因为尽管我们的世界就是整个真实，但我们永远不可能知道这一点为真，或者是因为我们自身的局限性。但如我已努力说明的，对于这些可能的答案是什么，我们可以逐渐看得更清楚。遮掩在这些问题上的一些迷雾可能由此消散。

例如，可能看起来令人惊讶的是，真实是如何可能被造就成现在这个样子的。如果是上帝使真实的其余部分变成现在这个样子，那么是什么能够使上帝存在？而如果上帝不存在，那么是别的什么能够使真实变成现在这个样子？一旦我们思考这些问题，甚至原生事实观也可能看上去是不可理解的。可能令人不解的是，真实到底是如何可能被随机选择的。例如，哪种过程能够对如下问题做出选择：时间是否没有开端，或事物可曾存在与否？选择能够在何时又以何种方式做出？

这不是一个真正的问题。在整个真实可能成为的所有样态中，必定有一种样态是真实实际上成为的。既然真实是这样或那样的样态乃是逻辑上必然的，那就必然有一种样态被挑选为真实现在的样态。逻辑为"无需任何类型的过程就做出选择"提供了保证。根本没有必要去探求隐藏的机制。

接下来假设，如不少人所假定的，原生事实观必定为真。如果我们的世界没有极特别的特征，那么由此不存在任何事物就是令人深感困惑的。如果某种全局可能性必然是被随机选择的，同时对于"该选择为何如此这般地进行"也没有任何解释，那么就真实之呈现为现在这种样态而论就没有任何神秘难解之处。真实之特征就会是无法解释的，但这仅仅是在"无法解释某种粒子是如何随机运动的"意义上说的。如果某种粒子能够纯属碰巧地呈现为现在样态的运动，那么真实就可能纯属碰巧地呈现为现在的样态。在整个宇宙的层次，随机性甚至可能没那么令人困惑，因为我们知道，在这个层次的事实可能本来就不是被导致的。

我已经论证，原生事实观并非必然的，并且可能并非为真。在真实可能呈现的诸样态之间可能存在一种或多种选择者，在这些选择者之间又可能存在一种或多种选择者。但如我还主张的，可能成为一个必然真理的是，对这些问题——是否存在这样的选择者，以及若是，则哪种是最高的选择者——的回答应该是一个原生事实。

如果这是一个必然真理，那么类似的言论同样适用。按照这些假设，仍然不存在任何令人深感困惑的事物。如果必然出现的情况是，这些解释的可能性中有一种纯属碰巧地实现，那么对于实现出来的这种可能性为何实现，就不存在任何解释。而如前文所述，这绝不会比某种粒子的随机运动更神秘难解。

在另一种意义上，宇宙的存在可能看上去令人惊讶。即便由于不存在可设想的备选项，真实被造就为某种样态并不令人困惑，（起初的）选择如此这般地进行也可能看上去令人困惑。宇宙到底为什么会存在？为什么真实不采取其最简单和最不任意的形式，即不曾存在任何事物？

如果觉得这令人惊讶，我们就是在假设如下这些特征应该成为选择者：真实应该是尽可能地简单和不任意。我认为，这个解释在很大程度上是讲得通的。但是，正如最简单的全局可能性是"不曾存在任何事物"，最简单的解释可能性也是不存在任何选择者。因此，我们不应该在事实和解释这两个层面都期望简单性。如果不存在选择者，我们就不应该期望宇宙也不存在。那种情况将是巧合到极点的。

648

附录 E　公平的警戒观

尽管无人应得惩罚，但这并不蕴含着所有惩罚都是不当的。"惩罚"（punishment）一词有时是在报应的意义上使用，因而这里我将使用更中性的语词"处罚"（penalty）。我们能够言之成理地认为，在某些行为已被规定为非法乃至罪行时，我们的共同体对故意犯下这些罪行的那些人施加处罚就是能够在道德上被证成的。

我们可能承认，这样的处罚是需要在道德上予以证成的，因为它们给人们施加负担，而这些负担并非应得的。但几乎所有相信报应性正义的人都认为，我们有时有正当理由去施加不应得的处罚。例如，在涉及严格责任（strict liability）的情形中情况就是如此。存在着多种这样的处罚：其中即使人们并非故意犯罪，也没有玩忽职守或其他方面的过失，但仍然可能在可证成的意义上要求他们做出赔偿。其中一些例子是要求某些人为其小孩所导致的伤害付出罚款或赔偿金。

在大多数类别的情形中，我们能够言之成理地主张：

> （W）尽管处罚不可能在蕴含应得的报应意义（desert-implying retributive sense）上有正义（just）与否的分别，但这样的处罚可能有公平（fair）与否的分别。

当人们故意犯下某罪或违反某种其他规则或规定时，给这些人施加某些处罚（或许是监禁或罚款）可能是公平的。这样的处罚在某些方面类似于，我们如果按照某些特定的方式行为就不得不付出的代价。例如，在许多情形中，除非在自由交易中付出某种代价，否则我们就不能合情理地指望，允许我们取走某人的财产以便该财产开始变成我们的。在这样的情形中，如果我们偷窃某人的财产并被抓获，那么对于这里要付出大一些的代价以作为施加给我们的处罚，我们就不能提出合情理的反驳。这种额外的付出，其意图一部分在于支付我们被抓获和定罪的成本，一部分在于阻止将来的类似犯罪。这样的处罚即使不是应得的，也可能并非不公平的，因为这些人知道，如果犯下这些罪行并被抓获定罪就会被施加这样的处罚。如果这些处罚还通过阻止其他罪行而产生足够的善，那么这些事实就可能足以使这样的处罚得以证成。

上述主张不适用于没有犯任何罪的那些人。这些人没有选择以某种明知故犯的方式行动，因而给他们施加重罚就是不公平的。对于施加如此处罚，这种不公平提供了强有力的道德反驳。并且除非

650

这些人是被误以为犯下某罪，否则这样的处罚对于阻止将来的犯罪也毫无益处。这些事实总是或几乎总是使得这样的处置变得不当。

就主张以某些方式待人是不公平的而论，我们并不是要主张，这样的对待在报应的意义上是不正义的。在不涉及奖惩的情形中，这种区别会更清楚。如果你被迫为你没有买的某个东西或你未得到的某种服务付款，这种对待就是不公平的，尽管你并非不应得这样的对待。

这种对于被证成的惩罚的论说，可被称作公平的警戒观（Fair Warning View）。为了阐明这种观点，我们可以考虑避免冤案（mistaken convictions）的重要性。假定我们知道，如果在犯罪审判程序中大大加强法律保障（legal safeguards），如下两点就同时为真：

> 无辜者被误判为谋杀并受惩罚的情况会稍微少一些，

以及

> 许多谋杀者不会被定罪，并且随后有许多人的谋杀作案不会被制止。

651　我们或许能够预期：每减少一个被冤枉受罚的无辜者，就至少有两个无辜者后来被谋杀。

通常的主张是，我们如果相信报应性正义，那就要给予避免冤案较大的权重，而给予阻止后来的谋杀较小的权重。但这可能并不正确。我们如果是报应主义者，那就要相信任何无辜者受罚都是坏的，因为这个人由此不是在受到其应得的对待。但我们也要相信，任何有罪者没有受罚都是坏的，因为这个人同样不是在受到其应得的对待。如果我们的法律保障更强，乃至受到惩罚的谋杀犯少很多，那么在如我们所相信的以人们应得的对待方式待人方面，从整体上说我们可能做得不怎么成功。

我们如果不是报应主义者，那就不会相信"谋杀犯未受惩罚"本身是坏的。我们尽管相信无辜者不应受罚，但也相信有罪者不应受罚。按照我们的观点，所有的惩罚本身都是坏的。因此，如果作为降低冤案风险的一种结果，我们惩罚的谋杀犯要少一些，那么我们对此感到遗憾就不是那么理性。我们可能还有降低如此风险的另一种理由。按照公平的警戒观，一旦有人由于其未犯的罪行而受罚，这就因为是不公平的而本身就是坏的。

尽管这些观点给予避免冤案类似的权重，但我们对于惩罚以及受罚者的态度由于不相信报应而得以改变。我们通常更有理由感到遗憾的，不是某罪案的受害者，而是罪犯。与其受害者相比，罪犯通常过着更加贫困悲惨的生活。在为了阻止将来的犯罪而把这些人监禁起来的时候，我们应该为我们的所为深感遗憾。我们应该把这些罪犯看作像那些由于患有危险的传染病而被隔离的人们一样。任何罪犯的福祉都完全与我们的福祉一样重要。

附录 F　康德对其普遍法则公式的一些论证

一

在《奠基》的第二部分，康德写道：

（A）所有命令（imperatives）要么假言地（hypothetical-ly）要么绝对地（categorically）发出指令。前者表示某一可能行为的实践必然性，该行为是作为手段以达成某人所意愿（或可能意愿）的他物。绝对命令则表示某行为是自身客观必然的，而无须涉及另外的目的。（G：414）

这里康德断言，关于什么是实践上必然的或关于要求我们做什么，只存在两种类型的主张。如果命令要求我们做某事以作为达成某一目的的手段，该目的是我们已经意愿要实现的，那么这种命令是假言的。如果命令要求我们做某事不是作为达成其他某一目的的手段，而是作为目的或由于其自身之故，那么这种命令是绝对的。

这里并非如康德所断言的仅有两类命令。康德在其言论中做了两种区分，组合起来将给予我们四种可能性。某命令可能要求我们按照某种方式行为，由此四种可能的组合是：

	作为实现某一目的的手段	不是作为手段，而是作为目的或由于其自身之故
如果我们意愿该行为或该目的的实现	（1）	（2）
无论我们意愿什么	（3）	（4）

康德声称，所有命令都属于（1）和（4）的类型。他忽略了（2）和（3）。如果我们忽略类型（2）的命令，这就是不要紧的；（2）要求我们由于某事自身之故而做该事，其条件和原因是我们意愿该行为。然而，如果我们忽略类型（3）的命令，这就是很要紧的。无论我们想要或意愿什么，绝对命令都适用于我们；在此意义上，绝对命令是无条件的。康德的言论蕴含着，所有这样的命令都要求我们按照如下方式行动：该行动不是作为达成某一目的的手段，而是仅作为目的或由于这种做法本身之故。这并不正确。在那些"无论我们想要或意愿什么都适用于我们"的命令中，有些可能要求我们按照这样的方式来行动：该行动是作为达成某一被无条件地要求的目的之手段。

653

在这一点上康德似乎承认，可能存在这样的命令。他写道：

> 用作意志自身决定的客观根据的，是目的；而这种目的如果单单是由理性给予的，那就必然为所有理性存在者所同等地持有……欲求的主观根据是刺激（incentive），立意的客观根据是动机（motive）；从而为所有理性存在者所持有的目的可区分为主观目的和客观目的：前者依据刺激，后者依据动机。（G：427-428）

康德在此声称，某些目的是主观的，但也存在由理性给予所有理性存在者的客观目的。其中一些可能是寻常意义上的目的：我们可能力图实现的某事物。康德称之为要产生的目的（ends-to-be-produced）。既然康德区分出这样的客观目的和纯粹主观的目的，我们就会期望，在描述由于诉诸我们的主观目的而成为假言的那一类命令之后，康德将描述由于给予我们要产生的客观目的而成为绝对的那一类命令。但康德转而主张，所有的绝对命令都把某种行为宣布为自身必然的，而无须涉及其他目的。这一主张蕴含着，根本不存在由理性给予所有理性存在者的要产生的客观目的。并且无论在《奠基》还是《实践理性批判》中，康德都认为，不存在这样的目的。康德的形式的（formal）绝对命令可能间接地要求我们努力实现某些特定的目的，比如康德在论证"其普遍法则公式蕴含着要求我们发展自己的才能"时。但这并不会使该公式成为类型（3）的命令。只有在 10 年后的《道德形而上学》中康德才主张，存在着两种这样的目的，即我们自身的完善以及他人的幸福。

654

既然康德后来主张存在这样两种要产生的客观目的，那么可能看起来没什么要紧的是：在《奠基》和《实践理性批判》中康德假定不存在这样的目的。但这确实是要紧的。康德的假定对其早期且更重要的著作中的论证造成了很大的影响。

为了帮助我们评估这些主张和论证，我们接下来可以区分康德在使用其两个重要术语即"质料的"（material）与"形式的"时所表达的各种意义。这些意义部分地重叠于康德对"假言的"和"绝对的"的用法。在其最明确的定义中，康德写道：

> 实践的原则如果抽象掉一切主观目的，那就是形式的；它们如果建立在主观目的从而某些特定刺激的基础上，那就是质料的。（G：427—428）

如果无论我们想要或意愿什么，某一命令或原则都适用于我们或要求我们做某事，那么它就被从我们的主观目的中"抽象"出来了。我们可以把这样的原则称作在 1 意义上规范地形式的（normatively formal in sense 1）。其他原则仅当我们具有某些特定欲求或主观目的，才适用于我们。我们可以把这样的原则称作在 1 意义上规范地质料的（normatively material in sense 1）。

一旦某一原则在上述意义上是规范地质料的，康德就假定，只有通过对实现某一主观目的的欲求，我们才能被驱动按照该原则来行动。因此，我们也可以把这样的原则称作动机地质料的（motivationally material）。但一旦某一原则无论我们想要或意愿什么都适用于我们，因而是在 1 意义上规范地形式的，康德就主张，我们对该原则的接受可以驱动我们去行动，而无须借助任何他称之为"刺激"的寻常欲求。我们可以把这样的原则称作动机地形式的（motivationally formal）。

655　　如果某些原则要求我们按照作为实现某一目的之手段的某些特定方式来行动，我们就可以把这些原则称作目的论的（teleological）。康德使用"质料"一词，有时不仅指涉主观目的，而且指涉要产生的目的。由此他把行为的这种"质料"定义为"将要从该行为中产生的东西"（G：428）。既然目的论原则具有这种较宽泛意义上的"质料"，我们就可以把这些原则称作在 2 意义上规范地质料的。

　　也存在不是目的论的原则。既然这些原则不是在 2 意义上规范地质料的，我们就可以把它们称作在 2 意义上规范地形式的。如果某些原则要求我们按照某种方式行动——该方式是作为目的或由于其自身之故，而不是作为实现某一其他目的的手段——这些原则就是道义论的（deontologial）。其中两例可能是：不撒谎的要求，以及不伤害任何人以作为有益于他人的手段。

　　有些原则既不是纯粹目的论的，也不是纯粹道义论的，因为这些原则要求我们以某些如下方式行动：部分地是作为目的或由于其自身之故，部分地是作为实现某一其他目的的手段。例如，这适用于要求我们守诺的原则，以及偿还债务的原则。在意味着"并非纯粹目的论的"这一不同的意义上，这样的原则通常被称作"道义论的"。

　　还有另一种非目的论的原则。某些原则不要求我们以某些特定方式行动，而是给我们的决定和行为施加某种纯粹形式的约束。其中一例是康德的普遍法则公式，它要求我们仅按照我们能够意愿其

为普遍法则的准则来行动。我们可以把这样的原则称作在 3 意义上
规范地形式的。

　　对于在上述意义上不是规范地形式的原则，我们可称之为在 3
意义上实质的或规范地质料的。应该指出，道义论原则是在这种意
义上质料的，因为它们要求我们以某些特定的方式行动。康德主
张，其公式要求"对法则本身的纯然遵从，而无须诉诸要求以某些
特定方式行动的任何法则"（G：402）。道义论原则恰恰是要求我
们以某些特定方式行动的法则。

　　由此对于"形式的"与"质料的"，我们就得出了这两者各自
的三种规范意义和一种动机意义。在运用于原则时，这些意义可被
概括如下表＊：

656

分组	各组原则及其意义		
动机地	原则全名	动机地质料的	动机地形式的
	原则意义	只有借助某种欲求才驱动我们	全凭自身驱动我们
在 1 意义上规范地	原则全名	在 1 意义上规范地质料的或假言的	在 1 意义上规范地形式的或绝对的
	原则意义	仅当且因为存在着某个我们想要或意愿的事物才适用于我们	无论我们想要或意愿什么都适用于我们

　　＊　此表是为了中文阅读和理解的方便，根据作者原文内容及其编排而制作的。

续表

分组	各组原则及其意义		
在 2 意义上规范地	原则全名	在 2 意义上规范地质料的或目的论的	在 2 意义上规范地形式的
	原则意义	告诉我们要以某种作为实现某一目的之手段的特定方式行动	非目的论的
在 3 意义上规范地	原则全名	在 3 意义上规范地质料的或实质的	在 3 意义上规范地形式的
	原则意义	告诉我们要以某种特定方式行动	给我们的准则或行为施加仅为一般性的约束

二

现在我们可以转向康德对其普遍法则公式的某些论证，康德把该法则也称作其形式的原则，我在下文有时也这么称呼。

在《奠基》第二部分，康德的一个论证呈现为我已讨论过的一个主张。康德写道：

> 所有命令要么假言地要么绝对地发出指令。前者表示某一可能行为的实践必然性，该行为是作为手段以达成某人所意愿（或可能意愿）的他物。绝对命令则表示某行为是自身客观必然的，而无须涉及另外的目的。（G：414）

657 康德后来写道：

> 我们首先想要问询的是，绝对命令的纯粹概念是否也可以

提供包含如下命题的公式，该命题单靠自身就能够成为绝对命令……在思考一般的假言命令时，我预先并不知道它将包含怎样的内容……但在思考绝对命令时，我马上就知道它的内容是什么。因为该命令除了法则之外，只包含该准则应遵从该法则的必然性；而该法则并不包含任何限制自身的条件，唯余下"行为准则应该只遵从法则本身的普遍性"，并且命令所要恰当地表示为必然的东西只是这种一致性。因此，仅存在一个绝对命令，这就是：仅按照你由此同时能够意愿其为普遍法则的准则来行动。（G：420—421）

康德在这些段落中的论证是：

（1）所有原则或命令要么是假言的，要么是绝对的：前者要求我们的行为方式是，该行为作为手段以实现某个我们已经意愿的目的；后者要求我们的行为方式是，把该行为作为目的或仅由于其自身之故，而不是作为实现任何其他目的的手段。

（2）绝对命令给我们的准则和行为施加的只是形式的约束，因为这些命令要求的只是符合法则本身的普遍性。

因此，

仅存在一个绝对命令，它要求我们仅按照我们能够意愿其为普遍法则的准则来行动。

这个论证失败。康德的前提为假；并且即使它们为真，也导不出康德的结论。

如我们所见，康德的两个前提都忽视了那些作为目的论的绝对命令，这种命令要求我们努力实现某个要产生的客观目的。

658

康德的第二个前提还忽视了那些作为道义论的绝对命令，这种命令要求我们以部分地或全部地因其自身之故的方式行动。其中两例是守诺和不撒谎的要求。这样的命令所施加的不是仅仅形式的约束。

如好几位作者所指出的，康德的结论包含第三个失误。康德假定，某个命令如果施加的仅仅是形式的约束，那就必定是他的如下公式，即要求我们仅按照我们能够合理地意愿其为普遍法则的准则来行动。情况并非如此，因为存在其他可能的形式约束。其中一例是这样的要求：仅按照我们认为"每个人这么行动都是合理的"方式来行动。这个要求迥异于康德的公式。例如，我们如果是合理利己主义者就会认为，"每个人都努力做对自己最好的任何事"是合理的要求，尽管我们不能合理地意愿"每个人都这么做"为真。

这个失误是可以补救的。康德可以争辩说，在可能的形式约束中，仅有他的普遍法则公式满足某种进一步的要求，这种要求是任何可接受的原则都必须满足的。但该论证的其他前提无法得到补救。根本没有希望揭示：某命令如果是绝对的，其所施加的就必定只是形式的约束。

康德为什么会有这些失误？他可能心中已想到但没能区分这样的三种意义——在这三种意义上命令可以是规范地形式的。康德如果区分了这些意义，那本来就会看出其论证假定：作为在1意义上形式的命令蕴含着作为在2意义上形式的命令，后者又蕴含着作为在3意义上形式的命令。康德不可能认为这些推论有效。第一个推论假定，如果无论我们想要或意愿什么，某命令都适用于我们，那么该命令就不可能要求我们按照作为实现某个被要求的目的之手段的方式来行动。这显然是错的。第二个推论假定，某命令如果不要求我们努力实现某个目的，那就不可能要求我们按照某些特定的方式来行动，而施加的必定只是形式的约束。这显然也是错的。康德 *659* 没能注意到这些要点，可能是由于他喜欢在最抽象的层次展开思考。只有这样才能解释，在给出该论证的过程中康德怎么会忽视目的论的和道义论的绝对命令这两种可能性。康德由此忽视了大多数为他人所接受的道德原则。

接下来我们可以转向《奠基》第一部分。先考察下面这段话：

> 出于义务的行为具有道德价值……与立意原则保持一致的行为，其实施无须考虑欲求官能（faculty）的任何对象……因为意志居于其作为形式的先验原则与作为质料的后天刺激之间，像是站在十字路口；并且既然它必须仍然为某个东西所决定，那么它如果做出出于义务的行为，那就必定为立意的形式原则所决定，因为所有的质料原则都已经从中撤出……（因此，）对于法则本身的纯然遵从而无须把为了某些特定行为而被决定的法则作为其根据，就是为意志所用的原则，并且如果义务不应该是随处可见的空洞妄想，那就必定如此地为意志所用……（G：399—402）

康德在此的论证是这样的：

(1) 仅当行为者的动机是要尽义务，该行为才具有道德价值。

（2）这样的行为者是按照不是质料的原则来行动的，因为它没有诉诸他的任何欲求。

（3）这样的原则必定是形式的，从而要求对法则本身的纯然遵从。

因此，

（4）这种要求是唯一的道德法则。

在解释其第一个前提时，康德比较了两个乐善好施者（G：398）。第一个人是出于同情或由于想要让他人幸福而帮助他人。第二个人之所以帮助他人，是因为他认为这是他的义务。康德声称，就这两个人而言，第一个人是可爱并值得赞许的，但只有第二个人的行为才具有道德价值。

以上或许是康德最不受欢迎的主张，并且对其声望的减损甚至超过其不应为了阻止谋杀而撒谎的主张。然而，康德关于道德价值的观点已经得到恰当的辩护。我们不必考虑这些辩护，因为康德的论证不必诉诸其关于道德价值的观点。康德的前两个前提可能成为：

（5）一旦我们按照某种方式行动是由于相信该行动是我们的义务，我们就是在按照某一并非诉诸我们欲求的原则行动。

如果加上我们在此可以忽略的某些限定，那么这个主张为真。

根据该论证的其他前提，某一原则如果不诉诸我们的欲求，那就必定要求康德所称的对法则的纯然遵从。情况并非如此。这样的原则可能要求我们努力实现某个目的，或以某些特定的方式行动。

康德的论证再次忽视了所有目的论的和道义论的原则。

某一原则如果不诉诸我们的欲求，那就必定要求对法则的纯然遵从——康德为何做出这样的假定呢？他可能是由于未能区分其"质料的"和"形式的"这两个词的不同用法，从而再次受到误导。康德写道，意志

> 如果做出出于义务的行为，那就必定为立意的形式原则所决定，因为所有的质料原则都已经从中撤出……

康德在此假定，某一原则如果由于不诉诸我们的欲求而不是在 1 意义上规范地质料的，那就必定是在 3 意义上规范地形式的，从而给我们意愿的对象仅施加形式的约束。情况并非如此。尽管这样的原则必定是在 1 意义上规范地形式的，但它可能不是在 3 意义或 2 意义上规范地形式的。康德对"形式的"一词的用法模糊了这些区分。

康德在另一个方面也可能误入歧途。在同一个段落，康德 *661* 写道：

> 我们可能持有的行为目标及其作为意志的目的和刺激之效果，不可能给予行为无条件的道德价值……那么这种价值何在……它不可能在别处，只能在意志的原则中，而无须考虑由这些行为可能产生的目的。（G：399-400）

这里的第一句中康德对"目的"这个词的用法，必定是指我们的主观目的或基于欲求的目的。康德主张，行为的道德价值不在于行为者的主观目的，而在于其尽义务的动机。但当后面写道"无须考虑

由这些行为可能产生的目的"，他似乎不经意地转换到对"目的"更宽泛的用法，由此涵盖所有可能的要产生的目的，其中包括客观的或被绝对要求的目的。可能正因为如此，康德才错误地断定，道德法则必定是在"没有考虑我们行为可能产生的目的"的意义上形式的。

《奠基》第一部分提出了另一个论证。康德写道：

> ……出于义务的行为会完全排除爱好的影响以及随之而来的意志的各种对象；因此，除了客观上的法则和主观上对这种实践法则的纯粹尊重，意志不可能为其他任何东西所决定……但这可能是何种法则，其表象（representation）即便无须考虑从中得到的预期效果也必定决定意志……既然我已经从意志中排除由于遵循某一法则而可能产生的各种冲动，那就只剩下行为本身对普遍法则的遵从，而单单这种遵从应该用作意志的原则，此即：我绝不应当行动，除非我能够由此同时意愿我的准则成为普遍法则。（G：400-402）

康德在此的论证是：

662

（1）当我们的行为动机是尽义务时，我们必定是按照如下原则行为，即对该原则的接受就会驱动我们，而无须借助对行为效果的欲求。

（2）某一原则要具有这样的驱动力，就必定是纯粹形式的，仅要求我们的行为遵从普遍法则。

（3）这样的原则必定要求我们仅按照我们能够意愿其为普遍法则的准则来行为。

因此,

（4）这种要求是那个仅有的道德法则。

康德在此的第一个前提为真。休谟主义者（Humeans）可能主张,
当我们的行为动机是要尽义务时,我们必定是为尽义务的欲求所驱
动。但即便这一主张为真,我们也不是为对行为效果的欲求所驱
动。

然而,前提（2）为假。回到康德所说的那个乐善好施者:他
促进他人的幸福,不是因为想要他人幸福,而是因为他认为这种行
为应该是自己的义务。康德的论证蕴含着,这个人既然不是为对其
行为效果的欲求所驱动,那就必定是在按照某种纯粹形式的原则行
动,这种原则仅要求我们的行为遵从普遍法则。情况并非如此。他
可能是在按照要求我们促进他人幸福的原则行动。

如我们所见,前提（3）也为假,因为在无须要求我们按照可
普遍化的（universalizable）准则行动的情况下,原则也可能成为
纯粹形式的。

虽然可以补救前提（3）,但根本无法补救前提（2）。没有希望
揭示,当我们的动机是尽义务时,我们必定是在按照某种纯粹形式
的原则行动。

康德为何做出如下假设? 我们的动机一旦是要尽义务,那就是
在不涉及义务内容或从中抽掉义务内容的意义上纯粹形式的。康德
可能错误地把我们动机的这种特征,转移到我们行为所依据的原
则。杰尔姆·施尼温德（Jerome Schneewind）写道,按照康德的
观点,道德行为者依据原则而行动,并且

663 由于她不是受其行为的内容所驱动，唯一可用的原则就必定是形式的。因此，拥有善意志的行为者必定是为行为的单纯合法则性（bare lawfulness）所驱动。

尽管这个人或许在某种意义上为其行为的"单纯合法则性"所驱动，但这种意义仅仅是，其动机是尽义务。这就留下这样的未决问题：这个人认为她的义务是什么。她可能按照某一并非形式的原则行动，因为该原则要求她力图实现某个目的，或由于行动自身之故而行动。

康德还可能由于忽视其不同种类目的之间的区分而再次受到误导。在对康德论证的另一种概括中，纳尔逊·波特（Nelson Potter）写道：

我们一切为某主观目的所决定的行为……都是其准则没有"道德内容"的行为……因此，出于义务的行为之准则必定是那种不为如此目的所决定的准则……能够决定我们行为的那个唯一他者，将是某种"形式的"原则，亦即不包含任何目的指涉的原则。

如波特没有注意到的，这里从"出于义务的行为必定不为主观目的所决定"的主张，到"这样的行为必定为如下原则所决定：该原则不指涉任何目的，甚至不指涉被客观地要求的要产生的目的"的主张，其间存在一个致命的疏忽（slide）。施尼温德同样写道：

鉴于康德的这一主张，即手段–目的的必然性对于道德来说是不够的，那么显然，他必定认为存在另一种关于理性意愿

> 的法则，从而也存在另一种"应当"或"命令"。这种"应当"
> 不依赖于行为者产生于道德法则的目的……康德坚持认
> 为，（这种法则）只能是合法则性本身的形式，因为一旦拒斥
> 所有的内容，就不会余下别的什么。

在此存在着同样未被注意到的疏忽。某一法则即使不依赖于行为者
的目的，也仍可能具有内容，从而要求不止于合法则性的纯粹形
式。并且这种法则可能要求行为者努力实现某个目的。玛丽·格蕾 *664*
戈（Mary Gregor）同样写道：

> （如果）基于对某个目的之欲求的理性原则全部都是有条
> 件的原则，那么义务的无条件的必然性就蕴含着规定义务的原
> 则必然是纯粹形式的原则……由此可以导出……这种原则对于
> 我们的目的根本没有任何说法。它既不掌管也不禁止对任何目
> 的的采用，而只是对我们的行为设立一种限制条件……

上述主张假定，某一原则如果不诉诸我们对某主观目的的欲求，那
就不可能对我们的目的有任何说法，并且既不可能掌管也不可能禁
止对任何目的的采用。这种推导是不成立的。

或许有人提出，在给出上述言论的过程中我误读了康德。康德
在主张道德原则必定是纯粹形式的时候，他的意思可能不是，这些
原则不可能在要求我们努力实现某些特定目的的意义上是质料的。
康德可能是要提出某些其他论点。例如，考察《实践理性批判》中
的这些话：

> 自由意志必须在法则之中而又独立于法则的内容（mat-

ter），去寻求决定的根据。但在法则之中除了其内容之外，无非就只包含立法的（lawgiving）形式。（CPR*：29）

在此康德看上去可能假定，任何实践法则都有内容，它是该法则告诉我们要努力实现的。其论点似乎可能仅仅是，尽管在此意义上任何法则都是"质料的"，但我们遵循该法则的动机或者我们意志的决定根据不应该由该法则的内容提供，而是由"它具有道德法则的形式"这一事实提供。并且康德在《奠基》中讨论其没有同情心的乐善好施者时，这可能看上去是他的论点。康德主张，要出于义务而行为，我们就必定是为原则的立法形式所驱动；此时他的意思可能仅仅是，我们必定是为"相信我们的行为是一种义务"所驱动。这可能适用于康德的这个乐善好施者，即便这个人的行为所依据的原则在要求他促进他人幸福的意义上具有"内容"也是如此。

665

在我看来，以上提出的解读是充满疑问的。这种提议也不能补救康德的论证。讨论完这个乐善好施者之后，康德认为其论证揭示，其形式原则是唯一的道德法则。如果康德的意思仅仅是这个人是为"相信其行为是一种义务"所驱动，那么上述论点不可能得以揭示。

接下来考察《实践理性批判》中的另一段话：

实践原则的内容是意志的对象。它要么是意志的决定根据，要么不是。如果它是意志的决定根据，意志的规则就隶属

---

* CPR 为 *Critique of Practical Reason* 的缩写，见本书参考文献。

> 于经验的条件……因而就不是实践的法则。现在如果我们从法
> 则中抽除一切质料的东西，亦即意志（作为其决定根据）的所
> 有对象，那么余下的就只有给予普遍法则的纯粹形式。因此，
> 要么理性存在者不能把他的……准则设想为同时是普遍法则，
> 要么他就必须假定，它们的纯粹形式适合于给予普遍法则，单
> 凭这种形式本身就使它们成为实践法则。（CPR：27）

这里在提到"给予普遍法则的纯粹形式"时，康德的意思不可能是
"道德法则的纯粹形式"。他的论点不可能是，如果原则具有道德法
则的形式，那么单凭这一点就使它们成为实践法则。康德采取这一
论证是为了揭示，既然必须"从法则中抽除一切质料的东西"，我
们就应当仅按照我们能够意愿其为普遍法则的准则来行动，因为只
有这样的准则才"适合于给予普遍法则"。这里康德必定是指其普
遍法则公式。

　　在刚刚引用的这段话中，康德近乎看出其论证是无效的。《实
践理性批判》是康德最快速写成的重要著作，而这一段显示了康德
的写作速度。康德所谓原则的"内容"或"意志的对象"，就是该
原则告诉我们要努力实现的对象或目标。如果我们是在实现该对象
这一欲求的驱动下按照该原则来行动，那么该对象就是意志的"决
定根据"。在谈论这种对象是或者不是意志的决定根据之后，康德
主张，如果从法则中抽除意志作为其决定根据的各种对象，那么给
我们留下的就只有给予普遍法则的纯粹形式。如康德此前的评论所
蕴含的，情况并非如此。还可能给我们留下不是意志之决定根据的
某种意志对象。一种这样的对象可能是他人的幸福。我们之所以可

能为努力实现这种对象所驱动，不是因为我们想要使他人幸福，而是出于义务以及"他人的幸福是某种被绝对地要求的目的"这一信念。那么，我们就不是按照某种纯粹形式的原则来行动。因此，康德的论证再次未能支持其结论。

接下来考察康德对其观点的概括：

> 道德的唯一原则就在于：它对于法则的一切内容（亦即被欲求的对象）的独立性；以及随之而来由给予普遍法则的纯粹形式做出的对选择的决定，这种形式是准则必定能够拥有的。（CPR：33）

在此，康德忘记了他对"法则的内容"这一用语的两种用法的区分。按照康德的狭义用法，这种"内容"是被欲求的对象。按照其广义的用法，法则的"内容"是指该法则告诉我们要努力实现的任何东西，它可以是某种被绝对地要求的目的。康德假定，某种道德原则如果没有其狭义上的"内容"，那就不可能有上述广义上的"内容"。这导致他断定，某种道德原则如果不诉诸被欲求的对象，那就必定要求这种给予普遍法则的纯粹形式。情况并非如此。如前文所述，康德忽视了所有实质性的绝对原则。

三

在《奠基》第二部分结尾附近，康德回顾了对其普遍法则公式所有可能的替代选择。对于其中一些原则，康德在它们诉诸我们的欲求这一意义上称之为"经验的"。对于其他原则，康德在它们诉诸"基于理性"的"道德根据"这一意义上称之为"理性的"。作为一个例证，康德给出了要求我们促进自身完善的原则。

康德通过反对其他所有原则的论证来为他的公式辩护。他反驳说，"完满"这一概念过于模糊。但康德不可能做出这样的主张，即"基于理性"的所有原则都必定过于模糊。因此，他必须给出某种其他论证来反对其他这些原则。在这个关键点上，康德写道：

> 我认为，我可能没有必要对所有这些学说给出长篇大论的驳斥。这实在太容易……乃至只是多此一举。（G：443）

康德对所有其他原则的"驳斥"仅仅用了一个段落。其开头是这样的：

> 无论何时为了提供决定意志的规则而不得不把意志的对象设立为根据，此时产生的规则无非都是他律性；其命令是有条件的，亦即一个人如果或因为意愿这个对象，那就应当如此这般地去做或按照如此这般的方式行动。因此，它永无可能道德地亦即绝对地发出命令。这个对象对意志的决定，无论借助爱好，比如自身幸福原则，还是借助被一般地导向我们可能立意的对象的理性，比如完满原则，意志都绝不是正好借助行为的呈现而直接地自身决定的，而只是借助行为的预期效果对于意志的刺激……（G：444）

这里康德主张，所有其他原则所能提供的仅仅是假言命令。为了为这一主张辩护，康德先是重申了他关于"能够驱动我们按照这些其他原则来行动"的两种方式的区分。康德写道，在我们受驱动按照这些原则来行动时，我们的意志之受决定，可能是借助爱好，比如经验原则的情形，或者可能是"借助理性"，比如理性原则的情形。但康德接着就忘记了这第二种可能性，因为他继续声称，在这两种情形中我们的意志之受决定，都是由于行动的预期效果对意志的"刺激"。康德此前区分了刺激与动机：他把前者定义为"欲求的主观根据"，而把后者定义为"单单由理性"给予所有理性存在者的"客观目的"或"立意的根据"。因此，在做出如此主张即"只可能是某种刺激驱动我们按照这些理性原则来行动"时，他是在前后不一地否认（因为如下主张正是他刚刚承认的）：我们受驱动按照这样的原则来行动，可以不借助爱好而借助理性。

668

康德的论证要求他否认，在按照这样的理性原则来行动时我们能够为理性所驱动。为了证成这一否认，康德可能主张，理性并不给予我们任何要产生的客观目的。尽管康德在《奠基》中的论证假定，理性不给予我们这样的目的，但他没有提出支持该主张的任何说法。并且如果某理性原则要求我们努力实现这样的客观目的，我们就能够以这样一种理性提供（reason-provided）的方式——该方式与我们能够按照康德的普遍法则公式来行动的方式是一样的——按照该原则来行动。

《实践理性批判》包含康德之"驳斥"的另一版本。康德写道：

> 如果现在把纯粹实践理性的形式的最高法则……与先前所有的道德质料原则加以比较，那么除了那个形式原则之外，我们就能够把其余的所有原则如实地列举在一个表中，所有可能的情形实际上已展露无遗……

道德原则中实践的质料的决定根据

主观的

外在的	内在的
教育	生理感受（physical feeling）
［蒙田（Montaigne）］	［伊壁鸠鲁（Epicurus）］
公民宪法（the civil constitution）	道德感受（moral feeling）
［孟德维尔（Mandeville）］	［哈奇森（Hutcheson）］

客观的

内在的	外在的 *
完满	上帝的意志
［沃尔夫（Wolff）和斯多亚学派］	［克鲁修斯（Crusius）和其他神学家］

处在第一组的那些原则无一例外都是经验的，并且显然根本不够格充当道德的普遍原则。而处在第二组的那些原则基于理性……完满这一概念在实践的意义上是某事物对于各种各样目的的适宜性或充分性。作为人类存在者的特性，这种完满……无非禀赋（talent）和……技艺。实体方面的最高完满亦即上帝……是这个存在者对于一切一般目的的充分性。现在如果首先必须给予我们以目的，单单是与这些目的有关的完满概念……能够成为意志的决定根据；并且如果必须先于意志决定的、作为对象的目的……始终是经验的；那么，它可以用作幸福学说的伊壁鸠鲁式（Epicurean）原则，但绝不可用作道德学说的纯粹理性原则……禀赋及其发展亦如此……或者是上

669

---

* 原文此处"内在的"与"外在的"刚好相反，或有误。暂按文义并参考相关的中英译文改之。

帝的意志，如果在无须独立于这种观念的某种先行实践原则的
情况下，把与之一致当作意志的对象，那么它只有借助我们期
望从中得到的幸福，才能成为意志的动机。由此可以导出：首
先，在此列举的所有原则都是质料的；其次，它们包括了所有
可能的质料原则；并且最后……既然质料原则极不适合充当最
高道德法则……纯粹理性的、形式的实践原则……就是有可能
适合于绝对命令的唯一原则……（CPR：39-41）

康德在本段的论证如下：

仅有两种可能是客观的且基于理性的质料原则：完满原
则，以及服从上帝意志原则。

完满这一概念是关于某事物作为实现目的之手段的适宜性
或充分性。上帝是至高无上地完满的，因为他对于各种目的而
言都是充分的手段。

670　　　完满观念不能驱动我们采取行动，除非我们持有以这种完
满作为手段的某种目的；并且所有这样的目的都是经验的或由
我们的欲求给予的。因此，完满原则不可能是道德的，而只能
充当追求我们自身幸福的伊壁鸠鲁式原则。

服从上帝意志原则也不能驱动我们采取行动，除非通过对
我们自身幸福的期望。

因此，

这些原则是质料的，并且是仅有可能的质料原则。

质料原则不能成为道德法则。

因此，

　　康德的公式是那个仅有的道德法则。

康德的所有前提均为假；并且即使它们为真，也推不出康德的结论。康德用颇具魅力的方式写道，他的列表"显而可见地证实"根本不存在其他可能的客观的质料原则，但"可能的"并不意味着就"可见于康德的列表"。完满并非全然工具性的。上帝的完满不可能与理想的瑞士军刀或全能工具归为同一类。我们所有的目的都是由我们的欲求给予的，这并非为真，因为我们能够持有由理性给予我们的客观目的。如果我们按照完满原则或服从上帝意志原则来行动，那么我们的动机可能是与对自身幸福的欲求不同的某事物。即便我们的动机不得不是这种欲求，这也没有揭示，这些是仅有的可能的质料原则。并非为真的是，质料原则不可能成为道德法则。并且即便这一点为真，康德的公式也不是那个仅有的形式原则。因此，这个论证不能说明康德的公式是那个仅有的道德法则。

　　对于其普遍法则公式，康德给出了一些其他论证。我认为，这些其他论证也是失败的。但这并不要紧。通过其内在的说服力及支持和指导我们其他道德信念的能力，道德原则可以得到证成。我已经论证，经过某些修正，康德的公式会提供一种取得惊人成功的契约论版本，康德能够将之宣称为最高道德法则，这虽然并非不可辩驳的，却是可以辩护的。

附录 G　康德关于善的主张

　　康德写道，拉丁文有个缺陷，因为它在两种意义上使用 bonum（善/好）和 malum（恶/坏）这两个词，德文则做了相应的区分。康德的主张也适用于英文语词 good（善/好）和 bad（恶/坏）。按这样的方式拓宽来看，康德的主张如下。在拉丁文不得不使用同一个词 bonum 之处，英文得使用同一个词 good，德文则区分为 das Gute（善）和 das Wohl（福）；并且在拉丁文不得不使用同一个词 malum 之处，英文得使用同一个词 bad，德文则区分为 das Böse（恶）和 das Übel（祸害）或 das Weh（灾难）。（CPR：59-60）*

---

　　* 本附录有关拉丁文和德文的翻译，参考了韩水法先生的译文，参见：康德. 实践理性批判. 韩水法，译. 北京：商务印书馆，1999：63-64。

　　这些主张是错的。拉丁文和英文有含义类似于"das Wohl（福）"的词。两个这样的英文词是"well-being"（福祉）和"happiness"（幸福）。并且拉丁文和英文也有含义类似于"das Übel"（祸害）和"das Weh"（灾难）的词。三个这样的英文词是"ill-being"（不幸）、"suffering"（苦难）和"woe"（灾难）。如康德所主张的贫乏语言，不是拉丁文或英文，而是康德自己的德文版本。康德使用"Gute"和"Böse"，仅仅意指"道德上善的"和"道德上恶的"。在英文和其他德文版本中，我们可以表达这样的想法：如果某人受苦，那么这既对这个人来说是坏的，也是一件坏事。康德的德文版不能表达这样的想法，且康德似乎对此不理解。

　　例如，考察一下康德对如下一句拉丁文的评论：

　　Nihil appetimus nisi sub ratione boni，nihil aversamur nisi sub ratione mali（就任何事物而言，我们若不是认其为好，我们就不贪求它；就任何事物而言，我们若不是认其为坏，我们就不憎恶它）；

或者用英文来说：

　　We want nothing except what we believe to be good，and we try to avoid nothing except what we believe to be bad.

康德抱怨说，鉴于"boni"和"mali"这两个词模棱两可的性质，　*673*　这个"经院公式"（scholastic formula）是"有害于哲学"的。康德写道，这个公式

　　如果译为"除非着眼于我们的福祉或灾难，否则我们就不

会意愿任何东西"，那么这至少是让人疑窦丛生的；

但如果译为"在理性的指导下，除非认之为属于道德上好或坏的范围，否则我们就不会意愿任何东西"，这个公式就是确定无疑且同时表达得相当清楚的。

康德的两种翻译都是不正确的。这个"经院公式"使用"boni"和"mali"的意思并非"福祉"和"灾难"。它使用这两个词，也不仅仅意指"道德上好的"和"道德上坏的"。这个公式恰当地假定，我们之所以想要诸多事物，是因为我们认为它们在道德上或者非道德上是好的。即使按照康德提议的第二种翻译，这个公式也并不会如康德所声称的那样"确定无疑"，而是犯有严重的失误。灾难或苦难的情形相当清楚地表明了这一点。按照康德的提议，我们要有理由想要自己不受苦，或者换句话说，我们要在"理性的指导下意愿"这一点，我们的苦难就必须是道德上坏的。既然苦难并非道德上坏的，康德的观点就蕴含着我们没有这样的理由。

可能有人提出，我在误读康德，因为康德可能是以涵盖非道德的坏性质这样的方式使用"恶（das Böse）"这个词。在许多关于恶（evil）的问题的讨论中，"恶"这个词就是这么被使用的，因为大多数神学家把苦难恰当地视为这个问题的一部分。然而，我的解读似乎是正确的。康德继续写道：

······严格地说，善或恶适用于行为，而不适用于人的感觉状态······因而有人可能会嘲笑这样的斯多亚主义者——他在痛风的极度痛苦中高喊："痛苦，无论你如何折磨我，我都绝不会承认你是恶的（kakon, malum）。"然而，他是对的。他感

受到某种坏处，并且表现在他的叫喊之中；但是，他根本没有
理由承认，由此会给他添加任何恶……（CPR：60）

如艾尔温（Irwin）所指出的，康德误解了这个斯多亚主义者的主
张。这个斯多亚主义者的意思并不是：在仅运用于行为者和行为的
意义上，痛风的痛苦不是道德上坏的。这样的主张会是微不足道
的，因为无人认为痛苦在这种意义上是坏的。这个斯多亚主义者是
在做出如下颇有争议的主张：他的痛苦对他来说甚至也不是非道德
地坏的，或处于坏状态。

接下来考察康德关于享乐主义的言论。康德写道，既然善和恶
必须

始终由理性来评价，从而要通过能够用来普遍交流的概
念，而不是通过纯粹感受……那些认为必须把快乐的感受置于
其实践评价根据的哲学家，就不得不把产生愉悦的手段称作善
的，而把引发不快和痛苦的原因称作恶的；因为对于手段与目
的之间关系的评价当然属于理性。（CPR：58）

康德在此的想法接近休谟。康德认为，快乐和痛苦既然是感受，那
就不可能得到理性的评价并被判断为善或恶的。他说，享乐主义者
至多只能主张，某事物如果产生快乐就是善的，而如果产生痛苦就
是恶的；因为理性有能力判断一事物产生另一事物。康德低估了该
观点的蕴含。如果快乐不可能是本身善的，享乐主义者就不可能把
某事物因其产生快乐而称作善的。因为某事物要因其效果而成为善
的，其效果就必须是善的。享乐主义者至多能够主张，某事物作为
产生快乐的手段是有效的，因而是善的。但享乐主义者不得不承

认，其他事物作为产生痛苦的手段在同样的意义上也是善的。因此，按照康德的观点，任何形式的规范享乐主义都是没有道理的。

675   快乐和痛苦是感受因而就不可能得到理性的评价，康德为何这么认为呢？他写道：

> 语言的用法……要求，善恶由理性来判断，因而要通过单凭自身就能够用来普遍交流的概念，而不是借助纯粹感觉，后者局限于个别的主体及其感受性。（CPR：58）

这段话暗示，我们不可能合理地做出"身处痛苦是坏的"这一判断，因为这样的判断必须以可交流的公共概念来做出，而不是以私人的感觉。但一旦我们做出"痛苦是坏的"这一判断，这一判断就不是感觉。它是一种关于感觉的判断，是以痛苦和坏的这些可交流的概念做出的。康德也不可能假定，"痛苦"这个词指涉私人的感觉，因而没有可交流的含义。康德并不否认，我们能够指称痛苦。康德的要旨必定在于，坏的/恶的（bad）这个概念不能被应用于感觉，如他所明确主张的，

> 严格说来，善恶适用于行为，而不适用于人的感觉状态。（CPR：60）

康德之所以似乎做出上述主张，是因为他缺乏或者拒绝这样的概念，即某事物是本身非道德地好的或坏的。如果相信事件或状态可以是非道德地坏的，我们就没有任何理由否认身处痛苦可以是坏的。在这种非道德的意义上最清楚的坏，莫过于身处剧痛之中。

康德关于何为善恶的观点或许可以由如下事实得到部分的解释：

他几乎不运用规范理由（a normative reason）这一概念。康德的主要规范概念是被要求的（required）、被允许的（permitted）、被禁止的（forbidden）。这些概念不能表达这样的思想：某些事物是本身好的，或者是值得实现的；另一些事物是本身坏的，或者是应予以避免或防止的。康德说，他使用"善的"意指"实践上必然的"。这并非"善的/好的"（good）的意思。某事物可能是好的，即便某个可用的备选项更好也是如此。要理解这种类型的好性质或坏性质，我们就必须有这样的想法：由于算作支持我们持有某种欲求或以某种方式行动，某些特定的属性或事实会给我们提供理由。痛苦的性质给我们提供想要或力图避免身处痛苦的理由，在此意义上，痛苦是坏的。

676

就某些特定的论点而言，康德可能有这样的想法。因此，他写道：

> 我们应称作善的东西，在每个通情达理的人类存在者的判断中必定是欲求官能的对象；应称作恶的东西则在每个人眼中必定是厌恶的对象。（CPR：61）

他接着写道：

> 某个忍受外科手术的人无疑觉得它是一种伤害；但通过理性，他以及其他每个人都将之宣判为善的。（CPR：61）

康德的意思不太可能是，这样的手术是道德上善的；并且可能也不仅仅是，就像给谋杀犯的毒药一样，这个手术作为手段是善的。康德的意思可能是：这个手术具有在非道德意义上好的效果，因为它救了这个人的命。并且就其所写的"觉得它是一种伤害，但通过理性……将之宣判为善的"而论，康德似乎暗示，就其为一种伤害而论，这种痛苦是坏的。但尽管有这样一些段落，康德通常还是声称，"善"或"恶"不能应用于感觉状态，并且福祉和灾难不可能本身有好坏之分。因此，他写道：

> 这个目的本身，亦即我们所寻求的享受……不是善，而是享福的状态；不是理性的概念，而是感觉对象的经验概念……（CPR：62）

康德观点的这一特征，通过其关于审慎原则的主张而得以充分展示。康德通常把这个原则称作纯然假言的命令，并假定它之所以适用于我们，仅仅是因为我们想要促进自己的未来幸福。就其唯一重要的形式而论，审慎原则不是假言的。按照该原则，即便我们不关心某一行为可能对自己未来幸福产生的效果（比如某些年轻人吸烟，他们并不关心这样可能致使自己在 40 年后患癌症），我们也有理由关心，且理性上应当关心自己未来的幸福。因肺癌而早逝并非道德上恶的。但如此死亡及其导致的痛苦，对于人们来说是本身坏的，并且是非个人地坏的。如我所言，康德在其大多数论述中似乎都不承认这些类型的坏性质，也不承认我们关注并尽可能地防止它们的非道德理由。这就在康德的观点中造成了巨大的空白（gap）。康德提出，实践理性所做出的主张仅有两种。一端是道德义务，另一端是工具的合理性（instrumental rationality）。两者之间除了废弃之地几乎什么也没有。如果我们受教的是这样的观点，而又不再相信道德义务，那么我们应该相信的就只有工具的合理性。这正是如今许多人所相信的合理性的唯一类型。

附录 H　自主性和绝对命令

康德主张，道德法则是一种绝对命令。康德还主张，仅当
某一法则是由我们自己给予的，我们才受制于（are subject to）
该法则。这两个主张如果受到认真的对待，那就不可能同时
为真。

康德写道：

> 如果回顾以往为揭示道德原则曾做出的一切努力，那么对
> 于为何它们无一例外地必然失败，我们就不必感到疑惑。可以
> 看出，人类由于其义务而受到法则的约束；但他们从未想到，
> 他们仅受制于由自己给予但仍然普遍的法则；并且他仅有义务
> 遵照自己的意志（in conformity with his own will）来行

动……我要把这种基本原则称作意志的自主性原则，以对照于其他各种我相应地视之为他律性的原则……（G：432—433）

根据这种"基本原则"，我们可称之为康德的

自主性论点（Autonomy Thesis）：我们仅受制于我们将之作为法则给予自己的原则，并且仅有义务遵照自己的意志来行动。

存在其他两种相关的可能性。按照虚无主义者的观点，我们不受制于任何原则，即便这些原则是作为法则由我们自己给予的也是如此。在此我们可以忽略这种可能性。按照我们可称作的

他律性论点（The Heteronomy Thesis）：我们受制于某些特定的原则，并且有义务遵照它们来行动，无论我们是否将这些原则作为法则给予自己，也无论我们的意愿如何。

679　尽管康德没有明确指出上述论点，但他说，他会把所有那些与其自主性论点不相容的原则"算作他律的"，并且他律性论点是其他所有这些原则共有的。

一旦某一原则适用于我们，我们就受制于该原则。因此，我们可以把如下原则称作

自主的，仅当我们将之作为法则给予自己，这些原则才适用于我们；

以及

他律的，无论我们是否将之作为法则给予自己，这些原则

都适用于我们。

我要回到这个问题：康德的这一说法即"我们把某一原则作为法则给予自己"是什么意思？

如我们所见，康德做了部分地类似的另一种区分。原则是

假言命令，如果它们要求我们的行为方式是，该行为作为手段以实现某个我们已经意愿的目的；

以及

绝对命令，如果不管我们是否已经意愿实现某个目的，它们都要求我们按照某种方式行动。

康德还写道，假言命令的说法是

我应当做某事，因为我意愿别的某事。与之形成对照的是，道德的从而是绝对的命令的说法是：即使我没有意愿别的任何事，我也应当做某事。（G：441）

康德（在此）的第二句话是模糊的。他的意思可能是，无论我们已经意愿什么，绝对命令都无条件地适用于我们。但可以对这句话做出更切实的解读。康德的意思转而可能是：绝对命令之所以适用于我们，仅仅是因为我们已经意愿情况应当如此；尽管如此，但即使我们同时没有意愿别的某事，该命令也适用于我们。按照这种解读，与假言命令不同，即使我们同时没有意愿实现某个目的，绝对命令也适用于我们。

有了上述区分，我们就可以描述四种命令。

680

	某个命令可能适用于我们	
	仅当且因为我们已经意愿它适用于我们	无论我们是否意愿它适用于我们
仅当且因为我们已经意愿实现某个目的	强（strongly）假言的	弱（weakly）假言的
无论我们是否已经意愿实现某个目的	弱绝对的	强绝对的

根据康德的自主性论点，我们仅受制于我们将之作为法则给予自己的那些原则或命令，并且仅有义务遵照我们自己的意志来行动。这种论点蕴含着，

（1）假言命令是强假言的，因为仅当且因为我们已经既意愿它们适用于我们，又意愿实现某个目的，这些命令才适用于我们；

以及

（2）绝对命令是弱绝对的，因为仅当且因为我们已经意愿情况应当如此，这些命令才适用于我们。

681 根据他律性论点，我们受制于某些原则或命令，并且有义务遵照它们来行动，无论我们是否把这些原则或命令作为法则给予自己。这种论点蕴含着，

（3）假言命令是弱假言的，因为仅当且因为我们已经意愿实现某个目的，这些命令才适用于我们；

以及

　　(4) 绝对命令是强绝对的，因为无论我们已经意愿什么，这些命令都无条件地适用于我们。

现在我们可以回到康德的如下主张，即道德法则是一种绝对命令。如果康德意指道德法则是一种强绝对命令，那么他必须摒弃其自主性论点。如刚才所述，只有他律的命令才能是强绝对的。

　　康德可能反而意指道德法则是一种弱绝对命令。但如我现在要论证的，我们应当摒弃这种主张，因为我们应当摒弃康德的自主性论点。

　　康德写道：

> 理性指示着什么事应当发生。（G：408）
>
> 理性独自……给予法则……（G：457）
>
> 我们位于理性的约束之下，从而在我们所有的准则中，我们都不许忘记对理性的服从，或者说……不许对理性的权威有所贬损……（CPR：82）

这样的说法与康德的自主性论点冲突。如果理性独自给予法则，且我们受制于理性的法则，那么我们就不是仅仅受制于我们给予自己的法则。

　　康德没有看出这里的冲突。他假定，正如我们每一个人都具有意志，我们每一个人也都具有或者都是某种理性（a reason）。例如，他写道：“人们完全无法设想这样一种理性，它在其判断方面会自觉从其他某个地方接受指导……”（G：448）。因此，康德　*682*
主张，

> 我借助它把自己置于义务之下的法则……出自我自身的纯
> 粹实践理性，并且就受约束于我自身的理性而言，我也是那种
> 自我约束的人。（MM*：418）

我认为，这样的主张是不可辩护的。先考虑支配理论推理的法则。
人们有时认为，这样的推理应该遵守逻辑法则。但在此我们有必要
做个区分。例如，考虑如下两个逻辑法则：

> 非矛盾（Non-Contradiction）：没有任何命题能够既真
> 又假。

> 假言推理（Modus Ponens）：如果 P 以及若 P 则 Q 这两个
> 命题均为真，那么 Q 必定为真。

这两个法则都不是规范性的，也不是我们的推理所能遵循的。我们
所能遵循的是两个紧密相关的认识论原则或法则。根据

> 非矛盾的要求（the Non-Contradiction Requirement）：我
> 们不应当持有矛盾的信念。

根据

> 假言推理的要求（the Modus Ponens Requirement）：如果
> 不同时相信 Q，我们就不应当既相信 P 又相信若 P 则 Q。

康德主张，理性既然仅受制于它给予自身的法则，那就必须把自身
视为这些要求的来源或作者。如果康德的意思仅仅是指这些法则是
理性的要求，那么我们可以接受这些隐喻式的（metaphorical）

---

* MM 为 *The Metaphysics of Morals* 的缩写，见本书参考文献。

主张。

　　根据康德的自主性论点，我之所以受制于诸如此类的要求，是因为我把它们作为法则给予自己。我德里克·帕菲特给予自己这个法则：它要求我避免矛盾的信念。只有疯子才可能这么想。以下这样的说法也无济于事：是我的理性在要求我避免这样的信念。"我的理性"这一康德用语可能仅仅指我的合理性（rationality）。我的认识合理性是我的这样一种能力：它使我得以觉察认识的理由和要求，并在我的信念中对这两者都做出回应。如下说法是没有意义的：这些能力可以是这些理由和要求的来源或作者。我或我的合理性也不可能是诸如道德法则之类的实践命令的来源或作者。

683

　　或许有人反驳说，在做出这些评论时，我不是用康德的术语在讨论。例如，康德写道：

　　　　把一个受其良心谴责的人看作与判官完全同一的那个人，这种看法是……荒谬的……相应地，一个人的良心不得不把不同于本人的其他某个人（亦即不同于人类存在者本身）看作其行为的判官……如果理性不应陷入自相矛盾，这一点就需要澄清。既作为原告又作为被告，我是同一个人类存在（数目上等同）。但作为道德立法主体——他来自自由概念，并由此受制于他给予自身［本体界的自身（homo noumenon）］的法则——的这种人类存在者，应被视为不同于这个人的（不同类型的）他者，这个人则是作为被赋予理性的、受感性影响的存在者，尽管这只是就实践方面而言的……（MM：438页及注释）

康德在这一段话中声称，人既是又不是完全同一个人，或作为其内心判官和起诉者的那个人，因为作为被赋予理性的、受感性影响的存在者，他是其完全同一的本体自身，但也应当被视为不是同一个本体自身（尽管这只是实践上的）。能够做出上述主张的哲学家，或许看上去很可能把我的主张即"我不是纯粹理性"斥之为诡辩。

我认为，康德不会用这种方式来回应。对于创建其所称的"批判哲学"，康德无疑感到自豪；并且他写道，这样的哲学"必定像其著作中的几何学家一样……精确地展开"（CPR：92）。鉴于康德伟大的原创性及其力图回答的许多问题的难度，并不令人惊讶的是，他经常没有做到精确。并且对于康德的某些问题，答案不可能是精确的。但为了以康德的批判性术语来认真看待康德，我们应该努力尽可能清晰细致地陈述他的观念，并评估其论证。

康德不会认为，我德里克·帕菲特是纯粹理性。因此，纵然纯粹理性给予我某些特定的法则，我也没有把这些法则给予自己。并且在受制于这些法则时，我并不是仅仅受制于我给予自己的法则。这些康德会接受的实情，是与康德的自主性论点相矛盾的。

有些作者提出，康德在谈论我们把某一法则给予自己时，其中"给予"的意思不同于其主张"理性独自……给予法则"中的"给予"。康德由此能够在不同于后者的意义上主张我们把法则给予自己而不产生矛盾。按照这类提议中最讲得通的提议，在谈论我们把某一法则给予自己时，康德的意思仅仅是，我们接受该法则，并认为它是理性的或道德的要求。例如，希尔写道：

> 自主性原则是"由自己施加给自己的"，这一说法的意思

令人困惑；但至少清楚的是，康德并非将之视为任意而独断的
选择，而是视为一种的这样承诺——它为清晰的思考所揭示，
并隐含于理性意愿的一切努力——按照这种方式，人们可能认
为，对基本逻辑原则的承诺隐含于思考与理解的一切努力
中……拥有自主性的意志为其自身而接受理性的约束，这种约
束独立于任何欲求以及其他"异己的"影响。

科丝嘉同样写道：

你可能纳税……因为你认为每个人都应该付出其分担的那
一份，或因为你认为人们应该遵守由公众立法制定的法律。这
些是在寻常意义上的自主性的例子——由于对法则的某种信奉
或认之为法则而将之给予你自己。

按照这种解读，康德的自主性论点可被重述为

赞成的论点（The Endorsement Thesis）：我们仅受制于
我们自己接受的原则。

根据康德观点的这一版本，存在着理性将之作为法则给予我们的某
些原则，意指这些原则是理性的要求。但仅当且因为我们接受这些
原则或认之为真，我们才受制于这样的原则，并且有义务遵照它们
来思考和行动。

自主性论点的这一版本尽管较为谦和，但具有引人注目的蕴
含。按照这种观点，在运用于科丝嘉的例子时，仅当人们相信自己
应当纳税，他们才应当付出其分担的税费。如果我们不接受康德的
普遍法则公式，该公式就不适用于我们。并且我们如果根本不接受

685

任何道德原则，那就没有任何义务，我们的行为也不可能不当。

这些结论是不可接受的。康德主张道德法则是一种绝对命令。之前我提出，康德如果维持其自主性论点，那就可能主张道德法则至少是弱绝对的。康德可以认为，我们如果接受他的公式，那就受制于该公式。但康德的公式由此就不是绝对命令。康德主张道德法则适用于所有理性存在者。康德的公式如果不适用于那些不接受它的理性存在者，那就不可能是道德法则。

康德可能回答说，每个人都接受他的公式。他声称这个公式"是每个理性存在者的意志都会加之于自身的唯一法则"（G：444）。由于这个主张不可能是某种经验的归纳，那么康德的意思必定是，所有的理性存在者都必然接受该公式。

每个人都接受康德的普遍法则公式，这在何种意义上可能是必然的？有那么一处，康德发问：

> 但是，我为什么由此应当让自己受制于这个原则？（G：449）

康德接着写道，我们除非能够回答这个问题，否则就不会揭示道德法则的"有效性以及使自己受制于它的实践必然性"。这些言论暗示，康德的公式要是有效的，我们接受该公式就必须是规范上必然的。

鉴于康德的自主性论点，上述暗示引发了两个问题。第一，即使我们应当接受康德的公式，这也并不蕴含着我们的确接受该公式。并且按照对自主性论点的两种解读，如果我们不接受康德的公式，它就不适用于我们。

686

第二，如果我们不接受康德的公式，康德的自主性论点就动摇了如下主张，即我们应当接受或被要求接受该公式。根据康德的自主性论点，我们被要求接受康德的公式，仅当我们自己接受这种要求。如果我们不接受该要求，它就不适用于我们。我们被要求接受这样的要求即"接受康德的公式"，这样的主张也无济于事。除非我们接受这第二步的要求，否则那就不可能为真，依此类推乃至无穷。这里存在着一种恶性的而不是良性的无限回溯。

鉴于上述问题，康德可能转而诉诸某种非规范的必然性。回到诸如非矛盾和假言推理的要求之类的支配理论推理的原则。按照康德的自主性论点，如果我们不接受这些要求，它们就不适用于我们。但康德可能拒绝这种反事实，其根据是，它要求我们所设想的情况是极度不可能的。如希尔提出且康德可能主张的，所有的思考者都必然接受这些要求，因为对它们的接受包含或部分地构成了思维。如果不认为我们不应当相信既 P 又非 P，那么我们甚至不可能算是相信 P。就相信某事而论，我们承诺了不相信我们之信念的否定者。同样地，如果确实相信 P 以及若 P 则 Q 这两者，我们就不可能不相信，我们应当或者相信 Q，或者是放弃上述两个信念之一。

康德可能对统管工具合理性的原则做出类似的主张，譬如一般的假言命令要求：我们不意愿某个目的，除非同时意愿我们所认为的达成该目的的必要手段。科丝嘉提出，如果不接受这种要求，那么我们甚至不可能算是在意愿某个目的。对这些原则的接受，可能必然涉及作为行为者的身份。

687

然而，对康德自主性论点的这种辩护会动摇该论点。根据其对手亦即他律性论点，我们受制于各种要求，无论我们是否接受它们。就运用于同样的事例而言，避免相互矛盾的信念并采取对于目的来说必要且可接受的手段，这是对我们的理性要求；并且这些要求不依赖于我们对它们的接受。康德的观点要有别于他律性论点并作为自主性的断言，康德就必须主张，这些要求或其规范性质在某种意义上源自或取决于我们。他可以主张，如果我们不接受这些要求，它们就不适用于我们。但如前文所述，这是极其讲不通的。按照我们正在考虑的提议，我们可以忽略这种可能性，因为对这些要求的接受必然涉及我们毕竟是思考者和行为者。然而，如果这一点为真，那么"可以主张这些要求或其规范性质源自我们"的说法就是没有意义的。

还存在另一个问题。上述主张不能应用于康德的普遍法则公式。没有希望表明的是，如果不相信我们应当仅按照可普遍化的准则来行动，我们就会由于没有行动能力而不可能成为行为者。有许多成功的行为者已经考虑并拒绝康德的公式。

康德可能主张，即使我们拒绝他的公式并认之为假，但在某种其他意义上，我们也的确会接受该公式并将之作为法则给予自己。但这种主张一旦应用于作为人类的我们，就要么为假，要么不得不被给予某种使该主张变得微不足道的含义。康德可能转而主张，作为在不受时间影响的世界中的本体存在，我们所有人都必然接受他的公式。但这样的主张可能要遭到决定性的反驳。康德无法在可辩护的意义上主张每个人都确实接受其普遍法则公式，因而其主张至

多只能是，如果我们是完全理性的，那么我们所有人都会接受该
公式。

　　根据康德的自主性论点，如果我们不接受康德的公式，它就不
适用于我们。要为"其公式适用于所有理性存在者"这一观点辩
护，康德就必须修正其自主性论点。并且如我刚刚所论证的，康德
的主张至多只能是：我们仅受制于这样的原则或要求，即我们如果
是完全理性的就确实会或将会接受它们。我们即便由于不是完全理
性的而不接受这些要求，也将会受制于它们。

　　康德的论点经过如此修正就不再给出任何有特色的主张。按照　　*688*
其对手即他律性论点，我们被要求在理性上或道德上持有某些特定
信念并以某些特定方式行动，并且无论我们是否接受，这些要求都
适用于我们。他律论者（Heteronomists）可能同意，我们如果是
完全理性的就会接受这些要求。如果不接受这些要求，我们就没有
对支持我们接受它们的理由做出回应。因此，这些观点之间的区别
就消失了。

　　我断定，对于康德的自主性论点，不存在可辩护且并非无足轻
重的版本。我无疑相信，康德的主张在于存在着某些绝对命令。我
们经常被要求在理性上或道德上持有某些特定信念或以某些特定方
式行动。并且这些要求是无条件的，因为无论我们是否接受，也无
论我们想要或意愿什么，它们都适用于我们。因此，我们应该摒弃
康德所称的"基本原则"，根据该原则，道德根植于意志自主。

　　在反对康德自主性论点的论证中，我忽略了一种复杂情况。在
包括我的一些引用在内的许多段落中，康德是在另一种意义上使用

"他律性"这个词。在谈论自我立法时，康德的一部分意思是自我决定。康德写道，理性在决定意志时给予法则（CPR：31）。康德经常把理性等同于意志，因而经常假定，在理性决定意志时，意志是在决定自身。康德还假定，我们是理性存在者，因而正是我们的理性或意志，才是我们真正的自我，或构成我们最真实的一面。因此，康德认为，当我们的行为为理性或意志所驱动时，我们是自主的或自我决定的。这可被称作动机的自主性（motivational autonomy）。

当我们的行为为理性或意志之外的其他事物所驱动时，存在着上述动机意义上的他律性。康德声称，当我们的行为仅仅是由某种欲求驱动时，情况就是如此。他主张，我们的欲求是我们自然构造的非自愿之产物，因而它们对于我们真实的自我来说是异己的。用他的话来说，当我们只是力图满足某种欲求时，

> 意志没有给予自身以法则，而是某种异己的冲动借助主体的天性来给予。（G：444）

689 当我们的行为仅仅为欲求而不是理性或意志所驱动时，我们可以把这样的行为称作动机上他律的（motivationally heteronomous）。

我认为，康德关于动机他律性的主张包含着某些重要的真理。但对"他律性"的这种另外意义上的用法可能导致混淆。例如，康德写道：

> 如果意志没有给予自身以法则……所产生的就总是他律性……就只有假言命令才成为可能的。（G：441）

我们的意志在受制于某种并非由自身给予的法则时没有给予自身以法则。当我们受制于某种强绝对的有效命令时，情况就是如此。康德声称，当我们按照某一道德命令行动时，我们的理性可以单凭自身驱动我们而无须借助任何欲求，由此我们的行动是动机上自主的（motivationally autonomous）。在这种主张为真的意义上，它将适用于我们按照如下命令的行为，该命令是强绝对的且在此意义上是规范上他律的。当我们按照这样的命令行动时，在相当不同于为我们的欲求所驱动的意义上，我们的行动不必是他律的。并且在受制于强绝对的他律命令时，我们并不是仅受制于假言命令。因此，康德不应该主张，当存在着规范的他律性之时，只有假言命令才是可能的。由于他既在规范的又在动机的意义上使用"他律性"这个词而未加区分，康德就混同（conflate）了两种极为不同的东西：由欲求产生的动机，以及强绝对的要求。

像其他许多人一样，康德经常混同规范的主张与动机的主张。这产生了令人遗憾的效果，其中一些效果我会在附录 I 中讨论。

附录 I　康德的动机论证

一

在《奠基》第二部分的开头附近，康德把命令定义为

假言的，当它们"表示某一可能行为的实践必然性，该行为是作为手段以达成某人所意愿（或可能意愿）的他物"；

以及

绝对的，当它们"表示某行为是自身客观必然的，而无须涉及另外的目的"（G：414）。

如果主张某一行为作为达成某一目的的手段是必然的，那么我们的

意思可能仅仅是，该行为是某种因果地必然的手段。并且康德后来写道，假言命令的说法是"为了达成某一目的，人们必须做的事情"（G：415）。但是，当康德把这样的命令定义为表示某一行为的"实践必然性"时，这种必然性可能是部分地规范性的，因为康德的意思可能是，我们被要求在理性上采取与我们的目的相应的手段。并且当康德把绝对命令定义为主张某一行为是"自身必然的"时，这种必然性似乎是纯粹规范性的。我们可以假定，这样的命令是无条件的要求。仅当且因为我们意愿实现某一目的，假言命令才适用于我们；与此不同，无论我们想要或意愿什么，绝对命令都适用于我们。

定义了这两种命令之后，康德问：这些命令是如何可能的？他的回答是，假言命令无需任何解释或辩护。如果我们知道，某一行为是实现某一目的的唯一手段，那么如下情况就分析地（analytically）为真："只要理性对我们具有决定性的影响"，在不意愿该必要手段的情况下我们就不可能完整地意愿该目的。令人惊讶的是，康德接着写道：

（1）另一方面，道德命令如何可能这一问题无疑是唯一需 691
要解决的……究竟是否存在任何诸如此类的命令，这是不可能
借助例举从而经验的方式来辨识的；要担心的反而是，所有那
些命令虽然看上去是绝对的，但却可能以某种隐藏的方式是假
言的。例如有这样的说法，"你不应当做出骗人的许诺"，并且
人们以为……这种类型的行为必定被视为其本身是恶的，并且
这个禁令因而是绝对的。人们仍然不能通过任何事例确定无误

地表明，意志在此之受决定，单单是通过法则而没有借助任何
其他刺激，尽管情况看上去如此；因为始终可能有这样的情
况：对丢脸的暗中畏惧或许还有对其他危险的隐忧，可能已经
对意志产生影响……在这样的情形中……这所谓的道德命令，
其本身表面上看是绝对而无条件的，但实际上只是使我们关注
益处的实用箴言……（G：419）

上述言论令人困惑。在提出绝对命令如何可能存在这一问题之后，
康德转向靠前的问题，即是否存在这样的命令。康德写道，这个问
题不是经验的；此时他的意思似乎可能是，无条件的要求是规范性
的，因而就不是像我们周边世界可觉察的特征那样可经验地观察
的。然而，康德接着讲道："所有那些命令虽然看上去是绝对的，
却可能以某种隐藏的方式是假言的。"例如，可能看上去存在"禁
止撒谎"这一绝对命令。但康德指出，在某人克制以免撒谎时，我
们不能肯定这个人的动机是纯粹道德的。这个人的行为可能部分地
是由某种出于自利的畏惧或欲求驱动的。康德断定，在这样的情形
中，不撒谎的命令表面上看是道德的和绝对的，但实际上却只是实
用的和假言的。

假定在陈述这一结论时，康德是在他刚才定义的意义上使用
"绝对的"。康德的主张由此就是，

692

　　　　（A）如果这个人的行为动机不是纯粹道德的，不撒谎的
　　　　命令在此就不是一种无条件的命令，因为该命令不适用于这个
　　　　人。考虑到其动机，他在道德上就没有被要求不撒谎。

这不可能是康德的意思。康德并不持有如下古怪信念：如果我们出

于并非纯粹道德的动机来遵循某个道德要求，那么该要求不适用于我们。（A）显然既是错的，也与康德的许多其他主张不一致。例如，康德经常主张，无论我们的动机如何，我们都能够履行正义义务。他的意思不是，当我们出于自利的动机来履行某种正义义务时，该义务就不适用于我们。康德的观点仅仅是，如果我们出于非道德的动机尽义务，我们的行为就没有道德价值。

康德既然不可能意指（A），那就似乎转到了"假言的"和"绝对的"的其他含义。并且康德确实在其他意义上使用这两个词。在《实践理性批判》的开头附近，他写道：

> 命令本身如果是有条件的——也就是说，它们不是单凭意志来决定意志，而只是参照某种被欲求的效果来决定，亦即它们是假言的……

在这里康德所定义的意义上，命令如果只是借助对某种效果的欲求来决定我们的意志或驱动我们，那就是假言的。在某种相应的意义上，命令如果不借助任何这样的欲求而单凭自身来驱动我们，那就是绝对的。如康德在别处所述，

> 绝对命令本质上有别于（假言命令），因为行为的决定根据单单在于道德自由的法则；而在其他命令中，是相关的目的才使行为得以实现……（L*：486）

康德把"决定根据"定义为行为的"动机性的原因"（the motivating cause）（L：493，268，582）。为了表达这些含义，我们可以

---

* L 为 *Lectures on Ethics* 的缩写，见本书参考文献。

把命令称作

693

动机上假言的（motivationally hypothetical），如果只有借助对某个目的的欲求，其被接受才会驱动我们；

以及

动机上绝对的（motivationally categorical），如果单凭自身或无须借助任何这样的欲求，其被接受就会驱动我们。

类似地，我们可以说，按照康德另一种规范性的定义，命令是

规范上假言的（normatively hypothetical），如果它们要求我们按照这样的方式行动，该行动作为手段以实现我们想要或意愿的某事物；

以及

规范上绝对的（normatively categorical），如果它们要求我们无条件地或者说无论我们想要或意愿什么，都按照某种方式行动。

我们现在可以对段落（1）的结尾提出另一种解读。康德设想有这么一个人，他遵从"不撒谎"这一道德命令，但是出于诸如害怕丢脸之类的非道德动机而这么做。康德接着评论说，如果

（B）这个人的行为不是由于对该命令的接受而被驱动的，

那么如下情况为真：

（C）该命令就并非如其表面看上去的那样绝对的。

如果康德的意思是该命令不是规范上绝对的或某种无条件的要求，那么就如我所言，康德的评论是令人费解的。而康德的意思可能是，该命令不是动机上绝对的。（C）由此就是对（B）的另一种陈述方式。

上述提议尽管解释了段落（1）的这一部分，但给我们留下了另一个问题。在此段稍前处，康德已经提出并讨论了他对"假言的"与"绝对的"的规范性定义。在（1）的开头附近，康德问道，

> Q1：是否存在绝对命令？

按照康德刚刚给出的定义，其意思应该是 *694*

> Q2：是否存在无条件的要求？是否要求我们无论想要或意愿什么都按照某些特定的方式行动？

但康德接着讨论的是

> Q3：是否存在这样的要求？单凭自身或无须借助自利的欲求，其被接受就会驱动我们？

为什么会发生这种未经解释的突然转换？

按照我们可称作的混同式的（conflationist）解读，康德把 Q3 当作 Q2 的另一种问法。他尽管既在规范的又在动机的意义上使用"绝对的"，但没有把这两种意义区分开。康德假定，如果某命令单凭自身而驱动我们，那么这就是说，该命令是一种无条件的规范性要求。

尽管康德在有些段落似乎没有做出这种区分，但难以相信他没

有意识到这一点。因此，我们接下来可以提出对段落（1）的另一种非混同式的解读。康德可能假定，

（D）如果无人曾出于纯粹道德的动机而行动，那就无人受制于绝对的道德要求。

按照这种观点，道德命令必须具备单凭自身就驱动我们的力量。段落（1）或许是对（D）的具有误导性的陈述。康德声称，他设想的这个人如果没有出于纯粹道德的动机而行动，那就没有不撒谎的义务。但这可能不是康德想说的本意。他可能本来打算声称，如果一切情形都属于这种类型，那就不会存在绝对命令。

如果只考虑段落（1），上述提议就似乎相当可行。然而在这之前的几页，康德明确主张，

（E）即便无人曾出于纯粹道德的动机而行动，对道德法则的服从仍然"确定不移地是由纯粹理性来指令的"。

（D）和（E）不可能同时为真。

695　但接下来我们可以提议，（E）并非康德的真正观点。尽管康德声称，我们绝无可能知道有人出于纯粹的动机而行动，但他也写道：

对义务的纯粹思考……单单借助理性……对人类心灵所产生的影响比所有其他刺激都要有力得多。（G：410-411）

如果康德认为情况可能是无人曾出于纯粹道德的动机而行动，那就难以理解他如何能够同时相信，对义务的纯粹思考比所有其他刺激都要有力得多。因此，康德可能认为，我们能够出于纯粹道德的动

机而行动，因而受制于绝对的要求。

我们还有其他理由相信"康德的观点是（D）"。有许多这样的段落，其中康德似乎假定，

> （F）除非绝对命令全凭自身来驱动我们，否则我们就不可能受制于该命令。

例如，回到康德的这个问题"所有这些命令是如何可能的?"康德说，他在问的是，

> （2）这种命令所表达的意志必然性如何……能够得以思考……由此我们将不得不完全先验地探究绝对命令的可能性，因为这里我们没有那种"其真实性在经验中被给予"的便利，乃至需要做的不是确立绝对命令的这种可能性，而仅仅是加以解释。（G：420）

康德在此似乎假定，绝对命令的真实性可能已经在经验中被给予，在此情况下需要做的仅仅是解释这种真实性。康德的意思似乎是，绝对命令的"真实性"就是它全凭自身来驱动我们的那种能力。他继续写道：

> （3）……对于这样的绝对命令如何可能，尽管我们得知其要旨，但仍然需要特别而艰苦的工作才能说明，这一点我们留待最后一部分来解决。

在《奠基》的最后一部分，康德坚持认为，纯粹理性能够凭其自身来驱动我们，并且其《实践理性批判》的很多篇幅也有同样的目标。在段落（2）和（3），康德似乎要么混同了"绝对的"的规范

696

意义和动机意义，要么觉得这两种含义是结合在一起的，因为无条件的道德要求必定能够全凭自身来驱动我们。

在另一个段落，康德写道，道德法则

> 必定不仅对于人类有效，而且对于所有理性存在者本身都有效，不是仅仅在偶然情况下有效且容有例外，而是具有绝对必然性。（G：408）

在此康德的断言是，

> （G）真正的道德法则必定既是普遍的，又是规范上绝对的，从而适用于所有理性存在者而无论他们想要或意愿什么。

康德继续写道：

> ……显然，任何经验都不可能引发对这些法则（哪怕是其可能性）的推导。因为我们有何权利把那仅仅在人类偶然条件下或许有效的东西，当作对每种理性本质的普遍戒律而予以无限的尊重呢？并且，决定我们意志的法则怎么应该被当作决定理性存在者本身意志的法则……如果它们是纯然经验的，并且在纯粹但又实践的理性中没有其全然先验的根源？

康德主张道德法则必定对所有理性存在者都有效，此时其主张似乎是规范性的。但康德继而转向动机。他写道，如果"决定我们意志的法则"是纯然经验的，我们就不可能设想这同样的法则适用于所有理性存在者。康德在此所指的法则不可能是规范性的要求，因为规范性的要求不是经验的，并且我们能够设想这样的规范性要求适用于所有理性存在者。康德所指的法则必定是关于我们的意志如何

被决定或我们如何可能受驱使而行动。只有这样的法则在让我们无　697
法设想"它们适用于所有理性存在者"的意义上，才可能是纯然经
验的。因此，在问是否存在对所有理性存在者都有效的道德法则
时，康德自以为在问的是，是否存在关于"是什么驱动所有理性存
在者"的必然真理。

按照非混同式解读，在此康德认为，

> （H）任何原则，若非所有理性存在者都必然被驱动按照
> 它来行动，则不可能是真正的道德法则。

康德主张，理性或道德法则必定决定所有理性存在者的意志；此时
他的意思并不是，这种法则必定始终驱使这些存在者，并确保他们
尽义务。不完美（imperfectly）理性的存在者可能没达到道德要
求。正因为如此，不完美理性的存在者（不同于全善的上帝或其他
存在者）才负有义务。但康德或许认为，在使所有理性存在者在某
种程度上倾向于尽义务的意义上，道德法则必定至少对他们有所驱
动。我们即便在实际上没有被驱动按照尽义务的方式来行事之时，
也可能被驱动去尽义务。［我们可能注意到，（H）容许我们可以出
于非道德的动机来尽义务，从而（H）没有如下不可行的蕴含，即
我们一旦出于非道德的动机来行动，就不受制于道德法则。］

康德在别处写道：

> 因此，问题就是这样的：所有理性存在者始终按照其本身
> 能够意愿充当普遍法则的准则来评估其行为，这是一条必然的
> 法则吗？如果存在这样的法则，那么它必定已经与理性存在者
> 本身的意志这一概念有了（全然先验的）关联……因为理性如

果完全凭借自身来决定行动（并且这种情况的可能性正是我们现在想要考察的），那就必定是先验地必然如此。（G：426－427）

康德在问"所有理性存在者是否必然仅按照可普遍化的准则来行动"时，其问题似乎又是规范性的。但他接着把这个问题当作，理性全凭自身能否决定行为。康德并没有说，要回答其规范性的问题，我们就必须回答关于动机的另一个问题。他将之作为单单一个问题来处理。这一段为混同式解读提供了某种支持。但康德在此或许又在假定：道德法则除非是动机上绝对的从而全凭自身来驱动我们，否则就不可能是规范上绝对的从而提出无条件的要求。

二

在《奠基》第三部分以及其他地方，康德对如下观点做了详细论证，即其普遍法则公式——在此我要称之为康德的形式原则（Formal Principle）——是动机上绝对的。对于这些论证，有两种解读方式。按照一种解读，康德认为他在《奠基》第二部分已经表明：如果存在最高的道德原则，它就必定是康德的形式原则。接着他设想，要揭示存在这样的最高原则，我们就必须表明，这种原则是动机上绝对的，由此满足一个进一步的要求。

然而康德在许多段落似乎提出了一种更具雄心的论证，该论证可能以另一种方式表明，康德的形式原则是这个最高道德法则。康德的论证似乎是：

（G）真正的道德法则必定既是普遍的，又是规范上绝对的，它们适用于所有理性存在者而无论他们想要或意愿什么。

（H）任何原则，若非其被接受必然地驱动所有理性存在者，则不可能是真正的道德法则。

（I）任何原则，若不能全凭自身来驱动我们而不借助任何欲求，则不可能具有如此必然的驱动力，从而不能成为真正的道德法则。

（J）只有康德的形式原则具有这样的驱动力。

（K）必定存在某种道德法则。

因此，

康德的形式原则是唯一真正的道德法则，从而是最高的道德原则。

我们可称之为康德对其形式原则的动机论证。前提（I）可以更充分地解释，康德为何认为，某一法则要是规范上绝对的，就必须同时是动机上绝对的。康德似乎认为，除非某一法则全凭自身来驱动我们，否则如下情况就不可能是必然的：该法则将驱动所有理性存在者，且由此能够成为一种绝对的要求。

对上述论证的一种反驳是由如下观点提出的：

道德信念内在论（Moral Belief Internalism）或 MBI：任何人若没有在某种程度上被驱动去按照某一道德原则而行动，则不可能接受该道德原则。

如果 MBI 为真，那么康德的论证就会被动摇或变得微不足道。前提（H）设立了一种检验，而每个可能原则都会通过该检验。对于每个道德原则都适用的是，其被接受必然驱动所有理性存在者。康德由此就不能为前提（J）辩护，（J）的主张是只有康德的形式原则才具有如此必然的驱动力。康德也没必要论证，其形式原则全凭自身来驱动我们。

接下来假定 MBI 为假。如果我们能够接受道德原则而无须总是被驱动按照它们来行动，那么（H）可能看上去过强。如康德经常所言，我们并非总是完全理性的。如下主张可能看上去是讲不通的：某一原则要成为道德法则，就必须绝不会有这样的人——他接受该原则，但没有因此而受到驱动，即便在他不理性的情况下亦如此。我们可以提议，康德应该转而诉诸

（H2）任何原则，若非其被接受必然驱动就其为理性的而言的所有理性存在者，则不可能成为真正的道德法则。

这类似于康德鉴于我们不完美的理性而对假言命令做出的主张。康德写道，我们如果意愿某个目的，那就要意愿我们所知的必要手段，"只要理性对我们具有决定性的影响"（G：417）。

然而，如果康德拒绝 MBI 并诉诸（H2），那么其论证又要面临另一种类似的反驳。按照某些观点，我们即便是完全理性的，也可能不被驱动按照我们的道德信念行事。但这并非康德的观点。康德显然认为，

（L）我们如果是完全理性的，那就会被驱动做自认为是我们的义务之事。

鉴于（L），如果康德诉诸（H2），那么其论证又是微不足道的。所有道德原则都会驱动就其为理性的而言的所有理性存在者。因此，

康德的论证必须诉诸更大胆的前提（H）。这在某种意义上可能是一种优势。（H）陈述的要求更难满足，因而更有希望为如下主张辩护，即只有康德的形式原则才满足这一要求。

康德能够为上述主张辩护吗？康德认为，

> （M）所有理性存在者都接受其形式原则，并将之作为法则给予自己。

例如，康德写道：

> 普通的人类理性……总是着眼于这个原则。（G：402）
>
> 事实上，每个人的确都用这个规则把行为评判为道德上善或恶的。（CPR：69）

如果所有理性存在者都必然接受康德的形式原则，那就提供了这样一种意义：这个原则是必然驱动所有这些存在者的唯一原则。即便如 MBI 所主张的，任何人都不可能在没有被驱动按照某一原则而行动的情况下接受该原则，这一点仍然为真。但是，（M）显然为假。并且我认为，康德如果不假定其形式原则是真正的道德法则就不可能为（M）辩护。这一假定也不可能成为如下论证的一个前提，该论证旨在揭示康德的原则是真正的道德法则。

康德给出的论证要有价值，他就必须拒绝 MBI，并主张我们能够接受某些道德原则而无须受驱动按照这些原则来行动。但康德可以主张，在我们能够接受假的道德原则而无须受驱动按照该原则来行动的同时，道德知识（knowledge）必然发挥驱动作用。对（J）的这种辩护可以诉诸我们所称的

柏拉图式的观点（the Platonic view）：如果某一道德原则········
为真，那就给予它驱动所有理性存在者的力量。

然而，如果康德诉诸这一观点，那么除非通过诉诸其论证的结
论，否则他就不能为（J）辩护。如果正是某一原则为真，才给予
该原则如此必然的驱动力，那么除非通过揭示只有其形式原则才
是真的，否则康德就无法揭示，只有其形式原则才具有这样的
力量。

康德的论证还可能以另一种方式来支持其结论。康德可以不假
定"原则之为真，给予其驱动所有理性存在者的力量"，而是让这
个推理从另一个方向进行。他可以假设，

（N）如果某一原则具有驱动所有理性存在者的力量，这
就使该原则为真。

康德如果能够独立地为（N）辩护，那就可以由此断定，其形式原
则是那个真正的道德法则。

我要提出，康德的确是按这种方式论证的。与此最相关的是康
德在《实践理性批判》中关于其所谓"探询终极道德的方法"（the
method of ultimate moral inquiry）的讨论。在这样的探询中，康
德主张，

善和恶的概念必定不是先于道德法则而被决定的（因为如
其看上去的那样，道德法则的概念不得不被当成根据），而只
是（如这里的做法）后于并借助道德法则而被决定的。（GPR：
62-63）

康德写道，没能把握上述真理已导致

> 哲学家们关于最高道德原则的所有错误……古人犯下这种
> 错误的公开表现是：他们将其道德探究完全导向关于至善概念
> 的决定，从而打算随后以对象（object）概念来构成道德法则
> 中意志的决定根据……他们本该先探询先验且直接地决定意志
> 的法则，只有此后才能决定对象……

702

可以给上述主张提供两种解读。按照规范性的解读，康德的主张如
下。这些古代哲学家何为至善的提问所问的是，我们最有理由想要
什么或什么是最值得实现的，如此种种。他们的错误在于，以为我
们应该先努力确定何为至善，然后可以断定这种善目的是我们应当
努力实现的。按照这种解读，康德的主张是我们应该把这个次序倒
过来。我们应该从我们应当做什么或何为正当的提问入手，只有在
此之后才得出何为善的结论。用罗尔斯的话来说，不是善优先于正
当，而是正当优先于善。

但康德所写的是，这些哲学家本该先探询决定意志的法则。这
似乎意味着不是要我们问

Q4：何为至善？

而是应该问

Q5：理性存在者如何被驱使而行动？

康德的说法暗示，我们如果能够找到某种必然地决定意志的法则，
那就由此可以得出既关于正当也关于善的结论。按照这种解读，不
是道德优先于并在某种意义上由此决定理性存在者的动机，而是如

此存在者的动机优先于并决定道德。道德法则必定不是建立在关于至善的真理之上，而是建立在关于动机的真理之上。

康德做出了似乎表达这第二种观点的若干其他主张。于是在做出"善概念必定不是先于道德法则而被决定"这一主张之后，康德继续讲道：

703
　　这就是说：即便不知道道德原则是先验地决定意志的纯粹法则，我们也至少必须在起始处把如下问题看作尚未确定的，即意志是仅有经验的决定根据还是另有先验的纯粹决定根据……因为把待决的首要（foremost）问题假定为已被决定的，这么做违反了哲学运思的所有基本规则。（CPR：63）

这里康德所认为的"首要问题"是关于动机的。并且他写道，按照他要拒绝的观点，

　　……据以为必要的是，先要找到意志的对象，这种对象概念像善概念一样，必须构成对于意志来说普遍的但是经验的决定根据。

康德声称，按照这种错误的观点，善无论怎样都是经验地决定意志的。康德接着写道，按照正确的观点，善和恶的概念是"意志先验决定的结果"。按照康德的论说，这两种观点都是用动机的方式来描述的。

接下来考察这个主张：

　　假定我们想要从善概念入手，以便从中派生出意志的法则……由于这个概念没有任何先验的实践法则作为其标准，善

> 恶标准就不可能置于别处，而只能是对象与我们关于快乐或不
> 快的感受之间的一致性。

这个主张是关于善恶标准的，因而可能看上去是规范性的。表面看
来，康德的意思或许是，如果我们从何为善的提问入手，该问题的
意思是指我们有理由努力实现什么，那么我们的答案不得不是，唯
有给我们带来快乐的任何事物。但如上下文所示，康德的主张又是
关于动机的。康德写道，如果我们从善概念入手，

> 那么这种（作为某个善客体的）对象概念就同时把这个善　　704
> 概念提供为意志的唯一决定根据。

他还写道：

> 善概念如果不是源自某种先行的实践法则，反而是充当法
> 则的根据，那就只能是关于某事物的概念，该事物之存在给人
> 以快乐的期许，并由此决定了主体产生该事物的因果性（也就
> 是欲求的官能）。（CPR：58）

这里康德的主张似乎是，如果善概念不是源自道德法则，那么我们
不得不把善看作驱动我们的任何事物，从而我们的答案就不得不
是：给我们带来快乐的任何事物。按照这种论说，当享乐主义者认
为快乐是唯一的善时，他们的主张就是心理学的。

康德的上述论说过于狭隘，因为古希腊的享乐主义经常采取规
范的形式。伊壁鸠鲁主张，最好的生活是无痛苦的生活；此时他的
意思是这样的生活是最值得实现的。而其他作者在主张"快乐不是
唯一的善"时的意思并不是，快乐之外的事物能够驱动我们。

在主张善概念应该源自道德法则时，康德的意思或许部分地
是，用罗尔斯的话来说，正当优先于善。但如上述其他段落所暗示
的，康德似乎持有更激进的另一种观点。他声称，"首要问题"在
于，是否存在某种必然地决定意志的法则。他似乎假定，如果存在
这样的法则，那么该法则将要告诉我们的，既包括何为正当，也包
括何为善。当康德谈到"决定意志"的法则时，罗尔斯认为其意思
是，这样的法则"决定……我们要做什么"，亦即我们应当做什么。
但这不可能是康德的全部意思。在问"意志是仅有经验的决定根据
还是另有纯粹的决定根据"（CPR：63）时，康德在问的是，是什
么驱动我们。并且他写道：

705
　　　　要么理性的原则……其本身是意志的决定根据……在此情
　　况下该原则是先验的实践法则……该法则直接决定意志，并且
　　行为本身就是善的……要么是另一种情况，欲求官能的决定根
　　据先于意志的准则……在此情况下这些准则绝不可能成为法
　　则。（CPR：62）

这些言论暗示，按照康德的观点，如果存在某种必然地决定所有理
性存在者意志的原则，该原则的驱动力就使之成为真正的道德
法则。

三

现在我们可以问，康德的动机论证能否成功。康德能够表明或
给我们提供理由相信，只有其形式原则才必然地驱动所有理性存在
者吗？

康德认为，在按照其形式原则行动时，我们的动机采取一种独特的形式。经常有人主张，就其对非道德动机的论说而言，康德是一名心理享乐主义者。但这种主张是误导人的。他讨论形式原则的时候除外，康德在其他时候甚至在道德动机方面都是一名享乐主义者。由此康德有令人惊讶的如下主张：

> 所有质料的实践原则……无一例外地属于完全同一的类型，并归为自爱的或自我幸福的一般原则。（CPR：22）

康德指出，我们本来能够乐意去尽义务；其后他写道：

> 那么幸福论者（eudaimonist）这样讲道：这种愉悦、这种幸福，实际上是其德行的动机。义务概念并没有直接地决定他的意志；只是借助其预期的幸福，他才被驱动去尽义务。（MM：378）

这正是康德关于如下问题的主张：我们如何能够受到驱动而按照所有质料的或实质的原则——比如促进自身的完满或他人幸福的要求——来行动。康德写道，即便我们的意志之被决定是

> 借助理性……如完满原则一般，意志也绝不只是由于行为的表象而直接地决定自身，而仅仅是借助行为的预期效果对意志产生的刺激。（G：444）

康德尽管承认这样的原则具有"客观且理性的决定根据"，但主张它们

> 只有借助我们期待从其中得到的幸福，才成为意志的动

706

机。（CPR：41）

康德经常说，仅有两种方式能够驱动我们去行动。要么我们的意志为自己准则的"纯粹合法则的形式"所决定，因为我们是按照他的形式原则在行动：

> 要么就是欲求官能的决定根据先于意志的准则，这预设了快乐或不快的对象，从而预设了某种令人愉悦或痛苦的事物。（CPR：62）

他还写道：

> 除了一种且唯一的纯粹实践理性法则（道德法则）之外，意志的所有决定根据无一例外都是经验的，并且因而就其本身而论属于幸福的原则……（CPR：93）

> 与道德原则正好相反的，是构成意志之决定根据的自身幸福原则；并且……除了不见之于准则的立法形式之外，这种决定根据充当法则的情况随处可见，而无论由什么来设立这样的决定根据，它们都必定要归为这种情况。（CPR：25）

在这些以及其他段落中，康德假定，

> （O）在我们按照康德的形式原则行动时，理性凭借自身直接地驱动我们。在所有其他情形中，我们的动机采取一种享乐主义的形式。

707　在主张"质料原则相当不适合"作为道德法则时，康德似乎是在诉诸（O）。他的反驳似乎是这样的：这些原则以这种享乐主义的方

式驱动我们，因而不能确保它们会驱动所有理性存在者。即便我们
所有人都从按照某种质料原则的行为或对之的设想中获得快乐，这
也将是一种依赖于我们自然构造的偶然事实。我们不能设想：所有
理性存在者都获得类似的快乐，并由此被驱动按照这种原则来行
动（CPR：34）。要确保某一原则像道德法则要求的那样驱动所有
理性存在者，该原则就必须以一种不同的、非享乐主义的方式来驱
动我们。并且康德声称，符合这一要求的只有他的形式原则。

康德并非总是持（O）这种观点。在《奠基》中有一段，他
写道：

> 为了让受感性影响的（sensibly affected）理性存在者意愿
> 这样的某事物——该事物的"应当"是单单由理性来规定
> 的——无疑有必要的是，他的理性在履行义务的过程中应该具
> 有产生快乐感或愉悦感的能力……（G：460）

这一说法蕴含着，

> （P）甚至在我们按照康德的形式原则来行动时，我们的动
> 机也必定是享乐主义的。

这里康德似乎是在假设，在我们接受其形式原则时，理性总是让我
们心中产生快乐或愉悦这种必要的感受。康德可能主张，如果我们
接受其他原则，理性就不会在我们身上产生这种感受。可能正是以
这种方式，与（P）相一致的是，只有康德的形式原则才会必然地
驱动所有理性存在者。

康德对于动机的论说是过于享乐主义的。即便是在应用于非道

德动机时，心理享乐主义也是错的。但可以修正康德的区分。他可以主张，

708

> （Q）一旦我们接受其形式原则，理性就总是直接驱动我们按照该原则来行动。要按照其他任何原则来行动，我们就必须由某种欲求来驱动，而我们可能没有这样的欲求。

康德甚至可以承认，所有行为都是由欲求驱动的。然后他可以主张，

> （R）一旦我们接受其形式原则，理性就总是在我们身上产生某种按照该原则来行动的欲求。一旦按照其他原则来行动，我们就可能没有这样的欲求。

这些主张并非享乐主义的，因而它们在某种意义上更容易得到辩护。

这两个主张都提出了同样的问题。仅当我们接受康德的形式原则，理性才凭借自身驱动我们吗？若如此，则为什么这一点为真？

康德的如下主张可能是正确的，即我们在按照其形式原则行动时是由理性或我们的道德信念来驱动的。他区分如下两者的做法可能也是正确的，即区分这种动机与某些类别的由于欲求的动机。但康德的动机论证要求他把两类道德的动机区分开。他的主张必须是这样的：如果我们接受他的形式原则，我们的道德信念就会以某种特别且唯一可靠的方式来驱动我们。如果唯有道德知识才具有如此特别的驱动力，且唯有康德的形式原则为真，情况就会如此。但如我所言，康德的论证不能假定其形式原则为真，因为这正是其论证

意欲揭示的。康德的论证要支持其原则，就必须是康德形式原则的内容而不是该原则之为真，才给予该原则独特的驱动力。康德必须主张，如果我们相信我们应当仅按照可普遍化的准则行事，这种信念就必然驱动我们。如果我们接受任何其他道德原则，我们的道德信念就没有这样的力量。

康德似乎经常做出这种主张。例如，他写道：

> 唯有形式的法则（亦即该法则给理性提供的规定，只不过是作为准则之最高条件的这种普遍立法形式）才能成为实践理性的先验决定根据。（CPR：64）

康德对这一主张的辩护迂曲得令人吃惊。他更关心的是要揭示，纯粹理性能够通过决定我们的意志而成为实践的。康德以为理所当然的是，纯粹理性如果是实践的，那就会驱动我们按照其形式原则行事。他甚至写道： *709*

> 纯粹理性必定是单单凭借自身而成为实践的，也就是说，它必定能够凭借实践规则的单纯形式来决定意志……（CPR：24）

康德在此把理性之为实践的，等同于它凭借规则的单纯形式来决定意志。这是一个失误，因为理性可以促使我们按照一种或多种实质性的原则行事。

如这个失误所提示的，康德假定其主张是没有争议的。因此，康德在介绍其普遍法则公式时写道：

> 对自己哪怕最寻常的关注都会证实，这种观念确实可以说

是我们意志之决定的样式。（CPR：44）

上述言论蕴含着，我们可以轻易且直接地意识到，对康德公式的接受会驱动我们所有的道德行为。但情况并非如此。

康德的主张如他经常所言，不能诉诸经验地建立的心理法则。宇宙可能容有非人类的理性存在者，而我们对于这些存在者的动机没有任何证据。所有理性存在者都为康德的形式原则所驱动，这必须是一种先验的真理。并且康德的论证要成功，对于任何其他道德原则来说就必定不存在这样的真理。

康德认为，关于道德法则的驱动力，存在着这样的先验真理。例如，他写道：

我们可以先验地看出，作为意志之决定根据的道德法则由于挫败了我们所有的爱好，必定产生一种可称作痛苦的感受……（CPR：73）

710　　就其甚至击败自负也就是说使之谦卑而论，道德法则是至高尊重的对象，从而也是一种积极情感的根据，这种情感并非源自经验，而是被先验地认识的……

类似地，康德提到我们

对脱离一切益处的纯粹道德法则的无限尊重……

其后他写道：

……人们仍然能够先验地看出大致像这样的观点：诸如此类的感受与道德法则在每个有限的理性存在者身上的表象有着密不可分的关联。（CPR：80）

但康德并没有为这些讲不通的主张辩护，它们也并不蕴含着道德法则必定是其形式原则。

康德的观点还有其他特征可能导致他认为，只有其形式原则才必然地决定意志。由于没能区分开他对"质料的"和"形式的"这两个语词的用法，他可能再度受到影响。因此，康德写道：

> 对于法则来说，如果把所有质料的东西亦即意志（作为其决定根据）的所有对象从其中分离出来，那么剩下的就只不过是普遍立法的单纯形式。（CPR：27）

> 理性存在者如果要把他的准则看作实践的普遍法则，那就只能把它们看作这样的原则：这些原则包含不凭借其内容而仅凭借其形式的、决定意志的根据。

这些言论似乎假定，如果某一原则能够不借助欲求而发挥驱动作用，因而不是动机地质料的，那么该原则就必定是在 3 意义上规范地形式的，从而施加单纯形式的约束。如我所主张的，这是导不出的*。

康德可能还做出了这样的假定，即既然纯粹理性决定了我们作为在超感觉的（supersensible）且不受时间影响的世界中本体存在者的意志，理性就必定以某种原则——该原则由于是单纯形式的，从而具有属于那个世界的抽象的纯粹性——来决定我们的意志。例如，考虑下述言论：

> 意志被看作独立于经验条件的，从而被看作纯粹的意志， 711

---

* 这一段的相关术语及论述，参看本书附录 F 第 652～656 页（本书边码）。

为法则的单纯形式所决定……

这是一个仅仅关于意志之决定的问题……它是经验的还是（一般地说合法则性的）纯粹理性的概念。（CPR：31）

仅当行为准则的普遍有效性是充分决定意志的根据，理性才对行为表示即时的兴趣。只有这样的兴趣才是纯粹的。（G：460 页注释）

有些段落同时包含这两种假定。于是康德写道：

既然实践法则的内容……除了被经验地给予之外绝无其他可能……作为独立于经验条件（亦即属于可感觉的世界的条件）的自由意志……必定是在法则中找到某种决定根据，但又独立于法则的内容……唯一能够构成意志之决定根据的，因而就是立法的形式。（CPR：29）

康德在此的论证是，既然道德的意志必须摆脱经验条件，并且不能为任何质料的东西所决定，那么这样的意志必定为康德的形式原则所决定。如前文所述，这是推不出来的。康德倾向于把若干组相对照的概念和属性，像敌对的军队一样集合在一起：

质料的（material）	形式的（formal）
经验的（empirical）	先验的（a priori）
基于快乐的（pleasure-based）	基于义务的（duty-based）
他律的（heteronomous）	自主的（autonomous）
现象的（phenomental）	本体的（noumental）
偶然的（contingent）	必然的（necessary）

有条件的（conditional） 无条件的（unconditional）

不纯粹的（impure） 纯粹的（pure）

然而，其中的第一组区分并不彻底。有些实质性原则并不是在康德 *712*
意图表达的意义上非质料即形式的。并且这样的原则可以是先验
的、基于义务的、必然的、无条件的且在相关的意义上纯粹的。

在拒绝所有"质料的"道德原则时，康德没有给出关于"这些
原则的主张是什么"的任何例子，而仅仅是说，它们诉诸诸如幸
福、完满或上帝的指令之类的事物。如我们所见，在《奠基》所给
出的一些论证中，康德似乎忽略了那些做出绝对要求的实质性原
则。然而，康德的动机论证要得以成功，他的主张就必须适用于所
有这样的原则。康德必须主张，其形式原则就其为必然驱动所有理
性存在者的仅有原则而论，是有别于所有这样的"质料的"或实质
性原则的。

康德不能为上述主张辩护。如果且因为我们是从康德的形式原
则中派生出动力，那么我们的道德信念并不具有特别的驱动力。与
实质性的道德信念——比如杀人是不当的、我们有照顾自己孩子的
义务等信念——相比，"我们应该仅按照可普遍化的准则行事"的
想法并没有什么魔力。

我断定，康德的动机论证不能支持其原则。既然康德如此频繁
地诉诸这种论证，那么他似乎觉得该论证尤其令人信服。其原因不
易得到解释。就康德"相信其形式原则是最高道德法则"的诸理由
而论，其中一个理由似乎是他相信其形式原则具有独特的驱动力。
但我推测，康德之所以持有这第二个信念，仅仅是因为他相信其形

式原则是最高法则。

四

我认为，康德的论证还要经受其他反驳。该论证假定，

（H）任何原则，除非其被接受必然驱动一切理性存在者，否则不可能是真正的道德法则。

713 如我们所见，对这一主张有两种辩护方式。按照柏拉图式的观点，道德知识必然发挥驱动作用。如果某一道德原则为真，这就给予该原则驱动所有理性存在者的力量。按照康德的观点，这种依赖关系似乎是从另一个方向进行的。康德没有假定，原则之为真就给予该原则这样的驱动力，而是似乎假定，

（S）如果某一原则具有驱动所有理性存在者的力量，这就使该原则成为真正的道德法则。

我们现在可以把这种观点称作康德的道德内在论（Kant's Moral Internalism）。接下来回顾，按照我所提议的对康德形式原则的修正，行为除非为"其被普遍接受是每个人都能够合理地意愿的原则"所允许，否则就是不当的。尽管康德所诉诸的仅仅是我们本人能够合理地意愿什么，但这是因为他假定"我们每一个人（each）能够合理地意愿什么"与"每个人（everyone）能够意愿什么"是一样的。并且康德所诉诸的是"这样的观念：每个理性存在者的意志都是普遍立法的意志"（G：432）。因此，我们可以假定，康德会接受

　　（T）道德原则为真，仅当且因为存在这样的原则，其被普遍接受是每个人都能够合理地意愿的。

这一主张直觉上是讲得通的。我们可以看出，某一原则之为真，是如何可能依赖于其可接受性（acceptability），而这可能转而又依赖于我们能否合理地意愿"每个人都接受该原则"为真。康德的道德内在论可以代之以如下陈述，

　　（U）道德原则为真，仅当且因为其被接受必然驱动一切理性存者。

这一主张的可行性要低得多。原则之为真所依赖的，为什么不应该是其可接受性，而应该是其驱动力？康德本人写道：

　　应受斥责的做法莫过于，从实际做什么之中派生出规定应当做什么的法则。（《纯粹理性批判》A/319/B375）

我们可以做点补充："或从什么驱动我们去做之中"。我已拒绝康德 714 的如下主张，即在仅受制于自己给予的要求这一意义上，我们是自主的。我认为，我们受制于理性的和道德的若干要求，这些要求的真实性及其规范性力量无论如何都不是源自我们。但我认为，与我们不同，道德在与康德的观点相近的意义上是自主的。道德要求不是由外部或者外在于道德本身的某事物决定的。道德的自主性为康德道德内在论的形式所否决。康德声称，我们不应该先问何为善，而应该先探问决定所有理性存者意志的法则。我们由此能够从这种动机的真理中派生出关于应当做什么的真理。我认为，对道德的这种他律的论说是有严重缺陷的。

揭示这一点的一种方式如下。根据康德所称的自爱原则（prin-
ciple of self-love），我们应当合理地促进自身的幸福。康德相信，
所有理性存在者都必然想要其自身的幸福，因而必定会同意，该原
则会必然驱动所有理性存在者。鉴于其道德内在论，康德就应当得
出这样的结论，自爱原则是真正的道德法则。

或许是因为他看出了我刚才所描述的问题，康德以一种奇怪地
不一致于拒绝其他质料原则的方式拒绝了自爱原则。康德既主张，

（V）其他这些质料原则不可能是真正的道德法则，因为
"所有理性存在者都被驱动按照它们行事"不是必然真理；

也主张，

（W）自爱原则不可能是真正的道德法则，因为"所有理
性存在者都被驱动按照它行事"是必然真理。

如果这两种反驳都是正确的，我们就不得不断定，不可能存在真正
的道德法则。

我认为，这两种反驳都不健全。（V）假定了康德的道德内在
论；（W）不同于（V），却走向了相反的极端。（W）假定，如果某
一原则必然地驱动所有理性存在者，这就使该原则没有资格成为真
正的道德法则。在按照这一根据拒绝自爱原则时，康德误用了另一
种没那么不可行的观点。按照该观点，既然义务概念是约束的概念，
那么肯定会按照某种方式行事的那些人就由于没有相反的诱
惑，而不可能有按照该方式行事的义务。康德声称，全善的存在者
不可能有任何义务。然而这种观点并不蕴含着，自爱原则不可能成

为道德法则。如康德本人指出的,我们大多数人有时没有按照该原则行事,比如这样的情形:我们没能抵御住某种及时行乐的诱惑,其代价是牺牲了我们可预见的较大量的未来幸福。因此,康德拒绝该原则的根据,不应该是所有理性存在者都必然具有按照它行事的某种动机。尽管康德的如下说法似乎是正确的,即自爱原则不是真正的道德法则,但他拒绝该原则所用的主张必须是关于该原则的内容,而不是关于其驱动力。

这同样适用于其他原则。正如康德拒绝自爱原则的根据不应该是其被接受会必然驱动所有理性存在者,他拒绝其他原则的根据也不应该是其被接受不会必然驱动所有理性存在者。

在问哪些道德原则为真或何为正当以及何为善的时候,我们不应该遵循康德提议的"探询终极道德的方法"。我们不应该探询某种必然地决定意志的法则。或许如柏拉图主义者所认为的,真正的道德法则会必然地驱动所有理性存在者。但如果情况如此,那就是随这些道德法则之为真以及这些存在者的理性而来的结果。如果道德知识会必然地驱动所有理性存在者,那么这不会是因为它是驱动这些存在者的动力,从而使某一原则成为真正的道德法则。在此意义上,动机并不先行于道德。

在有些段落,康德的道德内在论似乎采取了一种更极端且还原的形式。他似乎接受,

(X)如果某一原则会必然地驱动所有理性存在者,这就不仅仅使该原则成为真正的道德法则。具有如此驱动力正是其成 *716* 为真正的道德法则之所在。

这种观点为前文引用的若干段落所提示。因此，他主张，道德法则

> 必定对所有理性存在者本身有效……

然后康德继续讲道，

> 决定我们意志的法则怎么应该被当作决定理性存在者意志的法则……如果它们是纯然经验的，并且在纯粹但又实践的理性中没有其全然先验的根源？（G：408）

这里康德提出，道德法则不仅仅是那种必然决定意志的法则。它们属于意志之决定的法则。他还写道：

> 善（法则）……就其理想观念而言客观上是一种不可抗拒的刺激。

> ……因此，这里我们缺乏义务的根据、道德的必然性；我们缺乏无条件的命令，这里不可能设想有任何要求当下义务的强制。（L：497）

> 这样的存在者没有任何命令的需要，因为应当这个词显示，它对于意志来说不是自然的，而是行为者不得不受到强制。（L：605）

康德在此假定，理想的规范性包含不可抗拒的、强制性的刺激。类似地，康德还写道，要证明存在着绝对命令，我们就必须揭示，

> 存在着这样的实践法则，它凭借自身绝对地发出指令而无需任何刺激。（G：425）

这一言论提出，如果某一法则不借助其他刺激而驱动我们行动，该

法则就是绝对地发出指令。如康德还讲道的，

> 在此作为法则的实践规则绝对地、直接地、客观地决定意   *717*
> 志，因为其本身为实践的纯粹理性在此是直接地立法的。
> （CPR：31）

这里康德假定，理性通过决定意志而立法。或者考虑康德的如下言
论，道德命令

> 既不考虑技艺、审慎或幸福，也不考虑任何可能导致行为
> 实施的其他目的；因为行为的必然性纯粹在于独立的命
> 令。（L：487）

尽管康德把必然性描述为由"应当"来表达的关系，但上述言论把
这种关系当作行为的引发（bringing about）。接下来考察康德的如
下主张，即命令是绝对的，当它们断言

> 行为在绝对意义上的实践必然性，而无须被包含于任何其
> 他目的之中的驱动根据。（L：606）

这个定义混同了规范性和动机。类似地，康德写道：

> 人类行为……如果要成为道德的，那就有实践命令的需
> 要，亦即意志对行为予以实践决定的需要。（L：486）

> 义务……在于……这样的观念：理性凭借先验的根据来决
> 定意志。（G：408）

> 实践的善……是凭借理性的表象来决定意志……（G：
> 413）

善和恶的概念……是……单个范畴亦即因果性范畴的形式（modi）……（CPR：65）

我认为，按照这样的观点，规范性消失了。

我一直在讨论的仅仅是康德的一部分主张。康德本人在规范性和驱动力之间做了区分，比如他写道：

718

必须把指导方针（guideline）和动机区分开。指导方针是评判的原则，而动机是执行义务的原则；一旦混淆两者，道德中的一切就都成了谬误。（L：274）

在有些段落中，康德似乎忘记了这一告诫。但一致性并非如康德所声称的，是哲学家最大的义务。更重要的是如康德经常所做的那样，产生那些带领我们更接近真理的新观念。

尾　注

有些注释是可以独立阅读的，因为我引用了适用于这些注释的
足够段落。在其他注释中，我引用了某段文本的开头语词以及之后
的一些相关语词。在后面的引注中我给出了引用文献。

第 156 页 * 我从阿伦·伍德引人入胜的著作中受益良多。让我
从中受益的，还有他极慷慨地给我提供的诸多评论。在此我要讨论
的只是伍德的评论中关于康德主义的部分。

第 158 页　这一主张是我的康德式契约论公式的另一版本。我
关于该公式的版本所诉诸的，不是"每个人都选择什么"会是合理

---

* 尾注部分作为词条的页码均为原英文著作的页码，即本书边码。

的，而是每个人都能够合理地选择什么。如下主张更难以辩护：存在着某一组原则，"每个人都选择这些原则"是唯一合理的，乃至这种选择是被合理地要求的。

第 174 页 如此种种以及许多其他段落共同表明……赫尔曼本人在别处写道："按照某一康德式论说，我们可以说，一旦某一行为的准则不能被意愿为普遍法则，该行为就是违反义务的"[Herman（1993）89]。

第 190 页 如果诉诸……"那么我不是一名康德主义者"。赫尔曼纠正了本章早期草稿中的若干错误，对此我表示感谢。赫尔曼的评论做出了其他若干非常精致有趣且可行的主张。我不拟讨论这些主张，其部分原因在于，它们与我的主张和论证并非直接相关。

第 193 页 情形一涉及……因此，斯坎伦的观点有如下不可行的蕴含……在讨论此例时斯坎伦提出，正如怀特能够合情理地拒绝任何允许格蕾不捐赠器官给怀特的原则，格蕾也能够合情理地拒绝任何要求她做出这一捐赠的原则。斯坎伦写道，如果这一点为真，那就会出现"一个道德僵局"，其中对于格蕾应当做什么这一问题就不会有"正确答案"（138）。我已论证，这种主张低估了此例所提出的问题。这里不会出现道德僵局，因为怀特可以诉诸更大负担主张，并且按照斯坎伦的假定，格蕾不会有合情理的回答。

751　　第 198 页 目标的优先性观点……根据目标的平等主义者的观点，不平等本身就是坏的。如果收益分给那些境况较不利者，那么这在某种意义上会更好，因为它会减少不同人之间的不平等。这种观点要经受向下拉平反驳（Levelling Down Objection）*，我讨论了这一点［Parfit（1991）］。假定境况较有利者遭遇某种不幸，从而变得与其他每个人的境况一样不利。目标的平等主义者必须承认，按照他们的观点，这样的事件在某种意义上会是一种改善，因为即便它们对某些人更不利且无人变好，也不再存在不平等。许多人觉得这难以置信。优先性观点避免了这一反驳。这种观点没有假设不平等本身是坏的，因而它并不蕴含着，如果境况较有利者变得与其他每个人的境况一样不利，这在某种意义上就会更好。在考虑向下拉平反驳时，许多人断定，他们并非像其所自以为的那样是平等主义者，因为他们的真正观点在于，收益或负担在分给境况较不利者时影响更大。

第 200 页 效用主义者认为……并且如斯坎伦现在所同意的，我们应当拒绝这些结论。斯坎伦写道："只要基准（base line）是平等的，仅让布鲁受益似乎就是可反驳的，因为所有人都具有对一定收益的同等权利"［Stratton-Lake（2004）131］。

……我认为，这些情形表明斯坎伦应当放弃其个体式限制。我的主张仅适用于同时满足如下两个条件的情形：（1）基准是平等的；（2）我们可以给予某些人比其他人大得多的收益。如果像常见的情况那样，基准是平等的且我们可以给予每一个人同等的收益，

---

* 国内对于 Levelling Down Objection 的译法主要有："水平下降的反驳"（葛四友）、"拉平反驳"（姚大志）、"向下拉平异议"（段忠桥）、"扯低意见"（韩锐）。这里的选择综合考虑了上述译法。

那么无人能够合情理地拒绝那些要求我们给予每个人如此收益的原则。但（1）与（2）均为真的情形尽管要少见得多，却有助于我们更清楚地看出斯坎伦个体式限制的蕴含。

第 202 页 然而在其著作中……斯坎伦设想了一种情形，其中我们必须在如下后果之间做选择：

后果 我们的做法	A 未来痛苦的月数	B 未来痛苦的月数
（1）	61	0
（2）	60	2

斯坎伦接着写道："A 的境况较差，这一点加强了她的如下要求，即要对其痛苦采取某种措施，尽管这么做的可能性对他人来说要低一些"（WWO*：227）。尽管 A 比 B 的境况要差得多，但斯坎伦仍然克制不这么说，即我们应当给予 A 较多的收益；既然如此，斯坎伦在这里就给予分配原则以极小的权重。

第 212 页 接下来我们可以问……我们所有人都会有更强的理由想要被给予许多年的寿命。可能有人反驳说，做法不当的负担（如果我们处在格蕾的位置）会胜过未得到多年寿命的负担（如果我们处在怀特的位置）。但该原则并没有给我们施加"做法不当"的负担。我们可以捐赠自己的器官并由此失去几年的寿命，从而避免这样的负担。这种负担要小于怀特未得多年寿命的负担。

第 214 页 现在斯坎伦承认，其契约论理论应该采取某种这样的形式。他写道："我本应该避免把契约论描述为一种关于道德不当性

752

---

* WWO 为 *What We Owe to Each Other* 的缩写，见本书参考文献。

之属性的论说……这种主张……可以从我的论说中放弃，而不会影响到我对契约论所做的其他主张"［Stratton-Lake（2004）137］。他还写道："某一行为会导致伤害这一事实，可以使拒绝允许该行为的原则成为合情理的，且由此使该行为在我描述的契约论的意义上成为不当的。同样为真的是，这种意义上的行为之为不当，使之在该术语的一般意义上成为道德上不当的"［Stratton-Lake（2004）136］。对此更长篇幅的讨论，参见 Scanlon（2007B）。

第 222 页　就考虑这些影响而言……并且所有将被孕育的孩子都会出生并成年。为了避免不相关的复杂性，我们还可以假定，如果我们取消方案 A，那么那些本来可以被治愈的孩子们后来并不了解这一事实。

第 224 页　帕累托原则……该原则蕴含着……这个问题在某种意义上类似投票悖论（Paradox of Voting）。根据

多数标准（the Majority Criterion）：奉行某一政策是不当的，只要多数的相关人们选择某一其他政策。

在三种及三种以上的政策之间做选择时，上述标准可能失败。假定

我们之中有 1/3 的人选择 A 而不是 B，选择 B 而不是 C；
另有 1/3 的人选择 B 而不是 C，选择 C 而不是 A；
还有 1/3 的人选择 C 而不是 A，选择 A 而不是 B。

（由此）我们之中有 2/3 的人选择 A 而不是 B，另有 2/3 的人选择 C 而不是 A，还有 2/3 的人选择 B 而不是 C。因此，多数标准就错误地蕴含着，我们无论奉行哪种政策都是不当的，因为另有其他政

策为多数的相关人们所选择。如这样的例子所表明的，我们应该拒绝多数标准，它不可能成为一种根本的道德原则。〔后来阿罗（Arrow）以其著名的不可能定理（Impossibility Theorem）拓宽了上述结论，但这仅仅表明，要是我们忽视几乎所有的相关事实，那就根本不存在选择社会政策的适当方法。〕

753　　……这样的结论是不可接受的……我们就必须修正该观点以便使之不再具有上述蕴含。还有另一种避免这些结论的方法。我们可以主张，如果某一行为会间接导致某人存在且拥有值得过的生活，那么该行为就由此使这个人受益。我在《理与人》的附录 G 中为这一主张做了辩护。根据我们可称作的

　　宽泛的影响个人的观点（the Wide Person-Affecting View）：在其他条件等同的情况下，两种行为中使人们较少受益的那一种是不当的。

如果使某人存在可以有利于这个人，那么这种观点正好蕴含着，在情形四中我们的三种可能做法是道德上等价的。我们的 A 做法给予汤姆和迪克的收益将等于 B 做法给予汤姆和哈里的收益，又等于 C 做法给予迪克和哈里的收益。

　　宽泛的影响个人的观点尽管提供了对非同一性问题的一种相当讲得通的答案，却是与这里不相关的。第一，如果诉诸这种观点，我们就不是在修正而是在抛弃两层观点。宽泛的影响个人的观点具有与无差别观点同样的蕴含。该观点既蕴含着情形一中的两种医疗方案是同等有价值的，因为这两个方案给未来人带来的收益是等量的；也蕴含着在情形二中我们应当选择方案 B，因为该方案会给未

来人带来更大的收益。

第二，我们这里讨论的是斯坎伦式契约论，它诉诸无人能够合情理地拒绝的原则。假定在情形二中我们选择方案 A，由此没能给未来人带来这些较大的收益。我们不能主张，允许该选择的任何原则都能够被这些人合情理地拒绝。本可以获得这些较大收益的那些人实际上从不曾存在。仅当我们如果这么做就会有实际存在的某个人能够合情理地拒绝允许如此做法的原则，斯坎伦的公式才谴责该做法。在情形二中，如果我们选择方案 A，那么就不存在这样的人。

第 228 页 如我在一个注释中所说明的……如果我们做 A 而不是 B，伯纳德就会失去 50 年的寿命，产生的非个人收益只有 10 年，从而不会胜过伯纳德的个人损失。同样，如果我们做 B 而不是 C，查尔斯就会失去 40 年的寿命，产生的非个人收益只有 30 年，从而不会胜过查尔斯的个人损失。而如果我们做 C 而不是 A，那就会有 40 年的非个人损失，没有任何个人收益，从而后者不会胜过这种非个人的损失。因此，两层观点蕴含着，我们无论怎么做都是不当的。

第 230 页 按照某些其他版本的特姆金观点……而不是使分别活到 65 岁和 35 岁的另外两个不同的人存在。假定我们的选择如下：

754

我们的选择	后果			
A	亚当斯活到 70 岁	伯纳德活到 40 岁	查尔斯从不曾存在	大卫从不曾存在
B	亚当斯从不曾存在	伯纳德活到 80 岁	查尔斯活到 20 岁	大卫从不曾存在
C	亚当斯从不曾存在	伯纳德从不曾存在	查尔斯活到 65 岁	大卫活到 35 岁

如果我们做 A，那么伯纳德会为失去 40 年寿命而表示不满；如果做 B，那么查尔斯会为失去 45 年寿命而表示不满；而如果做 C，那么无人会表示不满。这里的非个人总量如下：A，110 岁；B，100 岁；C，100 岁。如果个人不满仅算作非个人损失的 1/3，那么折扣后的总量就是：A，97 岁；B，85 岁；C，100 岁。因此，特姆金观点蕴含着我们应当选择 C。

第 234 页 然而，斯坎伦主义者不能做出这样的主张……诉诸关于收益与负担的非比较性论说也是无济于事的。按照这种论说，A 和 B 会是道德上等价的，因为取消其中任何一种方案都会给同样数量的人们施加仅活 40 年的负担。诉诸人们的权利也是无益的。

第 236 页 一般人不是个体……库马尔（Kumar）提出，要解决非同一性问题，斯坎伦应该诉诸关于某一类型的人（而不是特定的人）能够合情理地拒绝什么的主张，库马尔将某一类型的人定义为规范上重要的一组性格特征［Kumar（2003）111］。但性格组合（sets of characteristics）不能拒绝原则，也不能让我们对它们负有任何义务。

……"我们做 A 对迪克来说较坏"的说法是没有意义的。一旦考虑在某些情形中可能存在的人数不同，这一点就会更清楚。在其公式谴责的行为中，斯坎伦纳入了不负责任的生育。他想到的可能只是像珍妮这样的情形：过于年轻就选择生育孩子，从而不会给孩子一个良好的生活开端。但他所想的也可能是某些生养许多孩子的穷人，其结果是孩子们的生活境况极其糟糕。我们可能认为，如果某对夫妇当初仅要两三个孩子，而不是像现在这样有 10 个孩子，那么情况会好一些。但如果这对夫妇现在有 10 个孩子，我们就不应该主张，如果当初仅有 2 个孩子，那么在某种相关意义上情况对于这 10 个孩子来说要好一些。

第 240 页　我们应当选择方案 B。并且这不仅仅是由于"有许多人活到 40 岁，而不是另外的许多人活到 80 岁"对其他人造成的不良影响。

第 259 页　可能还有这两种契约论相冲突的其他情形……另一例是墨菲（Murphy）关于道德苛刻性（demandingness）的观点。在问我们富人应当给予赤贫者什么时，墨菲论证说，我们应当给出大致与我们的财富或收入相匹配的合理份额，这会是像我们这样的人所给予的最佳份额［Murphy（2000）］。按照这种观点，从道德上讲，不会仅仅因为其他富人没能拿出其应当的份额，我们就被要求拿出超出合理的份额。如果我们不诉诸其被普遍接受会使事情进展得最好的原则，而诉诸无人能够合情理地拒绝的原则，那么这种观点更容易得到辩护。即便我们的给予远超出合理份额，由此能够使事情进展得更好，我们也可以言之成理地争辩说，合理份额原则是不能被合情理地拒绝的。

第 653 页　康德在此声称……只有在 10 年后的《道德形而上学》中康德才主张，存在着两种这样的目的……尽管康德在《奠基》中假定，不存在如此客观的要产生的目的，但这并没有解释他在前面引用的段落（A）中的主张。这里康德写道，所有命令要么表示（represent）某一行为是某一主观目的的必要手段，要么表示某一行为是自身必然的。这一主张是关于可能命令的内容。我们不能

755

769

把（A）解读为这样的主张：尽管某些命令表示某一行为是对于某一客观的要产生的目的来说的必要手段，但这些命令都是无效的，因为不存在这样的目的。因此，在这一段及其随后的论证中，康德似乎忽视了这一类命令。康德喜欢进行在涵盖所有可能性的意义上的彻底分类，有鉴于此，康德对这些命令的忽视是一个难解之谜。在下面关于第 655 页 * 的第二个注释中，我提出了一种可能的解释。

第 655 页 也存在不是目的论的原则……以及不伤害任何人以作为有益于他人的手段。应注意，我们可以在某种略有不同的意义上使用"由于其自身之故"这一术语。康德主张，我们的行为仅当"出于义务"或由于义务之故，才具有道德价值。在按照某个道义论原则比如不撒谎的要求来行事时，我们可能既是在以某种"由于其自身之故，而不是作为产生某效果的手段"的方式行事，也是在由于其自身之故而尽义务。但我们出于义务的行为也可能是按照某个纯粹目的论的原则，比如要求我们做有益于他人之事的原则。尽管我们由此是由于义务自身之故而尽我们的义务，但我们的义务是以这样的方式行动：不是由于行动自身之故，而是作为有益于他人的手段。[参见 Korsgaard(2008) 178−179]

……在 3 意义上规范地形式的……现在我们可以提出，康德在一个方面可能忽视了目的论的绝对命令的可能性。康德心目中可能已有我刚才做出的三种区分。在考虑"要求我们以某种方式行动"的命令时，康德可能已看到，任何这样的命令都必定要么

---

* 原英文著作的页码，即本书边码。

仅借助某种欲求来驱动我们，要么全凭自身来驱动我们；

以及必定要么

仅当我们拥有某种欲求才适用于我们，要么无论我们欲求
什么都适用于我们；

以及必定要么

告诉我们要以某种作为实现某个目的之手段的方式来行
动，要么告诉我们要以某种仅由于其自身之故的方式来行动。

如果康德没有在上述区分之间做出清晰的辨别（就像如下事实所提
示的：他使用"形式的"和"质料的"来表达所有这三种区分），
那就可以解释，他为何错误地描述了第三种区分，从而主张所有
命令告诉我们要么以仅由于其自身之故的方式来行动，要么以作
为实现某一被欲求之目的的手段的方式来行动。剩下的另外两种
彻底的（exhaustive）区分都是指涉位于左侧的欲求。通过增加这
种对欲求的指涉，康德可能以某种方式做出了第三种区分，但这
种方式是不彻底的，因为它忽视了如下这些命令，即它们告诉我
们要以某种方式——它是达成某一被绝对要求之目的的手段——
行事。

　　第 658 页　康德的第二个前提……所施加的不是仅仅形式的约
束。前提（2）还犯了另一个错误。康德已经把这样的命令定义为
绝对的，即当它们"表示某一行为是自身必然的，而无须涉及其他
目的"。这一描述符合某些道义论原则，譬如守诺的某些要求。但
康德的普遍法则公式没有主张某些特定行为是自身必然的，因为该

公式施加的仅仅是形式的约束。因此，按照康德的定义，康德自称为"绝对命令"的公式并非绝对的命令。

第 668 页 康德的论证……该方式与我们能够按照康德的普遍法则公式来行动的方式是一样的——按照该原则来行动。康德的"驳斥"包含另一个论证。他写道：

> 某个通过我们的能力才可能的对象之表象，是要根据主体的本性构造把冲动（impulse）作用于主体的意志；这样的冲动属于主体的本性（nature）*——要么属于其感觉能力（爱好和品味），要么属于其知性和理性；由此通过它们本性的特殊构造，借助对对象的愉悦而作用于自身——因此，严格地说，这是本性在给予法则；并且作为本性的法则，这必定不仅为经验所认知和证明，而且因此其本身是偶然的，从而不适合作为必然的实践规则，比如道德规则必定是……（G：444）

康德在此再次承认，在某一原则给予我们某个"对象"或目的时，我们可能被驱动按照该原则行事，这不是由于我们的爱好，而是由于我们的理性。一旦应用于这样的原则，康德的论证就是这样的：

（1）如果我们相信存在某个要求我们努力实现的目的，并

---

* nature 一般译为"自然"，但这里根据上下文译为"本性"可能更贴切。这里虽然有"自然而然"的意思，但更具体地说当指人生来就具有的特征或特性，类似于荀子所理解的"人性"。而译为"自然"，则可能产生歧义，尤其是下半段与"法则"连用时，若译为"自然法则"，则容易使人联想为自然界的规律。

且由于我们的理性而受驱动按照这一信念行事，那么这种动机就依赖于我们的本性构造。我们本性的一种特征就在于：我们就是这样理性的，从而能够为我们对于这种要求的信念所驱动。

（2）既然我们受这种信念的驱动依赖于我们的本性，那么实际上就是本性而不是理性，给予我们这种要求。

（3）既然本性的法则是偶然的，而道德要求必须是必然的，那么这种要求不可能成为道德法则。

这个论证虽然提出了严重而困难的问题，但不可能是健全的。我们可以做出类似的主张：既然我们的逻辑推理能力依赖于我们的本性，逻辑法则就必定是自然且偶然的。康德肯定会拒绝这一主张。并且为了使其形式原则免于这样的论证，康德必须主张，我们按照他的原则来行动的能力不依赖于我们的本性构造。康德可能认为，在按照他的原则来行动时，我们不是作为自然的存在者，而是作为本体的存在者。但即便按照这个假定，上述论证也不可能揭示不存在真正的实质性原则。如前文所述，如果存在这样的原则，那么我们能够按照康德原则来行动的任何方式，就都可以用作我们按照这些原则来行动的方式。

第 699 页　我们可称之为康德对其形式原则的动机论证……且由此能够成为一种绝对的要求。康德做出这种假设的另一个根据可能是他的如下观点：我们的行为要具有道德价值，"其关键在于……道德法则直接决定意志"（C2：71）。如果没有任何原则能够直接地驱动我们，那么按照这种观点，我们的任何行为都不可能具有道德价值。然而，假定我们对道德法则的接受驱动我们，这并非直接且全凭法则自身的，而是仅仅借助尽义务这一持续不变的欲求，那么如下主张就是讲不通的：在按照由于其为义务而尽义务的欲求来行动时，我们的行为没有道德价值。

引　注

如下注释指出引证文献。其中一些注释仅给出某段文本的开头 词语，因为随后的下文会交代清楚注释之所指。对于本书的引用，正体罗马数字指本卷页码，斜体罗马数字则指第一卷页码。

第 143 页 * 我想要用如此承诺来利用某人……（G：430）

第 145 页 根据我提议的有害手段原则……（*229*）

第 153 页 例如，康德诉诸……（G：432）

伦理科学的真正进步……（ME** ：viii）

---

　* 引注部分作为词条的页码均为原英文著作的页码，即本书边码。

　** ME 为 *The Methods of Ethics* 的缩写，见本书参考文献。

第 156 页 伍德尽管认为……称之为康德"最不适当的"公式……［Wood（2008）69］，另参见 Wood（1999）第三章中的讨论。

那些以康德的捍卫者自命的人们……［Wood（2006）372 Note 2］伍德写道，康德的这些捍卫者是"自命的"，"因为康德从未以他们要力图捍卫的方式试图把可普遍化检验用作某种一般的道德标准"。鉴于我在第 173～174 页*（以及第一卷第 294 页）引用的段落，我认为，这个观点并不正确。

第 157 页 竭力探索着……［Wood（2008）72］

就修正康德的公式而言……康德的某些主张。［Wood（2008）前言］

康德的自主性公式，康德将之归结为……（G：431）

告诉我们，要把自己视为……［Wood（2008）78］

第 158 页 伍德称 FA 为康德最高原则的"最确定的形式"……［Wood（2008）78，80-84］伍德引用的是康德的这一主张："人们在道德判断中这么做为好，即判断的进行要始终按照严格的方法，并把绝对命令的普遍公式当作根据：依照这样的准则行动，该准则能够同时使其自身成为普遍法则。"大多数评论者认为，康德在此是指其普遍法则公式。伍德坚持认为，康德是在指其自主性公式。对这一主张的一个较早的辩护，参见 Wood（1999）187-190。

……但如伍德还主张的，FA 不是可靠的不当性标准……伍德写道，FA 给我们提供的，仅仅是"某种用来思考该如何行动的精神……不是对于由以行动的原则来说的……推导程序"

＊ 原英文著作的页码，即本书边码。

［Wood（2008）78］。

第 159 页　伍德还讨论⋯⋯伍德忽视了康德公式的这一部　*776*
分⋯⋯［Wood（1999）142］

或许最根本的命题是⋯⋯［Wood（1999）121］

第 160 页　康德的伦理学规划⋯⋯道德对我们的要求如何"是
有意义的"。［Herman（1993）210，212］

需要对这些主张⋯⋯康德声称，一切人⋯⋯恰好在这个定义之
前，康德所称的是"某个理性存在者的尊严"（G：434）。

许多作者以为，康德式的尊严⋯⋯［Herman（1993）238，
Wood（1999）130，Kerstein（2002）182，Korsgaard（1996）125］

第 161 页　我们非道德的理性⋯⋯伍德声称⋯⋯［Wood（2008）
88；Wood（1999）114-116，94-95］

第 162 页　奠定道德的绝对价值。［Wood（2008）Chapter 5，
Section 2］

从该目的的客观善推导出⋯⋯［Wood（1999）127］

伍德甚至提出⋯⋯［Wood（1999）129］

道德以及只要能够成为道德的人性⋯⋯（G：435）

第 163 页　未被运用的道德潜能⋯⋯如丁·科瓦斯基（Dean
Kowalski）所述，"某种潜能具有无与伦比的高度价值——这样的
主张含有概念上的内在困难⋯⋯把某种价值赋予某种纯粹的潜能，
这蕴含着其实现出来的潜能具有甚至更高的价值"［Dean（2006）
86］。

伍德考虑并拒绝⋯⋯他提醒我们，按照康德的观点⋯⋯（G：

406)

他接着写道……［Wood（1999）120］

第 164 页 道德法则命令我……（C2：125，129）

伍德给出了另一种反证……伍德断定，这一主张……［Wood（2008）40，另参见 Wood（1999）20］

……康德伦理学奠基于……如伍德所主张的……［Wood（2008）94］

第 165 页 在指称理性本质的最高价值时……仍然认为，康德的真正主张……［Wood（2008）91］

……赫尔曼同样写道……［Herman（1993）213］

我相信康德也不会……如赫尔曼所指出的……［Herman（1993）214］

未赋予理性能动性……［Herman（1993）124］

第 166 页 杀人是不当的，并非由于……［Herman（1993）124］

侵犯者所依据的行为准则……［Herman（1993）219］这个命题"由于另一个命题而延续（自身）"。但我与我的能动性是不一样的。

第 167 页 道德地行动，始终是要因人之故而行动……［Wood（1999）116-117］

担心尊重某人身上的人性（或理性本质）这一命令……［Wood（1999）144］

第 168 页 康德确实宣称，严格地说，尊重人……（C2：78）

第 169 页 在对康德普遍法则公式……不能提供不当性标准。 777
她写道，通过揭示存在着某种道德预设来反对出于某些特定理由、
按照某些特定方式的行为，这个公式可以给我们提供"前慎思
的（predeliberative）道德知识"。这是"它能够实施的唯一任务"
［Herman（1993）147］。另参见［Herman（1993）112，146］

"……但没有任何人能够使之变得可行"。［Herman（1993）
104，132］

第 172 页 所有的义务正因为其为义务，就都属于伦理。（MM：
219）

第 173 页 赫尔曼尽管对（D）和（B）似乎都接受……赫尔曼
在别处做出了这种主张。她写道，康德的公式或许仅仅打算揭示，
存在着某种"慎思的预设"来反对出于某些特定理由、按照某些特
定方式的行为［Herman（1993）182］。赫尔曼在这一评论中可能
是要做出较强的不同主张。康德可能打算让其公式为我们提供某种
当某一行为在依赖于动机的意义上为不当时的标准，尽管这样的行
为在道德上不许可和违反义务的意义上可能并非不当的。

用最简短但绝对可靠的方式告诉自己……（G：403）

第 174 页 有此罗盘在手，普通的人类理性就十分清楚……（G：
404）

第 178 页 要求康德式的行为者所做之事，并非都是……
［Herman（1993）34］

第 180 页 我绝不应当行动，除非……（G：402）

第 183 页 ……事态不是价值的可能承载者。［Herman（1993）

95]

第 184 页 发生的事情……［Herman（1993）94］

从任何视角看……［Herman（1993）99］

如果每个人都杀人，因为他们把杀人判断为有益的……［Herman（1993）118］

意愿这样一个世界，其中人的生命……［Herman（1993）120］

我们如果接受某种基于欲求……赫尔曼似乎拒绝……例如她写道："欲求并不给予行为理由。它们可能解释某某为什么是行为的理由……但欲求本身并非理由"［Herman（1993）194−195］。

第 185 页 康德本人……康德写道："谎言……总是伤害他者……"。［8，426*，强调为我所加］

因为可能发生许多这样的情形……（G：423）

第 187 页 那么为了挽救支持慈善的论证……［Herman（1993）49］

赫尔曼首先考虑了罗尔斯提议的解决方案……罗尔斯声称……［Rawls（2000）175］

第 188 页 只要两个条件中的任何一个成立……［Herman（1993）52］

赫尔曼考虑了对该论证的一个反驳……她称之为"康德论证的力度……"［Herman（1993）54 Note12］

第 190 页 如果他让其不愿帮助他人的准则……（MM：453）

---

* 原文此处为"8 426"，所指不详。经查询，或指《康德著作全集》第八卷第 426 页。

我不可能意愿冷酷无情应该成为一个普遍法则……（LE：233）

_778_

赫尔曼在别处写道，按照康德的观点……［Herman（1993）153-155，《丢下道义论》（"Leaving Deontology Behind"）］

那么我们两人会受苦……（MM：457）

第 192 页 GBC："在各种替代原则都会给……"［Scanlon（1982），Scanlon（1997）272］

第 194 页 道德原则的可证成性……（WWO：229）

我们也可以把这些理由称作拒绝某一原则的个人根据……斯坎伦补充说……（WWO：212 页以及别处）

斯坎伦还以另一种方式为该主张辩护……［Scanlon（1982），Scanlon（1997）267］他还写道，他是"明确地依靠契约论以作为避免效用主义方法"的那些人之一［Scanlon（1998）215］。

琼斯在电视台的转播室遭遇意外……（WWO：235）

第 195 页 效用主义者之所以得出上述不可接受的结论……斯坎伦写道……（WWO：241）

在契约论中对原则的所有反驳……（WWO：230）

斯坎伦对上述观点做了两个方面的限定。他提出……（WWO：240）

第 201 页 对于契约论的指导性观念来说是核心的……（WWO：229）

第 202 页 我们的注意力自然首先会指向……［Scanlon（1982），Scanlon（1997）123］

第 206 页 斯坎伦提议，相较于救某一人的生命……（WWO：239-240）

第 207 页 如特姆金所提议的，在某些情形中……［Temkin（即出）Chapters 3，4］

第 209 页 把自己的生命和身体看作"随时待命的"……［Scanlon（2001）200］

第 212 页 然而，可能存在我们能够合情理地拒绝该原则的其他根据……我们反而是在主张，关于人性的这些事实为拒绝要求那么做的原则提供了合情理的根据。［参见 Nagel（1991）Chapters 1，2］

第 213 页 斯坎伦在其著作中声称……我已论证，这一主张是个失误。（368-370）我在本卷第 299～301 页 * 讨论了这种区别。

第 214 页 ……非人称的价值本身不是根据。（WWO：222）

拒绝原则的所有理由……他既认为在蕴含不偏不倚理由的意义上后果可以有好坏之分……（WWO：182）

第 215 页 就回答这一问题而论……（WWO：219）

第 217 页 ……契约论不提供任何理由……（WWO：187）

他还写道："限制目前存在的人类……"（WWO：186）

第 218 页 这样的负面影响……如斯坎伦所述……（WWO：168）

第 219 页 我把这称作非同一性问题。（RP**：16）

---

* 英文原著《论重要之事》第二卷的页码。在此次翻译为中文出版时，为《论重要之事——元伦理学卷（上）》的边码。

** RP 为 Reasons and Persons 的缩写，见本书参考文献。

第 226 页　我们可以用特姆金提出的一种方法来修正两层观点。该方法尚在讨论中。

第 231 页　根据斯坎伦的非人称式限制……他写道，这些通用　*779*
的……［Stratton-Lake（2004）128］

第 235 页　……所负有的特定形式的关切。（WWO：219）

第 238 页　非人称的，这在斯坎伦的意义上是指……（WWO：219）

第 241 页　对于所有可能存在者的可证成性这一观念……（WWO：186−187）

第 242 页　就做出上述主张而论……如我在别处所主张的……［RP：124；Parfit（1986）］

第 253 页　在如下观点的语境范围内会得到最自然的理解……［Stratton-Lake（2004）133］

与此类似，罗尔斯提出……［Rawls（1971）25］

第 623 页　附录 D《为何有物？为何如此？》（*Why Anything？*　*796*
Why This？）初次于 1998 年 1 月 22 日和 2 月 25 日发表在《伦敦著作评论》（*The London Review of Books*）。感谢《评论》允许我在此再次发表。

第 624 页　如维特根斯坦所述……［《逻辑哲学论》（*Tractatus Logico-Philosophicus*）6.5］

第 624 页　一个显见事实……就我对这个问题的言论而言，我　*797*
只是在概述和高度简化其他人已经给出的主张［例见 Leslie（1989）］。

第 648 页 如果觉得这令人惊讶……那种情况将是巧合到极点的。在对上述问题的若干讨论中，我最为受益于 Leslie（1979）和 Nozick（1981），其次是 Swinburne（1979）、Mackie（1982）、Unger（1989），以及斯蒂芬·格罗弗（Stephen Grover）的某部未发表的著作。

第 663 页 ……唯一可用的原则……［参见 Guyer（1992）325］我们一切为某主观目的所决定的行为……［Potter（1998）40］鉴于康德的这一主张……［Schneewind（1998）318］

第 664 页 （如果）基于对某个目的之欲求的理性原则……［Gregor（1963）78–79］

第 665 页 这里在提到"给予普遍法则的纯粹形式"时……因为只有这样的准则才"适合于给予普遍法则"。于是康德写道，只有"立法的形式……才能构成意志的决定根据"，并对该主张做了评论；其后康德断定，"根本法则"是"这样行动，你意志的准则始终能够同时作为内在于普遍法则立法的原则"（C2：29–30）。

第 668 页 《实践理性批判》包含康德之"驳斥"的另一版本……对这两个论证做出的出色讨论，参见 Kerstein（2002）第七章。科尔斯坦的著作中还有其他大量讨论，它们超出了（且可能是部分地正确的）我在本附录中给出的简要主张。

第 674 页 如艾尔温所指出的……［Irwin（1996）80］

第 682 页 康德主张，理性既然仅受制于……［例见《什么是致思取向》（"What is Orientation in Thinking"）VIII，第 145 页，第 303～304 页，以及 G：448］

第 684 页　自主性原则是"由自己施加给自己的……"[Hill（1992）88]

科丝嘉同样写道……[Korsgaard（1996）22]

第 686 页　康德可能对统管……科丝嘉提出……[Korsgaard（1997）]

第 692 页　绝对命令本质上有别于（假言命令）……康德写道，他对假言命令两种形式的命名是"免于不确定和独断的"。

第 694 页（E）即便无人曾出于纯粹道德的动机而行动……康德写道："即便从未有过产生于如此纯粹根源的行为，这里要争论的问题仍然不在于，是否有这样或那样的行为发生；而在于，凭借其自身且独立于一切表象，理性会指令什么应当发生；与此相应，即便这个世界或许到目前为止没有给出任何这样的行为实例，并且恰恰是其可践行与否，可能遭到基于经验来看待一切的那些人的极严重的质疑，这样的行为仍然坚定不移地是由纯粹理性来指令的"（G：407-408）。

第 700 页　事实上，每个人的确……这一处以及前一处的引用都适用于普遍法则公式。该言论指的是这个规则："你要自问，如果你想要进行的行为要凭借本性的法则而发生，而你本身是本性的一部分，那么你能否确实把该行为看作经由你的意志而可能的……如果你属于如此的事物秩序，那么你会得到你意志的赞成而居于其中吗？"

第 701 页　柏拉图式的观点……[参见 Darwall（1992）]

第 702 页　可以给上述主张提供……用罗尔斯的话来说……

［Rawls（1971）30－33］

第 704 页 在主张善概念应该源自道德法则时……罗尔斯认为其意思是……［Rawls（1999）524－525］

第 716 页 善（法则）……［《单纯理性限度内的宗教》（*Religion with the Limits on Reason Alone*）卷 I，II］

参考文献

Allison, Henry (1996) *Idealism and Freedom* (Cambridge   799
University Press).

Anderson, Elizabeth (1991) 'Mill and Experiments in Living', *Ethics* (October).

Anscombe, Elizabeth (1958) 'Modern Moral Philosophy', *Philosophy*, Vol. 33, No. 124 (January), reprinted in *Ethics*, edited by Judith Thomson and Gerald Dworkin (Harper and Row, 1968).

Ansell Pearson, Keith (2009) *Companion to Nietzsche* (Wiley Blackwell).

Baier, Annette (1991) *A Progress of Sentiments* (Harvard

University Press).

Blackburn, Simon (1984) *Spreading the Word* (Oxford University Press).

—— (1993) *Essays in Quasi-Realism* (Oxford University Press).

—— (1998) *Ruling Passions* (Oxford University Press).

—— (1999) 'Is Objective Moral Justification Possible on a Quasi-Realist Foundation?', *Inquiry*, 42.

—— (2001) *On Being Good* (Oxford University Press).

—— (2009) 'Truth and a Priori Possibility', *Australasian Journal of Philosophy*, Vol. 87, Issue 2.

Boghossian, Paul (2000) *New Essays on the a Priori*, edited by Paul Boghossian and Christopher Peacocke (Oxford University Press).

Boghossian, Paul (2008) *Content and Justification* (Oxford University Press).

Boyd, Richard (1988) 'How to Be a Moral Realist', in *Essays on Moral Realism*, edited by Geoffrey Sayre-McCord (Cornell University Press).

Brandt, Richard (1979) *A Theory of the Good and the Right* (Oxford University Press).

—— (1992) *Morality, Utilitarianism, and Rights* (Cambridge University Press).

Brink, David (2001) 'Realism, Naturalism, and Moral Semantics', in *Moral Knowledge*, edited by Ellen Frankel Paul, Fred D Miller and Jeffrey Paul (Cambridge University Press) 157.

Burgess, John (1997) and Gideon Rosen, *A Subject with No Object* (Oxford University Press).

Chalmers, David (2009) *Metametaphysics*, edited by David Chalmers, David Manley, and Ryan Wasserman (Oxford University Press).

Chang, Ruth (1997) *Incommensurability, Incomparability and Practical Reason*, edited by Ruth Chang (Harvard University Press). *800*

Copp, David (2001) 'Realist-Expressivism: A Neglected Option for Moral Realism', in *Moral Knowledge*, edited by Ellen Frankel Paul, Fred D. Miller, and Jeffrey Paul (Cambridge University Press).

Corkum, Phil (2008) 'Aristotle on Ontological Dependence', *Phronesis*, 53.

Cuneo, Terence (2007) *The Normative Web* (Oxford University Press).

Darwall, Stephen (1995) *The British Moralists and the Internal 'Ought'* (Cambridge University Press).

—— (1983) *Impartial Reason* (Cornell University Press).

—— (1992) 'Internalism and Agency', *Philosophical Per-*

spectives, Vol. 6, *Ethics*.

—— (1992B) Allan Gibbard, and Peter Railton 'Toward Fin de Siecle Ethics: Some Trends', *The Philosophical Review* (January).

—— (1996) *Moral Discourse and Practice*, edited by Stephen Darwall, Allan Gibbard and Peter Railton (Oxford University Press).

Dean, Richard (2006) *The Value of Humanity in Kant's Moral Theory* (Oxford University Press).

Dennett, Daniel (1995) *Darwin's Dangerous Idea* (Penguin).

Dorr, Cian (2008) 'There Are No Abstract Objects', in *Contemporary Debates in Metaphysics*, edited by Theodore Sider, John Hawthorne, and Dean W. Zimmerman (Blackwell).

Egan, Andrew (2007) 'Quasi-Realism and Fundamental Moral Error', *Australasian Journal of Philosophy*, 85: 2.

Engstrom, Stephen (1992) 'The Concept of the Highest Good in Kant's Moral Theory', *Philosophy and Phenomenological Research*.

Enoch, David (2005) 'Why Idealize?', *Ethics*, 115 (July), and 'Idealizing Still Not off the Hook: A Reply to Sobel' (即出).

—— (2010) 'The Epistemological Challenge to Meta-Normative Realism', *Philosophical Studies*.

—— (即出) 'Not Just a Truthometer', *Mind*。

Falk, W. D. (1950) 'Morality and Nature', *The Australasian Journal of Philosophy*.

—— (1986) *Ought, Reasons, and Morality* (Cornell University Press).

Field, Hartry (1980) *Science Without Numbers* (Princeton University Press).

—— (1990) 'Mathematics and Modality', in *Meaning and Method*, edited by George Boolos (Cambridge University Press).

—— (1998) 'Mathematical Objectivity and Mathematical Objects', in *Contemporary Readings in the Foundations of Metaphysics*, edited by Stephen Laurence and Cynthia Macdonald (Blackwell).

—— (2001) *Truth and the Absence of Fact* (Oxford University Press). *801*

Fine, Kit (2005) *Modality and Tense* (Oxford University Press).

Finlay, Stephen (2009) 'The Obscurity of Internal Reasons', *Philosopher's Imprint*.

Fitzpatrick, William (2008) 'Morality and Evolutionary Biology', *Stanford Encyclopaedia of Philosophy* (Stanford University).

Gibbard, Allan (1965) 'Rule Utilitarianism: Merely an Illusory Alternative?', *Australasian Journal of Philosophy*, 43.

—— (1990) *Wise Choices, Apt Feelings* (Oxford University Press).

—— (2006) 'Normative Properties', in *Metaethics after Moore*, edited by Terry Horgan and Mark Timmons (Oxford University Press).

—— (2006) 'The Reasons of a Living Being', in *Foundations of Ethics*, edited by Russ Shafer-Landau and Terence Cuneo (Blackwell).

—— (2003) *Thinking How to Live* (Harvard University Press).

Gödel, Kurt (1947) 'What is Cantor's Continuum Problem?', reprinted in *Philosophy of Mathematics*, edited by Paul Benacerraf and Hilary Putnam (Cambridge University Press, second edition, 1983).

Gregor, Mary (1963) *Laws of Freedom* (Oxford University Press).

Guyer, Paul (2000) *Kant on Freedom, Law, and Happiness* (Cambridge University Press).

—— (2006) *Kant and Modern Philosophy* (Cambridge University Press).

—— (1992) *The Cambridge Companion to Kant*, edited by Paul Guyer (Cambridge University Press).

Hare, R. M. (1952) *The Language of Morals* (Oxford University Press).

—— (1963) *Freedom and Reason* (Oxford University Press).

—— (1972) 'Nothing Matters', in R. M. Hare *Applications of Moral Philosophy* (Macmillan).

—— (1981) *Moral Thinking* (Oxford University Press).

—— (1997) 'Could Kant Have Been a Utilitarian?', in R. M. Hare *Sorting Out Ethics* (Oxford University Press).

Harman, Gilbert (2000) *Explaining Value* (Oxford University Press).

Herman, Barbara (1993) *The Practice of Moral Judgment* (Harvard University Press).

Hill, Thomas E. (1992) *Dignity and Practical Reason* (Cornell University Press).

—— (2000) *Respect, Pluralism, and Justice* (Oxford University Press).

—— (2002) *Human Welfare and Moral Worth* (Oxford University Press).

Hume, David: *A Treatise of Human Nature*.

Irwin, Terence (1996) 'Kant's Criticisms of Eudaemonism', 802 in *Aristotle, Kant, and the Stoics*, edited by Stephen Engstrom and Jennifer Whiting (Cambridge University Press).

Jackson, Frank (1992) 'Critical Notice of Hurley', *Austral-*

asian Journal of Philosophy，Vol. 70.

—— （1998）*From Metaphysics to Ethics* （Oxford University Press）.

Kahane，Guy（即出）'Evolutionary Debunking Arguments'，*Nous*。

Kant，Immanuel：我使用如下缩略形式，并且我的许多引用含有普鲁士学院版的页码，绝大多数英文版文献给出的都是这一版本的页码：

C1：*Critique of Pure Reason*.

CPR 或 C2：*Critique of Practical Reason*.

G：*The Groundwork of the Metaphysics of Morals*.

L：*Lectures on Ethics*.

MM：*The Metaphysics of Morals*.

R：*Religion within the Limits of Reason Alone*.

SRL：*On a Supposed Right to Lie from Altruistic Motives*.

TLNS：*On Truth and Lies in a Non-moral Sense*.

Katz，Jerrold （1998）*Realistic Rationalism* （Bradford，the MIT Press）.

Kaufmann，Walter （1954）*The Portable Nietzsche* （*Viking*）.

Kelly，Thomas （2005）'The Epistemic Significance of Disagreement'，in *Oxford Studies in Epistemology*，Vol. 1，edited by John Hawthorne and Tamar Gendler-Szabo （Oxford University

Press).

Kerstein, Samuel (2002) *Kant's Search for the Supreme Principle of Morality* (Cambridge University Press).

Korsgaard, Christine (1986) 'Skepticism about Practical Reason', *The Journal of Philosophy* (January).

—— (1996) *Creating the Kingdom of Ends* (Cambridge University Press).

—— (1996B) *The Sources of Normativity* (Cambridge University Press).

—— (1997) 'The Normativity of Instrumental Reason', in *Ethics and Practical Reason*, edited by Garrett Cullity and Berys Gaut (Oxford University Press).

—— (2008) *The Constitution of Agency* (Oxford University Press).

Kumar, Rahul (2003) 'Who Can Be Wronged?', *Philosophy & Public Affairs*, Vol. 31, No. 2.

Leslie, John (1979) *Value and Existence* (Blackwell).

—— (1989) *Universes* (Routledge).

Long (1978) *The Hellenistic Philosophers*, A. A. Long and D. N. Sedley (Cambridge University Press).

Loux, Michael (1979) *The Possible and the Actual* (Cornell University Press).

—— (1998) *Metaphysics* (Routledge).

Lycan，William（2002）'The Metaphysics of Possibilia'，in *The Blackwell Guide to Metaphysics*，edited by Richard M. Gale（Blackwell）.

Mackie，John（1977）*Ethics*（Penguin Books）.

—— （1980）*Hume's Moral Theory*（Routledge & Kegan Paul）.

—— （1982）*The Miracle of Theism*（Oxford University Press）.

Mill，John Stuart（1861）*Utilitarianism*.

Moore，G. E.（1903）*Principia Ethica*（Cambridge University Press）.

Murphy，Liam（2000）*Moral Demands in Nonideal Theory*（Oxford University Press）.

Nagel，Thomas（1970）*The Possibility of Altruism*（Oxford University Press）.

—— （1973）'Rawls on Justice'，*Philosophical Review*（April）.

—— （1979）*Mortal Questions*（Cambridge University Press）.

—— （1986）*The View from Nowhere*（Oxford University Press）.

—— （1991）*Equality and Partiality*（Oxford University Press）.

—— （1995）*Other Minds*（Oxford University Press）.

—— （1997）*The Last Word*（Oxford University Press）.

Nowell-Smith，Patrick（1954）*Ethics*（Penguin）.

Nietzsche，Friedrich：我使用如下缩略形式，并且通常标注了引用段落所在的页码：

AC: *The Antichrist*.

BGE: *Beyond Good and Evil*.

CW: *The Case of Wagner*.

D: *The Dawn*.

EH: *Ecce Homo*.

GM: *The Genealogy of Morals*.

GS: *The Gay Science*.

HH: *Human*, *All Too Human*.

LNB: *Late Notebooks*, translated by Rudiger Bittner (Cambridge University Press, 2003).

TI: *The Twilight of the Idols*.

UM: *Untimely Meditations*.

WP: *The Will to Power*.

Z: *Thus Spake Zarathustra*.

Nozick, Robert (1974) *Anarchy*, *State and Utopia* (Blackwell).

Nozick, Robert (1981) *Philosophical Explanations* (Oxford *804* University Press).

—— (1993) *The Nature of Rationality* (Princeton).

Parfit, Derek: RP: *Reasons and Persons* (Oxford University Press, 1984, reprinted with some corrections in 1987).

—— (1986) 'Comments', in *Ethics* (Summer).

—— (1991) 'Equality or Priority?', *Lindley Lecture* (University of Kansas), reprinted in *Some Questions for Egalitarians*, edited by M. Clayton and A. Williams (Macmillan, 2000).

—— (1997) 'Reasons and Motivation', *Proceedings of the Aristotelian Society* (Supplementary Volume).

—— (1999) 'Experiences, Subjects, and Conceptual Schemes', *Philosophical Topics*, Vol. 26, No. 1 and 2.

—— (2006) 'Normativity', in *Oxford Studies in Metaethics* Vol. 1, edited by Russ Shafer-Landau (Oxford University Press).

—— (2008) 'Persons, Bodies, and Human Beings', in *Contemporary Debates in Metaphysics*, edited by John Hawthorne, Dean Zimmerman, and Theodore Sider (Blackwell).

Plantinga, Alvin (1974) *The Nature of Necessity* (Oxford University Press).

—— (1987) 'Two Concepts of Modality', in *Philosophical Perspectives* 1, *Metaphysics*, edited by James Tomberlin (Ridgeview).

—— (1993) *Warrant and Proper Function* (Oxford University Press).

Potter, Nelson (1998) 'The Argument of Kant's Groundwork', in *Kant's Groundwork of the Metaphysics of Morals: Critical Essays*, edited by Paul Guyer (Rowman and Littlefield).

Prichard, H. A. (1949) *Moral Obligation* (Oxford University Press).

Quine, W. V. (1947) Nelson Goodman and W. V. Quine 'Steps toward a Constructive Nominalism', *Journal of Symbolic Logic*.

—— (1951) 'On What There Is', *From a Logical Point of View* (Harvard University Press).

—— (1960) *Word and Object* (MIT Press).

—— (1969) *Ontological Relativity* (Columbia University Press).

—— (1975) 'Reply to Hellman', in *The Philosophy of W. V. O. Quine*, edited by L. Hahn and P. Schilpp (La Salle: Open Court).

Railton, Peter (2003) *Facts, Values, and Norms* (Cambridge University Press).

Rawls, John: TJ: *A Theory of Justice* (Harvard University Press, 1971).

—— (1989) 'Themes in Kant's Moral Philosophy', in *Kant's Transcendental Deductions*, edited by E. Foerster (Stanford University Press).

—— (1999) *Collected Papers*, edited by Samuel Freeman (Harvard University Press).

—— (1996) *Political Liberalism* (Columbia University Press). 805

—— (2000) *Lectures on the History of Moral Philosophy*, edited by Barbara Herman (Harvard University Press).

—— (2001) *Justice as Fairness* (Harvard University Press).

Ross, Sir David (1939) *Foundations of Ethics* (Oxford University Press).

Russell, Bertrand (1903) *A Free Man's Worship*.

Safranski, Rudiger (2002) *Nietzsche*, translated by Shelley Frisch (Norton).

Scanlon, T. M. : WWO: *What We Owe to Each Other* (Harvard University Press, 1998).

—— (1982) 'Contractualism and Utilitarianism', in *Utilitarianism and Beyond*, edited by Amartya Sen and Bernard Williams (Cambridge University Press), reprinted in *Moral Discourse and Practice*, edited by Stephen Darwall, Allan Gibbard and Peter Railton (Oxford University Press, 1997) and in T. M. Scanlon *The Difficulty of Tolerance* (Cambridge University Press, 2003).

—— (2003) 'Rawls on Justification', in *The Cambridge Companion to Rawls*, edited by Samuel Freeman (Cambridge University Press).

—— (2003B) 'Value, Desire, and the Quality of Life', in *The Difficulty of Tolerance* (Cambridge University Press).

—— (2007) *Common Minds*, edited by Geoffrey Brennan, Robert Goodin, and Michael Smith.

—— (2007B) 'Wrongness and Reasons', in *Oxford Studies of Metaethics*, Volume 2, edited by Russ Shafer-Landau.

—— (2001) 'Thomson on Self-Defence', in *Fact and Value*, edited by Alexander Byrne, Robert Stalnaker, and Ralph Wedgwood (The MIT Press).

Schiffer, Stephen (2003) *The Things We Mean* (Oxford University Press).

Schneewind, Jerome (1977) *Sidgwick's Ethics and Victorian Moral Philosophy* (Oxford University Press).

—— (1992) *The Cambridge Companion to Kant*, edited by Paul Guyer (Cambridge University Press).

—— (1998) 'Natural Law, Skepticism, and Methods of Ethics', in *Kant's Groundwork of the Metaphysics of Morals: Critical Essays*, edited by Paul Guyer (Rowman and Littlefield).

—— (1998B) *The Invention of Autonomy* (Cambridge University Press).

Schopenhauer, Artur (1966) *The World as Will and Representation*, Volume 2, translated by E. F. Payne (Dover).

—— (1995) *On the Basis of Morality*, translated by E. F. J. Payne (Hackett).

Schroeder, Mark (2007) *Slaves of the Passions* (Oxford University Press).

Searle, John (1969) *Speech Acts* (Cambridge University Press).

Searle, John (2001) *Rationality in Action* (The MIT Press). 806

Sen, Amartya (1973) *On Economic Inequality* (Oxford University Press).

Shafer-Landau，Russ（2003）*Moral Realism*（Oxford University Press).

Sidgwick，Henry：ME：*The Methods of Ethics*（Macmillan and Hackett，various dates).

HSM：*Henry Sidgwick*：*A Memoir*，by A. S. and E. M. S（Macmillan).

—— （2000）*Essays on Ethics and Method*，edited by Marcus George Singer（Oxford University Press).

Singer，Peter（1981）*The Expanding Circle*（Farrar，Strauss，and Giroux).

Skarsaune，Knut（即出）'Darwin and Moral Realism：Survival of the Iffiest'，*Philosophical Studies*。

Smith，Michael（1994）*The Moral Problem*（Blackwell).

Stalnaker，Robert（1986）*Midwest Studies in Philosophy*，edited by French and others，Volume XI.

—— （2003）*Ways a World Might Be*（Oxford University Press).

Stratton-Lake Philip（2004）*On What We Owe to Each Other*（Blackwell).

Street，Sharon（2006）'A Darwinian Dilemma for Realist Theories of Value'，*Philosophical Studies*，127，No. 1（January).

—— （2009）'In Defense of Future Tuesday Indifference：Ideally Coherent Eccentrics and the Contingency of What Matters'，

Philosophical Issues, Vol. 19.

—— （即出） 'Evolution and the Normativity of Epistemic Reasons', *Canadian Journal of Philosophy*。

—— （A） 'Objectivity and Truth: You'd Better Rethink It' （typescript）.

—— （B） 'Mind-Independence Without the Mystery: Why Quasi-Realists Can't Have It Both Ways' （typescript）.

Sturgeon, Nicholas （1988） 'Moral Explanations', in *Essays on Moral Realism*, edited by Geoffrey Sayre-McCord （Cornell University Press）.

—— （2006） 'Ethical Naturalism', in *The Oxford Handbook of Ethical Theory*, edited by David Copp （Oxford University Press）.

Swinburne, Richard （1979） *The Existence of God* （Oxford University Press）.

Temkin, Larry （1993） *Inequality* （Oxford University Press）.

—— （即出） *Rethinking the Good: Moral Ideals and the Nature of Practical Reasoning* （Oxford University Press）。

Timmons, Mark （1999） *Morality Without Foundations* （Oxford University Press）.

Toulmin, Stephen （1950） *An Examination of the Place of Reason in Ethics* （Cambridge University Press）.

Unger, Peter （1984） 'Minimizing Arbitrariness: Toward a   *807*

Metaphysics of Infinitely Many Isolated Concrete Worlds', *Midwest Studies in Philosophy* IX, reprinted in Peter Unger *Philosophical Papers*, Volume 1.

van Inwagen, Peter (1998) 'The Nature of Metaphysics', in *Contemporary Readings in the Foundations of Metaphysics*, edited by Stephen Laurence and Cynthia Macdonald (Blackwell).

—— (2001) *Ontology, Identity, and Modality* (Cambridge University Press).

—— (2002) *Metaphysics* (Westview).

—— (2009) 'Being, Existence, and Ontological Commitment', in *Metametaphysics*, edited by David Chalmers, David Manley, and Ryan Wasserman (Oxford University Press).

Weinberg, Steven (1993) *Dreams of a Final Theory* (Pantheon).

Williams, Bernard (1979) 'Internal and External Reasons', in *Rational Action*, edited by Ross Harrison (Cambridge University Press), reprinted in Williams (1981).

—— (1981) *Moral Luck* (Cambridge University Press).

—— (1985) *Ethics and the Limits of Philosophy* (Fontana).

—— (1993) *Shame and Necessity* (University of California

Press).

—— (1995) *Making Sense of Humanity* (Cambridge University Press).

—— (2001) Chapter 4 Postscript, in *Varieties of Practical Reasoning*, edited by Elijah Millgram (MIT).

—— (2002) *Truth and Truthfulness* (Princeton University Press).

—— (2003) *The Sense of the Past* (Princeton University Press).

—— (2006) *Philosophy as a Humanistic Discipline* (Princeton University Press).

Williamson, Timothy (2007) *The Philosophy of Philosophy* (Blackwell).

Wood, Allen (1999) *Kant's Ethical Thought* (Cambridge University Press).

—— (2002) 'What is Kantian Ethics?', in *Groundwork for the Metaphysics of Morals*, Immanuel Kant, edited and translated by Allen Wood (Yale University Press).

—— (2006) 'The Supreme Principle of Morality', in *The Cambridge Companion to Kant and Modern Philosophy*, edited by Paul Guyer (Cambridge University Press).

—— (2006B) 'The Good Without Limitation', in *Groundwork for the Metaphysics of Morals*, edited by Christoph Horn and

Dieter Schonecker（Walter de Gruyter）.

—— （2002）*Groundwork for the Metaphysics of Morals*，translated by Allen Wood（Yale University Press）.

—— （2008）*Kantian Ethics*（Cambridge University Press）.

索　引

鉴于第 1～30 页 * 包含了对我的主要主张与论证的提要，我在此就不重复其中的一些信息。这个索引给出的页码主要是关于：（1）我对各个主题的主要讨论，以及第 30 页之后参阅提要的页码；（2）我在其他地方对这些主题的零散评论；（3）我对其他一些主题的简要评论；（4）其他人的一些主张。有些词条是重叠的，这要么是因为其主题是重叠的，要么是为了减少某些词条（它们只是要告诉你去看其他某个词条）的数目。

aesthetics 审美，the aesthetic category of the sublime, and one example 崇高这一美学范畴，以及一个例子，624

aggregation 加总，whether and how it matters what number of people receive benefits or burdens 获得收益或负担的人数是否重要，以及如何重要，4－5，193－212；whether the concept of

---

the best outcome should answer such questions 最好后果这一概念是否应该回答这样的问题，247

agony 剧痛，see pain 参见痛苦

All Worlds Hypothesis 所有世界假说，629，631－636，641

atheism 无神论，and the Steady State Theory 与稳恒态理论，623；and the appearance of fine-tuning 与微调表象，626

Autonomy Thesis, and categorical imperatives 自主性论点以及绝对命令，29，678－688

Autonomy, Formula of, Wood's claims about 伍德关于自主性公式的主张，156－158

autonomy 自主性，respect for 对自主性的尊重，143，153；preference for autonomy over welfare 自主性优先于福利，148－149；autonomy-protecting or infringing principles 保护自主性原则或侵犯自主性的原则，143－152

Axiarchic View 价值支配观，and the existence of God 与上帝的存在，632－634；gives an explanation of reality that is intelligible 给予一种对真实的明智的解释，633－634，but could not be com-plete 但这种解释不可能是完备的，643－644，and seems to be false 以及这种解释似乎为假，634；other partly similar explanations 部分程度上类似的其他解释，634－648

baseline 底线，in questions about distributive justice 关于分配正义问题中的，196－197

Bentham, Jeremy 杰里米·边沁，on the suffering of animals 论动物的痛苦，167

Big Bang 宇宙大爆炸，may have been fine-tuned 可能经过微调的，624－630

Bridge 桥梁情形，the Harmful Means Principle and treating people as a mere means 有害手段原则以及把人们当作纯粹的手段来对待，146－147；an objection to Kantian Rule Consequentialism 对康德式规则后果主义的一种反驳，151－154

Brute Fact View about reality 关于真实的原生事实观，637，639－647；and higher-order Selectors 与高阶选择者，647－648

Close Enough View, and Scanlon's Individualist Restriction 足够接近的观点，与斯坎伦的个体式限制，203－204

concealed tautologies 隐藏的同义反复，and one form of Scanlonian Contractualism 与某种形式的斯坎伦式契约论，213−214

Consent Principle，and the Kantian idea of respect for autonomy 同意原则以及尊重自主性的康德式观念，143−144；actual consent and redirecting the runaway train 实际的同意和使失控列车转向，151

Consequentialism 后果主义，the impartial-reason-implying sense of 'best' "最好的"之蕴含不偏不倚的理由的意义，247；and both Kantian and Scanlonian Contractualism 与康德式契约论以及斯坎伦式契约论，244−259；参见第一卷的索引

constructivism 建构论，191

Contractualism 契约论，see Kantian Contractualism，Scanlonian Contractualism 参见康德式契约论、斯坎伦式契约论，以及第一卷的索引

Contractualist Priority View 契约论优先性观点，201−203，207−208，751（on 202）

criterion of wrongness 不当性标准，whether Kant's formulas are intended to provide 康德的公式是否有意提供，173−174，and might provide 与可能提供，156−158，169，188−190

Darwin，Charles，and the appearance of design in living beings 查尔斯·达尔文，与生物中的设计表象，627

Depleting or Overheating 消耗或使大气过暖，and the Non-Identity Problem 与非同一性问题，218，221；and Scanlonian Contractualism 与斯坎伦式契约论，239，241

desert 应得，Scanlonian arguments against retributive desert 反对报应性应得的斯坎伦式论证，216；and the Fair Warning View 与公平的警戒观，649−651

determination of the will 意志之决定，and Kantian autonomy 与康德式自主性，688；and Kant's Motivational Argument for his Formula of Universal Law 与康德对其普遍法则公式的动机论证，696，703，709−711；and Kant's more reductive form of Moral Internalism 与康德更为还原形式的道德内在论，713−718

Disproportional View 不成比例观点，the importance of lesser benefits and burdens is less than proportional to their size 较小收益和负担的道德重要性要小于与其大小成比例的重要性，206-208

distributive justice 分配正义，and Scanlon's objections to Utilitarianism 与斯坎伦对效用主义的反驳，4-5，193-208；and Kantian and Scanlonian Contractualism 与康德式契约论以及斯坎伦式契约论，245-259；and the separateness of persons 与人的分立性，236，610-611

Egalitarianism 平等主义，Telic and Deontic 目的论的和道义式的，198

Einstein 爱因斯坦，suggests that reality might be as it actually is 提出真实可能就是如其所是的样子，632

Endorsement Thesis 赞成的论点，an interpretation of Kant's Autonomy Thesis 对康德自主性论点的一种诠释，684-685

equal shares, equal chances, and one difference between Kantian and Scanlonian Contractualis 均等份额、均等机会以及康德式契约论和斯坎伦式契约论之间的一种差别，256-258

evil, problem of 恶的问题，for theists 对于有神论者，628-629；for the Axiarchic View 对于价值支配观，632-634；suffering rightly regarded as part of the problem 苦难被正确地看作这个问题的一部分，673

Fair Warning View 公平的警戒观，649-651

fine-tuning of the Universe, appearance of 宇宙的微调表象，625-628

future people 未来人，217-243

general people 一般人，a useful phrase but not a kind of person 一个有用的说法但并不是一类人，220；and the choice between the Two-Tier View and the No Difference View 以及两层观点和无差别观点之间的选择，220-224；Scanlonian Contractualists cannot defensibly appeal to claims about what could be reasonably rejected by 斯坎伦式契约论者无法可辩护地诉诸关于能够为如下一些人合情理地拒绝的主张：general people 一般人，231-232，or people to whom some description applies 或某些描述适用的那些人，235-236，or people who never exist 或从未存在的人，239-240

global warming 全球变暖，and the Non-Identity Problem 与非同一性问题，218－219，221，239－241

God 上帝，and the Universe 与宇宙，623，626－629，632－635，640，643－644，646

Great Risk 大冒险情形，whether one of two acts would be wrong may depend on the possible alternatives 两个行动之一是否不当，也许取决于可能的选项，225

Greater Burden Claim, or GBC, and Scanlonian Contractualism 更大负担主张或 GBC，与斯坎伦式契约论，192－193，209－210，212

Gregor, Mary 玛丽·格蕾戈，664

Harmful Means Principle 有害手段原则，different from the objection to harming people merely as a means 不同于对把伤害人们仅仅当作手段的反驳，146－147，151

hedonic values and reasons 享乐式价值和理由，194－195，206，672－677；see also pain 也可参见痛苦，以及第一卷

Herman, Barbara 芭芭拉·赫尔曼，on Kant's claims about value 论康德关于价值的主张，160－161；respecting rational agency 尊重理性能动性，164－166；

and Kant's Formula of Universal Law 与康德的普遍法则公式，169－190

Heteronomy Thesis, Kant's 康德的他律性论点，whether compatible with Kant's belief in categorical imperatives 是否相容于康德对绝对命令的信念，678－681；arguments for and against this thesis 支持与反对该论点的论证，681－688；and motivational heteronomy 与动机的他律性，688－689

Hill, Thomas 托马斯·希尔，on Kant's Autonomy Thesis 论康德的自主性论点，684

Imagined Cases 虚构情形：

Bridge 桥梁情形，the Harmful Means Principle and treating people as a mere means 有害手段原则和把人们当作纯粹的手段，146－147；as an objection to Kantian Rule Consequentialism 作为对康德式规则后果主义的一种反驳，151－154

Depleting or Overheating 消耗或使大气过暖，and the Non-Identity Problem 与非同一性问题，218，221；and Scanlonian Contractualism 与斯坎伦式契约论，239，241

Great Risk 大冒险情形，whether one of two acts would be wrong may depend on the possible alternatives 两个行动之一是否不当，也许取决于可能的选项，225

Jane's child 琼的孩子情形，Jane's future child and general people 琼未来的孩子和一般人，220；giving our children a good start in life 给我们的孩子一个好的生活开端，239；wronging without harming 无伤害的不当做法，242

Jones and the football game 琼斯与足球赛情形，Utilitarianism and whether the numbers count 效用主义和数量是否起作用，194－195，206

Musical Chairs 抢座位游戏情形，and the Disproportional View 与不成比例观点，208

Transplant 移植情形，and which principles would be optimific 与哪些原则是最优的，152

Tunnel 隧道情形，and autonomy-protecting principles 与保护自主性原则，148，151，153

Two Medical Programs 两种医疗方案情形，and the Non-Identity Problem, our choice between the No Difference View and the Two-Tier View 与非同一性问题，我们在无差别观点和两层观点之间的选择，221－231；and Scanlonian Contractualism 与斯坎伦式契约论，231－236，240－241

impartial reasons 不偏不倚（的）理由，and the Kantian Contractualist Formula 与康德式契约论公式，147－150；and Scanlonian Contractualism 与斯坎伦式契约论，216，237－243；not the same as reasons that are impersonal in Scanlon's sense 与斯坎伦意义上的非人称的理由不同，238

imperatives 命令，categorical 绝对的，and Kant's arguments for his Formula of Universal Law 与康德支持其普遍法则公式的论证，28－29，652－659；whether such imperatives conflict with Kant's Autonomy Thesis 这样的命令是否与康德的自主性论点冲突，678－689；their role in Kant's Motivational Argument 它们在康德的动机论证中的作用，690－699，716－717；hypothetical imperatives and non-moral object-given reasons 假言命令和对象给予的非道德理由，676－677

impersonal reasons 非人称的理由，in Scanlon's sense 斯坎伦意义上的，215，not the same as impartial reasons 与不偏不倚（的）理由不同，238

Impersonalist Restriction 非人称式限制，see Scanlonian Contractualism 参见斯坎伦式契约论

Individualist Restriction 个体式限制，see Scanlonian Contractualism 参见斯坎伦式契约论

Jane's child 琼的孩子情形，Jane's future child and general people 琼未来的孩子和一般人，220；giving our children a good start in life 给我们的孩子一个好的生活开端，239；wronging without harming 无伤害的不当做法，242

Jones and the football game 琼斯与足球赛情形，Utilitarianism and whether the numbers count 效用主义和数量是否重要，194-195，206

Justice 正义，see distributive justice，retributive justice，desert 参见分配正义、报应性正义、应得

Kant and Kantian Contractualism 康德和康德式契约论，1-4，9-10，28-29；Kant's claims about consent，and treating people merely as a means 康德关于同意的主张，和把人们仅仅当作手段来对待，143-147；whether Kant's ethics is an ethics of value 康德的伦理学是否一种价值伦理学，159-168；Kant's Formulas of Autonomy and of Universal Law 康德的自主性公式和普遍法则公式，156-158，169-191；Kantian Contractualism and Rule Consequentialism；Wolf's objections to my claims 康德式契约论和规则后果主义：沃尔芙对我的主张的反驳，147-155，Herman's objections 赫尔曼的反驳，182-191；Kantian and Scanlonian Contractualism 康德式契约论和斯坎伦契约论，244-259；Kant's Arguments for his formulas：in the *Groundwork* 康德对其公式的论证：《道德形而上学的奠基》中的，652-668，in the *Critique of Practical Reason* 《实践理性批判》中的，665-666，668-671；his Motivational Argument 他的动机论证，690-718；Kant's claims about autonomy and categorical imperatives 康德关于自主性和绝对命令的主张，678-689；and about non-moral goodness 与关于非道德善的主张，

672－677；his greatness 他的伟大，参见第一卷

Korsgaard，Christine 克里斯汀·科丝嘉，on Kant's claims about goodness 论康德关于善的主张，160；on Kant's Autonomy Thesis 论康德的自主性论点，684

Leslie，John 约翰·莱斯利，and the Axiarchic View 与价值支配观，643，797（on 624 and 628）

Many Worlds Hypothesis 多世界假说，628，631，640

Maximalist View about what exists 关于何者存在的最大值式观点，636，645

maximizing happiness 使幸福最大化，194－195

moral worth 道德价值，and the wrongness of acts 与行动的不当性，172－173，175－176；and one of Kant's arguments for his Formula of Universal Law 与康德对其普遍法则公式的论证之一，659－661

motivating grounds 驱动根据，normativity and motivating force 规范性和驱动力量，717－718

motive-independent wrongness and the Mixed Maxims Objection to Kant's Formula of Universal Law 独立于动机的不当性和对康德普遍法则公式的混合型准则反驳，170－172

Musical Chairs 抢座位游戏情形，and the Disproportional View 与不成比例观点，208

Nagel，Thomas 托马斯·内格尔，v，778

Narrow Person-Affecting View 狭窄的影响个人的观点，219；and see the Wide Person-Affecting View 以及参见宽泛的影响个人的观点，753

necessity，normative and psychological 规范性的必然性和心理的必然性，690－718

New Kantian Formula 新的康德式公式，and Herman's claims about wrongness 与赫尔曼关于不当性的主张，174－179

No Difference View 无差别观点，one answer to the Non-Identity Problem 对非同一性问题的一个回答，219－233

Non-Identity Problem 非同一性问题，how our acts can affect future people, and the importance of these effects 我们的行动如何可能影响未来人，以及这些影响的重要性，219－233

Normativity 规范性：

conceptions of normativity 规范性概念：
motivational 动机的，normative and motivational heteronomy 规范的他律性和动机的他律性，689；Kant's Motivational Argument 康德的动机论证，689－718

Null Possibility 零值的可能性，629－632，636，639

pain，agony，suffering 痛苦、剧痛和苦难，pain in the relevant sense only when disliked；badness of，and reasons to want to avoid or prevent 仅当不被人喜欢这种相关意义上的疼痛；其坏性质，以及想要避免或预防的理由，167，184；Kant's claims 康德的主张，672－677；以及参见第一卷

Paradox of Voting 投票悖论，752

Pareto Principle 帕累托原则，the transitivity of worse than，and unavoidable wrong-doing 比……坏的传递性，以及不可避免的不当做法，224－225，752

Plato 柏拉图，whether normative knowledge necessarily motivates 规范性知识是否必然发挥驱动作用，701，713－715；and the Axiarchic View 与价值支配观，632

Plotinus 普罗提诺，632

possible people 可能的人，Jane's first child 琼的第一个孩子，220；as Scanlonian Contractualists, we cannot appeal to claims about what could be reasonably rejected by people who are merely possible 作为斯坎伦式契约论者，我们无法诉诸关于什么能够被纯粹可能的那些人合情理地拒绝的主张，239－240

principles of equal chances and equal Shares 均等机会原则和均等份额原则，257－258，one difference between Kantian and Scanlonian Contractualism 康德式契约论和斯坎伦式契约论之间的一种差别

Priority View，Telic and Deontic 优先性观点，目的论的和道义式的，198－199；the Contractualist Priority View 契约论优先性观点，201－203，207－208，751（on 202）

problem of evil 恶的问题，for theists 对于有神论者，628－629，673；for the Axiarchic View 对于价值支配观，632－634

procedural rationality 程序合理性，270－271，281，287－288

punishment，justification of 惩罚的证成，see retributive justice 参见报应性正义

Rawls-Scanlon Cases 罗尔斯-斯坎伦情形，
246-247，250-251

reason 理由，concept of，and other reason-
implying concepts 理由概念及其他蕴含
理由的概念，第一卷第一章；kinds of
reason and other claims about reasons 各
类理由以及关于理由的各类主张，参见
第一卷的索引

reason-involving conception of normativity
涉及理由的规范性观念，see Normativi-
ty 参见规范性

respect 尊重，for autonomy 对自主性的尊
重，143，153；for rational agency or
rationality 对理性能动性或理性的尊
重，164-167；for the moral law and for
persons 对道德法则和人的尊重，168

retributive justice and desert 报应性正义和
应得，Scanlonian arguments against re-
tributive desert 反对报应性应得的斯坎
伦式论证，216；and the Fair Warning
View 与公平的警戒观，649-651

rightness，wrongness，and the properties
that make acts right or wrong 正当性，
不当性以及使行动正当或不当的属性，
Scanlon's claims about 斯坎伦的主张，
213-214

Scanlon，T. M. T. M. 斯坎伦，v

Scanlonian Contractualism 斯坎伦式契约
论，4-10，191-259

Scanlon's Individualist Restriction 斯坎
伦的个体式限制，191-196；why
Scanlon should give up this restriction
斯坎伦为什么应该放弃这种限制，4-
5，196-212；the Contractualist Pri-
ority View 契约论优先性观点，
201-203，207-208，255；the Close
Enough View 足够接近的观点，203-
204；whether small pleasures for
many people could morally outweigh a
single person's severe pain 许多人的
小快乐能否压倒单个人的剧痛，194-
195；even if the numbers count，the
single person might reasonably answer
No 即便数量重要，单个人也可以合
情理地说"不"，206；but in many
cases that involve large numbers，triv-
ial benefits or burdens should not be
ignored 但是在许多涉及大数量的情
形中，无足轻重的小收益或负担不应
该被忽略，204-206；the Disropor-
tional View 不成比例观点，206-
208；Grey's organ and White's life 格
蕾的器官与怀特的生命，208-212

Scanlon's claims about wrongness 斯坎伦关于不当性的主张，which he has rightly revised 他已经做了正确的修正，213—214；Scanlon's Impersonalist Restriction disallows appeals to the goodness or badness of outcomes 斯坎伦的非人称式限制不允许诉诸后果的好坏性质，214—215；given Scanlon's claims about wrongness，he cannot now defend this restriction as true by definition，but would have to weaken his theory's claims，which he need not do 鉴于斯坎伦关于不当性的主张，他现在无法根据定义将其限制辩护为真的，从而不得不弱化其理论主张，但他不必这么做，5—6，214—217

Scanlonian Contractualism should make claims about what we owe to future people 斯坎伦式契约论应该提出关于我们对未来人负有什么义务的主张，217；to answer such questions，we must consider the Non-Identity Problem，and choose between the Two-Tier View and the No Difference View 为了回答这类问题，我们必须考虑非同一性问题，并在两层观点和无差别观点之间做出选择，6—7，218—231；

whichever view Scanlonians accept，they have strong reasons to give up the Impersonalist Restriction 无论斯坎伦主义者接受哪种观点，他们都有强理由放弃非人称式限制，7—9，231—243，751；this revision would not undermine but strengthen Scanlonian Contractualism 这种修正不会破坏而会加强斯坎伦式契约论，239—243；this revised theory，I argued，can be combined with Kantian Contractualism and Rule Consequentialism 我曾论证，这种经过修正的理论可以与康德式契约论和规则后果主义合并，244—246；Scanlon objects that，in what I call Rawls-Scanlon Cases，some people could reasonably reject optimific principles 斯坎伦反驳说，在我所称的罗尔斯-斯坎伦情形中，某些人可以合情理地拒绝最优原则，246—247；on plausible assumptions，however，these people could rationally choose these principles 然而，基于可行的假设，这些人可以合理地选择这些原则，247—251，and could not reasonably reject these principles 并且不能合情理地拒绝这些原则，

Scanlonian Contractualism 斯坎伦式契约论（续）：251-255；but Scanlonian Contractualism supports certain principles more strongly than Kantian Contractualism 但是斯坎伦式契约论对某些原则的支持要比康德式契约论更强，255-257；in some other cases, the three parts of the Triple Theory may conflict, but without weakening this theory 在某些其他情形中，三重理论的三个部分可能会出现冲突，但这不会弱化这一理论，257-259

Schopenhauer, Artur 阿瑟·叔本华，objections to Kant's ethics 对康德伦理学的反驳，186；on the argument for God's existence as the Creator, or First Cause 论支持上帝作为造物主或第一因而存在的论证，634

Selectors of reality 对于真实的选择者，637-648

separateness of persons 人的分立性，and distributive justice 与分配正义，236

Sidgwick 西季威克，recommends disinterested curiosity 推荐超越功利的好奇心，153

Steady State Theory 稳恒态理论，the Universe has always existed, and in a similar form 宇宙始终存在，并且以某种类似的形式存在，623

Stoics 斯多亚学派，on the badness of pain 论痛苦的坏性质，673-674

suffering 苦难，see pain 参见痛苦

tautologies 同义反复，see concealed tautologies 参见隐藏的同义反复

Telic Egalitarianism 目标的平等主义，198；and the Levelling Down Objection 与向下拉平反驳，751

Telic Priority View 目标的优先性观点，198，201，248-249，254-255

Temkin, Larry 拉里·特姆金，on spreading burdens but concentrating benefits 论分散负担却集中收益，207-208；on the Two Tier View 论两层观点，226-230，233

Transplant 移植情形，and which principles would be optimific 哪些原则会是最优的，152

trivial or imperceptible benefits and burdens 无足轻重的或微不可察的收益和负担，204-206，以及帕菲特《理与人》的第三章

Tunnel 隧道情形，and autonomy-protecting principles 与保护自主性原则，148，151，153，以及第一卷

Two Medical Programs 两种医疗方案情形，and the Non-Identity Problem，our choice between the No Difference View and the Two-Tier View 与非同一性问题，我们在无差别观点和两层观点之间的选择，221－231；and Scanlonian Contractualism 与斯坎伦式契约论，231－234

Two-Tier View 两层观点，219－233，241

Utilitarianism 效用主义，Utilitarians go astray，Scanlon claims，because they add together different people's benefits and burdens 斯坎伦声称，效用主义者误入歧途，因为他们把不同人的收益与负担进行加总，193－196；Scanlon's objection should instead be that Utilitarians reject distributive principles 斯坎伦的反驳反而应该在于，效用主义者拒绝分配正义原则，196－201；Utilitarianism and Contractualism 效用主义和契约论，257－258；see Consequentialism 也参见后果主义

what we owe to each other 我们彼此负有什么义务，and what Scanlon calls 'impersonal reasons' 与斯坎伦所称的"非人称的理由"，215－217；not the same as impartial reasons 不同于不偏不倚（的）理由，238；and the Non-Identity Problem 与非同一性问题，241－243

Wide Person-Affecting View 宽泛的影响个人的观点，749

Wittgenstein，Ludwig 路德维希·维特根斯坦，on unanswerable questions 论无法回答的问题，624；and the Universe 与宇宙，631

Wolf，Susan 苏珊·沃尔芙，on actual and possible consent 论实际的同意与可能的可能，143－144；on treating people merely as a means 论把人纯粹当作手段来对待，144－147；on Kantian Rule Consequentialism 论康德式规则后果主义，147－155

Wood，Allen 阿伦·伍德，156－168；on Kant's Formula of Autonomy 论康德的自主性公式，156－158；on Kant's Formula of Humanity 论康德的人性公式，158－168；Wood's Foundational Thesis 伍德的基础性论点，160－163

wrongness，rightness，and the properties that make acts wrong or right 不当性、正当性和使行动正当与不当的属性，213－214

wrong 不当的，senses of 其各种意义，参见第一卷第七章

译后记

经过七年多的合作与努力，我们终于完成了帕菲特《论重要之事》（三卷本）的全部译稿。按照《论重要之事》的内容特点，中译本拟分为规范伦理学卷（上下卷）和元伦理学卷（上下卷）出版。对于规范伦理学卷翻译的相关问题，由我来做简要说明。

按照预先的安排，我们在通力合作的基础上对规范伦理学卷的中译做了如下的分工：第一、二部分为葛四友译，阮航校；第三、四、五部分及附录 A—I 为阮航译，葛四友校。需要指出的是，我们对原著第一卷（第一、二、三部分及附录 A—C）的中译于 2015 年出过第一版。借这次《论重要之事》整部巨著中译版出版的机会，我们对第一卷初版全文做了校改，纠正了一些错漏，进一步统一了一些术语的译法，调整了少数地方的表述。这些校改，吸收了一些专家学者的反馈，也体现了我们对帕菲特思想的进一步理解。可以说，这一次与第一卷相应的中译，是在初版基础上明显有所改进的版本。但必须指出的是，由于理解和风格方面的差异，两位译者虽然多有沟通和交流，但一些地方的译法容有差异，不尽统一。

作为顶尖思想家，帕菲特在当代西方伦理学界产生了广泛而深刻的影响，但在国内应者寥寥。前一方面的影响，在特姆金的中译本序［见《论重要之事——元伦理学卷（上）》］中已有较详尽的说明，不赘述。作为译者，本人更关注帕菲特对中国学界已经产生以及可能产生的影响，想就此谈点粗浅的看法。

首先我要承认，在翻译过程中帕菲特思想对我个人产生了巨大的冲击。本人是从研究中国哲学起步的，《论重要之事》给我带来了一种全新的哲学思维和思考伦理问题的方法，激发了我了解当代西方伦理学的浓厚兴趣。在这一学习和了解的过程中，我也对帕菲特思想的独特价值有了进一步的认识。个人以为，这样的思想也正是我们所缺乏且极其需要的。但是，帕菲特的思想为何在中国"遇冷"呢？四友君从西方哲学的角度反思过这个问题，这里我想结合个人的翻译体验、从狭义的中国哲学角度做点思考。在我看来，这很可能是由于我们对其思想的独特价值存在认知上的障碍，而认识不到其独特价值，也就难以产生阅读和了解的兴趣，更不会吸引我们去关注和思考他所提出的问题及其解决思路。我把这种认知上的模糊性概括为两个方面：一是对当代规范伦理学如何回应元伦理检验或处理其理论论证缺乏充分的方法论自觉，二是对现时代的中国伦理学该何去何从缺乏清晰的认识和明确的定位。

　　就第一个方面来说，避免以独断性的形而上前提来推衍理论和说明问题（我暂且称之为元伦理检验），可以说是自休谟那里就明确提出、经现代元伦理学的发展而得以强化的一种理论共识。这在国内哲学伦理学界虽然得到了普遍承认，但我要说，我们并没有把这个问题看得很严重，更没有表现出足够的方法论自觉。之所以这么说，是因为直接运用传统理论或其中某个结论来分析和说明当代伦理问题的现象屡见不鲜，甚至引以为解决当代问题的方便法门。我们如果承认元伦理检验的正当性，那就应该看出，这种未经反思的直接运用是不合法的。这并不是说传统伦理理论是"无根"的，而是说其前提根据或多或少都带有形而上的独断色彩，因而我们要合法地运用其理论，就必须让它们在当代价值合理多元的理论背景以及伦理生活日益民主化的现实背景中重新"扎根"。

　　之所以说我们没有把这个问题看得很严重，还因为没有把这个问题的重要性提到足够的高度，对这个问题的棘手性也认知不足。休谟对传统理论从"是"推出"应当"的批判、元伦理学关于事实与价值的区分、都对当代规范伦理学建立其理论的"阿基米德支点"提出了挑战。这个有关原初价值的问题，不是用事实与价值相互渗透这种传统预设就能够简单回应的，而是需要相应的方法论自觉，运用精心设计的方法和论证来化解。可以说，如果不理解这些，就难以理解帕菲特反复讨论道义式理由的用心，也不会理解他在思想实验中为何要强调反思平衡的运用程序，甚至会以为，这即使不是庸人自扰，相对于传统理论那种似乎韵味十足的价值叙述来说也是烦琐不堪的。帕菲特的伦理理论无疑是属于"后形而上学的"，或者说用他的话来说是"非宗教的"。在他看来，人类目前"非宗教的伦理研究"仍处于幼年阶段。如果说《论重要之事》也属于这种处于幼年阶段的伦理学，那么我更愿意从另一个角度来理解，认为"幼年"也意味着高度的原创性。

第二个方面的认知不足，必须结合第一个方面来理解。在我看来，当代中国哲学占主导的研究是面向思想史的。这一研究进路能够合理地规避也无须特意关注第一个方面的问题，因为它其实属于"古典学"的面向。这对于挖掘我们自身的思想资源、理解自身的文化传统无疑是有益的，也是必要的。但以此作为自身哲学伦理学研究的主流方向则不正常。一个时代的伦理学如果不能把握自身时代的精神，直面时代的重大现实问题而提出具有建设性的思路，那就很难有较好的发展前景，也就不可能发展出属于我们这个时代的富有活力的伦理学。一个时代有一个时代的主题。正因为如此，我一直对"接着宋明讲下去"的提法持保留态度。宋明理学是中国哲学一个富有活力的发展阶段，但其问题意识是要抗衡佛教，确立儒家道统作为自身信仰，走的是带有浓厚宗教性的道德形而上学路线。当代伦理生活的主题显然并不在此，按照五四时期中国思想家的观察应该是科学与民主。牟宗三也认为，儒学第三期的任务是承接现代的科学精神与民主精神。但是，如果"接着宋明讲下去"意味着我们的主导方向应该是接着道德形而上学的路线发展下去，那么我认为，这会与现时代的主题背道而驰，无异于缘木求鱼。这样发展出来的理论必然缺乏面向现实问题的能力，发挥不了伦理学应有的解释与规范作用。

　　应该说，20 世纪前半叶西方伦理学的发展也面临类似的问题，威廉姆斯对此的检讨可谓一针见血："当代道德哲学找到了实现枯燥的原创性方式：根本不讨论问题。"帕菲特和罗尔斯是 20 世纪促进当代西方规范伦理学复兴的两大领军人物，帕菲特的伦理思想在这方面具有相当的借鉴意义。比如说，帕菲特关于群己困境的集体主义分析模式，针对的是个人主义伦理分析模式的局限，它不仅为解释当代伦理生活中的相关问题提供了新思路，也为当代规则后果主义的最新进展起到了重要的推动作用。又如帕菲特对非同一性问题的分析，为解释当代环境问题的成因提供了一种极具说服力的新思路，并为代际伦理的发展提供了重要的理论资源。可以说，帕菲特的伦理理论不仅蕴含着强烈的现实关怀，而且针对当代重大现实问题提出了富有活力的思考方法和解决思路。

　　个人以为，只要能够克服上述两个方面认知上的模糊性，我们当能领略帕菲特规范伦理学的独特魅力。这里须指出，帕菲特规范伦理学的基本理论主张和论证，在其上一部著作 *Reasons and Persons* ［1984，中译本《理与人》（2005）］中即已提出，《论重要之事——规范伦理学卷》则一方面对这些主张和论证做了进一步的反思和概括，另一方面通过考察和分析三大伦理理论传统，提出了趋同论证，达成了"三重理论"。对于前者，可能需要结合《理与人》的相关内容，才能得到更充分的理解；后者作为其规范部分的新内容，则是第四部分各伦理学家评论的焦点，而从帕菲特在第五部分的回应来看，这一新内容可能需要结合其理由主张和元伦理观点，才能得到更恰当的把握。

翻译《论重要之事》这样一部思想深刻、富于天才般洞见的著作，对译者来说无疑是一种高难度的挑战。这种挑战主要不是来自语言层面，而是来自思想层面。帕菲特作为一个完美主义者，其语言可以说是少见地精炼明快，用词用语极其严谨，在平实的论述中把观点的脉络及其关系都处理得很干净，绝不拖泥带水。但是，要领会这些字面意思所表达的观点及其内在的理路，绝非易事。而如果达不到基本的理解，译好这部名著就是不可能的。为此，我们对译文做了反复的校改，也经常一起讨论一些理解上的疑难以及术语的统一问题。对于这部巨著的翻译，我们已经尽心尽力。

就个人而言，我七年多来大量的时间和精力都专注于此，但这种投入是值得的，让我收获颇丰。这首先要感谢我的合作者葛四友君。正是他的信任和支持，才让我有了这次机会，能够有幸参与这一当代伦理学经典的迻译工作。这一工作一开始是迫使我去了解当代伦理学的一些基本理论和分析思维，然后逐渐引起我探求的兴趣，进而让我主动领会相关的理论论证和方法，思考其中的问题。其间四友君邀我参与由他发起的"分析进路的伦理学"研讨会。这一定期举行的会议极具特色，对于本来不太热心会议的我来说不啻是"一股清新的泥石流"，让我在与学者交流和讨论的同时感受到了分析和批判思维的冲击力。与四友君的这次合译，让我得以接触一个全新的思想领域，得以领略当代伦理学一个主流方面的前沿研究动态，也让我的研究兴趣和重心发生了转移。对于我的译文，四友君做了认真细致的全文校对，指出了一些理解上的关键问题，提出了不少富有建设性的修改意见。尤其是第四部分，各评论者的语言风格和观点立场与帕菲特不同，也并非我熟悉的，因而我最初的译文错漏颇多，为此四友君前后做了三次细致的全文校对。我所负责的那部分译文，正是由于四友君尽心尽力的校改，质量才有了显著的提高。

感谢第一卷初版时给予支持和关心的徐向东教授、应奇教授和刘擎教授。你们虽然与本人没有直接接触，但对我们译文的评价和认可，无疑为译者提供了特别的动力和支持。

感谢湖北大学哲学学院道德与文明研究中心、湖北大学高等人文研究院和中华文化发展湖北省协同创新中心为本译著提供的资助。同时我也要感谢湖北大学哲学学院和高研院的领导和老师。你们的理解和支持，让我能够有大量的时间和精力投入到本著作的翻译工作之中。其中分析哲学和逻辑学方向的老师，对一些相关术语的翻译提供了有益的帮助。

特别感谢中国人民大学出版社学术出版中心杨宗元主任，以及张杰和罗晶老师为本译著出版付出的辛勤努力。

我们虽然对译文做出了最大的努力，但难免有疏漏和不当之处，恳请海内外方家不吝赐教，以便日后改正。

阮航

2020 年 6 月

图书在版编目（CIP）数据

论重要之事：规范伦理学卷. 下 ／（英）德里克·
帕菲特（Derek Parfit）著；（美）塞缪尔·谢弗勒
(Samuel Scheffler) 编；阮航译. --北京：中国人民
大学出版社，2022.3
　　ISBN 978-7-300-30320-8

　　Ⅰ.①论… Ⅱ.①德…②塞…③阮… Ⅲ.①伦理学
-研究 Ⅳ.①B82

中国版本图书馆 CIP 数据核字（2022）第 023676 号

论重要之事
　　——规范伦理学卷（下）
［英］ 德里克·帕菲特（Derek Parfit） 著
［美］ 塞缪尔·谢弗勒（Samuel Scheffler） 编
阮　航　译
葛四友　校
Lun Zhongyao Zhi Shi

出版发行	中国人民大学出版社		
社　　址	北京中关村大街 31 号	**邮政编码**	100080
电　　话	010－62511242（总编室）	010－62511770（质管部）	
	010－82501766（邮购部）	010－62514148（门市部）	
	010－62515195（发行公司）	010－62515275（盗版举报）	
网　　址	http://www.crup.com.cn		
经　　销	新华书店		
印　　刷	涿州市星河印刷有限公司		
规　　格	148 mm×210 mm　32 开本	**版　　次**	2022 年 3 月第 1 版
印　　张	15.625 插页 4	**印　　次**	2022 年 3 月第 1 次印刷
字　　数	324 000	**定　　价**	238.00 元（上下卷）